Volker Wagner
Profanität und Sakralisierung im Alten Testament

Beihefte zur Zeitschrift für die alttestamentliche Wissenschaft

Herausgegeben von
John Barton · Reinhard G. Kratz
Choon-Leong Seow · Markus Witte

Band 351

W
DE
G

Walter de Gruyter · Berlin · New York

Volker Wagner

Profanität und Sakralisierung im Alten Testament

W DE G

Walter de Gruyter · Berlin · New York

G

⊗ Gedruckt auf säurefreiem Papier,
das die US-ANSI-Norm über Haltbarkeit erfüllt.

ISBN 3-11-018463-X

Bibliografische Information Der Deutschen Bibliothek

Die Deutsche Bibliothek verzeichnet diese Publikation in der Deutschen Nationalbibliografie;
detaillierte bibliografische Daten sind im Internet über http://dnb.ddb.de abrufbar.

Printed in Germany

Einbandgestaltung: Christopher Schneider, Berlin

Vorwort

Von den religionsgeschichtlichen Phänomenen Säkularisierung und Sakralisierung haben unsere Vorfahren bis in die Mitte des 20. Jahrhunderts fast ausschließlich Erscheinungen der Säkularisierung persönlich miterlebt. Die Religion verlor während ihres Lebens mehr und mehr ihren gestalterischen Einfluß auf die gesellschaftlichen und individuellen Lebensvollzüge. Das Früher war in fast jeder Hinsicht sakraler, das Heute dagegen profaner. So ist es nicht verwunderlich, daß dieses persönliche Erfahrungsmuster auch in das Verständnis und die Auslegung des Alten Testamentes einfloß: Die kultischen Stoffe galten als „uralt", die Spuren profaner Lebensäußerungen als „Entlassung in das Weltliche", und selbst dafür wurden zuweilen noch sakrale Anlässe – wie etwa eine Kultreform – gesucht und gefunden.

Unserer Generation ist durch die Entwicklung der Informationstechniken und der Reisemöglichkeiten ein größerer Horizont geschenkt worden. Wir können mit eigenen Augen beobachten, wie sich Bestrebungen der Säkularisierung und der Sakralisierung nicht nur miteinander abwechseln, sondern durchaus auch zueinander parallel verlaufen: Es gibt auch heute Säkularisierungen, die sakrale Bindungen der Lebensvollzüge auflösen, doch daneben sehr wohl Sakralisierungen, die ehemals profane Lebensbereiche kultisch gestalten. Unsere Großväter hätten es wohl kaum für möglich gehalten, daß noch während des 20. Jahrhunderts „Gottesstaaten" ausgerufen würden, „Gottesrecht" in zuvor weltliche Rechtssysteme eindringt. Befreit von dem alleinigen Erlebnismuster der Säkularisierung sollte uns nun auch ein neuer Blick auf das Alte Testament und die durch die alttestamentlichen Texte hindurch erkennbare Lebenswirklichkeit Israels und Judas möglich sein. Diesen will die vorliegende Arbeit versuchen. Dabei zeigt sich eine zwar viel bescheidenere, zugleich aber auch weit dynamischere und konstruktivere Rolle des Kultus und der Kultgemeinde im alttestamentlichen Israel, als das wohl bisher gesehen worden ist.

Der Verfasser hat vielen zu danken, die ihm beim Hören oder Lesen die Augen für diesen Blickwinkel geöffnet haben; das Literaturverzeichnis gibt darüber Auskunft.[1] In der Rückschau kommt dabei aber vor allem Herrn

---

1 Die Dissertation von M. Staszak, Die Asylstädte im Alten Testament. Realität und Fiktivität eines Rechtsinstituts, München 2003/2004, war leider bei der Fertigstellung des Manuskripts noch nicht verfügbar.

Prof. Dr. H. Petschow (1909-1992) eine besondere Bedeutung zu, der den Theologiestudenten an der Universität Leipzig vor vierzig Jahren in die Welt des Alten Orients eingeführt und ihn dabei wiederholt gemahnt hat, die Lebensäußerungen der Menschen jener Epoche nicht zu schnell und ausschließlich von ihrer Religion her erklären zu wollen.

Ein besonderer Dank ergeht aber auch an die Herren Prof. Dr. R. G. Kratz und Prof. Dr. M. Witte sowie Frau M. Müller vom Verlag Walter de Gruyter für viele wertvolle Hinweise zu inhaltlichen Fragen sowie zur äußeren Gestaltung des Buches. Und schließlich ist herzlich für die Aufnahme dieser Studie in die Reihe der Beihefte zur Zeitschrift für die Alttestamentliche Wissenschaft zu danken, durch die es möglich wird, die Ergebnisse der Untersuchung einer größeren Öffentlichkeit zur Diskussion zu stellen.

Leipzig, im Februar 2005

Volker Wagner

Inhaltsverzeichnis

Einleitung

Die gesellschaftliche Wirklichkeit Israels und Judas in der ersten Hälfte des
1. Jahrtausends v.Chr. (Eisen-II-Zeit, neubabylonische und beginnende
persische Epoche) wird oft als unter dem Primat der Religion stehend, wenn
nicht gar als eine pansakrale Welt gesehen und dargestellt. Damit hätten
Israel und Juda an der gemeinsamen Kultur des Alten Orients teil, die F.
Stolz mit den Worten charakterisiert:

> „Religion bildet hier einen unauflöslichen Zusammenhang mit der Wirtschaft, der Sozial-
> ordnung und der Kultur eines Volkes insgesamt."[1]

Profane Elemente, die in manchen Zeugnissen aus jener Zeit unübersehbar
sind, werden dann auf eine Ausdifferenzierung und Säkularisierung der
betreffenden Lebensbereiche und -vollzüge zurückgeführt. Zwar hat sich
gegen dieses Verständnis der altorientalischen und alttestamentlichen Zivili-
sation seit längerem und insbesondere aus rechtshistorischer Sicht Widerspruch geregt.[2] Dennoch beeinflußt es bis heute spürbar manch eine
Einzelauslegung alttestamentlicher Texte[3], und was dort unausgesprochen im
Hintergrund steht, hat H. Niehr definiert:

> „... im Unterschied zu heute stellte das Phänomen Religion innerhalb einer antiken Kultur
> oder Gesellschaft keine Substruktur dar. Vielmehr durchdrang Religion die Gesellschaft und
> die Kultur in all ihren Bereichen. Oder anders formuliert: Es gab keinen religionsfreien
> Raum."[4]

Sicher trifft es zu, daß „es eine" dem deutschen Wort Religion „entsprechende Bezeichnung in den antiken Sprachen noch nicht gibt"[5]. Doch hängt
das vielleicht eher mit der Eigenbegrifflichkeit der altorientalischen Sprachen
als damit zusammen, daß „„Religion' ... als ausdifferenziertes Kommunika-

---

1 F. Stolz, Einführung, 16.
2 Vgl. z.B. den wissenschaftsgeschichtlichen Abriß bei E. Otto, Wandel, 72-74.
3 Siehe dazu im einzelnen viele der Zitate aus der Sekundärliteratur zu den in den folgenden drei Kapiteln behandelten Stellen.
4 H. Niehr, Weg, 64, unter Bezug auf F. Stolz.
5 F. Stolz, Einführung, 16. Zu Vorschlägen, welche hebräischen Wörter den Begriff Religion im Alten Testament eventuell vertreten könnten, siehe W. H. Schmidt, Aspekte, 85
   Anm. 2; im modernen Hebräisch steht für Religion das von ihm erwähnte דָּת, aber auch
   אֱמוּנָה.

tionssystem im Alten Orient nicht" „existiert"[6] hätte. Letzterem widerspricht
nämlich der Befund in der literarischen Hinterlassenschaft jener welt-
geschichtlichen Epoche: Selbst noch in der von einer priesterlich geprägten
Redaktion geschaffenen Endgestalt des Alten Testaments heben sich
Passagen zu rechtlichen Themen, Abschnitte mit sittlicher Unterweisung oder
die „schöne Literatur" von religiösen – d.h. theologischen, mythischen und
kultischen – Texten in ihrem Sprachstil und/oder in ihrer Kontextur deutlich
ab. Der Verf. hat das zuerst bei alttestamentlichen Texten juristischen Inhalts
gespürt. So sind z.B. die originalen und zu einer Reihe zusammengefügten
יוּמָת מוֹת-Sätze inhaltlich auf Rechtsfälle des täglichen Lebens, die auch nach
dem Keilschriftrecht justitiabel sind, beschränkt; darunter findet sich kein
einziger Fall der Sittlichkeit oder der Religion. Die versprengten Nach-
bildungen dagegen befassen sich ausschließlich mit kultischen Vergehen, die
im Keilschriftrecht keine Parallelen haben. Das bedeutet aber: Derjenige, der
die יוּמָת מוֹת-Reihe einst zusammengestellt hat, empfand die strafrechtlichen
Regeln als einen eigenen und von anderen, insbesondere kultischen Normen
unterschiedenen und zu unterscheidenden Stoffbereich.[7] Hätte A. Alt recht
gehabt, daß „Religion, Sittlichkeit und Recht ... hier noch ungeschieden
ineinander" „liegen"[8], dürfte er gar nicht auf die Idee gekommen, vielleicht
sogar noch nicht einmal dazu geistig fähig gewesen sein, Strafrechtsnormen
zu Begebenheiten des täglichen Lebens für einen eigenen Themenbereich zu
halten und diesen getrennt von Sittlichkeit und Religion abzuhandeln. Und
ein älterer Aufsatz B. Landsbergers hat den Verf. in seinem Eindruck später
bestätigt. B. Landsberger urteilt – ausgehend vom altbabylonischen Schrifttum – über die altorientalische Literatur normativen Charakters:

„Der Bereich von dīnu und (wenn wir die Sätze der Moralliteratur so bezeichnen dürfen) der
von kibsu sind zwei getrennte Bezirke, wozu noch ein dritter, der von parsu ,religiöse
Ordnung' hinzukommt. Eine Grenzverwischung zwischen diesen drei Sphären hat nie
stattgefunden (Anm. 17: Eine Ausnahme bildet KH §110; hier hat sich, attrahiert durch die
Bestimmungen über Schankwirtschaft, eine Regel aus dem Ordensstatut der Klosternonnen
in den Kodex verirrt.), insbesondere wurden die Rechtssatzungen niemals zum Zwecke der
Unterweisung des Volkes verwendet und ausgestaltet, wenn wir von einigen unwesentlichen
Ansätzen im KH und einer noch unsicheren Spur von ,Rechtsunterweisung für Beamte' im
Ass. Rechtsbuch absehen. Ein instruktives Vergleichsbeispiel bietet uns das israelitische
,Bundesbuch', das wohl eine aus der Übung priesterlicher ,Rechts- und Moralpredigten'
entstandene Literaturgattung darstellt. Hier finden wir, wenn wir die akk. Ausdrucksweise
anwenden, säuberlich von einander geschieden, einen Abschnitt ,dīnu', (als Predigt aus-

---

6   F. Stolz, Einführung, 17.
7   Vgl. Verf., Rechtssätze, 21ff. Dieser Befund war, um mit H. Margulies, Rätsel, 63, zu
    sprechen, „ein Guckloch – es hat den Verfasser zu einer verschütteten Schatzkammer
    geführt".
8   A. Alt, Ursprünge, 313, im Geist J. Wellhausens.

gestaltete) Belehrung über das geltende Recht (Ex. 21,2-22,18), sodann ‚kibsu', Regeln für soziales Verhalten, das über den Rahmen der Gesetzesvorschriften hinausgeht, (bis 23,12,) von hier ab ein Kapitel ‚parṣu', religiöse Vorschriften."[9]

B. Landsbergers Gliederung des Bundesbuches ist freilich auf dem von ihm gewiesenen Weg noch ein Stück weiter zu differenzieren.[10] Dabei wird die eine oder andere sekundäre Störung im Blick auf den Stil und/oder die Systematik sichtbar, und es entsteht überdies der Eindruck, daß das Bundesbuch aus zwei Teilen zusammengesetzt sein dürfte. Die Beobachtung B. Landsbergers, daß in der altorientalischen Literatur „eine Grenzverwischung zwischen den drei Sphären" Recht, Sitte und Kult „nie stattgefunden" hat, bestätigt sich hier aber in beiden Teilen vollauf:[11]

(kasuistische) Recht(ssätze)	Sitt(lich)e (Gebote)[12]	Kult(ische Anordnungen)
		20,(22b)23 Götterbilderverbot 24-26 Altargesetz[13]
21,1 Überschrift 21,2-11 zwei Paragraphen zum Thema „Sklave"		

Störung im Blick auf Stil
und Systematik:[14]

---

9 B. Landsberger, Termini, 222f.

10 J. Halbe, Privilegrecht, 422f., G. Wanke, Bundesbuch, 413, E. Otto, Wandel, 9ff., und L. Schwienhorst-Schönberger, Bundesbuch, zusammenfassend 23, haben versucht, (eine) chiastische oder Ring-Gliederung(en) des Abschnittes im Bundesbuch bzw. des Bundesbuches nachzuweisen; dabei ist die Trennung von Recht, Sitte und Kult nicht in jedem Falle sichtbar. Der Aufweis chiastischer oder Ring-Strukturen, der bei jedem der Autoren zu unterschiedlichen Ergebnissen führt, gelingt aber nur dann, wenn man mehrere Störungen der vorausgesetzten Spiegelung akzeptiert, und ist auch vor allem sehr weit davon abhängig, wo bei der Inhaltsbeschreibung und Zusammenfassung der Sätze und Abschnitte der thematische Akzent gesetzt wird.

11 Wenn sich das Bundesbuch hiermit auch als ein literarisches Produkt im Geist der altorientalischen Epoche erweist, wird doch die Datierung seiner Endgestalt bereits in das 8.-7. Jahrhundert v.Chr. – so nach R. Albertz, Theologisierung, 120, das Ergebnis der neuesten Forschungen – durch eindeutig späte Elemente wie etwa die Erwähnung des גֵּר in 22,27b fraglich.

12 Sie unterscheiden sich von Rechtssätzen abgesehen von der Anredeform auch darin, daß die Einhaltung der Forderungen oder Verbote nicht einklagbar gewesen sein dürfte, wie es denn zu den sittlichen Geboten auch keine Parallelen im Keilschriftrecht gibt; zu eventuellen Ausnahmen vgl. die Anmerkungen zu Ex 23,4 und Ex 23,8!

13 Da dieser Abschnitt vor der Überschrift angeordnet ist, ist seine ursprüngliche Zugehörigkeit zu dem Folgenden nicht sicher, vgl. dazu M. Noth, Exodus, 142, und zu den möglichen Gründen der Vorschaltung neuerdings vor allem C. Levin, Deuteronomium, 123ff.; doch sind auch diese kultischen Anordnungen als Block zusammengefaßt und von den Rechtssätzen abgesetzt.

(kasuistische) Recht(ssätze)	Sitt(lich)e (Gebote)	Kult(ische Anordnungen)

21,12-14 Menschentötung
21,15 tätlicher Angriff auf
    die Eltern
21,16 Menschenraub
21,17 Verfluchung der El-
    tern

21,18-22,16 vierzehn Paragraphen zu den Themen
„Körperverletzungen" und
„Haftungen im Bereich der
landwirtschaftlichen und
handwerklichen Arbeit" mit
einem Überleitungsparagraphen dazwischen sowie
einem zu dem dritten, aber
nicht erhaltenen Thema
„*Ehe und Familie"

Störung im Blick auf den Stil:
    22,17 Verfahren mit einer
    מְכַשֵּׁפָה[15]
Störung im Blick auf Stil:
    22,18 Sodomie[16]
Störung im Blick auf die Sy-
stematik?:
    22,19 .... ?[17]

---

14 Ex 21,12 hat wohl den Überleitungsparagraph zwischen den Themen „Sklave" und
„Körperverletzungen" verdrängt und eine Differenzierung sowie zwei weitere Sätze der
מוֹת יומָת-Reihe nach sich gezogen; vgl. z.B. Verf., Verwendung, 216f.

15 C. Houtman, Bundesbuch, 220, deutet die מְכַשֵּׁפָה als „eine verführerische Frau, die ...
Männer in ihren Bann schlagen will und der man ... geheime Kräfte zuschreibt", was den
Fall sachlich mit Ex 22,15f. verbindet und gleichsam die weibliche Alternative dazu
darstellt; diese Deutung kann durch keilschriftrechtliche Parallelen gestützt werden, wo
in §4 CU die Verführung eines Mannes durch eine Frau „mit Hilfe ihrer Reize", R.
Haase, Rechtssammlungen, 7, und in §47 MaG A die Zauberei vor bzw. mitten in ehe(-
und erb)rechtlichen Rechtssätzen abgehandelt wird. Diese Parallelen im Keilschriftrecht
dürften aber auch – gegen C. Houtman – die Zuordnung von 22,17 zum Block der
Rechtssätze des Bundesbuches nahelegen.

16 Ein weiterer Satz der מוֹת יומָת-Reihe, aus der bereits 21,12.16.17 zitiert wurden; die So-
domie gehört nicht nur in den Zusammenhang der sexuellen Thematik seit 22,15f.,
sondern ist auch wegen der keilschriftrechtlichen Parallelen in HG §§187f., 199 und
200A, die den Fall nach tolerierbaren und untolerierbaren Verbindungen differenzieren,
dem Abschnitt „Recht" des Bundesbuches zuzuordnen.

17 Die traditionelle Deutung – z.B. C. Houtmann, Bundesbuch, 217: „Wer den Göttern Opfer bringt, muß vertilgt werden. Kein anderer als JHWH allein (darf verehrt werden)." –
des im Wortlaut wohl nicht korrekt überlieferten Satzes fügt sich als einziger Fall einer

(kasuistische) Recht(ssätze)	Sitt(lich)e (Gebote)	Kult(ische Anordnungen)
	22,20-22 Verbot der Unter-drückung (und Bedrängung) eines Schutzbürgers[18], einer Witwe und einer Waise 22,24 Verbot der Wucherei und Zinsnahme 22,25f. Verbot der Pfändung eines Mantels über Nacht	
		22,27a[19] Verbot der Verflu-chung Gottes[20] 22,27b Verbot der Verfluch-ung eines נָשִׂיא[21] 22,28a Verbot der Zurückhal-tung oder der fremdkultischen Opferung[22] von מְלֵאָה und דֶּמַע[23] 22,28b-29 Forderung der menschlichen und tierischen Erstgeburt 22,30a Forderung der Heilig-keit[24]

kultischen Anordnung mitten zwischen Rechtssätzen und sittlichen Geboten nicht in die zu vermutende Gliederung ein; zu erwarten wäre an dieser Stelle ein Rechtssatz, der die angeschlagenen sexuellen Themen durch einen weiteren Fall, der auch nach dem Keilschriftrecht als justitiabel gilt, fortsetzt.

18 So die Übersetzung des hebräischen גֵּר bei HAL I, 193, was im Blick auf die dort be-schriebene rechtliche Stellung eines גֵּר sicher nur eine Notlösung ist, da das deutsche Wort „Schutzbürger" anders und in den Lexika auch unterschiedlich definiert wird, vgl. etwa DUDEN, 3464, mit G. Wahrig u.a., Wörterbuch, Band 5, 664!

19 C. Houtman, Bundesbuch, 246: „Im Anschluß an die Masoreten wird 22,27-30 gewöhnlich als kleine Einheit verstanden. Der Abschnitt sei eine Art Intermezzo inmitten der Sozialvorschriften ...: Nicht die Sorge für die Mitmenschen, sondern die Sorge für JHWH steht zentral."

20 Zu den historischen Auslegungen von אֱלֹהִים an dieser Stelle siehe C. Houtman, Bundesbuch, 246; seiner Meinung nach „ist momentan die Interpretation ... als ‚Gott'" „gängig", a.a.O. 248.

21 Wenn unser Gliederungsversuch das Richtige trifft, müßte, falls 27b nicht etwa ein Zu-satz ist, der Begriff נָשִׂיא an dieser Stelle einen kultischen Amtsträger bezeichnen. Die Deutung als Wechselbegriff für „König", L. Schwienhorst-Schönberger, Bundesbuch, 366; R. Albertz, Theologisierung, 122 Anm. 26, würde der hier erkennbaren Systematik widersprechen.

22 Zur Doppeldeutigkeit von אַחַר siehe HAL I, 34.

23 Für L. Schwienhorst-Schönberger, Bundesbuch, 362ff., erklärt 22,28a die im vorange-henden Satz angesprochen Verfluchungen Gottes oder eines נָשִׂיא als „religiöse und politische Grenzüberschreitungen" im Zusammenhang mit dem ‚Alkoholgenuß im Kult'"; dort auch zu seiner Deutung von מְלֵאָה als „Wein" und דֶּמַע als „Öl".

24 Der Satz fügt sich in die Systematik nicht ein und wird von vielen als sekundärer Ein-schub aufgefaßt, vgl. L. Schwienhorst-Schönberger, Bundesbuch, 368 mit Anm. 31.

(kasuistische) Recht(ssätze)	Sitt(lich)e (Gebote)	Kult(ische Anordnungen)
		22,30b Verbot des Verzehrs eines gerissenen Tieres
	23,1a[25] Verbot der üblen Nachrede	
	23,1b Verbot der Zeugenaussage zur Begünstigung einer Gewalttat[26]	
	23,2a Verbot, zusammen mit der Mehrheit Böses zu tun	
	23,2b Verbot einer Aussage vor Gericht, um zusammen mit der Mehrheit das Recht zu beugen	
	23,3 Verbot der Bevorzugung eines Geringen im Gericht	
	23,4 Aufruf zur Rückführung der verirrten Tiere (auch) eines Feindes[27]	
	23,5 Aufruf, (auch) einem „Hasser" im Falle eines zusammengebrochenen Esels zu helfen	
	23,6 Verbot der Rechtsbeugung gegenüber einem Armen	
	23,7a Aufruf, sich von einer lügnerischen Angelegenheit fern zu halten	

25 Hier beginnt erneut ein Block sittlicher Gebote, womit die von B. Landsberger aufgewiesene Systematik durchbrochen wird; da das Verbot der (Unterdrückung und der) Bedrängung eines Schutzbürgers von 22,20 in 23,9 eine Dublette besitzt, scheinen Ex 21,1-22,30b und Ex 23,1-19b zwei eigenständige und sekundär zusammengestellte Einheiten mit der jeweiligen Abfolge (Rechtssätze) – sittliche Gebote – kultische Anordnungen zu sein. Auch E. Otto, Wandel, 9ff., erkennt bei seiner Suche nach chiastischen Strukturen im Bundesbuch zwei „ursprünglich selbständige Sammlungen", deren Trennlinie er aber entgegen der in diesem Falle korrekten Kapiteleinteilung zwischen Ex 22,26 und 28 zieht.

26 Zur Bedeutung von חָמָס im Zusammenhang mit der Zeugenaussage siehe unten Kapitel 3.2.4 zu Dtn 19,16ff.

27 Die – gegen R. Haase, Deuteronomium, 76 – Grundregel findet sich Dtn 22,1-3; Ex 23,4 schärft ein, daß auch gegenüber einem „Feindes" so verfahren werden soll, bietet also einen Sonderfall. Ex 23,4 ist das einzige sittliche Gebot des Bundesbuches, dessen Fall auch in den keilschriftrechtlichen Sammlungen behandelt wird. R. Haase, a.a.O. 76f., weist auf die Parallelen §§71 und XXXV HG hin und bemerkt: „Die übrigen keilschriftlichen Rechtssammlungen äußern sich zu dieser Frage nicht"; C. Houtman, Bundesbuch, 264, erinnert aber in diesem Zusammenhang nicht zu Unrecht noch an §50 CE sowie §§60-62 HG.

(kasuistische) Recht(ssätze)	Sitt(lich)e (Gebote)	Kult(ische Anordnungen)
	23,7b Verbot der Tötung eines צַדִּיק und נָקִי	
	23,8 Verbot der Annahme von Bestechungsgeld[28]	
	23,9 Verbot der Bedrängung eines Schutzbürgers	
	23,10-11 Aufruf zur Brache im siebenten Jahr zugunsten der Armen und der Tiere[29]	
	23,12 Aufruf zum wöchentlichen Ruhetag zugunsten von Rind und Esel sowie des Sohnes der Sklavin und des Schutzbürgers	
		23,13a Aufruf, in allem, was Gott gesagt hat, behutsam zu sein[30]
		23,13b Verbot, den Namen anderer Götter auszusprechen
		23,14ff. Festkalender
		23,18a Verbot der Opferung des Schlachtopferblutes zusammen mit gesäuerten Speisen
		23,18b Verbot, das Fett des Festes über Nacht aufzuheben
		23,19a Forderung des Besten der ersten Feldfrüchte
		23,19b Verbot, das Zicklein in der Milch seiner Mutter zu kochen

---

28 M. San Nicolò, Bestechung, 19, verweist auf §5 CH als Beispiel aus den Gesetzestexten, doch ist da Bestechung nicht erwähnt und auch nur als ein möglicher Grund neben anderen dafür zu vermuten, daß ein Richter sein Urteil nach der Beurkundung abändert; vielmehr machen im Zweistromland die „nichtjuristische Literatur ... und namentlich die religiösen Texte" die Bestechung zu ihrem Thema, a.a.O. 19. Somit ist das Fehlen dieser Thematik in den hebräischen Rechtskodizes nicht außergewöhnlich.

29 Die genannten Zweckbestimmungen sind unkultisch, deshalb ist M. Noths Einordnung und Deutung von Sabbatjahr und Sabbat: „Mit den Bestimmungen über Sabbatjahr und Sabbattag ... wird ... das Gebiet des Sakralen betreten", Exodus 153, unzutreffend. Auch C. Houtman, Bundesbuch, 255, lehnt eine Zuordnung von Ex 23,10-12 zu 23,13-19 als den „Vorschriften ..., die sich extensiv auf den JHWH-Kult beziehen," ab, auch wenn er 10-12 noch als „kultische Vorschriften mit einem stark sozialen Akzent" charakterisiert.

30 Die Einordnung des inhaltlich wenig konkreten Satzes zum Vorangehenden oder zum Nachfolgenden muß offenbleiben; vgl. dazu die Diskussion bei C. Houtman, Bundesbuch, 305.

Auch bei dieser stärkeren Differenzierung erweist sich die Beschreibung der Verhältnisse durch B. Landsberger als zutreffend. Das Bundesbuch kann als ein Zeugnis dafür gelten, daß in der Literatur des alttestamentlichen Israel und Juda sehr wohl zwischen Rechtssätzen, sittlichen Geboten und kultischen Anordnungen unterschieden werden konnte und auch unterschieden wurde. Werden aber in der literarischen Widerspiegelung des Lebens solche Unterscheidungen getroffen, liegt die Vermutung nahe, daß man auch in den praktischen Lebensvollzügen durchaus einen Unterschied zwischen Rechtsleben, Sittenunterweisung und Kult empfand und es nicht zutrifft, daß etwa erst wir Heutigen angeregt durch unsere moderne Begrifflichkeit hier „von außen her" Lebensbereiche „aussondern"[31] würden.[32]

Da es nun doch wohl zulässig ist, von den Verhältnissen in der Literatur des Alten Testamentes auf die gesellschaftliche Wirklichkeit des historischen Israel und Juda zu schließen[33], kann die These aufgestellt werden, daß weder

---

31 F. Stolz, Einführung, 16.

32 Selbst die einzelnen Gattungen der religiösen Literatur existierten wohl im Alten Orient und in Ägypten zunächst unabhängig nebeneinander und wurden erst sekundär miteinander verbunden; siehe K. Hecker, Untersuchungen, 14ff., und – insbesondere zu „Formen der Verbindung von Mythos und Ritual" – E. Cancik-Kirschbaum, Konzeption, 12ff., für den akkadischen Bereich, E. Brunner-Traut, Mythos, 281, und W. Helck, Rituale, 272, für die ägyptische Kultur sowie H. M. Kümmel, Hethiter, 76, für das hurritische und hethitische Gebiet; eine Ausnahme bildet nach H. M. Kümmel, a.a.O., allerdings die protohattische Tradition, die in dieser Sache offenbar bereits einen recht späten religions- und literaturgeschichtlichen Entwicklungsstand repräsentiert.

33 Daß das Alte Testament die historische Wirklichkeit insbesondere der vorexilischen Epoche erkennen lasse, wird freilich durch die Kopenhagener Schule bestritten, vgl. z.B. die Darstellung ihrer Positionen durch N. P. Lemche, Theologie, 80ff. Dem kann sich der Verf. aber nicht anschließen: Mehrere der im folgenden behandelten Texte des Alten Testaments sind sprachlich und inhaltlich derart inhomogen, daß sie synchron gelesen unverständlich bleiben und regelrecht nach einer diachronen Analyse, die mit Bearbeitungen über einen längeren Zeitraum hin rechnet, schreien. Auch ist die pauschale und radikale Spätdatierung der alttestamentlichen Schriften durch den Hinweis auf die (archäologische) Erstbezeugung des Textbestandes nicht zwingend gestützt; das Beispiel der Keilschriftliteratur zeigt, wie im Alten Orient wichtige Texte Jahrhunderte lang tradiert worden sind, welche Praxis auch im eisenzeitlichen Palästina geübt worden sein kann, sich vielleicht nur wegen des hier verwendeten vergänglichen (bzw. wiederholt gebrauchten) Schreibmaterials nicht nachweisen läßt. Vor allem aber müßte eine Gesamtdatierung der alttestamentlichen Texte in die persische oder gar hellenistische Zeit mit bewundernswert intensiven (religions-, kultur- und rechts-)historischen Recherchen der Verfasser rechnen, denn daß z.B. der „jüdische Theologe", dem wir nach N. P. Lemche den Pentateuch verdanken, bei der Abfassung der hebräischen Rechtssätze im Bundesbuch und im Normenteil des Deuteronomiums den Stil des altorientalischen kasuistischen Rechts und die Systematik der keilschriftlichen Rechtssammlungen nur „zufällig" richtig „fabulierte", um N. P. Lemches Worte, a.a.O. 82, aufzunehmen, käme einem Wunder gleich; für derartige wissenschaftliche Bestrebungen jener Zeit gibt es

das Rechtsleben noch die Sittenunterweisung während der vom alttestamentlichen Schrifttum abgedeckten Epoche erst noch aus einer pansakralen Kultur
„ausdifferenziert" werden mußten, sondern je eigene Lebensbereiche und -
vollzüge darstellten. Das schließt zwar Säkularisierungen theoretisch nicht
aus[34], doch ist zu fragen, ob es dafür in der Literatur des Alten Testaments
und in der Gesellschaft des alttestamentlichen Israel und Juda überhaupt
unzweifelhaft sichere Belege gibt[35]; selbst das Vorzeigebeispiel der sog.
Freigabe der profanen Schlachtung im Deuteronomium läßt sich, wie unten
zu zeigen sein wird, in den Quellen nicht sicher nachweisen. Das Gefälle
neigt sich vielmehr deutlich in die entgegengesetzte Richtung: Alttestamentliche Texte sind in der Regel theologischer und kultischer, je später sie
entstanden sind bzw. ihre Endgestalt erhalten haben. So werden seit E. Otto
„Theologisierungsprozesse im Alten Testament" beschrieben[36], und es läßt

---

aber keine Belege. Der Verf. geht deshalb in der folgenden Untersuchung von der
Berechtigung aus, in den uns heute vorliegenden alttestamentlichen Texten nach einem
authentischen Grundbestand aus der „erzählten Zeit" zu suchen und einen solchen
gegebenenfalls als historische Notiz anzuerkennen und auszuwerten.

34 Vgl. z.B. A. Wendel, Säkularisierung. Er rechnete freilich auch mit Sakralisierungen, die
den Säkularisierungen vorausgegangen sein sollen, und sprach von „Bindung und
Lösung", a.a.O., 32ff. Für den angenommenen Prozeß der „Bindung", der weithin vor der
durch das Alte Testament beschriebenen Zeit angenommen werden müßte, konnte er
jedoch fast ausschließlich nur auf Phänomene der allgemeinen Religionsgeschichte
verweisen, und wo er auf das Alte Testament selbst zurückgriff, wird die Ausgangssituation für die von ihm aufgezeigte „Lösung" – „nichts ist ohne heiligen Charakter",
a.a.O. 47, – durch die dafür gebrachten Beispiele nicht belegt; die Methode, hinter
profanen alttestamentlichen Normenbegründungen religiöse Vorstellungen zu vermuten,
weil vielleicht Parallelen für den Sachverhalt in überseeischen Gesittungen des 19. Jh.s
n.Chr. entdeckt und dort als religiös relevante Phänomene erkannt worden sind,
simplifiziert und harmonisiert die kultur- und religionsgeschichtlichen Entwicklungen der
Menschen und Völker in unzulässiger Weise.

35 Vgl. z.B. die Auseinandersetzung N. Lohfinks, Opferzentralisation, mit M. Weinfelds
Thesen zur Säkularisation im Deuteronomium!

36 Der Begriff „Theologisierung des Rechts" kommt zum ersten Mal bei E. Otto, Wandel,
72, vor; vgl. R. Albertz, Theologisierung, 115 mit Anm. 1. R. Albertz, a.a.O., ordnet
verschiedene Stufen der „Theologisierung des Rechts" in ein System der politischen und
sozialen Geschichte Israels ein, für das er sich freilich nur auf wenige Belegstellen
stützen kann. Zu bedenken ist allerdings, ob das Ergebnis der „Theologisierung des
Rechts" nach Gattung und Funktion noch als Recht bezeichnet werden kann. R. Albertz,
a.a.O., 125, urteilt zutreffend: „Das dtn Rechtsbuch hat den Charakter ‚gepredigten
Gesetzes'. Es ist noch weit stärker als das Bundesbuch von einem pädagogischen Duktus
bestimmt; es will nicht neues Recht setzen, sondern auch eine umfassende
Rechtserziehung leisten." Damit erinnert es an die Verhältnisse im Zweistromland: „Eine
ethische Normsetzung ... taucht in Mesopotamien an ganz anderer Stelle, nämlich in der
Weisheit auf.", R. Albertz, a.a.O. 117. Deshalb sollen das Bundesbuch und das
Deuteronomium im Folgenden nicht als Rechtsbuch oder, so L. Köhler, Rechtsgemeinde,
142 Anm. 55, Rechtssammlung, sondern neutral als Normensammlung bezeichnet

sich zeigen, wie „in priesterlicher Theologie immer mehr Rechtsnormen immer weiterer Bereiche des Alltagslebens unter den Gotteswillen gestellt"[37] werden.[38] Und was für die Theologie als die theoretische Ausdrucksform der Religion erkannt worden ist, scheint ebenso für den Kult als das praktische religiöse Element zu gelten. Dies sah bereits A. Wendel, auch wenn man ihm heute bei der zeitlichen Vorortung des Dekalogs widersprechen möchte: „Man kann beobachten, wie vom Dekalog zum Bundesbuch, Deuteronomium, Heiligkeitsgesetz, zuletzt Priesterkodex die materiale Sakralbindung zunehmend weiten Raum einnimmt."[39] Daraus folgt die Hypothese, die es in dieser Studie zu verifizieren gilt:

> Die Literatur des Alten Testaments spiegelt eine gesellschaftliche
> Entwicklung des alttestamentlichen Israel und Juda wider, in deren
> Verlauf Lebensvollzüge, die sich zuvor weitgehend profan, d.h.
> „vor dem Tempel" abspielten, sakralisiert worden sind.

Auch wenn nachexilische Texte des Alten Testaments in der Regel ein größeres Interesse an kultischen Fragen an den Tag legen als ältere, ist diese Entwicklung nicht einfach mit den Termini „vorexilisch" und „nachexilisch" einzuordnen und zu deuten. Wenn freilich in geringerem Maße, so lassen sich doch Sakralisierungen bereits in vorexilischer Zeit beobachten. Dennoch sind die beiden genannten Termini unverzichtbar, da sie einen unübersehbaren Einschnitt in der vorderasiatischen Kultur des 1. Jahrtausends v.Chr. widerspiegeln, der nicht nur in Juda, sondern auch in Mespotamien zu beobachten ist: Durch die Eingliederung in das persische Weltreich gerät der Fruchtbare Halbmond in eine weltgeschichtliche Randlage[40] und steht mehr unter dem Einfluß kultureller Entwicklungen, als daß diese wie bisher weitgehend von

---

werden, was auch der in beiden Sammlungen begegnenden Mischungen unterschiedlicher Gattungen am ehesten gerecht wird.

37 E. Otto, Rechtsbruch, 51; eine vergleichbare „Theologisierung ... von Rechtsüberlieferungen" läßt sich nach ihm auch in Ägypten erkennen, a.a.O. 26.

38 Dieselben Verhältnisse zeigt C. Petersen im Blick auf den Mythos und seine Verwendung in der alttestamentlichen Literatur: „Auffällig ist, daß kein einziger derjenigen Psalmen, die mythische Elemente enthalten, mit Sicherheit der vorexilischen Zeit zugewiesen, ja daß eine solche Zuordnung nicht einmal wahrscheinlich gemacht werden kann. Mehr oder weniger eindeutig überwiegen exilische und nachexilische Texte.", C. Petersen, Mythos, 266; hier dürfen freilich die erheblichen Datierungsschwierigkeiten der Psalmentexte nicht außer acht gelassen werden.

39 A. Wendel, Säkularisierung, 98.

40 Wenn D. O. Edzard, Geschichte, 246, urteilt: „Babylonien war für" Kyros „eher ein ‚Anhang'", mußte das für Palästina in noch weit höherem Maße gelten. Vgl. auch schon H. Schmökel, Geschichte, 320.

ihm aus bestimmt würden. In noch stärkerem Maße wird dies dann in hellenistischer Zeit deutlich.[41] Deshalb sollen hier die Begriffe „Alter Orient" bzw. „altorientalisch" ausschließlich auf die Zeit bis zum 6. Jahrhundert v.Chr. angewendet werden.

Die folgende Untersuchung möchte das Verhältnis von Profanität und Sakralisierung des täglichen Lebens im Israel der alttestamentlichen Zeit und in der Literatur des Alten Testaments an den Beispielen des Sabbats, der hauswirtschaftlichen Verwertung von Tieren sowie der Rechtsordnung aufzeigen. Die Beschränkung auf diese drei Themen ist dadurch nahegelegt, daß nur hierfür ein einigermaßen umfangreiches und aussagekräftiges Quellenmaterial zur Verfügung steht. Dabei muß das Schwergewicht auf Rechtstexten[42], Ritualen und kleinen historischen Notizen liegen, während bei der erzählenden Literatur zu oft ungewiß bleibt, ob die Aussagen für die erzählte Zeit oder nicht vielmehr für die Epoche des Erzählers Gültigkeit haben, und poetische Texte einer historischen oder institutionellen Auslegung oft erhebliche Hindernisse in den Weg stellen.[43]

---

41 D. O. Edzard, Geschichte, 11; vgl. auch H. Freydank, Lexikon, 6: „In der Geschichte Ägyptens und Vorderasiens bilden die Eroberungszüge Alexanders des Großen ... einen markanten Einschnitt, der die Zeit der altorientalischen Gesellschaft von der folgenden Zeit abhebt."

42 Auch E. Otto, Stellung, 283, favorisiert Rechtstexte als Beobachtungsmaterial in der Überzeugung, daß „wir hier am ehesten auf die Alltagswirklichkeit israelitischen Lebens stoßen".

43 Texte, die nicht problemlos zu übersetzen und zu verstehen sind, werden (bei ihrer ersten Erwähnung im gesamten Umfang) nach BHS dargeboten und mit einer Übersetzung in Kursivschrift (im Gegensatz zu Zitaten und zitierten Übersetzungen) versehen, um die Auslegung des Verf.s in jeder Einzelheit deutlich zu machen; leider läßt es sich nicht vermeiden, einige Abschnitte, deren Verständnis umstritten ist oder bei denen der Verdacht besteht, daß das traditionelle Verständnis wohl nicht dem Text entspricht, ausführlicher zu analysieren und in einigen Fällen auch Rekonstruktionen vorzuschlagen. Bisher unerklärte oder umstrittene soziale, militärische und kultische Termini technici bleiben unübersetzt und werden in die Übersetzungen in Umschrift eingestellt. Auch die Präfixe des Imperfekts und Perfekts consecutivum, die nicht als lexikalische, sondern als grammatische Morpheme zu gelten haben, werden nicht übersetzt; sie sind nur dann als *(und)* wiedergegeben, wenn der gute Stil im Deutschen dies erfordert. Durch runde Klammern werden auch in anderen Fällen für eine Übersetzung ins Deutsche notwendige Zusätze markiert, während zum Verständnis wichtige Bemerkungen in eckige Klammern gesetzt sind.

1. Der Sabbat

Der Sabbat dürfte die am besten bezeugte Institution des alttestamentlichen Israel sein, die in ihren Auswirkungen die Gesamtheit der Bevölkerung betraf. Mehr als fünfzig Belegstellen erwähnen ihn und geben über ihn mehr oder weniger detailliert Auskunft. Bei einer so günstigen Quellenlage wäre eigentlich ein weitgehender wissenschaftlicher Konsens darüber zu erwarten, wie der Sabbat verstanden und begangen wurde, wie sich beides im Laufe der Jahrhunderte gewandelt und wie die Verfechter oder auch die Gegner des Sabbats auf die Veränderungen reagiert haben. Ein Blick in die neueren Nachschlagewerke zur (Hebräischen) Bibel[1] und Gesamtdarstellungen der israelitischen Religionsgeschichte[2] macht jedoch deutlich, daß wir davon noch ein Stück entfernt sind. Nach wie vor wird diskutiert, ob es im königszeitlichen Israel einen Vollmondstag oder vielleicht auch einen Leermondstag mit dem Namen Sabbat gab, in welchem Verhältnis dieser zu dem – gegebenenfalls unbenannten und vielleicht sogar individuell gezählten – Ruhetag nach sechs Arbeitstagen stand und durch wen sowie vor allem warum der Name Sabbat eventuell von einem auf den Lauf des Mondes bezogenen Datum auf den allgemein gehaltenen wöchentlichen Ruhetag übertragen worden sein könnte. Nicht wirklich geklärt ist aber vor allem auch, ob der wöchentliche Ruhetag, der in den alttestamentlichen Belegen fast ausschließlich die Bezeichnung Sabbat trägt[3], ursprünglich nicht viel mehr als ein arbeits- und handelsfreier Tag war oder aber dieser Tag auch immer schon eine religiöse Begründung und eine gottesdienstliche Prägung besaß. Vornehmlich der Beantwortung der letzten Frage soll die folgende Durchsicht der einschlägigen Stellen dienen.

---

1   H.-J. Fabry, H. Ringren, ThWAT VII, Stuttgart u.a. 1993; G. Maier, Lexikon zur Bibel, Wuppertal 1994; E. Fahlbusch u.a., EKL 4, Göttingen 1996; G. Müller, TRE XXIX, Berlin, New York 1998; W. Kasper, LThK 8, Freiburg u.a. 1999; M. Görg, B. Lang, NBL III, Düsseldorf, Zürich 2001.

2   R. Albertz, Religionsgeschichte, 423f.; A. H. J. Gunneweg, Theologie, 131f.; W. H. Schmidt, Glaube, 132ff.; R. Rendtorff, Theologie, 72ff.

3   Ausnahmen sind lediglich Ex 23,12 und 34,21, wo jedoch das Verb שבת Verwendung findet. Zur nach wie vor umstrittenen Etymologie des Wortes שַׁבָּת vgl. neuerdings z.B. H. Rechenmacher, šabbat[t], und I. Willi-Plein, Wortform.

1.1 Der Sabbat in der vorexilischen Zeit

„Die Einhaltung des Sabbat" wird „in vorexilischen Quellen ... kaum erwähnt."[4] Da es nun aber nicht so ist, daß es überhaupt keine Hinweise auf den Sabbat in der Königszeit gäbe (und man deshalb aus dem Schweigen der Quellen schließen müßte, daß der Sabbat bedeutungslos war oder es ihn noch gar nicht gab), kann die Erklärung für diesen Sachverhalt nur heißen: Der Sabbat und seine Einhaltung waren in vorexilischer Zeit mehr oder weniger selbstverständlich, so daß es nur selten einen Grund gab, über ihn zu reden. Dementsprechend wird der Sabbat auch an denjenigen Stellen des Alten Testaments, die mit einer gewissen Wahrscheinlichkeit der vorexilischen Epoche zuzuordnen sind – und das sind II Reg 4,23; II Reg 11,4ff.; II Reg 16,18 und Am 8,5 – nicht zum Thema gemacht, sondern eher beiläufig genannt; seine Erwähnung dient als Erzähl- (II Reg 4,23) oder Argumentationsmotiv (Am 8,5) oder war als ein Element der geschichtlichen Überlieferung einfach nicht zu vermeiden (II Reg 11,4ff. und 16,18). Und seine allgemeine Akzeptanz wird wohl auch der Grund dafür sein, daß, wie häufig mit Verwunderung angemerkt[5], der normative Teil des Deuteronomiums den Sabbat nicht behandelt; wenn Dtn 12ff. noch einen Kern aus der altorientalischen Epoche besitzen sollte, haben die Kapitel eben an dem „caractère subsidiaire, complémentaire"[6] der Normensammlungen jener Zeit teil, d.h. wenn keine Notwendigkeit bestand, Einzelheiten der Einhaltung des Sabbats zu regeln oder etwa gar seine Einhaltung durchzusetzen, gab es keinen Anlaß, ihn zu thematisieren. Und die genannten vorexilischen Belegstellen legen durchaus nahe, daß ein solcher Anlaß in jener Zeit offensichtlich nicht gegeben war, sondern der Sabbat sowie seine praktische Durchführung unumstritten gewesen zu sein scheinen.

Daneben gibt es einige Belegstellen für den Sabbat, die früher der vorexilischen Zeit zugeordnet wurden, deren Datierung heute aber hinterfragt wird. Das betrifft vornehmlich Jes 1,13 und Hos 2,13, wo einige Autoren eine prophetische Kritik am vorexilischen Sabbat erkennen wollten. Ferner ist auch unsicher, ob sich die pentateuchischen Sabbatgebote literargeschichtlich bis in die Königszeit hinauf verfolgen lassen; daß die Anordnungen in Ex 20,8ff.; 23,12; 34,21 und Dtn 5,12ff. unterschiedlich datiert werden und selbst das gegenseitige zeitliche Verhältnis dieser Gebote

---

4 K. Koch im Vorwort zu G. Robinson, Origin, 7.
5 Schon W. Nowack, Schabbat, 15f.
6 So H. Petschow, Systematik, 154 Anm. 43, im Anschluß an G. Cardascia. Vgl. dazu auch die rhetorische Frage N. Lohfinks, Opferzentralisation, 229: „Strebt das Deuteronomium, streben altorientalische Gesetze überhaupt Vollständigkeit an?"

zueinander umstritten ist, liegt in der Begrenztheit ihrer Aussagen, die so gut wie keine konkreten Anhaltspunkte für eine zeitliche Verortung bieten; so hält auch z.B. K. Grünwaldt die dekalogischen Sabbatgebote für „praktisch kaum zu datieren"[7].

1.1.1 Belege für die Arbeits- und Handelsruhe am Sabbat in der vorexilischen Zeit

Am 8,5 dokumentiert den Sabbat als einen Tag der Handelsruhe. Die Stelle schreibt „man allgemein entweder dem Propheten selbst oder seinen unmittelbaren Schülern zu"[8]; dann hätte sie als Zeugnis für die Mitte der Königszeit zu gelten. Freilich ist auch bezweifelt worden, daß Am 8,5 einschließlich des unmittelbaren Kontexts auf den Propheten oder seinen Schülerkreis zurückgehe; hier liege vielmehr das Werk einer späteren redaktionellen Bearbeitung vor.[9] Wird der Abschnitt auch dann oft gerade noch in die vorexilische Zeit datiert[10], ist die Verfasserfrage für unser Thema letztlich nicht entscheidend, insofern sich in Am 8,5 auf jeden Fall die Verhältnisse der Epoche vor der Katastrophe von 597 bzw. 586 v.Chr. spiegeln würden.

Für eine Untersuchung über den vorexilischen Sabbat wäre Am 8,5 allerdings unbrauchbar, wenn diejenigen Stimmen Recht hätten, die die Stelle in die nachexilische Zeit verorten wollen. Die Argumente dafür, wie sie z.B. G. Fleischer auflistet[11], sind jedoch recht schwach:

1. Erstens lasse „sich die Rede von den »Taten« im Sinne von »Untaten« durchgängig nur noch in exilisch-nachexilischen Texten" finden. Das Wort מַעֲשִׂים steht allerdings nicht in 8,5, sondern allein in 8,7, so daß seine Verwendung dort bei dem anscheinend recht komplizierten Aufbau und damit wohl auch verwickelten Entstehungsprozeß des Abschnittes 8,3-14 für

---

7 K. Grünwaldt, Exil, 130.
8 T. Veijola, Propheten, 252 mit Anm. 38 und 39, für den selbst jedoch 8,5a und 6b „jüngerer Zusatz" sind; siehe auch D. U. Rottzoll, Studien, 258, der die Stelle aber in nachexilische Zeit datiert.
9 Vgl. J. Jeremias, Am 8.4-7, 205 Anm. 1, und auch die eindrucksvolle Liste derjenigen Autoren, die die Verfasserschaft des Amos ablehnen, bei G. Fleischer, Menschenverkäufer, 184 Anm. 41. Bei einer solchen Stimmungslage kann es nicht verwundern, daß die Erwähnung des Sabbats an unserer Stelle selbst in TRE durch C. Körting und H. Spieckermann, Sabbat, 518, (mit Verweis auf T. Veijola) Amos diskussionslos abgesprochen wird.
10 Vgl. J. Jeremias, Amos, XXI.
11 G. Fleischer, Buch Amos, 251, woraus auch die folgenden Zitate eingangs der Absätze 1. bis 3. entnommen sind.

8,5 nicht viel besagt. Wenn es aber zutrifft, daß nach J. Jeremias Am 2,6 und 2,7 in 8,4 und 6 „leicht variiert zitiert" von der Redaktion als Rahmen um 4b-5 gelegt worden sind[12], hebt diese Umrahmung 8,5 hervor und erweckt den Eindruck, als sei hier ein Wort ehrwürdiger Herkunft und besonderer Bedeutung eingearbeitet und betont worden.[13] Und dies könnte durchaus ein Amoszitat sein, dessen Authentizität durch die leicht variierten Zitate anderer Amosworte unterstrichen werden sollte.

2. Zweitens finde sich „die Rede von Neumond und Sabbat ... in gleicher Reihenfolge ebenfalls in dieser" (sc. exilisch-nachexilischen) „Zeit (vgl. Ez 45,17; Jes 66,23)". Richtig ist, daß in (meist Prosa-)texten der nachexilischen Epoche eine stereotype Festtagsliste begegnet, die Neumond und Sabbat enthält und auf die unten wiederholt einzugehen sein wird.[14] Diese liegt aber in Am 8,5 gar nicht vor: Einmal stehen hier die beiden Daten anders als in den Listen und auch in Ez 45,17 nicht unmittelbar nebeneinander, sondern sind durch anderes Textmaterial und zwar durch den Nebensatz 5aβ voneinander getrennt; zum anderen fehlt das für die Festtagslisten übliche und in Ez 45,17 auch vorhandene dritte (und gegebenenfalls auch vierte) Glied, welchen Befund Am 8,5 mit Jes 66,23 teilt. Die unbestreitbar richtige Datierung der stereotypen Festtagslisten als nachexilisch kann somit auf Am 8,5 nicht ausgedehnt werden.

3. Suche man schließlich für die Sozialkritik in Am 8,4ff. „nach einer zeitgeschichtlichen Situation, so wird man an das 5. Jh. v.Chr. und die in Neh 5,1-5 beschriebenen Verhältnisse denken müssen." Für das 5. Jahrhundert v.Chr. belegen Neh 13,15-22 und das Elephantine-Ostrakon CG 152 nun aber die Nichteinhaltung des Sabbats in großen Teilen der jüdischen Bevölkerung

---

12 Der Text weise sich durch wortwörtliche Zitate von seltenen Wörtern und Redewendungen als von Am 2,6f. abhängig aus, sein „Zitatcharakter" sei „für jeden Leser *mühelos* erkennbar", J. Jeremias, Am 8,4-7, 206 (Hervorhebung durch den Verf.). H. W. Wolff, Amos, 132, behauptet sogar, daß „der Wortlaut von 4 und 6a fast genau 26b.7a entspricht". Tatsächlich entspricht sich – abgesehen von solchen im Alten Testament häufiger vorkommenden Wörtern wie כֶּסֶף (403 mal belegt) und דַּל (48 mal belegt) – aber lediglich die Wendung אֶבְיוֹן בַּעֲבוּר נַעֲלָיִם; die Wörter עָנָו in Am 8,4 und שָׁאַף in Am 2,7 sind textlich umstritten, was den Nachweis einer Zitation erschwert. Eine vollständige Zusammenfassung weiterer und z.T. erheblichen Unterschiede zwischen den beiden Abschnitten bietet G. Fleischer Menschenverkäufer, 183f. Wenn J. Jeremias, Am 8,4-7, 218, nun aber selbst feststellt, daß sich „trotz" nur „teilweise gleicher Wortwahl ... Am 8,4-6 ... auf einen völlig anderen Sachverhalt als Am 2,6f." „bezieht", dann drängt sich schon die Frage auf, warum er dann überhaupt nach einer Vorlage für Am 8,4-6 in 2,6f. sucht.

13 Siehe auch T. Veijola, Propheten, 253f., unter Bezug am V. Maag: 8,5a habe „eine andersartige formale Struktur" und mache „einen fast prosaischen Eindruck", was auf die „Einfügung eines Zitates" hinweise.

14 Vgl. zu Hos 2,13 in 1.1.3 und vor allem ausführlich in 1.3.1.1 dieses Kapitels.

des Nahen Ostens.[15] Im Gegensatz dazu beurkundet Am 8,5, daß der Sabbat
in der Epoche, auf die sich die Aussage bezieht, als handelsfreier Tag trotz
aller Unzufriedenheit der Händler mit dieser Institution ganz offensichtlich
respektiert wurde. Dieser entscheidende Unterschied ist auch gegen C. Levin
zu betonen, der zwar in Am 8,(4*.)5a durchaus ein „älteres Wort" als Kern
des Abschnittes 8,4-8 erkennt, es jedoch „wegen der sachlichen Nähe zu Neh
10,32; 13,15-22" für „wenig wahrscheinlich" hält, daß es auf den Propheten
Amos zurückgehen könnte.[16]

4. T. Veijola nimmt J. Meinholds Hypothese von der ursprünglichen
Mondbezogenheit und damit einer monatlichen Wiederkehr des Sabbats[17] zur
Grundlage seiner Datierung. Für ihn ist „das Verhalten der Kornhändler"
noch am ehesten verständlich, „wenn der Markt" nicht nur zweimal im Mo-
nat, sondern „am Neumond und an jedem Wochensabbat" „gesperrt war".[18]
Dann aber handele es sich hier um den „Wochensabbat", und deshalb könne
Am 8,5 nicht aus der Königszeit stammen.[19] Da jedoch eine ursprüngliche
Mondbezogenheit und damit monatliche Wiederkehr des Sabbats, wie gleich
zu zeigen sein wird, unwahrscheinlich ist, scheidet dieses Argument für die
Verortung von Am 8,5 aus.

5. Methodisch fragwürdig ist das Vorgehen D. U. Rottzolls: Da Am 8,4ff.
„Bestandteil eines sich nicht in die konzentrische Komposition des Amosbuches einpassenden Textkomplexes ist", „liegt es von vornherein nahe, in
ihm einen nach R[RK] ins Amosbuch eingebrachten Text zu sehen."[20] Die von
ihm aufgewiesene chiastische Struktur des Amosbuches mag für den
Betrachter seines Schemas „verblüffend" sein[21], ob es das aber auch für den
(kursorischen) Leser ist, ob er sich also z.B. bei der Lektüre von Am 6,12
daran erinnert, daß bereits in 3,3-8 „didaktische Fragen" gestellt worden
waren und er sich demnach in diesem Moment in einer um den Hymnus in
5,8(9) gespiegelten Position des Textes befindet, muß doch beim Umfang des
Amosbuches sehr bezweifelt werden; eine derartige künstlerische Struktur

---

15 Siehe dazu ausführlich unten 1.2.
16 C. Levin, Amosbuch, 418 mit Anm. 58, unter Hinweis auf O. Kaiser und T. Veijola.
17 J. Meinhold, Sabbat und Woche im Alten Testament, FRLANT 5, Göttingen 1905.
18 T. Veijola, Propheten, 252f., unter Hinweis auf K. Budde.
19 So von C. Körting, H. Spieckermann, Sabbat, 518, sogar in ein Lexikon übernommen:
    „sprechen entscheidende Argumente wie das vorausgesetzte Handelsverbot (vgl. Neh
    10,32; 13,15-22) dafür, den Text mit den nachexilischen Stadien der Entstehung des
    Amosbuches in Verbindung zu bringen"; vgl. dazu ausführlich auch T. Reinmuth, Re-
    form, 296ff.
20 D. U. Rottzoll, Studien, 258; den Redaktor R[RK] datiert er in die erste Hälfte des 5. Jahr-
    hunderts v.Chr.
21 So das Urteil von A. Schart, Entstehung, 62 Anm. 51, zu D. U. Rottzolls Darstellung
    a.a.O. 3.

hat aber nur dann einen Sinn, wenn sie für den Leser nachvollziehbar ist, und das dürfte wohl nur bei kleineren Texteinheiten der Fall sein. Wenn D. U. Rottzoll im übrigen seine „Ringkomposition" nur dann sichtbar machen kann, indem er Textteile das Buches ausscheidet, diese dann aber als spätere Zusätze erklärt, weil sie sich nicht in die „Ringstruktur" einfügen lassen, kommt dieser Schluß einem circulus vitiosus recht nahe.

So ist nach Meinung des Verf.s bisher kein wirklich triftiger Grund dagegen vorgetragen worden, daß wir Am 8,5 wenn schon vielleicht nicht dem Propheten des 8. Jh. v.Chr., so doch immerhin noch der vorexilischen Zeit zuschreiben dürften. Der Text lautet:

$$\text{מָתַי יַעֲבֹר הַחֹדֶשׁ וְנַשְׁבִּירָה שֶּׁבֶר}^{22}$$
$$\text{וְהַשַּׁבָּת וְנִפְתְּחָה־בָּר}$$

5a ... *Wann geht der Neumondstag vorüber, und wir werden Getreide verkaufen,*

und der Sabbat, und wir werden Weizen anbieten[23]?[24]

Aus der gemeinsamen Erwähnung von Neumond(stag) und Sabbat hier und in II Reg 4,23 den Schluß zu ziehen, daß auch der Sabbat in der Zeit vor dem Exil ein mondbezogenes Datum und zwar der Vollmonds-[25] oder der

---

22　„Die Einleitung des Zitates durch le'mor ist ausgesprochen unbeholfen (vgl. BHS), weil ihm kein verbum dicendi (vgl. Am 2,12; 3,1) oder ein vergleichbares Verb (vgl. Am 7,19) vorangeht."; T. Veijola, Propheten, 253; ähnlich auch H. W. Wolff, 132, der hier ein Partizip erwartet. Beide Wünsche lassen sich aber vielleicht sogar erfüllen: Das in 4b vorangehende Wort לַשֶּׁבֶר, das schon in seiner Orthographie auffällig ist, im par. membr. dem הַשֹּׁאֲפִים entsprechen soll und in der LXX grammatisch dazu passend als Partizip καταδυναστεύοντες wiedergegeben worden ist, dürfte als verschrieben einzuschätzen sein; hier kann ursprünglich durchaus ein Verbum dicendi im Partizip gestanden haben, das vielleicht einen Aufruf der Händler an die (Q) עֲנִיֵּי־אָרֶץ formulierte, in ihren Wunsch nach Abschaffung der Handelsruhe einzustimmen. Zu einer anderen Lösung siehe C. Levin, Amosbuch, 415ff.

23　R. Kessler, Kornhändler, 17f. hat den Gebrauch von הִשְׁבִּיר untersucht und kommt zu dem Ergebnis, daß hier nicht von Handel, wo der Zusatz der Wendung „um Geld" zu erwarten wäre, sondern von der Ausreichung eines Darlehns die Rede sei; doch wäre auch dies dann eine „kommerzielle Aktion", die am Neumond und Sabbat zu unterbrechen war.

24　Gegen T. Veijola, Propheten, 254 unter Bezug auf V. Maag, dürfte hier ein Vers im Parallelismus membrorum vorliegen, auch wenn die Halbverse unterschiedlich lang sind und man sich im zweiten zum Ausgleich eine ballast variant wünschen würde.

25　Die häufig vertretene Meinung hat L. Schwienhorst-Schönberger, Bundesbuch, 389, knapp zusammengefaßt: „Sämtliche vorexilischen Belege nennen den Sabbat zusammen mit dem Neumond (Anm. 2: 2Kön 4,23; Jes 1,13; Hos 2,13; Am 8,5.). Daraus kann geschlossen werden, daß in vorexilischer Zeit der Sabbat der Vollmondtag war." Daß diese Hypothese methodische Mängel haben muß, zeigt sich nicht zuletzt daran, daß sie ihre Verfechter zu sehr unterschiedlichen Charakterisierungen dieses Tages führt: C. Levin, Sturz, 39: „die Hausgemeinschaften" traten „zum Gemeinschaftsopfer zusammen ... und an den Kultstätten fanden Gottesdienste statt", „zur Erteilung von Orakeln gün-

Leermondstag[26] gewesen wäre, hieße, die Texte exegetisch zu überfordern.
Was die beiden Daten miteinander verbindet, so daß sie in einem Atemzug
genannt werden konnten, muß dem Kontext entnommen werden. Und danach
besagt das Nebeneinander von Neumond und Sabbat in Am 8,5 nicht mehr,
aber auch nicht weniger, als daß an beiden Tagen der Handel ruhte[27] und sie
sich in diesem Punkte vergleichen und zusammenstellen ließen. F. Mathys
mißtraut freilich der Historizität dieser Aussage, „denn nirgends sonst im A.
T. ist von einem Arbeitsverbot am Neumond die Rede, und es sind auch
keine außerbiblischen Belege dafür bekannt"[28]. Letzteres aber ist nicht
verwunderlich, gibt es doch auch für die Arbeits- und Handelsruhe am Sabbat
in der Königszeit nur wenige alttestamentliche Belege und scheinen
Hinweise aus der Umwelt des alttestamentlichen Israel und Juda auf diese
innerhalb der Kultur des Alten Orients doch immerhin einzigartige und somit

---

stig", „gewisse Tätigkeiten wie der Handel waren tabu"; K. Koch in seinem Vorwort zu
G. Robinson, Origin, 7: „ein Mondfest ..., das zugleich das Königtum Jahwäs gefeiert
und den Dienst anderer Götter verdammt hat"; T. Veijola, Propheten, 263: „das alte Voll-
mondfest, das neben dem Neumond als fröhliches Opferfest in den lokalen Heiligtümern
gefeiert wurde und auch ein geeigneter Tag für das Aufsuchen eines Gottesmannes war",
„Hosea ... und Jesaja ... haben ihn durchaus gekannt – und bekämpft"; K. Grünwaldt,
Exil, 139: „ein mit dem Mondlauf verbundenes Fest ... nach dem Vorbild kanaanäischer
Religion", „ein fröhlicher Festtag, der mit Opfern am Heiligtum begangen wurde", „der
Handel auf dem Markt ruhte", „die Profeten Amos, Hosea und Jesaja üben scharfe Kritik
an der Feier des Sabbat"; R. Albertz, Religionsgeschichte, 424: „Vollmondfest ... von den
Priestern am Tempel" „unter weitgehendem Ausschluß der Öffentlichkeit" „kultisch
begangen", „mit einem Handelsverbot belegt"; A. Lemaire, Sabbat, 389: „Fest, das mit
dem Neumondsfest in Parallele steht", „das Volk versammelt sich ... in verschiedenen
Heiligtümern" zu einem „Feiertag ...", der von einer freudigen Stimmung getragen und
durch zahlreiche Opfer begangen wird", „angesichts der großen Menschenmenge" wurde
„an diesem Tage die Jerusalemer Tempelwache verstärkt", „aus der prophetischen Kritik
kann man schließen, daß der S. zum kanaan. Erbe gehört", „mit lokalen Markttagen oder
kleinen »Messen« verbunden"; B. Lang, Sabbatgebot, 393: der „für die gesamte Bevölkerung arbeitsfreie Tag, der mit der Vollmondnacht beginnt", „die Andeutung kultischer Pflicht" für den wöchentlichen Sabbat „mag ... auf den Vollmond-Sabbat zurückgehen".

26 So der Vorschlag von I. Willi-Plein, Wortform, 205, unter teilweisem Bezug auf H.
   Rechenmacher, šabbat[t]; durch C. Dohmen, Der siebte Tag, 44, ist diese Auffassung
   bereits auch in eine allgemeinverständliche Darstellung eingegangen. Bei dieser Deutung
   fielen nun aber Sabbat und Neumond auf ein zeitliches Kontinuum, das dann in der
   traditionellen Reihenfolge חֹדֶשׁ – שַׁבָּת auseinandergerissen und in die gegensätzliche
   Abfolge (Monats)Anfang – (Monats)Ende aufgespalten worden wäre, wofür eine Erklärung noch gegeben werden müßte; genauso erklärungsbedürftig wäre, wie es von der
   unterschiedlich langen Leermondzeit zu dem Sabbattag gekommen sein könnte; und
   schließlich müßte auch noch mit bedacht werden, daß Jud 8,6 dem Tag unmittelbar vor
   Neumond nicht den Namen σάββατον, sondern προνουμηνία gibt.

27 So gegen A. Lemaire, Sabbat, 389; vgl. das Zitat in Anm. 25.

28 F. Mathys, Sabbatruhe, 249f.

gewiß auffällige Institution des Sabbat ganz zu fehlen[29] – das Schweigen der Quellen wird, wie bereits oben angesprochen, eben sehr oft darin begründet sein, daß es zum Reden keinen Anlaß gab. Andererseits dürfte Am 8,5 als Beleg für einen (arbeits- und) handelsfreien Neumondstag auch durchaus ausreichend sein.[30] Die Singularität dieser Notiz wird vielleicht damit zusammenhängen, daß der Neumondstag überhaupt nur selten und wenn, dann meist nur formelhaft erwähnt wird, da er – als monatliches Datum ja auch nicht so häufig wie der Sabbat – offenbar zu keiner Zeit und nirgendwo umstritten oder gefährdet war. So wird er denn auch in die Klagen über die Mißachtung der Arbeitsruhe am Sabbat in Jer 17,19-27 und Neh 13,15-22 nicht einbezogen, worauf F. Mathys mit Recht hingewiesen hat.[31] Während jedenfalls in Am 8,5 Neumondstag und Sabbat ohne Zweifel unter dem Gesichtspunkt der Handelsruhe zusammengestellt worden sind, gibt es jedoch dafür, daß nicht nur der Neumondstag, sondern beide Termine auf Mondphasen bezogen seien und sich darin glichen, an dieser Stelle keinerlei Hinweis.[32]

Überhaupt können die üblichen Argumente für eine vorexilische Mondbezogenheit des Sabbats[33] – in der überwiegenden Mehrheit als Vollmondstag, in einem Minderheitenvotum als Leermondstag vermutet – die ihnen auferlegte Beweislast nicht tragen: Für Jes 1,13 und Hos 2,13, wo Neu-

---

29 W. H. Shea, Inscription, 250f., deutet freilich die Wendung ina 7-šú auf Zeile 19 der Azekah-Inschrift als „on Hezekiah´s seventh-day Sabbath" und sieht darin ein erstes Beispiel für „the tactic of attacking the Jews on the Sabbath day". Allerdings gibt es keinen weiteren Beleg dafür, daß der Sabbat jemals als „der Siebente" ohne Zusammenhang mit dem Wort „Tag" bezeichnet worden wäre, und vor allem die Schreibweise mit einer Ziffer dürfte die Deutung als Sabbattag kaum nahelegen; da die Schreibung 7-šú nach W. von Soden, Grundriss, 94, der üblichen neuassyrischen Schreibweise der Multiplikativzahlen entspricht, ist hier wohl bei dem Verständnis N. Na'amans, Letter to God, 28, als „in the seventh time" zu verbleiben, auch wenn eine wirkliche Sicherheit in der Deutung aufgrund des schlechten Erhaltungszustandes der Tafel ausbleiben dürfte.

30 Zur Verwendung des Wortes עֲצָרָה als einem möglichen weiteren Beleg für die Arbeitsruhe am Sabbat und Neumondstag siehe unten die Auslegung von Jes 1,13 in 1.1.3!

31 F. Mathys, Sabbatruhe, 250.

32 So methodisch richtig auch A. H. J. Gunneweg, Theologie, 131, für den die Nennung des Sabbat „neben dem Neumondtag" nicht besagt, „daß der Sabbat tatsächlich ein ‚Mondphasentag' war, sondern die Ähnlichkeit mit dem Neumondtag und dem sabattum ... darin bestehen" könne, „daß er ein Tabutag war".

33 Als Ausnahmen in der einschlägigen Literatur formulieren das sehr vorsichtig F. Mathys, Sabbatruhe, 248: „im Zusammenhang mit einem Neumondfest", und B. Lang, Sabbatgebot, 393, speziell im Blick auf die Sabbatgebote: „Die zweite Wurzel des jüd. Sabbat, der für die gesamte Bevölkerung arbeitsfreie Tag, der mit der Vollmondnacht beginnt, ist in den S.en nur noch undeutlich zu erkennen."

mondstag und Sabbat in unmittelbarer Verbindung miteinander genannt werden, ist die Abfassung in der Königszeit – wohl mit Recht – bestritten worden; völlig unzweifelhaft ist jedoch demgegenüber die nachexilische Datierung von Jes 66,23; Ez 45,17 und 46,1ff., I Chr 23,31; II Chr 2,3; 8,13 und 31,3 sowie Neh 10,34, wo die Kombination von Neumondstag und Sabbat ebenfalls begegnet[34] – schon das rein zahlenmäßige Übergewicht der sehr wahrscheinlich oder unzweifelhaft nachexilischen Belegstellen spricht durchaus dafür, daß es sich bei der literarischen Kombination von Neumondstag und Sabbat weniger um eine alte Tradition, die ihre Zählebigkeit bis in die Spätzeit bewahrt hätte[35], als eher um eine späte Redewendung handelt, die redaktionell auch in vorgegebene Texte eingetragen worden ist.[36] Hätte es nicht schon stutzig machen müssen, daß Neumondstag und Sabbat als Paar in den Festkalendern in Exodus und Deuteronomium, hinter denen zuweilen alte Traditionen gesehen werden, fehlen?[37] Doch die üblicherweise als Beleg für die genannte Hypothese herangezogenen vier Stellen II Reg 4,23; Jes 1,13, Hos 2,13 und Am 8,5 repräsentieren auch nicht den Gesamtbestand der – allgemein zugestandenen oder umstrittenen – vorexilischen Belege für den Sabbat: Es kommen II Reg 11,4-12 und 16,18 hinzu, ferner die kurze Notiz in Thr 2,6, die unmittelbar zu Beginn der exilischen Zeit auf den Sabbat vor 586 v.Chr. zurückblickt, was vielleicht auch für Jer 17,19-27 zu gelten hat – hier wird der Sabbat durchweg ohne das Pendant Neumondstag erwähnt. Vor allem aber gibt es im Hebräischen mit כֶּסֶא bzw. כֶּסֶה ein spezielles Wort für den Vollmond und den Vollmondstag[38],

---

34 Vgl. auch W. H. Schmidt, Gebote, 90 Anm. 23, der Jud 8,6 und Kol 2,16, sowie B. Schaller, Sabbat, 2, der 1 QM II,4 und Kol 2,16 als nachkanonische Belege anführt.

35 So T. Veijola, Propheten, 254f.; R. Albertz, Religionsgeschichte, 425, nennt die Zusammenstellung von Sabbat und Neumond ein „literarisches Fossil".

36 Das zeigt sich deutlich z.B. in Ez 46,1 und 6, wo die den Neumondstag betreffenden Verse und Passagen gegen W. Zimmerli, Ezechiel 2, 1168f., recht späte Zusätze zu sein scheinen, wie denn auch in 46,12 nur der Sabbat erwähnt ist; zur Argumentation vgl. K. Grünwaldt, Exil, 138. Vgl. auch Neh 10,34, wo die beiden Wörter הַשַּׁבָּתוֹת הֶחֳדָשִׁים grammatisch völlig unverbunden eingefügt worden sind. Ähnlich auch II Chr 8,13. Siehe im einzelnen unten zu den Stellen!

37 Für den Sabbat bemerkt es F.-L. Hossfeld, Dekalog, 251, ausdrücklich und versucht es dadurch zu erklären, „daß der Sabbat ... kultgesetzlich nicht reglementiert" gewesen wäre. R. Albertz, Religionsgeschichte, 242, schließt daraus, daß die beiden Feste „am Tempel ... unter weitgehendem Ausschluß der Öffentlichkeit" begangen wurden; vgl. dazu unten die Besprechung von Ez 46,1-12, wofür R. Albertz's Auffassung in gewissem Maße zuzutreffen scheint.

38 Belegt ist כֶּסֶה/כֶּסֶא als Datum in Ps 81,4 (dem Gedankenkreis des Deuteronomiums verwandt und eventuell auch in diese Zeit zu datieren, vgl. H.-J. Kraus, Psalmen 2, 729) und Prv 7,20 (wohl kaum datierbar) sowie vermutet als Bezeichnung für den Vollmond als astronomische Erscheinung in Hi 26,9.

das zudem sprachlich die Brücke zur Bezeichnung des Vollmonds und des Vollmondstages in der Umwelt Israels schlägt.[39] Wenn nun aber die Feier des Vollmondstages in Syrien und Mesopotamien als Argument dafür herangezogen wird, daß es Entsprechendes auch in Israel gegeben haben müsse, drängt sich doch die Frage auf, warum dann dafür hier neben כֶּסֶה/כֵּסֶא auch noch das Wort Sabbat – zumal sein Charakter als akkadisches Lehnwort nicht bewiesen ist[40] – verwendet worden sein soll.[41] Und was sollte den vermeintlichen alten Vollmonds- oder Leermondstag dazu prädestiniert haben, ausgerechnet ihn in der Exilszeit mit dem wöchentlichen Ruhetag zu kombinieren[42], wo man doch die anderen Feste und Festtage vielleicht auch nicht mehr in der althergebrachten Weise begehen konnte? Wesentlich einleuchtender wäre da ein eventueller sachlicher Zusammenhang des Sabbats mit den bab. „Unglückstagen", obgleich diese nicht für alle Monate sicher bezeugt sind und wohl auch nicht für die Gesamtbevölkerung Geltung besaßen[43]; freilich läßt sich auch eine Übernahme und Angleichung dieser „Unglückstage" an „ein System, das alle 7 Tage einen arbeitsfreien Tag vorsah"[44], in den Quellen nicht nachvollziehen.[45] Bis zu einem wirklichen Beweis des Gegenteiles muß dann doch wohl davon ausgegangen werden, daß das hebräische Wort שַׁבָּת in allen literarischen Schichten des Alten Testaments und für alle Zeiten der Geschichte Israels ein und dasselbe bedeutet, nämlich den handels- und arbeitsfreien Tag jeder Woche.[46] J. Meinholds Hypothese von einer ursprünglichen Verbindung des Sabbat mit

---

39 Als akkadisches Lehnwort auch ugaritisch, phönizisch, syrisch und arabisch belegt; siehe HAL II, 463.
40 Negativ äußert sich dazu z.B. E. Haag, שַׁבָּת, 1049: „Die oft behauptete Verbindung ... mit dem akk. Nomen šab/pattu, das den 15. Monatstag ... bezeichnet ..., ist ... sowohl etymologisch wie auch semantisch ausgeschlossen, weil ... im AT das Nomen šabbāt stets den von den Mondphasen unabhängigen wöchentlichen Ruhetag ... bezeichnet"; positiv dagegen z.B. H. Rechenmacher, šabbat[t], 202f., mit Verweis auf B. Landsberger.
41 So H. Haag, שַׁבָּת, 1052; ders., Sabbat, 1402; vgl. auch W. H. Schmidt, Gebote, 90. Das Problem hat auch A. Lemaire, Sabbat, 389, gesehen, doch keine Konsequenzen daraus gezogen.
42 Zu der vermeintlichen Identifikationsformel in Ex 20,10a und Dtn 5,14a siehe 1.3.2.1!
43 W. Nowack, Schabbat, 9.
44 So die Erklärung von A. Lemaire, Sabbat, 389f., der den Grund dafür einer Kalenderreform um 604 v.Chr. sieht.
45 E. Haag, Sabbat, 1402.
46 So HAL IV, 1310; B. Schaller, Sabbat, 2. Aus morphologischen Überlegungen kommt E. Haag, שַׁבָּת, 1049, zu dem Schluß: „Die Grundbedeutung des Nomens šabbāt ist daher ‚Feiertag', und zwar im Sinn der altisrael. Ruhetagsvorschrift mit Bezug auf den dort angeordneten Siebten Tag."; vgl. auch ders., Sabbat, 1402. Vgl. auch E. Kutsch, Sabbat, 75ff., der aus der Analyse der Angaben in Lev 23 zu dem Ergebnis gelangt, daß es bereits vorexilisch einen wöchentlich wiederkehrenden Tag mit Namen Sabbat gegeben habe.

den Mondphasen dürfte nicht ohne Grund für Jahrzehnte in Vergessenheit geraten gewesen sein.[47]

Anlaß für die Erwähnung des Sabbats in Am 8,5 ist die Unzufriedenheit der Händler darüber, an den beiden Tagen ihre geschäftliche Tätigkeit unterbrechen zu müssen.[48] Der Hinweis von K. Budde, daß die Klagen der Händler über die Sabbatruhe nur dann einen Sinn hätten, wenn es sich dabei nicht um einen monatlichen Vollmondstag, sondern um den wöchentlichen Sabbat handelt, zu dem dann noch ein Neumondstag pro Monat hinzukommt[49], ist auch heute immer noch hörenswert. Das Entscheidende für unser Thema aber ist die Akzeptanz des Ruhetages, von der Am 8,5 zeugt[50]: So sehr der Prophet die ablehnende Haltung der Händler dem Sabbat gegenüber sowie die Unehrlichkeit in ihrer Berufsausübung bemängelt, lassen seine Worte doch nicht den Eindruck aufkommen, als würde die Handelsruhe am Sabbat verletzt. Im Gegenteil: Sie wird selbst von Leuten, die sich offensichtlich über manch eine andere Regel bedenkenlos hin-

---

47 „Meinholds Theorie ist in der nachfolgenden Zeit ... fast gänzlich in Vergessenheit geraten oder entschieden abgelehnt worden. ... A. Lemaire hat" (1973) „die Sabbat-Belege aus der israelitischen Königszeit neu untersucht und ist zu einem Ergebnis gekommen, das Meinholds Theorie voll bestätigt.", T. Veijola, Propheten, 247. Zu weiteren Außenseitertheorien über die Herkunft des Sabbat vgl. z.B. W. H. Schmidt, Glaube, 133f.; B. Schaller, Sabbat, 1.

48 I. Willi-Plein, Wortform, 205f. Anm. 13, erwägt entgegen dieser allgemeinen Auffassung, ob die Klage der Händler nicht in „der Unsicherheit, wann die erste neue Mondsichel sichtbar werde, beruhen" könne, „zumal dies auch durch ungünstiges Wetter verzögert werden kann".

49 K. Budde, Antwort, 140. Dagegen ist J. Wellhausens Zweifel, ob hier die Mentalität der „Kornwucherer" treffend wiedergegeben worden sei, vgl. das Zitat bei T. Veijola, Propheten, 252f., unbegründet, da den Händlern nicht das Zurückhalten der Ware, um einen hohen Preis zu erreichen, sondern der Betrug mit falschen Maßen und Gewichten (und, wenn 5bb sowie 6b hinzunehmen ist, durch Manipulation der Waage sowie der Verkauf schlechter Ware) vorgeworfen wird.

50 T. Veijola, Propheten, 252, sieht hier ein Argument gegen die Echtheit: „Amos" bliebe „in der Radikalität der Kultkritik bekanntlich nicht hinter Hosea und Jesaja", die „den Neumond und Sabbat in ihrer Kultkritik polemisch nennen", „zurück", „während in Am 8,5" Neumond und Sabbat „positiv gegen die ausbeuterischen Händler angeführt werden"; zu anderen Lösungsmöglichkeiten vgl. aber auch seine Anm. 42. Selbst wenn die angedeuteten Hosea- und Jesaja-Stellen richtig datiert und verstanden wären, ist nicht einzusehen, warum Amos im Blick auf Neumond und Sabbat nicht aus deren Reihe hätte ausscheren dürfen. In vergleichbarer Argumentation spricht T. Reinmuth, Reform, 298, die Passage Amos ab, weil dieser sich „ansonsten kritisch gegenüber den Feiertagen äußert (vgl. 5,21ff.)"; hier wird man die Möglichkeit offenlassen müssen, daß Amos den שַׁבָּת vielleicht bewußt nicht unter die 5,21 genannten חַגִּים und עֲצָרֹת subsumieren wollte, wofür er, wie wir im Folgenden sehen werden, gute Gründe gehabt haben würde, da der שַׁבָּת im Unterschied zu den genannten Festen und den für sie 5,22f. aufgezählten kultischen Handlungen zu seiner Zeit offensichtlich nicht sakral gestaltet wurde.

wegsetzen, – wenn auch murrend – respektiert.[51] Am 8,4ff. kann also als Beleg dafür gelten, daß – mindestens im Umfeld des Verfassers – die Sabbatruhe zu jener Zeit üblicherweise eingehalten wurde. Für spätere Zeiten bieten die literarischen Zeugen in diesem Punkte ein sehr anderes Bild. Bemerkenswert ist aber, daß bereits in dieser ersten relativ sicher ein-zuordnenden Belegstelle der Sabbat als ein „Nichtstutag" beschrieben wird[52], welchen Charakter er bis heute grundsätzlich bewahrt hat.

Als arbeitsfreier Tag wird der Sabbat auch in II Reg 4,23 vorausgesetzt. Die biblische Tradition behauptet, mit dieser Geschichte eine Begebenheit aus dem Leben des Propheten Elisa aus der Zeit um 850 v.Chr. darzubieten. Über die literaturgeschichtliche Verortung der Erzählung ist aber nicht leicht zu urteilen.[53] Festzuhalten ist jedoch, daß wie in Am 8,5 auch hier die stereotype Zusammenstellung von Neumondstag und Sabbat in den jungen Festtagslisten[54], die eine Datierung in die nachexilische Zeit nahelegen könnte, entgegen dem ersten Eindruck nicht vorliegt: Der Wendung לֹא־חֹ֫רֶשׁ וְלֹא שַׁבָּת in 23aβ fehlt das dritte (oder vierte) Glied der Aufzählung, aus-serdem sind Neumondstag und Sabbat durch die Negation וְלֹא voneinander getrennt. Von daher jedenfalls steht nichts im Wege, in II Reg 4,23 eine alte Notiz zu sehen.

Die Frau aus Schunem will zu einem „Gottesmann" gehen und fordert zu diesem Zweck einen jungen Mann und eine Eselin als Begleiter. Ihr Mann zeigt sich darüber verwundert, weil doch weder Neumondstag noch Sabbat sei: 23aα וַיֹּאמֶר מַדּוּעַ אַתִּי הֹלֶכֶת אֵלָיו הַיּוֹם 23aβ לֹא־חֹ֫רֶשׁ וְלֹא שַׁבָּת Bei der masoretischen Punktation mit einem trennenden Akzent auf הַיּוֹם hat die Phrase 23aβ kein Subjekt und ist – im Gegensatz zu einem אֵין־חֹ֫רֶשׁ וְאֵין שַׁבָּת – unübersetzbar; deshalb sollte הַיּוֹם als Nominalsatzsubjekt zu 23aβ gezogen werden:

Er sagte: Warum gehst du zu ihm? D(ies)er Tag ist kein Neumondstag und kein Sabbat.[55]

Die Erwähnung der Schnitter in 4,18 läßt keinen Zweifel daran, daß die Szene während der Ernte spielt, die im bäuerlichen Milieu eine besondere Arbeitslast mit sich bringt und die die Bauersfrau, den jungen Mann sowie den Esel an ihre jeweiligen (Arbeits)plätze bindet. Aber auch in der Erntezeit

---

51 So auch R. Rendtorff, Theologie, 72.

52 „Wie dieser siebte Tag aber genau zu füllen war, was die Menschen an diesem Tag sollten, sagen die älteren alttestamentlichen Texte nicht. Ganz im Vordergrund steht überall die negative Aussage, das Verbot.", K. Grünwaldt, Zeit, 175.

53 Vgl. dazu K. Grünwaldt, Exil, 125 mit Anm. 16.

54 Vgl. zu Hos 2,13 in 1.1.3 und weiter in 1.3.1.1 dieses Kapitels.

55 Vgl. die ähnliche Gliederung und Übersetzung bei L. Delekat, Bittschriftentwurf, 463: „es ist doch heute kein hôdæš wlô šabbât".

gab es arbeitsfreie Tage, wie in Ex 34,21b – wenn auch vielleicht erst sehr spät formuliert[56] – ausdrücklich gefordert wird. Der Hintergrund für den Einwand des Mannes wird nun sein, daß religiös Interessierte solche arbeitsfreie Tage nicht nur zum Ausruhen, sondern auch dazu nutzten, sich auf dem Gebiet der Religion zu betätigen und eben z.B. Kontakt zu „Gottesmännern" zu suchen und zu halten. Der Wunsch der Frau hätte also wohl an einem Sabbat oder Neumondstag kein Aufsehen erregt, an einem Arbeitstag während der Erntezeit mußte ein derartiges Unternehmen jedoch als ungewöhnlich empfunden werden. Gleichwohl hindert der Mann seine Frau an der Reise nicht.

Daß die Frau für ihren Weg zu dem Gottesmann einen jungen Mann und eine Eselin fordert, besagt nicht sofort auch, daß dieses Verlangen an einem Neumondstag oder einem Sabbat ebenfalls akzeptabel gewesen wäre und die Erzählung insofern Sabbatgeboten wie Ex 23,12 etc. widerspräche.[57] Da die Unterhaltung nach II Reg 4,20b am frühen Nachmittag stattfindet, kann das Ersuchen der Frau auch darauf zurückzuführen sein, daß ihr für die Hin- und Rückreise nur noch ein halber Tag zur Verfügung stand, sie an einem Neumondstag oder Sabbat aber hätte zeitiger aufbrechen und so auf die erbetenen Hilfsmittel verzichten können. Das genaue Ziel und der genaue Zweck der Reise bleiben freilich unausgesprochen.[58] Zudem wird der Begriff Gottesmann im Alten Testament auch nicht eindeutig verwendet, so daß sich weder ein entsprechendes Berufsprofil beschreiben noch der Ort bestimmen läßt, an dem man so bezeichnete Leute antreffen konnte.[59] Wegen all dieser Wissenslücken sind die Vermutungen, hier zeige sich, daß Sabbat wie Neumondstag als für die Orakelerteilung besonders günstig betrachtet

---

56 Siehe etwa H.-C. Schmitt, Privilegrecht, 166ff.
57 So aber z.B. G. Robinson, Origin, 53, mit Lösungsvorschlägen zu diesem Problem aus der einschlägigen Literatur; vgl. auch T. Veijola, Propheten, 250 mit Anm. 27 und 29: „geht aus dem Gespräch ... hervor, daß es ganz selbstverständlich gewesen wäre, sich am Sabbat oder Neumond einen Knecht und ein Reittier zu nehmen und mit ihnen eine längere Reise zu machen. Das zeigt, daß Neumond und Sabbat die Bewegungsfreiheit nicht im geringsten beschränkten. ... Alles spricht ... dafür, daß in II Reg 4,23 nicht der Wochensabbat, sondern der Vollmondsabbat gemeint ist.". Es ist aber methodisch bedenklich, vermutlich oder wahrscheinlich vorexilische Aussagen über den Sabbat an den Sabbatgeboten zu messen, die mangels Anhaltspunkten kaum sicher zu datieren sind, ihren (literar)geschichtlichen Ort im Zweifelsfalle aber in der exilischen und nachexilischen Zeit haben dürften, in der es Anlaß gab, zur Haltung des Sabbat aufzufordern; dazu ausführlich unten eingangs 1.2.
58 Zuweilen ist nach der Angabe in 4,25 als Ziel der Karmel vermutet worden, siehe G. Robinson, Origin, 52; der sich dadurch errechnende Hin- und Rückweg von insgesamt ca. 50 km war aber wohl auch mit einem Esel in dem unebenen Gelände an einem Nachmittag kaum zu bewältigen.
59 Vgl. N. P. Bratsiotis, אִישׁ, 251f.

wurden[60], oder daß sich die Frau aus Schunem, um den Gottesmann zu treffen, auf den Weg zu einem Heiligtum gemacht habe[61], nicht zu verifizieren.

Auch wenn hierfür lediglich zwei literarische Zeugnisse zur Verfügung stehen[62], ist ihnen eines deutlich zu entnehmen: Der Sabbat wurde wohl in der Königszeit als arbeits- und handelsfreier Tag allgemein respektiert. Von einer Verletzung dieser Regel, geschweige denn von Bestrebungen, solche Verletzungen zu unterbinden, hören wir jedenfalls nichts. Der Vorwurf z.B. in Neh 13,18, daß schon die „Väter" den Sabbat nicht gehalten hätten, gehört zu den bekannten späteren Erklärungen der Katastrophe vom Anfang des 6. Jahrhunderts v.Chr. und sollte nicht gegen die beiden authentischen Quellen für die Königszeit ausgespielt werden. Daß aber eine weitgehend als selbstverständlich akzeptierte Institution nicht übermäßig oft in den Quellen erwähnt wird, versteht sich – wie bereits eingangs dieses Kapitels bedacht – von selbst.

---

60 So C. Levin, Sturz, 39; R. Albertz, Religionsgeschichte, 424; ähnlich T. Veijola, Propheten, 250; dazu kritisch K. Grünwaldt, Exil, 125 Anm. 20. Vgl. auch C. Körting, H. Spieckermann, Sabbat, 519, der Sabbat wäre hier „für bestimmte kultische Vorhaben als besonders günstig betrachtet".

61 So H. A. McKay, Sabbath, 15.

62 Als Beleg für den Sabbat ist auch das Ostrakon von Mesad Hashavyahu herangezogen worden, allerdings ist nach wie vor unklar, ob der Sabbat darin überhaupt erwähnt wird, so z.B. A. Lemaire, Sabbat, 389; B. Schaller, Sabbat, 2, M. Weippert, Petition, 461, oder nicht, so z.B. H. Donner, W. Röllig, KAI, 199f.; zu den grammatischen Problemen beider Auffassungen siehe die kurze Übersicht bei M. Weippert, Petition, 561 Anm. 29. Überhaupt muß jede Deutung des Textes hypothetisch bleiben, da nicht gesagt wird, aus welchem Grund und zu welchem Zweck הושעיהו das Kleidungsstück des Bittstellers „genommen" hat. Sicher scheint nur eines zu sein: Der Bittsteller hält die Wegnahme für unbegründet, weil sie zu zeitig erfolgte. Hierin fügen sich nun aber eben leider beide Deutungen der Wendung לפני שבת auf Zeile 5f. ein: Bedeutet לפני שבת „vor (dem) Aufhören", dann wird das durch die wiederholte Darlegung des gerade ausgeführten Arbeitsschrittes der Einlagerung in Z. 5 und 6f. gestützt. Bedeutet לפני שבת „vor Sabbat(beginn)", bekommt die Erwähnung der Sonnenhitze in Z. 10f. einen Sinn; aber auch in diesem Falle würde der Sabbat allein als Zeitangabe verwendet. L. Delekats Deutung des Falles, Bittschriftentwurf, 455. 466 u.ö., als eine Verletzung der Sabbatruhe durch den Bittsteller steht und fällt mit Annahmen, die sich nicht verifizieren lassen, nämlich daß die Wegnahme des Kleidungsstückes als Vorbeugung oder gar als Strafe einer Verletzung der sabbattäglichen Arbeitsruhe gedient haben und daß הושעיהו ein levitischer Religionspolizist gewesen sein könnte. Ob der Sabbat hier als arbeitsfreier Tag gemeint ist, so A. Lemaire, a.a.O., ist nicht zu entscheiden.

1.1.2 Hinweise auf eine Gottesdienstruhe an den Sabbaten
der vorexilischen Zeit

Die Feststellung des Mannes in II Reg 4,23: *D(ies)er Tag ist kein Neumondstag und kein Sabbat.* läßt „zwischen den Zeilen" erkennen, daß es in
der erzählten Zeit und/oder in der Epoche des Verfassers nicht ungewöhnlich
gewesen sein mag, die arbeitsfreien Tage für religiöse Aktivitäten zu nutzen,
zu denen die Woche über keine Zeit blieb. Das führt zu der Frage, ob und
wieweit die Bevölkerung ihren religiösen Bedürfnissen während der arbeits-
und handelsfreien Sabbate etwa auch an den Heiligtümern der vorexilischen
Zeit nachkommen konnte.

W. H. Schmidt rechnet damit, daß „man den Sabbat" „schon früh" „mit
einem Kult verbunden hat".[63] Jes 1,13 und Hos 2,13 als seine und anderer
Autoren Hauptreferenzstellen dafür können die Hypothese einer vorexilischen Feier des Sabbat an den kommunalen Heiligtümern bzw. in den
staatlichen Tempeln aber nicht stützen: Abgesehen davon, daß die hier
behauptete Kritik am Sabbat[64] und seiner vermeintlichen kultischen Begehung fraglich – Jes 1,13 – bzw. überhaupt nicht vorhanden ist – Hos 2,13 –,
ist auch keineswegs ausgemacht, daß die beiden Texte in der Königszeit
formuliert worden sind und/oder etwas über diese Epoche aussagen können.
Aber auch II Reg 16,18 sowie Thr 2,6 lassen sich nicht bzw. nicht
zweifelsfrei im Sinne W. H. Schmidts auslegen.[65] Unzweideutige Belege für
eine frühe kultische Gestaltung des Sabbats bietet das Alte Testament nicht,
und das hat Ausleger wie etwa G. von Rad bereits vor Jahrzehnten zu der
klaren Aussage geführt: „mit irgendwelchen positiven gottesdienstlichen
Begehungen ist der Sabbat im älteren Israel nie gefeiert worden".[66]

Vielmehr gibt es Indizien dafür, die oben gestellte Frage, ob und wieweit
die Bevölkerung ihren religiösen Bedürfnissen während der arbeits- und
handelsfreien Sabbate an den Heiligtümern der vorexilischen Zeit nachkommen konnte, zu verneinen. Da ist zunächst auf die Tatsache hinzuweisen,

---

63 W. H. Schmidt, Gebote, 92.
64 So z.B. T. Veijola, Propheten, 263: „Hosea (2,13) und Jesaja (1,13) haben ihn gekannt –
    und bekämpft"; siehe auch F. Mathys, Sabbatruhe, 248f.: „Unter dem Einfluß eines mit
    dem Neumond verbundenen, der Förderung der Fruchtbarkeit dienenden kanaanäischen
    Kultes ist offenbar der Sabbat in der israelitischen Volksfrömmigkeit ... zu einem Fest
    geworden. Gerade dagegen wenden sich aber die Propheten: Wo der Sabbat in dieser
    Weise begangen wird, ist er mißverstanden."
65 Zu den Einzelheiten vgl. unten jeweils z.St.
66 G. von Rad, Theologie I, 29; ähnlich A. Alt, Ursprünge 331 Anm. 1: „Der ... Sabbath war
    von Hause aus lediglich durch das Verbot aller Arbeit charakterisiert und hatte in
    altisraelitischer Zeit ... mit dem positiven Kultus Jahwes nichts zu tun."

daß sich die Gebote der Arbeits- und Handelsruhe stets an ein Du oder Ihr richten, ohne daß dabei zwischen Laien und Priestern unterschieden würde; daraus kann geschlossen werden, daß das Heiligtumspersonal von den Adressaten dieser Gebote nicht ausgenommen war. Ferner ist festzuhalten, daß die wenigen Texte, die den Priestern Aufgaben am Sabbat übertragen, zu den späten, wenn nicht sogar allerjüngsten Passagen des Alten Testaments gehören[67] und für die uns hier interessierende Königszeit nicht aussagekräftig sind. So ist wohl anzunehmen, daß ursprünglich – nicht anders als Handwerk und Handel – auch das Leben an den Heiligtümern an den Sabbaten ruhte. Und es gibt nun auch einige Stellen im Alten Testament, die erst unter der Annahme eines ehemals gottesdienstfreien Sabbats so recht verständlich werden.

Hierzu gehört vornehmlich der Bericht vom Sturz der Königin Atalja im Jahre 837/36 v.Chr., der nach II Reg 11,4-20 an einem Sabbat stattgefunden haben soll. Freilich sind die betreffenden Verse 11,5-8 seit J. Wellhausen mit Mißtrauen betrachtet worden. C. Levin, der die unterschiedlichen Ansichten auflistet, hat die Bedenken zusammengefaßt: Die Notwendigkeit einer Kritik an der masoretischen Textgestalt und die Unterscheidung mehrerer literarischer Schichten ergebe sich aus den Unklarheiten in der Text-überlieferung, der rätselhaften Syntax, den sachlichen Unmöglichkeiten der Aussage und der insofern verlorengegangenen Lesbarkeit des Textes.[68] Diese Argumente sind jedoch nur schwer nachzuvollziehen: a) Der Text ist relativ sicher überliefert. Die LXX ergänzt in 5 hinter הַמֶּלֶךְ ein ἐν τῷ πυλῶνι und läßt in 6 das Wort מַסָּח aus; in 9 findet sich im masoretischen Text die wunderliche Schreibung הַמְּאִיֹת; schließlich ist noch zu vermerken, daß in dem Paralleltext II Chr 23,5 das erste Tor von 6 nicht סוּר, sondern הְיְסוֹד genannt wird – gemessen an manch einer anderen Stelle in der alt-testamentlichen Literatur kann man für die so gute Bezeugung eines Textes vermutlich recht hohen Alters eigentlich nur dankbar sein. b) Die Syntax hält sich durchaus im Rahmen des biblischen Hebräisch; die Holprigkeit der Sätze mag auf die Lebendigkeit der Rede zurückzuführen sein und soll vielleicht auch die nervöse Spannung der konspirativen Situation wiedergeben; das perf. cons. der Prädikate in 6b und 7b ist akzeptabel, da dieses Tempus „für sämtliche Imperf.-Modi einschließlich Imp. stehen" kann.[69] c) Die Aussage

---

67 Lev 24,8; Num 28,9-10; Ez 46,2; Neh 10,32-34 und I Chr 9,32; 23,31; zur literar-geschichtlichen Einordnung vgl. unten die Besprechung der einzelnen Stellen! Eine synchrone Betrachtung der Belegstellen für den Sabbat wird natürlich zu einer anderen Antwort auf unsere Frage führen; vgl. H. A. McKay, Sabbath, 13; B. Schaller, Sabbat, 3.

68 C. Levin, Sturz, 32f.

69 R. Meyer, Grammatik, §101 6c, III 54f. [396].

der Passage ist verständlich, wenn man den üblichen Gebrauch der Verben
יָצָא als „zur Arbeit, zum Dienst hinausgehen, ausrücken" und בּוֹא „von der
Arbeit, vom Dienst kommen, einrücken"[70] ansetzt sowie berücksichtigt, daß
das Gespräch zu einen Zeitpunkt vor dem Sabbat stattgefunden haben muß,
an dem die erst am Sabbat ausrückenden Soldaten noch nicht vor Ort waren
und deshalb auch nicht angesprochen werden konnten, weswegen für sie
folgerichtig die 3. pers. plur. des Prädikates in 7b verwendet wird. d) So
ergibt sich ein durchaus lesbarer und verständlicher Text:

5b הַשְּׁלִשִׁית מִכֶּם בָּאֵי הַשַּׁבָּת וְשֹׁמְרֵי מִשְׁמֶרֶת בֵּית הַמֶּלֶךְ: 6 וְהַשְּׁלִשִׁית בְּשַׁעַר סוּר
וְהַשְּׁלִשִׁית בַּשַּׁעַר אַחַר הָרָצִים וּשְׁמַרְתֶּם אֶת־מִשְׁמֶרֶת הַבַּיִת מַסָּח: 7 וּשְׁתֵּי הַיָּדוֹת בָּכֶם
כֹּל יֹצְאֵי הַשַּׁבָּת וְשָׁמְרוּ אֶת־מִשְׁמֶרֶת בֵּית־יְהוָה אֶל־הַמֶּלֶךְ: 8a ... [71] 8b וִהְיִיתֶם אֶת־
הַמֶּלֶךְ בְּצֵאתוֹ וּבְבֹאוֹ:

5b *Die šᵉlišît von euch, die am Sabbat einrücken und die [bis dahin] die
Wache am Königspalast halten, 6 und die šᵉlišît am Tor Sûr und die šᵉlišît am
Tor hinter den Läufern – ihr sollt mässaḥ die Wache des Palastes halten. 7
Und die zwei jadôt bei euch, die am Sabbat ausrücken – die sollen die Wache
des JHWH-Hauses zum König hin halten 8a ...* [71] *8b Und seid bei dem König
während seines Herauskommens und Hineingehens!*

Demgegenüber ist C. Levins Rekonstruktion des Grundtextes durch die Ausscheidung der יָדוֹת von 11,7 nicht mehr sinnvoll, da die nun allein agierenden
שְׁלִשִׁיוֹת „in der königlichen Burg und ... im Tor Sur und ... im Tor hinter den
Trabanten" gebunden und insofern außerstande sind, von dort aus im Tempel
„den König rings" zu „umgeben"[72], wie ihnen nach 11,8 auferlegt wird.

Daß die beiden Ausdrücke שְׁלִשִׁית und יָד in ihrer Verwendung als
militärische Termini technici aus dem alttestamentlichen Sprachmaterial
heraus nicht eindeutig erklärbar sind, dürfte ein Indiz für den Charakter der
Notiz als echter Geschichtsquelle sein.[73] Dasselbe gilt auch für das Hapaxlegomenon מַסָּח, das die LXX in ihrer Übersetzung anscheinend
übergangen hat; die vermutliche Grundbedeutung „Ablösung"[74] ergibt aber
durchaus einen Sinn: Gemeint ist doch, daß die drei שְׁלִשִׁיוֹת, die eigentlich
vor Beginn des Sabbats abziehen und wohl durch die beiden יָדוֹת ersetzt

---

70 So schon J. Wellhausen in dem Zitat bei C. Levin, Sturz, 33, ohne Quellenangabe; vgl.
    die Beispiele bei HAL I, 109, 3 und II, 406, 4.!

71 Der Satz 8a soll wohl den zu erteilenden Befehl wiedergeben; da er die grammatischen
    Beziehungen unterbricht, ist er wahrscheinlich ein Zusatz.

72 Zitiert nach C. Levins Übersetzung, Sturz, 18.

73 Dieses Urteil betrifft aber nicht das gesamte Kapitel, das seinen sukzessiven Aus-
    bauprozeß nicht verbergen kann; dazu z.B. C. Levin, Sturz, 18ff., wenn auch seine
    Analyse und Einschätzung von 4ff. von der hier gebotenen abweicht.

74 HAL II, 572; die dort empfohlene abgeleitete Übersetzung „adv. ... abwechselnd" ergibt
    in II Reg 11,5f. allerdings keinen rechten Sinn.

werden sollten, *als Ablösung* der יְרוֹת am Königspalast bleiben bzw. dorthin
gehen sollen, damit die beiden יְרוֹת, die normalerweise nicht zum Tempel
gehen würden und nur in diesem Ausnahmefall dort Posten beziehen, im
בֵּית־יְהוָה eingesetzt werden können. Schließt man aus dieser Sonderregelung
auf einen normalen Wachwechsel am Sabbat, dann bedeutet der Austausch
der drei שְׁלִשִׁיוֹת am Sabbat durch nur zwei יְרוֹת eine feiertägliche Reduzierung
der Wache im Palast-Tempel-Bezirk – das Wort יָד assoziiert ja doch die Zahl
fünf[75]. Hier bleiben natürlich Fragen offen, weil der Erzähler gar keinen
Anlaß hat, seine Leser über die regelmäßige Abwicklung des Wachwechsels
zu informieren. Sein Interesse liegt in der Feststellung, daß die drei
genannten שְׁלִשִׁיוֹת den Palast bewachen und eventuelle Störungen, die von
dort ausgehen könnten, abwehren, während die beiden יְרוֹת als von außen
kommende und offensichtlich kleinere Gruppen von Soldaten im Tempel
zum Schutz des neuen Königs zur Verfügung stehen sollen. Ihr Antritt zum
Dienst von außen und ihre bescheidene Anzahl machte die יְרוֹת für die
unmittelbare Beteiligung an dem geplanten Staatsstreich wohl besonders
geeignet, da beides das Risiko einer möglichen Verweigerung oder gar
Gegenwehr verringerte.

Unbeschadet der großen Zahl von interessanten und zutreffenden Beobachtungen, die C. Levin zu seiner Hypothese wiederholter Überarbei-
tungen von II Reg 11,4-20 beibringt, kann man ihm nach den obigen
Überlegungen bei der Zuweisung der Erwähnungen des Sabbats in 11,5 und
7 zur priesterlichen Bearbeitung des Grundtextes doch nicht folgen. Sie hängt
letztlich mit der von ihm übernommenen alten Hypothese zusammen, daß der
Begriff Sabbat in vorexilischer Zeit den Vollmondstag bezeichnete und an
diesem ein (d.h. monatlicher) Wachwechsel nicht denkbar ist.[76] Seine Vermutung, daß II Reg 11,5-8 weniger an alten Quellen über das berichtete
Ereignis aus dem 9. Jh. v.Chr. als vielmehr an dem chronistischen Wachplan
der levitischen Tempelwächter von I Chr 9,17-26 orientiert sei[77], ist
schließlich alles andere als naheliegend: Einmal gibt es keinerlei sprachliche
Anklänge zwischen den beiden Texten, und zum anderen ist in I Chr 9 von
einer regulären Wache am Tempel die Rede, während in II Reg 11 eine
reguläre Tempelwache gerade nicht vorausgesetzt zu sein scheint, der
Tempel nach Aussage des Textes lediglich für den geplanten Staatsstreich an
dem bevorstehenden Sabbat eine Wachmannschaft erhält – wenn W. Zwickel
Recht hat, daß der Tempelbereich ursprünglich allein durch den Palasthof

---

75 Zu anderen, auch den weniger wahrscheinlicheren Erklärungen dafür, daß יָד hier im
   Sinne von „militärischer Abteilung" gebraucht wird, siehe P. Ackroydt, יָד, 428.
76 C. Levin, Sturz, 42.
77 C. Levin, Sturz, 32ff.

zugänglich war[78], dürfte sich eine Tempelwache wohl auch von selbst erübrigt haben.

Wenn aber II Reg 11,5-8 der Charakter einer alten Quelle nicht wirklich begründet abzusprechen ist[79], kann aus dieser Notiz die Erinnerung daran gehört werden, daß der Sturz der Atalja für einen Sabbat geplant war und auch an einem Sabbat durchgeführt worden ist. Diese Planung ist aber nur dann plausibel, wenn der Sabbat auch am Tempel ein ruhiger Tag und nicht etwa ein mit zahlreichen Besuchern verbundener Termin besonderer kultischer Aktivitäten war. Denn im Gegensatz zu einer von breiten Volksmassen getragenen Revolution muß ein von nur einigen wenigen Eliten angestrebter Umsturz, wie er hier geschildert wird, die große Öffentlichkeit scheuen; gewiß hatte sich ja auch Atalja im Laufe der zurückliegenden Jahre eine Lobby geschaffen, deren störender Einfluß vermieden, wenn nicht gar ausgeschaltet werden mußte. Beides war am ehesten an einem Tage möglich, an dem der Publikumsverkehr im Palast-Tempel-Bezirk und nicht zuletzt auch im Tempel selbst, in dem Joas das Königsamt übertragen werden sollte, bescheiden war oder ganz entfiel.[80] So darf II Reg 11 als ein Beleg dafür gewertet werden, daß zu jener Zeit in der zweiten Hälfte des 9. Jahrhunderts v.Chr. an den Sabbaten im Tempel von Jerusalem keine oder wenigstens keine besonderen Gottesdienste stattfanden.

Ein Zeuge für die Gottesdienstruhe oder mindestens für eine Beschränkung gottesdienstlicher Handlungen am Sabbat scheint nun auch II Reg 16,18 zu sein; zugleich läßt die Stelle aber auch Bestrebungen erkennen, bereits im 8. Jh. v.Chr. den Tempel in Jerusalem an den Sabbattagen für Besucher zu öffnen. II Reg 16,18 berichtet von der Entfernung eines מיסך השבת, das man zu einer nicht genannten Zeit im Tempel gebaut hätte, durch den König Ahas:

18 וְאֶת־מֵיסַךְ הַשַּׁבָּת אֲשֶׁר־בָּנוּ בַבַּיִת וְאֶת־מְבוֹא הַמֶּלֶךְ הַחִיצוֹנָה הֵסֵב בֵּית יְהוָה מִפְּנֵי מֶלֶךְ אַשּׁוּר:

---

78 W. Zwickel, Der salomonische Tempel, 158; dazu auch B. Herr, Haus, 81ff.

79 Vgl. dazu auch das Urteil H. Schultes, Rettung, 555, über die durchaus mögliche historische Zuverlässigkeit der Aussagen von II Reg 11,1-3!

80 So z.B. gegen A. Lemaires, Sabbat, 389, Auffassung: „Offenbar hat man angesichts der großen Menschenmengen an diesem Tage die Jerusalemer Tempelwache verstärkt." In II Reg 11 ist zwischen der tradierten Notiz über die Einteilung der Wachen und den verschiedenen jüngeren Bearbeitungsschichten der Grunderzählung, in der sie zitiert worden ist, unbedingt zu unterscheiden: Nach C. Levin, Sturz, 19 und 59ff., gehört die Erwähnung des עַם הָאָרֶץ in 11,14.18, die A. Lemaire wohl zu seiner Bemerkung veranlaßt hat, in die Schicht der „bundestheologischen Bearbeitung". Aus dem gleichen literarkritischen Grunde ist auch G. Robinsons Schluß nicht zwingend: „The fact that 'the people of the land' ... were present at the temple on this day indicates that the sabbath was a festival day on which the people normally visited the temple ...", Origin, 80.

So wie in II Reg 11 dürften auch hier die Schwierigkeiten, die der Text dem Verständnis entgegensetzt, seinen Charakter als glaubwürdiger Geschichtsquelle unterstreichen. Die Probleme erstrecken sich nicht nur, aber in besonderer Weise auf den Ausdruck מיסך השבת, der verschiedentlich bezweifelt und konjiziert worden ist:

1. Neun masoretische Handschriften sowie 1QIsa[a] bieten מסך für מיסך, wofür wohl die Übersetzung „Vorhang" angemessen ist. HAL II führt unter den Textvarianten „sam.[M157] mēsek" an[81], was der Schreibung מיסך entsprechen dürfte.

2. Einige Masoreten wollten מוּסַך statt מֵיסַך lesen; welche Gründe sie dafür hatten, ist unbekannt. Nach der hebräischen Wortbildung ist מֵיסַך aber als part. hi. oder ein mit -מ präfigiertes Nomen einer Wurzel mit doppeltem zweitem Radikal – סכך – durchaus verständlich.[82] Die Bedeutung der Wurzel I סכך und die Parallele מסך legen dann eine Begriffsbestimmung des Wortes als „Absperrung, Schranke"[83] nahe, III סכך mit der Hifˁîl-Bedeutung „bedecken" würde auf ein Dach weisen[84]; da diese Anlage aber laut 18aα „im Hause" gebaut worden war, ist wohl der ersten Deutungsmöglichkeit „Absperrung, Schranke" der Vorrang zu geben.

3. Die Übersetzer der LXX haben wohl doch zu oft dem hebräischen Text „verständnislos gegenüber[ge]stand[en]"[85], als daß ihre Version θεμέλιον τῆς καθέδρας hier mit Erfolg zur Klärung herangezogen werden könnte. M. J. Mulders Versuch, im Anschluß an die LXX-Variante הַשֶּׁבֶת zu lesen und in dem gesamten Ausdruck einen Hinweis auf den „Metallguß der Sitzmöbel im Tempel" zu sehen[86], stehen erhebliche Bedenken entgegen: a) Für „Metall gießen" verwendet das biblische Hebräisch vornehmlich und als Terminus technicus יצק[87] und nur ausnahmsweise נסך[88]. b) Zudem ist nicht recht einzusehen, warum das eventuelle Sitzmöbel an dieser Stelle so umständlich benannt worden sein sollte, während es doch im biblischen Hebräisch mit

---

81 HAL II, 572.
82 Vgl. zum Folgenden HAL III, 712f.
83 So nach M. J. Mulder, Tempel, 168, auch die Deutung des Targums.
84 Eine (geflochtene) Abdeckung nach oben hin, wie sie etwa I. Willi-Plein, Wortform, 204, in Erwägung zieht und sich deshalb den מו/יסך השבת als eine Art „Mondobservatorium" vorstellen kann, ist von den bibelhebräischen Wurzeln I und III סכך nicht abzuleiten; und II סכך mit der Bedeutung „weben" ist im hif. nicht belegt, so daß seine Ansetzung an dieser Stelle nicht begründet werden kann.
85 So A. Strobel in P. Rieger, Das Kreuz Jesu. Theologische Überlegungen, Forum 12, Göttingen 1969, 113, als Anmerkung zur LXX-Wiedergabe von Jes 52,12-53,12.
86 M. J. Mulder, Tempel, 168ff.
87 HAL II, 409.
88 Jes 40,19; 44,10, dazu das seltene Substantiv נֶסֶךְ II; häufig belegt ist allerdings die Ableitung מַסֵּכָה in der Bedeutung „Metallguß, Gußbild".

כִּסֵּא und seiner großen Bedeutungsbreite, מוֹשָׁב und auch מְקוֹם הַשֶּׁבֶת genügend andere und häufig verwendete Ausdrücke für ein dementsprechendes Möbelstück gibt.

4. W. Zwickel stellt mit „beseitigte"[89] eine weitere Konjekturmöglichkeit für הַשֶּׁבֶת zur Diskussion. Durch Deutung des השבת als Verbalform und damit als Prädikat des Satzes verliert allerdings der Attributsatz אֲשֶׁר־בָּנוּ בַבַּיִת den geforderten engen Kontakt zu seinem Beziehungswort, zu dem er im Hebräischen in einem ideellen Genitivverhältnis steht[90].

So sollte doch der masoretischen Überlieferung der Vorzug gegeben werden. Sie spricht von einer Absperrung, die durch das Genitivattribut Sabbat in ihrer Bedeutung näher bestimmt werden soll, und das kann nur bedeuten: Das so benannte Bauelement diente dazu, den Tempel oder einen Teil davon an den Sabbaten abzusperren. Den Abbau dieser *Sabbatschranke* habe Ahas im Zusammenhang mit baulichen Veränderungen im Tempelbereich vorgenommen, die laut Kontext auf Grund der Eindrücke einer Reise nach Damaskus und nach einem Treffen mit Tiglatpileser III. durchgeführt wurden:

18 *Und die Sabbatschranke, die man im Haus gebaut hatte, und den äußeren[91] Königseingang schaffte er ...[92] wegen des Königs von Assur weg.*

Über Zweck und Bedeutung dieser Veränderungen sind unterschiedliche Vermutungen angestellt worden: G. Robinson sieht eine enge Verbindung zwischen der „special structure ... of sabbath" und dem äußeren Königseingang sowie in beider Entfernung ein Symbol für das Ende der davidischen Monarchie[93]; hier steht allerdings der Beweis dafür aus, daß die beiden Bauteile in der Tat immer schon sachlich zusammengehörten und nicht erst durch die Aufzählung der Maßnahmen des Ahas in II Reg 16,18 nebeneinandergestellt worden sind. M. H. Mulder denkt bei beiden Bauteilen an deren Material(- bzw. Kunst)wert, der anstehender Tributzahlungen wegen vor dem assyrischen König verborgen werden sollte[94]; das muß aber hypothetisch bleiben, weil der Text keine der Materialien, die sonst in den Quellen für Tributzahlungen aufgeführt werden, nennt. Um alle derartigen Unwägbarkeiten auszuschließen, sollte der Abbau des מיסך השבת von der Veränderung des äußeren Königseinganges getrennt und vielmehr der Bezug

---

89 So z.B. seine Übersetzung in ders., Der salomonische Tempel, 158.
90 R. Meyer, Grammatik, § 115.5a, III 99 [441].
91 Nach HAL I, 299, ist הַחִיצוֹנָה durch Dittographie entstanden und in הַחִיצוֹן zu verbessern.
92 Da man הֵסֵב kaum mit doppeltem Akkusativ verwenden kann, wäre zu überlegen, ob nicht בֵּית יְהוָה eine in den laufenden Text geratene Randglosse ist, die das vorstehende בֵּית erklären sollte.
93 G. Robinson, Origin, 84ff, vor allem 88.
94 M. H. Mulder, Tempel, 167.

auf den Sabbat ernst genommen werden: Weder aus Syrien noch aus Assur
ist für die betreffende Epoche ein dem israelitischen Brauch entsprechender
wöchentlicher Ruhetag belegt; gab es aber dort keine den Lauf der Tage
unterbrechende regelmäßige Arbeits- und Handelsruhe, werden auch die
Tempel an allen Tagen in gleichem Maße zugänglich gewesen sein. Wenn
Ahas schon die Einrichtung eines Brandopferaltars aus Damaskus übernahm,
könnte man ihm durchaus auch den Plan zutrauen, in diesem Zusammenhang
die Tempelöffnungszeiten in Jerusalem an die in Syrien (und Assur) üblichen
anzugleichen und zu diesem Zweck den מיסך השבת zu entfernen. Es ist aber
auch durchaus vorstellbar, daß Ahas – wie mit dem Bau des Brandopferaltars[95] – mit dem Abbau der „Sabbatsperre" zugleich einem Bedürfnis
frommer Kreise der Bevölkerung nachgekommen ist, die an einer kultischen
Gestaltung des arbeitsfreien Tages Interesse hatten. Ob damit bereits eine
bleibende Möglichkeit geschaffen worden war, den Sabbat gottesdienstlich
am Tempel zu begehen, läßt sich mangels einschlägiger Belege nicht
entscheiden.

Auch die den Sabbat betreffende Notiz in Ez 22,23-31 wird erst durch die
Annahme eines gottesdienstfreien Tages wirklich einleuchtend. Der prophetische Verfasser wirft einzelnen Berufs- und Standesgruppen im Lande
Vergehen vor und kritisiert die Priester in Ez 22,26 unter anderem dafür, daß
sie vor den Sabbaten ihre Augen verschließen:

Seine [sc. des Landes] Priester haben meine Weisung vergewaltigt,
*   meine heiligen Dinge[96] entweiht.*
Sie haben zwischen heilig und profan nicht unterschieden und [den
*   Unterschied] zwischen dem Unreinen[97] und rein nicht gelehrt.*
bα *Sie haben ihre Augen vor meinen Sabbaten verschlossen;*
*   ich bin in ihrer Mitte entweiht worden.*

Für I. Willi-Plein legt das Bild vom Verschließen der Augen in 22,26bα die
Auffassung nahe, daß es sich „beim Sabbat um ein optisches Phänomen
handelt", was ihr als ein Argument für die Deutung des ursprünglichen
Sabbats als eines Mondphasentages dient; zudem sieht sie in der Erwähnung
der Priester in 26aα noch einen Hinweis darauf, daß zur Erkennung dieses
„optischen Phänomens" Sabbat ein besonderer – und dann wohl astrono-
mischer – „Sachverstand" notwendig sei.[98] Diese Auslegung übersieht aber
wohl, daß das „Verschließen" eines Sinnesorgans in der Redeweise des Alten

---

95 Vgl. dazu W. Zwickel, Der salomonische Tempel, 162.
96 W. Zimmerli, Ezechiel 1, 520, übersetzt „meine heiligen Gaben".
97 Die Determination ist vielleicht auf einen Schreibfehler zurückzuführen, so BHS, oder
   sollte bei לְטָהוֹר durch die Vokalisation nachgeholt werden.
98 I. Willi-Plein, Wortform, 204.

Testaments in der Regel bildlich gemeint ist, wie etwa in Thr 3,56 mit
demselben Verb das Verschließen der Ohren ausgedrückt werden kann oder
in Jes 1,15 das Nichthören eines Gebetes in Parallele zu unserem Ausdruck
steht. In all diesen Fällen schwingt doch ganz wesentlich die übertragene
Bedeutung „etwas mit Absicht ignorieren" mit, wie sie besonders in Lev 20,4
deutlich wird:
Und wenn die (Leute des) ^căm ha'aræṣ ihre Augen vor diesem Mann, wäh-
rend er von seinem Samen lmlk gibt, verschließen, ohne ihn zu töten ....
Hier kann es gar keinen Zweifel daran geben, daß es unerheblich ist, ob die
Leute im optischen Sinne gesehen, was vor sich geht, oder nur vom
Hörensagen davon erfahren haben; entscheidend ist, daß sie den Sachverhalt
kennen, aber die notwendigen Konsequenzen vermissen lassen. Und so ist
wohl auch Ez 22,26 zu deuten: Nicht daß die Priester nicht bereit oder nicht
imstande gewesen wären festzustellen, ob Sabbat ist, wird ihnen vor-
geworfen, sondern daß sie aus dem Wissen, daß Sabbat ist, nicht die
entsprechenden Folgerungen ziehen. Nun könnte Ez 22,26bα unter diesem
Gesichtspunkt zwar so aufgefaßt werden, daß spezielle Opfervorschriften für
den Sabbat mißachtet wurden; doch müßte dieser Fall dann bereits in der
Halbzeile 26aα enthalten sein, die sie der „Vergewaltigung" der Weisung
Gottes und das heißt doch wohl der Anwendung der (kult)gesetzlichen
Bestimmungen nach eigenem Gutdünken rügt. So liegt die andere mögliche
Deutung näher, nämlich daß die Priester nach Meinung des Propheten
eigentlich die Sabbatruhe einhalten müßten, vielmehr jedoch auch an den
Sabbaten arbeiten, d.h. Opfer entgegennehmen, ihre Tauglichkeit beurteilen
und sie vielleicht auch selbst darbringen. Das wäre im übrigen menschlich
betrachtet nicht unverständlich, denn letztlich minderte ein gottesdienstfreier
Sabbat ihre Einkünfte aus den Opfern und damit ihren Lebensstandard.

In diesem Zusammenhang ist der denkbare Einwand zu entkräften, daß
sich ein gottesdienstfreier Sabbat vielleicht mit dem altorientalischen Verständnis des Opfers gar nicht vereinbaren ließe, da er nicht nur den Unterhalt
der Priester, sondern auch den der Gottheit mindern würde. Nach dem Zeugnis des Alten Testaments scheint aber in Israel und Juda die Vorstellung von
der Speisung der Gottheit durch die Opfer, auf die sie angewiesen wäre, gar
nicht im Vordergrund gestanden zu haben. Vielmehr ist das alttestamentliche
Opfer – abgesehen von speziellen Zwecken wie der Unterstützung einer Bitte
oder der Beschwichtigung des Zorns – vornehmlich „ein Erweis der Gast-
freundschaft" und „bekundet ... das Sehnen nach der Gegenwart JHWHs".[99]

---

99 A. Marx, Opfer, 575. Vgl. dazu auch z.B. G. Fohrer, Geschichte, 207, sowie F. Harten-
    stein, „Brot", 113ff.

Seine Aussetzung am Sabbat dürfte daher, wenn überhaupt, eher als ein Problem für die Menschen als für Gott angesehen worden sein.

Nach K.-F. Pohlmann gehört Ez 22,23-31 zu den „Textanteilen des älteren Prophetenbuches"[100]. Wenn unsere Auslegung zutreffend ist, dokumentiert der Abschnitt, daß das Wissen darum, daß der Sabbat eigentlich ein gottesdienstfreier Tag sein sollte, am Anfang des 6. Jahrhunderts v.Chr. und damit in einer für die uns interessierende Epoche relativ späten Zeit noch lebendig war.

In diesem Sinne stellt später der Verfassungsentwurf des Ezechielbuches in Ez 44,24 an die zadokidischen Priester der Zukunft die Forderung, die Sabbate zu heiligen:

24b *Und meine Weisungen und meine Satzungen sollen sie bei allen meinen Festen beachten und meine Sabbate heiligen* (יְקַדֵּשׁוּ).

M. Konkel meint allerdings, „die Heiligung dürfte" hier „nicht auf die Sabbatobservanz abheben, sondern auf die Verantwortung der Priesterschaft, den Beginn und das Ende der Sabbate auszurufen."[101] Die von ihm zum Vergleich herangezogene Mischnastelle Ro'š haš-šānā II 7, in der ebenfalls Formen von קדשׁ verwendet werden, bezieht sich nun aber nicht auf den Sabbat, sondern auf die Festsetzung des Anfangs derjenigen sechs Monate, in denen wichtige und vom Monatsanfang aus zu berechnende Feste liegen; überdies bezeichnet קָדַשׁ dort auch nicht das „Ausrufen" des Monatsanfanges[102], sondern eine formelhafte Bekräftigung, daß die Sichtbarkeit der Neumondsichel und damit der Monatsanfang durch Zeugen unzweifelhaft bewiesen ist und das Feststellungsverfahren somit abgeschlossen werden kann. Die Mischnastelle, auf die sich M. Konkel bei seiner Deutung des קָדַשׁ in Ez 44,24 beruft, ist also in doppelter Hinsicht nicht vergleichbar. לְקַדֵּשׁ אֶת־ שַׁבְּתוֹתַי wird somit in Ez 44,24 entsprechend 20,20 und als Gegensatz zu dem häufigen לְחַלֵּל אֶת שַׁבָּת eben doch die Einhaltung der Sabbatruhe meinen[103], die bei der Priesterschaft zur Zeit der Abfassung des Abschnittes offensichtlich nicht mehr gewährleistet war. So scheint auch in dieser Stelle aus dem Verfassungsentwurf des Ezechielbuches die Erinnerung im Hintergrund zu stehen, daß sich der wöchentliche Ruhetag in alter Zeit auch auf die

---

100 K.-F. Pohlmann, Hesekiel, 327f. Eine Verwandtschaft zu oder gar Abhängigkeit von Zeph 3,4b, z.B. W. Zimmerli, Ezechiel 1, 521f., ist nicht wirklich zwingend erweisbar, zumal der Text in solchem Falle in umgekehrter Reihenfolge rezipiert worden wäre.

101 M. Konkel, Architektonik, 122.

102 So freilich auch P. Fiebig, Rosch ha-schana, 87, was jedoch dem Wortlaut von II 7a – רֹאשׁ בֵּית דִּין אֹמֵר מְקֻדָּשׁ וְכָל הָעָם עוֹנִין אַחֲרָיו מְקֻדָּשׁ מְקֻדָּשׁ – nicht recht entspricht, da sich hier vielmehr der רֹאשׁ בֵּית דִּין und das anwesende Volk mit dem Wort מְקֻדָּשׁ gegenseitig ihre Meinung über die Gewißheit der Erscheinung des Mondes bestätigen.

103 Zur Bedeutung von קָדַשׁ und חִלֵּל in den Sabbattexten siehe weiter unten 1.3.2.1!

Heiligtümer erstreckte und die Priesterschaft den Opferdienst an den Sabbaten eigentlich unterbrechen sollte.

Die Diskussion darüber, ob und in welchem Ausmaß am Sabbat geopfert
werden darf, zieht sich ja dann auch durch die folgenden Jahrhunderte
hindurch: Man vergleiche das widersprüchliche Nebeneinander von Ex 35,3
mit seinem Verbot, am Sabbat Feuer zu entzünden, und die Anordnung von
Lev 6,5f., das Feuer auf dem Altar jeden Tag durch Auflegen von Holz am
Morgen zu erhalten, auf das K. Grünwaldt hingewiesen hat.[104] K. Grünwaldts
Lösung der Unstimmigkeit, Ex 35,3 sei „auf den Bau des Heiligtums
beschränkt" und deshalb nur zeitlich befristet gültig gewesen, wird durch den
historischen Befund fragwürdig, nach dem doch das Verbot des Feueranzündens am Sabbat in der jüdischen Gemeinde bis zum heutigen Tage gilt.
Da ist es wohl naheliegender, hier unterschiedliche Antworten auf die Frage
zu sehen, ob am Sabbat geopfert werden darf oder nicht – Ex 35,3 steht in der
Tradition der Verneiner, Lev 6,5f. der Bejaher dieser Frage. Die Damas-
kusschrift greift dann wohl zu einem Kompromiß und verbietet XI,17b-18a
alle Brandopfer am Sabbat, die nicht speziell für diesen Tag vorgeschrieben
sind; wenn L. Doering dieses Verbot mit den Kalenderproblemen begründet,
die auch in späterer Zeit noch diskutiert worden sind[105], wird das zutreffend
sein; doch entstand das Problem überhaupt erst dadurch, daß der Sabbat eben
auch im Tempel kein Tag wie jeder andere war, und das Wissen darum, daß
in alter Zeit der Tempeldienst am Sabbat ruhte, selbst hier noch vorhanden
gewesen sein dürfte.

Eine – in der Literatur bisher wohl noch nicht ausreichend erkannte und
gewürdigte – Beschränkung des Gottesdienstes am Sabbat (sowie am
Neumondstag) zeigt auch Ez 46,1-12. Der Text ist nicht aus einem Guß, gibt
aber verhältnismäßig schnell seinen Gedankengang preis, dessen Stufen und
Neuansätze wenigstens zum Teil der Niederschlag eines literarischen Aus-
bauprozesses sein können[106]:

Der gedankliche Ausgangspunkt und damit wohl auch das Grundthema
sind Schließ- und Öffnungszeiten des Osttores des inneren Hofes sowie die
Art der Benutzung dieses Tores für das Opfer des נָשִׂיא am Sabbat:

---

104 K. Grünwaldt, Exil, 189.
105 L. Doering, Schabbat, 209f.
106 Zu den unterschiedlichen redaktionsgeschichtlichen Analysen vgl. z.B. T. A. Rudnig,
       Heilig, 150 mit Anm. 66.

Grundthema:
1 *Das Tor des inneren Hofes, das sich nach Osten wendet, soll die sechs Werktage verschlossen sein und am Sabbattag geöffnet werden*

1. Erweiterung[107]: Einbeziehung des Neumondstages
1bβ *und soll am Neumondstag geöffnet werden.*

Fortsetzung des Grundthemas:
2 *Der naśi' wird durch die Halle des Tores von außen kommen (und) an dem Türpfosten des Tores stehen. Die Priester werden sein Brandopfer und seine šælæm-Opfer ausführen. Er wird auf der Schwelle des Tores niederfallen (und) hinausgehen. Und das Tor soll bis zum Abend nicht verschlossen werden.*

46,3 nennt sodann die Stelle im Tempelbereich, an der die Gemeinde an den Sabbaten und Neumondstagen zum Gebet niederfällt. Von der Gemeinde und ihrer Teilnahme am Gottesdienst der Sabbate (und Neumondstage) war aber bislang keine Rede, erst in 9f. werden für sie in einer Weise, die den Angaben für den נָשִׂיא in 46,1f. entspricht, die Wege im Tempelbereich vorgeschrieben. Dagegen möchte man im Anschluß an 46,1-2 am ehesten die Einzelheiten über das Opfer des נָשִׂיא erwarten, die sich dann erst in 4f. finden. Der Satz 46,3 durchbricht aber nicht nur die Stringenz des Gedankenganges, sondern hebt sich von seinem unmittelbaren Kontext auch durch seinen Wortschatz ab, indem er nicht von יום הַשַּׁבָּת wie in 46,1.4 und 12, sondern von הַשַּׁבָּתוֹת redet; שַׁבָּתוֹת als Plural von שַׁבָּת entspricht aber der üblichen Redeweise des Ezechielbuches[108], aus dem sich somit der Grundbestand von 46,1ff. durch seinen Sprachgebrauch als ein eigenständiges

---

107 K. Grünwaldt, Exil, 138, hält sämtliche Erwähnungen des Neumondstages in diesem Abschnitt für sekundär. Hier jedenfalls hinkt die Notiz über den Neumond in für Zusätze typischer Weise nach, hätte man doch וּבְיוֹם הַחֹדֶשׁ unmittelbar an וּבְיוֹם הַשַּׁבָּת anschließen können; interessant ist, daß 1bβ in einer Septuagintahandschrift fehlt, was W. Zimmerli, Ezechiel 2, 1167 Anm. 1c, jedoch durch Homoioteleuton erklären wollte.

108 K. Grünwaldt, Exil, 137: „In Ez 46,1-12 fällt die Uneinheitlichkeit der Formulierungen in Bezug auf den Sabbat auf. In V. 1.4.12 ist gegen den sonstigen Sprachgebrauch innerhalb des Buches von יום השבת ... die Rede, nur in V. 3 heißt es wie üblich שבתות ..."

Stück heraushebt. Zu dieser sprachlichen Differenz fügt sich auch, daß „die Benennung der Stellen am Torbau, an welchen sich die einzelnen Handlungen vollziehen, ... terminologisch nicht auf die Torbeschreibung von 40 abgestimmt"[109] ist. 46,1aβ-bα.2 als logischer Ausgangspunkt des Abschnittes hat also aller Wahrscheinlichkeit nach eine eigene literarische Vorgeschichte hinter sich und ist in Ez 46 zitiert und bearbeitet worden.

Der Zusatz 46,3 setzt nun aber bereits die 1. Erweiterung des Themas durch den Neumondstag voraus und ist somit als tertiär einzustufen:

> Zusatz nach der 1. Erweiterung: Standort der Gemeinde
> 3 *Die (Leute des)* ⁽*ăm ha'a-ræṣ werden am Eingang jenes Tores an den Sabbaten und Neumondstagen vor JHWH niederfallen.*

Das Grundthema ist, wie gesagt, eine Anordnung über die Schließzeiten eines Tores und die Wege des נָשִׂיא als eines herausgehobenen Gottesdienstbesuchers. Zwar gibt es dabei Anlaß, die Darbringung der Opfer des letzteren zu erwähnen, Einzelheiten dazu liegen aber eigentlich außerhalb des angeschlagenen Themas. Wenn sie in 46,4f. ausführlich behandelt werden, dürfte dieser Abschnitt wohl eine Erweiterung darstellen:[110]

> 2. Erweiterung: Das Opfer des נָשִׂיא am Sabbat
> 4 *Und das Brandopfer, das der naśî' für JHWH am Sabbattag darbringt, sind sechs einwandfreie Jungwidder und ein einwandfreier Widder 5 und als Speisopfer eine Epha für den Widder und für die Jungwidder als Speisopfer soviel, wie er geben will[111], und ein Hin Öl für die Epha.*

---

109 W. Zimmerli, Ezechiel 2, 1170.

110 Abweichend T. A. Rudnig, Heilig, 150, der 46,4-7 zu seinem „golaorientierten Festkalender" rechnet und insofern in diesem Stück den Grundstock des Abschnittes sieht.

111 Die Übersetzungen von HAL II, 620, „soviel, wie er geben kann," und J. Fabry, M. Weinfeld, מִנְחָה, 998, „soviel, wie man gerade zur Hand hat," passen schlecht in den Kontext eines Opfers, das der נָשִׂיא darbringen soll, der sein Opfer aus einem gewissen Vermögen heraus im Voraus planen können müßte; die Wortverwandtschaft des מַתַּת zu מַתָּן und מַתָּנָה mit der Bedeutung „Geschenk" legt eine Übersetzung *soviel, wie er geben will,* näher; doch siehe 46,7!

Zusatz zur 2. Erweiterung,
der die Erweiterung auf den
Neumondstag bereits berücksichtigt: Einzelheiten über
das Opfer des נָשִׂיא am Neumondstag:
6 *Und am Neumondstag*
sollen es ein einwandfreier[112]
Rinderjungstier und sechs
Jungwidder und ein einwand-
freier Widder sein. 7 Und
eine Epha für den Jungstier
und eine Epha für den Wid-
der soll er als Speisopfer ma-
chen und für die jungen Wid-
der soviel, wie er vermag,
und ein Hin Öl für die Epha.

Während in 46,2aα der Weg des נָשִׂיא in das Tor verhältnismäßig exakt
beschrieben wird, fehlt eine konkrete Angabe über seinen Auszug. Diese
wird mit 8 nachgeholt:

3. Erweiterung: Wiederho-
lung und Konkretisierung der
Beschreibung der Wege des
נָשִׂיא
8 *Und wenn der naśi' kommt,*
soll er durch die Halle des
Tores kommen und auf sei-
nem [sc. demselben] Weg
hinausgehen.

1. Zusatz zur 3. Erweiterung:
Weg der Gemeinde (und des
נָשִׂיא) an den Festen
9 *Und wenn der ʿām haʾarœs*
an den Festen vor Gott
kommt, [soll folgende Rege-
lung gelten]: Der durch das
Nordtor Kommende um nie-
derzufallen soll durch das
Südtor hinausgehen, und der
durch das Südtor Kommende
soll durch das Nordtor hin-
ausgehen[113]*; er soll nicht*
durch das Tor zurückkehren,
durch das er gekommen ist,

---

112 Hier und beim weiteren Auftreten des Wortes bieten laut BHS viele Handschriften und
Versionen den zu erwartenden Singular.
113 Viele Handschriften und Versionen lesenden Singular יֵצֵא, vgl. BHS.

> *sondern ihm gegenüber hin-*
> *ausgehen. 10 Und der naśi'*
> *soll, wenn sie kommen, unter*
> *ihnen kommen und hinausge-*
> *hen[114], wenn sie hinausgehen.*

Wie in der 2. Erweiterung Einzelheiten über das Opfer des נָשִׂיא am Sabbat angefügt wurden, folgen hier sekundär Angaben über die Opfer an den מוֹעֲדִים und zusätzlich an den חַגִּים. Daß die Erweiterung durch die חַגִּים dem aus 9 stammenden Stichwort מוֹעֲדִים vorausgeht, könnte auf eine Vorprägung des Satzes hindeuten.

> 2. Zusatz zur 3. Erweiterung:
> Einzelheiten für die Opfer an
> den Wallfahrtsfesten und Fe-
> sten:
> 11 *Und an den Wallfahrts-*
> *festen und an den Festen soll*
> *das Speisopfer eine Epha für*
> *den Jungstier und eine Epha*
> *für den Widder und soviel,*
> *wie er geben will, für die jun-*
> *gen Widder sowie ein Hin Öl*
> *zu der Epha sein.*

Die masoretische Gliederung setzt an dieser Stelle eine ס, doch hat W. Zimmerli recht gehabt, wenn er 46,12 zu den voranstehenden Sätzen mit ihrem „berichtenden Stil" noch hinzunahm und erst den Stilwandel in 13f. (und erneut in 15) als Gliederungsmerkmal wertete, zumal dieser Stilwandel inhaltlich damit einhergeht, daß von 13 an auch von dem נָשִׂיא nicht mehr gesprochen wird[115]. So wird man nicht fehlgehen, wenn man 46,12 als 4. Erweiterung des Themas betrachtet. Auffälligerweise berücksichtigt die Fortsetzung in 12aδ den Neumondstag noch nicht, dieses Datum scheint also erst recht spät in das Kapitel eingefügt worden zu sein.

> 4. Erweiterung: Öffnung des
> Osttores aus Anlaß freiwil-
> liger Opfer des נָשִׂיא ohne Be-
> zug auf ein Datum
> 12 *Und wenn der naśi' eine*
> *freiwillige Gabe macht, ein*
> *Brandopfer oder šælœm-Op-*
> *fer als freiwillige Gabe für*

---

114 Siehe die voranstehende Anmerkung!
115 W. Zimmerli, Ezechiel 2, 1168.

> *JHWH, wird er[116] für sich*
> *das Tor, das sich nach Osten*
> *wendet, öffnen (und) sein*
> *Brandopfer und seine šælæm-*
> *Opfer durchführen, wie er sie*
> *am Sabbattag macht. Er wird*
> *hinausgehen (und) das Tor*
> *nach seinem Hinausgehen*
> *verschließen.*[117]

Während das Tor von 46,1 als *das Tor des inneren Hofes, das sich nach Osten wendet,* sehr genau beschrieben wird, fehlt diese Akribie bei der Nennung der Nord- und Südtore in 46,9.[118] M. Konkel diskutiert im Anschluß an E. Vogt und H. F. Fuhs die Frage, ob damit die Tore des inneren oder des äußeren Tempelhofes gemeint seien, und kann sich im Gegensatz zu den beiden erwähnten Autoren ersteres nicht vorstellen, weil doch bei dieser Deutung zwar „das Volk durch das innere Nord- oder Südtor den Innenhof betritt, dann aber die Proskynese ... vor der Vorhalle des inneren Osttores" und damit auf dem äußeren Hof vollziehen soll.[119] Diese Vorstellung ist eingestandenermaßen schwierig. Sie entsteht nun aber lediglich durch M. Konkels Auffassung, daß „sich der Terminus מוֹעֵד" in 46,9, wo der Ein- und Auszugsmodus der Gemeinde dargelegt wird, „auf die in 46,1-3 genannten Sabbate und Neumonde beziehen" müsse. Dies ist aber gewiß nicht der Fall: Sabbat und Neumondstag werden bei Aufzählungen von Festen und Festtagen in der Regel als eigenständige Glieder neben מוֹעֲדִים bzw. מוֹעֲדוֹת oder חַגִּים genannt und unter die so benannten Feste eben gerade nicht subsumiert.[120] Das bedeutet für unseren Abschnitt, daß nur 46,1-8 vom Sabbat (und nachträglich angefügt auch vom Neumondstag), 46,9ff. dagegen von den Festen handelt und die jeweiligen agendarischen Notizen sachlich voneinander zu unterscheiden sind: 46,3 redet ausdrücklich von *den Sabbaten*

---

116 W. Zimmerli, Ezechiel 2, 1167, übersetzte „soll man ihm das Tor öffnen", doch zur Deutung der 3. pers. sing. als Wiedergabe des unpersönlichen „man" siehe ausführlich unten in 3.5.3 zu Num 35,25bβ. T. A. Rudnig, Heilig, 148, läßt die Entscheidung zwischen den beiden Möglichkeiten offen.
117 Die beiden Ergänzungen 46,13f. und 15 betreffen unser Thema nicht mehr.
118 Da das Grundthema die Öffnung nur des Osttores als eines von insgesamt drei erwähnten Toren des inneren Hofes ausführlich abhandelt, wäre es durchaus von Interesse zu erfahren, wie mit den beiden anderen an den Werktagen und an den Sabbaten verfahren werden sollte; das diesbezügliche Schweigen des Textes läßt die Vermutung aufkommen, daß Ez 46,1aβ-2 vielleicht nur den Ausschnitt aus einer umfangreicheren Toröffnungs- und Torschließungsordnung für den Jerusalemer Tempel darstellt, in der auch diese Frage geregelt worden war.
119 M. Konkel, Architektonik, 176.
120 Siehe Näheres unten in 1.1.3 zu Hos 2,13 sowie vor allem in 1.3.1.1!

und Neumondstagen; an diesen beiden Daten soll die Gemeinde vor der
Vorhalle des inneren Osttores und damit auf dem äußeren Hof bleiben,
während der נָשִׂיא wenigstens den Torbau betreten darf. Dagegen wird E.
Vogt mit der Feststellung recht haben, daß an den Festen der innere
Tempelhof „der eigentliche Kult- und Betort des Volkes war", und dies auch
hier in 46,9ff. gemeint sei.[121] Der Einwand M. Konkels, daß aber doch „Ez
44 ... mit einem Betreten des Innenhofs durch die Laien" nicht „rechnet"[122],
wird als Gegenargument schwach, wenn die oben aufgezeigte sprachliche
Eigenständigkeit der Grundschicht unseres Textes erkannt worden ist; diese
läßt eine einheitliche Sicht der Dinge innerhalb der im Verfassungsentwurf
des Ezechielbuches verarbeiteten Materialien nicht zwingend erwarten.[123]
Der Befund aber, daß in Ez 46 zwischen den Sabbaten (und den Neumondstagen) auf der einen Seite und den Festen (und Wallfahrtsfesten) auf
der anderen deutlich differenziert wird und daß die Unterschiede nicht nur
den Umfang und die Zusammensetzung der Opfer, sondern vor allem den
Zugang zu den inneren Bereichen des Tempelgeländes betreffen, ist für unser
Thema von Bedeutung: An den Sabbaten (und den Neumondstagen) soll es
Zutrittsbeschränkungen geben, während nach 46,9f. bei anderen Anlässen der
innere Hof des Tempels sowohl dem נָשִׂיא als auch der Gemeinde
offensteht.[124] Hier kann sich eine Erinnerung daran erhalten haben, daß
einstmals der Zugang zum Tempel oder zu bestimmten Teilen davon an den
Sabbaten begrenzt war und diese Beschränkung durch die „Sabbatschranke"
von II Reg 16,18 mindestens augenfällig gemacht, wenn nicht sogar
praktisch durchgesetzt wurde. Die Funktion des inneres Osttores in Ez 46,2f.,
aus dem der נָשִׂיא nicht auf den Hof hinausgehen, ja das die Gemeinde nicht
einmal betreten darf, wäre dann mit der Aufgabe der alten „Sabbatschranke"
zu vergleichen und 46,2a in Erinnerung an sie formuliert.[125] Wir gehen nach
alledem wohl nicht fehl, wenn wir die einschlägigen Passagen in Ez 46,1ff.
als eine späte Reminiszenz an einen ehemals gottesdienstfreien Sabbat am
Tempel in Jerusalem betrachten.

---

121 E. Vogt, Untersuchungen, 157.

122 M. Konkel, Architektonik, 176.

123 Andererseits ist aber sogar denkbar, daß eine Redaktion die ursprünglich eindeutige
Benennung der Tore in 46,9 als Tore des Innenhofes getilgt hat, um eine annähernde
Übereinstimmung z.B. mit Ez 44 zu erreichen.

124 Die für T. A. Rudnigs, bei K.-F. Pohlmann, Hesekiel, 605f., Konzeption wichtige Hypothese von der Einschränkung der Stellung des נָשִׂיא, ist mit der Beobachtung, daß an
den Sabbaten (und Neumondstagen) die Teilnahme am Gottesdienst auch für die
Gemeinde eingeschränkt wird, noch nicht widerlegt; doch siehe dazu unten 1.3.1.3 zu
Ez 45,16f.!

125 Insofern stellt G. Robinson, Origin, 84, Ez 46,2ff. mit Recht neben II Reg 16,18.

In diesem Zusammenhang ist bereits hier schon einmal auf die nachexilische Stelle Neh 13,15-22 hinzuweisen, auch wenn dieser Text vornehmlich als Beleg für die Nichteinhaltung des Sabbats zu gelten hat und auszuwerten sein wird:[126]

*15 In jenen Tagen sah ich in Juda welche, die am Sabbat die Keltern traten
und Haufen brachten und (sie) auf die Esel luden – sowie auch Wein,
Weinbeeren und Feigen und alle Last – und am Sabbattag nach Jerusalem
brachten. Ich ermahnte (sie) an dem Tage, an dem sie Speise verkauften. 16
Und die Tyrer saßen darin, Fisch und jede Ware bringend und den Judäern
und[127] in Jerusalem am Sabbat verkaufend. 17 Ich machte den horîm Judas
Vorwürfe (und) sagte zu ihnen: Was soll diese böse Sache, die ihr tut und den
Sabbat entweiht? 18 Haben so nicht eure Väter gehandelt (und) [deshalb]
unser Gott über uns und über diese Stadt all das Böse kommen lassen? Und
ihr fügt weiter Zorn auf Israel, indem (ihr) den Sabbat entweiht. 19
Daraufhin geschah (folgendes): Als die Tore Jerusalems vor dem Sabbat
schattig wurden, befahl ich (das Entsprechende) (und) die Türen wurden
verschlossen. Ich sagte, daß man sie bis nach dem Sabbat nicht öffnen solle.
Und ich stellte (welche) von meinen jungen Männern auf die Tore. Keine
Last kam am Sabbat herein. 20 Die Händler und Verkäufer jeglicher Ware
übernachteten einmal und zweimal außerhalb von Jerusalem. 21 Ich ermahnte sie (und) sagte zu ihnen: Warum übernachtet ihr gegenüber der Mauer?
Wenn ihr (das) wiederholt, werde ich mich an euch vergreifen. Von jener Zeit
an kamen sie am Sabbat nicht (mehr). 22 Ich befahl den Leviten, daß sie sich
reinigen und als die Tore Bewachende kommen sollten, um den Sabbattag zu
heiligen. Auch daran erinnere dich zu meinen Gunsten, mein Gott, und blicke
entsprechend der (großen) Menge deiner Treue mitleidig auf mich!*

Die Historizität dieser Notiz ist wohl ziemlich allgemein anerkannt.[128]
Nehemia forderte die uneingeschränkte Verschließung der Stadttore von
Jerusalem an den Sabbaten, um die Arbeits- und Handelsruhe durchzusetzen.
Die Begebenheit spielt zwar erst nach 450 v.Chr.[129] und fällt damit zeitlich

---

126 Vgl. unten 1.2 und 1.3.2.5.
127 Nach BHS bieten einige Handschriften und Versionen das ו nicht und denken damit
     wohl allein an in Jerusalem wohnende Judäer als Kunden.
128 G. Steins, Esra und Nehemia, 179; H.-J. Hermisson, Theologie, 37; C. Karrer,
     Verfassung, 128. Bemerkenswert ist, daß hier wie in Jer 17,21-27 der Neumondstag
     nicht miterwähnt wird, worauf schon F. Mathys, Sabbatruhe, 249f. hingewiesen hat;
     dies könnte sowohl ein Hinweis auf eine unumstrittene Einhaltung des Neumondstages
     als auch auf seine geringere Bedeutung sein.
129 W. Rudolph, Nehemia, 203, datiert den Vorfall auf die Zeit um 430 v.Chr.

aus der Reihe der im Vorangehenden besprochenen Stellen heraus. Dennoch ist sie für unsere Frage nach einer kultischen Gestaltung des Sabbats aufschlußreich: Die Schließung der Stadttore den Sabbat über sperrte nicht nur die Händler und Marktkunden aus, sondern auch alle potentiellen Besucher des Tempels, die eventuell aus dem Umland der Stadt hätten zum Gottesdienst kommen wollen. Wären zu jener Zeit an den Sabbaten gottesdienstliche Veranstaltungen am Jerusalemer Tempel üblich und von Bedeutung gewesen, hätte Nehemia sie mit seiner Torschließung stark beeinträchtigt und nur noch den Bewohnern der Stadt selbst den Zugang dazu gewährt. Man müßte dann mindestens annehmen, daß Nehemia dem Sabbatgottesdienst im Tempel verglichen mit der Forderung der sabbattäglichen Arbeits- und Handelsruhe einen deutlich geringeren Stellenwert beimaß. Aber es muß natürlich auch die Möglichkeit erwogen werden, daß damals – nach alter Tradition – das Leben im Jerusalemer Tempel am Sabbattag noch mehr oder weniger ruhte und bestenfalls unter Ausschluß der Gemeinde stattfand, was in gewisser Weise an die Beschränkungen der Gemeinde in Ez 46,1-2 erinnert.

Ferner ist auch Esr 3,5, ein „Nachtrag"[130] unbekannter Herkunft zur Erzählung des Esrabuches, für dieses Thema von Interesse. Danach wird auf dem von den Rückkehrern instandgesetzten oder wiedererrichteten Altar auf dem Tempelberg der geordnete Opfergottesdienst aufgenommen:[131]

(וַיַּעֲשׂוּ אֶת חַג הַסֻּכּוֹת   .....) וְאַחֲרֵיכֵן עֹלַת תָּמִיד וְלֶחֳדָשִׁים וּלְכָל-מוֹעֲדֵי
יהוה הַמְקֻדָּשִׁים וּלְכֹל מִתְנַדֵּב נְדָבָה לַיהוָה:

3,4 (Sie veranstalteten das Laubhüttenfest ....) 5 und danach ein regelmäßiges Brandopfer und [je eins] zu den Neumondstagen und zu allen geheiligten JHWH-Festen sowie für jeden, der eine freiwillige Gabe für JHWH spendet.
Erstaunlicherweise sind dabei die Sabbate als Termin oder Anlaß nicht erwähnt. A. H. J. Gunneweg hielt zwar eine Ergänzung der Sabbate nach III Esr 5,52 und II Chr 2,3; 8,13 für nicht unmöglich, seine Argumentation mit den genannten Chronikstellen ist aber insofern nicht ganz schlüssig, als er selbst Esr 3,4f. seinem chronistischen Verfasser absprach.[132] Der masoretische Text bietet hier wohl die lectio difficilior, die in III Esr 5,52 den sonst üblichen Festtagslisten angeglichen worden sein wird. Esr 3,5 ist insofern als historische Erinnerung nicht gleich zu verwerfen. In welcher Tradition die damaligen Akteure auf dem Tempelberg bzw. der Verfasser dieser Notiz auch immer gestanden haben mögen – in der Erinnerung an die Zustände vor dem Zusammenbruch 597/586 v.Chr., mit denen man vielleicht bei dieser

---

130 So A. H. J. Gunneweg, Esra, 73, mit guten Argumenten.
131 Der Vorgang ist leider „nicht datierbar", I. Willi-Plein, Tempel, 61.
132 A. H. J. Gunneweg, Esra, 70 Anm. 5a.

Generation in wenigen Einzelfällen noch rechnen dürfte, oder eher in Kenntnis der Lösungen der Nachkriegszeit, von denen gemäß den altorientalischen Parallelen, die A. Berlejung gesammelt hat, anzunehmen ist, daß sie „in der Tradition der Vorkriegszeit standen"[133], – ein (Opfer)-gottesdienst an den Sabbaten war darin offenbar nicht vorgesehen.

Das bisher gewonnene Bild wird schließlich durch Thr 2,6b gestützt. Thr 2 beklagt kurz nach 586 v.Chr.[134] die Folgen des göttlichen Zorns über Jerusalem und thematisiert in 2,6f. speziell die Zerstörung des Jerusalemer Tempels. Die einschlägigen Kommentare geben Auskunft über die Schwierigkeiten, die 2,6a dem Verständnis entgegenstellt; die Lösungsmöglichkeiten oder -unmöglichkeiten dürften aber auf den völlig klaren Vers 2,6b und seine Deutung keine großen Auswirkungen haben.[135] 6b listet den Verlust von *Fest* und *Sabbat* sowie von *König* und *Priester* auf. Dabei sind die beiden Begriffspaare מוֹעֵד וְשַׁבָּת und מֶלֶךְ וְכֹהֵן in einem mustergültigen Parallelismus membrorum einander gegenübergestellt:

שִׁכַּח יְהוָה בְּצִיּוֹן מוֹעֵד וְשַׁבָּת

וַיִּנְאַץ בְּזַעַם־אַפּוֹ מֶלֶךְ וְכֹהֵן:

6b *JHWH hat auf dem Zion Fest und Sabbat vergessen lassen,*
   er hat in seinem Zorn König und Priester verschmäht.

Aus der Zuordnung von Fest und Sabbat wird nun allgemein ohne größere Diskussion geschlossen, daß auch der Sabbat vor 586 v.Chr. am Jerusalemer Tempel wie ein *Fest* kultisch begangen worden sei. Lediglich die Erwähnung

---

133 A. Berlejung, Notlösungen, 198, auch 225.
134 So z.B. I. Meyer, Klagelieder, 340; U. Berges, Klagelieder, 133; auch schon H. J. Boecker, Klagelieder, 42, der Argumente gegen die spätere Datierung durch O. Kaiser vorträgt. C. Frevel, Zier, 103 sieht in der „akrostichischen Form" und in der Verwendung der Partikel „שׁ als Relativum" ein Hindernis für eine erst frühexilische Datierung der Klagelieder. Doch gibt es literarische Spielereien mit Keilschriftzeichen bereits in der akkadischen Literatur, vgl. E. Reiner, Literatur, 201, und die sind mit der alphabetischen Ordnung der Strophen nach dem Anfangsbuchstaben in den Threni durchaus vergleichbar; und שׁ als Relativum findet sich zwar vorwiegend in jünger zu datierenden hebräischen Texten, doch kann dies ein Zufall der Überlieferung sein, ist doch das Relativum שׁ auch schon in älteren akkadischen, ugaritischen und phönizischen Texten belegt. Nicht ganz vom Tisch zu wischen ist allerdings seine Anmerkung zu שִׁכַּח, a.a.O. 115 Anm. 52: „Implizit ist damit vielleicht auch ein kleiner Datierungshinweis gegeben, denn zum »vergessen lassen« braucht es etwas Zeit."
135 Auch wenn U. Berges, Klagelieder, 141, eine nachvollziehbare Auslegung von 6a bietet, sollte man auf die Einbeziehung dieses Verses in die Deutung von 6b der Vorsicht halber lieber verzichten; anders K. Grünwaldt, Exil, 139 mit Anm. 80, der unter Berufung auf H.-J. Boecker in 6a einen Hinweis auf die Zerstörung des Tempels sieht und so aus 6b den Schluß zieht: „Der Sabbat war also nach Meinung von Thr 2,6 ein am Tempel zu feiernder Tag." Das andere Extrem vertritt H. McKay, Sabbath, 17: „the writer does not make clear what it is exactly that has been lost".

des Königs neben dem Priester bereitet den Auslegern Probleme. H. J.
Boecker löst sie, indem er dem König „kultische Funktionen" zuschreibt,
„die ihm seit Salomos Tempelbau zugefallen" wären, fühlt sich aber
gezwungen, sogleich einschränkend hinzuzusetzen, daß „in den Königs-
büchern davon wenig zu lesen steht".[136] Jedoch auch in den Ritualen der
alttestamentlichen Überlieferung sucht man direkte und unzweideutige Hinweise auf eine aktive Beteiligung des Königs am Kult vergeblich; lediglich
die in Ez 45,17 geforderte Verantwortung des נָשִׂיא für die materielle
Absicherung der Opfer könnte an eine alte Zuständigkeit des judäischen
Königs für den Jerusalemer Kult erinnern, die aber insofern selbstverständlich ist, da es sich bei dem Jerusalemer Tempel um ein königliches
(Staats)heiligtum handelte, und die deshalb nur schwerlich als eine kultische
Funktion im eigentlichen Sinne dieses Wortes gewertet werden kann. Wenn
hier also König und Priester nebeneinanderstehen, so hat ihre Beziehung zum
Tempel nicht das gleiche Gewicht: 2,6bβ nennt mit dem König ein Amt, das
neben gewissen kultischen Verpflichtungen im Wesentlichen weltliche
Regierungsaufgaben wahrzunehmen hat, und mit dem Priester eines, dem
abgesehen von manchen profanen Verwaltungsaufgaben – etwa in der Tem-
pelwirtschaft – in der Hauptsache kultische Pflichten obliegen. Und der
gleichmäßige formale Aufbau der beiden Halbverse im Rahmen des Parallelismus membrorum legt nun nahe, daß diese Differenzierung auch für das
Wortpaar *Fest* und *Sabbat* gelten soll: *Fest* als ein Datum, das neben der
gottesdienstlichen Begehung auch Freiraum für persönliche und familiäre
Aktivitäten läßt, und Sabbat als ein arbeits- und handelsfreier Tag, der
zugleich einen gewissen Freiraum für die Befriedigung religiöser Bedürfnisse
eröffnet. Ob man letzteren dann schon am Tempel nachkam, bleibt, wenn es
auch nicht auszuschließen ist, hier offen. Mit Sicherheit sagen läßt sich nur,
daß der Sabbat in Thr 2,6b mit dem Tempel ebenso locker verbunden wird
wie der König. Dieser zweifellos authentische Text widerspricht somit dem
aus den anderen Belegstellen erhobenen, im wesentlichen unkultischen
Charakter des vorexilischen Sabbat nicht, zeigt höchstens den Fortbestand
der bereits im Zusammenhang mit II Reg 4,23 vermuteten Inanspruchnahme
des Sabbats durch die Volksfrömmigkeit, hier rückblickend in der Zeit kurz
vor dem Exil und vielleicht nun inzwischen auch am Tempel. Thr 2,6b dokumentiert aber vor allem expressis verbis das Ende der Begehung des (vorexi-

---

136 H. J. Boecker, Klagelieder, 47. U. Berges, Klagelieder, 141, verweist für den König als
      einen der „obersten Kultdiener" auf II Sam 7; I Reg 8 und II Reg 23, wo es allerdings
      an den beiden ersten Stellen nur um den Bau eines Staatsheiligtums und in der dritten
      um eine Kultreform und damit nicht eigentlich um eine Funktion des Königs im prak-
      tizierten Kult geht.

lischen) Sabbats nach und aufgrund der Katastrophe vom Anfang des 6. Jahrhunderts.

Wenn sich vielleicht aus den genannten Quellen auch nicht mit letzter Sicherheit belegen läßt, daß der Sabbat ursprünglich ein gottesdienstfreier Tag war, gibt es doch noch ein bedenkenswertes Indiz dafür: Als in nach-exilischer Zeit die kultische Ausgestaltung des Sabbattages proklamiert wurde, scheint eine alte Tradition über die am Sabbat darzubringenden Opfer, auf die man hätte zurückgreifen und die man hätte weiterentwickeln können, nicht zur Verfügung gestanden zu haben.[137]

1.1.3 Zwei vermeintlich vorexilische Belegstellen für den Sabbat, die eher in eine spätere Zeit zu datieren sind

Als Zeugen für eine kultische Begehung des Sabbats bereits in der vorexilischen Epoche und zugleich der prophetischen Kritik daran werden in der Literatur regelmäßig Jes 1,13 und Hos 2,13 angeführt. Beide Stellen sind jedoch nicht geeignet, unser bisher gewonnenes Bild vom Sabbat in der Königszeit zu korrigieren.

Nach T. Veijola „darf Hos 2,13 als Beleg dafür gelten, daß der Sabbat im Nordreich als ein fröhliches Fest des Vollmondes gefeiert wurde."[138] Für K. Grünwaldt besagt dieselbe Stelle, daß „der Sabbat zur Zeit Hoseas ... als ein ‚Baalstag' gefeiert wurde"[139], „an dem selbstverständlich auch Opfer darge-bracht wurden".[140] Für derartige Aussagen ist die Beweiskraft der Hoseastelle aber in doppelter Hinsicht recht schwach:

Erstens hat H.-W. Wolff den Finger auf das entscheidende Charakteri-stikum des Abschnittes gelegt, wenn er bei Hos 2,4-15[141] von einer losen Sammlung von Einzelsprüchen spricht.[142] Der Text muß aber wohl sogar

---

137 Dazu ausführlich unten 1.3.1.2.
138 T. Veijola, Propheten, 250, dort auch in Anm. 22 die Literatur, auf die er sich beruft.
139 So auch schon G. Robinson, Origin, 60.
140 K. Grünwaldt, Exil, 127.
141 Die Abgrenzung nach unten wird von den Auslegern unterschiedlich markiert; da aber bereits zwischen 2,14 und 15 eine deutliche Zäsur liegt, betrifft dieses Problem die Auslegung von 2,13 nicht.
142 H.-W. Wolff, Hosea, 38. Diese Eigenart teilt der Abschnitt mit dem gesamten Hosea-buch, von dem bereits Hieronymus festgestellt hat, daß Hosea „quasi per sententias loquens"; Zitat nach M.-T. Wacker, Figurationen, 6 mit Anm. 21; vgl. auch ihre Anm. 29 mit der Feststellung: „Von zusammenhanglosen ‚Redetrümmern' gehen im übrigen zuweilen auch schon Kommentatoren des 18. und frühen 19. Jh. aus." Dagegen sieht W. Gisin, Hosea, 72f., Hos 2,2-15 als die literarisch einheitliche „Scheltrede eines Ehemannes, der von seiner Frau betrogen worden war und nun im Familienkreis seinem

noch weiter in kleinere literarische Einheiten zerlegt werden, als H.-W. Wolff
es getan hat, denn es ist unübersehbar, daß sich in ihm Poesie und Prosa
mehrmals miteinander abwechseln und der Gedankenzusammenhang wiederholt unterbrochen wird, um später wieder aufgenommen zu werden oder auch
nicht:[143]

1. Gedanklicher Einstieg 4-5a: *Aufruf an die Kinder zur Auseinandersetzung
   mit der ehebrecherischen Mutter*[144]

erste Fortführung 5bαβ: *Das bisherige Bild vom freiwilligen Ablegen des
   Schmuckes oder alternativ dazu der gewaltsamen Entfernung der Kleidung der Frau wird zugunsten des neuen
   Gedankens der Verwandlung des Landes in Wüste verlassen.*

zweite Fortführung 5bγ: Die im Parallelismus membrorum von 5b über-
   zählige und nicht von allen Handschriften gebotene
   Zeile verändert die Vorstellung wiederum, indem nun
   erneut die Frau im Blickfeld ist, die in der Wüste
   verdursten soll – hier ist an einen Zusatz zu denken[145].

2. Gedanklicher Neuansatz 6: Verwerfung der Söhne, die in 4 dazu noch
   aufgerufen wurden, Partei für den anklagenden Ehemann zu
   ergreifen[146], wegen des ehebrecherischen Verhaltens der Mutter

erste Fortführung in 7: *Begründung mit dem ehebrecherischen Verhalten der
   Frau*[147]

Zorn Luft macht"; W. Gisin läßt sich dabei aber, wie er selbst sagt, nur vom Inhalt
leiten und bezieht die Form der Sätze nicht mit ein, unter denen sich durchaus künstlerische Verse befinden, die üblicherweise in der Gattung „Scheltrede eines betrogenen
Ehemannes" kaum vorkommen dürften.

143 Anders J. Jeremias, Hosea, 38, für den „die Verse formal engstens miteinander verbunden" sind und der trotz einer umfänglichen Darstellung der vielen inhaltlichen Brüche
dennoch zu dem Urteil kommt: „Das ganze komplizierte Gebilde ist jetzt aber in einer
Weise zu einer engen literarischen Einheit verbunden, wie sie ... wohl nur ... auf den
Propheten selbst zurückgeführt werden kann.", a.a.O. 39.

144 Die poetischen, d.h. im Parallelismus membrorum abgefaßten Anteile werden in der
folgenden Analyse des Gedankenganges im Kursivdruck angezeigt.

145 So auch M.-T. Wacker, Figurationen, 208, mit Hinweis auf E. Sellin und T. H.
Robinson.

146 Zur Frage, ob damit tatsächlich die in 2,4 implizit angeredeten Kinder gemeint sein
können, denen gegenüber der Sprecher ja dort eine eher solidarische Haltung einge-
nommen hatte, vgl. M.-T. Wacker, Figurationen, 190 mit Anm. 56.

147 M.-T. Wacker, Figurationen, 199, plädiert für eine weitere Aufteilung innerhalb von
2,7, da 2,7b „eine Fülle neuer Motive" „bietet", „die über Hos 2,4-5 hinausweisen", und
entdeckt in 7b ein zitiertes oder verfremdet aufgenommenes Lied, a.a.O. 209.

zweite Fortführung in 8: *Die Fortführung beschreibt die geplante Reaktion des Ehemannes auf das ehebrecherische Verhalten der Frau in unsauberem par. membr.*; der Text ist unsicher überliefert und beinhaltet zudem einen inhaltlichen Bruch, indem zunächst in zwei Halbzeilen die Frau an-, dann aber in der dritten über sie geredet wird.[148]

3. Gedanklicher Neuansatz 9aα bis bα: *Schilderung der vergeblichen Suche der Frau nach ihren Liebhabern und dem daraus resultierenden Willen zur Umkehr zum ersten Ehemann*[149]

Die Begründung in 9bβ ist im Parallelismus membrorum überzählig und hat auch als Kausalsatz eher prosaischen Charakter; sie ist vielleicht als Glosse zu betrachten.

4. Gedanklicher Neuansatz[150] 10: die inhaltlich 9ba und 11 widersprechende Behauptung, die Frau wisse nicht, woher ihre Güter stammen[151]

5. Gedanklicher Neuansatz 11aα bis bα: *Androhung der Strafe durch den Ehemann* oder – wohl richtiger – *erneute poetische Schilderung des Umkehrwillens der Frau*[152]

dazu eine Glosse 11bβ, die über die Frau redet und überflüssigerweise den Sinn der zuvor genannten Textilien erklärt[153]

---

148 Zu Lösungsvorschlägen siehe M.-T. Wacker, Figurationen, 210.

149 Gegen M.-T. Wackers Bedenken, Figurationen, 210f. mit Hinweis auf E. Sellin, läßt sich das Stück ohne Schwierigkeiten in drei parallelistische Verse aufteilen.

150 M.-T. Wacker, Figurationen, 199ff., listet die Kohärenzprobleme in 2,10-15 ausführlich auf.

151 Zur Begründung des Prosastils siehe M.-T. Wacker, Figurationen, 211; für sie „erweist sich" der gesamte Abschnitt 2,10-15 „als ein Stück, das ... so gut wie keine poetischen Elemente enthält". B. Seifert, Reden, 95 Anm. 15, hat im Anschluß an J. Jeremias Argumente dafür gesammelt, daß 2,10b als aktualisierende Glosse abzutrennen sei.

152 Mehrere Gründe sprechen dafür, daß 1. hier noch die Frau redet – die Wiederholung des אֲשׁוּבָה aus 9b, das nur durch Glossen getrennt ist und mit dem אָשׁוּב in 11a das Subjekt teilen dürfte; die Temporalbestimmung בְּעִתּוֹ und בְּמוֹעֲדוֹ in 11aβγ, die eher zur Ernte als zum Entzug derselben paßt; die vorwiegende Verwendung von הַצִּיל als *herausreißen*, *retten*, während HAL III, 677, für die Bedeutung *entziehen* lediglich drei Belegstellen anführen kann und auch Hos 2,11 nicht erwähnt –, und daß 2. die Antwort des Mannes auf den Umkehrwillen der Frau erst in 12 beginnt – die Einführung mit וְעַתָּה; die Erwähnung der Güter des Landes nicht anschließend an 11, sondern erst in 14. Vgl. dazu auch die folgende Anm.!

153 11bβ faßt H.-W. Wolff, Hosea, 36, 37 Anm. 11c, als Relativsatz innerhalb der Rede des Mannes auf, was zwar das Suffix nahelegen mag, grammatisch bei einem Infinitiv mit לְ aber nicht möglich ist; um die Rede dem Mann zuschreiben zu können, mußte LXX den Satz verneinen; das Naheliegendste ist wohl, hier eine erklärende Glosse zu sehen, die unter gedanklichem Rückbezug auf 5a den Leser daran erinnern will, wozu die Frau den Flachs (oder das Leinen) benötigt.

6. Gedanklicher Neuansatz 12-14: die abweisende Reaktion des Ehemannes
   auf den Umkehrwillen der Frau in Prosa; dazu gleich ausführlicher
7. Der Abschnitt 15 bringt gegenüber 12-14 nicht nur wiederum ein neues
   Thema, sondern in seiner Konkretheit, mit der in ihm über die
   Verfehlung der Frau geredet wird, auch einen ganz neuen Stil:
   Ankündigung Gottes – נְאֻם־יְהוָה –, die Frau für ihren Baalskult
   zur Verantwortung zu ziehen; *die anfängliche Prosa scheint in
   15aγδεb, die über das Räuchern hinaus weiteres Verhalten der
   Frau bildlich schildern, in Poesie überzugehen.*

Die „Uneinheitlichkeit", die M.-T. Wacker zunächst Hos 2,4-7 be-
scheinigt[154], erstreckt sich also sowohl inhaltlich als auch stilistisch weit über
2,7 hinaus. Der Abschnitt vermittelt den Eindruck, das Werk eines Redaktors
zu sein, der ohne rechtes Gespür für unterschiedliche literarische Gattungen
und auch ohne sich besondere Mühe zu geben, sein Material in einen
stringenten Sinnzusammenhang zu ordnen, Hosea zugeschriebene Zitate gesammelt und hintereinandergestellt hat.[155] Während das Stück früher „allgemein auf Hosea selbst zurückgeführt" wurde[156], stellt M.-T. Wacker das
Kapitel Hos 2 nun mit guten Argumenten „in eine relativ frühe nachexilische
Zeit" und in „die Nähe zu Themen und Motiven der nachexilisch-jesajani-
schen Tradition"[157].

Bei der stilistischen und inhaltlichen Uneinheitlichkeit des Textes kann
nun der Satz, in dem der Sabbat erwähnt wird, allein im Rahmen des
unmittelbaren Kontextes Hos 2,12-14 betrachtet und ausgelegt werden. Das
וְעַתָּה in 2,12a markiert den Anfang eines neuen Abschnittes, der die
Vorstellung von der Entkleidung der Frau aus 2,5a sowie die Aufzählung
ihrer vegetabilen Schätze aus 7 und 11 aufnimmt. Da nun aber die Referenzstellen 2,5a.7.11 voneinander unabhängigen Teilen des Textes und im Falle
von 2,7 auch einer abgeleiteten Stufe angehören, erweist sich 12-14 als tertiär
nachrangig. Dementsprechend komplex ist der Stil des Abschnittes: 12 ist

---

154 M.-T. Wacker, Figurationen, 197.
155 B. Seifert, Reden, 97, sieht in den „Korrespondenzen, Motivwiederholungen und -va-
     riationen" ein gewisses künstlerisches Element; das ist aber nicht so ausgeprägt, als daß
     es nicht auch ein zufälliges Ergebnis der redaktionellen Tätigkeit sein könnte.
156 T. Veijola, Propheten, 249, unter Hinweis auf H.-W. Wolff, Hosea, 39, und J. Jeremias,
     Hosea, 40.
157 M.-T. Wacker, Figurationen, 246f. Als ältesten Literaturbeleg für eine Spätdatierung
     (des Hoseabuches insgesamt) nennt T.-M. Wacker, a.a.O. 12, E. Day (1909f.) und als
     Wegbereiter einer späten Verortung (speziell für Hos 1-3) in neuerer Zeit, a.a.O. 9f., J.
     Jeremias (1983).

Prosa, da 12a für einen parallelistischen Halbvers zu lang wäre[158]; sauberer Parallelismus membrorum liegt in 14aα und b vor, wobei 14aβγ und aδ vielleicht Glossen sind, da sie Nebensätze darstellen und den Zusammenhang zwischen den jeweils aus zwei Halbversen bestehenden Zeilen 14aα und b zerreißen. 2,13 ist in der heute vorliegenden Gestalt kaum als Poesie anzusprechen: Die zweite Halbzeile ist mit dem einzelnen Wort חַגָּהּ unverhältnismäßig kurz, während die dritte mit ihren zwei durch ְו verbundenen Substantiven und ohne Anschluß des חָרְשָׁהּ an das vorangehende חַגָּהּ durch ein ְו ebenfalls einen gewissen Schönheitsfehler enthält:

וְהִשְׁבַּתִּי כָּל־מְשׂוֹשָׂהּ

חַגָּהּ

חָרְשָׁהּ וְשַׁבַּתָּהּ

וְכֹל מוֹעֲדָהּ:

Beide gestalterischen Mängel würden aber verschwinden, wenn man die im Kontext sperrige Wendung חָרְשָׁהּ וְשַׁבַּתָּהּ als Glosse betrachtet und herausnimmt. Auf diese Weise entstehen zwei akzeptable Halbverse:[159]

וְהִשְׁבַּתִּי כָּל־מְשׂוֹשָׂהּ

חַגָּהּ ... וְכֹל מוֹעֲדָהּ:

13 *Ich werde all ihre Freude beenden,*
ihr Wallfahrtsfest ... und all ihr Fest.

Sollte das Begriffspaar חָרְשָׁהּ וְשַׁבַּתָּהּ tatsächlich einen sekundären Einschub darstellen, dann hat dieser nicht nur die destruktive Wirkung, daß er die poetische Struktur der Strophe stört, sondern auch eine konstruktive: Er macht aus der Halbzeile חַגָּהּ וְכֹל מוֹעֲדָהּ die auch anderwärts belegte Aufzählung חַג, חֹרֶשׁ, שַׁבָּת und מוֹעֲדִים. Vergleichbare Reihen, die in sinnvoller Reihenfolge jährlich, monatlich und wöchentlich wiederkehrende und schließlich wohl noch unregelmäßige Feste aufzählen[160], finden sich in Ez 45,17; Neh 10,34; I Chr 23,31; II Chr 2,3; 8,13; 31,3 und dazu wohl auch Jes 1,13.[161] Dabei handelt es nun aber um späte Prosatexte![162] So spricht viel dafür, die Bearbeitung von Hos 2,13 durch den Einschub von חָרְשָׁהּ וְשַׁבַּתָּהּ in die Abfassungszeit der genannten Vergleichstexte zu datieren. Da nun der ursprüngliche Vers, wie oben gezeigt, innerhalb der Sammlung Hos 2,4-15

158　Die von BHK vorgeschlagene Streichung des לְעֵינֵי מְאַהֲבֶיהָ war willkürlich und ist von BHS nicht übernommen worden.

159　M.-T. Wacker, Figurationen, 211 mit Anm. 106, erwägt die Ausscheidung von וְכֹל מוֹעֲדָהּ, zumal es hier eine kleine Abweichung zwischen dem masoretischen Text und der Qumranüberlieferung gibt, verwirft diese Möglichkeit aber um „der durchgehenden Klanggestaltung des Verses" willen.

160　H.-W. Wolff, Hosea, 46; vgl. auch W. H. Schmidt, Glaube, 133.

161　Zu diesen stereotypen Festtagslisten siehe weiter in 1.3.1.1!

162　Zur möglichen poetischen Struktur von Jes 1,13 vgl. unten z.St.

bereits eine Position tertiären Ranges einnimmt und der umgestaltete Satz
seine Parallelen ausschließlich in der nachexilischen Literatur hat, ist es sehr
unwahrscheinlich, daß die Erwähnung des Sabbats in 2,13 auf den Propheten
Hosea und damit auf die vorexilische Zeit zurückzuführen sein könnte.[163]

Zweitens ist nun aber für das richtige Verständnis von Hos 2,13 vor allem
unumgänglich, die oben aufgezeigte Zäsur zwischen 2,14 und 15 und damit
die Eigenständigkeit der Passage 2,15 zu erkennen und ernst zu nehmen, um
nicht wie G. Robinson und andere Exegeten in die Gefahr zu geraten, 2,13
und den darin (wahrscheinlich erst sekundär) erwähnten Sabbat von 15 her
auszulegen.[164] 2,12-14 und 15 stehen vielmehr in einer gewissen Alternative
zueinander: Während 2,15 die Absicht Gottes ankündigt, die Frau für die Zeit
ihres Baalskultes zur Verantwortung zu ziehen – wobei offenbleibt, in welcher Weise und mit welchen Konsequenzen das geschehen soll –, kündigt der
Ehemann zunächst in 2,12 an, die in 2,5a angedrohte Entkleidung der Frau
Wirklichkeit werden zu lassen, und plant schließlich in 2,14, ihr die Güter
des Landes, die sie benötigt und die sie sucht, wegzunehmen. Dazwischen
steht 2,13 mit der Androhung, ihr auch noch die Fest(tag)e zu entziehen, von
denen bisher gar keine Rede war. Die Stellung das Satzes 2,13 zwischen 12
und 14 ist nun aber von entscheidendem Gewicht: Durch diesen Zusammenhang wird der Sabbat (einschließlich der anderen Feste) mit den hohen
Werten des Lebens wie dem Schutz, den die Kleidung dem Körper einer Frau
bietet, oder dem Genuß, den die Früchte des Weinstockes und des
Feigenbaumes vermitteln, in eine Reihe gestellt. Gegen K. Grünwaldt[165] und
andere muß also betont werden, daß der Sabbat an dieser Stelle genauso
wenig kritisiert wird, wie die in den logisch entsprechenden Versen 2,12 und
14 genannten Lebensgüter Kleidung, Weinstock und Feigenbaum als kritik-
würdig gemeint verstanden werden könnten. Vielmehr soll das alles in Zukunft der Frau vorenthalten bleiben, weil der Mann ihre Rückkehr nicht
annimmt. Es ist also geradezu das Gegenteil der herkömmlichen Auslegung
zu konstatieren: Hos 2,13 rühmt den Sabbat als einen ganz großen Schatz,
dessen Verlust die Frau hart treffen wird. Doch über das Wesen der Sabbatbegehung ist dieser Stelle nichts zu entnehmen, und schon erst recht nichts
für den Charakter des Sabbats in der vorexilischen Zeit.

---

163 M.-T. Wacker, Figurationen, 211, schlägt vor, ganz 2,13 als „Kommentar" anzusehen,
     der „das Wortpaar ‚Zeit'/‚Frist' aus 2,11 auf Feste hin" „interpretiert".
164 G. Robinson, Origin, 60: „'The days of Baals' here is certainly a reference of new
     moons, sabbaths and festivalassemblies mentioned in v. 13." Auf diese Weise kommen
     auch K. Grünwaldt, Exil, 127, zu seiner Deutung des vorexilischen Sabbat als Baalsfest
     und A. Lemaire, Sabbat, 389, zu der Auffassung, der Sabbat stamme aus dem „kanaan.
     Erbe"; ähnlich auch T. Veijola, Propheten, 249.
165 K. Grünwaldt, Exil, 127.

Wie in Hos 2,13 erst durch die unzulässige Einbeziehung von 2,15 ein negatives Licht auf den in Wahrheit positiv gewerteten Sabbat fällt, so muß auch in Jes 1,13b eine Polemik gegen den Sabbat[166] hineingelesen werden:

חֹדֶשׁ וְשַׁבָּת קְרֹא מִקְרָא לֹא־אוּכַל אָוֶן וַעֲצָרָה:

13b *Neumond und Sabbat, Einberufen einer Versammlung – ich ertrage nicht Unheil und Festversammlung.*

Ob die Zeile überhaupt zum ursprünglichen Bestand des Abschnittes Jes 1,10-17 gehört oder nicht, ist fraglich: 14 schließt stilistisch und inhaltlich direkt an 13a an, so daß keine Lücke im Text zurückbliebe, würde 13b herausgeschnitten. Zudem ist „die doppelte Erwähnung des ‚Neumonds' in v. 13b und 14a ... auffällig" und „wirkt v. 13b wie eine verschärfende Dublette von 14a".[167] Ist somit schon die Hilfe des Kontextes für die Auslegung unsicher, liegt hier als das die Sprache poetisch bindende Prinzip (wie oben durch Kursivdruck der betreffenden Silben markiert) eher ein Endreim vor als ein Parallelismus membrorum, der die logische Struktur des Satzes verdeutlichen und die gegenseitige Zuordnung der einzelnen Bausteine der Aufzählungen sichtbar machen könnte.

Zwei Deutungen, wie sich die beiden Teile des Satzes aufeinander beziehen könnten, sind denkbar: 1. אָוֶן und עֲצָרָה nehmen entsprechend ihrer Reihenfolge je ein (Doppel)glied vom Anfang des Satzes auf: אָוֶן bezieht sich auf חֹדֶשׁ וְשַׁבָּת, dagegen עֲצָרָה auf קְרֹא מִקְרָא. In diesem Falle könnte von einer Kritik an Neumondstag und Sabbat gesprochen werden, insofern die beiden Tage als *Unheil* bezeichnet werden. Doch bleibt dann offen, was in diesem Zusammenhang die Charakterisierung von קְרֹא מִקְרָא als עֲצָרָה bedeuten soll; auch könnte man sich vorstellen, daß ein Verfasser an Stelle dieser kompakten Ausdrucksweise vielleicht eher eine Aufteilung in zwei Sätze vorgezogen hätte, in denen sich die jeweils zueinander in Beziehung zu setzenden Begriffe direkt gegenüberstehen. 2. Sprachlich und stilistisch liegt es daher näher, אָוֶן und עֲצָרָה als eine Sinneinheit zu verstehen, die die unmittelbare Zusammengehörigkeit der genannten Sachverhalte konstatiert. In diesem Falle würde sich der Ausdruck gemeinsam auf חֹדֶשׁ וְשַׁבָּת קְרֹא מִקְרָא beziehen und feststellen, daß an allen drei Terminen sowohl עֲצָרָה als auch אָוֶן stattfinden. Dann ist zu fragen, welche gemeinsamen Charakteristika denn die Zusammenfassung der drei Daten unter den Begriffen עֲצָרָה und אָוֶן ermöglichen: Für einen hebräischen Muttersprachler klingt in עֲצָרָה die

---

166 So aber z.B. T. Veijola, Propheten, 252, mit weiteren Literaturangaben in Anm. 35. Nach L. Ruszkowski, Sabbat, 62, wird „der Sabbat ... in Jes 1,13 mit ähnlichen Argumenten verworfen wie das Fasten in Jes 58".

167 U. Becker, Jesaja, 189; in seinen „Texten in literarkritischer Schichtung" markiert er 1,13b als „weitere redaktionelle Fortschreibung", a.a.O. 290.

Verbalwurzel עצר mit der Grundbedeutung jemanden „zurück-, festhalten"[168] an, weswegen man dem Substantiv die Grundbedeutung „Arbeitsruhe"[169] geben konnte. Jes 1,13b kann also durchaus als ein Zeugnis für die Arbeitsruhe gelten, die man in der Epoche des Verfassers am Neumondstag, Sabbat und ad hoc angesetzten Festen pflegte. Daß der Text das jedoch kritisieren oder aber eine mangelnde Bereitschaft, diese feiertägliche Arbeitsruhe einzuhalten, verurteilen würde, ist nicht ersichtlich. Erst die Alternative אָוֶן in der Bedeutung von „Unheil" bis „Unrecht" setzt etwas, was an den genannten Daten geschieht, in ein negatives Licht. Dieses Unheil oder Unrecht scheint neben der Arbeitsruhe einherzulaufen. Kritisiert wird also wohl die Tatsache, daß Menschen die Ruhe der von Gott gebotenen Festtage genießen und am selben Tage unter Bruch der Gebote Gottes Böses tun können.[170] Diese Auslegung entspricht auch dem Zielpunkt des Gedankenganges in 1,17, wo zum Rechtsstreit für die Waise und die Witwe aufgerufen wird.

Aber gerade diese Ermahnung, für deren literarkritische Abtrennung von dem vorangehenden Text es keine zwingenden Gründe gibt, hat zu berechtigtem Zweifel an der jesajanischen Herkunft des gesamten Abschnittes geführt. So datiert U. Berges die Stelle in eine viel spätere, nämlich die frühnachexilische Zeit[171], weil es auffällig sei, „daß der Kultkritik in 1,10-15 keine Strafandrohung folgt, sondern eine Reihe von neun Imperativen, die zur Besserung mahnen und Konkretes fordern. So hat Jesaja nicht gesprochen, denn auf seine Schelten folgten nicht Lehren, sondern Drohungen (vgl. 5,8ff.; 10,1-4; 28,1-4; 29,1-4; 30,1-3; 31,1-3), abgesehen davon, daß man bei ihm Kultkritik vergeblich sucht."[172] Daß die Kombination von חֹדֶשׁ und שַׁבָּת mit einem dritten Feiertermin überwiegend in nachexilischen Texten zu finden ist[173], dürfte ein weiterer Grund dafür sein,

---

168 HAL III, 823f.

169 D. P. Wright, J. Milgrom, עצר, 336.

170 Wenn die Erklärung richtig ist und die angegebenen Termine als solche nicht kritisiert werden, wird T. Veijolas Argumentation, Propheten, 251 Anm. 53, gegen O. Kaisers Spätdatierung des Abschnittes, daß „die nachexilische Gemeinde" ... „das Wort »Sabbat« ... in einem so negativen Zusammenhang und Sinn" nicht „benutzt hätte", hinfällig.

171 So aber auch schon O. Kaiser, Jesaja, 39ff., 49: „5. Jahrhundert", dessen Spätdatierung auch K. Grünwaldt, Exil, 128, Anm. 27, erwähnt, während er selbst jedoch mit Stützung auf ältere Exegeten an der „Echtheit" des Wortes „keine ernsthaften Zweifel" aufkommen lassen möchte. U. Becker, Jesaja, 180ff., hat insgesamt sechs Argumente dafür gesammelt, daß „Jes 1,2-20 ... als literarische Einleitung eines bereits bestehenden Jes-Buches konzipiert wurde", a.a.O. 191.

172 U. Berges, Jesaja, 65.

173 Siehe dazu ausführlicher oben im Zusammenhang mit Hos 2,13 und unten in 1.3.1.1!

die Stelle dem königszeitlichen Propheten Jesaja abzusprechen.[174] Als Beleg
für die Annahme, daß „der Sabbat auch in Juda zur Zeit Jesajas ein ge-
meinschaftlich begangenes Mondfest mit reichen Opfern war ... und deshalb
von der prophetischen Kultkritik betroffen wurde"[175], ist Jes 1,13 demnach
nicht brauchbar.

1.2 Die Nichteinhaltung des Sabbats nach 597 v.Chr.

Die überwiegende Zahl der Belegstellen für den Sabbat im Alten Testament
findet sich nun aber in den jüngeren und jüngsten Passagen des Buches, und
zwar zum Teil in großer Dichte (siehe die häufige Erwähnung des Sabbats in
den „sekundären Partien" der Priesterschrift[176] und im Heiligkeitsgesetz),
zuweilen auch beinahe etwas deplatziert (z. B. Lev 19,3.30; 26,2[177], auch Ez
23,38bβ). Dabei ändert sich das Bild gegenüber den Belegen aus der bzw. für
die Zeit vor dem Exil in einem Punkte ganz entscheidend: Der Sabbat wird
jetzt nicht mehr nur als Element der geschichtlichen Überlieferung oder als
argumentatives Motiv in einer Erzählung erwähnt, sondern die Verfasser der
Texte rufen ausdrücklich zum Halten des Sabbats auf[178] und geben konkrete
Anweisungen zur Gestaltung dieses Tages[179]. Die opinio communis sieht

---

174   Dies gilt wohl auch für den weiteren Kontext, da „der Wortschatz von Jes 1,1-2,5 und
      der von Jes 65-66 auffällige Übereinstimmungen aufweisen", W. A. M. Beuken, Jesaja,
      60; vgl. auch seine „nachexilischen Perspektiven", a.a.O. 69.
175   T. Veijola, Propheten, 251.
176   K. Grünwaldt, Exil, 141: „Die Priesterschrift ist diejenige Schicht im gesamten Alten
      Testament, die sich am meisten mit dem Sabbat beschäftigt. Dieser Eindruck entsteht
      vor allem durch ihre sekundären Partien. Als Beleg aus Pg gelten in der Regel allein
      Gen 2,2-3 und Ex 16*."
177   Vgl. M. Noth, Leviticus, 124, 169; man betrachte den verzweifelten Versuch A. Ruwes,
      Heiligkeitsgesetz, 215, Lev 19,30 aus dem unmittelbaren Kontext heraus einen Sinn
      abzugewinnen; siehe dazu auch unten zu den genannten Stellen.
178   Im Bereich der deuteronomischen bis (spät)deuteronomistischen Literatur Ex 20,8-11;
      23,12; 34,21; Dtn 5,12-15; im Bereich der priesterschriftlichen Literatur Ex 35,1-3; Lev
      19,3.30; 23,3; 23,32 (im Blick auf den Versöhnungstag, der wie ein Sabbat gehalten
      werden soll); 26,2; im Bereich der Zusätze zum Ezechielbuch Ez 44,24 (als spezielle
      Aufgabe der Leviten); im Bereich der chronistischen Literatur Neh 10,32-34 (in Form
      einer Selbstverpflichtung); im Bereich der Pentateuchredaktion Ex 31,12-17.
179   *Arbeits- und Handelsruhe*: Im Bereich der dtn-dtr Literatur Ex 20,8-11; 23,12; 34,21;
      Dtn 5,12-15; im Bereich der priesterschriftlichen Literatur Ex 35,1-3; Lev 23,3; im
      Bereich der chronistischen Literatur Neh 10,32a (in Form einer Selbstverpflichtung);
      im Bereich der Pentateuchredaktion Ex 31,12-17; *gottesdienstliche Gestaltung*: Im
      Bereich der priesterschriftlichen Literatur Lev 24,8; im Bereich der Zusätze zum
      Ezechielbuch Ez 45,17; 46,1-12; im Bereich der chronistischen Literatur Neh 10,33f.

darin „ein Zeichen für die wachsende Bedeutung des Sabbats" im „nach-
exilischen Zeitalter", und verweist dabei besonders auf das Ezechielbuch[180].
Gerade dort aber hätte man zu einem anderen Ergebnis kommen müssen,
denn z.B. in Ez 20-23 dokumentieren und beklagen sieben von neun Stellen
nun gerade die um sich greifende Nichteinhaltung des Sabbats.[181] Und andere
Belege aus dieser bzw. für diese Zeit stehen Ez 20-23 darin nicht nach. Im
Blick auf diesen so augenfälligen Befund sind Bemerkungen wie „Die
Einhaltung des Sabbat gilt in den nachexilischen Partien des Alten
Testaments als selbstverständlich."[182] nur schwer nachvollziehbar. Sie
können nur darauf zurückzuführen sein, daß die Belegstellen für den Sabbat
rein statistisch und ohne Berücksichtigung ihres Inhalts ausgewertet worden
sind; ein instruktives Beispiel dafür ist das Vorgehen G. Robinsons: Er
ordnet zunächst die Texte in eine chronologische Reihenfolge und sucht dann
nach einem gemeinsamen Nenner der Aussagen über den Sabbat in den
einzelnen Schichten[183]; auf diese Weise gerät ihm z.B. Neh 13,15-22 in die
Rubrik der späten Texte, die seiner Meinung nach belegen, der Sabbat sei
„now an established institution", wobei doch Nehemia gerade die
Nichteinhaltung des Sabbats kritisiert und dagegen praktisch vorgeht. Da
kommt B. Lang dem alttestamentlichen Befund wesentlich näher, wenn er
sagt: „Texte wie Neh 13,15-21 und Pseudo-Jer 17,19-27 ... lassen ... auf das
Fehlen volkstümlicher Rezeption" des Sabbatgebotes „schließen."[184] Man
könnte in der Tat gar keine plausiblere Erklärung für die starke Zunahme der
Anzahl der Belegstellen sowie für die Art und Weise der Erwähnung des
Sabbats in den nachexilischen Texten finden als die, die die Quellen selbst
behaupten, daß nämlich in der Abfassungszeit jener Texte der Sabbat kaum
oder gar nicht mehr gehalten wurde. Dies hat schon A. Wendel richtig
beobachtet, der allerdings den Beginn dieser Entwicklung bereits in Am 8,5
(und als deren Triebkraft den Handel) sehen wollte.[185]

Nach Thr 2,6, welche Stelle bereits oben nach Aussagen über das Wesen
des königszeitlichen Sabbats abgetastet worden ist, war die Mißachtung des
Sabbats sehr bald nach der Katastrophe von 597 v.Chr. zu beobachten.[186]

(in Form einer Selbstverpflichtung); 1 Chr 23,31 (für eine levitische Familie); im Bereich der Pentateuchredaktion Num 28,9-10.
180   So T. Veijola, Propheten, 261, als Beispiel für viele andere Autoren.
181   So richtig K. L. Wong, Profanation, 213ff.
182   K. Koch im Vorwort zu G. Robinson, Origin, 7; vgl. auch B. Schaller, Sabbat, 2.
183   G. Robinson, Origin, 235f.
184   B. Lang, Sabbatgebot, 393.
185   A. Wendel, Säkularisierung, 232.
186   In diesen Zusammenhang ist auch Thr 1,7 gestellt worden. G. Robinson, Origin, 200,
      erhebt aus den LXX- und V-Übersetzungen von 1,7bδ „that the original reading was

Wer selbst Nachkriegszeiten miterlebt hat, wird sich die Gründe dafür leicht vorstellen können: Der Verlust an Menschen[187] und die Zerstörungen von Arbeitsplätzen und -mitteln dürften zu einer erheblichen Erhöhung der Arbeitslast, die hinfort auf den im Lande Verbliebenen und Überlebenden lag, geführt haben. Da ist die Entscheidung schon verständlich, entgegen der Tradition auch den siebenten Tag der Woche noch mit zur Bereitstellung des Lebensunterhalts und schließlich auch für den Wiederaufbau zu verwenden. Diese Erklärung wird in gewissem Maße dadurch gestützt, daß die Frage, ob man sich denn die Arbeits- und Handelsruhe am Sabbat wirtschaftlich überhaupt leisten könne, nach Ausweis von Ex 16 und Jes 58,13f.[188] auch zu späterer Zeit noch lebendig war und eine Antwort erforderte.

Als Geschichtsrückblick stilisiert und durch die Redaktion auf den 24. August 592 datiert[189] wirft Ez 20,13 und 16 den Vätern der Exilsgeneration und Ez 20,21 und 24 deren Söhnen die Mißachtung des Sabbats vor:

13 *Das Haus Israel war(en) in der Wüste widerspenstig gegen mich, nach meinen Satzungen wandelten sie nicht und meine Rechtsbestimmungen, durch die der Mensch, der sie ausführt, leben wird, lehnten sie ab. Und meine Sabbate entweihten sie sehr, um meinen Zorn, sie zu vernichten, in der Wüste über sie auszugießen.*
(15 *Und ich erhob auch meine Hand zu ihnen hin in der Wüste .....*) 16 *weil sie meine Rechtsbestimmungen verwarfen sowie meine Satzungen, nach denen sie nicht wandelten, und meine Sabbate entweihten, denn ihr Herz folgte ihren Götzen nach.*

Ez 20,18-26 kann beinahe als Paralleltext aufgefaßt werden, der freilich im Gegensatz zu 20,10-17 recht unversöhnlich endet.[190] In beiden Textteilen wird die Nichteinhaltung des Sabbats mit dem Verb חָלַל bezeichnet[191]:

שבתתיה, 'her sabbaths'"; warum die Feinde Jerusalems aber über „ihre Sabbate", die nach Ausweis von Thr 2,6 gar nicht mehr gehalten wurden, lachen sollten, ist schwer verständlich. Hier gibt die von BHS favorisierte masoretische Lesart „über ihr Aufhören" sc. zu existieren, vgl. HAL II, 607, doch eher einen Sinn.

187 So z.B. U. Hübner, Exil, 166: „Wie hoch der Blutzoll war, den die Bevölkerung zu zahlen hatte, ist unbekannt; ganz unbeträchtlich dürfte der Anteil von Kriegstoten nicht gewesen sein."

188 Siehe dazu unten in 1.3.2.4 zu Jes 58,13f. mit Anm. 415.

189 So F. Sedlmeier, Ezechiel 20, 137 mit geringfügig abweichenden Meinungen in Anm. 5.

190 *21 Die Söhne waren widerspenstig gegen mich. Nach meinen Satzungen wandelten sie nicht und meine Rechtsbestimmungen, durch die der Mensch, der sie ausführt, leben wird, beachteten sie nicht; meine Sabbate entweihten sie. Ich sagte (mir), meinen Zorn über sie auszugießen, um meinen Zorn über ihnen in der Wüste auszulassen.*

20,13aϵ.16aγ.21aδ[192].24aβ וְאֶת־שַׁבְּתֹתַי חִלֵּלוּ

und meine Sabbate haben sie entweiht,

wobei 20,13aϵ das Vergehen noch durch Hinzusetzung eines מְאֹד erschwert.

Ob der Prophet Ezechiel den Sabbat in seinen Reden und/oder Schriften jemals erwähnt hat oder nicht, ist umstritten, was sich an der Diskussion um die Belege in Ez 20 exemplarisch erweist: Während T. Veijola keinen Zweifel zu haben scheint, daß man hier dem Augenschein folgen und die „nachhinkenden" Sätze und „wiederholten" Ausdrücke als „sek. Nachträge" ansehen kann[193], trägt F. Sedlmeier in Auseinandersetzung mit W. Eichrodt eine ganze Reihe hörenswerter Argumente dafür vor, „die Sabbate in Ez 20 der Verkündigung Ezechiels" nicht „abzusprechen", sondern „im Grundtext von Ez 20 zu belassen"[194]. Für unser Thema ist aber auch nur entscheidend, daß die Klage über die Nichteinhaltung im Ezechielbuch auf jeden Fall aus der Zeit nach 597 v.Chr. stammt und damit den Verlust des Sabbats nach dem Untergang des judäischen Staates dokumentiert.

In das Jahrzehnt zwischen der Königs- und der eigentlichen Exilszeit dürfte Ez 22,6-12 gehören.[195] Der Abschnitt zählt Vorwürfe an die Stadt Jerusalem auf, die in einer für unsere Begriffe logisch und sachlich nicht recht geordneten Liste zusammengefaßt sind. In dem poetisch wirkenden Text wird in Ez 22,8b nun auch die „Entweihung" des Sabbat bemängelt:

6 *Gewalttätige*[196] *nᵉśîʾîm Israels gab*   הִנֵּה נְשִׂיאֵי יִשְׂרָאֵל אִישׁ

es in dir .....,   לִזְרֹעַ הָיוּ בָךְ

לְמַעַן שְׁפָךְ־דָּם[197]:

7   *Vater und Mutter behandelte*   אָב וָאֵם הֵקַלּוּ בָךְ

... 24 weil sie meine Rechtsbestimmungen nicht ausführten und meine Satzungen verwarfen und meine Sabbate entweihten, und ihre Augen hinter den Götzen ihrer Väter (her)waren.

191   Dazu Näheres unten in 1.3.2.1!

192   Nach BHS bieten viele Handschriften und Versionen auch hier וְאֵת.

193   T. Veijola, Propheten, 259.

194   F. Sedlmeier, Ezechiel 20, 126ff.

195   W. Zimmerli, Ezechiel 1, 507: „... kann keineswegs ausgeschlossen werden, daß sich auch 22,1-16 um eine Abrechnung mit der Sünde Jerusalems noch vor dem endgültigen Fall der Stadt handeln könnte."; K.-F. Pohlmann, Hesekiel, 327f., rechnet den Abschnitt zum „älteren Prophetenbuch".

196   So HAL I, 269. W. Zimmerli, Ezechiel 1, 502, erklärte den Ausdruck mit „trotzen ein jeder auf seinen (starken) Arm". LXX hat לִזְרֹעַ gelesen, gibt die Wendung mit ἕκαστος πρὸς τοὺς συγγενεῖς αὐτοῦ συνανεφύροντο wieder und sieht die Vetternwirtschaft der נְשִׂיאֵי יִשְׂרָאֵל angeprangert, was zu 7aα in der Tat besser passen würde.

197   „um Blut zu vergießen" scheint in 6, 9a und 12a Zusatz zu sein, da durch diese Phrase die Halbverse zu lang werden; anders W. Zimmerli, Ezechiel 1, 509, der die Finalsätze als Gliederungsmerkmal in Erwägung zog und zudem darauf hinwies, daß sie nicht ohne Grund an Sätzen hängen, die „es alle mit Vergehen sozialer Art zu tun" „haben".

man in dir verächtlich.[198]
Den Schutzbürger behandelte man in
deiner Mitte mit Bedrückung,   לַגֵּר עָשׂוּ בַעֹשֶׁק בְּתוֹכֵךְ
    Waise und Witwe bedrückte
    man in dir.   יָתוֹם וְאַלְמָנָה הוֹנוּ בָךְ
8 Meine heiligen Dinge schätztest du   קָדָשַׁי בָּזִית
gering
    und meine Sabbate entweihtest du.   וְאֶת־שַׁבְּתֹתַי חִלָּלְתְּ:
9 rakîl-Leute[199] *gab es in dir ...,*   אַנְשֵׁי רָכִיל הָיוּ בָךְ לְמַעַן שְׁפָךְ־דָּם
    und man aß in dir auf[200] *den*   וְאֶל־הֶהָרִים אָכְלוּ בָךְ
    Bergen. ...[201]

Das Verb חִלֵּל in 22,8b mag der gängigen Übersetzung „entweihen" wegen
im ersten Moment an eine kultische Verfehlung und damit daran denken
lassen, daß vielleicht sakrale Vorschriften für den Sabbat nicht eingehalten
werden. Eine überlegte Darstellung des Verfassers vorausgesetzt ist aber
festzuhalten, daß die Sabbate hier von den heiligen Dingen genauso
unterschieden werden wie die gewalttätigen נְשִׂיאִים von den verächtlich
behandelten Eltern oder die רָכִיל-Leute vom Essen auf den Bergen. Wenn der
Sabbat eigens aufgeführt und zwischen Verfehlungen aus so unterschiedlichen Lebensbereichen wie 6   Verwaltung
               7aα   Familie
               7aβ   Wirtschaft und/oder Rechtsleben
               7b   Wirtschaft und/oder Rechtsleben
               8a   JHWH-Kult
               8b   Sabbat
               9a   Sicherheit?
               9bα   Fremdkult

---

198 Traditionell אָב וָאֵם als Objekt aufzufassen, mag inhaltlich naheliegen; innerhalb des
      par. membr. aber müßte אָב וָאֵם eigentlich den נְשִׂיאֵי יִשְׂרָאֵל entsprechend das Subjekt
      des Satzes darstellen: *Vater und Mutter handelten verächtlich.*
199 Die Bedeutung muß wohl unklar bleiben, vgl. W. Zimmerli, Ezechiel 1, 503 Anm. 9a:
      „M רכיל אנשי wird von G als ἄνδρες λησταί ‚Räuber', von S als גברי תגרא ‚Händler'
      verstanden; HAL IV, 1153, übersetzt ‚Verleumder'".
200 אֶל und עַל werden im Ezechielbuch oft gleichbedeutend verwendet, dazu W. Zimmerli,
      Ezechiel 1, 6 Anm. 17a: „Das Buch Ez zeigt ... durchgehend eine ganz überraschende
      Verwischung der Bedeutungsgrenzen von עַל und אֶל, die ohne feste Regeln vertauscht
      werden können. Man wird darin aramäischen Spracheinfluß (auf Ez oder seine
      exilischen Tradenten?) zu erkennen haben. Vom Aramäischen gilt: עַל ... deckt auch
      das hebr. אֶל, das nur vereinzelt vorkommt' (KBL, aramäischer Teil s. v. עַל)."
201 9bβ זִמָּה עָשׂוּ בְתוֹכֵךְ scheint einer Überschrift ähnlich die folgenden Fälle sexueller
      Tabubrüche unter den Begriff זִמָּה zusammenzufassen und insofern kein ursprünglicher
      Halbvers der vorangehenden Passage zu sein.

als eigenständiger Fall eingeordnet worden ist, muß dieser sich in der Sicht des Verfassers auch von den anderen Gliedern der Aufzählung spezifisch unterscheiden. Diese Überlegung führt zu der Vermutung, daß hier nicht, wie man auf den ersten Blick denken könnte, an die Verletzung gottesdienstlicher Regeln für den Sabbattag gedacht ist, sondern vielmehr auf die Mißachtung der seit alters gebotenen Arbeits- und Handelsruhe am Sabbat abgehoben wird: Der wöchentliche Ruhetag wird in Jerusalem nicht (mehr) gehalten.[202] Für den Propheten ist das alles andere als eine Lappalie, sondern z.B. mit der Unterdrückung der Witwen und Waisen oder nichtjahwistischen Kultmahlzeiten auf eine Stufe zu stellen.

In diesem Zusammenhang sind auch noch einmal Ez 22,26[203] und 44,24[204] zu erwähnen, die bereits oben nach Hinweisen auf eine sabbattägliche Gottesdienstruhe an den Heiligtümern der vorexilischen Zeit befragt worden waren[205]. Beide Stellen beziehen sich auf die Priesterschaft; die eine wirft ihr vor, daß sie den Sabbat ignoriert:

22,26bα *Sie haben ihre Augen vor meinen Sabbaten verschlossen ...,*
die andere legt ihr ans Herz:
44,24bβ *(sie sollen .....) meine Sabbate heiligen.*

Da Priester vornehmlich in Tempeln tätig sind, ist hieraus zu schließen, daß die sabbattägliche Arbeits- und Handelsruhe an den Heiligtümern zur Zeit der Verfasser nicht mehr bzw. noch nicht wieder respektiert wurde. Daß es da um die Einhaltung der Sabbatruhe „vor dem Tempel" besser gestellt gewesen sein könnte, ist kaum anzunehmen.

In die zeitliche Nähe zur Abfassung der Stellen aus „älteren Prophetenbuch" im Ezechielbuch dürfte Jer 17,19-27 gehören. Der Abschnitt berichtet von der Verletzung der Sabbatruhe durch Transportarbeiten und andere gewerbliche Tätigkeiten in Jerusalem sowie der prophetischen Reaktion darauf:

19 *Folgendermaßen hat JHWH zu mir gesagt: Geh (und) stelle dich in das Tor Volkssöhne*[206]*, durch das die Könige Judas ein[zu]ziehen und durch das*

---

202 So auch K. L. Wong, Profanation, 216, (im Anschluß an N. D. Amorim) mit eben-
     derselben Begründung durch die Nennung des Sabbats innerhalb einer Liste un-
     terschiedlichster Verbrechen. Siehe zu dieser Bedeutung von חלל unten eingangs
     1.3.2.1!
203 W. Zimmerli, Ezechiel 1, 523, datierte Ez 22,23-31 in die „Zeit nach 587. Das ab-
     schließende Gericht ist über den bisher verschonten Rest Israels geschehen."
204 M. Konkel, Architektonik, 347, rechnet Ez 44,4-31 zur „zweiten Fortschreibung", de-
     ren „Abfassung kaum vor der Mitte des 5. Jhs. zu vermuten" sei.
205 Siehe 1.1.2 zu den Stellen.
206 Die Masoreten wollten הָעָם lesen.

*sie aus[zu]ziehen [pflegen[207]], und in alle Tore Jerusalems 20 (und) sprich
zu ihnen: Hört das Wort JHWHs, Könige Judas und ganz Juda und alle
Einwohner von Jerusalem, die in diese Tore hineingehen! 21 Folgendermaßen hat JHWH gesprochen: Hütet euch[208] und tragt keine Last am
Sabbattag (und) bringt (sie nicht) in die Tore Jerusalems! 22 Bringt keine
Last am Sabbattag aus euren Häusern und erledigt keinerlei Arbeit; heiligt
den Sabbattag, wie ich euren Vätern befohlen habe. 23 Sie hörten nicht,
neigten ihre Ohren nicht, verhärteten ihren Nacken, um nicht zu hören und
keine Mahnung anzunehmen. 24 Aber dann, wenn ihr genau auf mich hört –
Ausspruch JHWHs –, um keine Last am Sabbattag durch die Tore dieser
Stadt zu bringen und den Sabbattag zu heiligen, um keine Arbeit an ihm zu
erledigen, 25 werden durch die Tore dieser Stadt Könige und Beamte, die auf
dem Thron Davids sitzen, fahrend auf dem Wagen und (reitend) auf den
Pferden, sie und ihre Beamten, der Judäer und die Einwohner von Jerusalem
einziehen, (und) diese Stadt wird bleiben[209] bis in Ewigkeit. 26 Aus den
Städten Judas und aus der Umgebung Jerusalems und aus dem Land
Benjamin und aus der Schefela und vom Gebirge und aus dem Negeb werden
sie kommen, Brandopfer und Schlachtopfer und Speisopfer und Weihrauch
bringend, Dank[210] Bringende (für) das Haus JHWHs. 27 Und wenn ihr nicht
auf mich hört, um den Sabbattag zu heiligen und keine Last zu tragen und am
Sabbattag (nicht) in die Tore Jerusalems hineinzugehen, werde ich Feuer in
ihren Toren anzünden, es wird die Paläste Jerusalems verzehren und wird
nicht verlöschen.*

---

207 Zur Verwendung des Imperfekts als Habitualis vgl. E. Kautzsch, Grammatik, 326; R.
     Meyer, Grammatik, §100.2b., III 43 [385].
208 So die Wiedergabe in KBL, 994. Dagegen übersetzen HAL IV, 1464 (im Anschluß an
     W. Rudolph), C. Maier, Jeremia, 206, und andere הִשָּׁמְרוּ בְּנַפְשׁוֹתֵיכֶם neuerdings mit
     „Hütet euch bei eurem Leben" oder ähnlich und sehen wie C. Maier, a.a.O. 214 (mit
     Anm. 54 unter Hinweis auf J. Briend und T. Veijola) in dieser Redewendung einen
     Bezug auf die Androhung der Todesstrafe bei der Verletzung der Sabbatruhe in Ex
     31,14. Dem ist jedoch zweierlei entgegenzuhalten. Erstens: In Ex 14bγ wird נֶפֶשׁ gar
     nicht im Sinne von *Leben*, sondern vielmehr von *Person* verwendet und deren Ex-
     kommunikation angedroht; zur כרת-Formel siehe ausführlich unten Kapitel 2 Exkurs 2.
     Zweitens: Im Zusammenhang mit der Androhung der Todesstrafe in Ex 31,14bα und
     15b kommt das Wort נֶפֶשׁ überhaupt nicht vor, was auch für Ex 35,2 und Num 15,32-36
     gilt.
209 Die Übersetzung bei HAL II, 424, „bewohnt, bevölkert sein", so z.B. auch C. Maier,
     Jeremia, 206, reibt sich mit der Tatsache, daß Jeremia zu den כֹּל יֹשְׁבֵי יְרוּשָׁלַם spricht,
     die Stadt also zu diesem Zeitpunkt durchaus bewohnt ist und eine Entvölkerung auch
     nicht angedroht wird.
210 Oder, nach HAL IV, 1562, und anderen „Dankopfer", worauf zwar die Verbindung mit
     הֵבִיא anstelle eines Verbum dicendi weisen könnte, womit aber nach dem zuvor
     genannten זֶבַח unnötigerweise ein weiteres Schlachtopfer aufgezählt worden wäre.

Dem Abschnitt wird in neuerer Zeit nicht nur die jeremianische Herkunft, sondern von manchen sogar die Originalität überhaupt abgesprochen.[211] Dabei finden sich in der einschlägigen Literatur im wesentlichen zwei Modelle: Die einen sehen Jer 17,19-27 in literarischer Abhängigkeit von Neh 13,15-22[212], andere betrachten demgegenüber Jer 17,19-27 als Vorlage zu Neh 13,15-22.[213] T. Reinmuth rechnet überdies mit einer nachträglichen Abgleichung zwischen beiden Texten.[214]

C. Maier hat die neuere Literatur durchgesehen und kommt zusammen mit eigenen Beobachtungen und Überlegungen zu dem Ergebnis, daß „die Rede eine literarische Vorlage im Nehemiabericht Neh 13,15-22" besitzt und außerdem „Formulierungen aus der Mauerbauerzählung (Neh 2,3.13.17)" aufgenommen hat. „Aufgrund der zitierten und angespielten Texte" könne „Jer 17,19-27 frühestens in das späte 5. Jahrhundert datiert werden."[215] Wirklich triftig sind C. Maiers und der anderen Autoren Argumente aber nicht; auch regen sie zu einigen grundsätzlichen methodischen Überlegungen an:

1. Jer 17,19-27 könne nicht auf ein Jeremiawort zurückgehen, da sich ein entsprechender „Textkern" literarisch nicht nachweisen lasse.[216] Nun lassen sich Textkerne unfraglich in straff stilisierten poetischen oder in Rechtstexten wesentlich leichter erkennen als in der erzählenden Literatur. Da wir es hier aber nun deutlich mit einem Erzähltext zu tun haben, ist die Schwierigkeit, einen Textkern herauszuschälen, zunächst nicht mehr als eine gute Note für den Erzähler, der einen passablen, in sich geschlossenen Text abgeliefert hat – wie denn auch C. Maier betont, daß es sich um „eine literarisch weitgehend einheitliche ... Komposition" handelt[217]. Wenn sich ein auf Jeremia zurückzuführender Kern heute nicht mehr herausfiltern läßt, ist das aber noch kein Beweis dafür, daß es eine diesbezügliche Bemerkung des Propheten ehemals nicht gegeben haben könne.

2. Die „Ort- und Zeitdeixis" erweise, „daß es sich bei Jer 17,19-27 um eine in hohem Maße stilisierte Rede handelt".[218] An dem Namen des Tores

---

211 Zur Forschungssituation vgl. die übersichtlichen Angaben bei C. Maier, Jeremia, 205 mit Anm. 1 bis 4.
212 Siehe T. Veijola, Propheten, 255ff., mit Literaturangaben; neuerdings T. Reinmuth, Bericht, 292ff., der noch weitere Stellen im Nehemiabuch als vermeintliche Vorlagen heranzieht.
213 U.a. K. Grünwaldt, Exil, 133, im Anschluß an M. Fishbane.
214 T. Reinmuth, Reform, 293
215 C. Maier, Jeremia, 223.
216 C. Maier, Jeremia, 205 mit Anm. 2.
217 C, Maier, Jeremia, 223, vgl. auch 208.
218 C. Maier, Jeremia, 208f.

בְּנֵי־עָם in 19aβ zeigt sich aber wohl gerade das Gegenteil: Das Tor wird nur hier genannt und hat anscheinend bereits den Erzähler dazu angeregt, eine Erklärung für seine Leser anzufügen: Das sei das Tor, *durch das die Könige Judas ein[zu]ziehen und durch das sie aus[zu]ziehen [pflegen]*. Werden aber unbekannte Namen und Begriff als für den Leser erklärungsbedürftig empfunden, kann das durchaus als ein Hinweis auf die Authentizität der Notiz gelten.[219]

3. Der problematische Plural *die Könige Judas* in 17,20 kann ebenfalls nicht als „Hinweis darauf, daß die Rede ein rein literarisches Produkt ist," gelten[220], denn eine derartige Dummheit, er wisse nicht, daß es jeweils immer nur einen König in Jerusalem gegeben habe, sollte einem antiken Erzähler nicht ohne schwerwiegende Gründe unterstellt werden. Sicher ist die Annahme eines Schreibfehlers die einfachste Lösung dieser Unstimmigkeit.[221] Man könnte aber auch vermuten, daß der Plural den neubabylonischen Oberherrn mit einbeziehen soll und sich insofern in der Tat auf zwei Könige bezieht, wobei der Babylonier die Abwesenheit während der Rede Jeremias mit seinem judäischen Vasall geteilt haben dürfte. Der Plural *die Könige Judas* könnte also durchaus ein kleines Indiz für die Datierung des Textes bzw. der in ihm dargestellten Begebenheit in die Zeit sehr bald nach 597 v.Chr. sein.

4. Beim Aufweis der „inhaltlichen Spannungen" unterscheidet C. Maier zwischen „vorexilischen" und „exilischen" Tatbeständen.[222] Die Jahre 597 bis 586 v.Chr. stellen sich uns aber über „vorexilisch" und „exilisch" hinaus als eine dritte Periode mit durchaus eigenem Charakter dar: Nach II Reg 24,13 war der Jerusalemer Tempel geplündert worden; wenn er 586 erneut ausgeraubt werden konnte, ist zwar anzunehmen, daß in der Zwischenzeit neue Kultgeräte und Kunstgegenstände angeschafft worden sind, dennoch dürfte der Tempel wenigstens zunächst seine ehemalige Attraktivität verloren haben und vielleicht unmittelbar nach 597 auch nur beschränkt arbeitsfähig gewesen sein; insofern macht die Hoffnung auf neue Pilgerströme nach Jer 17,26 bereits in diesem Jahrzehnt durchaus einen Sinn. Zum anderen wurden die Befestigungsanlagen einschließlich der Tore 597 geschont und erst 586 niedergerissen; das Nebeneinander von Bedeutungsverlust des Heiligtums einerseits und der selbstverständlichen Existenz und Funktionstüchtigkeit der

---

219 Die von C. Maier hervorgehobene Spannung zu 17,19b, wo dann im Gegensatz zu 19aβ von *allen Toren Jerusalems* die Rede ist, ist in den Kommentaren längst hinreichend gelöst worden, vgl. etwa A. Weiser, Jeremia, 155 mit Anm. 1.
220 C. Maier, Jeremia, 209 mit Anm. 19 unter Verweis auf B. Duhm.
221 Z.B. A. Weiser, Jeremia, 156.
222 C. Maier, Jeremia, 209f.

Stadttore andererseits läßt sich in der Geschichte Jerusalems lediglich für die oben genannte Übergangsepoche zwischen der vorexilischen und der exilischen Zeit belegen. In der nachexilischen Epoche aber war die Situation genau umgekehrt: Nach der alttestamentlichen Darstellung wurde erst das Heiligtum Jerusalems erneut in Betrieb genommen, bevor man unter Nehemia an die Wiederherstellung der Befestigungsanlagen ging. Wenn man also die Fakten, die in Jer 17,19-27 genannt, und die Wünsche bzw. Befürchtungen, die hier ausgesprochen werden, ernst nimmt, wird deutlich: Der Abschnitt beschreibt eindrücklich die Situation der Stadt Jerusalem nach der ersten Eroberung durch die Babylonier im März 597 v.Chr. und damit exakt die Epoche, die der Prophet Jeremia dort miterlebt hat: Es gibt zwar einen König, aber keinen militärisch repräsentativen Hofstaat, denn der ist mit Jojachin nach Babylonien umgesiedelt worden; es kommen keine Pilger, nicht einmal aus der direkten Umgebung, was nach der Plünderung des Tempels leicht erklärlich ist; die Torbauten der Stadt aber sind offensichtlich intakt und werden nach wie vor benutzt. Daß „der Text das Leben in der Stadt ... als darniederliegend zeichnet", wie K. Grünwaldt feststellt[223], kann beim besten Willen nicht gesagt werden, denn Handel und Gewerbe scheinen ja doch zu florieren und das eben sogar an den Sabbaten. Mit einer Datierung des in Jer 17,19-27 geschilderten Vorgangs in die Zeit zwischen 597 und 586 v.Chr. lösen sich also viele der von C. Maier aufgelisteten „inhaltlichen Spannungen".[224]

5. Während C. Maier zugesteht, daß „die Rede ... in V. 25-27 zumindest exilische Gegebenheiten" voraussetzen könnte, schließt sie die „Sabbat-thematik" davon aus. „Die Praxis des Wochensabbats" müsse aufgrund des Dekaloggebots" „frühestens exilisch datiert werden"[225], woraus wohl folgen soll, daß auch seine Übertretung bestenfalls am Ende des Exils erstmals vorgekommen sein könnte. Wie zu Anfang dieses Kapitels hoffentlich deutlich geworden ist, ist aber der (Wochen)sabbat durchaus als vorexilische Institution nachweisbar, dessen Wegfall bereits in Thr 2,6 und damit für die Zeit nach 597 v.Chr. authentisch dokumentiert ist. Wenn Jer 17,19-27 behauptet, daß zu Jeremias Zeit die Sabbatruhe verletzt wurde, ist demnach aus historischer Sicht nichts gegen die Geschichtlichkeit dieser Notiz ein-zuwenden.

---

223 K. Grünwaldt, Exil, 133.
224 Vgl. W. H. Schmidt, Gebote, 91 Anm. 24: „Jer 17 setzt ... mit V 25-27 exilische, allenfalls frühnachexilische Verhältnisse voraus." Auch J. Jeremias, Am 8,4-7, 218, reiht den Abschnitt in eine Gruppe von Texten aus den „letzte(n) Jahrzehnten des Staates Juda" ein.
225 C. Maier, Jeremia, 210 und 211ff., wo sie das J. Meinholdsche Konzept übernimmt.

6. C. Maier versucht, anhand von sprachlichen Wendungen und sachlichen Aussagen den „nachexilische(n) Horizont der Sabbatrede" zu belegen.[226] So erkennt sie z.B. im dem Ausdruck הִשָּׁמְרוּ בְּנַפְשׁוֹתֵיכֶם mit der Übersetzung „Hütet euch bei eurem Leben" in Jer 17,21a einen Anklang an die späten priesterlichen Stellen, die für die Verletzung der Sabbatruhe die Todesstrafe androhen, und schließt daraus auf „eine nachexilische Situierung" des Textes. Wenngleich das in diesem Fall problematisch ist[227], ließe sich nach ebendieser Methode aber aus den geographischen Angaben auf eine Abfassung noch am Ende der Königszeit oder unmittelbar danach folgern, werden doch in 17,26 die als ideal angesehenen territorialen Verhältnisse Judas in vorexilischer Zeit beschrieben.[228] Doch C. Maier sucht auch hier nach Parallelen im Jeremiabuch, die den späten und sekundären Charakter der geographischen Angaben belegen sollen. Die dafür herangezogenen Stellen Jer 32,44 und 33,13 eignen sich aber schlecht: Sie bieten die Liste der geographischen Angaben nicht nur in anderen Reihenfolgen, sondern auch deutlich als sekundäre Nachträge[229]: Während die Aufzählung in 17,26 als Adverbialbestimmung in den Satz voll integriert ist, hinkt sie in 32,44 dem eigentlichen Satz nach und ist in 33,13 nach den Angaben בַּמָּקוֹם הַזֶּה und בְּכָל־עָרָיו in 12a geradezu überflüssig. Wenn überhaupt eine Abhängigkeit der drei Stellen voneinander angenommen werden muß, werden eher die geographischen Angaben in Jer 32,33 und 33,13 auf 17,26 als Quelle zurückgehen.

7. Wie andere Autoren stellt auch C. Maier sprachliche Übereinstimmungen zwischen Jer 17,19-27 und Neh 13,15-22 zusammen und schließt daraus auf eine literarische Abhängigkeit des ersten von dem zweiten Text.[230] Weder bei ihr noch in den Arbeiten, auf die sie sich beruft, wird jedoch die Frage bedacht, ob denn die Konstatierung der Abhängigkeit eines Textes von einem anderen zulässig ist, wenn sich neben auffälligen Gemeinsamkeiten auch erhebliche Unterschiede markieren lassen. Nun gibt es zweifelsfreie Beispiele dafür, daß ältere Texte des Alten Testaments in späteren vorausgesetzt, angedeutet, verarbeitet oder zitiert werden. Zugleich aber existieren mehrere ebenso zweifelsfreie Beispiele dafür, daß sich das gegenseitige Verhältnis von Texten des Alten Testaments auf diese Weise nicht erklären läßt und vielmehr mit unbekannten Primärquellen und un-

---

226 C. Maier, Jeremia, 213ff.
227 Zur Fragwürdigkeit dieser Übersetzung und des vermeintlichen Bezugs zur Kriminalisierung der Sabbatverletzung siehe oben Anm. 208.
228 G. Wanke, Jeremia, 171.
229 Vgl. dazu z.B. A. Weiser, Jeremia, 309 und 313.
230 C. Maier, Jeremia, 218 mit Anm. 80 bis 82.

wägbaren Zwischengliedern zu rechnen ist. Selbst wenn es keine Hinweise auf gleichzeitige außeralttestamentliche Literatur gäbe, hat es als beinahe selbstverständlich zu gelten, daß der Kanon des Alten Testamentes nur einen (bewußt zusammengestellten) Ausschnitt aus dem Schrifttum des alttestamentlichen Israel darstellt. Aller Aufweis intertextueller Bezüge, die nicht an die Qualität direkter Zitate herankommen, muß deswegen hypothetisch bleiben und sollte auch als Hypothese gewertet werden.

8. Speziell zu Jer 17,19-27 und Neh 13,15-22 ist festzuhalten, daß die beiden Texte die aufgewiesenen Gemeinsamkeiten im Wortschatz[231] mit vielen anderen in der Hebräischen Bibel teilen: Das Wort אֲבוֹתֵיכֶם findet sich mehr als fünfzigmal, und die Verbindung הָעִיר הַזֹּאת steht dem in der Häufigkeit kaum nach, von der Anzahl der Formen des Verbs בוא im Qal und Hifʿil ganz zu schweigen. Ähnlich ist die Situation bei יוֹם הַשַּׁבָּת mit vierundzwanzig Belegstellen in Ex, Lev, Num, Dtn, Jer, Ps und Neh; und schließlich ist zu fragen: Hätte es für eine Wendung wie שַׁעֲרֵי יְרוּשָׁלָם denn überhaupt eine stilistische Alternative gegeben, zu der ein Verfasser, um im Ausdruck zu variieren, greifen konnte? Bleibt allein als charakteristisches Stichwort מַשָּׂא in Verbindung mit הֵבִיא, doch das allein für sich dürfte kein ausreichender Beleg für eine literarische Abhängigkeit – in welcher Richtung auch immer – sein. Daß „das Motiv des Lasttragens erst vor dem Hintergrund des" in Neh 13,15-22 „erzählten Handelsverbots am Sabbat verständlich" würde[232], kann so doch wohl auch nicht gesagt werden, ist doch das Transportieren von Waren die in der Öffentlichkeit am deutlichsten erkennbare Übertretung des Sabbat, während deren Herstellung, die meist in Werkstätten innerhalb von Grundstücken geschieht, einem Beobachter längst nicht so ins Auge fällt[233]. Wenn zwei Texte ein und dasselbe Thema behandeln, werden sich Übereinstimmungen im Wortschatz übrigens kaum vermeiden lassen. Aber auch die thematischen Beziehungen zwischen Jer 17,19-27 und Neh 13,15-22 sind gar nicht so auffällig oder einzigartig: Es ist richtig, daß Jer 17,19-27 eine Problemlage widerspiegelt, „wie sie in Jerusalem um 440 v.Chr. unter Nehemia zu beobachten ist"[234], nur können wir ebendieselbe Problemlage auch schon hinter den zeitlich gewiß früher anzusetzenden Belegen Ez 22,8; 22,26 und dem Elephantine-Ostrakon CG 152 erkennen.

---

231 Aufgewiesen z.B. bei T. Veijola, Propheten, 257 mit Anm. 69, oder C. Maier, Jeremia, 218.

232 C. Maier, Jeremia, 223.

233 Als Herstellung von Waren wird man freilich in gewissem Sinne das Treten der Kelter einzuordnen haben, womit die Aufzählung der Sabbatübertretungen in Neh 13,15 beginnt, aber auch das ist wohl ebenfalls als außerhalb der Häuser durchgeführt zu denken.

234 G. Wanke, Jeremia, 170.

Die Nichtachtung der Arbeits- und Handelsruhe am Sabbat beginnt offensichtlich keineswegs erst in der Zeit Nehemias.

9. Zum anderen gibt es aber zwischen den beiden Texten einen erheblichen Unterschied in der literarischen Gattung: In Jer 17,19-27 erzählt jemand von seiner prophetischen Reaktion auf die Mißachtung des Sabbats, demgegenüber liegt in Neh 13,15-22 der Bericht eines Kommunalpolitikers darüber vor, wie er einen vergleichbaren Mißstand gewaltsam abgestellt hat[235]; wir haben hier zwei durchaus verschiedene Genres vor uns. Sollte aber eine inhaltliche Abhängigkeit der beiden Texte voneinander bestehen, dann wäre sie unter Berücksichtigung des Gattungsunterschiedes eigentlich nur in einer einzigen Richtung verständlich: In Kenntnis des prophetischen Wortes von Jer 17 könnte Nehemia zu seinem Durchgreifen gegen den Handel am Sabbat angeregt und darin bestätigt worden sein.[236]

Der Verf. hält die Indizien für eine Verortung von Jer 17,19-27 in die Zeit des genannten Propheten für schwerwiegend: Die Schilderung der Lebensumstände in Jerusalem –

die Lebendigkeit von Handel und Gewerbe,

das Ausbleiben der Pilger, das nach der Plünderung des Tempels im Jahre 597 v.Chr. leicht nachvollziehbar ist,

andererseits aber die Existenz der Stadttore, die sich mit der Tatsache erklären läßt, daß sie vor dem Jahre 586 v.Chr. nicht niedergerissen worden sind,

die konkrete, aber erklärungsbedürftige Bezeichnung eines Tores in der Stadt,

die geographischen Angaben über die Herkunft der ersehnten Pilger, die sich weder mit den sonst bekannten (Wunsch)vorstellungen über den „Umfang des verheißenen Landes"[237] noch mit dem Gebiet der persischen Provinz יְהוּד[238], wohl aber mit den staatlichen Verhältnisse Judas in vorexilischer Zeit decken[239],

---

235 Damit hängt zusammen, daß „der Nehemia-Bericht ... wesentlich konkreter und weniger stereotyp" „erzählt", was T. Reinmuth, Bericht, 292, als vornehmliches Argument für die Priorität von Neh 13,15-22 anführt.

236 So auch W. H. Schmidt, Gebote, 91 Anm. 24.

237 Vgl. E. A. Knauf, Umfang, 152.

238 Siehe die nach Ortsangaben in den Büchern Esra und Nehemia sowie Fundorten von Siegelabdrücken und Münzen der Provinz Juda gezeichnete Karte bei M. Weippert, Palästina, 691.

239 Nach der Einschätzung von G. Wanke, Jeremia, 171, zählen sie „unter politischem Aspekt das Stammesgebiet von Benjamin, den Stadtstaat Jerusalem und die Städte Judas auf, und unter landschaftlichem Aspekt das judäische Gebirge, den südlich anschließenden Negeb und das westlich anschließende Hügelland (Schefela = Niederland)."

– weist auf das Jahrzehnt zwischen den beiden genannten Daten. Und neben diesen positiven Indizien gibt es auch noch ein negatives Argument für das Alter von Jer 17,19-27: F. Mathys hat darauf aufmerksam macht, daß in der Sabbatrede eine Arbeits- und Handelsruhe am Neumondstag weder erwähnt und noch deren Übertretung kritisiert wird.[240] Demgegenüber zeichnen sich jüngere Texten gerade dadurch aus, daß in ihnen der Sabbat und der Neumondstag zusammengestellt und gleichbehandelt werden.

Wenn die hier gebotene Datierung das Richtige trifft, hat Jer 17,19-27 neben Thr 2,6 als ein weiteres authentisches Dokumentiert dafür zu gelten, daß der Sabbat schon sehr bald nach 597 v.Chr. nicht mehr respektiert wurde. Und dieser Zustand scheint recht lange angehalten zu haben. Würde die herkömmliche Auffassung, daß der (Wochen)sabbat schon während des Exils seine spätere große Bedeutung erlangt habe, die geschichtliche Wirklichkeit zutreffend widerspiegeln, dürfte es Stellen wie Neh 13,15-22 und 10,32 wie auch das Elephantine-Ostrakon CG 152 nicht geben:

Die bereits oben näher betrachtete Stelle Neh 13,15-22[241] bezeugt noch für die Zeit nach 450 v.Chr. und damit weit mehr als ein halbes Jahrhundert nach dem Ende des Exils den Verstoß gegen die Arbeits- und Handelsruhe am Sabbat in Jerusalem. Dabei kann es Nehemia offensichtlich bei ermahnenden oder drohenden Worten nicht mehr belassen, sondern muß durch praktische Nötigung – die Schließung der Stadttore vom Sabbatabend bis zum Sabbatausgang – sowie durch Androhung körperlicher Gewalt gegenüber den vor den verschlossenen Toren ausharrenden Händlern die Einhaltung des Sabbats durchzusetzen versuchen. In der Wirkungsgeschichte dieses Abschnittes sieht T. Reinmuth Neh 10,31-40[242], worin sich in Neh 10,32a[243] die davor Genannten hinfort zur Einhaltung des Handelsverbots am Sabbat (sowie an Feiertagen) verpflichten:

וְעַמֵּי הָאָרֶץ הַמְבִיאִים אֶת־הַמַּקָּחוֹת וְכָל־שֶׁבֶר בְּיוֹם הַשַּׁבָּת לִמְכּוֹר לֹא־נִקַּח מֵהֶם
בַּשַּׁבָּת וּבְיוֹם קֹדֶשׁ

32a *Und (im Blick auf) die ᶜammê ha'arœṣ, die am Sabbat (die) Waren und jegliches Getreide zum Verkaufen bringen, (gilt:) Wir werden ihnen am Sabbat und an einem Feiertag nichts abnehmen.*

Leider ist der Begriff עַם הָאָרֶץ bzw. עַמֵּי הָאָרֶץ nicht eindeutig zu definieren. Sollte er hier bereits wie in späterer Zeit „die nicht in die neue jüdische

---

240 F. Mathys, Sabbatgebot, 249f., allerdings mit anderer Schlußfolgerung.
241 Zur Übersetzung des Textes siehe oben 1.1.2 z.St.!
242 T. Reinmuth, Bericht, 213.
243 Zum Problem der geschichtlichen Zuordnung zu Nehemia oder eher zu Esra, was dann freilich die Datierung des Geschehens fast unmöglich macht, vgl. A. Tängberg, Nehemia, 243.

Gemeinde aufgenommene fremde Landesbevölkerung"[244] meinen, wäre als Anlaß dieser Selbstverpflichtung zu vermuten, daß die jüdischen Bewohner in und um Jerusalem herum in der Versuchung standen, mit den nicht-jüdischen Händlern auch am Sabbat Handel zu treiben. Es ist aber fast wahrscheinlicher, daß hier an die (durchaus jüdische) Landbevölkerung im Gegensatz zu den Unterzeichnern der Selbstverpflichtung, die wohl vornehmlich in Jerusalem wohnten, gedacht ist. Das würde dann bedeuten, daß der arbeits- und handelsfreie Wochentag auch unter den Juden im Jerusalemer Umland nicht mehr eingehalten wurde. In wie weiten jüdischen Kreisen der Sabbat in jener Zeit mißachtet worden ist, bezeugt mit dem Elephantine-Ostrakon CG 152 ein Beleg aus der ägyptischen Diaspora für die Zeit um 475 v.Chr. und damit zwei oder gar drei Generationen nach dem Ende des Exils:

(1) Gruß, Yislah! Nun, siehe, Gemüse werde ich schicke-(2)n morgen. Triff das Boot morgen, am Sabbat, (3) damit es nicht verlorengeht/verdirbt. Beim Leben YHHs! Andernfalls werde ich d[ich] selbst (4) nehmen. Verlaß dich nicht auf Mešullemet (5) und nicht auf Šemaʿyah. Nun, schick mir im Austausch dafür Gerste. (6) Zahl eine Zahlung des Betrages – diese in Münzen(?)! Nun, (7) beim Leben YHHs! Andernfalls ist auf (8) dir selbst (9) die [Rech]nung.[245]

Nach Ausweis der Belege in den Ostraka und einigen Eigennamen aus Elephantine[246] war der Sabbat den dortigen Diasporajuden als Datum wohlbekannt, und dies dürfte dann im Zweifelsfalle auch für seinen Charakter als handels- und arbeitsfreiem Tag gelten. Auf der oben übersetzten Scherbe wird aber Yislah – wohl von ihrem Ehemann – ohne Bedenken aufgefordert, eine Warenlieferung „morgen, am Sabbat," in Empfang zu nehmen, was der Tradition der sabbattäglichen Arbeits- und Handelsruhe widerspricht. Daß dies auf eine Ausnahmesituation zurückzuführen wäre, geht, wie L. Doering einsichtig macht, trotz der deftigen Ausdrücke aus dem Wortlaut nicht hervor. Wenn L. Doering die Stelle freilich so auslegt, daß „wirtschaftliche Interessen" „der Arbeitsruhe vorgeordnet werden" „können"[247], liest er eine Regel hinein, für die es ebenfalls keinen Anhaltspunkt im Text gibt. Das Ostrakon bekundet vielmehr, daß die Genannten ihre wirtschaftliche Interessen der Arbeitsruhe am Sabbat faktisch vorordneten. Damit fügt sich

---

244 A. R. Hulst, עַם, 301; zum Grundsätzlichen sagt er, a.a.O. 299: „Wird die Wortverbindung im technischen Sinne verwendet, so haben wir es mit einer durch bestimmte Umstände veranlaßten und geprägten Spezialbedeutung zu tun, die nicht immer die gleiche zu sein braucht."
245 Übersetzung von L. Doering, Schabbat, 30.
246 Durch L. Doering, Schabbat, ausführlich und in Auseinandersetzung mit anderen Meinungen besprochen.
247 Vgl. dazu L. Doering, Schabbat, 32.

CG 152 als external evidence in die Reihe der gleichzeitigen biblischen Quellen über die Nichteinhaltung des Sabbats lückenlos ein.[248]

Der Unterschied zwischen Jer 17,19-27; Ez 22,8.26; 44,24; Neh 13,15-22 und dem Elephantine-Ostrakon CG 152 auf der einen und etwa Am 8,5 auf der anderen Seite ist augenfällig: Nach Auskunft der alttestamentlichen Quellen sowie eines external evidence ist die Einhaltung der Arbeits- und Handelsruhe am Sabbat nach der Zerstörung Jerusalems keine Selbstverständlichkeit mehr. Was Thr 2,6bα zunächst nur für die Hauptstadt beklagt – *JHWH hat auf dem Zion Fest und Sabbat vergessen lassen* –, dokumentiert CG 152 ein reichliches Jahrhundert später immer noch und offenbar für weit größere Bereiche der judäischen Bevölkerung bis hinein in die Diaspora.

1.3 Die Bemühungen zur Erhaltung des Sabbats

Die nachexilischen Texte des Alten Testaments beschränken sich nun aber nicht darauf, über die Mißachtung oder gar den Verlust des Sabbats zu klagen. Vielmehr überwiegen diejenigen Stimmen, die den Sabbattag erklären und begründen, zu seiner Einhaltung aufrufen oder vor seiner Verletzung warnen, seinen Nutzen für den Observanten oder seine Vorteile für andere darstellen, ihn als Festtag propagieren und gottesdienstlich gestalten. Daß der Sabbat in jener Epoche so häufig angesprochen wird und hierbei so viele unterschiedliche Register gezogen werden, zeugt nicht nur mittelbar von seiner Gefährdung, sondern auch unmittelbar von Kräften, die den wöchentlichen Ruhetag erhalten bzw. seine Geltung erneut durchsetzen wollen. Die dabei eingeschlagenen Wege sind unterschiedlich; es überwiegen argumentative literarische Mittel, doch fehlen auch praktische Maßnahmen nicht. Im einzelnen lassen sich nachweisen

1. die kultische Gestaltung des Sabbattages,

2. die Erklärung des Sabbats als Eigentum JHWHs

3. die Verankerung des Sabbats in den Mythen,

4. das Verständnis des Sabbats als Zeichen zwischen JHWH und dem/den Observanten

5. die Proklamierung der Sabbatruhe als Voraussetzung für das Heil

und

6. die Androhung von Gewalt bei Nichteinhaltung der Sabbatruhe;

---

248 R. Rendtorff, Theologie, 73, erkennt auch hinter dem unten noch näher zu betrachtenden Abschnitt Jes 58,13f., „daß vor allem im städtischen Bereich das Geschäftsleben" an den Sabbaten „durchaus seinen Gang ging."

als Randerscheinung ist schließlich noch

7. die Betonung einer sozialen Zweckbestimmung des Sabbats zu nennen.[249]

In einigen Belegstellen werden zwei, in zwei Fällen sogar drei bzw. vier Argumentationen oder Maßnahmen zur Restauration der Arbeits- und Handelsruhe am Sabbat miteinander kombiniert, wobei keine Regel sichtbar wird, was aber bei einigen Texten auch ein Indiz für deren sekundären Charakter und eine relativ späte Entstehung sein dürfte. Ex 31,12-17 verbindet die Erklärung des Sabbats als Eigentum JHWHs und die Verankerung des Sabbats in den Mythen mit der Deutung als Zeichen zwischen Gott und dem/den Observanten sowie der Kriminalisierung der Nichteinhaltung und fährt damit ganz besonders viele Geschütze auf. Dem stehen nun aber fast dreißig Belegstellen gegenüber, die nur von einer der oben genannten Bestrebungen zeugen. Dieser Tatbestand kann wohl als ein Hinweis darauf gelten, daß die Bemühungen um die Rettung des Sabbats ursprünglich von unterschiedlichen Kreisen ausgingen und diese unabhängig voneinander tätig waren.

1.3.1 Die kultische Gestaltung des Sabbattages

Die Bemühungen um eine gottesdienstliche Gestaltung des Sabbats in der nachexilischen Zeit sind schon wiederholt beobachtet und angemerkt, allerdings wohl fast ausschließlich als Wiederherstellung alter, vorexilischer Verhältnisse gedeutet worden. So schreibt z.B. K. Grünwaldt: „Nach dem Einschnitt des Exils ... kehrt der Sabbat nun an den Tempel zurück".[250] Doch bezeugen die oben ausgewerteten Quellen den vorexilischen Sabbat vornehmlich als einen arbeits- und handelsfreien Tag und lassen sogar vermuten, daß am Jerusalemer Tempel an diesem Tage ursprünglich kein Gottesdienst gehalten wurde. Zwar gibt es mit II Reg 4,23 einen Hinweis darauf, daß man den Freiraum, den der wöchentliche Ruhetag eröffnete, zu privater religiöser Betätigung nutzte; ob diese aber an Heiligtümern und damit im eigentlichen Sinne sakral realisiert wurde, läßt sich nicht erkennen. Und was nach dem

---

249 In die Reihe der Bemühungen um den Sabbat ließe sich gegebenenfalls noch die in Jes 58,14 allerdings eher implizit ausgesprochene Argumentation stellen, daß die Arbeitsruhe am Sabbat den Lebensstandard nicht beeinträchtigen werde; siehe unten 1.3.2.4 z.St.

250 K. Grünwaldt, Exil, 208; so auch z.B. R. Albertz, Religionsgeschichte, 424f.: „wird er wieder zu einem Tag, an dem am wiederaufgebauten Tempel besondere kultische Aktivitäten stattfanden"; C. Körting, H. Spieckermann, Sabbat, 519: „kultische Neuorganisation".

Abbau der Sabbatschranke laut II Reg 16,18 am siebenten Tag der Woche im Jerusalemer Tempel geschah, ist ebenfalls unbekannt; immerhin schränken aber selbst die nachexilischen Texte Ez 46,1ff. und Neh 13,15ff. die gottesdienstlichen Handlungen am Sabbat noch ein. Die schon oben erwähnte Stelle Esr 3,5 belegt vielmehr indirekt, daß die kultische Gestaltung des Sabbats offenbar nicht an vorexilische Traditionen anknüpfte: Unter den hier aufgelisteten Opfertermineen, die von den Rückkehrern auf dem wiedererrichteten oder wenigstens wiederhergerichteten Altar in Jerusalem begangenen werden, ist der Sabbattag nicht genannt. So finden sich auch direkte Zeugnisse für die Bestrebungen zur Sakralisierung des Sabbats nicht etwa gleich unmittelbar nach dem Exil, d.h. in derjenigen Generation, in der noch eine gewisse Erinnerung an das Leben am Ersten Jerusalemer Tempel vor dem Zusammenbruch und seine Fortsetzung in den Notlösungen der Nachkriegszeit hätte lebendig sein können. Forderungen nach einer bzw. Hinweise auf eine gottesdienstliche Gestaltung des Sabbats finden sich vielmehr ausschließlich erst in jüngeren und jüngsten Texten des Alten Testaments, nämlich im Heiligkeitsgesetz, im Buch Numeri, in späten Teilen des Jesaja- und des Hoseabuches, im Verfassungsentwurf des Ezechielbuches, im Buch Nehemia sowie in den Chronikbüchern. Damit steht im Einklang, daß die einschlägigen Belege – mit Ausnahme einiger weniger Stellen der Chronik, die von einer kultischen Begehung des Sabbats bereits zur Zeit der bzw. durch die Könige David, Salomo und Hiskia wissen wollen[251], – auch selbst gar nicht behaupten, die Sakralisierung des Sabbats stelle die Restauration alter Verhältnisse dar. Sie propagieren die gottesdienstliche Feier des Sabbattages vielmehr als eine Regelung für die Gegenwart und die Zukunft. Bei diesem Befund kann von einer „Rückkehr des Sabbats an den Tempel" nicht gesprochen werden, vielmehr ist die Sakralisierung des Sabbats als eine Neuerung der (spät)nachexilischen Zeit zu betrachten.

Die Sakralisierung des Sabbattages stellt sich dem Betrachter der einschlägigen Texte im Alten Testament als ein zeitlich und sachlich sukzessiver Prozeß dar. Ob es bereits als ein Hinweis auf die Begehung des Sabbats im Tempel gedeutet werden kann, wenn in dem Gebot Lev 19,30 und 26,2

Meine Sabbate sollt ihr beachten
und mein Heiligtum fürchten.

bzw. in negativer Form als Rüge in Ez 23,38
Sie haben an jenem Tage mein Heiligtum
verunreinigt
und meine Sabbate entweiht.

---

251 I Chr 23,31; II Chr 2,3;8,13 und 31,3.

Sabbat und Heiligtum in einem Atemzug genannt werden, ist schwer zu entscheiden.[252] Auch die Erörterung der poetischen Struktur der Sätze führt zu keinem sicheren Ergebnis.

Für einen synthetischen Parallelismus membrorum plädiert A. Ruwe besonders im Blick auf Lev 26,2, welcher Stelle er die Funktion einer der „Teilunterschriften des Heiligkeitsgesetzes" zuerkennt: Hier würden die beiden Basisthemen der Abschnitte Lev 17 bis 22 (Heiligtumsfurcht) und 23 bis 25 (Sabbatobservanz) zusammenfassend genannt[253], so daß sogar von da aus die übergreifende Thematik des inhaltlich so disparaten Abschnittes Lev 17 bis 22 bestimmt werden könne.[254] Gegen eine solche Charakterisierung, vor allem auch gegen A. Ruwes Bewertung der Stellung des Gebotes von Lev 26,2 im Kontext erheben sich aber methodische Bedenken:
1. Gattungsmäßig betrachtet ist ein „Gebot" von einer „Unterschrift" grundsätzlich zu unterscheiden. Ein Gebot läßt sich nur schwerlich als Unterschrift deuten; und so haben denn auch die zusammenfassenden Notizen in diesem Bereich der alttestamentlichen Literatur – vgl. aus dem näheren Kontext Lev 11,46f.; 23,37f.; 26,46 – eine völlig andere sprachliche Struktur.
2. 26,2 ist im Rahmen der Gliederung des Kontextes in diesem Bereich nur schwer von 26,1 zu trennen; letzteres aber hat keinen summarischen Charakter, sondern benennt spezielle Sachverhalte, z.B.: *Macht euch keine Heidengötter, und stellt euch kein Gottesbild und keine Mazzebe auf! Und setzt keinen māśkît-Stein in eure Erde, um darauf niederzufallen ...!*
3. Drittens darf 26,2 auf Grund seiner sprachlichen und inhaltlichen Übereinstimmung mit 19,30, seiner sprachlogischen Ähnlichkeit zu 19,3[255] und seiner Beziehung zu der negativen Fassung Ez 23,38 nicht isoliert betrachtet werden; das sporadische Vorkommen dieser und vergleichbarer Formeln läßt sich aber wohl am einfachsten damit erklären, daß diese als predigtartige Elemente ohne Bezug auf die Gesamtgliederung in die Texte eingestreut worden sind.[256] Daß freilich der Sabbat in vielen Passagen von Lev 23ff. eine große Rolle spielt, ist unbestreitbar; die Darstellung der dort zusammengestellten kalendarischen Themen wäre aber auch ohne Nennung des Sabbats, und sei es auch nur als Ausgangspunkt für Datierungen, kaum möglich gewesen; deswegen muß man nicht gleich mit A. Ruwe den Gedanken der Sabbatobservanz in diesem Abschnitt als Thema besonders herausstreichen oder sogar von einer „Sabbatisierung" der Feste sprechen[257].

Auch wenn A. Ruwe mit seiner Deutung, daß die oben genannten Belege den Umgang mit Heiligtum und Sabbat als zwei Beispiele für ein und dieselbe Haltung summierend nebeneinanderstellen, recht hat, sollte doch aus ihrer

---

252 Auch K. Grünwaldt, Exil, 206f., läßt die Frage offen.
253 A. Ruwe, Heiligkeitsgesetz, 120.
254 A. Ruwe, Heiligkeitsgesetz, 97ff.
255 *Ihr sollt jeder seine Mutter und seinen Vater fürchten und meine Sabbate beachten.*
256 Ez 23,38bβ mit dem Vorwurf an Ohola und Oholiba, sie hätten den Sabbat entweiht, durchbricht den stringenten Gedankenfortschritt von 38bα zu 39 und erweist sich damit als sekundärer Einschub, vgl. W. Zimmerli, Ezechiel 1, 554, im Anschluß an G. Hölscher.
257 A. Ruwe, Heiligkeitsgesetz, 303, speziell für Lev 23. Auch seine Thematisierung von Lev 17-22 ist nicht besonders überraschend, bildet der מִקְדָּשׁ doch das Thema seit Ex 25, vgl. Verf., Existenz, 313f.

Verknüpfung noch nicht gleich auf eine Identifizierung der beiden Themen im Sinne einer Begehung des Sabbats im Heiligtum geschlossen werden.

Ganz deutlich wird die Sakralisierung des Sabbats jedoch bei einer Gruppe von Belegstellen sichtbar, die – in kanonischer Reihenfolge geordnet – Lev 23,3.37f.; 24,5-9; Num 28ff. und insbesondere 28,9f.; Jes 1,13; Hos 2,13; Ez 45,17a und b; 46,1ff.; Neh 10,33f.; I Chr 9,32; 23,31; II Chr 2,3; 8,12ff. und 31,3 umfaßt. Diese Texte verbindet nun aber nicht nur, daß sie bei der Behandlung kultischer Themen (auch) den Sabbat erwähnen oder ihre Aussage direkt auf den Sabbat beziehen. Den Passagen fehlt mehr oder weniger die literarische Authentizität: Bei manchen handelt sich um sekundäre oder höherrangige Zusätze zu Vorlagen oder Grundschriften, andere erweisen sich als Glossen in ihrer oft schon zuvor (wiederholt) bearbeiteten Textumgebung.[258]

Zusatz zu einer Vorlage oder Grund-schrift	Zusatz zum Zusatz einer Vorlage oder Grundschrift
Lev 23,3 = dem Kultkalender Lev 23 vor-geschaltet[259]	
Lev 23,38 = Aufnahme des Sabbats in die Abschlußbemerkung zum Kultkalender Lev 23[260]	
Lev 24,5-9 = Zusatz zum Heiligkeitsge-setz[261] oder	Lev 24,8 = Zusatz zu Lev 24,5-9 als Zusatz zum Heiligkeitsgesetz[262]
Num 28ff. = Zusatz zum Pentateuch[263]	
Jes 1,10-17 = Zusatz zum Protojesaja-buch[264] oder	Jes 1,13a = Zusatz zu Jes 1,10-17 als Zu-satz zum Protojesajabuch[264]

---

258 Den literarisch sekundären Charakter betont für Ex 23,12; 34,21; Lev 23,3; 24,8; Num 28,9f.; Ez 45,17; 46,1.3.6; Neh 10,34; I Chr 23,31; II Chr 2,3; 8,13; 31,3 bereits F. Mathys, Sabbatruhe, 256.

259 M. Noth, Leviticus, 146, faßte 23,3 als späteren Nachtrag auf, dessentwegen die Einleitung aus 2b in 4a wiederholt werden mußte; siehe auch unten z.St.

260 Für die Aussage von Lev 23,38 besteht nach dem Voranstehenden eigentlich keine Notwendigkeit; M. Noth, Leviticus, 152, sah den sekundären Charakter des Satzes gewiß richtig, wenn er seine Intention darin erkennt, „daß ... die Nichterwähnung der Sabbate sowie sonstiger Opfer keineswegs besagt, daß diese etwa nicht mehr beachtet und praktiziert werden sollten."

261 M. Noth, Leviticus, 155, charakterisierte den Abschnitt als eine „nachträgliche Hinzufügung" „zu einem späten Nachtrag zum Heiligkeitsgesetz"; K. Grünwaldt, Heiligkeitsgesetz, 92, plädiert für eine „späte, nachpriesterliche Datierung".

262 M. Noth, Leviticus, 155; doch siehe unten z.St.!

263 M. Noth, Numeri, 190, hielt Num 28,1-30,1 für „eines der jüngsten Stücke im Pentateuch", „ohne daß die Zeit der Abfassung auch nur einigermaßen zu bestimmen wäre".

Zusatz zu einer Vorlage oder Grundschrift		Zusatz zum Zusatz einer Vorlage oder Grundschrift
Glosse zu Hos 2,13[264]		
Ez 45,17a = Zusatz zur Grundschrift des Verfassungsentwurfes[265]		Ez 45,17b = Zusatz zu 17a als Zusatz zur Grundschrift des Verfassungentwurfes[266]
Ez 46,4f. = Zusatz zu Ez 46,1-2 [267]		
Neh 10,34 = Zusatz zur Grundschrift von Neh 10[268]	oder	Glosse in Neh 10,34 als Zusatz zur Grundschrift von Neh 10[269]
I Chr 9,32 = Bestandteil eines Zusatzes zu I Chr 9[270]		
I Chr 23,31 = Bestandteil der „großen Erweiterung" zur Grundschrift der Chronik[271]	oder	I Chr 23,31 = Bestandteil eines Zusatzes zu der „großen Erweiterung" zur Grundschrift der Chronik[272]
II Chr 2,3 = Bestandteil der chronistischen Bearbeitung der deuteronomistischen Vorlage[273]	oder	II Chr 2,3aβb(-5) = Zusatz zur chronistischen Bearbeitung der deuteronomistischen Vorlage[274]

264 Siehe dazu oben 1.1.3 z.St.

265 Für T. A. Rudnig bei K.-F. Pohlmann, Hesekiel, 598, gehört 45,17a als einziges Stück in 45,8b-17 zur „golaorientierten Redaktion".

266 45,17b hebt sich als noch jüngerer Zusatz von 17a ab und korrigiert die dortige Opferliste; vgl. T. A. Rudnig, Heilig, 143 mit Literaturangaben in Anm. 33.

267 Siehe die Analyse von Ez 46,1ff. oben in 1.1.2!

268 Bei der Beurteilung des Kontextes besteht keine Einmütigkeit. Während D. A. Glatt-Gilad, Reflections, 388f., eine einsichtige Gliederung des Textes in drei plus sieben Verpflichtungen zu zwei Themenbereichen aufzeigt, was für eine einheitliche Konzipierung des Textes Neh 10,29-40 sprechen könnte, kommt T. Reinmuth, Reform, zusammenfassend 295, bei seinem Vergleich der Verpflichtungen mit den Normen des Pentateuch zu einer in drei Etappen vervollkommneten Grundschicht, zu der er zwar die Verpflichtung zur Handelsruhe am Sabbat in 10,32a, nicht aber die Verpflichtung zum Drittel eines Schekels in 10,33f. rechnet.

269 Siehe unten z.St.!

270 G. Steins, Chronik, zusammenfassend 400, hält den Abschnitt 9,17bβ-33 für einen Einschub zu 1 Chr 9, welches Kapitel er ansonsten zum chronistischen Grundbestand rechnet. Für S. Japhet, 1 Chronik, 213f., ist 9,17b-33 aus „einer außerbiblischen Vorlage" „hinzugefügt". Nach der Analyse von W. Rudolph, Chronikbücher, 83f., aber ist 9,26b-32 sogar ein Zusatz vierten Ranges zur chronistischen genealogischen Einleitung.

271 Die Passage gehört nach G. Steins, Chronik, 310, „zum ältesten Bestand der großen Erweiterung 1 Chr 23ff."; S. Japhet, 1 Chronik, 370, dagegen wendet sich gegen die Auffassung, I Chr 23ff. seien sekundär.

272 Nach S. Japhet, 1 Chronik, 382, ist es eine „mehrfach vertretene Meinung", daß I Chr 23,25-32 „hier im Kontext sekundär und nachchronistischer Herkunft" seien, was sie selbst aber ablehnt.

273 I Reg 5,19 läßt Salomo in seiner Botschaft an Hiram nur von der Absicht sprechen, einen Tempel zu bauen; II Chr 2,3 erweitert die vermutliche Vorlage um detaillierte kultische Angaben.

Zusatz zu einer Vorlage oder Grund-schrift	Zusatz zum Zusatz einer Vorlage oder Grundschrift

II Chr 8,13 = Zusatz zur deuteronomisti-schen Vorlage der Chronik[275]

II Chr 31,3 = Zusatz zur Grundschrift der Chronik[276]

In den genannten Belegstellen erweist sich der Sabbat 1. durch die Aufnahme in kultische Terminkalender, 2. durch die Erwähnung von Opfern und/oder die Anordnungen für Opfer an diesem Tage und 3. durch Angaben über den Teilnehmerkreis, die Verantwortlichkeiten und die Aufgabenverteilung bei den sabbattäglichen Handlungen als ein gottesdienstlich zu begehender oder gottesdienstlich begangener Tag.[277]

1.3.1.1 Der Sabbat in kultischen Terminkalendern

In Lev 23 und Num 28ff. wird der Sabbat in ausführlichere kultische Terminkalender eingebaut.[278] Dabei zeigen sowohl die Verhältnisse innerhalb

---

274 Hebt sich im Stil von dem sachlichen Bericht ab und muß „zu den jüngsten Er-weiterungen gezählt werden", G. Steins, Chronik, 430, zur ausführlichen Begründung 370ff. unter Verweis auf K. Galling und W. Zwickel. S. Japhet, 2 Chronik, 38, macht darauf aufmerksam, daß „die Reihenfolge der Aufzählung ... genau der Erwähnung der verschiedenen Opfer im Pentateuch ... Ex 30,2-8 ... Lev 24,5-9 ... Num 28-29" „entspricht", was den sekundären Charakter der Notiz unterstreichen könnte.

275 W. Rudolph, Chronikbücher, 221: „Hier wird 1 Rg 9₂₅ beträchtlich ausgeweitet. Während dort nur von den Opfern an den drei Jahresfesten die Rede ist, werden hier ,entsprechend dem Gesetz Moses', d.h. nach P (Nm 28f.), die sabbatlichen und monatlichen hinzugefügt." G. Steins, Chronik, 288: „Daß der Abschnitt 2 Chr 8,12-16 weder in sich kohärent ist noch sich problemlos in die Chronik einfügt, ist oft festgestellt worden. Die wichtigsten neueren literarkritischen Lösungsansätze rechnen mit einer einmaligen Erweiterung eines ursprünglichen Bestandes, bestimmen den Umfang der sekundären Partien jedoch unterschiedlich." II Chr 8,13 bietet die einzige Belegstelle für den Plural מוֹעֲדוֹת gegenüber dem sonst üblichen מוֹעֲדִים.

276 Nach G. Steins, Chronik, gehört 31,3 zu der von ihm so genannten „Kult-Schicht", die „zu den jüngsten Erweiterungen gezählt werden" müsse.

277 Die in dieser Tabelle angemerkten literarkritischen Verhältnisse in den einzelnen Be-legstellen und ihren Kontexten werden im Folgenden in der Regel nicht wiederholt.

278 Ex 23,12 und 34,21 gehören nur bedingt in diesen Zusammenhang: Die Reihenfolge Sabbatjahr – Sabbat – Jahresfeste in Ex 23,12-14 ist nicht kalendarisch geordnet; im übrigen ist die thematische Zusammengehörigkeit von Ex 23,10-13 und 14-19 unklar: Auch wenn man den Aufweis einer kompositorischen Beziehung zwischen Ex 21,1ff. und 23,10ff., vgl. R. Rothenbusch, Rechtssammlung, 238 unter Hinweis auf J. Halbe und Y. Osumi, nicht für stringent halten möchte, unterstreicht doch allein schon seine Möglichkeit die thematische Selbständigkeit von Ex 23,10-13 gegenüber 14-19. Und

von Lev 23 als auch der Vergleich mit Num 28ff. einen Prozeß der sukzessiven Integration des Sabbattages in die israelitischen Kultkalender, an dessen Anfang Lev 23,3 zu stehen scheint.

Lev 23,3 eröffnet den Kalender des Heiligkeitsgesetzes. Hier wird der Sabbat zwar scheinbar unter die in 23,2 genannten מוֹעֲדִים gerechnet; die Existenz zweier Überschriften in 23,2 und 4, die 23,3 umklammern, macht aber augenfällig, daß der gegenwärtige Textzustand das Ergebnis einer sekundären Bearbeitung ist: Vorgegeben war dem Redaktor aller Wahrscheinlichkeit nach der Abschnitt 23,5-35, dem er einen Satz über den Sabbat kaum sinnvoll einfügen, sondern nur anfügen konnte. Nachdem dies am Anfang geschehen war, wurde eine auch ihn umfassende Einleitung notwendig und durch 23,2 vorangestellt. Daß der Sabbat aber nicht uneingeschränkt zu den Festen gezählt werden sollte, wird nicht nur durch diese extreme Position von 23,3, sondern vor allem auch daran deutlich, daß ihm im Unterschied zu allen anderen Daten in Lev 23 keine Opfer zugeordnet werden; er lediglich als Nichtstutag beschrieben wird:[279]

3 *Sechs Tage wird Arbeit getan, und am siebenten Tag ist ein Sabbat šabbatôn*[280]*, eine Ausrufung von Heiligem. Ihr werdet/sollt keinerlei Arbeit tun. Der Sabbat gehört JHWH in allen euren Wohnsitzen.*

Wenn der Sabbat hier an der Spitze der Liste von Lev 23 steht, sagt das nichts über den Rang aus, den ihm der Verfasser oder Redaktor beimißt[281];

---

auch der Abschnitt Ex 34,10-28 kann wegen seines disparaten Inhalts kaum als Festkalender angesprochen werden: Zur Systematik zuletzt H.-C. Schmitt, Privilegrecht, 162ff. Anders z.B. G. Fohrer, Geschichte, 199, nach dem aus Ex 34,14-26 geschlossen werden könne, „daß es im Israel der Königszeit Festkataloge gegeben hat." In den Festkalender Dtn 16,1-17 schließlich ist der Sabbat wohl bewußt nicht eingefügt worden, da sich der Text auf die Darstellung der „jährlich wiederkehrende Feste an dem Ort, den JHWH auswählen wird," beschränkt, worunter der Sabbat nicht zu subsumieren war.

279 Anders B. Lang, Sabbatgebot, 391: „Die atl. Rechtstexte bestimmen den Sabbat ... in erster Linie als Tag der Arbeitsruhe; von kultischen Pflichten ist nur einmal die Rede: Lev 23,3 bezeichnet den Tag als »Tag heiliger Versammlung«"; zur Bedeutung der Erklärung des Sabbat als heilig siehe jedoch unter 1.3.2.1!

280 Das Wort שַׁבָּתוֹן ist bislang unerklärt. Über die Deutung in HAL IV, 1312: „ein Sabbat, der sich von einem sonstigen שַׁבָּת unterscheidet, indem er sowohl besonders streng zu beachten, als auch feierlich zu begehen ist", scheint man nicht wesentlich hinauszukommen; vgl. die ganz ähnliche Definition bei K. Grünwaldt, Exil, 151. Deshalb sollen die vorgeschlagenen Übersetzungen – z.B. E. Haag, שַׁבָּת, 1049: „unbedingter Ruhetag", „hoher Feiertag" oder „Zeit zum Feiern"; K. Grünwaldt, Exil, 151: "Ruhefeier"; I. Willi-Plein, Wortform, 202: „Sabbatung" – hier nicht verwendet werden, sondern das Wort שַׁבָּתוֹן wie der eine oder andere schwer deutbare kultische Begriff unübersetzt bleiben.

281 So gegen z.B. E. Otto, Feste, 104, oder K. Grünwaldt, Exil, 208.

seine herausgehobene Position ist vielmehr allein dem kalendarischen Aufbau des Kontextes geschuldet, dessen – zum größten Teil, aber nicht ausschließlich kultische – Termine nach

    1. wöchentlich wiederkehrenden Daten – Lev 23,3 –,
    2. jährlich wiederkehrenden Daten – Lev 23,4-38 – und
    3. in mehrjährigen Zyklen wiederkehrenden Daten – Lev 25,1-12 –

geordnet sind.[282] Dieser leicht erkennbaren und sinnvollen Gliederung wegen möchte man auch A. Ruwe nicht folgen, der in 23,3 das themagebende Zentrum einer Überschrift sieht[283].

Auch die den Kalender des Heiligkeitsgesetzes zusammenfassende Bemerkung Lev 23,37f. erwähnt den Sabbat im Zusammenhang mit den מוֹעֲדִים[284], setzt ihn aber in 38 immer noch deutlich davon ab:

37 *Diese [voranstehenden Daten] sind die Feste JHWHs, die ihr als Ausrufungen von Heiligem ausrufen sollt, um JHWH ein 'iššæh[285] darzu-bringen: Brandopfer und Speisopfer, Schlachtopfer und Trankopfer, was jeweils für jeden Tag nötig ist, 38 außer den Sabbaten JHWHs und außer euren Geschenken und außer allen euren Gelübden und außer allen euren freiwilligen Gaben, die ihr JHWH geben werdet.*

Wenn der Sabbat mit Geschenken, Gelübden und freiwilligen Gaben zusammengestellt wird, scheint es das Maß der Verbindlichkeit zu sein, das ihn von den Festen unterscheidet. Auf welchem Gebiet diese liegt, ist unten in 1.3.1.2 zu erörtern.

Während der Sabbat in Lev 23 in einer nur lockeren Beziehung zu den gottesdienstlich begangenen Festen steht, ist er dann in Num 28,1-30,1 in die Reihe der zu begehenden Fest(tag)e und ihrer Opfer fugenlos integriert und bei aufsteigender Ordnung der Zeitintervalle zwischen die täglichen Gottesdienste und die Monatsanfänge – hier als רָאשֵׁי חֳדָשִׁים bezeichnet – eingeordnet, worauf die jährlichen Termine und schließlich noch ein Hinweis auf privat veranlaßte und insofern unregelmäßig angesetzte Opfer folgen.

Häufiger findet sich die Erwähnung des Sabbats in den für die nach-exilischen Prosatexte typischen kurzen Festtagslisten[286]; dabei überwiegt eine

---

282 Dazu ausführlicher Verf., Existenz, 314f.

283 A. Ruwe, Heiligkeitsgesetz, 302f.

284 Deshalb wird K. Grünwaldts Vermutung, Exil, 208, zutreffen, daß die Erwähnung des Sabbats in 23,38 gegenüber 3 einen späteren Entwicklungszustand des Sakralisierungs-prozesses repräsentiert.

285 Lev 23,37 zeigt, daß אשה nicht mit „Feueropfer", so HAL I, 90, oder „Feuergabe", so C. Eberhart, Studien, 47, übersetzt werden kann, denn mindestens das Trankopfer läßt sich darunter nicht subsumieren.

286 Siehe dazu bereits oben zu Hos 2,13 in 1.1.3!

im Blick auf die zeitlichen Abstände, nach denen die Daten wiederkehren, aufsteigende Variante

מוֹעֵד, חֹדֶשׁ, שַׁבָּת in Neh 10,34; I Chr 23,31; II Chr 2,3[287]; 31,3, wobei in Jes 1,13 מִקְרָא קְרֹא anstelle von מוֹעֵד steht und in der Reihe in II Chr 8,13 der Begriff מוֹעֲדִים dann im weiteren durch die Nennung drei חַגִּים mit Inhalt gefüllt wird,

gegenüber einer selteneren absteigenden Spielart

שַׁבָּת und מוֹעֵד, חֹדֶשׁ, חַג in (der Endgestalt von) Hos 2,13 und in Ez 45,17 (mit der Erweiterung durch ein כָּל־מוֹעֲדִים)[288].

An zwei dieser Stellen ist die stereotype Festtagsliste allerdings wohl erst sekundär durch redaktionelle Bearbeitung entstanden: So legen Überlegungen zur poetischen Struktur von Hos 2,13 nahe, daß das Wortpaar חֹדֶשׁ und שַׁבָּת nachträglich hinzugefügt worden sein dürfte.[289] Und in Neh 10,34 stehen die beiden Wörter הַשַּׁבָּתוֹת und הֶחֳדָשִׁים zwischen den Opferarten und den Anlässen, denen die Steuer dienen soll, grammatisch eigenartig sowohl von einander als auch vom Kontext isoliert:

34 לְלֶחֶם הַמַּעֲרֶכֶת וּמִנְחַת הַתָּמִיד וּלְעוֹלַת הַתָּמִיד הַשַּׁבָּתוֹת הֶחֳדָשִׁים לַמּוֹעֲדִים וְלַקֳּדָשִׁים וְלַחַטָּאוֹת לְכַפֵּר עַל־יִשְׂרָאֵל וְכֹל מְלֶאכֶת בֵּית־אֱלֹהֵינוּ:

Die LXX hat sie als Genitive verstanden[290], was aber im Hebräischen nicht gemeint sein kann, da מִנְחַת הַתָּמִיד und עוֹלַת הַתָּמִיד bereits determinierte Genitivverbindungen sind, deren Artikel -הַ selbst im unvokalisierten Text eindeutig erkennbar ist und denen bestenfalls noch ein adjektivisches Attribut oder eine Fortführung mit dem Dativ -לְ folgen könnte, nicht aber weitere Genitivattribute. So sind die beiden Wörter הַשַּׁבָּתוֹת und הֶחֳדָשִׁים dem starken

---

287 Die Erwähnung des Sabbats und des Neumondtages ist vielleicht im Text nicht ganz fest integriert, immerhin haben die Masoreten לַשַּׁבָּתוֹת וְלֶחֳדָשִׁים durch trennende Akzente vom unmittelbaren Kontext abgegrenzt.

288 Wie auch manch ein anderer Ausleger sieht T. A. Rudnig, Heilig, 142 mit Anm. 30, in einem וּ vor בְּכָל־מוֹעֲדֵי בֵּית יִשְׂרָאֵל, das sich laut BHS in vielen Handschriften und Versionen findet, ein „Waw explicativum" und übersetzt „nämlich an allen Festen"; eine Begründung dafür, warum dieses וּ von den beiden vorangehenden in seiner Bedeutung unterschieden sein könnte, bietet er aber nicht. Es ist auch wahrhaftig kein Grund ersichtlich, daß hier die kurze stereotype Aufzählung der Festtage nicht vorliegen soll: Auf die חַגִּים als den in größeren zeitlichen Abständen veranstalteten (Wallfahrts)festen folgen mit den חֳדָשִׁים die monatlichen und den שַׁבָּתוֹת die wöchentlichen sowie schließlich mit כָּל־מוֹעֲדֵי בֵּית יִשְׂרָאֵל die unrhythmisch wiederkehrenden, vielleicht auch ad hoc angesetzten Feste.

289 Siehe dazu ausführlich oben 1.1.3 z.St.

290 .... εἰς ὁλοκαύτωμα τοῦ ἐνδελεχισμοῦ τῶν σαββάτων τῶν νουμηνιῶν .... Vgl. auch die Übersetzung mit „Zusätzen zum Verständnis" bei A. H. J. Gunneweg, Nehemia, 134: „für das regelmäßige Brandopfer für (die Opfer der) Sabbate".

Verdacht ausgesetzt, von jemandem nachgetragen worden zu sein, der auf diese Weise die in nachexilischer Zeit beliebte Festtagsliste herstellen wollte. Der Sabbat wäre dann im Grundbestand von Neh 10,32-34 noch nicht als Opfertag verstanden, sondern erst später dazu erklärt worden:

34 *(nämlich) für das Schaubrot, das regelmäßige Speisopfer und das regelmäßige Brandopfer, – die Sabbate, die Neumondstage – für die Feste, die heiligen Dinge und die Sündopfer, um für Israel Sühne zu erwirken, und (für) alle Arbeit des Hauses unseres Gottes.*

G. Robinson wollte anhand dieser Listen beweisen, daß der Sabbat in II Reg 4,23 kein wöchentlich wiederkehrender Tag sein kann, sondern in demselben Intervall wie der Neumondstag oder gar in einem längeren gefeiert vorzustellen sei, da „in the other pre-exilic references (Is. 1:13; Hos. 2:13 ...) we have the ascending order", während bei einem wöchentlich wiederkehrenden שַׁבָּת die Reihenfolge Sabbat, Neumond und Feste zu erwarten wäre, „as happens later when the sabbath becomes a seventh-day-rest institution".[291] Abgesehen von der fraglichen Datierung der Belege Jes 1,13 und Hos 1,13 lebt seine Argumentation von der inhaltlichen und funktionellen Gleichsetzung der Begriffe מִקְרָא קֹרֶא und מוֹעֵד, die an den beiden Belegstellen jeweils an letzter Stelle stehen, sowie vor allem davon, daß er in Hos 2,13 das erstplatzierte חַג als „collective noun referring to all the festivals that follow" betrachtet.[292] Dabei ist die Sachlage völlig eindeutig: Wo auch immer das Wortpaar חֹרֶשׁ und שַׁבָּת durch wenigstens ein drittes Glied zu einer Reihe erweitert ist – und nur dann läßt sich ja eine Aussage über steigende oder fallende Intervalle machen[293] –, steht שַׁבָּת durch חֹרֶשׁ getrennt einem Begriff für jährlich wiederkehrende Feste gegenüber und erweist sich dadurch als das Glied der betreffenden Reihe, das in dem kürzesten Zeitintervall wiederkehrt.

Während in Lev 23,38 durch die Zusammenstellung mit den Geschenken, Gelübden und freiwilligen Gaben nicht viel mehr als die Möglichkeit angedeutet zu sein scheint, den Sabbat nach eigenem Gutdünken gottesdienstlich zu gestalten, zeigen Num 28ff. und die stereotypen Festtagslisten die Gleichschaltung des Sabbats mit den חֲדָשִׁים, den חַגִּים bzw. den מוֹעֲדִים und lassen vermuten, daß hier an eine solche Freiheit nicht mehr gedacht ist. Der Sabbattag ist nun als ein den anderen Daten gleichberechtigter Gottesdiensttag in den Kalender eingeordnet.[294] Bei aller Problematik der Datierung der Texte bzw. ihrer einzelnen Ausbaustufen ist hier wohl ein zeit-

---

291 G. Robinson, Origin, 52.

292 G. Robinson, Origin, 60

293 Deswegen ist auch gegen L. Ruszkowski, Sabbat, 72 im Anschluß an G. Robinson, die Frage, ob es sich bei Erwähnung des Sabbats an solchen Stellen wie Jes 56,1-7; 58,13f. und 66,23, in denen der Sabbat allein vorkommt, um einen wöchentlichen oder monatlichen Termin handelt, aus dem Text heraus nicht zu beantworten.

294 In Ez 46,1ff. findet sich der gegenläufige Prozeß, indem die Öffnungs- und Schließregeln für das innere Osttor des Tempelhofes am Sabbat sekundär auf den Neumondstag ausgeweitet werden; siehe dazu oben in 1.1.2 z.St.

liches Gefälle von Lev 23 her anzunehmen: Der Sabbat wird nach und nach zu einem vollwertigen Fest gemacht.

1.3.1.2 Die Opfer für den Sabbattag

Einige Belegstellen für die Sakralisierung des Sabbats erwähnen die Darbringung von Opfern und ordnen mehr oder weniger konkrete Einzelheiten dafür an. Dabei reichen die Angaben von der Nennung allein des Brandopfers bis hin zu umfangreicheren gottesdienstlichen Programmen.

Während Lev 23,3 über die Darbringung eines Opfers am Sabbat noch kein Wort verliert und sie wohl auch nicht einmal zwischen den Zeilen in Erwägung zieht, werden die Sabbate am Ende des Kapitels in Lev 23,37f. im Zusammenhang mit einer Reihe von Opfertermini von עֹלָה bis נֶסֶךְ und מַתָּנָה bis נְדָבָה erwähnt. Dennoch ist zwischen den Opfergottesdiensten an den Festen und einem Sabbatgottesdienst ausdrücklich differenziert: „Die Sabbate in V. 38 stehen auf einer Stufe mit den gelobten und freiwilligen Gaben, die Jahwe als Opfer dargebracht werden."[295] K. Grünwaldts Folgerung, „daß auch an den Sabbaten ein Opferdienst am Tempel stattfinden sollte"[296], ist demnach nicht schlüssig, denn מַתָּנוֹת, נְדָרִים und נְדָבוֹת galten zwar als erwünscht, waren aber nicht gefordert. Und das ist wohl ein wichtiger Baustein für eine Geschichte der Sakralisierung des Sabbats: Lev 23,38 dokumentiert nicht mehr, aber auch nicht weniger als die Möglichkeit, am Sabbat ein Opfer darzubringen. Dabei läßt sich aus der Zusammenstellung mit den Geschenken, Gelübden und freiwilligen Gaben vermuten, daß im Gegensatz zu den Festen Art und Umfang des/der Opfer/s an einem Sabbat zur Abfassungszeit von Lev 23,37f. noch nicht durch ein verbindliches Ritual vorgeschrieben waren. Das dürfte als Hinweis darauf zu werten sein, daß es für die Opfer am Sabbattag keine alte Tradition gab, die von den Sakralisierungsbestrebungen hätte aufgenommen werden können.

Dann ist es auch nicht verwunderlich, wenn in denjenigen Texten, in deren der Sabbat als Glied der stereotypen Festtagsliste aufgeführt ist, die für die Feste vorgesehenen Opfer automatisch auch für den Sabbat gelten sollen: So erwähnen I Chr 23,31; II Chr 8,12f. und 31,3 Brandopfer, die an den Sabbaten, Neumondstagen und Festen dargebracht werden sollen, ohne daß zwischen den einzelnen Daten Unterschiede gemacht würden. Dies gilt auch für Ez 45,17a, wenngleich dort das Opferrepertoire auf Brandopfer, Speis-

---

295   K. Grünwaldt, Exil, 207.
296   Hervorhebung durch den Verf.

opfer und Trankopfer erweitert ist, sowie für 45,17b, wo die Opferangaben
von 17a korrigiert werden und die hier gebotene Reihe *das Sündopfer, das
Speisopfer, das Brandopfer und das s^elamîm-Opfer* nach W. Zimmerli „die
jüngste Phase der in den priesterlichen Texten zu erkennenden Entwicklung"
repräsentiert, in der „die חטאת die עולה an Bedeutung überflügelt und in den
Aufzählungen gerne an die Spitze tritt"[297]. Ob nach Meinung der Verfasser
von 17a und 17b an den Sabbaten die gesamte Palette der angegebenen
Opferarten dargebracht werden soll, ist nicht ersichtlich, aber jedenfalls auch
nicht auszuschließen. Und dieselbe undifferenzierte Einbindung des Sabbats
findet sich in Neh 10,34 mit den Opferarten *das Schaubrot, das regelmäßige
Speisopfer und das regelmäßige Brandopfer* sowie in II Chr 2,3 mit den
Opferarten *Räucherwerk aus Wohlgerüchen und eine dauernde Aufschichtung und Brandopfer*[298] zwei weitere Male.

Dem stehen drei Belegstellen gegenüber, an denen Opferanweisungen
ganz speziell für den Sabbat erlassen werden und die sich zugleich von den
bisher erwähnten Texten durch eine wesentlich größere Detailtreue auszeich-
nen:

In Ez 46,1f.[299] ist an die Öffnungs- und Schließregeln für das innere Osttor
des Tempelhofes mit 46,4f. eine detaillierte Opferanweisung für den Sabbat
sekundär angeschlossen worden:

4 *Und das Brandopfer, das der naśî' am Sabbattag JHWH darbringen soll,
sind sechs einwandfreie Jungwidder und ein einwandfreier Widder 5 und als
Speisopfer eine Epha für den Widder und für die Jungwidder als Speisopfer
soviel, wie er geben will, sowie ein Hin Öl für die Epha.*

Num 28,9-10 beschränkt demgegenüber den Umfang des Opfers am
Sabbat spürbar und bietet damit vielleicht die für die Allgemeinheit gültige
„bürgerliche" Variante:

9 *und am Sabbattag zwei fehlerlose zweijährige junge Widder und zwei
Zehntel Grieß als Speisopfer vermischt mit Öl und sein [dazugehöriges]
Trankopfer 10 als Sabbatbrandopfer an seinem Sabbat über das regelmäßige
Brandopfer hinaus mit seinem [dazugehörigen] Trankopfer.*

Daß dieses Opfer zusätzlich *über das regelmäßige Brandopfer* hinaus am
Sabbat dargebracht werden sollen, wie 10b festlegt, ist vielleicht die Sicht
einer späteren Bearbeitung.[300]

---

297 W. Zimmerli, Ezechiel 2, 1156.
298 S. Japhet, 2 Chronik, 38: „diese knappe und präzise Zusammenfassung des Tempel-
     dienstes ist aus dem P- Material des Pentateuch genommen."
299 Zur Analyse des Abschnittes Ez 46,1-12 und zur relativen Datierung der einzelnen Stu-
     fen des Gedankenganges siehe oben 1.1.2 z. St.
300 Zur Argumentation siehe M. Noth, Numeri, 190f.

Lev 24,5-9 schließlich gibt eine ausführliche Anweisung für die Schaubrote, die nach 24,8 an den Sabbaten dargebracht bzw. im wöchentlichen Wechsel ausgetauscht[301] werden sollen:

5 וְלָקַחְתָּ סֹלֶת וְאָפִיתָ אֹתָהּ שְׁתֵּים עֶשְׂרֵה חַלּוֹת שְׁנֵי עֶשְׂרֹנִים יִהְיֶה הַחַלָּה הָאֶחָת:
6 וְשַׂמְתָּ אוֹתָם שְׁתַּיִם מַעֲרָכוֹת שֵׁשׁ הַמַּעֲרָכֶת עַל הַשֻּׁלְחָן הַטָּהֹר לִפְנֵי יְהוָה: 7 וְנָתַתָּ עַל־הַמַּעֲרֶכֶת לְבֹנָה זַכָּה וְהָיְתָה לַלֶּחֶם לְאַזְכָּרָה אִשֶּׁה לַיהוָה: 8 בְּיוֹם הַשַּׁבָּת בְּיוֹם הַשַּׁבָּת יַעַרְכֶנּוּ לִפְנֵי יְהוָה תָּמִיד מֵאֵת בְּנֵי־יִשְׂרָאֵל בְּרִית עוֹלָם: 9 וְהָיְתָה לְאַהֲרֹן וּלְבָנָיו וַאֲכָלֻהוּ בְּמָקוֹם קָדֹשׁ כִּי קֹדֶשׁ קָדָשִׁים הוּא לוֹ מֵאִשֵּׁי יְהוָה חָק־עוֹלָם:

M. Noth erhob Bedenken gegen die Einheitlichkeit des Abschnittes, da er nach seinem Verständnis des Textes für die „Verbalform in 3. pers." in 24,8 „im vorliegenden Zusammenhang keinen Bezug" sah und überdies „das feminine Subjekt des ersten Verbums" in 24,9 „weder in V. 7 noch in V. 8 eine geeignete Beziehung" habe.[302] M. Noths Argumente sind jedoch nicht wirklich überzeugend: Wenn eine Angleichung des Prädikats in 24,8 an den Kontext unbedingt notwendig wäre, könnte sie durch die minimale Änderung des Verbs יַעַרְכֶנּוּ in die Anredeform תַּעַרְכֶנּוּ geschehen; bei Beibehaltung des jetzigen Textbestandes würde aber auch ein gedachtes Subjekt *(d)er (Priester)* die 3. Person des Prädikats יַעַרְכֶנּוּ ausreichend erklären[303]. Ferner kann der Satzgegenstand zu וְהָיְתָה in 9 dem Zusammenhang nach nur das Wort לֶחֶם von 7 sein, das in den Suffixen der Prädikate in 8 und 9 sowie durch das הוּא in 9b wieder aufgenommen wird. Begünstigt durch die vielen vorangegangenen femininen Substantive – בְּרִית, auch das Wort שַׁבָּת kann fem. empfunden werden[304], חַלָּה, מַעֲרֶכֶת, לְבֹנָה, אַזְכָּרָה – kann sich hier durchaus ein grammatischer Fehler in den Text eingeschlichen haben.[305] So sollte wohl doch im Zweifelsfalle von der Einheitlichkeit des Abschnittes ausgegangen werden:

---

301 So F. Hartenstein, „Brot", 109. Die Stelle gehört nach F. Hartenstein zusammen mit Neh 10,34; I Chr 9,32; II Chr 2,3 u.a. zu einer jüngeren Textgruppe zum Schaubrotthema, in der eine Terminologie bevorzugt wird, „die sich auf die Zurüstung bzw. Anordnung der Brote bezieht", a.a.O. 108.

302 M. Noth, Leviticus, 155.

303 Abzulehnen, weil grammatisch problematisch ist eine Deutung als unpersönliches *man*; vgl. dazu ausführlich unten 3.5.3 zu Num 35,25bβ.

304 Zum Genusproblem des Wortes vgl. H. Rechenmacher, šabbat[t], 199 mit Anm. 3.

305 Auch der von M. Noth, Leviticus, 155, beobachtete Widerspruch zu Ex 25,30 ist nicht so erheblich, daß man Folgerungen daraus schließen müßte, bedeutet doch תָּמִיד „mit vorangehender Opferbezeichnung regelmäßig", HAL IV, 1609, und eine regelmäßige Auslegung des Brotes muß nicht unbedingt eine tägliche sein, sondern kann durchaus eine an jedem Sabbat bedeuten; im übrigen gibt es zu Ex 25,30 auch einen terminologischen und sachlichen Unterschied, insofern dort von nur einem לֶחֶם פָּנִים die Rede ist, hier aber für den Sabbat zwölf חַלּוֹת hergestellt werden sollen, die erst nachträglich mit dem Gattungsbegriff לֶחֶם bezeichnet werden, so daß sogar zu fragen ist, ob die beiden Stellen überhaupt dasselbe meinen.

5 *Du sollst Grieß nehmen und ihn zu zwölf Ringbroten*[306] *backen; aus zwei Zehnteln wird ein Ringbrot.* 6 *Du sollst sie als zwei Anordnungen*[307]*, sechs (für) die Anordnung, auf den reinen Tisch vor JHWH legen.* 7 *Du sollst reinen Weihrauch auf die Anordnung geben, er wird für das Brot eine 'ăzkarah, ein 'iššæh für JHWH sein.* 8 *An jedem Sabbattag soll er [*oder wie eben vorgeschlagen *sollst du] es [sc. das Brot] – von den Israeliten (geliefert)*[308] *– regelmäßig vor JHWH herrichten; (das ist) eine ewige Festsetzung.* 9 **Es soll Aaron und seinen Söhnen gehören; sie sollen es an heiligem Ort verzehren, denn es ist Hochheiliges. Von den 'iššîm JHWHs gehört es ihm [sc. Aaron] als ewige Regel.*

Auch hier wäre eine Antwort auf die Frage interessant, ob der Verfasser mit weiteren am Sabbat darzubringenden Opfern rechnet. Da der Abschnitt aber speziell die Herstellung, die Darbringung und die Verwertung der חַלּוֹת thematisiert, bleiben andere Opferarten, die eventuell auch am Sabbat darzubringen wären, verständlicherweise außer Betracht.

Neben diese drei speziell auf den Sabbat bezogenen Belegen ist noch die unter 3. zu behandelnde Notiz I Chr 9,32 zu stellen, wo der/die Verantwortliche/n für das Auslegen der Schaubrote am Sabbat benannt werden.

Wie man die Angaben der genannten Belegstellen für Opfer am Sabbat auch immer ordnen will – z.B. nach der kanonischen Reihenfolge und der Abfolge der genannten Opfer

	1.	2.	3.	4.	5.	6.	7.	8. Position
Lev 24,5ff.			Schau-brot			Räucher-werk		
Num 28,9f.				Brand-opfer	Speis-opfer	Trank-opfer		
Ez 45,17a				Brand-opfer	Speis-opfer	Trank-opfer		
Ez 45,17b		Sünd-opfer			Speis-opfer			Brand-opfer
Ez 46,4f.				Brand-opfer	Speis-opfer			

306 So HAL I, 304.

307 Vgl. dazu E. Firmage, J. Milgrom, עֶרֶךְ, 384: „es wird eine Anordnung beschrieben, die aus „zwei Reihen mit je sechs (Laiben)" besteht. Trotz der Größe der Laibe muß gemäß der Grundbedeutung der Wurzel ‚rk an eine horizontale Anordnung gedacht werden."

308 Die masoretische Tradition zieht מֵאֵת בְּנֵי־יִשְׂרָאֵל als 8b zu בְּרִית עוֹלָם; eine בְּרִית kann aber nicht durch die Israeliten, sondern nur von JHWH festgesetzt sein.

	1.	2.	3.	4.	5.	6.	7.	8. Position
Neh 10,34			Schau-brot		Speis-opfer			Brand-opfer
I Chr 9,32			Schau-brot					
I Chr 23,31				Brand-opfer				
II Chr 2,3	Räucher-werk		Schau-brot	Brand-opfer				
I Chr 8,12				Brand-opfer				
I Chr 31,3				Brand-opfer,				

oder nach der Anzahl der genannten Opferarten, nach dem Maß der Beziehung auf den Sabbat oder nach der vermeintlichen Entstehungszeit der Texte in jeweils unterschiedlichen gegenseitigen Zuordnungen –, sie lassen sich in kein aussagekräftiges System fassen. Offensichtlich lag den Verfechtern der Sakralisierung des Sabbats eine alte Tradition über die am Sabbattag darzubringenden Opfer, aus der man hätte schöpfen und die man hätte weiterentwickeln können und die sich heute noch als gemeinsamer Grundbestand markieren ließe, nicht vor. Dieser Mangel an bindender Überlieferung kann sehr wohl als Indiz dafür gewertet werden, daß es in der vorexilischen Epoche eine gottesdienstliche Gestaltung des Sabbattages nicht gegeben hat.[309]

1.3.1.3 Der Teilnehmerkreis, die Verantwortlichkeiten und die Aufgabenverteilung bei den Sabbatgottesdiensten

Den Belegstellen, die sich speziell auf den Sabbat beziehen, sind auch einige Angaben über den Teilnehmerkreis, die Verantwortlichkeiten und die Aufgabenverteilung bei den sabbattäglichen gottesdienstlichen Handlungen zu entnehmen:

---

309 So hat auch bereits M. Noth, Numeri, 192, mit Verweis auf ders., Exodus, 131f., zu Num 28,9f. mit Recht bemerkt, daß der „Sabbat ... von Haus aus kein kultischer Festtag war".

Die Herstellung und die Darbringung der Schaubrote werden in dem soeben behandelten Abschnitt Lev 24,5ff. ausführlich beschrieben. M. Noth erörterte die Frage, wer mit dem angeredeten Du gemeint sein könnte, und sah darin Mose.[310] Sein Argument, daß „Regeln für die priesterliche Berufstätigkeit nicht in Anredeform, sondern in objektivem Stil gegeben zu werden pflegen", ist zwar zunächst zutreffend, verliert aber dann seine Kraft, wenn der Text mit M. Noth selbst und anderen in eine späte Zeit zu datieren ist[311], in der die alttestamentliche Gattung Ritual nicht mehr lebendig und bindend gewesen zu sein braucht. Andererseits liegt aber der Ritualstil von 24,8 an durchaus sauber vor[312], so daß die Anrede in 5-7 auch einer redaktionellen Überarbeitung geschuldet sein kann. Die Herstellung und die Darbringung der Schaubrote werden hier also wohl doch einem Priester obliegen sollen und der Bezug auf Mose auf den Einbau des Rituals in den Kontext zurückgehen.

Dies kann vielleicht durch eine Notiz in I Chr 9,32 gestützt werden. Der masoretische Text benennt eine Familie aus den „früheren" Einwohnern Jerusalems, die für die Schaubrote am Sabbat verantwortlich gewesen sei. LXX bietet dagegen mit καὶ Βαναιας ὁ Κααθίτης ἐκ τῶν ἀδελφῶν αὐτῶν einen konkreten Personennamen; damit entspricht die griechische Übersetzung eher dem Charakter des Kontextes, der sich durch die Angabe von Eigennamen auszeichnet. Da sich nun an dieser Stelle auch durchaus ein Schreiberversehen vorstellen läßt, daß nämlich jemandem das stereotype מִן aus den Eingangswendungen der vorangehenden Sätze so stark in Fleisch und Blut übergegangen war, daß er es mechanisch auch an den Anfang von 9,32 gesetzt hat, dürfte der LXX-Variante der Vorzug zu geben sein:

וּבְנֵי* הַקְּהָתִי מִן־אֲחֵיהֶם עַל־לֶחֶם הַמַּעֲרֶכֶת לְהָכִין שַׁבַּת שַׁבָּת׃

32 *Und der Qᵉhat-Nachkomme Bnj ist von ihren Brüdern über das Brot der Aufschichtung (gesetzt), um es Sabbat für Sabbat bereitzustellen [oder: aufzustellen].*

M. Oeming notiert, daß sich die Angabe „mit der priesterschriftlichen Theorie reibt": „Daß nach 1 Chr 9,32 den Kehatitern die Besorgung der Schaubrote obliegt, was ihnen Num 4,15 (mit V. 7) verboten, nach Lev 24,5-9 den Aaroniden als Vorrecht zugeschrieben wird, ist Zeichen einer fortschreitenden Partizipation levitischer Familien an den Vollzügen des Kultes."[313] Daß diese Differenzen nicht redaktionell ausgeglichen worden

---

310   M. Noth, Leviticus, 154; so auch S. Japhet, 1 Chronik, 226.
311   M. Noth, Leviticus, 155; siehe auch K. Grünwaldt, Heiligkeitsgesetz, 92.
312   So schon H. Graf Reventlow, Heiligkeitsgesetz, 119.
313   M. Oeming, Israel, 202. Zu Lev 24,5ff., in welchen Abschnitt er den Namen Aaron aus 24,3 hineinwirken läßt, siehe oben z.St.

sind[314], macht die Angabe in I Chr 9,32 glaubwürdig. Der Name „führt" allerdings wohl „tief in die nachexilische Zeit"[315].

Auch die Darbringung des Brandopfers am Sabbat scheint – zunächst jedenfalls – als Aufgabe der Priesterschaft angesehen worden zu sein. Dies wird im Verfassungsentwurf des Ezechielbuches deutlich, wenn er in Ez 46,1ff. den Sabbatgottesdienst beschreibt:

וְעָשׂוּ הַכֹּהֲנִים אֶת־עוֹלָתוֹ וְאֶת־שְׁלָמָיו

2aγ Die Priester werden sein [sc. des naśî'] Brandopfer und seine śælæm-Opfer ausführen.

Dem naśî' aber ist gestattet, den Opfervollzug betend am Ausgang des inneren Osttores zu begleiten. „Die Kultgemeinde darf sich sogar nur bis zur Türöffnung nähern, um sich vor Jahwe niederzuwerfen (V. 3): Bei einer lichten Breite von zehn Ellen (vgl. 40,11*.32f.*), 50 Ellen Tortiefe (40,33) und einer Niveaudifferenz von acht Stufen (40,34) wird sie kaum etwas vom Kult im Hof mitbekommen haben."[316] Man kann sich also des Eindrucks nicht erwehren, als seien sowohl der naśî' als auch die Gemeinde bei diesem Gottesdienst mehr oder weniger nur geduldet – was vielleicht sogar noch für einen Gottesdienst am Sabbat insgesamt gilt, hatten wir doch oben vermutet, daß sich in Ez 46 die Erinnerung an eine Schließung des Tempels an den Sabbaten in (mindestens der frühen) Königszeit niederschlagen haben könnte.

In der sekundären Erweiterung Ez 46,4-5[317] wird dann aber anscheinend dem naśî' die eigenhändige Durchführung seiner Opfer übertragen, denn das hierbei verwendete Verb הִקְרִיב dient wie in P auch in Ezechiel als Terminus technicus für die praktische Opferdarbringung[318]:

4 Und das Brandopfer, das der naśî' am Sabbattag JHWH darbringen (יַקְרִב) wird (soll), sind sechs einwandfreie Jungwidder und ein einwandfreier Widder 5 und als Speisopfer eine Epha für den Widder und für die Jung-widder als Speisopfer soviel, wie er geben will, sowie ein Hin Öl für die Epha.

Dies hat in Ez 45,17b eine offensichtliche Parallele. Auch diese Passage ist im unmittelbaren Kontext sekundär und stellt – wie bereits oben in 1.3.1.2 angesprochen – eine späte Erweiterung von 45,17a dar:

---

314 S. Japhet, 1 Chronik, 226, gibt freilich zu bedenken, daß in Num 4,16 „nicht ausdrück-lich gesagt" ist, „ob diese Zuständigkeit auch die Herstellung umfaßte".

315 M. Oeming, Israel, 200.

316 So T. A Rudnig bei K.-F. Pohlmann, Hesekiel, 606.

317 Zur Analyse des Abschnittes Ez 46,1-12 und zur relativen Datierung der einzelnen Stufen des Gedankenganges siehe oben 1.1.2 z. St.

318 HAL III, 1058, „2. (Opfer) darbringen (von allen Opferarten) bei P, Ez etc."; als „dar-bringen lassen" läßt sich הִקְרִיב dagegen nicht belegen.

וְעַל־הַנָּשִׂיא יִהְיֶה הָעוֹלוֹת ³¹⁹ וְהַמִּנְחָה וְהַנֶּסֶךְ בַּחַגִּים וּבֶחֳדָשִׁים וּבַשַּׁבָּתוֹת
(וּ)בְכָל־מוֹעֲדֵי בֵּית יִשְׂרָאֵל
הוּא־יַעֲשֶׂה אֶת־הַחַטָּאת וְאֶת־הַמִּנְחָה וְאֶת־הָעוֹלָה וְאֶת־הַשְּׁלָמִים לְכַפֵּר
בְּעַד בֵּית־יִשְׂרָאֵל:

17a *Und dem naśî' werden/solle) die Brandopfer, das Speisopfer und das*
Trankopfer an den Wallfahrtsfesten, an den Neumondstagen, an den Sabba-
ten (und) an allen Festen des Hauses Israel obliegen.

17b *Er wird/soll das Sündopfer, das Speisopfer, das Brandopfer und das*
š^elamîm-Opfer durchführen, um Sühne für das Haus Israel zu schaffen.

T. A. Rudnig versteht den Text allerdings so, daß der נָשִׂיא auch in 45,17a
beim Opfer (noch) selbst Hand anlegt, während seine kultische Mitwirkung
in späteren Ausbaustufen des Verfassungsentwurfes eingeschränkt werden
soll, so daß er schließlich in 46,2f. zum Zuschauer degradiert wird: „gegen
45,17a.21-25* opfert er" in 46,2f. „plötzlich nicht mehr selbst"[320]. Dieses
Verständnis hat für ihn eine große Bedeutung und führt ihn zu dem Schluß,
daß es dem Endtext von Ez 46,1ff. überhaupt „gar nicht um die bloße
Schließung eines Tores" gehe; „Ziel des Textes ist vielmehr, die Rolle des
Fürsten im Kult radikal einzuschränken"[321]. Nun ist der Ausdruck עַל־הַנָּשִׂיא
יִהְיֶה *obliegt dem naśî'* in 45,17aα aber recht undeutlich und sagt nichts
darüber aus, welche Konsequenzen sich im einzelnen aus dieser seiner
Verantwortung ergeben, ob er für das Zustandekommen der Opfer, für die
Materialbeschaffung, für ihren praktischen Vollzug oder aber für das alles
zusammen zuständig ist. Da es in der hebräischen Sprache exaktere
Ausdrucksweisen gegeben hätte, erfaßt M. Konkel den Wortlaut von 45,17a
wohl zutreffender, wenn er sagt: „Eine aktive Rolle des nāśî' im Opferkult
wird gerade nicht angesagt."[322] Dagegen wird man das הוּא־יַעֲשֶׂה in 45,17bα
schon eher dahingehend auslegen können, daß der Verfasser den נָשִׂיא
eigenhändig opfern lassen will; dem sind 45,21ff. (ebenfalls Formen von
עשׂה) und 46,4ff. (יַקְרֵב) zur Seite zu stellen. Daß 45,17a auf der einen und
45,17b.21-25; 46,4ff. auf der anderen Seite die Beteiligung des naśî' an den
Opfern unterschiedlich beschreiben, ist T. A. Rudnig zuzugestehen, doch
haben sich uns nun gerade 45,17b und 46,4ff. und damit zwei der
Belegstellen für die aktivere kultische Rolle des נָשִׂיא in ihren Kontexten als
literarisch sekundär erwiesen. Das kann doch nur heißen: Gegen T. A.
Rudnig machen erst die Erweiterungen 45,17b und 46,4ff. den naśî' zum

---

319 BHS: „l c nonn Mss הָעוֹלָה", was aber als eine sekundäre Angleichung an den Kontext
     gedeutet werden kann.
320 T. A. Rudnig bei K.-F. Pohlmann, Hesekiel, 606.
321 T. A. Rudnig bei K.-F. Pohlmann, Hesekiel, 605.
322 M. Konkel, Architektonik, 151.

unmittelbar selbst Opfernden, während eine solche aktive Funktion aus den Grundtexten nicht zu erschließen ist. Die Gestalt des נָשִׂיא wird also im Zuge der Bearbeitungen des Verfassungsentwurfes nicht aus dem kultischen Geschehen verdrängt, sondern im Gegenteil in seinem sakralen Profil gestärkt.

Die ältesten greifbaren Schichten der die Sakralisierung des Sabbats thematisierenden Texte sind sich also darin einig, daß die aktive Durchführung (auch) der sabbattäglichen Opfergottesdienste in den Händen des Kultpersonals liegen soll, während der Repräsentant des Volkes sowie das Volk selbst nur in abgestufter Entfernung am Gottesdienst passiv teilnehmen dürfen.

Die Bereitstellung des Opfermaterials wird niemals speziell für die Sabbate, sondern stets nur im Zusammenhang mit den anderen Opfergottesdiensten abgehandelt. Dabei ist den für unser Thema bedeutsamen Belegen zu entnehmen, daß die Verantwortung dafür ursprünglich nicht nur in einer Hand lag:

II Chr 31,3 will am Beispiel des Hiskia dokumentieren, daß der judäische König einen Teil des Materials für die Brandopfer zur Verfügung stellte:

3 *Und der Anteil des Königs aus seinem Besitz für die Brandopfer, (nämlich) die Brandopfer des Morgens und des Abends und die Brandopfer für die Sabbate und für die Neumondstage und für die Feste, war wie das in [d.h.: entsprach dem in] der Weisung JHWHs Geschriebene[n].*

Da wir den Bezug, der hier als כַּכָּתוּב בְּתוֹרַת יהוה bezeichnet wird, nicht nachvollziehen können, sich der Pentateuch über die wirtschaftlichen Grundlagen des regelmäßigen JHWH-Kults überhaupt ausschweigt, ist die Höhe des königlichen Anteils an den Opfern unklar. Dem sprachlichen Ausdruck, der in gewisser Weise ungewöhnlich ist[323], nach zu schließen, kann es sich aber eben nur um einen Anteil gehandelt haben. Demgegenüber schließt S. Japhet sowohl aus dieser Stelle als auch aus Ez 45,17, „daß der gesamte Opferbedarf vom Fürsten zu tragen sei".[324] Dies geht aber auch aus Ez 45,16-17a nicht hervor:

16 כֹּל הָעָם הָאָרֶץ יִהְיוּ אֶל־הַתְּרוּמָה הַזֹּאת לַנָּשִׂיא בְּיִשְׂרָאֵל: 17a וְעַל־הַנָּשִׂיא יִהְיֶה הָעוֹלוֹת וְהַמִּנְחָה וְהַנֵּסֶךְ בַּחַגִּים וּבֶחֳדָשִׁים וּבַשַּׁבָּתוֹת(325) בְּכָל־מוֹעֲדֵי בֵּית יִשְׂרָאֵל

Leider ist der Wortlaut von 45,16 gestört.[326] Die LXX wird den Sinn mit καὶ πᾶς ὁ λαὸς δώσει τὴν ἀπαρχὴν ταύτην τῷ ἀφηγουμένῳ τοῦ Ισραηλ aber

---

323 W. Rudolph, Chronikbücher, 304 Anm. 3a: „מנת bedeutet nur hier den gegebenen, sonst immer den empfangenen Anteil, deshalb lesen Ehrlich und Rothstein מַתְּנַת ...".

324 S. Japhet, 2 Chronik, 405.

325 Siehe dazu oben Anm. 287.

326 Die Wendung הָעַם הָאָרֶץ, von den Masoreten als Genitivverbindung akzentuiert, widerspricht den Determinationsregeln der hebräischen Grammatik; הָאָרֶץ kann also nur

wohl richtig getroffen haben: Die gesamte Gemeinde soll ihre Abgaben für den Tempel an und damit über den נָשִׂיא abliefern, während letzterer die Verantwortung für die Durchführung der Opfer trägt und dann auch unter Umständen die zu geringen Abgaben aus eigenen Mitteln aufstocken müßte. Und wenn in der LXX eine Entsprechung für das הָאָרֶץ in 17aα fehlt, könnte es sich dabei im masoretischen Text um eine „Erweiterung" handeln, „welche die Abgabepflicht im besonderen dem עם הארץ auferlegt"[327] und damit die Jerusalemer Stadtbevölkerung entlasten soll.[328] So legt sich als Übersetzung nahe: 16 *Das gesamte Volk, das Land, – sie werden hinsichtlich dieser Abgabe dem naśî' in Israel [abgabepflichtig?] sein.* 17a *Und dem naśî' werden/sollen die Brandopfer, das Speisopfer und das Trankopfer an den Wallfahrtsfesten, an den Neumondstagen, an den Sabbaten (und) an allen Festen des Hauses Israel obliegen.*

Von speziellen Opfern des נָשִׂיא, die wohl von denen, die das Volk aufbringt, zu unterscheiden sind, spricht Ez 46,2, wonach die Priester am Sabbat *sein (sc. des naśî') Brandopfer und seine šælæm-Opfer* und nicht etwa das Opfer darbringen.

Wenn nun in Esra 6,9-10 gesagt wird, daß der persische König seine Bereitschaft erklärt habe, für das am Jerusalemer Tempel benötigte Opfermaterial aus der Staatskasse aufkommen zu wollen, könnte es sich dabei – sollte dem Abschnitt eine authentische Urkunde zugrundeliegen – um eine neue, nämlich persische Sitte handeln. Doch ist zu vermuten, „daß der Beitrag der persischen Könige entweder kurzfristig war oder aber wesentlich niedriger ausfiel, als Darius ursprünglich angeordnet hatte"[329]. Neh 10,33-34 rechnet jedenfalls wiederum und vielleicht sogar nur noch damit, daß die durch die Gottesdienste verursachten Kosten allein von der Bevölkerung aufgebracht werden:

---

als Apposition verstanden werden. Und יִהְיֶה als Prädikat des Satzes läßt den eindeutigen Bezug auf ein Subjekt vermissen; um es mit כָּל הָעָם (הָאָרֶץ) in Übereinstimmung zu bringen, müßte an eine constructio ad sensum gedacht werden; wollte man aber andererseits dem Vorschlag der BHS – „prb l עליו (= אֵלָיו)" – „יִהְיֶה אֵלָיו" – folgen, die Passage entsprechend 17a und somit als zusammengesetzten Nominalsatz כָּל הָעָם הָאָרֶץ יִהְיֶה עָלָיו הַתְּרוּמָה הַזֹּאת zu verstehen und abzuändern, sollte wenigstens das Genus von הַתְּרוּמָה beachtet und das Prädikat in die Femininform תִּהְיֶה gesetzt werden. Vgl. die wissenschaftsgeschichtlichen Angaben bei W. Zimmerli, Ezechiel 2, 1151 Anm. 16a und b.

327　W. Zimmerli, Ezechiel 2, 1151 Anm. 16a.

328　Ob sich die Verantwortung des naśî' nun nur auf die materielle Ausstattung der Opfer oder auch auf die Gewährleistung ihrer Durchführung erstreckt, wie es wohl W. Zimmerli, Ezechiel 2, 1155, sah, geht aus dem spröden Ausdruck עַל־הַנָּשִׂיא יִהְיֶה in 45,17aα freilich nicht eindeutig hervor.

329　S. Japhet. 2 Chronik, 405.

33 *Wir haben uns als Gebote auferlegt, ...*[330] *ein Drittel des Schekels im Jahr für die Arbeit des Hauses unseres Gottes zu geben,* 34 *(nämlich) für das Schaubrot, das regelmäßige Speisopfer und das regelmäßige Brandopfer, – die Sabbate, die Neumondstage – für die Feste, die heiligen Dinge und die Sündopfer, um für Israel Sühne zu erwirken, und (für) alle Arbeit des Hauses unseres Gottes.*

Auf dieser Entwicklungslinie liegt schließlich auch Num 28,9-10. Als Prädikat wirkt das תַּקְרִיבוּ aus 28,3b nach, womit gemäß 2aα die בְּנֵי יִשְׂרָאֵל angesprochen sind, denen damit die kollektive Verantwortung für die materielle Sicherung der Opfergottesdienste übertragen wird. „Tatsächlich lag es in der nachexilischen Zeit, in der das Amt eines ‚Fürsten' nicht Wirklichkeit wurde, der Jerusalemer Kultgemeinde als Gesamtheit ob, für diese regelmäßigen Opfer zu sorgen"[331].

Die Bestrebungen der nachexilischen Epoche, den Sabbat zu den Festtagen zu rechnen und seine Begehung gottesdienstlich zu gestalten, sind unübersehbar. Über die Beweggründe dafür schweigen sich die Belegstellen freilich aus, so daß diese auf andere Weise erwogen werden müssen. Verfügte die JHWH-Religion etwa über zu wenige Feste, so daß die Kultgemeinde zur Förderung ihrer Frömmigkeitsform und zur Durchführung ihrer kultischen Aufgaben auch noch den Sabbat benötigte? Gewiß dürfte ein wöchentlich wiederkehrender Termin dafür durchaus geeignet gewesen sein, doch müßte dann erwartet werden, daß der siebente Wochentag stärker in Konkurrenz zu den Jahresfesten getreten wäre und nicht eine in kultischer Hinsicht doch nur zweitklassige Rolle gespielt hätte. Der Grund sollte deswegen im Sabbat selbst und seiner Geschichte gesucht werden. Nach unseren Erkenntnissen über die Nichteinhaltung des Sabbats nach 597 v.Chr. ist es wohl die naheliegendste Erklärung, in den Bemühungen um die kultische Gestaltung des Sabbats den Versuch zu sehen, den wöchentlichen Ruhetag dem Vergessen zu entreißen und ihm wieder zu seiner ehemaligen Geltung zu verhelfen. Daß man zur Erreichung dieses Zieles (auch) zum Mittel der Sakralisierung des Sabbattages griff, könnte auf eine praktische Überlegung zurückzuführen sein: Wer am Sabbat kultischen Verpflichtungen nachzukommen hat, d.h. zur Teilnahme am Gottesdienst eingeladen wird (Ez 46,3) und Material dafür zur Verfügung zu stellen hat (Num 28,9-10; Ez 45,16; Neh 10,34), kann dieses Datum nicht so leicht übersehen und diesen Tag wenigstens nicht ausschließlich zu profanen Tätigkeiten nutzen.

---

330 Das zweite עָלֵינוּ ist mit BHS zu tilgen.
331 M. Noth, Numeri, 191.

Die Zusammenstellung zu Beginn dieses Abschnittes macht aber ebenso deutlich, daß die Bestrebungen zur Sakralisierung des Sabbats literatur-geschichtlich betrachtet am Rand des Alten Testaments stehen. Ob sie in der von den alttestamentlichen Schriften abgedeckten Zeit jemals von irgend-einem praktischen Erfolg gekrönt waren, läßt sich innerhalb des Kanons nicht feststellen. Nehemia konnte jedenfalls um 450 v.Chr. die Stadttore von Jerusalem über den Sabbate hin schließen lassen, ohne sich durch die Folge, daß damit doch die Bewohner der umliegenden Ortschaften von einem eventuellen Tempelgottesdienst ausgeschlossen werden würden, daran hin-dern zu lassen. Und sogar noch über die frühe jüdische Literatur urteilt H. A. McKay: „these texts are like the Hebrew Bible, concerned only with sabbath rest and observance, not with worship"; „for the ordinary Jew, there are not prescriptions for sabbath activities, or for private or public worship on the sabbath in any these extra-biblical texts."[332] Und so erwartet der Verfasser von Jes 66,23 um 400 v.Chr. herum denn auch erst für die Zeit des neuen Himmels und der neuen Erde, daß der Sabbat (wie auch der Neumond) Tage des Gebets sein werden.[333]

1.3.2 Die anderen Bemühungen um die Erhaltung des Sabbats

Die anderen Bestrebungen zur Erhaltung des Sabbats, die eingangs des Abschnittes 1.3 angesprochen worden sind, gehören nicht eigentlich zum Thema Profanität und Sakralisierung. Sie sollen aber trotzdem im Folgenden etwas ausführlicher vorgestellt werden, weil sie unsere These stützen, daß der Sabbat „in exilischer und nachexilischer Zeit" alles andere als eine „steile Karriere"[334] durchgemacht hat, sondern vielmehr unter Einsatz der ver-schiedenartigsten Mittel vor der Mißachtung und dem Vergessen gerettet werden mußte.

---

332 H. A. McKay, Sabbath, 59.

333 Datierung nach U. Berges, Jesaja, 550. L. Ruszkowski, Sabbat, 69ff., sieht hier in Anlehnung an A. Lemaire die Erinnerung an eine „‚alte' Form des Sabbats", „der als Pilgerfest begangen wurde", die aber die anderen Belegstellen für den Sabbat auch nicht ansatzweise erkennen lassen. Sollte man vielleicht das לְפָנַי von 23b auch institutionell auf eine Pilgerfahrt hin auslegen können, so wäre ein Bezug auf den Tempel von Jerusalem immer noch durchaus problematisch; das Urteil P. Höffkens, Jesaja, 253: „Die Vorstellung von Welt scheint klein, wenn »alle Lebewesen« ... am Tempelort ... erscheinen sollen." zeigt, daß man dafür bei dem Verfasser von Jes 66,23 eine Provizialität voraussetzen müßte, die für die Entstehungszeit der tritojesa-janischen Texte eigentlich nur schwer vorstellbar ist. Die Stelle ist also wohl bildlich zu verstehen.

334 F.-L. Hossfeld, Dekalog, 251.

1.3.2.1 Die Erklärung des Sabbats als Eigentum JHWHs

Wenn zum Halten des Sabbats aufgerufen oder die Mißachtung des Sabbats gerügt wird, werden in der Regel die Verben קָדַשׁ und חָלַל verwendet. Beide gelten als kultische Fachausdrücke, und so ordnet HAL III den Gebrauch von קָדַשׁ in Gen 2,3; Ex 20,8.11; Dtn 5,12; Jer 17,22.24.27; Ez 20,12.20; 44,24 und Neh 13,22 denn auch unter die Grundbedeutung „etwas in den Zustand der Heiligkeit (*der Behandlung nach kultischen Regeln*) versetzen, zum Gebrauch vor Gott weihen"[335]. Doch ist die Aussage der genannten Stellen von der Forderung nach kultischer Gestaltung des Sabbattages inhaltlich zu unterscheiden. So wird auch von H. Schüngel-Straumann bestritten, daß die Wendung לְקַדְּשׁוֹ in den dekalogischen Sabbatgeboten Ex 20,8 bzw. Dtn 5,12 eine gottesdienstliche Gestaltung impliziere[336]: „Der Finalsatz ,um ihn zu heiligen' meint ein ,Aussondern'. Der siebte Tag wird von den übrigen Tagen herausgehoben durch die Arbeitsruhe, und allein durch sie. Daß man in späterer Zeit diesen Tag auch zu gottesdienstlichen Feiern verwendet hat, bietet sich an, ist aber nicht notwendig ursprünglich intendiert."[337] „Der Begriff des Heiligen ist" eben „von irritierender Vieldeutigkeit".[338] Zwei Beobachtungen an den einschlägigen Belegstellen machen nun deutlich, daß bei der Rede von der Heiligung bzw. Entweihung des Sabbats etwas anderes als „die Behandlung nach kultischen Regeln" bzw. deren Mißachtung gemeint ist:

1. In Ex 16,23; Jes 56,2.6; 58,13; Ez 20,13.16.20.21.24; 22,8; 23,38; 44,24; Neh 9,14 wird die Heiligkeit, die Heiligung oder die Entweihung des Sabbats lediglich konstatiert.[339] An einigen Belegstellen wird jedoch expressis verbis dargelegt oder läßt sich aus dem Kontext leicht erschließen, wie die Heiligung praktisch geschehen soll. „Israel ist aufgerufen, diese hl. Zeiten zu heiligen, indem es sich an die speziellen Regeln hält, die für diese

---

335 HAL III, 1003, 1. a); dazu unter 6. für die zuvor unter 1. angegebenen Sabbatbelegstellen die Alternativübersetzung „jmd., etw. als geheiligt, geweiht behandeln". Hervorhebung im Zitat durch den Verf.

336 So z.B. N. Lohfink, Arbeitswoche, 112.

337 H. Schüngel-Straumann, Geschenk, 120.

338 W. E. Paden, Heilig, 1529.

339 Häufig ist der Sabbat durch den Begriff „heilige Zeit" einzuordnen und zu erklären versucht worden; vgl. z.B. A. Wendel, Säkularisierung, 37f.: „Heilig sind auch bestimmte Abschnitte aus dem Zeitverlauf. Hier ist an den Neumondstag zu denken, der in Israel in seiner besonderen Bedeutung wohl schon in die vorkanaanäische Zeit reicht. An diesem Tage treibt man z.B. keinen Handel; (Anm. 14: Am. 8,4f.), ... Auch an den Sabbat dürfen wir hier denken, ... An sich selbst Heiliges im Raum wie in der Zeit ist bis in die späte Zeit literarisch zu belegen." Als heilig wird der Sabbat ausdrücklich aber nur in den beiden späten Texten Ex 31,14f. und 35,2 bezeichnet.

Zeiten gelten."[340] Wann nun auch immer „Regeln" für die Heiligung des Sabbats ausdrücklich genannt werden, beinhalten sie stets und ausschließlich die Unterlassung der Arbeit:

Gen 2,3: *Gott segnete den siebenten Tag (und)* _heiligte_ *ihn, denn an ihm hat er [zum ersten Mal]* _mit all seiner Arbeit ...._ _aufgehört._

Ex 20,8-11: *8 Denke an den Sabbattag,* _um ihn zu heiligen._ *9 Sechs Tage wirst du arbeiten und deine gesamte Arbeit verrichten. 10 Und der siebente Tag gehört als Sabbat deinem Gott JHWH. (Da) sollst du und dein Sohn und deine Tochter, dein Sklave und deine Sklavin und dein Vieh sowie dein Schutzbürger, der in deinen Toren ist,* _keinerlei Arbeit verrichten._ *11 Denn sechs Tage (lang) hat JHWH den Himmel und die Erde, das Meer und alles, was darin ist, geschaffen. Am siebenten Tag* _ruhte er,_ *deshalb segnet JHWH den Sabbattag (und)* _heiligte ihn._

Lev 23,3: *Sechs Tage soll Arbeit getan werden, und am siebenten Tag ist Sabbat šăbbatôn,* _eine Ausrufung von Heiligem. Ihr sollt keinerlei Arbeit tun._

Dtn 5,12-14: *12 Beachte den Sabbattag,* _um ihn zu heiligen,_ *wie dir dein Gott JHWH befohlen hat. 13 Sechs Tage wirst du arbeiten (und) deine gesamte Arbeit verrichten. 14 Und der siebente Tag gehört als Sabbat deinem Gott JHWH. (Da) sollst du und dein Sohn und deine Tochter und dein Sklave und deine Sklavin und dein Rind und dein Esel und dein gesamtes Vieh sowie dein Schutzbürger, der in deinen Toren ist,* _keinerlei Arbeit verrichten,_ *damit dein Sklave und deine Sklavin wie du ruhen werden.*

Jer 17,22.24.27: *22 Bringt keine Last am Sabbattag aus euren Häusern und* _erledigt keinerlei Arbeit; heiligt den Sabbattag,_ *wie ich euren Vätern befohlen habe. ... 24 Aber dann, wenn ihr genau auf mich hört – Ausspruch JHWHs –, um keine Last am Sabbattag durch die Tore dieser Stadt zu bringen und* _den Sabbattag zu heiligen, um keine Arbeit an ihm zu erledigen,_ *25 werden ... 27 Und wenn ihr nicht auf mich hört,* _um den Sabbattag zu heiligen_ *und keine Last zu tragen und am Sabbattag (nicht) in die Tore Jerusalems hineinzugehen, werde ich ....*

Und dementsprechend wird die Entweihung des Sabbats in der Durchführung von Tätigkeiten an diesem Tage beschrieben:[341]

---

340 J. Milgrom, Heilig, 1530.

341 Dies hat wohl W. Kornfeld, קרשׁ, 1185, übersehen, wenn er die Verwendung von קְדֵשׁ in Ex 20,11 nur als deklarativ „etwas/jemanden für heilig erklären" und in Jer 17,22.24.27 als ästimativ „etwas/jemanden für heilig halten" versteht. Ebenso ist K. Grünwaldt, Exil, 131, zu nur schwer zu folgen, der zu den dekalogischen Sabbatgeboten sagt: „Der Sabbat wird geheiligt, indem man seiner gedenkt (זכר Ex 20,8) bzw. ihn bewahrt (שמר Dtn 5,12)."; für den Ausdruck dieses Gedankens wäre aber doch wohl in der hebräischen Sprache eher die umgekehrte Wortfolge קַדֵּשׁ אֶת־יוֹם הַשַּׁבָּת לְזָכְרוֹ / לְשָׁמְרוֹ zu erwarten.

Ex 31,14: *Ihr sollt den Sabbat beachten, denn er ist etwas Heiliges für euch.
Der ihn <u>Entweihende</u> soll unbedingt getötet werden; wenn (es) irgendeinen
an ihm <u>Arbeit Verrichtenden</u> (gibt), soll jene Person aus der Mitte ihrer
Verwandtschaft ausgeschlossen*[342] *werden.*
Neh 13,15-18.22: 15 *In jenen Tagen sah ich in Juda welche, <u>die am Sabbat</u>
<u>die Keltern traten und Haufen brachten und (sie) auf die Esel luden sowie</u>
<u>auch Wein, Weinbeeren und Feigen und alle Last und am Sabbattag nach</u>
<u>Jerusalem brachten.</u> Ich ermahnte (sie) an dem Tage, an dem sie Speise
verkauften. 16 Und die Tyrer saßen darin, <u>Fisch und jede Ware bringend und</u>
den Judäern und in Jerusalem <u>am Sabbat verkaufend.</u> 17 Ich machte den
ḥorîm Judas Vorwürfe (und) sagte zu ihnen: Was soll diese böse Sache, die
ihr tut und <u>den Sabbat entweiht?</u> 18 Haben so nicht eure Väter gehandelt
(und) unser Gott über uns und über diese Stadt all das Böse kommen lassen?
Und ihr fügt weiter Zorn auf Israel, <u>indem (ihr) den Sabbat entweiht.</u> ...*
Dem entspricht auch Ex 35,2, obwohl das Verb חלל hier nicht verwendet
wird: *Sechs Tage wird (soll) Arbeit verrichtet werden, und am siebenten Tag
werdet ihr <u>etwas Heiliges</u> haben: Sabbat šăbbatôn, JHWH (gehörig). Jeder
(einzelne) an ihm <u>Arbeit Verrichtende</u> soll getötet werden.*

Nach Ausweis dieser Texte bedeutet *den Sabbattag heiligen,* jegliche
Arbeit zu unterlassen. Dieser eine Tag der Woche soll als Arbeitszeit nicht
eingeplant und nicht ausgenutzt werden; mit anderen Worten: Der Sabbat
gehört dem Menschen nicht, er ist Eigentum Gottes. In diesem Sinne ist der
Sabbat heilig.

2. Damit stimmen nun die Stellen überein, die den Sabbat ausdrücklich als
Eigentum JHWHs bezeichnen. Dies ist zweifellos in Lev 23,3b der Fall. In
dem vorliegenden Text   שַׁבָּת הוא לַיהוָה בְּכל מוֹשְׁבֹתֵיכֶם
ist שַׁבָּת das Subjekt eines Nominalsatzes mit der Kopula הוא und לַיהוָה als
Prädikat[343]. Das kann nur als Ausdruck für das deutsche „gehören" gedeutet
und mit
3b *Der Sabbat gehört JHWH an allen euren Wohnsitzen.*[344]
übersetzt werden.

---

342 Vgl. zur sog. כרת-Formel unten Kapitel 2 Exkurs 2.
343 Vgl. E. Kautzsch, Grammatik, 472: „Das Prädikat eines Nominalsatzes kann bestehen
     ... in ... irgend einer (namentlich auch mit Hilfe von Präpositionen ausgedrückten)
     Näherbestimmung der Zeit, des Orts, der Beschaffenheit, des Besitzes usw."
344 Nach G. Robinson, Origin, 261, sprechen auch die Belege für שַׁבַּתֵּי (Lev 19,3.30; 26,2;
     Jes 56,4; Ez 20,12f.16.20f.24; 22,8; 23,38 und 44,24) und יוֹם קָדְשִׁי (Jes 58,13) davon,
     daß der Sabbat „a day belonging to Yahweh" sei, doch sind die von ihm heran-
     gezogenen Belegstellen für diesen Gedanken nur bedingt auswertbar, da das dort
     auftretende Suffix der 1. pers. sing. lediglich der Stilisierung der Texte als Gottesrede
     geschuldet sein kann.

Einmal auf diese Spur geraten, regt sich Zweifel an der traditionellen
Übersetzung der Wendung לַיהוָה in den Sabbatgeboten Ex 16,23; Ex 20,10 //
Dtn 5,14; Ex 31,15 und 35,2 im Sinne von „für JHWH". Diese Widmung
machte nur dann eine sinnvolle und notwendige Aussage, wenn es zu dem
„für JHWH" eine Alternative gäbe, d.h. wenn der Sabbat auch für jemand
oder etwas anderes als für JHWH hätte gehalten werden können oder gar
tatsächlich gehalten worden wäre. Daß man den Sabbat – wenn man zunächst
an eine fremdkultische Alternative denken wollte – etwa auch für Baal oder
eine andere Gottheit begangen hätte, lassen die alttestamentlichen Quellen
nicht erkennen; die von G. Robinson[345] und anderen dementsprechend
ausgelegte Stelle Hos 2,13 erhält nur dann diesen Sinn, wenn der dort
erwähnte Sabbat mit den יְמֵי הַבְּעָלִים von 2,15 identifiziert wird, was aber bei
dem komplizierten Aufbau des Kapitels methodisch kaum zulässig sein
dürfte.[346] Und die von I. Willi-Plein erwogene Alternative: „Der JHWH-
Sabbat unterscheidet sich irgendwie von einem anderen möglichen ‚Sabbat',
der dann natürlich gut der babylonische Vollmondtag, aber auch ein von
Anfang an israelitischer mondbezogener Tag sein kann."[347], wird mit der
Unbeweisbarkeit der Hypothese von einer Mondbezogenheit des Sabbats
hinfällig.[348] Somit werden auch die genannten Stellen im Sinne von Lev
23,3b zu verstehen sein, wofür sich eine Wiedergabe des לַיהוָה als „JHWH
gehörig" anbietet[349].

Von den betreffenden Belegstellen ist besonders Ex 20,10a = Dtn 5,14a
wichtig, da die hier verwendete Formulierung וְיוֹם הַשְּׁבִיעִי שַׁבָּת לַיהוָה אֱלֹהֶיךָ
von den Verfechtern eines ursprünglich mondphasenbezogenen Sabbats als
Zeugnis für eine spätere Identifikation jenes vermuteten Vollmonds(- oder
Leermonds)tages mit dem Ruhetag am siebenten Tag der Woche ausgewertet
worden ist; nach W. H. Schmidt haben F. L. Hossfeld und C. Levin das
Urheberrecht an dieser Hypothese.[350] So urteilt z.B. F.-L. Hossfeld: Dtn 5,12-
15 (wie auch Ex 20,10) „identifiziert den ‚siebten Tag' mit dem ‚Sabbat' und
fusioniert diese zwei Institutionen"[351]. Das heißt: „Der siebte Tag soll ein

---

345 G. Robinson, Origin, 60, 261.
346 Dazu ausführlich oben in 1.1.3 z.St.
347 I. Willi-Plein, Wortform, 204f.
348 Dazu oben 1.1.1 im Zusammenhang mit Am 8,5.
349 Vgl. H. Ringren, קדשׁ, 1189: „Das Sabbatgebot enthält in seinen beiden Fassungen (Ex
     20,8f.; Dtn 5,12f.) die Mahnung, den Sabbat zu ‚heiligen' (pi., wohl heilig zu halten).
     Als Begründung erscheint u.a. die Feststellung, daß er šabbāt leJHWH ist, damit also in
     einer bestimmten Beziehung zu JHWH steht: ihm gewidmet oder zugehörig."
350 W. H. Schmidt, Gebote, 88 Anm. 12.
351 F.-L. Hossfeld, Dekalog, 57 u.ö.; unabhängig davon ähnlich im selben Jahr C. Levin,
     Sturz, 42.

Sabbat sein!"[352] Für diesen Vorgang sind unterschiedliche Begründungen genannt worden: Nach C. Körting, H. Spieckermann z.B. habe während der „leidvollen Erfahrungen der Exilszeit" sowie unter „der Fermentierung der religiösen Identität Israels durch die deuteronomistische Bewegung" die „unmittelbare Konfrontation mit der Sabbatobservanz der Babylonier" zur „Sistierung des monatlichen Vollmond-Sabbat und ... Benennung des wöchentlich begangenen siebten Ruhetages als Sabbat" geführt[353]; dabei bleibt der Tatbestand unberücksichtigt, daß nun gerade das Deuteronomium sehr wenig Interesse am Sabbat zeigt. I. Willi-Plein vermutet neuerdings als Anlaß für die Umstellung, daß „die große Distanz zwischen Wohnorten im Zweistromland und im Israelland bzw. in persischer Zeit zwischen verschiedenen Orten der Diaspora und Jerusalem ... die Gefahr von Differenzen der Beobachtung" der Mondphasen und damit der Proklamation des Sabbats in sich „barg"[354]; allerdings dürfte selbst ein um mehrere Tage verschobener unterschiedlicher Beginn eines Festtages in einer Epoche, in der eine Kommunikation ohne Zeitverzug (im Gegensatz zu der heute so gut wie gleichzeitigen Kommunikation durch Funk, Telefon oder Internet) unmöglich war, weitgehend ohne Belang gewesen sein.

Die vermeintliche Identifikation von Sabbat und siebentem Tag trifft aber, wenn überhaupt, auch nur für die von BHS favorisierte Textgestalt von Dtn 5,14a und Ex 20,10a zu, bei der יוֹם הַשְּׁבִיעִי als Subjekt eines Nominalsatzes aufgefaßt werden muß. Der Text ist aber auch noch in der anderen Form

$$\text{וּבַיּוֹם הַשְּׁבִיעִי שַׁבָּת לַיהוָה אֱלֹהֶיךָ}$$

überliefert, worauf BHS im Apparat auch verweist[355] und wie er sich weiter in Ex 35,2 sowie Lev 23,3 findet. Hier ist יוֹם הַשְּׁבִיעִי Teil der Adverbialbestimmung *am siebenten Tag*; in diesem Falle liegen die Annahme einer Identifikation der beiden Daten oder auch die jussivische Bedeutung nicht so nahe. Doch schon die Nominalsatzvariante müßte nach den Regeln der hebräischen Syntax zunächst als Aussage verstanden werden, denn ob der hebräische Nominalsatz auch einen jussivischen Sinn haben kann, ist nicht so ganz sicher[356], jedenfalls wäre für diesen Zweck der Eindeutigkeit halber ein

---

352 So der Titel eines Aufsatzes von C. Dohmen.
353 Nach C. Körting, H. Spieckermann, Sabbat, 519.
354 I. Willi-Plein, Wortform, 206.
355 Vgl. in BHS zu Ex 20,10 die Anm. 10α und zu Dtn 5,14 die Anm. 14a, wo schließlich noch die Qumranvariante כי ביום genannt ist.
356 Die in den Grammatiken, etwa E. Kautzsch, Grammatik, 474, und R. Meyer, Grammatik, §90.5., III 9 [351], angeführten Beispiele stützen diese These jedenfalls nicht wirklich: Bei עָלַי קִלְלָתֶךָ (Gen 27,13a) wirkt logisch das Verb וְהֵבֵאתִי (12b) nach, was auf keinen Fall jussivisch verstanden werden kann, also: ... *auf mich wird (würde) dein Fluch kommen*, sc. weil ich dich dazu angestiftet habe. שָׁלוֹם לָכֶם (Gen 43,23) ist dem

Verbalsatz mit dem Prädikat יִהְיֶה wie etwa in Lev 25,4 wünschenswert.
Diese Eindeutigkeit liegt aber eben nicht vor, und die Hypothese des
ursprünglich mondphasenbezogenen Sabbats hat nur sehr wenig Wahrschein-
lichkeit. So wird der Satz als Nominalsatz aufgefaßt werden müssen, der eine
Aussage über den siebenten Tag macht: *Der siebente Tag ... gehört deinem
Gott JHWH*. Übrigens haben schon die Masoreten das Wort שַׁבָּת in beiden
Fällen durch zwei trennende Akzente markiert und damit wohl als Apposition
gekennzeichnet:

Ex 20,10a = Dtn 5,14a: *Der siebente Tag, (der) Sabbat, gehört deinem Gott
JHWH.*[357]

In gleicher Weise sind wohl dann auch die bereits oben erwähnten Stellen
Ex 16,23; 31,15 und 35,2 zu deuten: Der Sabbat ist Eigentum JHWHs und
deshalb für den Menschen nicht planbar und verfügbar. Die „Heiligung" des
Sabbats besteht theoretisch in der Anerkennung dieses Eigentumsrechtes und
praktisch im Verzicht, die Stunden dieses Tages zur Arbeit für sich selbst und
seinen eigenen Vorteil auszunutzen. Da sich dieser Gedanke nun nicht etwa
in Abhandlungen über Heiligkeit und Heiligung findet, sondern ausschließlich im Zusammenhang mit dem Appell, den Sabbat einzuhalten,
angesprochen wird, dürfte er von vornherein dem Ziel dienen, das Sabbatgebot zu begründen und zu bestärken.

1.3.2.2 Die Verankerung des Sabbats in den Mythen

Zusätze zur Priesterschrift (P^s)[358] sehen den Ursprung des Sabbats zum einen
in der Erschaffung der Welt und zum anderen in der „Wüstenzeit" Israels.
Die Erzählungen behaupten, daß Gott bei seinem schöpferischen Tun selbst
den Wechsel von sechs Arbeitstagen und einem darauf folgenden Ruhetag
eingehalten und durch sein (vor)geschichtliches Handeln auch die Moseschar

---

Kontext nach eine Aussage, deren Inhalt man schlicht mit *bei/mit euch ist alles in
Ordnung* umschreiben kann. In זֶה חַסְדֵּךְ אֲשֶׁר תַּעֲשִׂי עִמָּדִי (Gen 20,13) liegt die
jussivische Bedeutung wohl in dem Prädikat des Relativsatzes, bei אַל־דֳּמִי־לָךְ (Ps 83,2)
eindeutig in der Negation אַל. Bei den Segens- und Fluchformeln mit בָּרוּךְ (Gen 9,26
etc.) oder אָרוּר (so zu vokalisieren, Gen 3,14), E. Kautzsch, Grammatik, 375 Anm. 1,
leisten die Partizipien, die ja eben zugleich nominalen wie auch verbalen Charakter
besitzen können, ihren Beitrag zu der Modalität des Satzes. Die Belegstelle Gen 11,3
bei E. Kautzsch, a.a.O. 474, dürfte ein Druckfehler sein. So bleibt lediglich Ex 12,2
übrig, wo in der Tat eine jussivische Bedeutung der Nominalsätze angenommen werden
könnte.

357   Vgl. zu dieser Konstruktion auch Dtn 14,21.

358   C. Levin, Tatbericht, 28: „Die ursprüngliche Priesterschrift hat den Sabbat nirgends
      erwähnt."

dazu angeregt, wenn nicht sogar dazu gezwungen habe, nach diesen Rhythmus zu leben.

Daß Gen 2,2-3 die Aufgabe hat, den Sabbat begründen[359], dürfte kaum bestreitbar sein:

2 Gott vollendete am siebenten [sechsten[360]] Tag seine Arbeit, die er gemacht hatte; er hörte am siebenten Tag mit all seiner Arbeit, die er gemacht hatte, auf[361]. 3 Gott segnete den siebenten Tag (und) heiligte ihn, denn an ihm hat er [zum ersten Mal] mit all seiner Arbeit, die Gott geschaffen hatte, um sie [in Zukunft] zu tun[362], aufgehört.

Die Kapiteltrennung der christlichen Bibeltradition hinter Gen 1,31 mag zwar vornehmlich der Absicht gedient haben, den Menschen als „die Krone der Schöpfung" zu herauszustellen[363]; sie sieht aber dennoch etwas Richtiges, wenn sie 2,1-3 von 1,1-31 trennt und 2,1-3 damit als eine sekundäre Fortsetzung markiert, die das Ziel der Schöpfung im Sabbat sehen möchte. „Aus diesem Grund preßt der Verfasser" auch „die acht Werke künstlich in sechs Tage hinein, um die für ihn bestimmende Siebenzahl zu erreichen"[364], und hat „dem alten Stoff" damit „einige Gewalt angetan"[365]. Für C. Levin ist ferner die Wiederaufnahme des Wortes וַיְכֻלּוּ aus der Unterschrift unter Kapitel 1 ein Hinweis auf den literarisch sekundären Charakter von 2,2-3.[366] Das Ziel der Bearbeitung aber ist deutlich: In der heute vorliegenden Textfassung schließt Gott die jetzt sechstägige Erschaffung der Welt mit

---

359 So z.B. K. Grünwaldt, Exil, 141; H. Haag, Sabbat, 1402; C. Körting, H. Spieckermann, Sabbat, 519. Demgegenüber äußert P. Weimar, Struktur, 841, den Eindruck, „daß der priesterschriftliche Erzähler ganz entschieden jeden Gedanken daran abzuwehren sucht, daß durch Gottes Ruhe am siebten Tag die Installierung einer Sabbatordnung grundgelegt werden soll.", doch wäre es verwunderlich, wenn die „terminologischen Berührungen" nicht auch schon bei dem Erstleser „Assoziationen zum Sabbatgebot [ge]weckt" haben sollten.

360 Samaritanus sowie LXX und syrische Übersetzung lesen sinnvollerweise הַשִּׁשִׁי.

361 So die Grundbedeutung von שָׁבַת; HAL IV, 1308, subsumiert die Stelle jedoch unter „4.a) ruhen, feiern (in direktem od. indirektem Zushg. mit dem Sabbat, ...)"; zutreffender aber wohl I. Willi-Plein, Wortform, 202: „Das Verb šbt ist nach wie vor fast immer mit ‚aufhören' übersetzbar."

362 E. A. Knauf, Arbeit, begründet, daß der inf. לַעֲשׂוֹת nur „um (in Zukunft) zu tun" bedeuten kann, und urteilt zusammenfassend, a.a.O. 27: „Der semantisch und syntaktisch schwierige Vers versucht nicht weniger als eine Verhältnisbestimmung zwischen creatio originalis und creatio continua, oder auch zwischen Gottes Schöpfungshandeln und seinem «Handeln in der Geschichte»."

363 H. Schüngel-Straumann, Geschenk, 119: „die ganz unsinnige Kapiteleinteilung ... hat somit den Schluß der ersten Schöpfung bereits nach der Erschaffung des Menschen einfach weggebrochen. Diese Lesart besteht seit Origines (185-254)."

364 H. Schüngel-Straumann, Geschenk, 119.

365 G. von Rad, Genesis, 51.

366 C. Levin, Tatbericht, 27f.

einem Ruhetag ab und praktiziert damit das Urbild der Woche mit dem sie beendenden Sabbat.

Manche Ausleger haben in der Verbindung des Sabbats mit der Schöpfung ein Problem gesehen und nach einer Erklärung dafür gesucht. W. H. Schmidt z.B. sieht hier in gewisser Weise eine Notlösung, die „aus der Zeit" heraus „verständlich" sei, „in der die Priesterschrift entstand. Das Exil hat den uralten Verheißungen auf Landbesitz, dem Tempel und dem Davidsbund ein Ende gesetzt, so daß auf ein Geschichtsereignis kein Gebot mehr bezogen werden kann. Darum wird nicht mehr auf ein partikulares Einzelgeschehen, sondern auf die Weltgeschichte am Anfang zurückgegriffen."[367] Diese Deutung würde freilich nur dann über eine bloße Vermutung hinauskommen, wenn im Alten Testament alternativ dazu ältere Begründungen des Sabbats durch ein „Geschichtsereignis" vorlägen. Dafür kämen lediglich Ex 16 und Dtn 5,15 in Frage: Ex 16, worauf gleich näher einzugehen sein wird, kann aber wegen seiner mythosähnlichen Elemente nur bedingt als „Geschichts-ereignis" verstanden werden kann, was in gewissem Maße auch für den Hinweis auf die Herausführung aus Ägypten in Dtn 5,15aβ gelten mag; zudem ist Dtn 5,15 ein formelhafter Anhang an das dekalogische Sabbatgebot, und ob dieser älter als P^s ist, dürfte kaum mit Sicherheit zu sagen sein. Da bezieht sich M. Millard in seinem Erklärungsversuch schon eher auf eine gegebene Tatsache: „Dass gerade der Sabbat als eine der Schöpfung innewohnende Ordnung eingeführt wird, entspricht dem spe-ziellen Begründungsbedarf für die mit dem Sabbat konstruierte Zeitordnung der Woche. Während alle anderen Zeitordnungen durch unverwechselbare astronomische Ereignisse wie den Stand von Sonne ... und Mond ... konstruiert sind, fehlt für die Woche eine vergleichbare astronomische Konstante."[368] Doch ist auch dazu kritisch anzufragen, ob eine so relativ kleine und überschaubare Zeiteinheit wie die Woche tatsächlich eine astronomische Konstante braucht oder nicht vielmehr einfach abgezählt und die jeweilige Position leicht im Gedächtnis des Zählers behalten werden kann, wie dieses Verfahren ja in Ex 23,12a auch espressis verbis vorge-schlagen wird: *Sechs Tage lang sollst du deine Arbeit verrichten und am siebenten Tag [mit der Arbeit] aufhören.*

Dafür, warum man den Sabbat in der Schöpfung verankert haben mag, bietet aber wohl die Gattung von Gen 2,2-3 die naheliegendste Erklärung. Bei Gen 2,2-3 handelt es sich um einen Mythos: Die Notiz erzählt ein Geschehen aus der Vorzeit, sie erzählt von (einem) Gott und sie erzählt vom

---

367 W. H. Schmidt, Glaube, 136.
368 M. Millard, Genesis, 121f.

Leben und Wirken (dieses) Gottes.[369] Und da sich dieser Mythos auf den
Sabbat als auf einen Ritus (im weitesten Sinne dieses Wortes) bezieht, wird
Gen 2,2f. auch eine der Funktionen des Mythos ausfüllen, wie sie z. B. durch
E. Brunner-Traut für die ägyptischen Verhältnisse beschrieben wird: „Sobald
die ursprünglich mythenfreien Riten erklärungsbedürftig werden ..., liefert
der Mythos das explanans"[370]. Da nun die Zusätze zur Priesterschrift (P^s)
nach ziemlich einhelliger Überzeugung der Ausleger in der nachexilischen
Epoche entstanden sind, in der nach unseren bisherigen Beobachtungen der
Sabbat in seiner Akzeptanz gefährdet und insofern „erklärungsbedürftig"
geworden war, dürfte es nicht verwundern, wenn auch das Mittel des Mythos
zu seiner Erhaltung bzw. Erneuerung eingesetzt wurde.

Dies geschieht dann explizit in Ex 20,11a und 31,17b. Die Verwendung
der Subjunktion כִּי *denn* macht in beiden Fällen deutlich, daß der Hinweis auf
das Ruhen Gottes nach der Schöpfung zur Erklärung des Sabbats dienen soll:
*20,11a Denn sechs Tage (lang) hat JHWH den Himmel und die Erde
gemacht, das Meer und alles, was darin ist. Am siebenten Tag ruhte er,
deshalb segnete JHWH den Sabbattag (und) heiligte ihn.*
*31,17b Denn sechs Tage (lang) hat JHWH den Himmel und die Erde
gemacht, und am siebenten Tag ruhte er (und) holte Atem.*

In Ex 16,1ff. wird noch ein zweiter Mythos in den Dienst der Erhaltung
des Sabbats gestellt.[371] Die Erzählung berichtet, daß Gott die Moseschar nach
der Herausführung aus Ägypten bei der Versorgung mit Lebensmitteln in der
Wüste zum Halten des Sabbats als Ruhetag genötigt habe. Am jeweils
sechsten Tage konnte die doppelte Tagesration an Manna gesammelt werden,
während die Sammler am siebenten Tag leer ausgingen:
*22 Am sechsten Tag aber sammelten sie doppeltes Brot, zwei Omer für einen
(jeden). Alle n^{e}śî'îm der Gemeinde kamen (und) berichteten (es) Mose. 23 Er
sagte zu ihnen: „Das ist es, was JHWH gesagt hat: Morgen ist šăbbatôn, ein
Sabbat von Heiligkeit, JHWH gehörig. Was ihr backen werdet, das backt,
und was ihr kochen werdet, das kocht. Und alles Übrige legt (euch) zum
Aufbewahren bis zum Morgen beiseite."*
In der heute vorliegenden, mehrfach bearbeiteten Gestalt will der Text zwar
eine Geschichtserzählung sein und besitzt durch die vielen Redegänge auch

---

369 So die Kriterien, die nach C. Petersen, Mythos, 31, „mindestens gelten müssen, wenn
     das Nomen "Mythos" oder das Adjektiv "mythisch" als Prädikative verwendet werden"
     sollen: „(1) Es müssen Geschehnisse geschildert werden. (2) An diesen Geschehnissen
     müssen eine Gottheit oder mehrere Götter beteiligt sein. (3) Die Geschehnisse dürfen
     sich nicht in der geschichtlichen Zeit, sondern müssen sich (als einmalige Ereignisse)
     vor oder jenseits der geschichtlichen Zeit bzw. in der Urzeit zugetragen haben."

370 E. Brunner-Traut, Mythos, 281.

371 Nach K. Grünwaldt, Exil, 218, ist eine Grundschicht P^g zuzuweisen.

nur noch einen geringen narrativen Charakter. Dennoch erzählt er von (einem) Gott und von dessen Handeln, das – nicht viel anders als Gen 2,2-3 – den Ritus (im weitesten Sinne des Wortes) des Sabbats erklären soll; insofern ist Ex 16,1ff. schon doch in die Nähe eines Mythos zu stellen.[372] C. Körting und H. Spieckermann übersehen diese beiden mythischen Elemente, wenn sie die Intention hier allein darauf beschränken, „die Sabbatobservanz bereits in der mosaischen Phase der Volksgeschichte zu verankern"[373]; der Aufweis der Sabbatheiligung in der Geschichte und bei historischen Persönlichkeiten fällt im übrigen auch nicht so sehr als das Bestreben der Texte, die die Priesterschrift (P^g) angezogen hat, auf, sondern ist vielmehr eine besondere Intention der chronistischen Literatur, die sich dann dabei aber auch auf die eigentliche „Volksgeschichte" beschränkt und die Vorgeschichte außen vor läßt. Aber auch K. Grünwaldt verkennt wohl Wesen und Absicht von Ex 16, wenn er in diesem Abschnitt den „häuslichen Charakter" des Sabbats betont sieht und darin eine Hilfe für die Begehung des Sabbats in der tempellosen Exilssituation entdeckt: „hier ... wird dem Mißverständnis vorgebeugt, der Sabbat sei eine kultische, am Heiligtum zu begehende Feier. ... Das Volk feiert den Sabbat eben schon in der Wüste und nicht am Sinai. Die priesterliche Sabbatvorstellung ..... ermöglicht" auf diese Weise „dem Volk die Feier des Sabbat ... im Exil."[374] Bei dieser Auslegung, die keineswegs auf der Hand liegt, sondern erst in mehreren und nicht immer ganz geraden Gedankenschritten hermeneutisch entwickelt werden muß, setzt K. Grünwaldt stillschweigend voraus, daß der oder die Verfasser der priester-schriftlichen Literatur zwar um eine in vorexilischer Zeit übliche kultische Begehung des Sabbat wußte/n, dieses Wissen aber zugunsten ihrer pädagogischen Absichten unterdrückt hätten; von solchem Wissen findet sich jedoch in den älteren Stücken dieser Textgruppe keine Spur, die Bindung des Sabbats an den Tempelkult ist vielmehr, wie K. Grünwaldt selbst erkennt, ein spezifisches Bestreben der „spätpriesterlichen Tradition"[375]. Auch bleibt bei dieser Deutung ganz außer acht, daß in Ex 16 das Hindernis für das Halten des Sabbats, das der Text ausräumen will, nicht das Fehlen eines Heiligtums, sondern vielmehr die Sorge ist, daß ein arbeitsfreier Tag in der Woche den Lebensunterhalt mindern oder gar gefährden könnte. Darauf aber hebt nun die Aussage des mythischen Elementes in dieser Erzählung ab: Durch Gottes

---

372 So auch N. Lohfink, Arbeitswoche, 116f., der den Abschnitt zusammen mit Gen 2,1-3 und Ex 24,15b-18a unter seine Zusammenfassung, 118: „Dies ist der biblische, genauer der priesterschriftliche Mythos von Arbeit und Ruhe." subsumiert.

373 C. Körting, H. Spieckermann, Sabbat, 520.

374 K. Grünwaldt, Exil, 156f.

375 K. Grünwaldt, Exil, 156.

unmittelbares Wirken war es der Moseschar sogar in der Wüste möglich, die Sabbatruhe einzuhalten. Der Hörer oder Leser kann daraus den Schluß ziehen, um wieviel einfacher es doch sein muß, zu seiner Gegenwart im Kulturland, in dem das schöpferische Walten Gottes potenziert erlebbar ist, einen Tag in der Woche auf Arbeit und Handel zu verzichten, ohne materielle Einbußen erleiden zu müssen.

Es ist nicht auszuschließen, daß auch Ez 20,11f., wonach der Sabbat den Vätern in der Wüste gegeben worden sei, in einen Zusammenhang mit Ex 16 gehört. Zwar ist der Sabbat hier in einem Atemzug mit den vorab erwähnten חֻקּוֹת und מִשְׁפָּטִים genannt, die die Verkündung auf dem Sinai assoziieren; doch gibt es ansonsten kein Indiz dafür, daß beides in diesem Sinne zusammengehörig gedacht werden solle, im Gegenteil: Das Sabbatgebot wird von den *Satzungen* und *Rechtsbestimmungen* ausdrücklich unterschieden. Es kann also durchaus sein, daß der Verfasser von Ez 20 hier an die Tradition, die sich in Ex 16 niedergeschlagen hat, anknüpft.[376]

Schließlich weist Ex 24,16, womit die Darstellung des JHWH-Kultes eingeleitet wird, darauf hin, daß Gott auch bei der Begegnung am Sinai den Rhythmus der Woche mit der Hervorhebung ihres siebenten Tages praktiziert habe:[377]

Die Herrlichkeit JHWHs ließ sich auf dem Berg Sinai nieder. Die Wolke bedeckte ihn sechs Tage (lang). Am siebenten Tag rief er zu Mose aus der Wolke heraus.

Freilich soll hier nicht, wie bei den bisher betrachtete Stellen, die Notwendigkeit und/oder die Möglichkeit der sabbattäglichen Handels- und Arbeitsruhe im Mythos begründet, sondern wohl eher der Hinweis auf eine besondere Gottesnähe am siebenten Tag gegeben werden: Nachdem sechs Tage lang lediglich die Wolke, die den Gipfel des Berges bedeckte, beobachtet werden konnte, sprach Gott am siebenten aus dieser Wolke heraus Mose an; gemäß der antiken Vorstellung, daß die Gottheit nicht nur nicht an jedem Platz, sondern auch nicht zu jeder Zeit in gleichem Maße erreichbar sei, impliziert das die Erwartung, daß der Sabbat als siebenter Tag der Woche besonders dafür geeignet sein könnte, mit Gott Kontakt aufzunehmen, der Tag demnach für eine Sakralisierung besonders prädestiniert ist. Wir haben hier also den Fall einer Mythisierung der gottesdienstliche Gestaltung des Sabbats vor uns.

---

376 Ebenfalls von den *Satzungen*, den *Rechtsbestimmungen* sowie der *Weisung* abgesetzt, doch ausdrücklich mit dem Sinai verbunden wird die Übergabe des Sabbats in Neh 9,14 der Wüstenzeit Israels zugeordnet.

377 So z.B. auch E. Zenger, Schichten, 102.

Obgleich auch die Verfasser der Zusätze zur Priesterschrift (P^s) gewußt haben müssen, daß der Sabbat eine Besonderheit Israels war und es in dessen Umwelt keine wirklichen Parallelen dazu gab, erklären sie diesen Tag doch zu einer global gültigen Institution[378]: Er ist ein Teil der Schöpfungsordnung, und er gliedert den Lauf der Zeit auch außerhalb des Kulturlandes. Der Ruhetag nach sechs Arbeitstagen gehört nach ihrer Meinung einfach zum Leben auf der Erde dazu. Bei dieser Lage der Dinge kann auch auf einen Aufruf zum Halten des Sabbats verzichtet werden; K. Grünwaldt bemerkt zur Mannageschichte mit Recht: „Ex 16 ... vermeidet es bewußt, sie" – sc. die Sabbatruhe – „als *Gebot* zu rezitieren."[379] Wenn der Sabbat aber nicht geboten ist, gibt es die Alternative, ihn zu halten oder zu verletzen, eigentlich nicht[380], denn was Gott selbst praktiziert und durch sein Vorbild die Menschen lehrt, kann durch Menschen nicht zur Disposition gestellt werden. Manche sekundären Ausgestaltungen von P^g begnügen sich dann freilich mit der Begründung des Sabbats durch den Mythos nicht mehr; sie formulieren durchaus Sabbatgebote, fordern auch die Sakralisierung des Sabbat und versteigen sich sogar zur Kriminalisierung seiner Mißachtung.

1.3.2.3 Das Verständnis des Sabbats als Zeichen zwischen JHWH und dem/den Observanten

Regelmäßig wird in der Literatur darauf hingewiesen, daß der Sabbat im Exil und von der Exilszeit an als „Bekenntniszeichen" gedeutet und verstanden worden sei.[381] „Das Exil brachte für das Verständnis des Sabbats eine entscheidende Wende: Da den Deportierten der Opferkult in der Fremde unmöglich war, gewannen die Bräuche des Jahweglaubens, die auch fern vom Tempel ausgeübt werden konnten, erhöhte Bedeutung. So wurde die Sabbatheiligung in den Rang eines *Bekenntnismerkmals* erhoben."[382] Diese Vorstellung ist so leicht eingängig und scheinbar so schlüssig, daß sie offen-

---

378 Vgl. dazu L. Ruszkowski, Sabbat, 73. Daß „der Sabbat ... in den meisten Überlieferungen als allein für Israel geschaffen" gelte, sagen, selbst wenn einige Rabbinen später diesen Standpunkt vertreten haben, unter den von L. Ruszkowski genannten alttestamentlichen Referenzstellen mindestens Ex 31,13.16 und Ez 20,12 nicht unbedingt.

379 K. Grünwaldt, 156; für P^g überhaupt 219.

380 K. Grünwaldt, Exil, 218.

381 So z.B. R. Albertz, Religionsgeschichte, 423; H. Haag, שַׁבָּת, 1056; G. Wanke, Jeremia, 170; B. Schaller, Sabbat, 2; G. Maier, Lexikon, 1337; C. Körting, H. Spieckermann, Sabbat, 519.

382 W. H. Schmidt, Glaube, 136; so auch bereits W. Zimmerli, Ezechiel 1, 447.

sichtlich gar nicht mehr hinterfragt wird. Aber die Belegbasis für diese Deutung des Sabbats ist ausgesprochen schmal: Heranzuziehen sind in Wahrheit allein die beiden Stellen Ex 31,13.17 und Ez 20,12.20[383] – die Erklärung des Sabbats als „Bekenntniszeichen" ist also eher als marginal einzustufen und dürfte sich deswegen kaum zu weitreichenden religionsgeschichtlichen Folgerungen eignen. Dazu kommen zwei weitere Überlegungen, die die oben zitierte Sicht in Frage stellen: Mindestens zur Entstehungszeit von Ex 31,12-17 dürfte das Exil längst Vergangenheit gewesen sein[384], und ob der Abschnitt geographisch betrachtet „fern vom Tempel" formuliert worden ist, ist auch nicht sicher; M. Noth sah jedenfalls einen engen Zusammenhang mit den voranstehenden Abschnitten zum Bau und zur Einrichtung des מִשְׁכָּן: „Die Meinung ist also, daß auch bei der Durchführung ... der Errichtung des Heiligtums die Arbeitsruhe am Sabbat streng eingehalten werden muß"[385].

Vor allem aber muß die Wendung מְקַדִּשְׁכֶם / מְקַדְּשָׁם יְהוָה אֲנִי כִּי לָדַעַת auf ihre Aussage hin genauer abgetastet werden. Sie findet sich in den beiden genannten Abschnitten an drei Stellen[386] und ist trotz kleinerer sprachlicher Unterschiede stets in Struktur und Funktion gleich:

Ex 31,13aβ *Beachtet nur ja meine Sabbate, denn er ist ein Zeichen zwischen mir und euch für eure Generationen um zu erkennen (zu wissen), daß ich, JHWH, es bin, der euch heiligt.*

Ez 20,12 *Und auch meine Sabbate habe ich ihnen gegeben, damit sie zu einem Zeichen zwischen mir und ihnen würden, um zu erkennen (zu wissen), daß ich, JHWH, es bin, der sie heiligt.*

Ez 20,20 *Und haltet meine Sabbate heilig. Sie werden zu einem Zeichen zwischen mir und euch werden, um zu erkennen (zu wissen), daß ich euer Gott JHWH bin.*

---

383 Die üblicherweise ebenfalls zu diesem Thema angeführten Stellen Jes 56,1-8; 58,13f. und 66,23 sind unten unter 1.3.2.4 zu besprechen, da in ihnen vom Sabbat als Zeichen keine Rede ist, dem Sabbat dort vielmehr eine andere Funktion zugeschrieben wird.

384 Während C. Körting und H. Spieckermann, Sabbat, 519, sich auf die Feststellung beschränken, daß der Abschnitt „mehrfach redigiert" worden sei, rechnete M. Noth, Exodus, 198, mit einem – „wie sich schon aus der Nachlässigkeit der Formulierung ergibt" – „sekundärem Zuwachs" in 31,15-17, der sich „aus Wiederholungen aus den vorangehenden Versen, aus Variationen zu dem Sabbatgebot von 20,8-11 und aus einem Hinweis auf 1. Mos. 2,2f." zusammensetze; K. Grünwaldt, Exil, 177, erkennt Stoffe und Wendungen aus dem Ezechielbuch, dem Heiligkeitsgesetz, der Priesterschrift, dem Exodusdekalog und einen deuteronomistischen Ausdruck – man wird den Abschnitt gar nicht spät genug ansetzen können.

385 M. Noth, Exodus, 197.

386 Sie fehlt in Ex 31,17a: לְעֹלָם הוּא אוֹת יִשְׂרָאֵל בְּנֵי וּבֵין בֵּינִי *Er ist für immer ein Zeichen zwischen mir und den Israeliten.*

Die Wendung *um zu erkennen (zu wissen)* sagt espressis verbis nichts darüber aus, wer denn zu dieser Einsicht gelangen soll, da das Subjekt in der Infinitivkonstruktion nur implizit enthalten ist. Wäre an ein „Bekenntnis" gedacht, müßten das Dritte sein, die das Halten des Sabbats wahrnehmen und entsprechend als Zeichen zwischen Gott und dem oder den Observanten deuten können und deuten sollen.[387] Dementsprechend sieht K. Grünwaldt, der sich dafür auf M. Noth beruft, in dem gedachten Subjekt des לָדַעַת „alle Welt", und begründet das damit, daß es „schlicht unplausibel" wäre, wenn „Israel den Sabbat halten solle, um selbst zu erkennen, daß Jahwe es heiligt"[388]. Doch sein Hinweis auf Ez 37,28 stützt diese Auslegung nicht wirklich, da die Erklärung der Symbolhandlung von 37,15ff. einen Blick in die fernere Zukunft darstellt, deren Charakteristika – die Rückkehr der Exulanten, die Wiedererrichtung des Königtums und das Jerusalemer Heiligtum – in der Welt weit deutlicher sichtbar sein dürften, als es die Einhaltung des Sabbats durch Einzelpersonen oder in einzelnen Familien jemals sein könnte. Da sich nun aber auch weder in den oben genannten Texten selbst noch in den Kontexten irgendein Indiz für den Bezug auf Dritte finden läßt, nimmt der Infinitiv לָדַעַת im Zweifelsfalle das Subjekt des תִּשְׁמֹרוּ von Ex 31,13aβ und des קַדְּשׁוּ von Ez 20,20 sowie das Dativobjekt לָהֶם von Ez 20,12 auf, also die Angesprochenen bzw. ihre Vorfahren. Mit anderen Worten: Die, die den Sabbat halten, sollen daran erkennen, daß JHWH *ihr Gott ist* und *sie heiligt*.[389] Zur Beschreibung dieses Sachverhalts aber eignet sich der Begriff „Bekenntniszeichen" nicht und sollte vermieden werden, da ein Bekenntnis stets jemanden voraussetzt, vor dem es abgelegt wird. Man kann hier allein von einem *Zeichen* reden, wie es denn auch der Bedeutung des Wortes אוֹת entspricht, das die hebräischen Verfasser an diesen Stellen – und nicht Formen von II ידה, vgl. modernhebräisch הוֹדָאָה „Bekenntnis" – verwendet haben.

E. Kutsch hat in einem Wortspiel mit „Bekenntniszeichen" אוֹת an den beiden oben genannten Stellen als „Erkenntniszeichen" gedeutet und übersetzt.[390] Die Proklamierung als (Erkenntnis)zeichen überlagert nun aber den ursprünglichen Sinn des Sabbats, ein Tag der Ruhe nach sechs Arbeitstagen

---

387 So z.B. R. Albertz, Religionsgeschichte, 423f.: „die Sabbatheiligung ... entwickelte sich ... zu dem entscheidenden kultischen Bekenntniszeichen, mit dem die judäische Familie allwöchentlich ihre Zugehörigkeit zur Jahwereligion unter Beweis stellen konnte (Ez 20,12.20; vgl. Ex 31,13.17)".

388 K. Grünwaldt, Exil, 179f. mit Anm. 51.

389 So dem Text entsprechend z.B. G. Maier, Lexikon, 1337: „So wurde der S. für die Israeliten ... ein Zeichen, daß der Herr sie heiligte (2Mo 31,13; Hes 20,12), herausnahm aus den übrigen Völkern.", und K. L. Wong, Profanation, 214.

390 E. Kutsch, Ich will, 380.

zu sein, und drängt diesen fast in den Hintergrund.[391] Der Sabbattag wird zu einem pädagogischen Mittel erklärt, mit dessen Hilfe Einsichten über Gott zu gewinnen sind. Und wenn dabei der, der den Sabbat hält, erfahren kann und soll, *daß ich, JHWH, es bin, der euch heiligt,* bzw. *daß ich euer Gott JHWH bin*, das Unterrichtsziel also die Identifizierung des Gottes JHWH darstellt, dann muß man annehmen, daß die Angesprochenen Tatbestände und Ereignisse in ihrem persönlichen Leben und/oder in der Geschichte ihres Volkes anderen Kräften oder auch anderen Göttern zuschrieben als JHWH. Der „Sitz im Leben" der Deutung des Sabbats als ein Zeichen zwischen JHWH und dem/den Observanten muß demnach in Kreisen und Situationen Israels gesucht werden, in denen nicht nur die Institution des Sabbats, sondern auch der JHWH-Glaube gefährdet waren.

1.3.2.4 Die Proklamierung der Sabbatruhe als Voraussetzung für das Heil

Außer den im voranstehenden Kapitel genannten Belegstellen Ex 31,13.17 und Ez 20,12.20 sind auch „Jes 56,1-8; 58,13f. und 66,23" dafür angeführt worden, daß „die Heiligung des Sabbat der entscheidende Bekenntnisakt"[392] sei. Davon ist jedoch expressis verbis in den Texten nicht die Rede.[393] Die nähere Betrachtung läßt vielmehr eine andere und vielleicht sogar weit bedeutsamere Argumentation zugunsten des Sabbats und seiner Beachtung erkennen: Die Einhaltung des Sabbats wird als (eine der) Voraussetzung(en) für das Heil proklamiert.[394]

---

391 Dennoch ist K. L. Wong, Profanation, 215, nicht zu folgen, wenn er sagt, daß „the idea of Sabbath found here relates not to rest", da auch der praktizierte wöchentliche Ruhetag wie jede andere denkbare Begehung des Sabbats die Funktion des Erkenntniszeichens erfüllen kann.

392 So C. Körting, H. Spieckermann, Sabbat, 520.

393 Jes 66,23 gehört weder in den Zusammenhang mit Ex 31,13.17 und Ez 20,12.20, wo der Sabbat als Zeichen zwischen Gott und dem/den Observanten gedeutet wird, noch in eine Reihe mit den hier zu besprechenden Stellen aus dem Tritojesajabuch. Der Prophet erwartet, daß zur Zeit des neuen Himmels und der neuen Erde Neumond und Sabbat Tage des Gebetes aller Menschen sein werden: *Und dann wird alles Lebendige Neumondstag für Neumondstag und Sabbat für Sabbat kommen, um vor mir anzubeten, sagt JHWH.* Wenn aber *alles* Lebendige an diesem Lobpreis beteiligt ist, erübrigt es sich, daß diejenigen, die sich zu Gott halten, ihren Glauben durch die Einhaltung des Sabbats anderen gegenüber bekennen. Auch muß gefragt werden, ob dann überhaupt noch jemand dieses Bekenntnis miterleben kann, werden doch die Feinde JHWHs nach 66,24, sollte es sich hierbei um die ursprüngliche Fortsetzung von 23 handeln, dann bereits für immer der Made und dem Feuer ausgesetzt und damit vernichtet sein.

394 So richtig z. B. U. Berges, Jesaja, 511.

Mit den meisten Exegeten ist Jes 56,1-8 als eine Einheit[395], die freilich deutlich nach Themen gegliedert ist, sowie als ein poetischer Text[396] zu betrachten, dessen augenfälliger Parallelismus membrorum spätere Zusätze leicht erkennen läßt.

Jes 56,1-2 preist im Blick auf die anbrechende Gottesherrschaft denjenigen glücklich, der Gottes Ermahnung zu Recht und Gerechtigkeit nachkommt:

1 *So hat JHWH gesprochen:*
Bewahrt Recht
* und tut Gerechtigkeit,*
denn mein Heil ist nahe zu kommen
* und meine Gerechtigkeit, offenbart zu werden!*
2 *Glücklich zu preisen ist ein Mensch, der das tut,*
* und ein Menschenkind, das sich daran hält:*
(den) Sabbat haltend, um ihn nicht entweihen,
* und seine Hand (davor) bewahrend, irgend*
* etwas Böses zu tun.*

Daß hier der Sabbat im Zusammenhang mit Recht und Gerechtigkeit erwähnt und seine Beachtung in Parallelität zu der Bemühung, nichts Böses zu tun, gestellt wird, überrascht. E. Otto bietet dafür eine Erklärung und sagt: Hier „konkretisiert sich der Sabbatgehorsam ... im Verhalten sozialer Gerechtigkeit".[397] Allerdings impliziert der Begriff רַע weit mehr als nur soziale Ungerechtigkeit, man vergleiche die Lexika zur Bedeutungsbreite dieses Wortes, das stets negative Folgen impliziert: Nach HAL kann der Gegensatz טוב – רע „oft durch Schädliches/das Schädliche – Nützliches/das Nützliche wiedergegeben werden".[398] Ob und wie weit der Verfasser die soziale Gerechtigkeit als einen Nutzen, der aus der Einhaltung des Sabbats für Dritte erwächst, im Blick hat, ist dem Text nicht zu entnehmen. Er schildert vielmehr der Nutzen für den, der seine Hand von bösen Taten fern- und den Sabbat einhält: Derjenige wird glücklich (zu nennen) sein, wenn demnächst Gottes Heil Wirklichkeit wird und sich seine Gerechtigkeit durchsetzt.

Nach Jes 56,4-5 zählt die Beachtung des Sabbats zu den Voraussetzungen, unter denen auch die Eunuchen Anteil an der von Gott zu erwartenden Zukunft erhalten können. Der Text enthält Spuren geringer sekundärer Bearbeitungen:

---

395 Zur Forschungsgeschichte vgl. z.B. S. Sekine, Sammlung, 31ff.
396 Gegen z.B. P. Volz, Jesaja, 202f.
397 E. Otto, Feste, 104; die anderen von ihm genannten Belege – Jes 56,3-7 und 58,13-14 –
     lassen einen sozialen Aspekt des Sabbats noch weniger erkennen.
398 HAL IV, 1167.

1. ist die masoretische Trennung zwischen 56,4aα und 4aβ vor לַסָּרִיסִים unglücklich, weil sich dessen לְ mit dem לָהֶם in der Fortsetzung des Satzes in 5aα reibt; sprachlich ist weit eher nachvollziehbar, לַסָּרִיסִים als Dativobjekt zu אָמַר יְהוָה zu rechnen[399] und 4bβ mit אֲשֶׁר beginnen zu lassen, wodurch ein Satzgefüge mit voranstehendem Attributsatz, auf den sich dann das לָהֶם in 5aα zurückbezieht, entsteht: *Welche meine Sabbate bewahren und das erwählen werden, woran ich Gefallen habe, denen werde ich ...*

2. Die Wendung וּמַחֲזִיקִים בִּבְרִיתִי in 56,4b durchbricht als überschüssiger Halbvers das System des Parallelismus membrorum, der eingangs mit 4aβ // γ eindeutig vorgegeben ist; zudem fällt מַחֲזִיקִים als Partizip aus dem in 4aβ angeschlagenen Stil eines Relativsatzes mit finiten Verbalformen heraus.[400] Hier wird ein Zusatz vorliegen, der vielleicht in 6bβ seinen Ursprung hat, wo die Wendung für die parallelistische Struktur unabdingbar ist.

3. Ein Problem bereitet schließlich der mit sechs Wörtern recht lange Halbvers 56,5aα.[401] Unter der Annahme aber, daß ursprünglich auch 56,5 in einem so sauberen Parallelismus membrorum wie 56,4aβ // γ verfaßt worden war, weisen die deutlich sichtbaren Entsprechungen der Akkusativobjekte einen Lösungsweg:

וְנָתַתִּי לָהֶם בְּבֵיתִי *וּבְחוֹמֹתַי יָד וָשֵׁם*   5aα

טוֹב מִבָּנִים וּמִבָּנוֹת   5aβ

sowie

שֵׁם עוֹלָם אֶתֶּן־לוֹ   5bα

אֲשֶׁר לֹא יִכָּרֵת: 5bβ

Die kursiv gedruckten Wörter und Wendungen gehören allesamt in das Bedeutungsfeld des Begriffes סָרִיס: יָד kann bei Tritojesaja auch „Penis" bedeuten[402], der bei dem Eunuchen abgeschnitten (נִכְרַת*) ist, weswegen er keine Söhne und Töchter (בָּנִים וּבָנוֹת) hat, die seinen Namen (שֵׁם) über eine lange Zeit hin (עוֹלָם) in Erinnerung behalten. In diesem Zusammenhang bleibt die Lokalbestimmung בְּבֵיתִי וּבְחוֹמֹתַי in dem zugeordneten Halbvers 5aβ ohne Entsprechung und erweckt den Verdacht, ein Einschub zu sein. Die Aufstellung eines Denkmals – so die übertragene Bedeutung des Wortes יָד an dieser Stelle – im JHWH-Tempel bzw. -Tempelgelände ist nun auch von

---

399 So auch z.B. C. Westermann, Jesaja, 248.

400 S. Sekine, Sammlung, 34, nimmt die Phrase als Ausgangspunkt seiner literarkritischen Analyse, indem er dem Partizip מַחֲזִיקִים und dem Substantiv סָרִיסִים dieselbe syntaktische Funktion im Satz einräumt, was aber nicht zutreffen kann, da dem מַחֲזִיקִים das לְ, mit dem סָרִיסִים in den Satz syntaktisch eingebunden ist, fehlt.

401 Diese Unschönheit ist schon lange gesehen, vgl. z. B. K. Marti, Jesaja, 364: „Das Tetrastich 5 wird noch besser, wenn man mit Duhm וּבְחוֹמֹתַי als Glosse ansieht, welche בְּבֵיתִי richtig dahin erklärt, dass nicht das Tempelgebäude als solches, sondern der Tempelbezirk gemeint sei."

402 Siehe HAL II, 370, zu 1.e).

der Sache her nicht unproblematisch[403]: Ez 43,7-9 kritisiert die Aufstellung von Denksteinen für die judäischen Könige unmittelbar neben dem Bereich des Ersten Tempels, wodurch die Heiligkeit des Namens JHWHs verletzt worden sei.[404] Auch wenn sich der Verfasser unseres Abschnittes in 5aβ mit der Behauptung, die verheißenen יָד וָשֵׁם seien mehr wert als Söhne und Töchter, zu einer merkwürdigen Übertreibung hat hinreißen lassen, ist es schon doch schwer vorstellbar, daß er Stelen für verstorbene Eunuchen im (Gelände des) Zweiten Jerusalemer Tempel(s) für akzeptabel gehalten hätte. So soll hier vorschlagsweise die Ursprünglichkeit von בְּבֵיתִי וּבְחוֹמֹתַי in Frage gestellt werden.

Nach diesen drei Konjekturen ergibt sich als denkbare Urform des Textes:

4 *Denn so hat JHWH zu den* *Eunuchen gesprochen:*	כִּי־כֹה אָמַר יְהוָה לַסָּרִיסִים
Welche meine Sabbate halten	אֲשֶׁר יִשְׁמְרוּ אֶת־שַׁבְּתוֹתַי
und auswählen werden, was *mir gefällt,*	וּבָחֲרוּ בַּאֲשֶׁר חָפָצְתִּי
4b	....
5 *denen werde ich ... ein Denkmal* *und einen Namen geben,*	וְנָתַתִּי לָהֶם ... יָד וָשֵׁם
(etwas) Besseres als Söhne und *Töchter,*	טוֹב מִבָּנִים וּמִבָּנוֹת
einen Namen von Ewigkeit werde *ich *ihnen geben,*	שֵׁם עוֹלָם אֶתֶּן־לוֹ[405]
(einen,) der nicht abgeschnitten *werden wird.*	אֲשֶׁר לֹא יִכָּרֵת:

„Es scheint unerklärlich, die Erwartung und Hoffnung" auf *einen Namen von Ewigkeit* „auf Kosten der Heils- und Lebenserwartungen des Gottesvolkes aufgewertet und übersteigert zu sehen."[406] Dies läßt sich aber wohl damit verständlich machen, daß hier für den Sabbat und die Einhaltung der Gebote Gottes bei einem Personenkreis geworben wird, der auf Grund seiner

---

403 C. Westermann, Jesaja, 250, verwies als Parallele auf die bekannte Stelenanlage aus dem 14. oder 13. Jahrhundert v.Chr. in Hazor, doch ist seine Deutung im Anschluß an K. Galling, daß „die Stelen die Glieder der Königsfamilie symbolisieren", umstritten, vgl. M. Weippert, Palästina, 282. Im übrigen sollte schon der große zeitliche Abstand zwischen einer spätbronzezeitlichen Anlage und dem nachexilischen Tritojesajatext vor derartigen Identifikationen warnen.

404 Dazu W. Zimmerli, Ezechiel 2, 1081f.

405 Einige Versionen haben לוֹ an den Plural von 5a angeglichen; zu den Einzelheiten z.B. S. Sekine, Sammlung, 31.

406 So K. Pauritsch, Gemeinde, 36, der deswegen מִבָּנִים וּמִבָּנוֹת als „Einschub" betrachtet; die Phrase ist aber für den Parallelismus membrorum unverzichtbar.

Kinderlosigkeit nur bedingt an den Heils-, und das heißt doch nicht zuletzt Zukunftserwartungen Israels teilhaben kann.

Jes 56,6-7[407] verspricht denjenigen Ausländern, die sich JHWH heute anschließen, die Möglichkeit zukünftiger Teilnahme am Gottesdienst. Dabei macht der Wechsel zwischen der Rede über JHWH in der 3. pers. sing. in 56,6 und der Rede JHWHs selbst in der 1. pers. sing. in 7 die Struktur des Abschnittes deutlich: Ein vorgeformtes JHWH-Wort wird als Zitat auf die Ausländer angewendet, die die Kriterien von 56,6 erfüllen. 56,6bβ mit בִּבְרִיתִי fügt sich jedoch in diese Struktur nicht ein; auch wenn das Suffix der 1. pers. sing. in allen Handschriften und Versionen eindeutig überliefert ist, sollte hier ein Schreibfehler angenommen und entsprechend dem לוֹ von 6aγ (sowie dem מְחַלְלוֹ von 6bα) בִּבְרִיתוֹ gelesen werden.

כָּל־שֹׁמֵר שַׁבָּת מֵחַלְלוֹ in 6bα aber kommt des unterschiedlichen Numerus wegen als paralleler Halbvers zu 6aγ kaum infrage, und da in 6aγ bis 6bβ ein Hemistichos überzählig ist, sollte 6bα als Zusatz angesehen werden, zumal sich die Wendung auch nicht an die Folge der Infinitive seit 6aα anbinden läßt. Die Worte könnten aus 56,2bα stammen, wo sie für den Parallelismus membrorum benötigt werden.

6 Und [was] die Ausländer [angeht, gilt:]	וּבְנֵי הַנֵּכָר
Die sich JHWH anschließen, um ihm zu dienen	הַנִּלְוִים עַל־יְהוָה לְשָׁרְתוֹ
und den Namen JHWHs zu lieben,	וּלְאַהֲבָה אֶת־שֵׁם יְהוָה
um für ihn zu Sklaven zu sein	לִהְיוֹת לוֹ לַעֲבָדִים
6bα	....
und *seinen Bund Haltende, [sagt JHWH]:	וּמַחֲזִיקִים בִּבְרִיתוֹ*:
7 „Ich werde sie auf meinen heiligen Berg	וַהֲבִיאוֹתִים אֶל־הַר קָדְשִׁי
führen (und) sie in meinem Gebetshaus erfreuen;	וְשִׂמַּחְתִּים בְּבֵית תְּפִלָּתִי
ihre Brandopfer und ihre Schlachtopfer (werden) zu(m) Wohlgefallen auf meinem Altar sein,	עוֹלֹתֵיהֶם וְזִבְחֵיהֶם לְרָצוֹן עַל־מִזְבְּחִי
denn mein Haus wird Gebets- haus für alle Völker genannt werden. "	כִּי בֵיתִי בֵּית־תְּפִלָּה יִקָּרֵא לְכָל־הָעַמִּים:

Der Abschnitt dürfte somit in seinem Grundbestand den Sabbat wohl noch nicht erwähnt, sondern nur von der „Nachfolge Gottes" gesprochen haben. Erst durch den Zusatz כָּל־שֹׁמֵר שַׁבָּת מֵחַלְלוֹ in 6bα wird auch die Einhaltung des Sabbat eine Tat wie der Dienst für Gott, die Liebe zu seinem Namen, die

---

407 S. Sekine, Sammlung, zusammenfassend 41, hält den Abschnitt für ein Werk der Redaktion, was aber für unsere Untersuchung keine Bedeutung hat, da dies zu keiner
wesentlich anderen Datierung führt.

Unterwerfung unter Gott sowie die Anerkennung seiner בְּרִית und damit eine Voraussetzung der Zulassung zum Kult, der das Heil erwirkt.

Jes 58,13f. nennt im Anschluß an die Diskussion um das rechte Fasten die positiven Folgen der Sabbatruhe. Über die Stellung des kurzen Abschnittes innerhalb des Kontextes ist wohl nicht eindeutig zu entscheiden; während z.B. S. Sekine unter Hinweis auf E. Littmann und P. Volz recht gute Argumente für die Einheit von 58,3-14 aufzeigt[408], wertet U. Berges die zweifellos auch vorhandenen inhaltlichen Differenzen des Abschnittes zum Vorangehenden höher und spricht von einer „Sabbat-Einschreibung"[409]. Der Abschnitt ist aber auch für sich allein verständlich.

In 13bδ erweist sich die Wendung וְדַבֵּר דָּבָר als stilistischer Fremdkörper, da ihr sowohl im Gegensatz zu den vorangehenden Infinitiven מֵעֲשׂוֹת und מִמְּצוֹא die Präposition -מִ als auch im Vergleich mit den voranstehenden Objekten das Suffix ך- fehlt. Die Masoreten haben die beiden Wörter mit מִמְּצוֹא חֶפְצְךָ zu einem Halbvers zusammengenommen, womit zwar der Mangel an dem -מִ ausgeglichen würde, weil das -מִ von מִמְּצוֹא nachwirken könnte, nicht aber das Fehlen des Suffixes. Hier ist wohl mit einer sekundären Glosse zu rechnen, die auch den Abschluß von Verträgen am Sabbat untersagen will[410].

Die Formulierung als wörtliche Rede in der 1. pers. sing. in Verbindung mit der Formel דִּבֶּר פִּי יְהוָה in 14bβ weist die Halbverse 14aβbα als JHWH-Zitat aus. Das JHWH-Wort müßte nach unserer Sprachlogik 14bβ folgen, zumal 14aβ und 14bα im Rahmen des Parallelismus membrorum einander zugeordnet sind. Daß dies im hebräischen Text nicht der Fall ist, kann als künstlerisches Stilmittel gewertet werden; der Deutlichkeit halber sollte aber in der deutschen Übersetzung die Subjunktion כִּי zu 14aα vorgezogen werden:

13 *Wenn du deinen Fuß vom Sabbat*   אִם־תָּשִׁיב מִשַּׁבָּת רַגְלֶךָ
abwendest,

    an meinem heiligen Tage das zu   (מֵ)עֲשׂוֹת[411] חֲפָצֶיךָ בְּיוֹם קָדְשִׁי
    tun, was dir gefällt,

den Sabbat „Lust" nennst,   וְקָרָאתָ לַשַּׁבָּת עֹנֶג

---

408 S. Sekine, Sammlung, 130.
409 U. Berges, Jesaja, 476f. L. Ruszkowski, Sabbat, 62 mit Anm. 5, notiert dafür Stimmen der Forschung seit B. Duhm und vermutet als Grund für den Zusatz von Jes 58,13f. die Ablehnung einer Art der Sabbatbegehung, bei der gefastet wurde, was aber nach Ausweis der von ihm herangezogenen Belegstellen eine Kontroverse der nachalttestamentlichen Zeit gewesen zu sein scheint.
410 Zur dieser Bedeutung der Wendung vgl. M. A. Brongers, Bemerkungen, 214, unter Bezug auf Jes 8,10 und C. Westermann.
411 מֵע', zum Vorkommen vgl. BHS, verdeutlicht den Halbverscharakter von 13aβ.

JHWHs Heiligem „ehrwürdig",	לִקְדוֹשׁ יְהוָה מְכֻבָּד
ihn ehrst, ohne deine (eigenen) Wege	וְכִבַּדְתּוֹ מֵעֲשׂוֹת דְּרָכֶיךָ
durchzuführen	
und ohne deinen Willen zu erzielen,	מִמְּצוֹא חֶפְצְךָ
13bδ	....
14 *dann wirst du deine Lust an JHWH*	אָז תִּתְעַנַּג עַל־יְהוָה
haben, denn	
„Ich werde dich auf (den) Hügeln	וְהִרְכַּבְתִּיךָ עַל־בָּמֳתֵי
(des)Landes [zum Pflügen] einspannen	אָרֶץ
(und) dich das Erbteil deines	וְהַאֲכַלְתִּיךָ נַחֲלַת
Vaters Jakob essen lassen."	יַעֲקֹב אָבִיךָ
hat der Mund JHWHs gesprochen.	כִּי פִּי יְהוָה דִּבֵּר:

Die Quelle für das JHWH-Zitat sah C. Westermann im Anschluß an B. Duhm in Dtn 32,13[412]; es ist in der Tat auffällig, daß auch dort die schwer verständliche und im Deutschen kaum zu übersetzende Wendung בָּמֳתֵי אָרֶץ vorkommt, bei der man eine Determination des Wortes אָרֶץ zwingend erwarten möchte und von daher annehmen muß, daß אָרֶץ als Eigenname (doch wohl im Sinne von אָרֶץ יִשְׂרָאֵל) aufgefaßt ist. Doch die Unterschiede zwischen beiden Texten legen eine literarische Abhängigkeit auch nicht wirklich nahe: 1. Dtn 32,8-14 schildert JHWHs Sorge für Israel in der Geschichte[413] und nicht sein zukünftiges Handeln. 2. Anstelle von נַחֲלַת יַעֲקֹב אָבִיךָ findet sich in Dtn 32,13 תְּנוּבֹת שָׂדָי, was dann durch die Erwähnung von wunderbarer Beköstigung צוּר מִסֶּלַע und מֵחַלְמִישׁ fortgeführt wird, so daß zu fragen ist, ob dort mit שָׂדָי überhaupt an ein Feld im landwirtschaftlichen Sinne und das Verzehren dessen natürlichen Ertrages entsprechend Jes 58,14bα gedacht ist. Dafür aber, daß in 14aβbα auf ein derartiges Wunder abgehoben würde, gibt es keinen Anhalt; vielmehr muß schon davon ausgegangen werden, daß die beiden Halbverse nicht nur „rein bildlich gemeint"[414] sind. Dies gilt umso mehr, als H. A. Brongers die Intention des Abschnittes richtig gesehen haben wird, wenn er sagt: „Es hat den Anschein, daß es die Absicht der Zusage war, den Judäern über den Schmerz wegen des

---

412 C. Westermann, Jesaja, 272. Die ebenfalls behauptete Herkunft von Jes 58,14aα aus Hi 22,26 ist allerdings ganz unwahrscheinlich, da der Text von Hi 22,26a nicht nur eine andere Wortstellung und abweichende Gottesbezeichnung aufweist, sondern vor allem in seiner Fortführung in 26b auf ein Handeln des Menschen und nicht wie in Jes 58,14aβbα Gottes abhebt.

413 Daß dabei auch die Landnahme erwähnt worden sein müsse, ist, neben semantischen Erkenntnissen zu רָכַב עַל, für W. L. Moran, Remarks, 326, der Grund, in Dtn 32,13aα mit dem Besteigen der Hügel „the entrance into the Promised Land" bildlich dargestellt zu sehen.

414 So aber C. Westermanns Urteil über 58,14aβ, Jesaja, 272.

infolge der Einstellung aller Geschäfte am Sabbat erlittenen Schadens mittels einer Zusage großer Agrarerfolge hinwegzuhelfen."[415] Vor dem Verzehr des Feldertrages muß aber, wenn es sich nicht um ein Wunder handelt, die Bestellung des Landes stehen. Und so soll vorgeschlagen werden, daß hier mit הַרְכִּיב wie in Hos 10,11 mit „ein Tier anspannen" – und zwar zum Zwecke des Pflügens – gemeint sein könnte.[416]

Ist der Zitatcharakter von 58,14aßbα kaum bestreitbar, so ist auch dies ein Beispiel dafür, daß die Zitate in alttestamentlichen Texten ihr Original nicht unbedingt im kanonischen Alten Testament haben müssen, sondern auf außerbiblische Literatur verweisen dürften. Den Verheißungen nach, die hier gemacht werden, wird es sich bei dem (vielleicht nur ausschnittsweise) zitierten Text um ein JHWH-Wort gehandelt haben, das den Angesprochenen Hoffnung auf ein aktives und auskömmliches Leben im Land der Väter machte. Ob diese Verheißung auch im ursprünglichen Kontext des Zitates schon mit dem Halten des Sabbats als Voraussetzung verbunden war, ist möglich, da das Original jedoch unbekannt ist, nicht zu verifizieren.

Jes 56,1-2.4-5, der Zusatz in 6-7 und 58,13-14 bieten einen weiteren Gedanken, der zur Erhaltung und Erneuerung des Sabbats eingesetzt wurde: Die Einhaltung der Sabbatruhe ist eine der Voraussetzungen für das Heil. Dabei ist das Heil – je nach der Interessenlage der Angeredeten – sehr unterschiedlich beschrieben: als glücklich gepriesen zu werden oder im Andenken Gottes und der Menschen weiterzuleben, zum Gottesdienst Israels zugelassen zu werden oder im gelobten Land erfolgreich Landwirtschaft treiben zu können.

Die Verknüpfung des Heils speziell der Stadt Jerusalem mit dem Sabbat begegnet auch in dem bereits betrachteten Abschnitt Jer 17,19-27:
24 *Dann aber, wenn ihr auf mich hört – Ausspruch JHWHs –, um keine Last am Sabbattag durch die Tore dieser Stadt zu bringen, sondern den Sabbattag zu heiligen, um keine Arbeit an ihm zu erledigen, 25 werden durch die Tore dieser Stadt Könige und Beamte, die auf dem Thron Davids sitzen, fahrend auf dem Wagen und (reitend) auf den Pferden, sie und ihre Beamten, der Judäer und die Einwohner von Jerusalem einziehen, und diese Stadt wird bleiben bis in Ewigkeit.*

---

415 H. A. Brongers, Bemerkungen, 215. Beachtenswert sind seine Vergleichsstellen dafür, daß im Alten Testament mit „Bergen und Hügeln ... oft der Begriff »Fruchtbarkeit«" verbunden ist! Die Argumentation von Jes 58,14aßbα findet sich nach K. Grünwaldt, Zeit, 175, auch in Ex 16: „‚Wenn ihr am Sabbat nicht arbeitet, entgeht euch nichts‘, will der Erzähler sagen."

416 Ganz anders J. D. W. Watts, Isaiah, 269 und 276, der unterschiedliche Adressaten für die beiden Verse des JHWH-Wortes in 58,14 annimmt und 14aß auf Artaxerxes bezieht.

1.3.2.5 Die Androhung von Gewalt bei Nichteinhaltung der Sabbatruhe

In dem oben wiederholt erwähnten Abschnitt Neh 13,15-22 schlägt Nehemia denen gegenüber, die die Arbeits- und Handelsruhe am Sabbat nicht einhalten, recht rauhe Töne an:

21 *Ich ermahnte sie (und) sagte zu ihnen: Warum übernachtet ihr gegenüber der Mauer? Wenn ihr (das) wiederholt, werde ich mich an euch vergreifen. Von jener Zeit an kamen sie am Sabbat nicht (mehr).*

Der Ausdruck יָד אֶשְׁלַח בָּכֶם ist hier in Anlehnung an die Redewendung הָיָה/ נָתַן יָדוֹ בְּ[417] wiedergegeben worden. Er könnte noch weit mehr als nur eine spontane Handgreiflichkeit bedeuten, wenn man יָד als kleine militärische Einheit entsprechend II Reg 11,7[418] auffaßt. Damit würde Neh 13,21 in die Nähe von drei späten Stellen des Pentateuchs rücken, die zu dem ausgesprochen extremen Mittel greifen, die Nichtbeachtung des Sabbats zu kriminalisieren und mit der Todesstrafe sowie der Exkommunikation zu ahnden. Die zeitliche Einordnung der betreffenden Texte ist schwierig; es dürfte aber unzweifelhaft sein, daß sie zu den jüngsten Stücken des Pentateuch gehören:

Innerhalb von Ex 31,12-17 finden sich in Ex 31,14bα und 15b gleich zwei Todesdrohungen für die Mißachtung des Sabbats in unterschiedlichen Formulierungen hintereinander, was der komplizierten Entstehungsgeschichte des Abschnittes geschuldet sein dürfte:[419]

14bα *Der ihn [sc. den Sabbat] Entweihende soll unbedingt getötet werden.*

15b *Jeder (einzelne) am Sabbattag Arbeit Verrichtende soll unbedingt getötet werden.*

Beide Sätze sind – wohl unabhängig voneinander – stilistisch der מוֹת יוּמָת-Reihe angeglichen worden.[420] Der erste fügt der Androhung der Todesstrafe noch die Forderung der Exkommunikation hinzu:[421]

כִּי כָּל־הָעֹשֶׂה בָהּ מְלָאכָה וְנִכְרְתָה הַנֶּפֶשׁ הַהִוא מִקֶּרֶב עַמֶּיהָ

14bβ *Ja*[422], *von jedem (einzelnen) an ihm [sc. dem Sabbat] Arbeit Verrichtenden (gilt): Jene Person soll aus der Mitte ihrer Verwandtschaft ausgeschlossen werden.*

---

417 Siehe HAL II, 370, zu 2.f).

418 Vgl. dazu ausführlich oben 1.1.2 z. St.!

419 Siehe dazu oben Anm. 384.

420 Zur מוֹת יוּמָת-Reihe und verwandten Reihen von Strafrechtssätzen siehe Verf., Rechtssätze.

421 Bei „Übertretung des Sabbats .... droht der Ausschluss aus der Gemeinde (Ex 31,14)", K. Grünwaldt, Zeit, 175. Zu der Formel וְנִכְרַת מִן und ähnlichem siehe ausführlich unten Kapitel 2 Exkurs 2.

Auch Ex 35,1-3 besitzt alle Kennzeichen eines sekundären, wenn nicht noch höherrangigen Einschubs in seinen Kontext, der bereits eine Erweiterung des Pentateuchs darstellt.[423] Dort heißt es in 2b:

Jeder (einzelne) an ihm [sc. am siebenten Tag] Arbeit Verrichtende soll getötet werden.

Und die sehr späte Stelle[424] Num 15,32-36 bietet eine sachliche Ergänzung gegenüber Ex 31,12-17 und Ex 35,1-3, insofern hier die Todesstrafe direkt auf eine Anordnung JHWHs zurückgeführt und mit der Steinigung die Art des Vollzuges konkret angegeben wird:

32 Die Israeliten waren in der Wüste. Sie fanden einen am Sabbattag Holz sammelnden Mann. 33 Die Finder führten ihn, den Holzsammler, zu Mose und zu Aaron und zur ganzen Gemeinde. 34 Sie legten ihn in Gewahrsam, denn es war [noch? oder überhaupt noch?] nicht entschieden worden, wie mit ihm verfahren werden sollte. 35 JHWH sagt zu Mose: „Der Mann soll unbedingt getötet werden. Die gesamte Gemeinde soll ihn außerhalb des Lagers mit (den) Steinen steinigen." 36 Die gesamte Gemeinde führte ihn aus dem Lager hinaus, steinigte ihn mit (den) Steinen (und) er starb, wie JHWH Mose befohlen hatte.

G. Robinson wollte hinter Num 15,32-36 unter Einbeziehung von Ex 35,1-3 nicht den Kampf gegen die Verletzung der Sabbatruhe, sondern vielmehr den gegen fremdkultische Praktiken erkennen.[425] Durch H. Haag hat diese Hypothese auch Eingang in eines der großen Lexika gefunden: „Mit der Heiligung Israels durch JHWH hängt auch das Verbot des Feueranzündens (Ex 35,1-3) und des Holzsammelns (Num 15,32-36) am Sabbat zusammen: ein Verbot, das ursprünglich gegen Kultpraktiken mit einem zu Ehren fremder Götter angezündeten Feuer (Lev 10,1; Num 3,4; 26,61) gerichtet war ..."[426] Die Texte selbst machen aber eindeutig andere Aussagen: Ex 35,2b spricht expressis verbis von der Arbeit – מְלָאכָה – am Sabbat, wonach das Verbot des Feueranzündens in 3 wie ein darunter fallendes Spezialbeispiel anmutet, das seiner Zugehörigkeit zu dem Hauptfall 2b wegen auch ohne eigene Sanktionsdrohung bleibt. Bei Num 15,32ff. freilich mag man einen Moment unschlüssig sein, ob der geschilderte Fall unter dem Begriff Arbeit zu subsumieren ist; H. Gese hat zutreffend bemerkt: „Das Auflesen eines Holz-

---

422 כִּי ist im masoretischen Text mit trennendem Akzent versehen und soll wohl nicht als Subjunktion aufgefaßt werden.

423 M. Noth, Exodus, 221: „literarisch sehr junge Notiz".

424 M. Noth, Numeri, 101: „zu den sehr jungen Stücken im Pentateuch zu rechnen".

425 G. Robinson, Prohibition, 306ff. Dazu H. Seebass, Numeri, 156: „Da sich dies aber am Text nicht verifizieren läßt, sollte man in Zukunft auf diese Annahme verzichten (gegen EHaag, Sabbat 69f.)"

426 H. Haag, שַׁבָּת, 1054.

stückes ist keine Arbeit im Sinne unserer Waldarbeiter, sondern im holzarmen Orient ein glücklicher Fund."[427], was noch dadurch unterstrichen wird, daß die Szene „in der Wüste" spielt. Doch mag gerade dieser Grenzfall der Grund gewesen sein, weshalb Mose zögert, die Sache als eine am Sabbat verbotene Tätigkeit einzustufen und die Angelegenheit selbst zu entscheiden. Das dann an ihn ergangene JHWH-Wort bezieht sich aber einzig und allein auf den geschilderten Vorfall des Holzsammelns und fordert dafür die Todesstrafe. Wäre ein fremdkultischer Hintergrund der Tat wie im Falle von Nadab und Abihu im Blick gewesen, hätte er genauso wie in Lev 10,1; Num 3,4; 26,61 auch hier deutlich beim Namen genannt werden können.

Die Kriminalisierung der Sabbatverletzung und die für unser Empfinden übertriebene Ahndung mit der Todesstrafe und der Exkommunikation mag wie ein allerletzter und verzweifelter Versuch erscheinen, im Blick auf den Sabbat zu retten, was noch zu retten ist. Erstaunlicherweise sind die betreffenden Texte aber besonders jung und kommen damit wohl der Zeit nahe, in der sich die Einhaltung des Sabbats eigentlich wieder durchgesetzt und die Ausgangsposition erreicht haben müßte, von der aus die Entwicklung zur Hochschätzung des wöchentlichen Ruhetages im Judentum führte. So dürfte den genannten Belegstellen wohl nur eine literarische Bedeutung zukommen. Denn daß die angedrohten Strafen bei Nichteinhaltung der Sabbatruhe jemals verhängt und vollzogen worden wären, ist in den Über- lieferungen des Alten Testaments abgesehen von der doch wohl ideellen Szene Num 15,32-36 auch nicht belegt, wenngleich das Schweigen der Quellen freilich auch noch nicht eindeutig ausschließt, daß sie nicht doch einmal angewendet worden sein könnten.

1.3.2.6 Die Betonung einer sozialen Zweckbestimmung des Sabbats

Die Betonung einer sozialen Zweckbestimmung des Sabbats führt E. Otto in seinem Artikel in TRE an erster Stelle der biblischen Sabbatdeutungen an.[428] Doch gibt es mit Ex 23,12 und Dtn 5,14 dafür lediglich zwei eindeutige Belegstellen.

---

427 H. Gese, Frevel, 68. H. Seebass, Numeri, 156f., will demgegenüber unter Verweis auf K. Grünwaldt und der von ihm vorgeschlagenen Ableitung des קשש aus dem Uga- ritischen den Arbeitscharakter der gerügten Tätigkeit nachweisen: „Da in der Wüste schwerlich mit herumliegendem Holz zu rechnen ist, wird man an »herausreißen« denken müssen."

428 E. Otto, Feste, 104.

Ex 23,12 Sechs Tage lang sollst du deine Arbeit verrichten und am siebenten Tag [mit der Arbeit] aufhören, damit dein Rind und dein Esel ruht und der Sohn deiner Sklavin Atem holt und (auch) der Schutzbürger.
R. Albertz sieht in der Erwähnung von Rind und Esel einen Hinweis darauf, daß der siebente Tag als Ruhetag auf „einen alten Tabu-Brauch" zurückgehen könnte, „der wohl ursprünglich mit der Scheu zusammenhing, die Arbeitstiere bis zum Letzten auszunutzen".[429] Wenn dies der Ursprung des Sabbats wäre, dann dürfte er allerdings nicht auf Israel beschränkt gewesen sein, da ja auch die bäuerliche Bevölkerung in den umliegenden Ländern die Erfahrung gemacht haben mußte, daß man den Tieren Ruhezeiten zu gönnen hat. Außerisraelitische Parallelen zum alttestamentlichen Sabbat mit der Forderung, Arbeitstieren Ruhetage zu gewähren, haben sich aber bisher nicht finden lassen.

Über das Alter der Passage ist kaum etwas Sicheres auszumachen[430]; einige Autoren haben sie in die Nähe des Deuteronomiums gestellt[431]. Oft ist angemerkt worden, daß hier wie auch in Ex 34,21 der Begriff שַׁבָּת fehlt, woraus geschlossen werden müsse, daß auch nicht der Sabbat im eigentlichen Sinne gemeint sei[432], mehr noch, daß es hier vielleicht überhaupt nicht um ein fixes, d.h. den siebenten Wochentag, sondern vielmehr um ein relatives Datum gehe und eine individuell gezählte Abfolge von sechs Arbeitstagen und einem sich daran anschließenden Ruhetag gefordert würde[433]. Doch müßte es besser begründet werden, daß und warum die finite Form des Verbs שבת an diesen Stellen nicht „den Sabbat halten"[434] bedeuten kann.

Dtn 5,14b (da) sollst du und dein Sohn und deine Tochter und dein Sklave und deine Sklavin und dein Rind und dein Esel und dein gesamtes Vieh sowie dein Schutzbürger, der in deinen Toren ist, keine Arbeit verrichten, damit dein Sklave und deine Sklavin ruht wie du.

---

429 R. Albertz, Religionsgeschichte, 424.
430 Für K. Grünwaldt, Exil, 124, ist es „fast unbestritten", daß der Satz „relativ alt" ist, bringt aber dafür keine Begründung; B. Lang, Sabbatgebot, 392, datiert das Gebot zusammen mit dem Bundesbuch in das 8. Jahrhundert v.Chr.
431 So z.B. C. Levin, Sturz, 41: „zu den Ergänzungsschichten des Bundesbuches, die dem Geist des Deuteronomiums verwandt sind" gehörig; anders aber L. Schwienhorst-Schönberger, Bundesbuch, 284, der 12a zur protodeuteronomischen Redaktion des „Bundesbuches" zählt und 12b „auf das Konto des Redaktors" kommen läßt.
432 So z.B. K. Grünwaldt, Exil, 123; R. Albertz, Religionsgeschichte, 424; vgl. auch B. Lang, Sabbatgebot, 392.
433 F.-L. Hossfeld, Dekalog, 37.
434 HAL IV, 1308, bietet unter 4.a) Stellen zu „ruhen, feiern (in direktem od. indirektem Zushg. mit dem Sabbat)"; vgl. auch I. Willi-Plein, Wortform, 203, die u.a. auch für die für unser Thema interessanten Stellen Ex 16,30; 23,12; 31,17 und 34,21 für שבת die Übersetzung „Feiern" vorschlägt.

Daß nun in diesen beiden erweiterten Sabbatgeboten Ex 23,12 und Dtn 5,14-15 abhängige, zum Teil unmündige Personen und Tiere genannt werden, ist noch nicht sogleich auf eine soziale Zweckbestimmung des arbeits- und handelsfreien Wochentages hin auslegbar.[435] Hier muß differenziert werden:

Das Sabbatgebot richtet sich in beiden Fällen an ein Du. Ex 23,12 beschränkt sich darauf, während Dtn 5,14b noch בֵּן, בַּת, עֶבֶד, אָמָה, שׁוֹר, חֲמוֹר, כָּל־בְּהֶמָה und גֵּר nennt und mit dem Du auf ein und dieselbe Stufe stellt, d.h. zu selbstverantwortlichen Angeredeten macht. Was Dtn 5,14b aufzählt, sind also nicht Objekte sozialen Gewissens und Verhaltens, sondern Subjekte der Sabbatobservanz. Auch wenn man sich nur schwer vorstellen kann, daß der Appell zur Sabbatruhe bei einem Rind oder einem Esel Beachtung finden könnte, werden die Tiere expressis verbis zum Halten des Sabbats aufgefordert. Nicht anders ergeht in Ex 20,10b das Sabbatgebot auch nicht nur an den Sohn und die Tochter, an den Sklaven und die Sklavin, sondern in gleicher Weise an das Vieh, ohne daß deren Ruhe als (soziales) Ziel genannt würde.

Diejenigen Passagen aber, die einen sozialen Zweck der Sabbatruhe nennen, stellen lediglich kleine Nebensätze dar. Sie werden sowohl in Ex 23,12b als auch in Dtn 5,14bδ mit לְמַעַן יָנוּחַ eingeleitet (und in Ex 23,12bβ mit וְיִנָּפֵשׁ fortgeführt), während sich die dazu gehörenden grammatischen Subjekte in den beiden Texten nicht entsprechen: Ex 23,12b zählt שׁוֹר, חֲמוֹר, בֶּן אָמָה und גֵּר, Dtn 5,14bβ dagegen nur עֶבֶד und אָמָה auf; offensichtlich lassen sich die beiden Fassungen auf keine gemeinsame Tradition zurückführen, sondern stellen jeweils eigenständige Ausbaustufen des Sabbatgebotes dar. Wenn sich der soziale Gedanke nun aber lediglich in diesen kleinen Nebensätzen finden läßt, kann ihm kaum eine herausragende Bedeutung zugemessen werden. Hätte den Verfassern und Tradenten dieser Texte an der sozialen Zweckbestimmung des Sabbats, dem Ruhen der „abhängig Arbeitenden bis hin zu den Arbeitstieren"[436], sehr viel gelegen, würde man eine sprachliche Gestalt erwarten, die das klarer und betonter ausdrückt. Deswegen ist auch ein Vergleich mit den „altbabylon. Arbeitsverträgen, die jeden 10. Tag als arbeitsfrei festlegen"[437], nicht wirklich

---

435 Bei der Auslegung der dekalogischen Gebote stehen viele Exegeten in der Gefahr, sich weit von den Texten zu entfernen. Am meisten entnimmt wohl A. Schart, Entstehung, 90, der Belegstelle für den Sabbat im Deuteronomium: „nach deuteronomischem Verständnis" sollte „der Sabbat die Hektik und vor allem die Tendenz zur Eigendynamik ökonomischer Aktivitäten durchbrechen und so zur Solidarität mit den Schwachen im Land befreien und anleiten".

436 So die Formulierung von C. Dohmen, Der siebte Tag, 44.

437 B. Lang, Sabbatgebot, 392f., vgl. auch C. Dohmen, Der siebte Tag, 45.

zutreffend, da diese die entsprechenden Regelungen in Hauptsätzen formulieren.

Verschiedentlich ist das Problem diskutiert worden, wieweit das Sabbatgebot die freien Frauen betrifft.[438] Auch hierbei ist wieder etwas stärker als in der Literatur üblich zu unterscheiden:

Die erste und von einer zweiten unabhängige Frage lautet, ob auch die Frauen mit dem maskulin formulierten Sabbatgebot angesprochen werden oder nicht. Hierauf ist die Antwort relativ leicht aus dem syntaktischen Regelwerk der hebräischen Sprache zu geben: „Stehen M. und F. nebeneinander, so herrscht M. vor"[439] und schließt somit weibliche Personen mit ein.[440] Auch die Frauen werden also durch das Du zur Arbeits- und Handelsruhe am Sabbat aufgerufen.

Die zweite Frage erhebt sich aus dem Befund, daß weder die freie unverheiratete Frau noch die Ehefrau in den Liste der durch die Sabbatruhe Begünstigten Ex 23,12b und Dtn 5,14bδ genannt ist. Wer sie dort sucht, trägt aber wohl damit ein bestimmtes Frauenbild in die Texte ein, das nicht das der Verfasser und Tradenten des Sabbatgebotes sein muß, nämlich daß die Frau im alttestamentlichen Israel und Juda auf einer Stufe mit Kindern, Sklaven und Haustieren gestanden haben sollte. Die Frau bedurfte vielmehr offensichtlich keines besonderen sozialen Schutzes. B. Lang hat diesen Sachverhalt gewiß richtig gesehen, wenn er unter Verweis auf Prv 31,10ff. sagt: „Die Frau ist nicht genannt, da sie, anders als die genannten, nicht im Auftrag des Mannes, sondern selbständig arbeitet."[441] Zu bedenken ist freilich auch, daß die Frau im Zweifelsfalle Mutter ist und als solche Aufgaben in der Pflege und Erziehung der Kinder zu verrichten hat, die nicht des Kalenders wegen unterbrochen werden können, sondern gegebenenfalls auch an den Sabbaten durchgeführt werden müssen. Dies ist wohl auch der Grund,

---

438 Vgl. zu den unterschiedlichen Erklärungsversuchen z.B. G. Braulik, Frauen, 23f. mit Anm. 26; W. H. Schmidt, Gebote, 92; F. Schmitz-Kahmen, Geschöpfe, 120 Anm. 429; H. Schüngel-Straumann, Geschenk, 120ff.; B. Lang, Sabbatgebot, 392.

439 R. Meyer, Grammatik, § 94.2b., III 17 [359]. Die Annahme W. H. Schmidts, Gebote, 92, daß zur Erreichung des Genus communis „am Beginn des Gebots ein Infinitivus absolutus den Imperativ vertritt", erübrigt sich damit in gewisser Weise.

440 H. Schüngel-Straumann, Geschenk, 121, lehnt diese Lösung wegen der „Diskrepanz zum letzten Gebot, wo die Frau ausdrücklich unter dem Aspekt des Objekts gesehen wird," ab, denn „so viel Unlogik dürfte ... den Kompositoren des Dekalogs nicht zuzutrauen sein, daß das formal gleiche Du einmal nur den freien Vollbürger, dann aber wieder Mann und Frau ansprechen soll". Dieses Argument steht und fällt aber mit der nicht zu verifizierenden Voraussetzung, daß die Kompositoren des Dekalogs ein Interesse daran hatten, einen bis in solche Einzelheiten hinein stimmigen Gesamttext zusammenzustellen.

441 B. Lang, Sabbatgebot, 392; vgl. aber auch schon A. Schenker, Monotheismus, 332.

weswegen jüdische „Frauen ... nach rabbinischem Gesetz (Kidduschin 1,7) von jeder religiösen Pflicht ..., die an eine bestimmte Zeit gebunden ist", „befreit" sind.[442]

Wie schon oft angemerkt worden ist, legt das Deuteronomium trotz seines ansonsten deutlichen sozialen Engagements kein besonderes Interesse am Sabbat an den Tag.[443] Und selbst in Dtn 5,14 wie auch dem vielleicht deuteronomisch beeinflußten Gebot Ex 23,12 tritt der Gedanke einer sozialen Abzweckung des Sabbats gegenüber der Aufforderung, selbst den Ruhetag einzuhalten, eher in den Hintergrund.

1.4 Die Profanität des vorexilischen Sabbats

Als Ergebnis kann festgehalten werden:

Einige alttestamentliche Texte aus der bzw. für die vorexilische Zeit Israels und Judas bezeugen den Sabbat als einen arbeits- und handelsfreien Tag, der sich in wöchentlichem Abstand wiederholte. Diese Institution wurde zwar von gewissen Teilen der Bevölkerung wegen der damit verbundenen Einkommensminderung beklagt, die Einhaltung des Sabbats dürfte aber dennoch in der Königszeit gesellschaftlicher Konsens gewesen sein, dem sich alle und auch die Kritiker unterwarfen. Die Arbeitsruhe am Sabbat scheint sich ursprünglich sogar auf den Jerusalemer JHWH-Tempel erstreckt zu haben; darüber, wieweit das auch für andere Heiligtümer gegolten haben könnte, geben die spärlichen Belege keine Auskunft. Gerade aber diese Belegsituation unterstreicht die ursprüngliche Profanität des vorexilischen Sabbats: Der Ruhetag hatte seinen „Sitz im Leben" nicht etwa in den Heiligtümern, von wo aus er den Alltag beeinflußt hätte, sondern galt als arbeits- und handelsfreier Wochentag vor allem „vor dem Tempel" und wirkte wohl in den Tempel hinein.

„Wie dieser siebte Tag aber genau zu füllen war, was die Menschen an diesem Tag tun sollten, sagen die älteren alttestamentlichen Texte nicht."[444] So fehlen in den Quellen aus der bzw. für die Königszeit auch jegliche Spuren einer religiösen Begründung der Sabbatruhe: Die Erklärung des Sabbats als Eigentum JHWHs, die Verankerung des Sabbats in den Mythen, das Verständnis des Sabbats als Zeichen zwischen JHWH und dem/den Observanten sowie die Proklamierung der Sabbatruhe als Voraussetzung für

---

442 S. Müller, Bräuche, 71.
443 Z.B. T. Veijola, Propheten, 256.
444 K. Grünwaldt, Zeit, 175.

das Heil lassen sich ausschließlich in späten Texten und Bearbeitungsschichten des Alten Testamentes finden. Das schließt freilich nicht aus, daß
solche oder ähnliche Gedanken bereits in vorexilischer oder exilischer Zeit
gedacht worden sein könnten; da sie jedoch keinen greifbaren literarischen
Niederschlag gefunden haben, ist die Wahrscheinlichkeit dafür eher gering.

Mit größerer Sicherheit aber ist den vorexilischen Quellen der Ansatz
einer Nutzung des arbeits- und handelsfreien Tages für religiöse Aktivitäten
im Rahmen der Volksfrömmigkeit sowie der Hinweis auf eine Öffnung des
Jerusalemer Tempels auch an den Sabbattagen – eventuell nach assyrischem
Vorbild? – zu entnehmen. Damit wurden bereits die inneren und äußeren
Voraussetzungen für die spätere Sakralisierung des Sabbats geschaffen.

2. Die hauswirtschaftliche Verwertung von Tieren

Obwohl die Verfasser der Schriften des Alten Testaments vornehmlich andere Ziele verfolgten, als ihren Lesern das alltägliche Leben der Menschen ihrer Epoche oder der erzählten Zeit zu schildern, findet sich doch in dieser Sammlung eine Reihe von Texten, die mit der hauswirtschaftlichen Verwertung von Tieren eine recht spezielle Alltagsfrage erörtern. Der Grund für diese Ausnahme mag in der Nähe des Themas zu den tierischen Opfern zu sehen sein, die in der durch die alttestamentliche Literatur abgedeckten Zeitspanne eine große Rolle spielten und deren Schutz vor dem Eindringen fremdkultischer Praktiken oder gar mißbräuchlicher Anwendung es wohl angezeigt erscheinen ließ, Parallelen und Unterschiede zwischen der Verwertung von Tieren in der Hauswirtschaft einerseits und im Kult andererseits aufzuzeigen. Diese Vermutung könnte darin eine Stütze finden, daß den vegetabilen Opfern in den Ritualen nur ein untergeordneter Stellenwert beigemessen und vielleicht deshalb in den alttestamentlichen Texten die pflanzliche Nahrung auch an keiner Stelle besonders thematisiert wird. Im Blick auf die hauswirtschaftliche Verwertung von Tieren aber werden

1. die Unterscheidung zwischen Tieren, die gegessen, und denen, die nicht gegessen werden
2. das Schlachten von Haus- und Herdentieren und
3. der Verzicht auf den Verzehr von Blut

mehr oder weniger ausführlich behandelt. Die Normen, die die Einzelheiten dieser drei Sachgruppen regeln, sind anscheinend zunächst unabhängig voneinander überliefert worden und werden, wenn überhaupt, erst auf der Ebene der Bearbeitungen der Texte miteinander in Beziehung gesetzt[1].

---

1   Verknüpfungen zwischen den drei Traditionssträngen geschehen, obgleich sie sachlich durchaus berechtigt wären, deutlich nur literarisch, indem in Lev 17,3ff. und Dtn 12,15ff. das Thema Blutverzehr an die Schlacht- und Opferproblematik angeschlossen wird und in Gen 9,1-5 in stufenweisen Erweiterungen an die Feststellung, welche Tiere eßbar sind, die Schlachtforderung angehängt und dahinein das Blutverzehrverbot eingearbeitet werden.

2.1 Die Unterscheidung zwischen Tieren, die gegessen, und denen, die nicht gegessen werden

In Lev 11,2b-23 und Dtn 14,3-20 wird dargelegt, welche Tiere gegessen und welche nicht gegessen werden.[2] Die Urteile sind nicht in jedem Fall mit den unseren identisch und auch innerhalb des dargebotenen Systems nicht restlos nachvollziehbar. Vor allem aber fehlt noch immer eine plausible Antwort auf die Frage, wie es einstmals zu diesen Wertungen gekommen sein könnte.[3] Sie wird nicht zuletzt dadurch erschwert, daß aus den Texten nicht hervorgeht, welche Funktion den zoologischen Beschreibungen der einzelnen Tiere und Tierklassen zukommt: ob sie die Begründung für ihre Verwendbarkeit oder Unverwendbarkeit in der Küche darstellen oder nicht vielmehr lediglich die Bestimmungsmerkmale der Tiere für die praktische Auswahl auf dem Markt (oder bei der Jagd) bieten. Daß „der eigentliche Grund" für die Wertung „auf kultischem Gebiet zu suchen" sei, da es „sich durchweg um die Begriffe kultisch ‚rein' und kultisch ‚unrein'" handele[4], ist ein voreiliger Schluß: Der Begriff תּוֹעֵבָה, der die dem Abschnitt Dtn 14,3-20 vorangestellte Grundregel bestimmt, wird keineswegs etwa nur in kultischem Sinne verwendet, ja ist bezeichnenderweise in der an kultischen Fragen besonders interessierten priesterschriftlichen Literatur überhaupt nicht zu finden; H. D. Preuß um-

---

2 Auf die sprachlich bessere Formulierung „eßbare" und „ungenießbare Tiere" muß leider verzichtet werden, da das deutsche Wort „ungenießbar" im wesentlichen auf Tiere und Pflanzen angewendet wird, die ihrem Geschmack nach oder mangels Nährwert zum menschlichen Verzehr ungeeignet sind, und damit eine Begründung für die Aussonderung der Tiere, die nicht gegessen werden, assoziieren würde, die aus den Texten nicht hervorgeht.

3 So das Resümee von R. Albertz, Religionsgeschichte, 423; vgl. auch die kurze kritische Zusammenstellung mittelalterlicher und moderner Erklärungsversuche z.B. bei I. Willi-Plein, Opfer, 39ff., und T. Staubli, Tiere, 46f. Neben die herkömmlichen religionsgeschichtlichen und soziologischen Erklärungen stellen E. Schmitt, Essen, 67, eine anthropologische und T. Staubli, Tiere, 47f., eine zooarchäologische. Keiner der Versuche bietet jedoch eine Erklärung für ausnahmslos alle in Lev 11 bzw. Dtn 14 aufgeführten Tiere und Tierklassen.

4 M. Noth, Leviticus, 77. In dieser Tradition steht auch noch E. Firmages Hypothese, Dietary Laws, 185f., die Klassifikation der Tiere und Tierklassen als rein und unrein leite sich aus der Opferpraxis ab, und die genannten reine Tiere seien dann diejenigen, die den opferbaren Tieren ähnlich sind, oder auf eine einfache Formel gebracht: Was Gott als Speise akzeptiert, kann dem Menschen nicht schaden. Dagegen sind vor allem zwei Einwände zu erheben: 1. Die kultische Alternative rein/unrein ist literarkritisch betrachtet der diätetischen aufgepfropft; bei dieser Sachlage ist es kaum angezeigt, das System auf kultische Vorstellungen zurückzuführen. 2. E. Firmage geht von einem kulturgeschichtlichen wie gesellschaftlichen Primat des Kultes aus, der in den in der hier vorgelegten Arbeit ausgewerteten, weitgehend authentischen Zeugen über das alttestamentliche Israel und Juda gerade nicht spürbar ist.

schreibt den Begriff mit „etwas .. ethisch ... zu Verabscheuendes"[5]. Vor allem aber folgt die sakrale Beurteilung der Tiere als טָהֹר oder טָמֵא bzw. שֶׁקֶץ regelmäßig der Feststellung, daß sie nicht gegessen werden, nach. Wäre die kultische Qualifikation primär, müßte man erwarten, daß die Tiere bzw. Tierklassen zunächst als טָהֹר oder טָמֵא bzw. שֶׁקֶץ gewertet werden und dann in Konsequenz daraus festgestellt wird, daß man sie ißt bzw. daß man sie nicht ißt; dies ist aber lediglich in Lev 11,13a und – unabhängig davon – Dtn 14,11 (sowie in dem Anhang 19f.) der Fall, am Anfang der Texte und in der Regel jedoch ist die Reihenfolge genau umgekehrt. Als Anhaltspunkt für die Beantwortung der Frage, was ursprünglich zu dieser Einteilung der Tierwelt geführt haben könnte, eignet sich die sakrale Beurteilung deshalb nicht.

Die beiden Texte sind bei aller unübersehbaren Verwandtschaft nicht völlig identisch. Die Markierung und Auslösung von jeweiligem Sondergut führt aber ohne Schwierigkeiten auf einen gemeinsamen Grundbestand, der zum Teil unterschiedlich, zum Teil aber auch übereinstimmend (und das heißt dann wohl: auf etwa ein und derselben Überlieferungsstufe) bearbeitet worden ist. Wir zitieren im Folgenden nach Dtn 14, ohne damit etwa diesem Text gegenüber Lev 11 die literargeschichtliche Priorität geben zu wollen[6]:

1. Die Landtiere, die gegessen werden (Lev 11,2b; Dtn 14,4a)
4a *Dieses ist das Vieh, das ihr essen werdet:*[7]
In Dtn 14,4b-5 schließt sich eine Liste der eßbaren Haus-, Herden- und Wildtiere an, die Lev 11 nicht bietet:

שׁוֹר שֵׂה כְשָׂבִים וְשֵׂה עִזִּים 5 אַיָּל וּצְבִי וְיַחְמוּר וְאַקּוֹ וְדִישֹׁן וּתְאוֹ וָזָמֶר

4b *Rind, Lamm, Zicklein, 5 Damhirsch und Gazelle und Rehbock und Wildziege und Wisent (?) und Wildschaf (?) und ...gazelle.*
Es folgen die biologische Merkmale der Landtiere, die gegessen werden (Lev 11,3; Dtn 14,6)
6 *Und*[8] *jedes Klauen spaltende und einen Riß zweier*[9] *Klauen reißende, Gekautes heraufbringende Vieh*[10] *unter dem Getier (das) werdet ihr essen.*

---

5 H. D. Preuß, תּוֹעֵבָה, 590; zum Gebrauch stellt er a.a.O. 584 fest: „Weisheit und Recht einerseits sowie Kultisches andererseits stehen mit der großen Zahl der Belege nebeneinander".

6 Das literargeschichtliche Verhältnis der Texte zueinander – zu den unterschiedlichen neueren Auffassungen siehe z.B. A. D. H. Mayes, Deuteronomy 14, 177 Anm. 33, – ist für unsere Frage unerheblich, da hier die beiden gemeinsame Tradition und deren sekundäre Bearbeitung interessieren und ausgewertet werden sollen.

7 Die Variante in Lev 11 ist etwas ausführlicher formuliert.

8 Bildet in Dtn 14 den Anschluß an die dargebotene Sondergutliste und fehlt dementsprechend in Lev 11.

9 Fehlt in Lev 11.

und die Ausnahmen mit Beispielen und deren Begründung per definitionem
(Lev 11,4-7[11]; Dtn 14,7-8a)

אַךְ אֶת־זֶה לֹא תֹאכְלוּ מִמַּעֲלֵי הַגֵּרָה וּמִמַּפְרִיסֵי הַפַּרְסָה הַשְּׁסוּעָה אֶת־הַגָּמָל וְאֶת־

הָאַרְנֶבֶת וְאֶת־הַשָּׁפָן

כִּי־מַעֲלֵה גֵרָה הֵמָּה וּפַרְסָה לֹא הִפְרִיסוּ

טְמֵאִים הֵם לָכֶם

וְאֶת־הַחֲזִיר כִּי־מַפְרִיס פַּרְסָה הוּא וְלֹא גֵרָה

טָמֵא הוּא לָכֶם

7 *Aber dieses werdet/sollt ihr von den Gekautes Heraufbringenden und den
die gerissene Klaue Spaltenden nicht essen: das Kamel und den Hasen und
den Klippdachs, denn ein Gekautes Heraufbringender sind sie, und die Klaue
spalten sie nicht*
7bγ – *sie sind für euch unrein* –,
*und das Schwein, denn ein Klaue Spaltendes ist es, und Gekautes (kaut es)
nicht (wieder)*[12]
8aγ – *es ist für euch unrein* –
Durch die Namen und die mit כי eingeleiteten Angaben der biologischen
Merkmale sind die Tiere eindeutig und für jeden praktisch anwendbar
identifiziert. Die Bemerkungen in 14,7bγ (= Lev 11,4bγ.5b.6b) und 8aβ (=
Lev 11,7b), die Tiere seien *unrein*, hinken spürbar nach, und sie können
durchaus weggelassen werden, ohne daß der Text dadurch seine Klarheit, um
welche Tiere es sich handelt, oder seine Intention, den Verzehr dieser Tiere
zu verhindern, einbüßen würde. Damit erwecken sie den Verdacht, Zusätze
zu sein, und dieser Verdacht wird durch eine weitere Beobachtung erhärtet:
Die Wertung des Schweines als *unrein* hat in Dtn 14,8aγ eine überflüssige
Wiederholung des Speiseverbotes von 7a nach sich gezogen, woran sich das
Verbot anschließt, seinen Kadaver zu berühren: Dtn 14,8b *von ihrem Fleisch
werdet/sollt ihr nicht essen und ihren Kadaver werdet/sollt ihr nicht
berühren*, was in der Parallelstelle Lev 11,8 durch die Wiederholung der
kultischen Disqualifikation nochmals erweitert worden ist: Lev 11,8 *Von
ihrem Fleisch werdet/sollt ihr nicht essen und ihren Kadaver werdet/sollt ihr
nicht berühren; sie sind für euch unrein*. Mag man auch die sakrale Wertung
der Tiere als noch im weitesten Sinne zum behandelten Gegenstand gehörig
betrachten wollen, sprengt doch das Verbot, die Kadaver zu berühren, die

---

10 בְּהֵמָה fehlt in Lev 11.

11 Während in Dtn 14 gleichgeartete Fälle zusammengefaßt werden und sich die Erken-
    nungsmerkmale bzw. die Begründung somit nur nach den Fällen 1 bis 3 und nach dem
    Fall 4 finden, werden diese in Lev 11 im Anschluß an jeden Einzelfall formuliert.

12 Ergänzt nach der Parallelstelle in Lev 11,4-7, wo sich im übrigen ein unbedeutender
    Unterschied in der Reihenfolge der erwähnten Tiere findet.

Grenzen des ursprünglich angeschlagenen Themas „Verzehr von Tieren" und dokumentiert einen Wandel in der Blickrichtung und im Ziel, für den die kultische Disqualifikation die Weiche stellt. Erst auf dieser Ausbaustufe war dann auch die Zusammenstellung mit den anderen disparaten Stoffen der Kontexte in Lev 11ff. und Dtn 14,1-21 möglich, welchen letzteren Abschnitt M. Rose nun unter der Überschrift „Das Tabu der Todes-Sphäre" zusammenfassen kann[13], während die Grundschicht, d.h. die Unterscheidung zwischen Tieren, die gegessen, und denen, die nicht gegessen werden, einen unintegrierbaren Fremdkörper in den heutigen Textzusammenhängen darstellt.

2. Wassertiere, die gegessen werden (Lev 11,9a; Dtn 14,9a)
9a *Dieses werdet ihr essen von allem, das im Wasser ist:*
Es folgen die biologischen Merkmale der Wassertiere, die gegessen werden (Lev 11,9b; Dtn 14,9b)
9b *Alles, was Flosse und Schuppe hat, werdet ihr essen.*[14]
und die Ausnahmen mit Begründung per definitionem (Lev 11,10-11a; Dtn 14,10):
10a *Und alles, was keine Flosse und Schuppe hat, werdet/sollt ihr nicht essen*
10b *– es ist für euch unrein –.*
Hier gilt das oben Gesagte: Die Beschreibung der Tiere ist erschöpfend und für jeden praktisch anwendbar. Die nachhinkende Bemerkung in 10b (= Lev 11,10b und 11a), daß die von der Speiseerlaubnis ausgenommenen Tiere *unrein*, so in Dtn 14, bzw. שֶׁקֶץ *etwas Abscheuliches*, so in Lev 11, seien, kann weggelassen werden, ohne daß der Text dadurch seine Deutlichkeit oder seine Absicht einbüßen würde. Auffällig ist nun aber, daß anstelle des bisherigen und in Dtn 14 durchgängig benutzten טָמֵא in der Leviticusversion hier und von nun an das Wort שֶׁקֶץ Verwendung findet. Dieser Wandel in der Terminologie wird auf eine voneinander unabhängige Bearbeitung der beiden Grundtexte hinweisen, denn für eine nachträgliche Abänderung des Leviticustextes gibt es keinen Anhalt. So ist wohl auch diese terminologische Abweichung als ein Hinweis auf den sekundären Charakter der kultischen Beurteilungen zu werten.

In der Fassung des Buches Leviticus setzt sich der Text analog zum jetzigen Aufbau des 1. Teils fort, indem in Lev 11,10bα-11bβ das Speiseverbot für die als Ausnahmen genannten Tiere wiederholt wird und sich daran das Verbot, deren Kadaver zu berühren, anschließt, das wiederum vom ursprünglich angeschlagenen Thema wegführt. Zusätzlich werden die Aus-

---

13 M. Rose, 5. Mose, 309.
14 Die Variante in Lev 11 ist etwas ausführlicher formuliert.

nahmen von Lev 11,10-11a in 12 verkürzt wiederholt und in 12b erneut nachhinkend als שֶׁקֶץ charakterisiert.

3. Vögel, die nicht gegessen werden (Lev 11,13a; Dtn 14,12a)

In Dtn 14,11 wird der 3. Teil mit einer Grundsatzbestimmung zum Verzehr von Vögeln – hier als צִפּוֹר bezeichnet – eingeleitet, die in 14,20 wiederkehrt, wobei statt von צִפּוֹר dann von עוֹף geredet wird.

12a *Und dieses ist, wovon ihr nicht essen werdet: ...*

Lev 11,13a bietet hier mit וְאֶת־אֵלֶּה תְּשַׁקְּצוּ מִן־הָעוֹף לֹא יֵאָכְלוּ שֶׁקֶץ הֵם einen abweichenden Text, der von vornherein nicht nur auf den Verzehr der Tiere, sondern auf die damit verbundene Veränderung des kultischen Status abhebt: *Und diese von dem Geflügel machen euch zu etwas Abscheulichem, sie sollen nicht gegessen werden, sie sind etwas Abscheuliches.*

Liste der Vögel, die nicht gegessen werden (Lev 11,13b-19; Dtn 14,12b-18)

12b הַנֶּשֶׁר וְהַפֶּרֶס וְהָעָזְנִיָּה: 13 וְהָרָאָה וְאֶת־הָאַיָּה וְהַדַּיָּה [15] לְמִינָהּ: 14 וְאֵת כָּל־עֹרֵב לְמִינוֹ: 15 וְאֵת בַּת וְאֶת־הַשַּׁחַף וְאֶת־הַנֵּץ לְמִינֵהוּ: 16 הַיַּעֲנָה וְאֶת־הַתַּחְמָס וְאֶת־הַכּוֹס וְאֶת־הַיַּנְשׁוּף וְהַתִּנְשָׁמֶת: 17 וְהַקָּאַת וְאֶת־הָרָחָמָה וְאֶת־הַשָּׁלָךְ: 18 וְהַחֲסִידָה וְהָאֲנָפָה לְמִינָהּ וְהַדּוּכִיפַת וְהָעֲטַלֵּף:[16]

Da nicht alle genannten Vögel eindeutig identifiziert werden können, soll hier auf eine Übersetzung des Abschnittes verzichtet werden.

Damit sind die Gemeinsamkeiten der Paralleltexte aufgewiesen. Es folgt zwar in beiden noch eine Bemerkung über geflügelte Tiere der Klasse שֶׁרֶץ, doch sind die Unterschiede hier erheblich größer:

Lev 11,20 bestimmt sie näher als diejenigen, die auf vier (sc. Füßen) laufen, erklärt sie als שֶׁקֶץ, ohne auf die Frage der Verzehrbarkeit einzugehen;	Dtn 14,19 verzichtet auf diese Näherbestimmung, erklärt sie als טָמֵא und schließt in bisher unüblicher Weise erst daran an, daß sie nicht gegessen werden sollen;
11,21 führt eine Liste von Ausnahmen ein, die nicht gegessen werden, und die dadurch charakterisiert sind, daß *sie oberhalb der Füße Schenkel haben, um damit auf der Erde zu hüpfen;*	

11,22 nennt dann vier Arten (und deren nähere Verwandte) davon, die gegessen werden: אֶת־הָאַרְבֶּה לְמִינוֹ וְאֶת־הַסָּלְעָם לְמִינֵהוּ וְאֶת־הַחַרְגֹּל לְמִינֵהוּ וְאֶת־הֶחָגָב לְמִינֵהוּ, um in 11,23 das Merkmal derer, die als שֶׁקֶץ gelten, aus 11,20 zu wiederholen.

---

15 Fehlt in der Lev 11-Fassung.

16 In Lev 11,13b-19 finden sich unbedeutende Unterschiede in der Reihenfolge der erwähnten Tiere.

14,20 stellt in ebendieser bisher unüblichen Abfolge fest, daß *reines* Geflügel
gegessen wird.

Als Ergebnis ist festzuhalten: Der gemeinsame Bestand von Lev 11,2b-23
und Dtn 14,3-20 zeigt sich nach unserer Durchsicht als eine dreiteilige
Abhandlung, die mittels biologischer Merkmale und Namenslisten argumentiert:

Die genannten biologischen Merkmale der Tiere betreffen den vor-
wiegenden Lebensraum, das äußere Erscheinungsbild sowie die Art der
Nahrungsverwertung. Daß „der Hase ... für einen Wiederkäuer gehalten"
wird, ist nicht nur „merkwürdig"[17], sondern traditionsgeschichtlich außerordentlich aufschlußreich: Wenn die natürliche Ernährungsweise des Hasen
dem Systemzwang der Definitionen geopfert wurde, kann das seinen Grund
nur darin haben, daß er ein festes und unaufgebbares Glied einer vorgegebenen Aufzählung war, die ursprünglich nach einem etwas anderen
Gesichtspunkt, jedenfalls nicht nach den jetzt darauf angewendeten zoologischen Eigenschaften zusammengestellt worden war. Die Definitionen sind
demnach literargeschichtlich von den Namenslisten zu trennen und diesen
nachzuordnen.

Die Aufzählungen der Tiernamen aber sind besonders bemerkenswert und
erinnern an die keilschriftliche Gattung der Listen. Listen liegen unzweifelhaft in Dtn 14,4b-5 mit

שׁוֹר

שֵׂה כְשָׂבִים

וְשֵׂה עִזִּים

אַיָּל

וּצְבִי

וְחַמּוּר

וְאַקּוֹ

וְדִישֹׁן

וּתְאוֹ

וָזָמֶר

und in Lev 11,13b-19 // Dtn 14,12b-18 vor (die Abweichungen in Dtn 14
gegenüber Lev 11 sind in der rechten Spalte aufgelistet):

אֶת־הַנֶּשֶׁר

וְאֶת־הַפֶּרֶס

---

17 G. von Rad, Deuteronomium, 73.

הָרָאָה¹⁸

וְאֶת־הָאַיָּה

הַדַּיָּה¹⁹ לְמִינָהּ

וְאֵת הָעָזְנִיָּה

וְאֶת־הַדָּאָה

אֵת כָּל־עֹרֵב לְמִינוֹ

וְאֵת בַּת הַיַּעֲנָה

וְאֶת־הַתַּחְמָס

וְאֶת־הַשָּׁחַף

וְאֶת־הַנֵּץ לְמִינֵהוּ׃

וְאֶת־הַכּוֹס

וְאֶת־הַשָּׁלָךְ

וְאֶת־הַיַּנְשׁוּף

וְאֶת־הַתִּנְשֶׁמֶת

וְאֶת־הַקָּאָת

וְאֶת־הָרָחָם

הָרָחָמָה

הַשָּׁלָךְ

וְאֵת הַחֲסִידָה

הָאֲנָפָה לְמִינָהּ

וְאֶת־הַדּוּכִיפַת

וְאֶת־הָעֲטַלֵּף

Die syntaktische Einbindung in den laufenden Text durch וְ bzw. (וְ)אֵת ist für die Gattung der Listen untypisch und wird auf die Arbeit einer Redaktion zurückgehen. Auch Lev 11,22aβ-b dürfte trotz des geringen Umfangs in diesen Zusammenhang zu stellen sein:

אֶת־הָאַרְבֶּה לְמִינוֹ

וְאֶת־הַסָּלְעָם לְמִינֵהוּ

וְאֶת־הַחַרְגֹּל לְמִינֵהוּ

וְאֶת־הֶחָגָב לְמִינֵהוּ

Wesentlich stärker und auch unterschiedlich bearbeitet sind Lev 11,4b-7 bzw. Dtn 14,7-8a, woraus sich aber nach Aussonderung der unterschiedlich platzierten zoologischen Beschreibungen ebenfalls entsprechende Namenslisten herausschälen lassen. Die gattungsuntypische syntaktische Einbindung in den laufenden Text durch וְ bzw. (וְ)אֵת wird auch hier wieder einer Redaktion anzulasten sein wird:

---

18 Laut BHS bieten einige Handschriften und die LXX ebenfalls הַדָּאָה.
19 Fehlt nach BHS in einigen Handschriften sowie im Samaritanus und in der LXX.

Lev 11,4b-7	Dtn 14,7b-8a
אֶת־הַגָּמָל	אֶת־הַגָּמָל
כִּי־מַעֲלֵה גֵרָה הוּא וּפַרְסָה אֵינֶנּוּ מַפְרִיס	וְאֶת־הָאַרְנֶבֶת
וְאֶת־הַשָּׁפָן	וְאֶת־הַשָּׁפָן
כִּי־מַעֲלֵה גֵרָה הוּא וּפַרְסָה לֹא יַפְרִיס	כִּי־מַעֲלֵה גֵרָה הֵמָּה וּפַרְסָה לֹא
וְאֶת־הָאַרְנֶבֶת	הִפְרִיסוּ
כִּי־מַעֲלַת גֵרָה הִוא וּפַרְסָה לֹא הִפְרִיסָה	וְאֶת־הַחֲזִיר
וְאֶת־הַחֲזִיר	כִּי־מַפְרִיס פַּרְסָה הוּא וְלֹא גֵרָה
כִּי־מַפְרִיס פַּרְסָה הוּא וְשֹׁסַע שֶׁסַע פַּרְסָה	וְהוּא גֵרָה לֹא־יִגָּר

Die Existenz solcher Listen (oder vielleicht auch nur Listenbruchstücke) in Lev 11 und Dtn 14 dürfte als Indiz für ein verhältnismäßig hohes Alter des Grundbestandes der beiden Kapitel zu werten sein. Denn derartige nicht kommentierte Wortlisten repräsentieren eine auffällige Gattung der Literatur des Alten Orients. Sie ist in Mesopotamien seit frühester Zeit produktiv – die beiden ältesten Zeugnisse stammen aus der Schicht Uruk IV[20] – und durch jahrhundertelange Überlieferung kanonischer Texte im Bewußtsein erhalten geblieben. In Ägypten sind Listen nach Anfängen im Mittleren vor allem im Neuen Reich belegt.[21] In der ugaritische Literatur sind die Belege allerdings sehr spärlich.[22] Für das Verständnis dieser Listen (und ihre Abgrenzung gegenüber listenförmigen Notizen, in denen etwa Opfergaben oder Warenbewegungen festgehalten wurden,) ist entscheidend, daß sie wohl ursprünglich „keinem praktischen Zweck dienten, sondern allem Anschein nach ihren Sinn in sich selbst hatten: nicht Glossare oder Schreibübungen für den Wortschatz der übrigen Texte ..., sondern systematische und vermutlich umfassend gemeinte Sammlungen von Wörtern, die inhaltlich zusammengehörten,"[23] waren. In dem großen Repertoire der mesopotamischen oder ägyptischen Listen hat sich nun aber bis heute nichts finden lassen, was als Vorlage für die Tierlisten in Lev 11 und Dtn 14 gedient haben könnte.[24] Sie müssen somit bis zum Beweis des Gegenteils als orginale israelitische

---

20 J. Krecher, Literatur, 106f.
21 J. Osing, Onomastika, 572.
22 Aus dem reichen Material bei M. Dietrich u.a., KTU, gehören wohl nur die Listen von Götternamen 1.47; 1.102 und 1.118 sowie die Schreibübungen mit Personennamen, die mit y oder i beginnen, 5.1 und 5.18 zur altorientalischen Gattung Liste.
23 J. Krecher, Literatur, 106.
24 E. Firmage, Dietary Laws, 183, erweckt den Eindruck, er kenne Parallelen aus „contemporary cultures", bringt aber leider dafür keine Belege, zumal er deren Einfluß auf die alttestamentlichen Regeln im selben Atemzug auch ausschließt.

Schöpfungen betrachtet und in eine Zeit verortet werden, in denen diese Gattung lebendig und produktiv war, und das ist eher die welt- und kulturgeschichtliche Epoche vor dem 6. Jahrhundert v.Chr. als die zweite Hälfte des 1. Jahrtausends v.Chr. Damit ist eine Herkunft des Grundbestandes von Lev 11 und Dtn 14 aus dem Bereich der legislativen Zusätze zur Priesterschrift (P^s), die heute üblicherweise angenommen wird[25], eher unwahrscheinlich; die Redeweise der priesterlichen gesetzlichen Literatur unterscheidet sich auch von der Gattung der altorientalischen Listen ganz wesentlich, indem sie vornehmlich sprachlich minutiös ausgeführte Konditionalsatzgefüge verwendet[26].

Der zooarchäologische Befund widerspricht einer Verortung des Grundbestandes von Lev 11 und Dtn 14 in die altorientalische Kultur Palästinas nicht. Zwar hat U. Hübner aus den Belegen für Schweineknochen im Palästina der Bronze- und Eisenzeit schließen wollen, daß in jenem Zeitraum ein Verbot des Verzehrs von Schweinefleisch nicht bestanden haben kann und somit jünger sein müsse.[27] Es hätte aber der durchaus berechtigten Korrektur E. Kellenbergers[28] an dieser Arbeit kaum bedurft, da das von U. Hübner gesammelte Material bereits selbst eine den Schlußfolgerungen des Verfassers entgegengesetzte Deutung nahelegt: Wenn U. Hübner wiederholt darauf hinweist, daß die Belege für Schweinehaltung und -jagd sowie für Schweinefleischgenuß „vergleichsweise gering" seien und man daraus auf Schweinehaltung und -jagd „auf" nur „niedrigem Niveau" schließen müsse, dann heißt das doch, daß der größere Teil der palästinischen Bevölkerung in jener Epoche offensichtlich keine Schweine gehalten und kein Schweinefleisch verzehrt hat. Etwas anderes behauptet aber auch das Alte Testament nicht, das den Genuß von Schweinefleisch ablehnt (Lev 11,7; Dtn 14,8) und gegebenenfalls kritisch kommentiert (Jes 65,4 und 66,17), aber an keiner Stelle bestreitet.[29] Zudem gibt es kein Indiz dafür, daß der Grundbestand von

---

25 Vgl. G. von Rad, Deuteronomium, 72; U. Hübner, Schweine, 229; R. Albertz, Religionsgeschichte, 328 mit Anm. 94, und andere, während M. Noth, Leviticus, 76, hier noch „gewiß alte, vielleicht sogar uralte Regelungen" sah, ohne freilich Argumente dafür zu erbringen.

26 Die in den priesterschriftlichen Texten verarbeiteten Genealogien wie etwa Gen 5,3ff. sind nicht als Listen, sondern als Wiederholungen formelhafter Sätze zu beurteilen, die das sprachliche Gerüst für die Zuordnung von Daten zu Namen bilden, während die Listen gerade auf den sprachlichen Ausdruck derartiger Zuordnungen verzichten.

27 U. Hübner, Schweine.

28 E. Kellenberger, Besiedlung, 190f.

29 Erst „in hell. Zeit wird der radikale Verzicht auf S.efleisch Zeichen für die Zugehörigkeit zum Judentum", P. Riede, Schweine, 542. Im übrigen ist zu fragen, ob es methodisch korrekt ist, wenn sich U. Hübner, Schweine, passim, bei seinem Vergleich der alttestamentlichen Texte mit den archäologischen Ergebnissen auf Lev 11,7 und Dtn 14,8

Lev 11 und Dtn 14 jemals den Anspruch erhoben hätte, eine Norm für alle Bevölkerungsschichten Palästinas sein zu wollen. Vom archäologischen Befund her steht somit steht nichts im Wege, die Zusammenstellung von Tieren und Tierklassen, die gegessen bzw. die nicht gegessen werden, in Lev 11 und Dtn 14 dem altorientalischem Erbe Israels und Judas zuzuordnen.[30]

Vor allem aber ist festzuhalten: Sowohl die listenartigen Aufzählungen der Namen als auch die zoologischen Definitionen sind zur Identifikation der genannten Tiere vollkommen ausreichend. Und sie bieten weder Anlaß noch Raum für eine andere als die im Text der Grundschicht expressis verbis genannte Deutung, nämlich zwischen Tieren unterscheiden zu wollen, die gegessen bzw. die nicht gegessen werden. Für die Vermutung, sie könnten Ausdruck irgendwelcher religiöser Qualifikationen und/oder Ordnungsprinzipien sein, gibt es keinen Anhalt. Auch wenn der „Sitz im Leben" dieser Listen, wie die keilschriftlichen Parallelen nahelegen, ursprünglich in dem Bemühen gelegen haben mag, inhaltlich zusammengehörige Begriffe zu sammeln und auf diese Weise ein Stück Ordnung in die den Menschen umgebende Welt zu bringen, überführt sie der Zusatz der zoologischen Definitionen in einen anderen, sehr praktischen Lebensbereich: die Auswahl der eßbaren Tiere auf dem Markt, bei der Jagd und in der Küche und wohl auch die davorgeschaltete häusliche Unterweisung derer, denen die Beschaffung und die Zubereitung der Speisen im Haus oblag. Während der Grundbestand von Lev 11 und Dtn 14 somit einen durchaus profanen Geist an den Tag legt, ist er sekundär sakralisiert worden, indem die Tiere, die nicht gegessen werden, als טָמֵא bzw. שֶׁקֶץ – im Fall von Dtn 14,11 auch eine eßbare Tierklasse als טָהֹר – klassifiziert wurden, was schließlich die Möglichkeit für eine Weiterführung auf das Problem des Umgangs mit den Kadavern ermöglichte, das streng genommen nicht zum Thema gehört.[31]

---

beschränkt und lediglich noch auf den „(schuppenlosen) Wels" als Parallele verweist, wo doch das Schweinefleischverbot in einer Liste überliefert und nach Ausweis der Quellen in alttestamentlicher Zeit niemals für sich allein tradiert worden ist. Diese Anfrage betrifft aber auch T. Staubli, Tiere, 47f., der dem Schwein das Kamel an die Seite stellt und vermutet, daß „die ganzen Speisegesetze vielleicht überhaupt" nur dieser beiden Tierarten wegen „erlassen worden sind".

30 Dies wird von M. Douglas, Meanings, 307ff., aufgrund ihrer soziologischen Argumentation ausdrücklich bestritten; die Anwendung soziologischer Kriterien, so besonders auch A. D. H. Mayes, Deuteronomy 14, bei der Erklärung von Texten, die zunächst zoologisch und dann in einer Bearbeitungsschicht kultisch argumentieren und selbst keinerlei Anhalt für eine soziologische Begründung ihrer Aussage liefern, ist aber wohl methodisch bedenklich.

31 Demgegenüber könnte man es viel eher verstehen, wenn das Thema „Verzehr von Tieren" in Richtung auf die Fragen der korrekten Schlachtung und des Blutverzehrs hin ausgezogen worden wäre; daß beides in Lev 11 und Dtn 14 mit keinem Worte berührt

Durch die Einfügung in das Koordinatensystem der kultischen Reinheit bzw. Unreinheit werden die Ernährungsregeln in ihrer Gültigkeit bestätigt und zugleich in ihrer Bedeutung verstärkt, insofern nun behauptet wird, die Übertretung der herkömmlichen Küchensitten „verunreinige", d.h. schaffe einen sakralen Makel und ziehe die Notwendigkeit eines kultischen Reinigungsprozesses für denjenigen nach sich, der am gottesdienstlichen Leben teilnehmen will[32]. Diese Sakralisierung ist für uns zwar nur als eine redaktionelle Bearbeitung faßbar und insofern wohl im wesentlichen als eine literarische Größe zu werten; sie will aber letztlich gewiß auch Bedeutung für den Alltag und Beachtung im praktischen Leben erlangen. Damit wird jedoch „eine kultische Kategorie über das ... Heiligtum hinaus auf das Alltagsleben ... ausgeweitet"[33]. Zu Konsequenzen führt diese Sakralisierung aber natürlich weniger im alltäglichen Leben als vielmehr in dem gottesdienstlichen Geschehen des Heiligtums, denn wenn sich jemand durch den Verzehr eines als טָמֵא oder שֶׁקֶץ charakterisierten Tieres verunreinigt, hat das solange keinerlei Folgen, als er kultischen Pflichten nicht nachkommen muß oder kultische Rechte nicht in Anspruch nehmen möchte. Die sakralisierende Bearbeitung von Lev 11 und Dtn 14 setzt also auf jeden Fall eine Kultgemeinde voraus, in der die Kategorien „rein" und „unrein" wichtig sind. Mehr noch: Sie setzt wohl sogar einen Tempel mit einer Priesterschaft voraus, die bewußter über die Einhaltung der Reinheit wacht, als Laien das in Rahmen einer häuslichen Frömmigkeit tun würden; insbesondere läßt die Differenzierung von טָמֵא und שֶׁקֶץ in Lev 11 das Interesse an einer genauen Ausgestaltung des Systems von Reinheit und Unreinheit ahnen, das sich wohl nur in einen berufsmäßigen Priestertum finden lassen dürfte. Letzteres hat wohl z.B. R. Albertz nicht bedacht, wenn er den Bedeutungsgewinn der alten Speiseregeln, der sich in Lev 11 und Dtn 14 zeige, im babylonischen Exil verortet[34]; was hätte die Unreinheit bzw. die Reinigung nach einem Verstoß

---

wird, ist ein Zeichen dafür, daß die drei Themen zur hauswirtschaftlichen Verwertung von Tieren – die Unterscheidung zwischen den Tieren, die gegessen und die nicht gegessen werden, das Schlachten von Haus- und Herdentieren sowie der Verzicht auf den Verzehr von Blut – ursprünglich unabhängig voneinander erörtert und tradiert worden sind.

32 E. Firmage, Dietary Laws, 182, sieht anscheinend die Verunreinigung durch den Verzehr der unreinen Tiere als irreparabel an; die Reparabilität der Verunreinigungen wird aber in den Zusätzen zum Grundbestand in Lev 11,24ff. espressis verbis festgestellt und ist auch beim Einbau des Kapitels in den Abschnitt „reparable Unreinheit" der großen Darstellung des JHWH-Kultes in Ex 25-Lev 26, siehe Verf., Existenz, bes. 312f., vorausgesetzt worden.

33 E. Otto, Rechtsbruch, 41.

34 „Auch hier wird die Entwicklung von den babylonischen Exulanten ausgegangen sein, die in der Fremde manche ihrer zuvor selbstverständlichen Eßgewohnheiten plötzlich als

gegen die Speiseregeln aber ohne den geordneten Opferdienst eines Tempels für eine praktische Bedeutung haben können? Die sakralisierte Textform von Lev 11 und Dtn 14 dürfte vielmehr die Nähe und Funktionstüchtigkeit eines Tempels voraussetzen, die im babylonischen Exil doch wohl so nicht gegeben waren.[35]

Die wenigen Stellen in der alttestamentlichen Literatur, an denen außerhalb von Lev 11 und Dtn 14 der Verzehr von Tieren, die nicht gegessen werden sollen, erwähnt wird, lassen nun auch den Grund erahnen, warum die Bestätigung und Bestärkung der Verzehrverbote gewisser Tierarten durch den Aufweis ihrer kultischen Bedeutsamkeit notwendig gewesen sein mag; sie stammen nach allgemeiner Überzeugung aus der spätnachexilischen Zeit[36]:

Jes 66,17 erwartet das Ende derer, die Schweinefleisch, [37]שֶׁקֶץ und Maus essen:

הַמִּתְקַדְּשִׁים וְהַמִּטַּהֲרִים אֶל־הַגַּנּוֹת אַחַר אַחַד בַּתָּוֶךְ אֹכְלֵי בְּשַׂר הַחֲזִיר וְהַשֶּׁקֶץ
וְהָעַכְבָּר יַחְדָּו יָסֻפוּ נְאֻם־יְהוָה:

Leider ist der Satz schon deswegen nicht ganz zweifelsfrei auszulegen, weil ihm der Kontext fehlt: נְאֻם־יְהוָה in 17bβ erklärt das Vorangehende als Rede JHWHs und schließt damit einen unmittelbaren Zusammenhang mit 66,16 aus, wo von JHWH in der 3. pers. sing. geredet wird; andererseits beendet die Formel die wörtliche Rede JHWHs fürs erste und setzt damit eine

---

Besonderheit ihrer Volksgruppe erfuhren. ... deswegen war es besonders wichtig, die Reinheitsregeln im Zusammenhang der Auswahl und der Zubereitung von Speisen zu beachten und im Zweifelsfall eindeutig festzulegen. ... so ist es doch wahrscheinlich, daß die detaillierte Kasuistik in der Definition reiner und unreiner Tiere, die in Dtn 14 und noch ausgefeilter Lev 11 vorliegt, diesem Bedürfnis der Exilszeit entsprang.", R. Albertz, Religionsgeschichte, 423; so z.B. auch noch, wenn freilich mit der Einschränkung „vermutlich", M. Rose, 5. Mose, 312. Daß Eßgewohnheiten aber keineswegs die Besonderheit nur einer einzelnen Volksgruppe sein müssen und durchaus in fremden und unter Umständen sogar miteinander verfeindeten Gruppen die gleichen sein können, erweisen die Verhältnisse im heutigen Nahe Osten, wo sowohl in der jüdischen als auch in der arabischen Bevölkerung auf Schweinefleisch und Blut verzichtet wird.

35 Nachrichten über die Erwähnung eines JHWH-Tempels in Südbabylonien in einem Keilschrifttext, der sich auf dem Antiquitätenmarkt befinden soll, sind noch nicht überprüfbar.

36 S. Sekine, Sammlung, 178, datiert Jes 65,2-26a in die spätnachexilische Zeit; U. Berges, Jesaja, 550, verortet Jes 66,1-24 in die Epoche vom Ende des 5. bis zum Beginn des 4. Jh. vor Christus.

37 G. J. Botterweck, חֲזִיר, 843, HAL IV, 1519, und andere schlagen, wie auch früher BHK (BHS empfiehlt sogar die Streichung), die Textverbesserung zu שֶׁרֶץ vor, die sich aber allein auf die syrische Übersetzung stützen könnte; die Emendation ist jedoch deshalb abzulehnen, weil im Gegensatz zu שֶׁקֶץ einige Tiere, die in die Gruppe שֶׁרֶץ eingeordnet werden, als genießbar gelten, vgl. E.-J. Waschke, שָׁרַץ, 474, mit seinem Hinweis auf Lev 11,21-23.

Zäsur nach unten zu 66,18; so ist mit C. Westermann 66,17 der Sicherheit halber als eine literarische Größe für sich zu behandeln.[38]

Fraglich ist nun aber auch, ob es sich bei 66,17 um eine grammatische Einheit handelt oder nicht vielmehr zwei Sätze oder Satzbruchstücke zusammengesetzt worden sind. Für die Einheit würde zwar sprechen, daß in der vorliegenden Textgestalt die beiden Subjekte הַמִּתְקַדְּשִׁים וְהַמִּטַּהֲרִים und אֹכְלֵי gleichartig jeweils um eine unmittelbare Näherbestimmung – אֶל־הַגַּנּוֹת bzw. בְּשַׂר הַחֲזִיר וְהַשֶּׁקֶץ וְהָעַכְבָּר – sowie um eine weitere Adverbialbestimmung – אַחַר אַחַד בַּתָּוֶךְ bzw. יַחְדָּו – ergänzt und mit יָסֻפוּ auf nur ein einziges Prädikat bezogen sind. Gegen eine Einheit aber spricht, daß die beiden Blöcke – bestehend aus Subjekt und zwei Adverbialbestimmungen – trotz des Bezuges auf ein und dasselbe Prädikat asyndetisch hintereinanderstehen. Doch kann letzterer Sachverhalt auf eine Textverderbnis zurückgehen, auf die vielleicht die Passage אַחַר אַחַד בַּתָּוֶךְ in ihrer umstrittenen Überlieferung des zweiten Wortes[39] und der erheblichen Verständnisschwierigkeit[40] hinweist: 1. Das zweite Wort אחד möchten die Masoreten als אחת gelesen haben, was nicht sinnvoll ist, solange man nicht daraus phantastische Hypothesen entwickeln will[41]. 2. Einige Versionen gehen davon aus, daß dem אָחַר/ת ein weiteres אחד voransteht; die so entstehende Wendung אֶחָד אַחַר אַחֵר/ת einer nach dem/der anderen macht die Passage zu einem passablen Pendant zu dem יַחְדָּו zusammen im zweiten Teil. 3. Da בַּתָּוֶךְ weder der Redewendung אֶחָד אַחַר אַחֵר/ת eine unverzichtbare Bedeutungsnuance hinzufügt noch sich eine alttestamentliche Parallele dafür finden läßt, die diese Phrase inhaltlich erklären würde[42], ist es nicht unwahrscheinlich, daß sich hinter diesem Wort zwei ursprüngliche Satzteile verbergen: einmal die vermißte Kopula וְ, die zu ךְ verlesen sein könnte, und zum anderen das wünschenswerte erste Prädikat, für das nach Abstrich des ךְ die Konsonanten

---

38　C. Westermann, Jesaja, 335; der von ihm und anderen erwogene Zusammenhang mit Jes 65,3bff. ist zu ungewiß, als daß er hier in die Überlegungen einzogen werden müßte. Zur möglichen Funktion des seiner Meinung nach redaktionellen Satzes Jes 66,17 im Kontext siehe S. Sekine, Sammlung, 55, 65.

39　Siehe dazu ausführlich BHK und BHS.

40　Vgl. die Hinweise auf Deutungsversuche bei G. J. Botterweck, חֲזִיר, 843.

41　So z.B. C. Westermann, Jesaja, 335: „womit dann eine Priesterin gemeint wäre".

42　Nach C. Westermann, Jesaja, 335, bietet Ez 8,11 „eine ähnliche Schilderung". Die Unterschiede sind aber erheblich: 1. Die Tiere, über deren Anzahl sich MS und LXX nicht einig sind, sind in Ez 8,11 als Bilder auf Mauerwerk gemalt, während sie in Jes 66 verzehrt werden. 2. In Ez 8,11 bezieht sich בְּתוֹכָם auf einen namentlich erwähnten Mann, woraus zu schließen wäre, daß der Ausdruck nicht mehr besagen soll, als daß dieser sich unter den Ältesten befindet; demgegenüber würde, wenn der vorliegende Text von Jes 66,17 korrekt überliefert worden ist, בַּתָּוֶךְ als in der Mitte eine exakte Stellungsbeschreibung für beliebige Personen darstellen.

ב und ח übrigbleiben, die an die Wurzel des in Jes 5,6 belegten Substantivs בָּתָה[43] erinnern und ein im Parallelismus membrorum zu יִסָּפוּ passendes Verb mit der Bedeutung „zerstören" nahelegen.

So kann vielleicht als ursprüngliche Textgestalt vermutet werden:

הַמִּתְקַדְּשִׁים וְהַמִּטַּהֲרִים אֶל־הַגַּנּוֹת *אַחַד אַחַר אַחַד *יֻבַתוּ

*וְאֹכְלֵי בְּשַׂר הַחֲזִיר וְהַשֶּׁקֶץ וְהָעַכְבָּר bα יַחְדָּו יָסֻפוּ

נְאֻם־יְהוָה:

*17 Die sich zu den Gärten hin Heiligenden und Reinigenden werden *einer nach dem anderen *zerstört werden;*

und die (das) Schweinefleisch und (das) šæqœs und (die) Maus Essenden werden zusammen ein Ende finden

– Spruch[44] JHWHs.

Auch wenn diese Rekonstruktion letztlich nur aus dem nicht (mehr) vorhandenen Kontext heraus eindeutig zu verifizieren wäre, ist bereits an die heute vorliegende Textgestalt die Frage zu stellen, ob die beiden Teilaussagen ein und denselben Lebensbereich berühren, mit anderen Worten: ob es sich auch bei dem Verzehr von Schweinefleisch, שֶׁקֶץ und Maus wie bei dem „Heiligen und Reinigen zu den Gärten hin" um eine kultische Handlung handelt. Für C. Westermann geht es hier ohne Wenn und Aber um ein „Opfern unreiner Tiere".[45] Davon ist aber expressis verbis nicht die Rede, mehr noch: Wenn schon im ersten Halbvers mit הִתְקַדֵּשׁ und הִטַּהֵר eine eindeutig sakrale Terminologie verwendet wird, müßte man auch im zweiten einen Terminus technicus wie זבח oder ähnliches erwarten können. Findet sich hier aber keine kultische Begrifflichkeit und zwingt auch kein Kontext zu der Annahme, daß an ein Opfern von Schweinen, Tieren, die als שֶׁקֶץ zu qualifizieren sind, und Mäusen gedacht ist, sollte davon ausgegangen werden, daß 17αγδbα von profanem Essen handelt. Eine Opferform, bei denen nicht nur die Gottheit, sondern auch die Opfernden Teile des Opfers verzehren (אֹכְלֵי!), wäre wohl auch nur bei den Schweinen denkbar und müßte schon aufgrund des geringen Fleischgehaltes bei den beiden anderen Tier(klass)e(n) ausgeschlossen werden; dagegen ist die Verwendung von Mäusen verschiedener Arten als Alltags- und Festtagsspeise im Alten Orient gut bezeugt.[46]

---

43 Dazu siehe HAL I, 159.

44 Anstelle des masoretischen יִסָּפוּ נְאֻם־יְהוָה liest die Qumranüberlieferung אמר יהוה, so daß dort die Satzaussage *werden zerstört werden* sogar bis in die zweite Halbzeile hineinwirkt.

45 C. Westermann, Jesaja, 335; auch G. J. Botterweck, חֲזִיר, 842, sieht hier einen „Genuß von Schweinefleisch unter paganen und superstitiösen Kulten".

46 W. Hempel, Maus, 607f.

Die Aufzählung der zum Verzehr verwendeten Tiere in Jes 66,17aγδ aber
verwundert: Wenn schon jemand in einer schlechten wirtschaftlichen Lage
gezwungen gewesen sein sollte, die in Lev 11,10 genannten wimmelnden
und kriechenden Wassertiere ohne Flossen und Schuppen und die in Lev
11,13b-19 namentlich aufgeführten Vögel zuzüglich der in 11,20 definierten
wimmelnden und kriechenden geflügelten Tiere – denn das wird als שֶׁקֶץ
bezeichnet – sowie Mäuse zu essen, dürfte er doch wohl zuvor erst einmal zu
denjenigen Tieren gegriffen haben, die wie Kamel, Klippdachs und Hase
etwas mehr Fleisch auf den Tisch brachten. Warum aber werden dann diese
nicht erwähnt? Spielte die überlieferte Regel, daß man Kamel, Klippdachs
und Hase nicht ißt, zur Zeit des Verfassers keine Rolle mehr? Daß sich der
Verfasser oder ein Redaktor[47] der tritojesajanischen Überlieferung auf die
Schweine, den שֶׁקֶץ und die Mäuse auf dem Tisch seiner Zeitgenossen
einschließt, kann durchaus ein Zeugnis dafür sein, daß zu seiner Zeit die
Palette der Tierarten und Tierklassen, die gegessen wurden, gegenüber der
Tradition von Lev 11 und Dtn 14 bereits stark verbreitet war.

Den Verzehr von Schweinefleisch erwähnt auch Jes 65,4 innerhalb einer
Aufzählung von Personen und ihren Handlungen, die den Zorn Gottes
erregen:

die in den Gräbern Sitzenden	הַיֹּשְׁבִים בַּקְּבָרִים
und (die, die) in Wachthütten	וּבַנְּצוּרִים יָלִינוּ
übernachten,	
die (das) Schweinefleisch Essenden	הָאֹכְלִים בְּשַׂר הַחֲזִיר
und Eingebrocktes von über-	וּפְרַק[49] פִּגֻּלִים (ב)כְלֵיהֶם[48]:
lagertem Opferfleisch in ihren	
Gefäßen[50]	

Daß in 65,4bα mit dem Verzehr des Schweinefleisches die Übertretung
der Speisegebote für den Alltag, die allein uns hier interessiert, gemeint ist,
muß freilich begründet werden. Denn nach C. Westermann sind alle in Jes
65,3bff. aufgezählten „Vergehen ... kultischer Art", wie denn auch das 65,4bβ
im Parallelismus membrorum genannte פְּרַק פִּגֻּלִים (ב)כְלֵיהֶם „die kultische

---

47 S. Sekine, Sammlung, 55.65.

48 Zum Vorkommen von בְּ' vgl. BHS, dort auch die Bemerkung „al מִכְּ'".

49 Die Masoreten wollten wie auch die qumranische Überlieferung מרק „Brühe" lesen;
    dahinter könnte die Vorstellung stehen, daß einer vielleicht nicht so schnell auf den
    Gedanken kommen würde, Opferfleisch aus dem Tempelbereich nach Hause mit-
    zunehmen, als vielmehr die übriggebliebene Fleischbrühe an den Folgetagen noch zu
    verwerten.

50 Das Partizip הָאֹכְלִים in 4bα scheint in 4bβ hineinzuwirken, obgleich auch ein No-
    minalsatz *Eingebrocktes von überlagertem Opferfleisch (ist) in ihren Gefäßen* denkbar
    ist.

Verwendung von unreinem Opferfleisch" meine.[51] Dies würde dann den Schluß nahelegen, daß auch 65,4bα ein Vergehen während einer Kultausübung im Blick hat und auf ein Schweineschlachtopfer abhebt. Die richtige Deutung hängt aber vom Verständnis des Begriffes פִּגֻּלִים in 65,4bβ ab, der das בְּשַׂר הַחֲזִיר weiterführt und der allerdings der Erklärung gewisse Schwierigkeiten bereitet: „Die Etymologie des Wortes piggûl ist unbekannt."[52]; die LXX übersetzt jede der vier Belegstellen anders[53]; und obgleich Lev 7,18aγ (= Lev 19,7b) פִּגּוּל als „unrein gewordenes (weil zu lange – bis zum 3. Tag aufbewahrtes –) Opferfleisch" zu definieren scheint[54], ist doch bestritten worden, daß dies die ursprüngliche[55] oder sogar die aus den beiden Belegstellen korrekt erhobene[56] Bedeutung sei. Nun stimmen aber die Sachverhaltsbeschreibungen von Lev 7,11-19a bzw. 19,5-8, nach denen zwischen der Opferung des Tieres und dem Verzehr des Fleisches eine Nacht oder noch mehr Zeit vergeht, und die griechische Übersetzung des Begriffes פִּגּוּל in Ez 4,14 mit ἕωλος „übernächtig", „abgestanden" inhaltlich insofern überein, als der zeitliche Abstand die entscheidende Rolle spielt. Wenn man sich nun den Vollzug eines Schlachtopfers am Heiligtum praktisch vorstellt, drängt sich die Vermutung auf, daß der zeitliche Abstand auch eine räumliche Distanz impliziert: Die Opfernden werden sich doch am dritten Tag kaum noch im Bereich des Heiligtums aufgehalten, sondern schon längst den Heimweg angetreten und das übriggebliebene Fleisch *in ihren Gefäßen* nach Hause mitgenommen haben. Darauf dürfte auch der gegenüber Lev 19,5-8 überschüssige Satz Lev 7,19a – *Das Fleisch, das mit jeglichem Unreinen in Berührung kommt, soll nicht gegessen werden; es soll mit Feuer*

---

51   C. Westermann, Jesaja, 318; ähnlich auch G. J. Botterweck, חָזִיר, 842: „Bei TrJes 65,4 ... erscheint der Genuß von Schweinefleisch unter paganen oder superstitiösen Kulten."

52   D. Kellermann, פִּגּוּל, 499.

53   Lev 7,18: μίασμα „Befleckung", „Greuel"; Lev 19,7: ἄθυτος „ungeopfert", womit der beschriebene Kasus korrekt aufgegriffen ist; Jes 65,4: (ζωμὸς) θυσιῶν μεμολυμμένος „besudelte (Suppe) von Opfern"; Ez 4,14: ἕωλος „übernächtig, abgestanden", was dem Fallbeispiel von Lev 7 und 19 entspricht.

54   HAL III, 860.

55   W. Zimmerli, Ezechiel 1, 126: „Es ist nicht ganz klar, ob פִּגּוּל von Anfang an dieses Fleisch bezeichnet oder ob es einst eine allgemeinere qualifizierende Bedeutung, der über den Lv 7{17f}. 19{6f}. genau bezeichneten Fall hinausging, hatte."; seinem Zweifel schließt sich D. Kellermann, פִּגּוּל, 500, an.

56   M. Noth, Leviticus, 51, wollte die Bedeutung nach dem unmittelbaren Zusammenhang in Lev 7,18aβγ bestimmen: „piggūl ... scheint konkret nicht das zum Essen nicht mehr freigegebene Fleisch, sondern die unwirksam gewordene Opferhandlung selbst zu bezeichnen"; diese Bedeutung dürfte jedoch in Ez 4,14 (als immerhin einer der lediglich vier Belegstellen, von denen auch noch Lev 7,18 und 19,7 identisch sind) nicht ansetzbar sein, da hier unzweideutig das zu verzehrende Fleisch durch das Attribut פִּגֻּלִים näherbestimmt wird.

verbrannt werden. – hinweisen, denn eine Kontamination mit Unreinem dürfte in einem Heiligtum nicht zu erwarten, in einem privaten Wohnhaus und seinem dazugehörigen Gelände dagegen kaum zu vermeiden gewesen sein, wenn die Verunreinigung nicht bereits *in ihren Gefäßen* geschehen ist.[57] Sollte der Verzehr von Opferfleisch außerhalb der Opferstätte nach C. Westermann als ein „Vergehen ... kultischer Art" verstanden werden müssen, dann geschieht dieses Vergehen aber im Alltag und ist von Verfehlungen während einer Kultausübung zu unterscheiden, auch wenn man ihr kultische Konsequenzen bescheinigte[58]. Wird sich aber Jes 65,4bβ auf das Leben außerhalb des Heiligtums beziehen, dann ist es sehr wohl möglich, daß mit dem im Parallelismus membrorum an die Seite gestellten Essen von Schweinefleisch in 65,4bα auch nicht eine Verwendung von Schweinen bei einem Schlachtopfer, sondern der Verzehr von Schweinefleisch in der Hauswirtschaft gemeint ist.

Aus diesen beiden Belegstellen, die die Übertretung der Speiseregeln dokumentieren[59], und insbesondere aus der Auswahl der genannten Tiere darf wohl geschlossen werden, daß man in spätnachexilischer Zeit viele der nach der Tradition als menschliche Speise abgelehnten Tiere eben doch verzehrte.[60] Auch wenn wir nicht wissen, wie groß der Kreis war, der sich in älterer Zeit an die Normen von Lev 11 und Dtn 14 hielt, und ob dieser sich

---

57 So gegen W. Zimmerli, Ezechiel 1, 126, der zu wissen glaubte, daß die „Heiligkeit" des „am dritten Tag noch nicht verzehrte[n] Opferfleisch[es]" von sich selbst aus „in gefährliche Unreinheit umschlägt", wofür er aber keinen Beleg in den zeitgenössischen Quellen angeben konnte.

58 Lev 7,18aγ: das Opfer *wird ihm (sc. durch Gott) nicht angerechnet werden.*

59 Ob Sach 9,7aβ von verbotener Speise (und zuvor in 7aα vom Blutverzehr) redet, ist fraglich; zwar legt das Bild, das durch die Begriffe „Mund" und „Zähne" geprägt ist, diese Deutung nahe, doch müßten die Wörter דָּמִים und שִׁקּוּץ in unüblicher, mindestens ausgesprochen seltener Verwendung angesetzt werden: דָּמִים bedeutet in der Regel „Blutschuld", und שִׁקּוּץ ist ein heidnisches Kultbild und von שֶׁקֶץ zu unterscheiden; vgl. jedoch D. N. Freedman, Welch, שִׁקּוּץ, 463: „šiqqus ist hier sicher verbotenes Fleisch, obwohl der Begriff metaphorisch gebraucht wird." Jes 66,3 – zu Konjekturversuchen siehe BHS im Anschluß an P. Volz, G. J. Botterweck, חֲזִיר, 844, K. Koenen, Anmerkungen, 572f., sowie zu den Auslegungsmöglichkeiten z.B. G. J. Botterweck, חֲזִיר, 844f. – vergleicht jemanden, der ein Speisopfer darbringt, mit Schweineblut, worin sich die Abneigung gegen die Schlachtung und Verwertung von Schweinen widerspiegelt, nichts aber aus einem solchen dichterischen Vergleich über eine eventuelle Mißachtung des Schweinefleischverbots entnommen werden kann; von einem „Schweineopfer", z.B. C. Westermann, Jesaja, 328, G. J. Botterweck, חֲזִיר, 843, von „einer מִנְחָה von Blut", z.B. H.-J. Kraus, Psalmen 1, 265, und von „Opfer von S.eblut", z.B. P. Riede, Schwein, 543, ist nicht die Rede; die letzten beiden Deutungen sind sogar grammatisch unmöglich, weil dafür der Status constructus מִנְחַת zu erwarten wäre.

60 Diese Entwicklung scheint mindestens für den Schweinefleischkonsum von der Mittelmeerküste ausgegangen zu sein; vgl. H. M. Niemann, Nachbarn, 80 mit Anm. 78.

nicht vielleicht auf die JHWH-Gemeinde beschränkte, so zeichnet sich hier denn doch ein Gefälle ab, da sich die beiden Tritojesajastellen ja ausschließlich auf die JHWH-Gläubigen beziehen. Offensichtlich standen die überlieferten Speiseregeln schon länger in der Gefahr, mißachtet zu werden. Nach unseren Beobachtungen mit der Geschichte des Sabbats und seiner Sakralisierung liegt es da nahe, in der Bearbeitung von Lev 11 und Dtn 14 das Werk von Hütern der alten Überlieferung zu sehen, die dem auf die Verhältnisse von Jes 65,4 und 66,16f. hinlaufenden Prozeß Einhalt gebieten wollten, in dem sie die Tiere, die nicht gegessen werden, für unrein (bzw. Abscheuliches) und die Übertretung der alten Speiseregeln zu einem Verstoß gegen die kultischen Reinheitsgebote erklärten.

Exkurs 1: Gen 9,3 – Ein Vorschlag für behutsam erweiterten Vegetarismus

Eine Aussage über die tierische Nahrung des Menschen macht auch Gen 9,3. Aber weder das heute allgemein übliche Verständnis des Abschnittes noch die hier vorgeschlagene Auslegung lassen sich mit den Normen von Lev 11 und Dtn 14 vereinbaren. Nach der ziemlich ausnahmslos vertretenen Deutung und Übersetzung von Gen 9,2f. –

> „[2]Furcht und Schrecken vor euch soll über alle Tiere der Erde kommen und über alle Vögel unter dem Himmel und über alles, was auf der Erde kriecht, und über alle Fische im Meer; in eure Hand sind sie gegeben. [3]Alles was sich regt und lebt soll euch zur Nahrung dienen, wie das grüne Gras übergebe ich euch alles."[61]

– würde keinerlei Unterschied zwischen den Tieren, die gegessen werden, und denen, die nicht gegessen werden, – in der späteren sakralisierenden Bearbeitung „reinen" und „unreinen" Tieren – gemacht[62], sondern „alles ... soll euch zur Nahrung dienen." Nach Lev 11 und Dtn 14 ist aber „nur ein kleiner Ausschnitt" des tierischen Teils der Schöpfung „dem Menschen als Speise überantwortet"[63], und das gilt wohl auch von Lev 20,25, wo allerdings nur noch von Reinheit bzw. Unreinheit, aber nicht mehr vom Verzehr der Tiere die Rede ist. Damit läßt sich das übliche Verständnis von Gen 9,2f. nur

---

61 C. Westermann, Genesis, 615; ähnlich u.a. in den Kommentaren von G. von Rad, Genesis, 107: H. Seebass, Genesis, 203, J. A. Soggin, Genesis 152; W. Zimmerli, 1. Mose, 317; vgl. auch F. Crüsemann, Tora, 339; J. Ebach, Bild Gottes, 40, und M. Witte, Urgeschichte, 143.

62 Darauf weist H. Seebass, Genesis, 223, wenigstens hin.

63 F. Crüsemann, Tora, 309.

schwer vereinbaren. F. Crüsemann bietet eine Lösung des Problems an, indem er mit unterschiedlichen Adressaten der Texte rechnet und die restriktiven ausschließlich auf Israel bezieht: „für Israel" „wird" „am Sinai durch die Liste der verbotenen Tiere in Lev 11 die unbegrenzte Breite, die Gen 9,3 freigegeben wird, massiv eingeschränkt"[64]. Doch ist die heute allgemein vertretenen Deutung und Übersetzung von 9,2f. aus mehreren Gründen zu hinterfragen. Der masoretische Text lautet:

וּמוֹרַאֲכֶם וְחִתְּכֶם יִהְיֶה עַל כָּל־חַיַּת הָאָרֶץ וְעַל כָּל־עוֹף הַשָּׁמָיִם בְּכֹל אֲשֶׁר תִּרְמֹשׂ הָאֲדָמָה וּבְכָל־דְּגֵי הַיָּם בְּיֶדְכֶם נִתָּנוּ: כָּל־רֶמֶשׂ אֲשֶׁר הוּא־חַי לָכֶם יִהְיֶה לְאָכְלָה כְּיֶרֶק עֵשֶׂב נָתַתִּי לָכֶם אֶת־כֹּל:

2 Und Furcht (vor euch) und Schrecken vor euch wird auf jedem (einzelnen) Tier der Erde und auf jedem (einzelnen) Vogel des Himmels sein. Zusammen mit allem, wovon der Erdboden wimmelt, und mit allen Fischen des Meeres sind sie in eure Hand gegeben. 3 Jedes [Tier der Klasse] ræmæś, das lebendig ist, wird euch zur Speise dienen; wie Grünes vom Kraut habe ich euch (das) alles gegeben.

Daß in 9,3 vom Verzehr (der Tierklasse רֶמֶשׂ) durch den Menschen gesprochen wird, steht bei der Formulierung לָכֶם יִהְיֶה לְאָכְלָה außer Frage. Doch in 9,2 muß man die Vorstellung des Verspeisens der aufgezählten Tierklassen entgegen dem Wortlaut eintragen: Die Wendung בְּיַד פְּלוֹנִי נָתַן ist auch an anderen Stellen im Alten Testament belegt und wird dort (direkt) auf Kriegsgegner[65] oder (indirekt) auf Untertanen bezogen[66]; daß die Genannten mittels dieser Formel zum Verzehr freigegeben würden, kann man an jeder der Belegstellen ausschließen. J. A. Soggin wollte den Mangel, daß vom Essen der Tiere in 9,2 nicht espressis verbis geredet wird, wohl dadurch ausfüllen, daß er „die Erklärung für ‚Furcht und Schrecken' vor den Menschen im V. 2" in der letzteren gegebenen „Erlaubnis, Fleisch zu essen," sah[67]. Dem Wortlaut des Textes viel entsprechender dürfte es aber sein, in Gen 9,2 schlicht und einfach die Beschreibung der natürlichen Scheuheit zu sehen, die ja einen Charakterzug der meisten Tiere darstellt. Gen 9,2 konstatiert nicht mehr, aber auch nicht weniger, als daß die Menschen in der Rangordnung über die Tierwelt gestellt sind[68] und *Furcht und Schrecken* der Tiere vor den Menschen daraus resultieren. Diese Überordnung zeigt sich

---

64 F. Crüsemann, Tora, 340.

65 So unter Hinweis auf S. E. McEvenue auch C. Westermann, Genesis, 619, während er dennoch im selben Atemzug von der „Möglichkeit der Tötung der Tiere für die Nahrung des Menschen" spricht.

66 Zu den Einzelheiten siehe H. Seebass, Genesis, 222.

67 J. A. Soggin, Genesis, 153.

68 So richtig F. Schmitz-Kahmen, Geschöpfe, 81: „Gen 9,2" hat „die Unterordnung der Tiere unter den Menschen zum Thema".

auch in der Aussage von 9,5a, daß Gott die Tiere sogar für die Tötung eines Menschen zur Rechenschaft ziehen wolle, womit der Gedanke von 9,2 direkt fortgesetzt wird. Was dazwischen steht, biegt den Gedankengang in eine andere Richtung um: 9,3 spricht davon, daß die Tierklasse רֶמֶשׂ – als eine der vier in 9,2 genannten – dem Menschen zur Nahrung dienen darf; dabei handelt es sich um Tiere, „die über den Erdboden ‚kriechen' oder ‚schlei-chen', sie bewegen sich entweder auf sehr kurzen Beinen oder dahinschlän-gelnd wie eine Schlange"[69] fort. כָּל רֶמֶשׂ im Sinne von „alles, was sich regt," aufzufassen und auf die in 9,2 sonst noch genannten drei Tierklassen der Erde, des Himmels und des Meeres zu beziehen, wäre eine ganz singuläre Verwendung dieses Begriffes[70] und würde mindestens in der Anwendung auf die Vögel schwierig sein. C. Brockelmann übersetzte 1956 dementsprechend korrekt: „alles Gewürm, das lebendig"[71] ist. Nur dieses ist nach Gen 9,2f. für den Verzehr durch den Menschen freigegeben.

Auch wenn sich keine vollständige Liste der in die Klasse רֶמֶשׂ fallenden Arten zusammenstellen läßt[72], dürfte es keinen Zweifel geben, daß hiermit kleine Tiere, die in größerer Anzahl „wimmeln", gemeint sind. Über die Verwendbarkeit von רֶמֶשׂ als menschliche Speise ist aus Lev 11,2b-46, wo die Wurzel רמשׂ nur zur Benennung einer Fortbewegungsart verwendet wird[73], und aus Dtn 14,3-21a, wo die Wurzel überhaupt nicht vorkommt, nichts zu erfahren; nach Lev 20,25 gibt es allerdings auch „unreine" Tiere, die sich in der durch רֶמֶשׂ bezeichneten Weise fortbewegen. Entgegen der oben zitierten Auffassung F. Crüsemanns ist aber jedenfalls festzustellen: Lev 11 und Dtn 14 gehen – bei aller Beschränkung der tierischen Nahrung für den Menschen – in der Beschreibung dessen, was man essen könne, weit über die Grenzen der Klasse רֶמֶשׂ hinaus, geben also einen wesentlich größeren Bereich der Tierwelt als menschliche Speise frei. Demgegenüber ist Gen 9,3 ausge-sprochen restriktiv: Hier wird die vegetarische Ernährung von Gen 9,3b – *wie*

---

69 R. E. Clements, רֶמֶשׂ, 535. KBL, 895, umschrieb רֶמֶשׂ mit „die Tierwelt nach Abzug von ...: Grosstiere u. Vögel" bzw. „Fische, Vögel u. Wild".

70 So bietet auch HAL IV, 1162, Gen 9,3 als einzige vermeintliche Belegstelle für diese extreme Ausdehnung des Bedeutungsumfanges gegenüber (einschließlich Sir 10,11 17) sechzehn anderen Vorkommen des Begriffes im Alten Testament mit der gewohnten engeren Bedeutung.

71 C. Brockelmann, Syntax, 147.

72 Die Tiere in Lev 11,29f., auf die R. E. Clements, רֶמֶשׂ, 535, hinweist, werden durch den inhaltlich verwandten Begriff שֶׁרֶץ bezeichnet.

73 So innerhalb der Begründung der Bestimmungen von 11,29-42 in 42 als Fortbewegungs-art des שֶׁרֶץ sowie in der zusammenfassenden Unterschrift in 46 als Fortbewegungsart von Tieren im Wasser in Parallelität zu dem שֶׁרֶץ derer auf der Erde.

Grünes vom Kraut habe ich euch (das) alles gegeben – lediglich um den Verzehr von Tieren der Klasse רֶמֶשׂ erweitert.[74]

Wenn es sich aber bei den Tieren, die nach Gen 9,3 zur Nahrung des Menschen freigegeben werden, um relativ kleine Lebewesen handelt, erhält 9,4 einen ganz speziellen Sinn. Sicher ist der Satz

בָּשָׂר בְּנַפְשׁוֹ – דָמוֹ – לֹא תֹאכֵלוּ

4 Fleisch mit seinem Leben – seinem Blut – sollt ihr nicht essen.

auf mehrere Auslegungen hin offen.[75] Schlachten und Schächten dürfte bei den Tieren der Klasse רֶמֶשׂ aber schwer durchführbar und auch ethnologische Beispiele dafür kaum aufweisbar sein. Hier wird offensichtlich der Verzehr lebender Tiere untersagt.[76]

Gen 9,5 setzt dann den mit 2 begonnenen Gedankengang fort, scheint aber damit bereits auf den Zusatz דָמוֹ[77] in 4 Bezug zu nehmen. Somit wird der verzweigte Gedankengang des Abschnittes vielleicht auf einen sukzessiven Ausbauprozeß hinweisen:[78]

---

74 Das ist auch gegen die neueste Literatur festzuhalten; vgl. z.B. H. Seebass, Genesis, 223: „Alle Tiere müssen somit ihre Tötung durch den Menschen fürchten, da sie alle, ob rein oder unrein, ob eßbar oder nicht eßbar, als Nahrung für den Menschen freigegeben werden."; so spricht auch M. Witte, Urgeschichte, 143, ohne Einschränkung von der „ausdrücklichen Erlaubnis, fleischliche Nahrung zu sich zu nehmen".

75 Vgl. J. A. Soggin, Genesis, 156.

76 Nach M. Landmann, Tier, 74, schon Maimonides; vgl. auch C. Westermann, Genesis, 622. Der Satz ist aber auch auf den Verzehr lebendiger Großtiere ausgelegt worden; vgl. M. Landmann, Tier, 73f.: „Unter den Gesetzen, die Gott schon den Noachiden auferlegt, ... befindet sich ... auch das, aus dem Leib eines lebenden Tieres ein Glied herauszuschneiden: ... (Gen. 9,4) ... Wie notwendig es ist, ein solches Gesetz zu erlassen, kann man noch heute im Orient erfahren. In arabischen Gegenden besteht nämlich die Unsitte, gegen die es sich wendet, noch heute deshalb fort, weil man auf diese Weise das noch nicht zum unmittelbaren Gebrauch bestimmte Fleisch in der Hitze länger vor Verderbnis schützen kann. Das Vieh steht aufgeschnitten und vor Schmerz brüllend auf dem Markt."; leider gibt er dafür keine Quelle an. Vgl. aber auch H. Seebass, Genesis, 223: „ist es keinesfalls erlaubt, vom lebenden Tier zu essen".

77 So die allgemeine Auffassung, vgl. z.B. W. Zimmerli, 1. Mose, 326; G. Gerleman, דָם, 450, versteht בְּנַפְשׁוֹ דָמוֹ als Relativsatz: „das ‚sein Blut in sich hat'", was aber kaum möglich ist, weil נֶפֶשׁ an keiner anderen Stelle im Sinne von „Inneres" verwendet wird.

78 „Die Verse 4-6 gehören nicht zur priesterlichen Grundschrift, sondern bilden einen sekundären Bestand", U. Rüterswörden, dominium, 131 Anm. 2 (unter Hinweis bereits auf H. Holzinger) als Beispiel für die gegenwärtige opinio communis; mit der Erörterung über den Verzehr von Tieren kommt aber bereits mit 9,3 ein neues Thema in den ursprünglichen und stringenten Gedankengang über die Rangordnung der Geschöpfe hinein. Im Gegensatz dazu versucht z.B. J. Ebach, Bild Gottes, 40ff., in Auseinandersetzung speziell mit E. Zenger, die F. Crüsemann, Tora, 339, für „überzeugend" hält (, was aber nicht für alle Argumente gelten kann,) die literarische Einheit von Gen 9,1-7 zu beweisen.

9,1a erzählende Einleitung zum Auftrag 9,1b
9,1b Auftrag Gottes an Noah und seine Nachkommen
    9,2 Vorausschau auf die Unterordnung der Tiere unter die sich
    ausbreitenden Menschen
       9,3 Erlaubnis zum Verzehr der Tierklasse רֶמֶשׂ
          9,4* (ohne דָּמוֹ) schränkt 9,3 mit dem Verbot des Verzehrs
          lebender Tiere ein[79]
             9,4 Zusatz des דָּמוֹ als Erklärung des נַפְשׁוֹ
   9,5a (9,2 und eventuell auch den Zusatz דָּמוֹ aus 4 aufnehmend)
   Ausweitung der Unterordnung der Tiere durch Strafandrohung
   für den Fall der Menschentötung
       9,5b Strafandrohung gegenüber den Menschen für
       den Fall der Menschentötung

Aller Wahrscheinlichkeit nach hat der ursprüngliche Bestand von Gen 9,1-5 nur von der zukünftigen Überlegenheit des sich über die Erde ausbreitenden Menschen über die Tierwelt gesprochen, nicht aber von seiner Freiheit, Tiere zu verzehren. Dieser Gedanke ist erst durch den Zusatz von 3 hinzuge-kommen, welcher Satz dann das Verbot von 9,4, diese kleinen Tiere bei lebendigem Leibe zu essen, nach sich zog. Daß es sich hierbei um eine sekundäre – und doch wohl auch ziemlich unrealistische – Außenseitermei-nung handeln dürfte, zeigt der Vergleich mit den betreffenden Abschnitten in Lev 11 und Dtn 14, die im praktischen Leben anwendbar sind und in ihrem Umfang der erlaubten tierischen Nahrung auch der Breite des einschlägigen archäologischen Befundes über die Ernährung der Menschen in biblischer Zeit entsprechen. Gen 9,3 steht somit deutlich außerhalb der alten Tradition und dürfte ein rein theoretisches Konstrukt sein, das den Vegetarismus von Gen 1,29 vorsichtig erweitern will.

In den beiden Abschnitten Lev 11,2b-23 und Dtn 14,3-20 sind die Spuren literarischer Sakralisierungen unübersehbar, auch wenn Vergleichstexte, in denen diese noch fehlen oder auch nur geringer vorhanden sind, leider nicht zur Verfügung stehen. Die Beschränkung der menschlichen Nahrung auf einen um die Tierklasse רֶמֶשׂ erweiterten Vegetarismus in Gen 9,3 ist – abgesehen von der Stilisierung als Gottesrede – im Laufe der Überlieferung jedoch nicht sakralisiert worden, was den Eindruck stützen dürfte, daß diese Regel in der Praxis wohl niemals praktische Bedeutung besaß und somit auch nicht in der Gefahr stand, mißachtet zu werden, was man durch eine Sakralisierung hätte abzuwenden versuchen können.

---

79 An dieser Stelle scheitert O. H. Stecks, Mensch, 122f., Versuch, in Gen 9,1-7 einen kon-zentrischen Aufbau zu sehen, denn 9,4 spiegelt nicht 3, sondern schränkt die voran-gehende Aussage ein.

2.2 Das Schlachten von Haus- und Herdentieren

Daß in „ältester Zeit" ... „jedes Schlachten ein Opfern" war[80] und die profane Schlachtung lediglich eine notgedrungene Freigabe – sei es für die Zustände im Krieg bzw. im Ausland, wo kein (legitimer) Altar zur Verfügung stand[81], oder für die Verhältnisse nach der deuteronomischen Kultzentralisation, durch die das legitime Heiligtum unter Umständen in weitere Ferne gerückt war[82], – darstellte, gehört zu den Grundthesen einer Pansakralität der Kultur des alttestamentlichen Israel und Juda. Ein wirklich hinreichender Beweis dafür, daß „in ältester Zeit <u>ausschließlich</u> im Rahmen einer Opferhandlung geschlachtet" wurde[83], steht aber nach wie vor aus, während es gute Gründe gibt, diese Hypothese zu bezweifeln.

1. G. von Rad schränkte sie immerhin dahingehend ein, daß er sich fragte, ob „dazu jedesmal eines der Heiligtümer aufgesucht wurde".[84] Diese berechtigte Frage bringt nun aber die Herleitung der Profanschlachtung aus der deuteronomischen Forderung der Kultzentralisation und der Schließung bzw. Zerstörung der örtlichen Heiligtümer ins Wanken, denn wenn ein Heiligtum für die vermeintliche Sakralschlachtung gar nicht unabdingbar war, konnte der Wegfall der Lokalheiligtümer auch keinen großen Einfluß auf die Schlachtbräuche im Lande gehabt haben; für eine „Freigabe der profanen Schlachtung" müßte dann ein anderer Grund gesucht werden.

2. E. A. Knauf leitet die Hypothese aus den Geboten und Gesetzen des Alten Testamentes ab: „Haustiere, die ja zur Familie gehörten, darum auch dem Sabbatgebot und dem Kriminalrecht unterlagen, konnten gar nicht anders getötet werden als in der Form des Opfers (das freilich nicht notwendigerweise am Orts- oder überhaupt einem offiziellen Heiligtum erfolgt sein muss)."[85] Doch ist die Belegbasis für die Anwendung des Sabbatgebotes und des Kriminalrechts auf die Haustiere schmal. Als Subjekt der Sabbatobservanz gelten die Haustiere einzig und allein in den Dekaloggeboten Ex 20,10 und Dtn 5,14, die „praktisch kaum zu datieren"[86] und deshalb als Referenz für urtümliche Auffassungen wenig geeignet sind. Und die Meinung, daß die Haustiere dem Kriminalrecht unterlagen, könnte sich höchstens auf Ex 21,28f.32 stützen; eine sichere Entscheidung darüber,

---

80   H.-J. Kraus, Gottesdienst, 141; so auch z.B. B. Kedar-Kopfstein, דם, 262, u.a.
81   So H. Seebass, Vorschlag, 97.
82   So ähnlich bereits Dtn 12,20ff.
83   M. Rose, 5. Mose, 13; Hervorhebung durch den Verf.
84   G. von Rad, Deuteronomium, 66; ähnlich vorsichtig urteilend auch B. Lang, זבח, 521: eine „Gesetzesutopie, *alles* Schlachten am Tempel zu vollziehen".
85   E. A. Knauf, Herkunft, 161.
86   K. Grünwaldt, Exil, 130.

ob der stößige Stier als Strafe im Sinne des Kriminalrechts[87] oder nicht vielmehr als Sicherheitsmaßnahme, um weitere Opfer zu vermeiden, zu töten ist, läßt der Text aber nicht zu; daß er gesteinigt werden soll, dürfte jedoch eher auf letzteres hinweisen, da die Steinigung eine Tötung ohne näheren Kontakt mit dem gefährlichen Tier ermöglicht(, was dann laut 28bβ den Verzicht auf den Verzehr des Fleisches wohl mangels unkontrolliertem Ausbluten nach sich zieht). Direkte Hinweise auf eine Zugehörigkeit der Haustiere zur Familie gibt es im Alten Testament nicht.

3. W. Zimmerli verwies auf I Sam 14,32ff. und zog daraus den Schluß: „In der alten Zeit ist jede Schlachtung eines Tieres ganz selbstverständlich mit einer Spende an Gott verbunden. Das Blut des Tieres wird Gott gespendet."[88] I Sam 14,32ff., worauf noch ausführlich einzugehen sein wird[89], läßt aber kein einziges Indiz dafür erkennen, daß das Blut der Beutetiere „Gott gespendet" wird: Nach der Erzählung schlachten Sauls Soldaten so, daß das Blut *zur Erde hin* fließt, und konzentriert Saul später die Schlachtungen auf einem „großen Stein", der mit dem nachträglich in 14,35 erwähnten Altar identisch sein kann, aber auch nicht zu sein braucht.

4. Das führt zu der grundsätzlichen Frage, ob das anstehende Problem überhaupt an Hand von alttestamentlichen Erzähltexten gelöst werden kann. Es ist zwar augenfällig – und deswegen auch schon längst bemerkt worden[90] –, daß die einschlägigen Belegstellen, die die Schlachtung und Zubereitung von Tieren zum Verzehr erwähnen oder schildern, keinerlei kultische Elemente nennen und auch keine zwischen den Zeilen erschließen lassen: Gen 18,7; 27,7.14 und I Sam 25,11 beschreiben den Schlacht- und Zubereitungsvorgang mit Formen von עָשָׂה, wobei in Gen 18,7 und 27,7 der Schlachtvorgang auch bereits in dem וַיִּקַּח enthalten sein kann; das Verb עָשָׂה ist auch in Jdc 6,20 verwendet, während dort allerdings nicht ganz deutlich wird, ob der Erzähler hier noch von einem Gastmahl redet oder bereits an dieser Stelle den Eindruck eines Opfers vermitteln will; I Sam 14,32 (hier wiederum zusammen mit einer Form von לָקַח).34 und 25,11 wird das Verb טָבַח verwendet, das sich auch in Ex 21,37 sowie in der in Ägypten spielenden Darstellung Gen 43,16 (hier neben הֵכִין) findet – keines dieser hebräischen Wörter besitzt eine eindeutige kultische Konnotation. Lediglich in I Sam

---

87 So M. Greenberg, Reflections, 2, unter Hinweis auf Gen 9,5f., welche Stelle aus dem Bereich der Priesterschrift freilich wesentlich jünger als Ex 21,28ff. = §8′ des Kodextorsos im Bundesbuch sein dürfte.

88 W. Zimmerli, 1. Mose, 328f.

89 Siehe dazu insbesondere unten 2.3.

90 E. Reuter, Kultzentralisation, 69, verweist bereits auf die Arbeiten von T. Oestreicher aus dem Jahre 1923 und M. Löhr aus dem Jahre 1925.

28,24 ist mit זָבַח ein Ausdruck verwendet, für den letzteres zutrifft[91], doch ist hier ausdrücklich von einer eiligen Schlachtung und Zubereitung die Rede, die kaum an die Durchführung eines Rituals denken läßt, was M. Rose unterstreicht, der noch I Reg 19,21 als Beispiel für offensichtlich unkultische Schlachtungen anführt[92]. Bei diesem Befund kann man sich F. Crüsemanns Urteil, „die Meinung, ..., eine Profanschlachtung gebe es lange vor dem Deuteronomium, kann sich allein auf 1 Sam 14,32-25 stützen"[93], nur schwer anschließen. Doch ist dabei zu bedenken, daß bei alttestamentlichen Erzähltexten in der Regel offenbleiben muß, ob dem Erzähler bis in solche Einzelheiten hinein zuverlässige historische Erinnerungen vorlagen oder nicht etwa die Vorstellungen seiner Zeit in die sprachliche Darstellung eingeflossen sind.

Deshalb wird sich die Diskussion um das Alter der profanen Schlachtung auf die Analyse der beiden Stellen im Alten Testament beschränken müssen, in denen das Schlachten von Haus- und Herdentieren ausdrücklich behandelt wird: Dtn 12 und Lev 17.

2.2.1 Dtn 12,13-28 – Gegen die Versuchung, die von den nichtjahwistischen Kultstätten ausgeht

In Dtn 12 wird nach verbreiteter Meinung eine bis dahin ausnahmslose Sakralschlachtung wegen der deuteronomischen Forderung nach Kultzentralisation (teilweise) in die Profanität entlassen und damit „die Tiertötung vom Kult gelöst".[94] Der Aufbau und die Entstehungsgeschichte des Kapitels sind bis in die letzte Zeit hinein Gegenstand vieler Untersuchungen gewesen[95], ohne daß es jedoch zu einem wirklichen Konsens darüber gekommen wäre, welche Struktur der Text aufweist[96] und wie weit sich darin der literar-

---

91 So schon E. Reuter, Kultzentralisation, 69.

92 M. Rose, 5. Mose, 13.

93 F. Crüsemann, Tora, 306 Anm. 206.

94 F. Crüsemann, Tora, 307; er verbindet damit auch das Verzeichnis der genießbaren und ungenießbaren Tiere in Dtn 14 und sagt: „die Trennung von Kult und alltäglichem Leben, die mit der deuteronomistischen Einheit der Kultstätte gegeben war, forderte die Reflexion darüber, welcher Teil der Schöpfung denn nun dem Menschen als Speise überantwortet war."

95 Vgl. die neueren wissenschaftsgeschichtlichen Abrisse z.B. bei E. Reuter, Kultzentralisation, 29ff., oder J. Schaper, Schriftauslegung, 112ff.

96 Nach E. Reuter, Kultzentralisation, 41, nehmen die meisten Analysten des Kapitels an, „daß ein ältester Kern in konzentrischen Ringen von redaktionellen Erweiterungen umgeben wird".

geschichtliche Entstehungsprozeß widerspiegelt[97]. Versucht man aber, den Gang der Gedanken in Dtn 12 nachzuvollziehen[98], so sind drei gliedernde Ansätze bzw. Neuansätze deutlich erkennbar:

1. Der Aufruf zur Zerstörung der Heiligtümer der Vorbewohner und deren Inventars in Dtn 12,2f. ist Ausgangspunkt für den Gedankengang bis 12,12.
2. Die Warnung vor der Darbringung der Brandopfer an den vorfindlichen Heiligtümern in Dtn 12,13 ist Ausgangspunkt für einen zweiten, von dem ersten unabhängigen, von diesem stilistisch unterschiedenen und diesem sogar inhaltlich widersprechenden[99] Gedankengang bis 12,28.
3. Die Warnung in Dtn 12,(29)30, sich die Kultpraxis der Vorbewohner zum Beispiel zu nehmen, stellt einen weiteren gedanklichen Neuansatz dar, der

---

97 Laut J. Schaper, Schriftauslegung, 115, gibt es heute einen „gewissen Konsens" darüber, daß Dtn 12,13ff. – in unterschiedlich angenommener Länge des Abschnittes – „der Grundbestand des Kapitels" sei. So auch N. Lohfink, Fortschreibung?, 138, freilich mit der Einschränkung, daß es für diese Hypothese lediglich keine Gegengründe gäbe. Wenn N. Lohfink, a.a.O. 129ff., in diesem Zusammenhang die Frage stellt und zu beantworten sucht: „Besitzen wir noch das älteste Zentralisationsgesetz?", dann müßte eigentlich die Frage vorgeschaltet werden, ob es denn überhaupt ein Zentralisations*gesetz* gegeben haben muß (oder gar gegeben haben kann) und wer ein solches hätte erlassen können; Dtn 12 läßt jedenfalls den Stil der Gattung kultischer Gesetze (Rituale) vollkommen vermissen.

98 Der Erfassung des Gedankenganges wird wohl in den einschlägigen Bearbeitungen des Kapitels Dtn 12 zu wenig Aufmerksamkeit gewidmet (auf einige Teilversuche weist E. Reuter, Kultzentralisation, 100f. hin), eher noch nach formalen künstlerischen Gestaltungen gesucht, vgl. z.B. die Angaben bei N. Lohfink, Fortschreibung?, 140 Anm. 55. Auch N. Lohfink selbst, a.a.O., beschränkt sich auf die Nachzeichnung einer „grobe(n) Themenabfolge" von Dtn 12,13-19, die er als „recht merkwürdig" charakterisiert. Die Einfühlung in den Gesamtgedankengang ist aber für die Beantwortung unserer Frage nach dem logischen Stellenwert der Aussagen über die sog. Profanschlachtung und der Alternative, in der diese stehen, unabdingbar.

99 Dtn 12,1-12 ist in der Anrede der 2. pers. plur. formuliert, Dtn 12,13-31 dagegen in der Anrede der 2. pers. sing.; dieser Wechsel scheint zugleich eine bedeutsame Zäsur im Buch Deuteronomium zu sein, insofern „vor 12,13 Pluralanrede dominiert, während die Gesetze von da an durch die Singularanrede geprägt sind", N. Lohfink, Fortschreibung?, 132ff. (H. Seebass, Vorschlag, 94, dagegen achtet den auffälligen stilistischen Bruch gering und sieht 13-19 als „Legalinterpretation" zu 11f. an.). Dieser stilistische Unterschied geht nun mit einem inhaltlichen parallel: Dtn 12,2f. fordert die Zerstörung der Heiligtümer der „Vorbewohner" und deren Inventars, so daß davon ausgegangen werden muß und in dem bis 12,12 folgenden Text auch davon ausgegangen wird, daß es diese Heiligtümer in Zukunft nicht mehr gibt; demgegenüber setzt 12,13-31 das Fortbestehen der Heiligtümer der „Vorbewohner" voraus und warnt davor, sie bei Opferhandlungen zu benutzen.

Ausgangspunkt für einen den beiden ersten vergleichbaren Gedankengang hätte werden könnte, der jedoch nicht weiter verfolgt wird.

Inhaltlich werden diese drei Komplexe durch das Thema „der Kult der kanaanäischen Vorbewohner" locker zusammengehalten, jedoch nicht zu einem bruchlosen Ganzen miteinander verbunden. Dem gemeinsamen Thema entsprechend betreffen aber alle drei gedanklichen Ausgangspunkte ausschließlich rein kultische Sachverhalte, zu denen profane Alternativen gar nicht denkbar sind: Das Gegenstück zu den Heiligtümern der Vorbewohner ist expressis verbis der durch JHWH erwählten Ort und damit ebenfalls ein Kultplatz. Die Darbringung der Opfer ist eine sakrale Handlung sowohl an den Heiligtümern der Vorbewohner als auch an dem von JHWH erwählten Ort. Und wenn das Gegenstück zur Kultpraxis der Vorbewohner auch nicht ausdrücklich genannt wird, ist aber natürlich der legitime JHWH-Kult gemeint.

Eine Alternative kultisch / profan findet sich in Dtn 12 allein innerhalb des zweiten Teils, der folgende Entwicklung der Gedanken bietet:

12,13	*Grundsatzverbot*	Warnung vor der Darbringung der Brandopfer an den vorfindlichen Heiligtümern
12,14a	*positive Fassung des Grundsatzverbotes*	Gebot der Darbringung der Brandopfer an dem erwählten Heiligtum
12,14b	*Erweiterung der positiven Fassung des Grundsatzverbotes*	Gebot der Darbringung <u>aller</u> gebotenen Opfer an dem erwählten Heiligtum
12,15	*Gegenfall zur Erweiterung der positiven Fassung des Grundsatzverbotes*	Fleischverzehr ohne Opferabsicht ist weder an das erwählte Heiligtum noch an Reinheitsvorschriften gebunden
12,16a	*Einschränkung des Gegenfalles zur Erweiterung der pos. Fassung des Grundsatzverbotes*	Verbot, das anfallende Blut zu verzehren
12,16b	*Ausführungsbestimmung zur Einschränkung des Gegenfalles zur Erweiterung der positiven Fassung des Grundsatzverbotes*	Durchführungsbestimmung zum Verfahren mit dem Blut

12,17	*Präzisierung der Erwei-terung der pos. Fassung des Grundsatzverbotes (greift auf 14b zurück)*	Aufzählung einiger in 14b implizit enthaltenen Opfergaben, die nicht außerhalb des erwählten Heiligtums verzehrt werden können
12,18	*Ausführungsbestim-mung zur Präzisierung der Erweiterung der positiven Fassung des Grundsatzverbotes*	Gebot, die genannten Opfergaben an dem erwählten Heiligtum gemeinsam und festlich zu verzehren
12,19	*Attraktion an die Erwäh-nung eines der Teilneh-mer des Opferfestes in der Ausführungsbestim-mung zur Präzisierung der Erweiterung der po-sitiven Fassung des Grundsatzverbotes*	Warnung, den Leviten zu vernachlässigen
12,20-22	*ein Fallbeispiel für den Gegenfall zur Erweite-rung der pos. Fassung des Grundsatzverbotes (greift auf 15 zurück)*	Grund für das Verlangen, allein zum Verzehr zu schlachten, daß das erwählte Heiligtum weit weg vom Wohnort liegt
12,23aα	*Einschränkung des Fall-beispieles für den Gegen-fall zur Erweiterung der positiven Fassung des Grundsatzverbotes*	Verbot, das anfallende Blut zu verzehren
12,23aβb	*Begründung für die Ein-schränkung des Fallbei-spieles für den Gegen-fall zur Erweiterung der positiven Fassung des Grundsatzverbotes*	
12,24	*Ausführungsbestimmung zur Einschränkung des Fallbeispieles für den Gegenfall zur Erweite-rung der pos. Fassung des Grundsatzverbotes*	Durchführungsbestimmung zum Verfahren mit dem Blut
12,25	*Wiederholung der Ein-schränkung des Fallbei-spieles für den Gegen-fall zur Erweiterung der positiven Fassung des Grundsatzverbotes mit Begründung*	Verbot, das anfallende Blut zu verzehren

12,26	*Gegenfall zum Fallbeispiel für den Gegenfall zur Erweiterung der pos. Fassung des Grundsatzverbotes (greift auf 20f. zurück)*	Gebot zur Darbringung der קָדָשִׁים an dem erwählten Heiligtum[100]
12,27	*Ausführungsbestimmung für den Gegenfall zum Fallbeispiel für den Gegenfall zur Erweiterung der pos. Fassung des Grundsatzverbotes*	rituelle Unterschiede von Brandopfer und Schlachtopfer
12,28	*Zusammenfassende Ermahnung,*	das Voranstehende zu befolgen

Die sog. Profanschlachtung wird demnach in 12,15 als Gegenfall zur Erweiterung der positiven Fassung des Grundsatzverbotes von 12,13 (sowie in 12,20ff. als Fallbeispiel für den Gegenfall zur Erweiterung der positiven Fassung des Grundsatzverbotes) angesprochen, mit anderen Worten: auf der vierten Stufe des Gedankenganges. Diese Stufe aber ist ohne das Voranstehende und vor allem den vorausgehenden Satz 14b nicht denkbar[101]: In dem Ausgangspunkt 12,13 und dem folgenden 14a geht es ausschließlich um das Brandopfer, das die Alternative einer profanen Schlachtung gar nicht aufkommen läßt, da es „das besondere Merkmal der ʿolāh" ist, „daß das ganze Tier verbrannt wird und weder für den Opferherrn noch für den Priester irgendwelche Teile zurückbleiben"[102]. Erst 12,14b erweitert das angeschlagene Thema „Brandopfer" um alle Opferarten des JHWH-Kults: *und dort sollst du alles verrichten, was ich dir befehle,* – um alle Leistungen also, deren Darbringung auf die durch Mose promulgierten Anordnungen Gottes zurückgeführt wird. Damit aber wird nun das Schlachtopfer, an dem auch der Opfernde Anteil hat, in die Überlegung miteinbezogen und auf diese

---

100   H. Seebass, Vorschlag, 94f., verweist hierfür auf G. Nebelings Erkenntnis, daß der Begriff קָדָשִׁים „nie Brandopfer umfaßt und in älteren Belegen vor allem bei Stiftungen von Tempelgeräten vorkommt. V. 26a. enthält also eine bisher nicht berücksichtigte Bestimmung."; die Fortführung mit 12,27 macht aber deutlich, daß hier קָדָשִׁים als Oberbegriff für עֹלוֹת und זְבָחִים verwendet sein muß.

101   Deswegen beginnt in 12,15 „mit dem Thema Profanschlachtung" nicht etwa „ein neues Thema", wie E. Reuter, Kultzentralisation, 103, meint, vielmehr liegt die hier vollzogene Weichenstellung vollkommen im Fluß des Gedankenganges. Den Nachvollzug dieses Gedankenganges aber verbaut sie sich aber dadurch, daß sie, a.a.O. 67 mit Anm. 133, in 14b im Anschluß an M. Rose und R. P. Merendino eine „Kohärenzstörung" sieht und nach 14a die Fortsetzung einer mit der Erwähnung des Brandopfers begonnenen „Opferliste" vermißt – die übrigens in dem von ihr lang und breit diskutierten כֹּל implizit enthalten sein dürfte –; so schließt sie, a.a.O. 105, 14b aus dem „Zentrum des Grundtextes" aus und verliert damit das logische Bindeglied zu 15.

102   D. Kellermann, עֹלָה, 108.

Weise die Tür zur Sicht auf ein alternatives, d.h. von Gottes Anordnungen unabhängiges Schlachten geöffnet: רַק בְּכָל אַוַּת־נַפְשְׁךָ תִּזְבַּח וְאָכַלְתָּ בָשָׂר 15aα. Zum rechten Verständnis dieses Satzes ist zu nun beachten, daß רַק keine Konjunktion „jedoch", „allerdings" o.ä. ist, wie in den traditionellen Übersetzungen vorausgesetzt zu werden scheint.[103] Und daß רַק hier – wie auch in 12,16 – etwa gar dazu diene, die „Neu- oder Hauptaussage" einzuführen[104], reibt sich nicht nur mit der Lexikographie, sondern wird auch durch den oben nachgezeichneten Gedankengang des Abschnittes widerlegt. רַק ist ein Adverb[105], das vollständige Sätze, Wortgruppen oder auch einzelne Wörter als Ausnahme kennzeichnet und damit stets von einer vorangehenden Aussage, die es einschränkt, abhängig (und somit als Beginn eines Gedankenganges undenkbar) ist. Da nun der Satz 15a nicht die Regelsatzstellung für den Verbalsatz – nämlich Prädikat, Subjekt (falls nicht in der Verbalform inbegriffen), Objekt, Adverbialbestimmung – aufweist, sondern die Adverbialbestimmung בְּכָל אַוַּת־נַפְשְׁךָ an den Satzanfang und damit an die betonte Stelle der Satzkonstruktion gestellt worden ist, wird wohl auch nicht der gesamte Satz, sondern lediglich diese betonte Adverbialbestimmung durch רַק eingeschränkt: *nur aus dem Verlangen deiner Seele [= deinem alleinigen Verlangen] heraus*. Damit ist der Unterschied zu 14b deutlich; die Alternative lautet:

Schlachten von Tieren		Schlachten von Tieren
nach göttlichem Willen		allein nach dem Willen
und göttlicher Anordnung	oder	eines Menschen
(*alles ..., was ich dir be-*		(*nur aus deinem alleinigen*
fehle)		*Verlangen heraus*)

Diese Alternative mußte zunächst als solche formuliert werden, bevor die Konsequenzen dargestellt werden konnten. Deshalb wird man in 12,15aα die Protasis eines Konditionalsatzes zu sehen haben, dessen Apodosis mit וְאָכַלְתָּ beginnt.[106] Die Deutung als Konditionalsatz[107] wird überdies dadurch gestützt, daß in dem sich auf 12,15 beziehenden Fallbeispiel in 12,20 die

---

103 Vgl. z.B. G. von Rad, Deuteronomium, 62: „Jedoch magst du ganz nach Herzenslust ..."; oder M. Rose, 5. Mose, 10: „Allerdings: Schlachten darfst du ganz nach eigenem Ermessen ...".

104 So N. Lohfink, Fortschreibung?, 140 mit Anm. 51, wobei er sich auf F. de Hummelauer bezieht.

105 Siehe HAL IV, 1199.

106 Vgl. zu den unterschiedlichen Ausdrucksweisen der Konditionalsätze und auch der hier vorliegenden z.B. R. Meyer, Grammatik, § 122 1a, III 111 [453]. Die Masoreten, die zwischen תִּזְבַּח und וְאָכַלְתָּ nur einen sehr schwachen trennenden Akzent gesetzt haben, scheinen die grammatische Struktur anderes beurteilt zu haben.

107 So gegen G. von Rad, Deuteronomium, 62, u.a.

konditionale Struktur durch כִּי als einem eindeutigeren lexikalischen Mittel kenntlich gemacht worden ist. Das führt zu folgender deutschen Übersetzung von Dtn 12,15:

(Wenn) du nur aus deinem alleinigen Verlangen heraus schlachtest, wirst du Fleisch entsprechend dem Segen deines Gottes JHWH, den er dir gibt, in allen deinen Ortschaften essen; der Unreine und der Reine werden (sollen) es wie die Gazelle und den Hirsch verzehren.

Das aber bedeutet: Die „profane" Schlachtung wird hier als eine selbstverständlich gegebene Möglichkeit vorausgesetzt und erwähnt. Nur zwingt der Zusammenhang mit dem Voranstehenden zu zwei klärenden Bemerkungen, um Mißverständnissen vorzubeugen: In diesem Falle gilt die Forderung nach einer Durchführung der Schlachtung *an dem Ort, den JHWH in einem deiner Stämme erwählen wird*, natürlich nicht[108]; auch brauchen keine Reinheitsvorschriften beachtet zu werden – mehr sagt der Abschnitt nicht aus.[109]

„Dtn 12 in seinem Hauptstück ist Opfer- ... gesetzgebung."[110] Alles weitere muß in den Text hineingelesen werden. Geht schon die traditionelle Auslegung auf eine Neuordnung der Schlachtpraxis hin über den ausdrücklichen Wortlaut hinaus, dürfte sie auch noch aus einem anderen Grunde zu hinterfragen sein: Mit der Deutung, daß Dtn 12,15 „eine neue Art des Verhaltens beim Schlachten" gesetzlich festlege[111], wird ja nur eine Möglichkeit der Funktion deuteronomischer Normen in Erwägung gezogen. Deren funktionale Palette ist aber breiter und reicht von der Festschreibung alter Regeln über deren Modifizierung bis hin zur Propagierung neuer Ordnungen. Daraus ergeben sich für Dtn 12,15 theoretisch folgende drei Auslegungsmöglichkeiten:

1. Die traditionelle Sitte, daß man Haus- und Herdentiere ohne Opferabsicht und ohne Beachtung kultischer Reinheitsregeln schlachten und verzehren kann, wird in Erinnerung gerufen. Der Satz Dtn 12,15 hätte dann innerhalb des Kontextes seine Funktion in der Abwehr der falschen Vor-

---

108 So richtig z.B. E. Reuter, Kultzentralisation, 68f.: „Mit רק wird in V. 15 eine Einschränkung zu dem in Vv. 13f. Gesagten gemacht, also gewissermaßen die Ausnahme von der Regel dargestellt. Lautete die Regel, daß nur an einem bestimmten Ort geopfert werden darf, so besagt die Ausnahme, daß die Schlachtung davon nicht betroffen ist."

109 So auch M. Rose, 5. Mose, 13: „Man hat in der alttestamentlichen Forschung die Gesetzespredigt in V. 13-19 vielfach in dem Sinne verstanden, daß ... in revolutionärer Weise zum ersten Mal das Schlachten vom Heiligtum gelöst worden sei (das Schlagwort «Profanschlachtung» kam dafür auf.) Davon kann keine Rede sein."

110 N. Lohfink, Opferzentralisation, 119.

111 E. König, Hauptfragen, 55; Hervorhebung vom Verf.

stellung, Schlachtungen seien stets sakral zu gestalten, wozu dann im Zweifelsfall auch die vorfindlichen Heiligtümer verwendet werden müßten.

2. Die traditionelle Sitte, daß man Haus- und Herdentiere ohne Opferabsicht und ohne Beachtung kultischer Reinheitsregeln schlachten und verzehren kann, wird in 12,16 bzw. 23ff. dahingehend modifiziert, daß dabei vom Verzehr des anfallenden Blutes Abstand zu nehmen sei. Diese Deutung würde aber voraussetzen, daß es bis dahin Unklarheiten über die Verwendung des Blutes bei nicht kultisch gestalteten Tierschlachtung gegeben habe, die hier ausgeräumt werden sollten; doch wird in Abschnitt 2.3 zu zeigen sein, daß es für Unsicherheiten in der Behandlung des Schlachtblutes in den älteren Quellen keinerlei Indizien gibt.[112]

3. Das dargestellte Verfahren, daß man Haus- und Herdentiere ohne Opferabsicht und ohne Beachtung kultischer Reinheitsregeln schlachten und verzehren kann, ist eine Neuerung, mit der ein bis dahin unbekanntes Verfahren für die hauswirtschaftliche Verwertung von Tieren propagiert wird.[113] Wäre die Schlachtung von Tieren ohne Opferabsicht und Beachtung der Reinheitsgebote aber als eine so gewichtige Innovation verstanden worden, hätte man sie wohl auch kaum nur en passant in marginalen Sätzen des Gedankenganges ausgesprochen. Und dem, daß eine Schlachtpraxis ohne Opferabsicht und ohne Beachtung kultischer Reinheitsregeln bis zum Entwurf des Deuteronomiums unbekannt gewesen wäre, widersprechen die oben angeführten Stellen aus den alttestamentlichen Erzähltexten.

So bleibt allein die erste der drei möglichen Deutungen sowohl als dem Text entsprechend als auch historisch wahrscheinlich übrig: Die Erwähnung der normalen Schlachtpraxis innerhalb einer Abhandlung darüber, wie man sich dem Kult der kanaanäischen Vorbewohner gegenüber zu verhalten habe, dient zur Abwehr der Versuchung, die alten und nicht von JHWH erwählten Kultstätten für Schlachtopfer zu benutzen.[114]

Auf welche Weise eine solche Versuchung zustandekommen könnte, will der Beispielfall 12,20ff. zeigen. Hier wird 12,15 sprachlich aufgenommen, aber nicht ganz korrekt auslegt, insofern die Möglichkeit einer sakralen Schlachtung in die Überlegung einbezogen, nur als praktisch nicht durchführbar beiseitegeschoben wird, wie denn auch konsequenterweise das רַק in

---

112 Zu I Sam 14,32ff. siehe unten in 2.3 z.St.; dort auch zu dem späten Beleg Lev 17,10-14, an welcher Stelle als einziger mit einer Übertretung des Blutverzehrverbotes gerechnet und diese unter eine kultische Strafe gestellt wird.

113 Das war die alleinige Auslegungsmöglichkeit, die E. König, Hauptfragen, 55, in Betracht zog: Wenn das Kapitel für die Schlachtung einen profanen Raum lasse, müsse geschlossen werden, daß dieser zuvor nicht bestanden habe.

114 So beurteilt auch N. Lohfink, Fortschreibung?, 138, mit Verweis auf H. Seebass und M. Rose die Funktion der Bemerkung über das Schlachten in Dtn 12,15.

20aδb fehlt. Diese Alternativmöglichkeit ist aber in 12,15 nicht berücksichtigt und darf auch nicht etwa von 20ff. her dort eingetragen werden, da 20ff. innerhalb des Gedankenganges als Fallbeispiel für den Gegenfall zur Erweiterung der positiven Fassung des Grundsatzverbotes einseitig von 12,15 abhängig ist.

Dtn 12,20ff. läßt aber nun die Frage aufkeimen, wer denn überhaupt eine kultisch gestaltete Schlachtung zum Zwecke des Fleischverzehrs in Erwägung gezogen haben könnte. Die traditionelle Auffassung von der Ursprünglichkeit und Alleingültigkeit der sakralen Schlachtung basiert letztlich auf der Vorstellung, daß dieser Wunsch oder gar Zwang in alter Zeit alle Menschen beseelt habe, was aber nicht belegbar ist. Zwar ist nicht zu bestreiten, daß sich sakrale Ausgestaltungen des Schlachtens von Haus- und Herdentieren in vielen Epochen und Kulturen nachweisen lassen. Das diesbezügliche Material, das die Ethnologen und Religionsgeschichtler gesammelt haben, ist jedoch dazu angetan, vor verallgemeinernden Vorstellungen über das Erbe der Frühzeit zu warnen. Die kultische Schlachtung stellt sich danach nämlich als nur eine unter mehreren von Viehzüchtern praktizierten Versuchen dar, den mentalen Konflikt, den das Töten eigener Tiere mit sich bringt, zu bewältigen:

„Die Abneigung, aufgezogene Tiere zu töten, macht rituelle Handlungen nötig, die man in abstracto auf folgende Vorschriften zurückführen kann: die Tötung in die Dimension des Festes zu projizieren, das, weil es selbst außerhalb der Norm steht, in sich Handlungen aufnehmen kann, die ebenso außerhalb des Üblichen liegen; das Tier dem unmittelbaren Gebrauch zu entziehen, in dem man es zum Opfer für ein übermenschliches Wesen bestimmt; die Aufgabe des Tötens Mitgliedern einer anderen sozialen Gruppe zu übertragen; anderen die eigenen getöteten Tiere zu geben und ihre dafür zu nehmen."[115]

Die sakral gestaltete Tierschlachtung ist also von der normalen Schlachtweise weniger religionsgeschichtlich, als vielmehr religionssoziologisch zu differenzieren. Da nun keine Gründe für die Annahme zu erkennen sind, daß sich israelitische Viehzüchter von dem durch die Ethnologie und Religionsgeschichte gezeichneten Charakterbild dieser Berufsgruppe wesentlich unterschieden haben könnten, werden sich auch die sakralen Schlachtungen von Haus- und Herdentieren, die im Alten Testament erwähnt werden, als ein Ausweg aus der Schwierigkeit, selbst aufgezogene Tiere töten zu müssen, deuten lassen.

Daraus folgt aber nun, daß das Bedürfnis nach sakralem Schlachten von Haus- und Herdentieren in der Regel nur die bäuerliche Bevölkerung erfüllt haben dürfte, die mit der Aufzucht und der Pflege von Tieren befaßt war und

---

115 M. Massenzio, Tier, 201.

ihren Lebensrhythmus Tag für Tag dementsprechend einrichten mußte. Den auf ein Handwerk oder auf Verwaltungsaufgaben in den Städten, am Hof, in den Festungen oder an den Tempeln spezialisierten Kunden der Viehzüchter, die ein Tier zum privaten Nahrungsbedarf erwarben – was auch damals einen nicht unbeträchtlichen Prozentsatz der Schlachtungen ausgemacht haben wird[116] –, oder den Soldaten, die ihr Plündergut wie etwa in I Sam 14,32-34 im Felde verzehren wollten, dürfte der Wunsch, das Töten eines Tieres zu einem Opfer zu machen, aber eher fern gelegen haben, da ja keine persönliche Beziehung zu den zu schlachtenden oder sogar bereits geschlachtet erworbenen[117] Tieren bestand. Bezeichnend ist auch, daß im Falle der Tötung von Wildtieren eine Verknüpfung von Schlachtung und Opfer im Alten Testament und seinen Quellen nicht einmal in Ansätzen zu spüren ist.[118] Mit religiösem Enthusiasmus, der auch Menschen aus der städtischen Bevölkerung zu kultischen Schlachtungen bewogen haben mag, wird freilich in Einzelfällen stets zu rechnen sein. Dennoch muß festgehalten werden, daß die verbreitete Meinung, in „ältester Zeit" sei „jedes Schlachten ein Opfern" gewesen, aus dem Blickwinkel der Ethnologie und Religionsgeschichte nicht aufrecht erhalten werden kann.

Wer aus dem beschriebenen mentalen Konflikt der Viehzüchter oder aus rein religiösen Gründen heraus ein für den Verzehr zu schlachtendes Tier zugleich als Schlachtopfer opfern wollte, wird die Möglichkeit einer profanen Schlachtung gar nicht erwogen haben, wohl aber – wie schon angedeutet –

---

116 Wäre der Fleischkonsum im alttestamentlichen Israel eine Ausnahme gewesen, wie es zuweilen dargestellt wird – so unlängst wieder T. Staubli, Tiere, 46, der jedoch selbst (unbewußt) mehrere Gegenargumente dafür bringt, – hätte sich die Tradition der Listen von eßbaren und ungenießbaren Tieren in Lev 11 und Dtn 14 erübrigt; vgl. auch Ex 16,3 mit der Sehnsucht nach den Fleischmahlzeiten im Kulturland und I Reg 5,3 mit Angaben über den Fleischverbrauch am Königshof; dazu und zu anderen Berichten über Fleischverzehr siehe die eindrucksvolle Beispielsammlung von R. Bartelmus, Tierwelt, 17f. Für die Verhältnisse im mesopotamischen Bereich sagt E. Ebeling, Fleisch, 86: „F. ... spielte in Wirtschaft und Kultus der Sumerer, Babylonier und Assyrer eine große Rolle. Zwar wird es von der großen Menge nur gelegentlich gegessen, kommt aber in Massen auf den Tisch der Großen des Landes".

117 Auch hierin werden sich Israel und Juda von den umliegenden Kulturen nicht wesentlich unterschieden haben. Im benachbarten Ägypten war das „Schlachten ... einem hierzu speziell ausgebildeten, gesellschaftlich allerdings niedrig eingestuften Handwerker, dem Schlächter, vorbehalten und geschah sowohl für Profan- wie Ritualschlachtungen im Schlachthof. ... Über Profanschlachtungen und die Weiterverarbeitung des Fleisches für den täglichen Bedarf unterrichten vor allem dreidimensionale Modelle mit Dienerfiguren, aber auch Darstellungen von ‚Szenen des täglichen Lebens' u.a. im Zusammenhang mit der Küche.", A. Eggebrecht, Schlachten, 638f.

118 Vgl. z.B. Dtn 12,15: *Der Unreine und der Reine werden es wie die Gazelle und wie den Damhirsch essen.*

den Gang zu dem nächstgelegenen oder seit alters beliebten Heiligtum. Dies zu unterbinden und auch auf diese Weise dem JHWH-Kult zur Allein-herrschaft zu verhelfen, ist die vornehmliche Absicht des Textes Dtn 12,13ff. Die erwähnte Möglichkeit einer Schlachtung ohne Opfercharakter und deshalb ohne Beachtung der Reinheitsanordnungen in 12,15 (und 20) steht vollkommen im Dienst dieser Intention und darf nicht durch eine vom Kontext isolierte Betrachtung überbewertet werden. Hier von einem Akt der Säkularisierung zu sprechen, der dann in Lev 17,3 zurückgenommen würde[119], verschiebt die thematischen Gewichte im Text in methodisch unzu-lässiger Weise.

Was man in Dtn 12,13(ff.) am ehesten als Neuerung verstehen könnte, ist das Grund-satzverbot, Brandopfer an einer anderen als der von JHWH erwählten Stelle darzubringen. Die Opferform der עֹלָה ist weder in der Spätbronze- noch in der Eisen-I-Zeit Israels und Judas archäologisch belegt, sondern kam nach W. Zwickel offensichtlich erst in der Eisen-II-Zeit erneut auf.[120] Daß Ahas in Jerusalem nach Damaszener Vorbild einen Brandopferaltar errichten ließ, ist sicher nicht zu Unrecht aus einem Bedürfnis der Bevölkerung nach dieser Opferart heraus erklärt worden.[121] Diesem „modernen" Bedürfnis werden aber auch kleinere Heiligtümer in der Provinz entsprochen haben, und dies könnte der religionsgeschichtliche Hintergrund für Dtn 12,13 gewesen sein: Wenn schon das neuartige Brandopfer für JHWH, dann aber bitte wenigstens an einem oder dem von ihm „erwählten" Ort! Dies erwägt auch N. Lohfink, will diesen Gedanken aber nur als „spielerisch erwähnt" gelten lassen.[122]

2.2.2 Lev 17,3-7 – „Wer rituell schlachtet, soll vor JHWH opfern"

Die Situation, die Lev 17,3-7 vor Augen hat, ist nun vollkommen anders als die von Dtn 12,15 und auch von der in Dtn 12,20ff. dargestellten auffallend verschieden.

1. Von Dtn 12,20ff. unterscheidet sich Lev 17,3-7 dadurch, daß hier nicht die eventuelle Ferne des legitimen JHWH-Heiligtums vorausgesetzt wird, sondern gerade dessen leicht erreichbare Nähe. F. Crüsemann hat mit Recht darauf hingewiesen, daß man den fiktiven geschichtlichen Kontext der Stelle als einer Begebenheit während der Wüstenwanderung nicht übersehen darf, was bedeutet, „»außerhalb des Lagers« heißt nicht »irgendwo in der Welt«, sondern darin ist die Nähe des Lagers mitgesetzt"[123]. Der אִישׁ von 17,3 lebt also nicht in einer abgelegenen Provinz, wie E. A. Knauf annimmt, der hier

---

119 So „viele Exegeten", A. Ruwe, Heiligkeitsgesetz, 141, mit Literaturangaben.
120 W. Zwickel, Tempelkult, 202 u.ö.
121 Vgl. W. Zwickel, Der salomonische Tempel, 162.
122 N. Lohfink, Fortschreibung?, 141.
123 F. Crüsemann, Tora, 341.

den Ausdruck einer ländlichen Sitte sieht und folgert, „dass nichtkultisches
Schlachten zwar in Jerusalem konzipiert werden konnte, aber auf dem Lande
noch lange undenkbar blieb."[124] Vielmehr hat der אִישׁ den zentralen Kultort
stets unmittelbar vor Augen und könnte ihn ohne größeren Aufwand in Anspruch nehmen, von welcher Möglichkeit er aber keinen Gebrauch macht:
3 *Jeder aus dem Haus Israel, der ein Rind oder ein Schaf oder eine Ziege im
Lager (schlachten wird) oder der (es) außerhalb des Lagers schlachten wird
4 und es nicht zum Eingang des Begegnungszeltes gebracht hat, um ein Opfer
für JHWH vor der Wohnung JHWHs darzubringen, Blut(schuld) wird jenem
Mann angerechnet werden; er hat Blut vergossen, und jener Mann wird aus
der Mitte seines Volkes ausgeschlossen*[125] *werden.*

    2. Von Dtn 12,15 aber unterscheidet sich Lev 17,3-7 dann vor allem darin,
daß hier eine profane Schlachtung überhaupt nicht in Erwägung gezogen
wird[126], sondern der Schlachtende ausschließlich auf eine kultische Gestaltung des Schlachtens aus ist. „Die Mehrzahl der Fälle, in denen das Verb
šḥṭ erscheint, beschreibt das rituelle Töten von Tieren zum Zweck einer
kultischen Feier"[127]. Wäre das bereits ein deutlicher Hinweis auf den
kultischen Charakter der Handlung, wird in 5 und 7 auch noch expressis
verbis festgestellt, es handele sich um die Opferart זֶבַח, und die Schlachtung
geschehe (als Opfer) für die שְׂעִירִם[128]:
5 *Damit die Israeliten ihre Schlachtopfer, die sie auf dem Feld schlachten, zu
JHWH, (d.h.) an den Eingang des Begegnungszeltes zum Priester, bringen
und sie als* $\check{s}^e$*lamîm-Schlachtopfer für JHWH schlachten werden. 6 ... 7 und
ihre Schlachtopfer nicht mehr für die* $\check{s}^{ec}$*îrim schlachten werden, denen sie
buhlerisch nachlaufen. ...*
    Unabhängig davon, was die שְׂעִירִים während der erzählten Zeit oder auch
zur Zeit der Abfassung des Textes gewesen sein mögen – die Praxis, die
geändert werden soll, gilt dem Verfasser des Textes ohne Zweifel von vorn
herein und ausschließlich als eine kultische. Er hält sie nur eben nicht für
legitim JHWH-kultisch, sondern vielleicht sogar als fremdkultisch. K.
Grünwaldt hat die Intention des Textes Lev 17,3-7 genau getroffen, wenn er
schreibt: „Wer rituell schlachtet, soll vor JHWH opfern"[129]. Bei dieser
Sachlage kann keine Rede davon sein, daß hier die vermeintliche Freigabe

---

124 E. A. Knauf, Herkunft, 161.
125 HAL II, 476; vgl. dazu ausführlicher unten in Exkurs 2!
126 So zutreffend K. Grünwaldt, Heiligkeitsgesetz, 26ff.
127 R. E. Clements, שָׁחַט, 1215.
128 Dies alles übersieht A. Ruwe, wenn er, Heiligkeitsgesetz, 143, Lev 17,2 als „Verbot der
    Profanschlachtung" bezeichnet und sagt: „Schlachtung wird auf den kultischen Raum
    begrenzt."; dem Wortlaut nach steht hier die normale Schlachtung nicht zur Diskussion.
129 K. Grünwaldt, Heiligkeitsgesetz, 24.

der Profanschlachtung des Deuteronomiums wieder rückgängig gemacht werden soll, und es kann schon gar nicht von einer „Gesetzesutopie" gesprochen werden, „alles Schlachten am Tempel zu vollziehen"[130], denn die Alternative profane Schlachtung / sakrale Schlachtung steht hier nicht zur Debatte.[131]

Vielmehr ist festzuhalten: Lev 17,3-7 bezeugt, daß zur Zeit der Abfassung des Textes Schlachtungen von Haus- und Herdentieren gern als Schlachtopfer kultisch gestaltet wurden. Denn wenn es sich dabei um Einzelfälle gehandelt hätte, würde es wohl kaum einen Grund gegeben haben, die Angelegenheit so ausführlich darzustellen, fremdkultisch zu deuten und abzustellen zu versuchen. So wird man vielmehr annehmen dürfen, daß die *Schlachtopfer ... auf dem Feld* keine Seltenheit waren. Ob die Deutung des Verfassers, diese sakralen Schlachtungen seien den שְׂעִירִם gewidmet, die Realität beschreibt, insofern seine Zeitgenossen bewußt eine fremdkultische Handlung ausführen, oder vielmehr polemisch gemeint ist, insofern die Zeitgenossen des Verfassers zwar die kultischen Schlachtungen JHWH widmen wollen, der Verfasser sie aber dahingehend disqualifiziert, daß sie – horribile dictu – an die שְׂעִירִם gerichtet seien, weil sie nicht am JHWH-Heiligtum vollzogen werden, muß und kann hier offen bleiben. Interessanter ist es, der Frage nachzugehen, was zur Aufnahme des aller Wahrscheinlichkeit nach isoliert überlieferten Stückes in die priesterschriftliche Darstellung des JHWH-Kultes von Ex 25 bis Lev 25 und damit in den großen Erzählungsblock über die Wüstenzeit Israels geführt haben mag: War dies nur eine Behelfslösung, um das Thema irgendwo in der Überlieferung unterzubringen, was in dem Abschnitt Lev 17-20 mit dem Thema „Irreparable Unreinheit" leicht möglich war?[132] Oder hat der Redaktor diesen Ort in der Tradition (auch) deshalb gewählt, weil er Parallelen zwischen der in Ex 25 bis Lev 25 vorausgesetzten Situation und seiner Gegenwart sah? Sollte letzteres zutreffen, dürften wir die kleinräumige Lagersituation der Wüstentraditionen auf die Lebensumstände des Verfassers übertragen, und wir hätten uns dann seine Welt als einen ziemlich eng begrenzten Bereich mit einem arbeitsfähigen Heiligtum im Mittelpunkt vorzustellen, etwa die nachexilische Stadt Jerusalem und ihre unmittelbare Umgebung, höchstens

---

130 B. Lang, זָבַח, 521.

131 Aus der Tatsache, daß es sich um Lev 17,1ff. um ein ausschließlich innerkultisches Problem handelt, ziehen R. Rendtorff, Studien, 120, und A. Ruwe, Heiligkeitsgesetz, 145ff., die Konsequenz und suchen auch nach einer speziellen kultischen Zielsetzung des Abschnittes, die sie in der Forderung nach der Ablösung des זֶבַח-Opfers durch den זֶבַח שְׁלָמִים sehen.

132 Zum Kontext siehe Verf., Existenz, 313f.

noch die gesamte, aber doch auch recht kleine persische Provinz Juda. Nun wird man sich die Bewohner der Stadt Jerusalem und ihres näheren Umlandes zur Zeit der Abfassung der Priesterschrift oder ihrer Zusätze nicht gerade als in der Mehrheit bäuerlich geprägt zu denken haben, zumal sich die Gegend von Jerusalem zu keiner historischen Epoche in besonderer Weise zur landwirtschaftlichen Nutzung geeignet hat. Selbst wenn Lev 17,3ff. vor der Schaffung der Provinzialverwaltung und dem Synoikismos Nehemias verfaßt worden sein sollte, wird die angesprochene Bevölkerung zu einem guten Teil aus Handwerkern, Händlern, Tempel- und Verwaltungspersonal bestanden haben. Wenn diese nun einen – wie wir oben an den ethnologischen und religionsgeschichtlichen Parallelen erkennen konnten – eigentlich in der Welt der Viehzüchter beheimateten Brauch praktizieren und das Schlachten von Tieren sakral gestalteten, so muß es, wenn man nicht von einer Welle religiösen Eifers ausgehen möchte, für den es keinen Anhalt im (Kon)text gibt, dafür einen aktuellen Anlaß gegeben haben. Dieser mag in schlechten wirtschaftlichen Verhältnissen zu suchen sein, die dazu anregen konnten, sich das Wohlwollen Gottes (oder der Götter) durch Opfer zu sichern. Die vermehrte Sakralisierung des Schlachtens von Haus- und Herdentieren wäre dann als eine Lebensäußerung der Volksfrömmigkeit einzuschätzen, und die Bestrebung von Lev 17,3-7, diese Handlung an das Heiligtum zu holen und sie an ein anerkanntes Ritual zu binden, könnte als die Reaktion des kultischen Establishments gedeutet werden. Indizien, die die genauere Verortung in eine konkrete Epoche der nachexilischen Zeit möglich machten, sind freilich nicht zu erkennen.

Es dürfte nicht ohne Bedeutung sein, wenn die meisten Stellen im Alten Testament, die auf das Schlachten von Tieren zu sprechen kommen, dieses in keinerlei Weise problematisieren. Lediglich diese zwei bzw. drei Texte – Dtn 12,15.20ff. und Lev 17,3-7 – befassen sich ausdrücklich mit dieser Materie. Absolut datieren lassen sich diese Abschnitte nicht; relativ wird man den Normenteil des Deuteronomiums dem Heiligkeitsgesetz vorordnen wollen, während innerhalb von Dtn 12, wie oben dargestellt, 20ff. logisch und sprachlich von 15 abhängig und – in welchem zeitlichen Abstand auch immer – 15 nachzuordnen ist. Damit spiegeln die drei Belegstellen, deren Aussagekraft aufgrund ihrer kleinen Anzahl und der damit recht schwachen Belegbasis freilich nicht überbewertet werden darf, folgende geschichtliche Entwicklung wider:

Dtn 12,15   Die profane Schlachtung von Haus- und Herdentieren wird als Selbstverständlichkeit vorausgesetzt.

Dtn 12,20ff. Mit dem Wunsch, das Schlachten von Haus- und Herdentieren sakral zu gestalten, muß gerechnet werden.

Lev 17,3ff. Das Schlachten von Haus- und Herdentieren wird häufig sakral gestaltet.

Der bislang häufig vermutete Trend in der entgegengesetzten Richtung – verbindliche kultische Schlachtung als ursprünglicher Normalfall → Freigabe der profanen Schlachtung als säkularisierndes Zugeständnis[133] – läßt sich in den alttestamentlichen Quellen nicht erkennen.

2.3 Der Verzicht auf den Verzehr von Blut

Die einzige Stelle im Alten Testament, die die praktische Durchführung einer Schlachtung wenigstens ansatzweise schildert und einige Einzelheiten erkennen läßt, ist I Sam 14,32(-34). Der Erzähler schildert, wie Soldaten zur Zeit Sauls nach einem Sieg philistäische Beutetiere אַרְצָה schlachten, was wohl in gedrängter Rede „Sie schlachteten es so, daß das Blut ... zur Erde hin floß." besagen soll.[134] Dieser Umstand wird freilich nicht um seiner selbst willen mitgeteilt, sondern beschreibt die Ausgangslage für ein Problem, das Saul lösen muß und auf das noch ausführlich einzugehen sein wird. Der Darstellung ist hier zunächst aber immerhin schon so viel zu entnehmen, daß der Erzähler den Verzicht auf die Verwertung des Blutes geschlachteter Tiere für in der erzählten Zeit selbstverständlich hielt[135]: Selbst hungrige Soldaten nahmen sich seiner Überzeugung nach damals im Felde die Zeit, Beutetiere, die sie essen wollten, zuvor in die Erde ausbluten zu lassen, um das Blut nicht mit zu verzehren. Es ist wiederholt darauf hingewiesen worden, daß es sich dabei um diejenige Schlachtpraxis handelt, die das Deuteronomium in 12,16b und 24 in doppelter Ausführung empfiehlt.[136] Nun läßt sich leider der

---

133 So auch noch T. Staubli, Tiere, 46.

134 So H. J. Stoebe, Buch Samuelis, 268 Anm. 32b, der freilich in seine Übersetzung ein „einfach" einschiebt, wohl um seiner Deutung Nachdruck zu verleihen, Sauls darauffolgendes Handeln führe zu der vollkommeneren Art der Schlachtung mit der notwendigen Scheidung des Anteils Gottes von dem der Menschen, die bei dieser verkürzten Schlachtweise nicht gewährleistet sei.

135 B. Kedar-Kopfstein, דָּם, 262: „Nach 1 Sam 14,32ff. scheint die Abscheu vor dem Blutgenuß in Israel aus älterer Zeit zu stammen."

136 Z.B. H.-W. Hertzberg, Samuelbücher, 91; H.-J. Stoebe, Buch Samuelis, 268.

historische Gehalt der kleinen Szene in I Sam 14,32-34 nicht verifizieren.[137] Daß hier bereits eine Schlachtpraxis geschildert wird, die im Deuteronomium empfohlen und damit nach dem chronologischen Aufriß der Geschichte und der Literaturgeschichte Israels, so wie er sich uns heute darstellt, erst Jahrhunderte nach der hier erzählten Zeit schriftlich niedergelegt worden ist, kann aber nicht als Argument gegen die Historizität der Notiz von I Sam 14 vorgebracht werden; denn daß Dtn 12,15ff. und 20ff. eine spätere Neuerung bieten würden, ist weder aus dem dortigen Text ersichtlich noch nach den ethnologischen und religionsgeschichtlichen Parallelen wahrscheinlich[138]. Von daher jedenfalls steht der Annahme nichts im Wege, daß I Sam 14,32 die für uns älteste Darstellung einer oder gar der Schlachtpraxis in Israel bewahrt hat – eine Praxis, bei der das Blut des Schlachttieres in die Erde fließt und offensichtlich nicht zum Verzehr oder für irgendeine andere Verwendung aufgefangen wird. Der Erzähler hält es nicht für notwendig, darauf näher einzugehen; es ist für ihn wohl selbstverständlich, daß man auf eine Verwertung des Blutes verzichtete, so daß dies nur en passant angemerkt zu werden brauchte, wenn die Ausgangssituation für die folgende Tat Sauls zu schildern war.

Der Verzicht auf den Verzehr von Blut wird im Alten Testament nicht nur dokumentiert, sondern vor allem auch geboten. E. Reuter erwägt allerdings im Anschluß an J. Milgrom, „ob das Verbot sich auf blutiges, also rohes oder halbrohes Fleisch bezieht", da „אכל ... die Aufnahme fester oder halbfester Speisen" bezeichne.[139] Dies ist aber ein Scheinproblem, insofern Blut bei seiner Verwendung als Nahrungsmittel wohl nur selten getrunken, sondern – wenn nicht als Speisezusatz – in geronnener Form verwendet wird. In Ez 34,3 wird אָכַל zudem nach den Versionen auch mit dem Objekt Milch verbunden.[140] Die einschlägigen Stellen werden sich also doch wohl auf den Verzehr des bei der Schlachtung anfallenden Blutes beziehen. Die Zahl der Belege dafür, die sich vor allem in der Priesterschrift finden[141], ist aber ziemlich gering.[142] Überraschend, weil nach dem hohen Bekanntheitsgrad

---

137 Sogar die Stellung des Abschnittes im Wachstumsprozeß des Kontextes ist umstritten, vgl. W. Dietrich, T. Naumann, Samuelbücher, 40.
138 Vgl. oben Abschnitt 2.2.1 z.St.
139 E. Reuter, Kultzentralisation, 73.
140 Die LXX liest ἰδού τὸ γάλα, die Vulgata „lac"; vgl. HAL I, 44, und zur Diskussion W. Zimmerli, Ezechiel 2, 827 Anm. 3a.
141 A. Ruwe, Heiligkeitsgesetz, 143.
142 Lev 3,17 und 7,26f. „gehören ... zu Ritualanweisungen bezüglich des זבח שלמים", A. Ruwe, Heiligkeitsgesetz, 155, vgl. auch M. Noth, Leviticus, 22 und 52, und insofern nicht zu unserem Thema; dem widerspricht auch die Wendung בְּכל מוֹשְׁבֹתֵיכֶם in Lev 7,26, die auf den ersten Blick auf eine Norm für das tägliche Leben hinweisen könnte,

dieser Sitte eigentlich nicht zu erwarten, ist nun aber der Befund, daß die Darstellungen oder sogar die Normen über das Verfahren mit dem Blut innerhalb der Belegstellen bzw. in den Kontexten mit der einzigen Ausnahme Lev 17,10-14 nicht anders als in I Sam 14,32-34 eine nur marginale Stellung einnehmen.

Dtn 12,13-14a will darauf hinwirken, daß Brandopfer nur an dem Ort dargebracht werden, den JHWH erwählt hat; in 14b wird dieses Bestreben auf alle anderen Opfer ausgedehnt. Da 12,14b auch tierische Opfer wie den זֶבַח umfaßt, bei denen die Opfernden am Fleisch des Opfertieres teilhaben, verweist der Text in 12,15 auf den Gegenfall, Tiere nicht als von Gott gefordertes Opfer, sondern lediglich aus eigenem Antrieb zu schlachten und zu verzehren. Daran schließen sich auf der fünften Stufe des Gedankenganges in Dtn 12,16 die Einschränkung des Gegenfalles zur Erweiterung der positiven Fassung des Grundsatzverbotes

16a *Nur das Blut sollt ihr nicht essen;*

und in 12,16b als Ausführungsbestimmung dazu

16b *du sollst es wie Wasser auf die Erde gießen.*

an. Das wiederholt sich in Dtn 12,23-25 mit einer Einschränkung samt Begründung, Ausführungsbestimmung und Wiederholung der Einschränkung eines Fallbeispieles für den Gegenfall zur Erweiterung der positiven Fassung des Grundsatzverbotes. An beiden Stellen gewinnt der Leser den Eindruck, daß das Verbot des Blutverzehrs nur der Vollständigkeit halber noch mit erwähnt wird, ohne daß darauf ein besonderer Ton liegen soll.[143] Allerdings wird in 23aβb eine Erklärung für dieses Verbot gegeben:

23aβ *denn das Blut ist das Leben,*

woraus verständlicherweise folgt:

23b *und das Leben zusammen mit dem Fleisch sollst du nicht essen.*

Nicht anders als in Dtn 12,16.23-25 wird auch in Dtn 15,23 das Blutverzehrverbot nur am Rande berührt. An die Bestimmung über die männliche tierische Erstgeburt 15,19f. schließt sich mit 15,21 der Sonderfall der Opferuntauglichkeit an, der in zwei Ausführungsbestimmungen näher erläutert wird; die zweite davon untersagt in 23 – wie in Dtn 12,16 und 23 mit רַק angeschlossen – den Verzehr des Blutes:
23 *Nur sein Blut sollst du nicht essen; du sollst es wie Wasser auf die Erde gießen.*

---

nicht, da es sich hier um eine Abkürzung der vollen Gültigkeitsformel חֻקַּת עוֹלָם לְדֹרֹתֵיכֶם בְּכֹל מוֹשְׁבֹתֵיכֶם wie in Ex 12,20 und Lev 23,3 handeln dürfte.

143 Anders M. Rose, 5. Mose, 13, der hierin die Hauptaussage des Abschnittes sehen möchte: „Der Kurzpredigt V. 13-19 geht es ... um die Aufrechterhaltung einer ... Schlachtpraxis ...: das Blut des geschlachteten Tieres in die Erde auslaufen zu lassen." Vgl. aber dagegen die Nachvollziehung des Gedankenganges von Dtn 12,13-28 oben in 2.2.1!

Zur Erklärung der Sitte, das Blut geschlachteter Tiere nicht zu verzehren, haben manche Autoren auf „ein auch anderwärts bekanntes Tabu"[144] oder ein ursprünglich wohl animistisches Verständnis des Verbotes[145] hingewiesen. Die Texte bieten allerdings von sich aus keinen Anlaß, solche Parallelen zu ziehen. Auch an einen religiösen Hintergrund ist, solange man von Lev 17,11 absieht, nicht zu denken, denn der geforderte Umgang mit dem Blut entbehrt jeglicher sakraler Elemente: Das in den Ausführungsbestimmungen zur Beseitigung des Schlachtblutes verwendete Verb „שׁפך" hat keinerlei kultische Bedeutung, sondern bezeichnet nur die ... ordnungsgemäße Beseitigung des nicht verbrauchten Blutes'. Zur Bezeichnung eines Blutritus dient dagegen זרק."[146]; ferner sind für die Beseitigung des bei der Schlachtung anfallenden Tierblutes weder ein sakraler Ort und noch eine sakrale Begleithandlung notwendig. Ja nicht einmal „ein allgemein bekenntnismäßiger Charakter"[147] wird irgendwo angemerkt. Die Gleichsetzung des Blutes mit dem Leben dürfte vielmehr eine praktische Erfahrung reflektieren: Je mehr Blut ein verletztes Lebewesen verliert, um so mehr schwindet sein Leben; kommt der Blutfluß zum Stillstand, ist der Mensch bzw. das Tier tot. So wird an jedem blutenden Lebewesen augenfällig, daß das Blut sehr eng mit dem Phänomen der Lebendigkeit verbunden ist: *Das Blut ist das Leben.* Wer das Blut aber vernichtet – und bei der Nahrungszubereitung in der Küche, spätestens aber im Verdauungstrakt des Menschen geschieht dies –, der zerstört damit offensichtlich ein Stück der Lebenskraft der Welt, an der er selbst partizipiert und auf die er auch in seinen Haus- und Herdentieren nicht verzichten kann. Aus dieser naheliegenden Überlegung wird wohl die Scheu vor dem Verzehr des Blutes bereits verständlich, ohne daß zu ihrer Erklärung Elemente vorlogischen oder kultischen Denkens bemüht werden müßten.

Offensichtlich gab es beim Abfassen und Redigieren des Normenteils des Deuteronomiums weder Grund noch Anlaß, das Verfahren mit dem Blut zu schlachtender und geschlachteter Tiere besonders zu thematisieren. Dann

---

144 B. Kedar-Kopfstein, דם, 262.
145 G. Gerleman, דם, 450; so redet z.B. auch M. Rose, 5. Mose, 13, von der „Unheimlichkeit des Blutes". W. Zimmerli, 1. Mose, 328, sah die Absicht des Blutgenußverbotes darin, daß „alles eigenmächtige Walten des Menschen mit den Mächten des Blutes ... verunmöglicht werden" soll; vgl. dazu auch K. Grünwaldt, Heiligkeitsgesetz, 154, unter Berufung auf H. Seebass: „Das Leben des getöteten Lebewesens ... steht dem Menschen zum Zweck der Lebenssteigerung nicht zur Verfügung." Wenn dies die Intention des Verbotes wäre, müßte es verwundern, daß wiederholt darauf hingewiesen wird, daß „im Blut das Leben ist", was ja doch geradewegs zur Manipulation mit dieser „Macht" anregen müßte.
146 E. Reuter, Kultzentralisation, 73, mit einem Zitat von R. Rendtorff.
147 G. von Rad, Genesis, 109.

aber ist anzunehmen, daß die Sitte, auf den Verzehr des Blutes zu verzichten, in jener Zeit allgemein akzeptiert wurde und es keine Notwendigkeit gab, Maßnahmen zu ihrer Durchsetzung – etwa in Analogie zu den Bestrebungen, die Sabbatruhe aufrechtzuerhalten bzw. wiedereinzuführen, – zu ergreifen.

Direkt zum Thema gemacht wird die Frage des Verzehrs von Blut lediglich und erst in Lev 17,10-14 wo „jegliches Genießen von jeglichem Blut in aller nur denkbaren Form verboten"[148] wird:

10 *Jeder Mann aus dem Haus Israel und von der [Gruppe der] Schutzbürger, der sich in ihrer Mitte aufhält, der jegliches Blut essen wird, – ich werde mein [zorniges] Gesicht auf die das Blut essende Person richten (und) sie aus der Mitte ihres Volkes ausschließen lassen. 11 Denn das Leben des Lebendigen ist im Blut, und ich habe es euch auf den Altar gegeben, um für eure Leben Sühne zu schaffen, denn das Blut ist es, das durch das Leben (sc. in ihm) sühnen wird. 12 Deshalb habe ich den Israeliten gesagt: „Keine Person von euch soll Blut essen, und (auch) der Schutzbürger, der in eurer Mitte wohnt, soll kein Blut essen." 13 Und jeder Mann von den Israeliten und von der [Gruppe der] Schutzbürger, der sich in ihrer Mitte aufhält, der Jagdbeute von Tier oder Vogel, die gegessen wird, macht, soll das Blut ausgießen (und) es mit Erde bedecken, 14 denn das Leben jedes Lebendigen ist sein Blut ...[149] Ich habe den Israeliten gesagt: „Blut jedes Lebendigen sollt ihr nicht essen, denn das Leben jedes Lebendigen ist sein Blut. Jeder (einzelne) es Essende wird (soll) ausgeschlossen werden."*

Zwar hat man auch in diesem Abschnitt einen Anhang sehen wollen[150]; doch ist die Abhängigkeit vom vorangehenden Text längst nicht so deutlich, wie in den zuvor besprochenen Belegstellen für unser Thema; die Passage hätte auch für sich allein ihre Berechtigung als ein in zwei Unterfälle differenziertes Beispiel „irreparabler Unreinheit durch unkorrekt oder überhaupt nicht geschlachtete Tiere"[151]. Die Differenzierung geschieht nach der Alternative Haus- und Herdentiere, dies freilich unausgesprochen, aber aus dem Hinweis auf die kultische Verwendbarkeit des anfallenden Blutes zu erkennen, auf der einen Seite und Jagdbeute auf der anderen. Das Blut der Jagdbeute soll *wie Wasser* weggeschüttet werden; Lev 17,13bβ empfiehlt über Dtn 12,16b.24b und 15,23b hinaus noch die Abdeckung der Stelle mit einer Erdschicht; auch Ez 24,6 erwähnt dieses Verfahren. Neu ist nun aber,

---

148 A. Ruwe, Heiligkeitsgesetz, 157.
149 בְּנַפְשׁוֹ fehlt in einigen Versionen.
150 M. Noth, Leviticus, 113.
151 So das Thema des Kapitels Lev 17, siehe Verf., Existenz, 310.

daß das aus anderen Belegstellen bekannte und dort eher rational begründete Blutverzehrverbot in 17,11 für das Blut der Haus- und Herdentiere mit einer sakralen Begründung versehen wird: Gott habe das Blut, weil (das) Leben in ihm ist, zur Verwendung als Sühnemittel vorgesehen. Es ist zu unterstreichen, daß die unmittelbare Fortsetzung in 17,12 – mit עַל־כֵּן eingeleitet – als Folge davon zwar ein Blutverzehrverbot formuliert, nicht aber ein Gebot der Verwendung des Blutes auf dem Altar. Daß etwa alle Schlachtungen von Haus- und Herdentieren durch einen Blutritus am Altar sakral zu gestalten seien, wird nicht gefordert. Da das Blut aber als Sühnemittel verwendet werden kann, ist es – und das ist die Intention des Textes – der profanen Nutzung als Speise entzogen. Damit wird nun die Sitte, auf den Verzehr des Blutes zu verzichten, kultisch begründet und aus dem Verstoß gegen die altüberlieferte Speiseregel ein kultisches Vergehen gemacht, das mit Exkommunikation der betreffenden Person geahndet werden soll:

וְהִכְרַתִּי אֹתָהּ מִקֶּרֶב עַמָּהּ

10b *ich werde sie aus der Mitte seines Volkes ausschließen*

כָּל־אֹכְלָיו יִכָּרֵת

14bβ *Jeder (einzelne) es Essende wird (soll) ausgeschlossen werden.*[152]

Die Todesstrafe – wie etwa in Ex 31,12-17; 35,1-2 und Num 15,32-36 für die Verletzung der Sabbatruhe – wird nun aber für eine Übertretung des Blutverzehrverbotes nirgends angedroht. Auch das dürfte ein Hinweis darauf sein, daß dieses Verbot im großen und ganzen eingehalten wurde und man zu solchen extremen Mitteln nicht greifen mußte. Dennoch muß es einen Grund gegeben haben, Lev 7,10-14 zu verfassen und zu veröffentlichen, und da ist anzunehmen, daß die Sitte, auf die Verwertung des Schlachtblutes zu verzichten, in jener Zeit jedenfalls eben doch nur „im großen und ganzen" beachtet wurde und es Ausnahmen gegeben haben muß, auf die der Text reagiert. Die Reaktion ist eine zweifache Sakralisierung: Das Verbot, Blut zu verzehren, wird mit der kultischen Verwendung des Blutes begründet sowie mit der Exkommunikation als einer kultischen Strafe geahndet.

Das Verständnis des Blutes als Träger des Lebens und die Abneigung (bzw. das Verbot), zusammen mit dem Fleisch auch das Leben einer Kreatur zu verzehren, zieht nun aber vor allem praktische Konsequenzen für den Alltag nach sich:

1. Wenn das Blut nach Ausweis von Lev 17,11.14; Dtn 12,23 (הַדָּם הוּא הַנֶּפֶשׁ) sowie dem Zusatz[153] דָּמוֹ in Gen 9,4 als Träger der Lebendigkeit gilt

---

152 Zur Bedeutung der כרת-Formel siehe unten Exkurs 2.
153 C. Westermann, Genesis, 622; J. A. Soggin, Genesis, 153; siehe auch oben Exkurs 1.

und diese(r) nicht mit verzehrt werden soll, muß ein zur Nahrung bestimmtes Tier geschlachtet und seine Ausblutung kontrolliert werden. Insofern ist Gen 9,4 nicht nur ein Verbot, lebendige Tiere zu verzehren, sondern auch ein Schlachtgebot. J. A. Soggin zieht aus Gen 9,4 die weitere Konsequenz, „daß die geschlachteten (oder, besser, geschächteten) Tiere bis zur Tötung noch am Leben sein sollen; es darf sich deswegen weder um ein totgeborenes Tier noch um ein Aas handeln."[154] Die Abneigung, נְבֵלָה und טְרֵפָה zu verzehren, scheint mit dem Blutverzehrverbot aber nicht ursächlich zusammenzuhängen.[155]

2. Dem Schutz der im Blut lokalisierten Lebendigkeit dient nicht nur die Sitte, Schlachtblut nicht zu verzehren, sondern auf die Erde zu gießen und nach Lev 17,13 noch zusätzlich mit Erde abzudecken, sondern auch das Verbot, אֶל/עַל הַדָּם zu essen, das uns in Lev 19,26 begegnet und hinter I Sam 14,32-34 sowie Ez 33,25 steht. Über das rechte Verständnis der Formel אָכַל אֶל/עַל הַדָּם besteht freilich noch kein Konsens. Die Unsicherheit in der Deutung ist aber offensichtlich auch schon alt, denn die einschlägigen Passagen finden sich in sehr unterschiedlichen Sachzusammenhängen.[156]

Der Verfasser von Lev 19,26-28 leitet mit dem Verbot, in dieser Weise zu essen, eine Sammlung von disparaten Anordnungen ein, die – anscheinend nach dem Parallelismus membrorum gestaltet – „allerlei abgöttische und abergläubische Praktiken"[157] untersagen:

26 *Ihr sollt nicht ᶜăl-hăddam*[158] *essen,*

ihr sollt nicht wahrsagen,

und ihr sollt nicht (jemanden) in Erscheinung treten lassen.

27 *Ihr sollt den Rand eures Kopf(haar)es nicht rundherum stutzen,*

.........[159]

---

154 J. A. Soggin, Genesis, 155.

155 Näheres dazu unten in Exkurs 3.

156 Im Talmud wird die Wendung in mehr oder weniger übertragenem Sinne verstanden, vgl. B. Kedar-Kopfstein, דָּם, 262.

157 So M. Noth, Leviticus, 123.

158 Das ἐπὶ τῶν ὀρέων der LXX gleicht wohl an die häufige Kritik der Höhenheiligtümer wie etwa in Ez 18,6.11.25 und 22,9 an; vgl. auch K. Grünwaldt, Heiligkeitsgesetz, 243.

159 Der Satz *und du sollst den Rand deines Bartes nicht zerstören* fällt mit seiner Anrede in der 2. pers. sing. aus der Reihe. Laut BHS haben einige Versionen den Numerus angeglichen; da dies aber in keiner Handschrift des masoretischen Textes geschehen und der Satz in der parallelistischen Struktur überzählig ist, wird wohl die singularische Form ursprünglich sein und es sich hier um einen sekundären Zusatz handeln; so auch M. Noth, Leviticus, 123. Der Satz bietet eine sinngemäße Auffüllung und führt mit der Parallelisierung von Haar- und Bartbeschneidung gegenüber der doch wohl ursprüng-

28 *Und einen Einschnitt für eine [tote] Person sollt ihr*
nicht in euer Fleisch geben,
  und eine Tätowierungsinschrift sollt ihr nicht auf
  euch geben, ...

Nach der unmittelbaren Zusammenstellung mit dem Wahrsageverbot von
26bα in einem parallelistisch aufgebauten Vers könnte das אָכַל עַל הַדָּם hier
als eine Orakelpraxis, dem Gesamtzusammenhang nach aber als eine der
„Verhaltensweisen, die die Grenzen von Leben und Tod nivellieren,"[160]
verstanden werden.

Der Autor von Ez 33,23-29 stellt dagegen den Vorwurf, die nach der
Katastrophe von 587 v.Chr.[161] im Lande zurückgebliebene Bevölkerung esse
עַל־הַדָּם, an den Anfang einer Reihe mit Götzendienst, Tötungsdelikten,
Krieg, Perversitäten und Ehebruch:

25 *Ihr eßt ᶜăl-hăddam,*   עַל־הַדָּם[163] תֹאכֵלוּ[162]
  und ihr erhebt eure Augen zu euren
  Götzenbildern,
und ihr vergießt Blut,
  – und [ausgerechnet] ihr werdet
  das Land erben?
26 *Ihr stützt euch auf euer Schwert,*
  ihr begeht Abscheuliches,
ihr entehrt einer die Frau seines Nächsten,
  – und [ausgerechnet] ihr werdet
  das Land erben?

Hier braucht man sich durch A. Ruwes Resignation, daß „Ez 33,25 kaum
mehr Informationen über die Bedeutung dieses Blutverbotes zu entnehmen
sind als" Lev 19,26a[164], nicht den Mut zur Exegese rauben zu lassen. In 33,25
auf der einen und in 26 auf der anderen Seite entsprechen sich nämlich

---

lichen Zusammenordnung von Haarbeschneidung und Totenbeschwörung zu einer
lectio facilior.
160 A. Ruwe, Heiligkeitsgesetz, 214.
161 So die Datierung von W. Zimmerli, Ezechiel 2, 818.
162 Zu den beliebten Konjekturen der Stelle vgl. W. Zimmerli, Ezechiel 2, 820; seine deu-
      tende Übersetzung „mitsamt dem Blut eßt ihr [Opferfleisch]", 815, wird der inneren
      Logik der Komposition nicht gerecht, in der jeweils drei kritikwürdige Handlungen aus
      unterschiedlichen Lebensbereichen angesprochen werden, bei W. Zimmerli nun aber
      dem einen Gewaltdelikt zwei Vergehen aus dem Bereich des Kultes gegenüberstehen.
163 BHS schlägt an den Stellen im Ezechielbuch, an denen sich אֶל/עַל הֶהָרִים findet (Ez
      18,6.11.15 und 22,9) eine Konjektur zu עַל הַדָּם und dort, wo עַל הַדָּם steht (Ez 33,25)
      zu אֶל הֶהָרִים vor; man kann wohl in jedem dieser Fälle getrost beim masoretischen
      Text bleiben.
164 A. Ruwe, Heiligkeitsgesetz, 210.

anscheinend die Lebensbereiche, aus denen der Prophet beispielhafte Verfehlungen aufzeigt: 25aε und 26aα heben auf kriminelle Gewalttaten (wohl
nach Tötungsdelikten und Kriegsverbrechen differenziert) ab; der Fremdkult
in 25aδ dürfte weniger in dem Vorwurf des Ehebruchs in 26aγ, sondern eher
in dem Hinweis auf Abscheuliches in 26aβ seine Parallele haben, so daß
schließlich der Ehebruchsvorwurf und die Kritik an dem הַדָּם עַל-Essen ein
drittes Paar von Vergehen zu bilden scheinen. Ehebruch aber ist eine Verfehlung, die „vor dem Tempel" geschieht, was dann auch für das הַדָּם עַל-
Essen gelten dürfte.

Daß אָכַל הַדָּם [165]אֶל/עַל mit הַדָּם אֶת אָכַל „(das) Blut essen" gleichbedeutend sei[166], ist weder lexikalisch noch sachlich wahrscheinlich.[167] Lexikalisch
möglich ist freilich ein kausales Verständnis der Präposition עַל im Sinne von
„wegen", wie es K. Grünwaldt erwogen hat[168]; gemeint wäre dann ein
Verzehr tierischer Nahrung nicht um deret-, sondern um des darin enthaltenen Blutes willen, als könne man sich durch den Blutgenuß „fremde
Lebenskraft an",„eignen"; für eine derartige Vorstellung läßt sich allerdings
an keiner Stelle des Alten Testamentes eine Parallele beibringen.[169] Der
Wechsel des עַל mit der vornehmlich lokalen Präposition אֶל „hin zu"[170] in
einigen Handschriften von I Sam 14,34 ist aber aufschlußreich und stützt ein
lokales Verständnis der Adverbialbestimmung הַדָּם עַל, so daß auch von
daher K. Grünwaldts Deutung unwahrscheinlich ist. Die naheliegendste
Übersetzung der Wendung ist schon „über dem Blut/zum Blut hin essen".

Das lokale Verständnis dieses Ausdruckes wird nun aber vor allem durch
seine Verwendung in I Sam 14,32-34 nahegelegt:

---

165 In Lev 19,26 und Ez 33,35 findet sich ausschließlich הַדָּם עַל, in I Sam 14,34 favorisiert BHS הַדָּם אֶל und verweist auf 33 Handschriften mit הַדָּם עַל.

166 So z. B. LXX; HAL I, 215; B. Kedar-Kopfstein, דָּם, 262; auch K. Grünwaldt, Heiligkeitsgesetz, 42, 243, im Falle von Lev 19,26.

167 Vgl. die Diskussion bei H.-J. Stoebe, Buch Samuelis, 268. Richtig aber auch schon H.-
W. Hertzberg, Samuelbücher, 91: „Es ist nicht so, daß die Männer das Fleisch ‚mit'
seinem Blut gegessen hätten – das müßte nicht ‚al, sondern be heißen, ... – sondern daß
sie ‚auf' dem Blut das Mahl richteten.";„zusammen mit dem Blut" würde aber hebräisch wohl eher durch עִם als durch בְּ ausgedrückt werden.

168 K. Grünwaldt, Heiligkeitsgesetz, 243; vgl. auch schon z.B. M. Noth, Leviticus, 123 zu
Lev 19,26.

169 So gegen B. Kedar-Kopfsteins Behauptung, דָּם, 262, „daß in poetischen Stücken das
Trinken von Feindesblut glorifiziert wird (Num 23,24; Sach 9,15 LXX)"; an beiden
Stellen handelt es sich um poetische Bilder, die den Blutverzehr eines Löwen bzw. dem
von Schleudersteinen schildern; Sach 9,15 ist offensichtlich auch nicht unversehrt
überliefert.

170 Nur in Ausnahmefällen mit der Bedeutung „in Rücksicht auf" belegt, siehe HAL I, 49,
zu 8.

וַיַּעַשׂ[172] הָעָם אֶל־(הַ)שָׁלָל[171] וַיִּקְחוּ צֹאן וּבָקָר וּבְנֵי בָקָר וַיִּשְׁחֲטוּ־אָרְצָה וַיֹּאכַל הָעָם
עַל־הַדָּם: וַיַּגִּידוּ לְשָׁאוּל לֵאמֹר הִנֵּה הָעָם חֹטִאים לַיהוָה לֶאֱכֹל עַל־הַדָּם וַיֹּאמֶר
בְּגַדְתֶּם גֹּלּוּ־אֵלַי הַיּוֹם[173] אֶבֶן גְּדוֹלָה: וַיֹּאמֶר שָׁאוּל פֻּצוּ בָעָם וַאֲמַרְתֶּם לָהֶם הַגִּישׁוּ
אֵלַי אִישׁ שׁוֹרוֹ וְאִישׁ שְׂיֵהוּ וּשְׁחַטְתֶּם בָּזֶה וַאֲכַלְתֶּם וְלֹא־תֶחֶטְאוּ לַיהוָה לֶאֱכֹל אֶל־[174]
הַדָּם וַיַּגִּשׁוּ כָל־הָעָם אִישׁ שׁוֹרוֹ בְיָדוֹ הַלַּיְלָה[176] וַיִּשְׁחֲטוּ־שָׁם:[175]

32 Das Volk griff zu der Beute, sie nahmen Kleinvieh und Rind(er) und Kälber und schlachteten [sie so, daß das Blut] zur Erde hin [floß], (und) das Volk aß über dem Blut. 33 Man meldete Saul: „Das Volk sündigt gegen JHWH, indem es auf dem Blut ißt." Er sagte: „Ihr habt treulos gehandelt. Wälzt einen großen Stein *hierher zu mir!" 34 Saul sagte: „Zerstreut euch unter das Volk (und) sagt ihnen: 'Bringt jeder sein Rind und jeder sein Lamm[177] zu mir (und) schlachtet (es/sie) hier[178] (und) eßt; (und) sündigt nicht gegen JHWH, indem ihr auf dem Blut eßt.'" Das ganze Volk brachte(n) jeder eigenhändig[179] sein Rind *dorthin (und) schlachtete(n) (es) dort.

Die neueren Auslegungen kommen zu keiner einhelligen Erklärung, worin denn das Vergehen der Soldaten Sauls bestanden haben könnte. H.-W. Hertz-

---

171 Viele Handschriften bieten den Artikel.

172 Vgl. dazu BHS; das dort und auch bereits von den Masoreten vorgeschlagene וַיַּעַט in der Bedeutung „packen, zugreifen" ist allerdings mit der Rektion sonst אֶל nicht belegt.

173 LXX liest ἐνταῦθα, was einem hebräischen הֲלם entspricht. Nach H. Stoebe, Buch Samuelis, 269 Anm. 33d, konjizieren so die meisten älteren Ausleger, denen er sich aber nicht anschließt.

174 BHS: „mlt Mss עַל, 2 Mss אֶת".

175 In welchem Verhältnis der *große Stein* von I Sam 14,33 und der Altar aus der Notiz in 35 – אֹתוֹ הֵחֵל לִבְנוֹת מִזְבֵּחַ לַיהוָה וַיִּבֶן שָׁאוּל מִזְבֵּחַ לַיהוָה – zueinander stehen, geht aus dem Text nicht eindeutig hervor. Die Erklärung I. Willi-Pleins, Opfer, 77 Anm. 17, daß zwischen dem Schlachtplatz von I Sam 14,33f. und dem מִזְבֵּחַ von 35 kein großer Unterschied bestehe, da מִזְבֵּחַ ja auch nur „Schlachtstelle" bedeute, löst das Problem nicht, da im Alten Testament Altäre üblicherweise nach einer Gottesbegegnung an der betreffenden Stelle errichtet werden. Unter Einbeziehung dieses Befundes ist die Deutung naheliegend, daß Saul den in 35 genannten Altar erst dann baute, nachdem er hatte erleben können, daß Gott den Verstoß gegen seinen Willen, den er ja nicht ganz ungeschehen zu machen, sondern nur abzubrechen imstande war, nicht bestraft hatte. Die einfachste Lösung bleibt natürlich, 14,35 traditionell als zusammenfassenden Anhang zu betrachten, der den *großen Stein* nachträglich zu einem von Saul gebauten Altar erklärt.

176 „Heute Nacht" ergibt keinen Sinn und ist wohl dem ebenfalls inhaltlich schwer einzuordnenden הַיּוֹם von 14,33bβ nachgebildet; der Sache nach sind an beiden Stellen Lokaladverbien zu erwarten, hier wohl am ehesten הֲלָאָה *dorthin*, vgl. V mit usque ad. Zu anderen Vorschlägen vgl. z.B. H. Stoebe, Buch Samuelis, 269 Anm. 34d.

177 Auch *Zicklein*.

178 בָּזֶה kann sich nicht auf den *großen Stein* von 33bβ beziehen, da אֶבֶן – ähnlich einem Werkzeug? – als feminines Substantiv empfunden wird.

179 Wörtlich *in seiner Hand*, was aber bei einem so großen Tier wie bei einem Rind kaum gemeint sein kann.

berg meinte, daß sie den notwendigen „räumlichen und sachlichen Abstand zwischen dem, was Gott zukam, und dem, was die Menschen erhielten" außer Acht gelassen hätten, so daß ein „Stein für heilige Schlachtung" das Blut „an den Jahwe gehörigen Ort" gebracht und damit zur Lösung des Problems geführt hätte[180]; H.-J. Stoebe sah darin, „daß sie die erbeuteten Tiere wie Jagdbeute behandeln", die „Rechte Gottes an der Beute nicht gewährleistet", außerdem gehöre die „Stelle, auf die Blut geflossen ist, ... in den sakralen Bereich" und sei durch das Verfahren der Soldaten nicht „genügend geschützt", was durch die Errichtung eines „Feldaltars" in Ordnung gebracht worden sei[181]; für A. Ruwe wird das Blut „nicht effektiv beseitigt", sondern bleibt „offen und unbewältigt liegen", „Tiertötung und Fleischgenuß wird" nicht „getrennt", was dann erst durch die Errichtung des Altars erreicht werde[182]. Was diese unterschiedlichen Deutungen immerhin miteinander verbindet, ist die Vermutung, daß zwischen der Schlachtung, die freilich gegen die Meinung der genannten Autoren korrekt erfolgte[183], und dem Verzehr des Fleisches ein räumlicher Abstand einzuhalten gewesen wäre. So urteilt A. Ruwe auch zu Lev 19,26, welche Norm er als „Trennungsvorschrift" charakterisiert, daß hier die Trennung zwischen „Tötung und Essen" fehle. Die Frage aber, warum eine räumliche Trennung der beiden Tätigkeiten zu fordern war und es nicht anging, „daß sie ‚auf' dem Blut das Mahl richteten"[184], ist bisher weder einstimmig noch einleuchtend erklärt worden.

Vielleicht aber bietet sich eine Antwort an, wenn man sich überlegt, in welcher Form denn die Soldaten Sauls ihre Beutetiere zubereitet und verzehrt haben dürften. Nach Aussage von I Sam 14,31b war die Truppe am Ende des Kampftages *sehr müde*. In dieser Situation haben sich die Soldaten bei der Zubereitung des Essens gewiß jeden vermeidbaren Schritt erspart; sie werden an ein und derselben Stelle die Tiere geschlachtet, ein Feuer entzündet, das Fleisch – in der Art wie Ex 12,8f.11, wo ebenfalls eine gewisse Eile im Hintergrund stand, beschrieben – über dem Feuer gebraten und sich jeweils, was bereits gar war, zum Essen herausgerissen oder -geschnitten haben.

180　H.-W. Hertzberg, Samuelbücher, 91.
181　H.-J. Stoebe, Buch Samuelis, 268, 272. Die Errichtung „eines (Stein-)Altar"s erkennt hier auch I. Will-Plein, Opfer, 77, während H. Seebass, Vorschlag, 96, mit Recht sagt: „Einen Altar stiftet Saul erst nach getaner Tat 1 Sam 14,35, die Schlachtung ging also der Stiftung vorher."
182　A. Ruwe, Heiligkeitsgesetz, 211.
183　Auch W. Zimmerli, 1. Mose, 328f. warf den Soldaten vor, sie hätten „vorher das Blut Gott hin"„gießen" müssen, was aber Lev 17,13; Dtn 12,16.24 sowie 15,23 nicht fordern.
184　H.-W. Hertzberg, Samuelbücher, 91.

Wenn dieser gesamte Vorgang lediglich mit den beiden Verben שָׁחַט und אָכַל umschrieben ist, spricht das nicht gegen diese Vorstellung; daß אָכַל in abgekürzter Redeweise auch die Zubereitung einer Speise mit beinhalten kann, macht mindestens II Reg 6,28 deutlich. Die Hitze eines Feuers zum Fleischbraten dringt aber mit Sicherheit ein erhebliches Stück weit in den Erdboden hinein und verbrennt das dorthin ausgegossene Blut, womit die Absicht, durch die Schlachtung אַרְצָה das Blut mit dem in ihm enthaltenen Leben der Schöpfung zu bewahren, zunichte gemacht würde. Der von Saul zum Vollzug der Schlachtung eingerichtete Stein zentralisiert die Schlachtungen nicht nur, sondern sammelt das Blut vor allem an einer Stelle, die durch die Zubereitung der Mahlzeiten nicht in Mitleidenschaft gezogen wird. Auf diese Weise wird das Blut mit der nach alttestamentlicher Vorstellung darin enthaltenen Lebendigkeit für menschliche Augen unversehrt der Schöpfung erhalten. Die in I Sam 14,32-34 und Ez 33,25 geäußerte Kritik und das Verbot von Lev 19,26, עַל הַדָּם zu essen, ist also mit dem Verbot des Blutverzehrs zwar nicht identisch, dürfte aber demselben Zweck verfolgen – nämlich die Erhaltung des Blutes geschlachteter Tiere in der Natur, indem die Schlachtung des Tieres so von der Zubereitung des Fleisches getrennt wird, daß die Zubereitung das bei der Schlachtung ausfließende Blut nicht in Mitleidenschaft zieht.

Mit der Situation von I Sam 14,32-34 wird nun in gewisser Weise Ez 33,25[185] vergleichbar sein: „die nach der Katastrophe im Lande Israel in den Trümmern hausende Restbewohnerschaft"[186] wird viel zu viele andere Sorgen gehabt haben, als sich penibel um die Einhaltung der traditionellen Schlachtregeln kümmern zu können. In einem geplünderten und gewiß auch unsicheren Land, wie es Kriege hinterlassen und wie man sich Jerusalem und Juda nach 587 v.Chr. vorstellen muß, wird man Schlachttiere kaum mehr als nötig durch die Gegend transportiert, sondern eher möglichst unauffällig an ein und derselben Stelle geschlachtet, zubereitet und gegessen haben, und das hieß dann wohl oft vor oder im Hause und also auch עַל הַדָּם.

Mit der Kritik an dem עַל הַדָּם-Essen wird also eine Praxis der Speisezubereitung gerügt, die das Verbot des Blutverzehrs zwar formal einhält, das in die Erde entsorgte Blut aber nicht unversehrt läßt.

---

185 Zu Text und Übersetzung siehe oben z.St.!
186 K.-F. Pohlmann, Hesekiel, 454.

Exkurs 2: Die Bedeutung der כרת-Formel

Die Wendungen mit Formen der Verbalwurzel כרת sind als „Bann-" oder „Ausrottungsformel" bezeichnet worden. Keiner dieser beiden Begriffe aber scheint die gemeinte Sache wirklich zu treffen. Die Auffassung G. Hasels, „daß das Endziel der Ausrottung der vorzeitige Tod des Übeltäters ist", entstammt dem Versuch, die Bedeutung der Nifʿalvariante aus der „Grundbedeutung des Verbums" כרת „in Verbindung mit der Grundbedeutung des Subjekts næpæš" erheben zu wollen, was zu der wörtlichen Übersetzung „die Kehle soll (durch)geschnitten werden" führt.[187] Dieses Ergebnis reibt sich aber in zweifacher Weise mit der Verwendung der Formel in den einschlägigen Texten:

1. An zwei Belegstellen wird die Formel mit der Todesstrafe kombiniert und – und das darf nicht übersehen werden – ihr nachgeordnet. Unbestreitbar ist das die Sachlage in Lev 20,2f.:

2 ... *Jeder Mann von den Israeliten und von der Schutzbürger[schicht], die sich in Israel aufhält, der von seiner Nachkommenschaft lmlk gibt, soll unbedingt getötet werden; das Volk des Landes soll ihn mit (dem) Stein steinigen. 3 Und ich [sc. JHWH] werde mein Gesicht gegen jenen Mann wenden (und) ihn aus der Mitte seines Volkes* [wörtlich:] *schneiden lassen ...*
Würde hier mit der כרת-Formel der „vorzeitige Tod des Übeltäters" angedroht, käme JHWH mit seiner Strafe zu spät, da der Täter ja bereits durch die Steinigung hingerichtet worden ist. Die Fortsetzung in 20,4f. löst den Widerspruch nicht, da dort davon ausgegangen wird, daß die geforderte Todesstrafe nicht vollzogen wird. *Jemanden aus der Mitte seines Volkes schneiden (lassen)* u.ä. muß demnach zu einem anderen Verlust als dem des Lebens führen.

In Ex 31,14 ist die grammatische Situation nicht so eindeutig und läßt das Verständnis von 14bβγ als Kausalsatz zu: *denn (von) jedem (einzelnen) an ihm Arbeit Verrichtenden (gilt): Jene Person soll aus der Mitte ihrer Verwandtschaft geschnitten werden*, was eine Begründung der zuvor angedrohten Todesstrafe und damit eine Gleichsetzung von Todes- und כרת-Drohung bedeutet. Dem haben die Masoreten aber offensichtlich entgegenwirken wollen, indem sie auf das כִּי in 14bβ einen trennenden Akzent gesetzt haben; dieser kann nur bedeuten, daß das כִּי nicht direkt den folgenden Satz einleiten und damit unterordnen soll, mit anderen Worten, daß כִּי hier nicht als Subjunktion „denn" oder „wenn" und der folgende Satz nicht als kausaler

---

187 Zitate aus G. Hasel, כָּרַת, 362f.

oder konditionaler Nebensatz verstanden werden sollen; dann aber bleibt nur die Deutung als emphatische Partikel „ja" u.ä. übrig:

מְחַלְלֶיהָ מוֹת יוּמָת כִּי כָּל־הָעֹשֶׂה בָהּ מְלָאכָה וְנִכְרְתָה הַנֶּפֶשׁ הַהִוא מִקֶּרֶב עַמֶּיהָ

14b *Der ihn [sc. den Sabbat] Entweihende soll unbedingt getötet werden; ja, von jedem (einzelnen) an ihm [sc. dem Sabbat] Arbeit Verrichtenden (gilt): Jene Person soll aus der Mitte ihrer Verwandtschaft geschnitten werden.*

Lev 20,2f. und vielleicht auch Ex 31,14 zeigen somit, daß die Androhung der Todesstrafe mit der כרת-Formel kombiniert werden konnte, und wenn das möglich war, werden die beiden Strafen kaum ein und denselben Sachverhalt – nämlich die Tötung des Täters – beschreiben, sondern sich vielmehr ergänzen.[188] Diese Deutung kommt auch nicht etwa dadurch ins Wanken, daß sich wie z.B. hier in Lev 17,10 eine Variante der Formel in der 1. Person Hifʿil – וְהִכְרַתִּי – findet, die den Eindruck erweckt, daß Gott selbst dieses „Schneiden(lassen)" vornehmen wolle. W. Zimmerli wird recht gehabt haben, wenn er die 1.-Person-Hifʿil-Spielart der Stilisierung der Texte als Rede Gottes, in denen sie ausschließlich vorkommt, geschuldet sah[189]; die nicht selten vertretene Deutung, in diesen Fällen sei Gott der Handelnde und das Hifʿil müßte mit „ausrotten" übersetzt werden, ist bei W. Zimmerlis Sicht nicht mehr zwingend.

2. Da nun מוֹת יוּמָת eine der Todesstrafe vergleichbare Sanktionsdrohung meint, die das Leben des Betroffenen gewaltsam beendet, muß sich die ihr nachgeordnete כרת-Sanktion auf einen Wert beziehen, der auch über den Tod hinaus Bestand hat. Hier sind die regelmäßig vorhandenen Angaben darüber aufschlußreich, aus welchem Bereich der Betreffende „geschnitten" und das heißt dann wohl „ausgeschlossen"[190] werden soll.[191] Dabei finden sich als Lokalbestimmung:[192]

---

188 So auch K. Grünwaldt, Heiligkeitsgesetz, 149, mit Verweis auf J. Milgrom.

189 W. Zimmerli, Ezechiel 1, 305.

190 HAL II, 476

191 Ausnahmen sind lediglich Lev 17,14 und 20,17, wo dem נִכְרַת keine oder keine vergleichbare Lokalbestimmung folgt.

192 Vgl. dazu HAL II, 476 zu 2. c); auch G. Hasel, כָּרַת, 362, der aber noch andere Beispiele nennt oder mit einem „vgl." in die Nähe der Belegstellen der Formel stellt: In Lev 20,17 fehlt jedoch der Bereich, aus dem die beiden Geschlechtspartner „ausgeschlossen" werden sollen, statt dessen wird mit לְעֵינֵי בְּנֵי עַמָּם das Publikum genannt, vor dem die Bestrafung stattfinden soll, so daß hier wohl eher an die Bedeutung „ausgerottet, beseitigt werden" zu denken ist; in Lev 26,30 geht es um die Zerstörung von Räucheraltären bzw. in Ez 14,13.17.19.21 um die Vernichtung von Mensch und Tier; Lev 23,30 und Dtn 4,3 bieten als Prädikate keine Form von כָּרַת, sondern וְהַאֲבַדְתִּי bzw. הִשְׁמִידוּ, Dtn 4,3 nennt zudem keine Strafandrohung, sondern erinnert an ein geschichtliches Ereignis.

יִשְׂרָאֵל	Ex 12,15; Num 19,13
עֲדַת יִשְׂרָאֵל	Ex 12,19
עַם	Lev 17,4.9.10; 18,29; 20,3.5.6.18; Ez 14,8
עַמִּים	Gen 17,14; Ex 30,33.38; 31,14; Lev 7,20.21.
	25.27; 17,9; 19,8; 23,29; Num 9,13; 15,30
קָהָל	Num 19,20

und   Gott(es Gesichtskreis) Lev 22,3.

Unter der Voraussetzung, daß die genannten Stellen nicht nur sprachlich,
sondern auch inhaltlich zusammengehören und sich das in ihnen angedrohte
„Ausgeschlossenwerden" trotz unterschiedlicher Wortwahl auf ein und
denselben Lebensbereich bezieht, lassen sich die Angaben in den Lokalbestimmungen als „Kultgemeinde" im engeren oder weiteren Sinne auf einen
Nenner bringen.[193] Und den Ausschluß aus einer Kultgemeinde wird man mit
K. Grünwaldt als Exkommunikation bezeichnen dürfen.[194]

Daß es sich bei der Androhung וְנִכְרַת מִן bzw. וְהִכְרַתִּי מִן um eine Strafe der
Kultgemeinde handelt, wird auch daran sichtbar, daß sie im wesentlichen bei
sakralen Vergehen verhängt werden soll:

Verweigerung der Beschneidung	Gen 17,14
Verzehr von Gesäuertem in der Maṣṣôtwoche	Ex 12,15.19
Herstellung von שֶׁמֶן מִשְׁחַת־קֹדֶשׁ und Abgabe an Fremde	Ex 30,33
Herstellung und privater Genuß von קְטֹרֶת	Ex 30,38
Verzehr von Fleisch aus einem זֶבַח־שְׁלָמִים bei Unreinheit	Lev 7,20.21
Verzehr von Fett aus einem Opfer	Lev 7,25
Verzehr von Blut (aus einem Opfer?[195])	Lev 7,27
Weigerung, ein זֶבַח am Eingang des אֹהֶל מוֹעֵד zu opfern	Lev 17,4
Opferung eines עֹלָה oder זֶבַח für einen anderen als JHWH	Lev 17,9
unter anderem auf לַמֹּלֶךְ-Opfer rückbezogen	Lev 18,29
Verzehr von überlagertem Opferfleisch	Lev 19,8
לַמֹּלֶךְ-Opfer	Lev 20,3
Vertuschung eines in Erfahrung gebrachten לַמֹּלֶךְ-Opfers	Lev 20,5
Befragung von אוֹב und יִדְּעֹנִי	Lev 20,6
Kontakt eines Unreinen mit JHWH geheiligten Gaben	Lev 22,3
Verweigerung des Versöhnungstagsrituales	Lev 23,29
Unterlassung des Passa ohne Hinderungsgründe	Num 9,13
vorsätzliche Übertretung der Gebote JHWHs	Num 15,30
Unterlassung der Reinigung nach Berühren eines Toten	Num 19,13.20
nichtjahwistischer Kult	Ez 14,8.

---

193 W. Zimmerli, Ezechiel 1, 305.
194 K. Grünwaldt, Heiligkeitsgesetz, 149.
195 Obgleich sich Lev 7,25 eindeutig auf Fett, das aus einem Opfer stammt, bezieht, ist
     schwer zu entscheiden, ob in 7,26f. auch der Verzehr von Opferblut oder von Blut aus
     jeglicher Tierschlachtung gemeint ist. Die Wendung בְּכֹל מוֹשְׁבֹתֵיכֶם löst das Problem
     nicht, denn sie ist als Lokalbestimmung nicht auf den Blutverzehr bezogen, sondern ist
     Splitter einer Gültigkeitsbestimmung für kultische Normen, dazu auch oben Anm. 142.

Darüber hinaus sollen einige Handlungen mit ... מִן וְנִכְרַת bzw. ... מִן וְהִכְרַתִּי
bestraft werden, bei denen eine Beziehung zum kultischen Lebensbereich
nicht so augenfällig ist und vielleicht auch gar nicht besteht:[196]

Verrichtung von Arbeit am Sabbat	Ex 31,14
die in Lev 18,7-23 genannten sexuellen Perversionen	Lev 18,29
Geschlechtsverkehr mit einer Menstruierenden	Lev 20,18
und eben auch Verzehr von Blut	Lev 17,10.14.

Welche praktischen Folgen ein solcher Ausschluß aus der Kultgemeinde
nach sich zog, machen die Leviticusstellen 17,4.9.10; 18,29; 20,3.5.6.(17)
und 18 deutlich: Sie finden sich in dem Abschnitt über die irreparable
Unreinheit innerhalb der großen Darstellung des JHWH-Kultes Ex 25 bis
Lev 26[197]. Es ist also anzunehmen, daß die durch die כרת-Formel ausgesprochene Strafe die Teilnahme am gottesdienstlichen Leben für immer
untersagte; wie weit das praktisch durchführbar war, sei dahingestellt. Letztere Frage drängt sich vor allem dann auf, wenn die Exkommunikation
zusammen mit der Todesstrafe verhängt wird. Hier ist wohl höchstens noch
an Konsequenzen für die Bestattung zu denken. Solche ergeben sich nach H.
J. Boecker zum Beispiel bei der Steinigung, insofern „der Gesteinigte ... kein
Grab innerhalb der Begräbnisstätte seiner Familie" erhielt, „er war auch und
gerade als Toter aus der Gemeinschaft ausgeschlossen."[198]; dafür konnte H. J.
Boecker allerdings nicht auf alttestamentliche Belege, sondern nur auf rechts-
und religionsgeschichtliches Vergleichsmaterial verweisen.

Exkurs 3: Der Verzicht auf נְבֵלָה und טְרֵפָה

Zuweilen ist ein inhaltlicher Zusammenhang zwischen dem Blut- und dem
(vermeintlichen) נְבֵלָה-Verzehrverbot vermutet worden. Da bei einem durch
einen Unfall oder ein Raubtier getöteten oder gar durch eine Krankheit
verendeten Tier die restlose Entfernung des Blutes aus dem Körper nicht
sichergestellt oder vielleicht sogar überhaupt nicht gegeben ist, könne ein
Verzehr von Blut nicht ausgeschlossen werden.[199] Einem solchem Zusam-

---

196 Vgl. dazu ausführlicher unten Kapitel 4 im Absatz Kultische Strafen.
197 Siehe Verf., Existenz, 309ff.
198 H. J. Boecker, Recht, 32; seine Auffassung, daß „die Steinigung ... außerhalb der Ortschaften vollzogen" wurde, a.a.O. 31, ist übrigens wegen Dtn 22,20, wo sie vor dem
   Eingang des Vaterhauses durchgeführt werden soll, zu relativieren.
199 Nach L. Schwienhorst-Schönberger, Bundesbuch, 369, und Y. Osumi, Kompositionsgeschichte, 202, so schon G. Beer. Anders z.B. M. Noth, Exodus, 152, oder H.-J. Fabry,
   נְבֵל, 170, die das Hindernis für den Verzehr von נְבֵלָה und טְרֵפָה in der „fehlenden

menhang widerspricht aber der Befund in den betreffenden alttestamentlichen Texten. Im Gegensatz dazu, daß „der Blutgenuß ... im AT dem Israeliten wie den Fremden ... strengstens untersagt"[200] wird, gelten נְבֵלָה und טְרֵפָה im Alten Testament grundsätzlich als eßbar.[201]

Das erweist zum einen Ex 21,33ff., wo die Verwertung eines durch Unfall oder durch Stößigkeit getöteten Rindes offensichtlich keiner Beschränkung unterliegen soll. Das wird zum anderen durch das Verbot in Ex 22,30b nicht widerlegt: וּבָשָׂר בַּשָּׂדֶה טְרֵפָה לֹא תֹאכֵלוּ לַכֶּלֶב תַּשְׁלִכוּן אֹתוֹ

30b *Fleisch von – auf dem Feld – Gerissenem sollt ihr nicht essen, dem Hund sollt ihr es vorwerfen.*

Abgesehen davon, daß Herkunft und Funktion des (Doppel)satzes Ex 22,30 ohnehin fraglich sind[202], ist der Wortlaut wahrscheinlich nicht original erhalten, sondern läßt die Spur einer erklärenden Bearbeitung erkennen: Die Wendung בָּשָׂר בַּשָּׂדֶה טְרֵפָה ist in der vorliegenden Textgestalt allein dann grammatisch nachvollziehbar, wenn man das Substantiv טְרֵפָה, das übrigens nur hier allein, sonst aber stets mit נְבֵלָה zusammen vorkommt, nicht als Attribut, sondern als Apposition versteht[203], und diese kann durchaus ein Nachtrag sein. Doch ist das Wort textkritisch unumstritten, während das masoretische בַּשָּׂדֶה in fast allen Versionen fehlt, was an ein ursprüngliches בְּשַׂר טְרֵפָה denken läßt[204], das in unsemitischer Weise durch בַּשָּׂדֶה erklärend erweitert worden sein könnte. Zu welchem Verständnis bzw. zu welcher Rekonstruktion des Satzes man sich auch immer durchringen mag – auf dem בַּשָּׂדֶה liegt heute der Ton. בַּשָּׂדֶה aber beschreibt einen Fundort, der sich außerhalb der Siedlung befindet und nicht täglich aufgesucht wird, so daß der Todeszeitpunkt eines dort aufgefundenen Tieres nicht feststellbar ist und unter Umständen schon länger zurückliegen kann, was das Tier schon aus

---

sakralen Schlachtung" bzw. „rituellen Schächtung" sehen; doch ist eine kultische Gestaltung des Schlachtprozesses an keiner Stelle des Alten Testamentes für alle gefordert, vgl. oben Abschnitt 2.2.

200   B. Kedar-Kopfstein, דָּם, 262.

201   So gegen z.B. M. Rose, 5. Mose, 313, der Dtn 14,21aα isoliert betrachtet und so zu der Folgerung kommt: „wenn Rinder, Schafe und Ziegen gestorben oder verunglückt sind oder wenn sie von wilden Tieren gerissen wurden", „ist deren Fleisch für den Verzehr völlig verboten".

202   Vgl. L. Schwienhorst-Schönberger, Bundesbuch, 368ff.; Y. Osumi, Kompositionsgeschichte, 44, 201.

203   Vgl. M. Noths Übersetzung, Exodus, 138: „auf freiem Felde liegendes Fleisch, ein zerrissenes Tier".

204   Vgl. C. Houtman, Bundesbuch, 245, mit Literaturangaben; C. Houtman erwägt allerdings auch, „daß das Fehlen von baśśadæh in den alten Übersetzungen auf einer bewußten Generalisierung beruht ...; man darf sie Vorschrift nicht so lesen, daß ein in der Stadt oder in einem Haus angefressenes Tier sehr wohl konsumiert werden darf".

hygienischen Gründen ungenießbar machen dürfte. Es handelt sich bei Ex 22,30b also um einen Sonderfall von נְבֵלָה und טְרֵפָה, der mit dem von Ex 21,33ff. nicht zu vergleichen ist und der besonders restriktiv geregelt werden mußte. Die grundsätzliche Eßbarkeit von נְבֵלָה und טְרֵפָה wird davon nicht berührt. Sie ist vor allem in Lev 11,39f.

39 Und wenn (eines) von dem Vieh, das ihr zur Speise habt, stirbt, wird der seinen Leichnam Berührende bis zum Abend unrein sein. 40 Und der von seinem Leichnam Essende soll seine Kleider waschen; er wird bis zum Abend unrein sein ....

und 17,15f.

15 Und jede Person unter der [Gruppe der] Einheimischen und der [Gruppe der] Schutzbürger, die Leichnam und Gerissenes ißt, soll ihre[205] Kleider waschen, im Wasser baden, bis zum Abend unrein und [dann] rein sein. 16 Und wenn sie (sie) nicht wäscht und ihr Fleisch nicht badet, wird sie ihre Schuld tragen.

vorausgesetzt. Nach Aussage dieser beiden Stellen ruft der Verzehr von נְבֵלָה und טְרֵפָה lediglich eine reparable kultische Unreinheit hervor, die durch Waschen der Kleidung und eine Karenzfrist von maximal zwölf Stunden beseitigt werden kann. Letzteres wäre undenkbar, wenn die Bedenken gegenüber נְבֵלָה und טְרֵפָה mit dem in dem Tierkörper verbliebenen Blut zusammenhingen, denn Blut gilt eben grundsätzlich als nicht verzehrbar, und wenn es wider alle Sitte denn doch gegessen werden sollte, würde sein Verzehr eine irreparable Unreinheit und die Exkommunikation bewirken. Die bisher noch nicht erwähnten Belegstellen widersprechen dem nicht, sondern weisen selbst den Weg zum rechten Verständnis des vermeintlichen Widerspruchs:[206] Dtn 14,21a empfiehlt dem Leser und Befolger der Normen des Deuteronomiums, auf den Verzehr von jeder Art von נְבֵלָה zu verzichten und solche Tiere dem Schutzbürger zu essen oder dem Fremden zu kaufen zu geben; begründet wird der eigene Verzicht auf נְבֵלָה mit der dem Volk gegebenen Heiligkeit für JHWH:

21a Ihr werdet (sollt) keinerlei Leichnam essen. Ihr werdet (sollt) ihn dem Schutzbürger, der in deinen Toren ist, geben, er wird ihn essen(,)[207] oder einem Fremden verkaufen, denn du gehörst als ein heiliges Volk deinem Gott JHWH.

---

205 Der hebräische Text geht hier in die 3. pers. sing. masc. über, während die deutsche Übersetzung das mit נֶפֶשׁ *Person* begonnene Genus beibehalten sollte.

206 Lev 7,24, in eine Opferbestimmung interpoliert, untersagt den Verzehr des Fettes von נְבֵלָה und טְרֵפָה, hält aber eine wirtschaftliche Verwendung für möglich.

207 Welches flektierte Verb der Infinitiv absolutus מָכֹר aufnimmt – תִּתְּנֶנָּה mit den Angeredeten als Subjekt oder אֲכָלָה mit dem Subjekt גֵּר – bleibt unklar.

Es scheint also eine Tradition gegeben zu haben, die zwar den Verzehr von נְבֵלָה für theoretisch möglich, für ein Glied der israelitischen Gemeinde jedoch als nicht empfehlenswert betrachtete. Und so ist es konsequent, daß in einer gewissen Steigerung in Lev 22,8 und Ez 44,31 den Priestern der Verzehr von נְבֵלָה und טְרֵפָה tatsächlich untersagt wird, wie auch der Zusatz[208] Ez 4,12-15 in 14 Ezechiel bekennen läßt, von Jugend an auf נְבֵלָה und טְרֵפָה verzichtet zu haben, womit der Prophet gegenüber einer Aufforderung Gottes sein Bemühen um den Erhalt seiner kultischen Reinheit zu untermauern versucht.

Die Abneigung gegen den Verzehr von נְבֵלָה und טְרֵפָה ist also wohl im Gegensatz zum Verzicht auf den Blutgenuß von vornherein ein internes Problem des JHWH-Kultes, für das der Ritualfundus in Lev 11,40 und 17,15f. eine Lösungsmöglichkeit bietet und das in Dtn 14,21 auf einen größeren Kreis von Observanten ausgedehnt werden soll. Der Grund für diese Abneigung mag darin zu suchen sein, daß JHWH „ein Gott der Lebenden, nicht der Toten"[209] ist. Deshalb ist auch nicht nur der Verzehr von נְבֵלָה und טְרֵפָה problematisch, sondern auch bereits die Berührung sowie der Transport eines toten Tieres.[210]

2.4 Die Profanität der vorexilischen Hauswirtschaft

Auch wenn nur einige wenige Belegstellen Einblicke in die Hauswirtschaft im alttestamentlichen Israel und Juda gestatten und sich diese auch auf die Verwendung von Tieren zur menschlichen Nahrung beschränken, lassen sie doch sehr deutlich einen weitgehend profanen Charakter hauswirtschaftlicher Arbeit erkennen:

Es existierten Regeln darüber, welche Tiere gegessen und welche nicht gegessen werden. Diese waren in der Form altorientalischer Listen vorgegeben und sind durch die Beschreibung der zoologischen Merkmale der Tiere praktisch anwendbar gemacht worden. Beides weist auf die Unterweisung und Ausbildung als „Sitz im Leben" dieser Normen hin. Dafür, daß sie ursprünglich religiösen und insbesondere kultischen Vorstellungen ent-

---

208 Siehe W. Zimmerli, Ezechiel 1, 125f.
209 G. Fohrer, Geschichte, 214.
210 Lev 5,2; 11,9aβ.11bβ.24ff..31ff..39b+40b; Dtn 14,8bβ; ausschließlich נְבֵלָה, die Berührung von טְרֵפָה wird nicht behandelt.

stammen würden, gibt es in dem zu vermutenden Grundbestand der Texte keinen Anhaltspunkt.

Die alttestamentliche Überlieferung läßt zwar den Wunsch gewisser bäuerlicher Kreise der Bevölkerung erkennen, das Schlachten von Haus- und Herdentieren sakral zu gestalten. Sie setzt aber zugleich die Schlachtung an profanem Ort, ohne Beachtung von Reinheitsregeln und ohne kultischen Rahmen als unumstrittene Möglichkeit voraus. Dieses Urteil wird indirekt auch dadurch bestätigt, daß bis zum Ende der alttestamentlichen Literatur keine Bestrebungen zu erkennen sind, eine als Opfer gestaltete Schlachtung für alle Bevölkerungsschichten verbindlich zu machen.

Auf den Verzehr oder die sonstige hauswirtschaftliche Verwendung des Blutes geschlachteter Tiere zu verzichten, gilt als so selbstverständlich, daß das Thema nur marginal angesprochen wird. Das Blut wurde während des Schlachtprozesses durch Ausgießen auf die Erde beseitigt, wobei auch die Abdeckung der Stelle mit Erde empfohlen wird; dieses Verfahren bedingt weder einen sakralen Ort und noch eine sakrale Begleithandlung. Die Sitte, das Blut von Tieren nicht zu verwerten, wird in den Regel mit dem funktionellen Zusammenhang zwischen dem Blut und der Lebendigkeit eines Lebewesens begründet.

Trotz des Schweigens der Quellen, wenn nicht gar geradezu wegen ihres Schweigens ist zu vermuten, daß die anderen Bereiche der hauswirtschaft-lichen Arbeit durch dieselbe Profanität gekennzeichnet waren, wie sie bei der Verwertung von Tieren sichtbar wird.

3. Das Rechtsleben

Bei der Abfassung der Schriften des Alten Testaments und insbesondere der Tora gab es verschiedentlich Anlaß, auf Regeln des Gemeinschaftslebens zu verweisen oder solche sogar zu zitieren. Allerdings sind nicht alle dieser Regeln dazu gedacht und geeignet, Einblicke in das Rechtsleben Israels und Judas zu gewähren. In der Hebräischen Bibel ist aber sehr wohl eine authentische Rechtsüberlieferung vorhanden und für unser Thema auswertbar.

3.1 Die hebräische Rechtsüberlieferung

Die in der Tora überlieferten Normen sind nur dann als Rechtssätze zu betrachten, wenn sie

	1.	rechtskonformes Verhalten[1] oder Rechtsfälle samt ihrer Lösung
	2.	in sachlicher Redeweise, d.h. beschreibend in der 3. pers. sing. und/oder plur. formuliert, darlegen
und	3.	dazu geeignet sind, Rechtsstreitigkeiten vorzubeugen oder zu bereinigen;
sie sind	4.	in der Regel in Kodizes zusammengefaßt[2], wenngleich sich auch versprengte Splitter finden[3].

Die Sätze, die diese Kriterien erfüllen, entsprechen in allen genannten Merkmalen dem Keilschriftrecht, dessen Herkunft aus der Epoche des Alten Orients unbestreitbar und unbestritten ist. Deshalb kann davon ausgegangen werden, daß in den hebräischen Rechtssätzen authentische Zeugnisse über das Rechtsleben der vorexilischen Zeit vorliegen und uns das Alte Testament

---

1 Diesen Rechtssatztyp übersieht E. Gerstenberger, Recht, 9, wenn er das altorientalische Recht als „die dem Gerichtswesen zugeordneten und zur Lösung von Konfliktsfällen, Ansprüchen und Pflichten verwendeten *Fallbeispiele*" definiert; Hervorhebung durch den Verf.
2 Dazu Verf., Indiz.
3 Sehr deutlich z.B. Lev 19,20ff.

damit entgegen der Skepsis mancher Alttestamentler durchaus so etwas wie Primärquellen zur Geschichte Israels und Judas zur Verfügung stellt.[4]

Der überwiegende Teil dessen, was in der einschlägigen Literatur als „alttestamentliches Recht" bezeichnet wird, erfüllt diese Kriterien aber nicht. Er scheidet deshalb als Zeugnis für das Rechtsleben im alttestamentlichen Israel und Juda und damit als Beobachtungsmaterial für unsere Untersuchung aus. Die betreffenden Texte entstammen anderen Lebensbereichen und müssen sich deshalb den Verdacht gefallen lassen, auch andere Interessen als allein die Erhaltung oder die Wiederherstellung des Rechtsfriedens zu verfolgen. Dieser Verdacht trifft vor allem Texte aus den Normensammlungen Bundesbuch und Deuteronomium 12-26, deren Tendenz, das Leben einer Gemeinschaft an individuellen oder Gruppeninteressen ausrichten zu wollen, unübersehbar ist; ein solches Ziel aber birgt stets die Gefahr, den Grundsatz der Gleichheit vor dem Recht zurückzustellen, und ist deshalb nicht selten der Vorbeugung oder Bereinigung von Rechtsstreitigkeiten abträglich. Als Beispiele dafür mögen Ex 22,25f. aus dem Bundesbuch und Dtn 23,16f. aus dem Normenteil des Deuteronomiums dienen:

Ex 22,25f. Wenn du tatsächlich das Gewand deines Nächsten als Pfand nehmen wirst, sollst du es ihm bis zum Sonnenuntergang zurückgeben. Denn es ist seine einzige Decke, es ist sein Gewand für seine Haut. Worauf wird er sich legen? Und wenn er zu mir [= JHWH] schreien wird, werde ich hören, denn ich bin gnädig. Der Satz ist als Anrede formuliert und mit einer doppelten Begründung versehen, die sowohl an das Mitleid mit einem Armen als auch an die Furcht vor Gottes Strafe appelliert. Unterscheidet sich Ex 22,25 schon in diesen beiden Punkten von einem authentischen Rechtssatz, wird der tiefgreifende Unterschied bei der Betrachtung des Inhaltes noch deutlicher: Hier ist nicht der Ausgleich gleichberechtigter Ansprüche im Blick, sondern werden die Bedürfnisse des Schuldners dem Rechtsanspruch des Gläubigers übergeordnet. Dies mag soziales Gewissen beruhigen, dürfte aber die Wirtschaft beeinträchtigen und zu negativen Folgen auch für Dritte führen. M. Noth urteilte zurecht, daß diese Norm „die Verwendung des Mantels als Pfand überhaupt illusorisch" macht.[5] Wäre Ex 22,25 geltendes Recht, würde einem, der für einen Zahlungsaufschub oder ein Darlehen nur noch ein Gewand als Pfand geben kann, keiner mehr zugestanden bzw. keines mehr gegeben – mit allen Folgen für den Armen selbst sowie für die

---

4 So gegen z.B. H. Niehr, Reform, 34, der davon ausgeht, „daß das AT für die Geschichte und Religionsgeschichte Israels und Judas der vorexilischen Zeit nur ‚secondary evidence' liefert".

5 M. Noth, Exodus, 151.

auf ihn als Kunden angewiesenen Landwirte, Handwerker und Händler. Als Regel für das Rechts- und Wirtschaftsleben ist dieser Satz zweifellos nicht geeignet.

Dtn 23,16f. *Einen Sklaven, der sich von seinem Herrn weg zu dir rettet, sollst du an seinen Herrn nicht ausliefern. Er soll mit dir zusammen in deiner Mitte an dem Ort, den er in einem deiner Tore auswählt, wohnen, im für ihn Guten. Du sollst ihn nicht bedrücken.* Auch dieser Satz ist als Anrede formuliert und gehört insofern schon stilistisch nicht zur Gattung Rechtssatz. Zum angesprochenen Fall ist vermutet worden, „daß es sich bei dem entlaufenen Sklaven ... um einen aus dem Ausland kommenden handelt"[6]; da der Text die näheren Umstände verschweigt, muß dies eine Vermutung bleiben. Im Zweifelsfalle wird aber eher mit einer räumlichen Nähe des Wohnortes des Sklavenhalters und insofern mit einer leichten Erreichbarkeit des Ortes, an dem sich der flüchtige Sklave aufhält, zu rechnen sein, zumal auch die Ermahnung in 23,17b, die prekäre Situation des Flüchtlings nicht auszunutzen, erst dann ihren rechten Sinn erhält. Ob nun aber der Sklave Eigentum eines In- oder Ausländers gewesen sein mag, Dtn 23,16 verletzt dieses Eigentumsrecht und rüttelt damit an den Grundfesten auch der eisenzeitlichen Gesellschafts- und Wirtschaftsordnung.[7] Rechtsfrieden wird damit nicht herbeigeführt, im Gegenteil: Diese Norm birgt ein gefährliches Konfliktpotential in sich, da der Eigentümer doch wohl kaum ruhen dürfte, seinen Sklaven zurückzubekommen[8]. Einer solchen Gefahr wird sich weder eine Einzelperson noch ein Gemeinwesen aussetzen. Das Keilschriftrecht hat das sehr wohl erkannt und Vorkehrungen dagegen getroffen: So stellt §15 CH die Begünstigung der Flucht eines Sklaven unter Strafe, gehen §14 CU, §§17f. und 20 CH sowie §§22f. HG von der Selbstverständlichkeit der Rückführung eines entflohenen Sklaven aus[9] und legen §14 CU, §17 CH und §§22f. HG Entlohnungen für die Auslieferung fest bzw. verhängen §§17f. (bzw. §12f.) CL, §49f. CE, §§16 und 19 CH sowie §24 HG für den Fall der

---

6   G. von Rad, Deuteronomium, 105; M. Rose, 5. Mose, 209, begründet diese Deutungsmöglichkeit mit dem sekundären Einschub בְּקִרְבֶּךָ, der nach deuteronomischen Sprachgebrauch die „Mitte Israels" meine.

7   So auch M. Rose, 5. Mose, 206 zu dem von ihm angenommenen Grundtext und 209 vor allem zum Endtext, nach dem der Sklave durch die ihm gewährte Freizügigkeit regelrecht „seines Sklaven-Status ledig werden soll".

8   Für die Wiederauffindung und Rückführung geflohener Sklaven wurden in Mesopotamien sogar Mittel der Magie eingesetzt und nicht nur die Polizei, sondern selbst der König in die Pflicht genommen, vgl. E. Ebeling, Flüchtling, 89.

9   Siehe nicht zuletzt auch noch die Entscheidung des Paulus im Brief an Philemon 10ff., auch wenn es sich bei Onesimus nicht um einen mit der Absicht auf Dauer geflohenen, sondern nur um einen sich herumtreibenden Sklaven, vgl. P. Arzt-Grabner, Onesimus erro, ZNW 95 (2004), 13ff., gehandelt haben sollte.

Nichtauslieferung zum Teil erhebliche Strafen; allerdings weist E. Ebeling auch auf keilschriftliche Belege hin, nach denen die Zurückhaltung geflohener Sklaven ohne Strafe geblieben ist[10]. Die Rückführung flüchtiger Sklaven wurde seit dem 3. Jahrtausend v.Chr. auch in Staatsverträgen geregelt[11]. So human die Empfehlung von Dtn 23,16f. auch immer gedacht sein mag, sie ist weniger „radikal"[12] als eher schwärmerisch, und es ist sehr unwahrscheinlich, daß Dtn 23,16f. jemals als Rechtsnorm Geltung erlangt hat.

Die Beispiele derartiger, in gewissem Maße weltfremder Regeln aus dem Bundesbuch und aus Deuteronomium 12-26 lassen sich vermehren. Sie gehören zu denjenigen alttestamentlichen Abschnitten, die als Ergebnis der „Theologisierung des Rechts" verstanden werden. Während die „Theologisierung des Rechts" in Israel und Juda ein historisches Faktum sein dürfte, können die Ergebnisse dieses Prozesses kaum noch unter die Begriffe Recht bzw. Rechtsliteratur subsumiert werden. Sie stehen stilistisch und inhaltlich den Gattungen Predigt oder Lehre näher und sind zu verfassungsähnlichen Entwürfen zusammengefaßt, die auf Gemeinschaften mit spezifischer Religiosität ausgerichtet sind.[13] So darf es auch gar nicht verwundern, wenn die praktische Umsetzung solcher Entwürfe kaum spürbar ist[14]; ihnen kommt eher ein utopischer Charakter[15] als der Rang von Zeugnissen über das Leben im alttestamentlichen Israel und Juda zu.

Auf letzterem aber liegt unser Augenmerk. Wir wollen fragen, ob die Trennung von Recht, Moral und religiöser Ordnung, die B. Landsberger in der mesopotamischen Literatur aufgezeigt hat[16] und die wir nicht nur als literarisches Phänomen, sondern als Spiegelung der Wirklichkeit ansehen möchten, auch im gesellschaftlichen Leben des alttestamentlichen Israel und Juda nachweisbar ist, genauer: ob es einen selbständigen und vor allem vom Kult unabhängigen Lebensbereich Recht gegeben hat. Wir interessieren uns weiterhin dafür, bei welchen Rechtsmaterien, aus welchem Grunde und zu

---

10 E. Ebeling, Flüchtling, 90.
11 Zu den Beispielen vgl. A. Altman, Basic Concepts, 324 Anm. 3. Das gilt laut E. Otto, Deuteronomium, 287, auch für den Vasallenvertrag auf der Sfire-Stele III; doch werden Sklaven in der Liste der betroffenen Personengruppen (Zeile 4-7) – פקד (nach S. Segert, Grammatik, 547, Beamter), אח (a.a.O. 525, Bruder), סרס (a.a.O. 545, Eunuch) und חר עמא זי בידי (Untertan) – nicht ausdrücklich erwähnt.
12 So E. Otto, Deuteronomium, 287.
13 Siehe dazu auch oben Einleitung Anm. 36!
14 Vgl. aber auch R. Albertz's Versuch, Theologisierung, 128ff., Spuren der praktischen Umsetzung der Normensammlung Dtn 12ff. aufzuweisen.
15 N. Lohfink spricht im Blick auf das Deuteronomium zurecht von „Gesellschaftsentwurf" und „Weltentwurf", ders., Opferzentralisation, 119 u.ö.
16 B. Landsberger, Termini, 222f.; vgl. oben die Einleitung!

welchem Zweck Kontakte zwischen dem Rechtsleben und dem Kult geknüpft wurden und von welcher Seite diese Bestrebungen ausgingen. Diese Untersuchung kann aber eben nur dann Aussicht auf ein historisch glaubwürdiges Ergebnis haben, wenn dafür die authentischen Quellen sowohl des Rechtslebens (das sind – möglichst im Rahmen von Kodizes überlieferte – Rechtssätze) als auch des Kultes (das heißt Rituale und Agenden) zugrundegelegt und ausgewertet werden. Auch wenn die als Beobachtungsmaterial auszuscheidenden Textgattungen in ihrer Fülle den Charakter der Tora bestimmen, sind doch in den Büchern Exodus bis Deuteronomium glücklicherweise Kodextorsi und einzelne Rechtssätze in mehr oder weniger bearbeiteter, aber in der Regel rekonstruierbarer Form überliefert worden. Hierbei handelt es sich zunächst um die beiden Kodextorsi Ex 21,2-11.18-22,16[17] und Dtn 19,*2-7.11-13.15-21; 21,1-9.15-21; 22,5.13-29; 24,1-5.7; 25,2-3.5-12[18]. Hinzu kommen einige in Lev und Num verstreute Rechtssätze bzw. Anklänge daran: Lev 5,21-26; 19,20-22; Num 5,6-8; 27,8b-11a[19] und 30,3-13[20]; auch Num 35,9-29 und Jos 20,2b-9 sind zu bedenken. Aus der Gruppe der Agenden ist Num 5,11-31 ein sehr aufschlußreicher Zeitzeuge.

---

17 Verf., Systematik; ders., Indiz.

18 Verf., Rest; ders., Indiz.

19 Hinter der Erbfolgeregel könnte sich durchaus eine authentische Rechtsnorm verbergen, zumal sie nicht mit einer Leviratsehe der Witwe rechnet, aus der noch ein Sohn hinzukommen könnte, vgl. M. Noth, Numeri, 184, und insofern anderen Rechtstraditionen Israels und Judas nicht angeglichen worden zu sein scheint: Erblasser – Sohn – Tochter (8b) – Bruder (9) – Onkel (10) – nächster Verwandter (11). Diese Erbfolgeregel ist heute in eine Szene eingekleidet worden, die aus der Wüstenzeit überliefert sein soll und die aber nur auf ein Teilproblem des dann entwickelten Erbrechts Bezug nimmt, was sie als sekundär erweisen dürfte; dieser narrativen Bearbeitung wird auch die Einführung des Hauptfalles in 27,8b mit כִּי אִישׁ anstelle des zu erwartenden אִישׁ כִּי zuzuschreiben sein, die weiteren Fälle werden dann nach der Regel der hebräischen Rechtssätze mit וְאִם eingeleitet.

20 Wenn auch die Einführung der beiden Paragraphen mit אִישׁ כִּי in 30,3 bzw. אִשָּׁה כִּי in 30,4 anstelle des zu erwartenden כִּי אִישׁ und כִּי אִשָּׁה ungewöhnlich ist, so werden doch dann die Unterfälle wie üblich durch וְאִם eingeleitet; 30,10 stellt einen Hauptsatz dar, was ebenfalls mit dem Stil der kasuistischen Rechtssätze vereinbar ist. Vor allem aber lassen die ausführliche Beschreibung des jeweiligen Falles und die Anordnung der einzelnen Fälle und Unterfälle, die der in den Rechtskodizes aufweisbaren Systematik gleicht, vgl. Verf., Indiz, durchaus auf zwei Rechtssätze schließen, die dem heutigen Textbestand zugrundeliegen: Dem §1 (30,3), die Gelübde eines Mannes betreffend, folgt mit §2 (30,4-13) der Gegenfall, der von den Gelübden einer Frau handelt. Dieser §2 wird nach der sozialen Stellung der Frau untergliedert: §2.1 (30,4-6): unverheiratete Frau, §2.2 (30,7-9) „verlobte" (noch nicht Ehe-) Frau, §2.3 (30,10) Witwe oder verstoßene (nicht mehr Ehe-) Frau und §2.4 (30,11-13) Ehefrau. Die §§2.1,2 und 4 sind ferner nach Fall und Gegenfall des vormundlichen Einverständnisses bzw. Verbots untergliedert. Beginnend mit 30,14 – einer in der Gattung des kasuistischen Rechts unüblichen juristischen Zusammenfassung – folgen dann sekundäre Zuwächse.

3.1.1 Die Rechtsmaterie der hebräischen Rechtsüberlieferung

Die in den genannten Rechtssätzen ausgesprochenen Forderungen nach rechtskonformem Verhalten und Lösungen von gegebenen Streitfällen betreffen – mit der eventuellen Ausnahme von Num 30,3-13 – die Probleme und Vorkommnisse des profanen täglichen Lebens:[21]

– Dauer und Modalitäten der Sklavenschaft bei unterschiedlichen Formen der Sklaverei (Ex 21,2-6.7-11[22])

– Verletzung der körperlichen Integrität von freien Männern, Frauen und Kindern sowie von Sklaven durch Menschen oder Tiere bei Streit- und Unfällen sowie Züchtigungen bis hin zu Mord (Ex 21,18f.20f.22-25.26f.28-32; Dtn 19,2-10.11-13; 21,1-9; 25,11f.; dazu auch Num 35,9-29; Jos 20,2-9)

– Menschenraub (Dtn 24,7)

– Schädigung fremden Viehbestandes oder Feldertrages durch Tiere oder menschliche Unvorsichtigkeit (Ex 21,33-34.35f.; 21,35-22,3; 22,4.5.6-8.9-12.13f.)

– Vermögensschäden durch unerlaubte Handlungen (Ex 21,37-22,3; 22,6-8; Lev 5,21-26; Num 5,6-8)

– Probleme rund um das Familienvermögen (Dtn 21,15-17.18-21; 22,5[23]) und den Ausfall des Familienvorstandes (Dtn 24,5.(dazu auch 7?); 25,2f.11f.)

– unerlaubter intimer Umgang mit Frauen unterschiedlicher Rechtsstellung (Ex 22,15f.; Lev 19,20f.; Dtn 22,13-21.22.23-27.28f.; vgl. auch Num 5,11-26) und Sonderfälle der Eheschließung (Dtn 24,1-4; 25,5-10; vgl. aber auch Ex 21,7-11) und

– Bedingungen für die Zeugenschaft in Strafrechtsfällen (Dtn 19,15.16-21).

Es kann sein, daß die dritt- und vorletzten Absätze sachlich gar nicht so scharf voneinander zu trennen sind, insofern die Fälle unerlaubten Umgangs mit Frauen sowie die Sonderfälle der Eheschließung auch das Familienvermögen berühren: Ex 22,15f. behandelt den Fall des

---

21 Bei den hier folgenden Stellenangaben wird die eventuell notwendige Ausscheidung sekundärer Zusätze oder redaktioneller Wendungen noch nicht berücksichtigt.

22 E. Otto, Wandel, 36, vermißt in Ex 21,2-11 „rechtliche Konsequenzen aus einer Nichtbeachtung" der Normen (die allerdings in 21,11 doch wenigstens für einen Einzelfall vorliegen) und hält die beiden Paragraphen deshalb nicht für „Rechtssätze im strengen Sinn, mit denen Rechtsfälle zu regeln wären"; im Fehlen der „rechtlichen Konsequenzen aus einer Nichtbeachtung" befindet sich Ex 21,2-11 aber in guter Gesellschaft mit vielen Sätzen des altorientalischen Rechts, das eben nicht auf juristische Vollständigkeit bedacht ist; H. Petschow, Systematik, 154 Anm. 43, spricht in diesem Zusammenhang im Anschluß an G. Cardascia vom caractère subsidiaire und complémentaire der altorientalischen Kodizes.

23 Die Übereinstimmung von biologischem und sozialem Geschlecht ist für das Erbrecht wichtig.

Geschlechtsverkehrs ohne Gewaltanwendung[24] mit einem noch nicht verlobten freien Mädchen, wobei sowohl bei Zustimmung zur als auch bei Verweigerung der Heirat durch den Vater des Mädchens eine Geldzahlung in Höhe des מֹהַר zu leisten ist. Auf ein finanzielles Problem läuft letztlich auch der unerlaubte sexuelle Kontakt zu einer unfreien Frau mit einem offenbar ziemlich speziellen Rechtsstatus in Lev 19,20 hinaus, der nicht ohne Folgen für den Individualwert und den Marktwert der Sklavin bleiben konnte.[25] Das Verbot der Wiederheirat einer schon einmal von sich geschiedenen Frau in Dtn 24,1ff. kann sinnvoll wohl nur mit der Abwendung des Versuchs erklärt werden, daß ein Mann sich von seiner Frau nur deswegen und letztlich vorübergehend scheidet, um sich (und der Familie) durch Geschenke oder Vermächtnisse des zweiten Ehemannes an die später erneut entlassene Frau, die diese dann in der dritte (aber alte) Ehe mitbringt, finanzielle Vorteile zu verschaffen.[26]

---

24 So mit R. Rothenbusch, Rechtssammlung, 388.

25 Siehe dazu aber ausführlich unten z.St. in Abschnitt 3.4.2!

26 So auch R. Westbrook, Prohibition, 404. Die Stelle ist im letzten Jahrzehnt wiederholt behandelt worden, vgl. die Zusammenstellung bei D. Volgger, Dtn 24, 88ff. zu anderen Autoren und 91ff. zu seiner eigenen Auffassung. Folgende Sachverhalte sind nach Meinung des Verf. für die Deutung ausschlaggebend: 1. Der Grund für die Entlassung der Frau durch den ersten Mann ist mit *wenn sie ihm nicht gefällt*, vgl. zur Übersetzung HAL I, 319, als ein subjektives Empfinden dargestellt und wird durch das *denn er hat bei ihr Schande eines Wortes (einer Sache) gefunden* nur wenig objektiver; das wiederholt sich bei dem ersten alternativen Anlaß für die Auflösung der zweiten Ehe mit der Begründung *der spätere Mann mag sie nicht* – hieraus muß doch geschlossen werden, daß die Gründe für die Beendigung der beiden Ehen für den Rechtsfall und seine Entscheidung gar nicht ausschlaggebend sind. 2. עֶרְוַת דָּבָר kann nach den Regeln der hebräischen Grammatik nicht z.B. mit H. Niehr, ערה, 372, oder R. Neudecker, Ehescheidungsgesetz, 351, als „(etwas) Anstößiges" oder mit HAL III, 835, „etwas Missfälliges" – das hieße doch wohl דְּבַר עֶרְוָה –, sondern ausschließlich als *Schande eines Wortes (einer Sache)* verstanden und übersetzt werden. H. Niehr, ערה, 372f., scheidet den Ehebruch aus dem Bedeutungsfeld von עֶרְוָה mit Recht aus. Vielleicht ist der Begriff absichtlich so unscharf gehalten, um auch damit deutlich zu machen, daß der Grund für die Scheidung unerheblich ist. 3. Dem Abschnitt liegt ein kasuistischer Rechtssatz zugrunde, zu dessen Gattungselementen Begründungen des Rechtsentscheides eigentlich nicht gehören (CH §232 dürfte die einzige Ausnahme bieten; Ex 21,21bβ ist sicher ein Zusatz); somit ist 4aβ אַחֲרֵי אֲשֶׁר הֻטַּמָּאָה als Glosse zu betrachten und kann gegen E. Otto, Verbot, 308f., und andere für die Deutung des ursprünglichen Rechtssatzes nicht ausgewertet werden. 4. Wir besitzen keinen Hinweis darauf, daß die kasuistischen Rechtssätze von einem Gesetzgeber bewußt formuliert worden wären. So ist auch Dtn 24,1-4 eher als ein aus der Praxis der Rechtsgemeinde stammender und mit anderen in einem Kodex zusammengestellter, sehr spezieller Rechtsentscheid zu verstehen; vgl. die Charakterisierung R. Neudeckers, Ehescheidungsgesetz, 351. Deshalb ist die Auslegung des Paragraphen nach altjüdischer Tradition auf grundsätzliche Regelungen der Ehescheidung, dazu ausführlich R. Neudecker, a.a.O., oder auch nach E. Otto, Verbot, 309, als „komplexe(m) Grenzfall", der über die eigentliche Entscheidung hinaus auch noch das Recht der geschiedenen Frau zur Wiederverheiratung sowie die Regel, daß die Erklärung des ersten Mannes bei der Scheidung durch die zweite Ehe nicht ungeschehen gemacht werden kann, festschreibt, abzulehnen. Unter Berücksichtigung dieser vier Sachverhalte bleibt auf der Ebene des „gleichen rationalen Geist(es) wie" dem der „mesopotamischen Rechtskodizes", R. Albertz, Theologisierung,

Dtn 25,5f. dient der Versorgung einer Witwe – unmittelbar sowie durch die eventuelle Geburt eines Sohnes –, und 25,7ff. soll offensichtlich dem Versuch wehren, daß ein Mann nach dem Tod seines Bruders, der mit ihm in ungeteilter Erbengemeinschaft gelebt hat, sich im Verborgenen auf Kosten der Witwe den brüderlichen Erbanteil aneignet[27]. Auch die Hochschätzung der Jungfräulichkeit der Bräute dürfte kaum, wie jetzt die Zusätze in Dtn 22,21aγδb nahelegen, einen ethischen oder gar kultischen Hintergrund haben, sondern einfach der Sicherheit des Bräutigams davor dienen, daß die Frau nicht etwa unterhaltsbedürftige und/oder erbberechtigte Kinder mit in die Ehe bringt.[28]

In der oben erwähnten Ausnahme Num 30,3-13 ist (der) JHWH(-Tempel) Geschäfts- und Rechtspartner und erhebt Anspruch oder verzichtet auf Gelübde und „Bindungen" von Männern allgemein bzw. von Frauen in verschiedenen Rechtsstellungen. Dabei wird der religiöse Wert der in Aussicht gestellten und gegebenenfalls durch den männlichen Vormund widerrufenen Leistungen nicht diskutiert, so daß es ausschließlich um deren materiellen Wert zu gehen scheint. Daß dieser Fall auch oben unter den Problemen um das Familienvermögen subsumiert werden könnte, ist deutlich; durch die religiöse Zweckbestimmung der materiellen Werte ist aber dem Kasus wohl doch ein Ausnahmecharakter eigen. Ob auch derartige Fälle im Rahmen der Rechtsgemeinde verhandelt wurden, ist leider nicht ersichtlich; außer Num 30,3-13 gibt es jedenfalls keinen weiteren hebräischen Rechtssatz, in dem Rechtsansprüche eines Heiligtums oder gar interne Angelegenheiten des Kultes (etwa Unterhaltsfragen der oder Disziplinarverfahren gegen Priester) geregelt würden; auch darf nicht übersehen werden, daß Num 30,3-13 außerhalb eines Rechtskodex überliefert worden ist.

So wird das Urteil erlaubt sein, daß vor den örtlichen Institutionen der Rechtspflege in Israel und Juda in der Regel, wenn nicht ausschließlich profane Rechtsfälle, aber wohl keine sakralen Streitfragen oder kultische

---

118, kaum eine andere Erklärung, als daß der Rechtsentscheid die Instrumentalisierung der Eheschließungen und -scheidungen für materiellen Gewinn unterbinden möchte.

27 So in Anlehnung an E. Otto, Altersversorgung, 107f. Zu den unterschiedlichen Deutungsversuchen für die Rechtsfolge 25,9 siehe D. Volgger, Dtn 25, 183f. mit Anm. 20. D. Volggers Auffassung im Anschluß P. E. Wilson, daß der Rechtssatz nur „als juristische Extremkonstruktion des geschriebenen Rechts" zu verstehen sei, 184, widerspricht dem Wesen der kasuistischen Rechtssätze, vgl. Verf., Indiz, passim. Auch daß er lediglich die Beschämung des leviratsunwillen Schwagers und dessen Nachkommen bezwecke, 183f., ist unwahrscheinlich. Das beschriebene Verfahren muß eine gangbare Lösung für die Zukunft der Witwe herbeigeführt haben, da diese sonst keinen Grund gehabt hätte, den Fall vor die Rechtsgemeinde im Tor zu bringen; die uns heute mehr oder weniger unverständlichen Symbolhandlungen dürften die Rechtsfolge nur begleitet haben.

28 Auch K. Engelkens, Frauen, 25, Deutung, „uneheliche – vielleicht sogar als solche unerkannte – Nachkommen aus der Geschlechterfolge auszuschließen", ist gemessen an dem in der Regel wirtschaftlichen Grundtenor der hebräischen Rechtssätze noch zu ideologisch.

Vergehen verhandelt wurden.[29] Für die letzteren aber gab es seit Joschafat ein spezielles Gericht in Jerusalem; vgl. dazu unten ausführlich zu II Chr 19,8.

3.1.2 Die Gerichtsverfassung der hebräischen Rechtsüberlieferung

Nach Ausweis der hebräischen Rechtssätze wird die richterliche Funktion von einer anonymen kollektiven Instanz wahrgenommen, die durch die 3. pers. plur. als Ausdrucksmittel für das unpersönliche *man* bezeichnet wird.[30] Hier hat wohl L. Köhlers Vergleich mit dem „Gassengericht" schweizerischer Orte das Richtige getroffen: Die „Gesamtheit der rechtsfähigen Bürger" nimmt die Anklage entgegen, beurteilt den Fall und fällt ein Urteil. Der von L. Köhler dafür geprägte Begriff „hebräische Rechtsgemeinde" hat bis heute an seiner Treffsicherheit nichts eingebüßt und ist nach wie vor verwendbar.[31] In den wenigen Belegen, die Einzelheiten über den Vollzug der Rechtsfolge nennen, – Dtn 22,21; *22,24[32]; vielleicht auch 22,18b.19a[33] – gilt die Anonymität des unpersönlichen *man* auch für die Instanz, die für die Durchsetzung des Urteils zuständig ist[34]; etwas konkreter sind die Angaben lediglich in Dtn 21,21, wo die Steinigung *von der Gesamtheit der Männer seiner Stadt* durchgeführt werden soll.

In das soeben gezeichnete Bild der hebräischen Rechtsgemeinde fügen sich nun Dtn 19,16ff., 21,2 und 25,2 scheinbar nicht ein, insofern sie שֹׁפְטִים erwähnen und diese nach einem weit verbreiteten Verständnis von Dtn 16,18 als Berufsrichter verstanden werden sollen:

שֹׁפְטִים וְשֹׁטְרִים תִּתֶּן־לְךָ בְּכָל־שְׁעָרֶיךָ אֲשֶׁר יְהוָה אֱלֹהֶיךָ נֹתֵן לְךָ לִשְׁבָטֶיךָ

18a *Du wirst/sollst dir in allen deinen Toren, die dein Gott JHWH dir für deine Stämme gibt[35], Richter und šofᵉrîm geben.*

---

29 Für die Feststellung, „die Kompetenz der Lokalgerichte schließt die Ahndung von rel. Vergehen ein", bringt E. Otto, Gerichtsverfassung, 743, keinen Beleg.

30 Dieses *man* darf nicht vorschnell mit den „Ältesten" identifiziert werden, da, wie noch zu zeigen sein wird, keine einzige Belegstelle eindeutig auf einen Urteilsspruch der זְקֵנִים verweist.

31 L. Köhler, Rechtsgemeinde, 145ff.

32 Hier ist das *man* als ursprünglicher Wortlaut hinter der heutigen Anrede in der 2. pers. plur. zu vermuten.

33 So, wenn die unten z.St. geäußerte Vermutung, daß von 18b an mit einem unpersönlichen Subjekt der Prädikate zu rechnen ist, zutrifft.

34 Ob das geforderte Wergeld in Ex 21,30 auch durch das anonyme *man* oder nicht eher durch die Verwandtschaft des Opfers festgesetzt und auferlegt werden soll, muß aufgrund der passiven Verbalformen offenbleiben.

35 Zum Problem der Zuordnung von לִשְׁבָטֶיךָ zum Haupt- oder Nebensatz siehe U. Rüterswörden, Gemeinschaft, 14, der sich zur Deutung als Glosse entscheidet.

Die traditionelle Deutung begründet z.B. J. C. Gertz folgendermaßen: „Aus der Zusammenstellung mit den Gerichtssekretären geht hervor, daß der Titel שֹׁפֵט ein Amt bezeichnet. Er kann nicht als rein funktionale Beschreibung der an der Rechtsprechung beteiligten Vollbürger einer laikalen Torgerichtsbarkeit oder ... der Ältesten der Ortschaft interpretiert werden. Dies zeigt auch das Nebeneinander von Richtern und Ältesten in 21,2, das eine Identifizierung ausschließt."[36] Daraus folgt dann die Annahme einer Konkurrenzsituation zwischen den neu einzusetzenden Richtern und den bereits vorhandenen Trägern der Torgerichtsbarkeit sowie die Hypothese von der „Professionalisierung der Ortsgerichtsbarkeit" durch das deuteronomische Gesetz.[37] Nun gibt J. C. Gertz aber selbst zu, daß der Begriff שֹׁטֵר, den er mit „Gerichtssekretär" übersetzt, „kaum noch eindeutig zu klären" ist[38], und von daher ist der Schluß in dem ersten der oben zitierten Sätze schon doch gewagt. J. C. Gertz's Untersuchung des Wortes trägt aber eine recht gewichtige Erkenntnis bei: „Auffallend ist, daß der Begriff in der Schilderung der staatlichen Zeit nicht auftaucht" und im wesentlichen „in Dtn 1-Jos 24 und in der Chronik belegt" ist.[39] Bei dieser Verteilung in den Quellen ist es sehr wahrscheinlich, daß die Verwendung der Worte שֹׁטֵר und des damit kombinierten שֹׁפֵט einer spezifischen, im Zweifelsfalle deuteronomi(sti)schen Terminologie folgt[40] und sich die in Dtn 16,18 gezeichnete Struktur der Ortsgerichte von der aus dem vorexilischen Kodextorso zu erhebenden hebräischen Rechtsgemeinde nur terminologisch, nicht aber in der Sache zu unterscheiden braucht. Die Probe, ob sich die Begrifflichkeit des Kodextorsos und die der eigentlich deuteronomischen Schichten decken könnten, führt jedenfalls zu einem frappierenden Ergebnis:

1. Die שֹׁפְטִים können ohne weiteres als die zum Rechtsprechen befugten Glieder der Rechtsgemeinde verstanden werden, denn „alle Rechtssassen

---

36 J. C. Gertz, Gerichtsordnung, 85.

37 J. C. Gertz, Gerichtsordnung, 86, der als ersten Vertreter dieser Hypothese E. C. A. Riehm, Die Gesetzgebung Mosis im Lande Moab, Gotha 1854, 61ff. nennt. Zum Stand der Meinungen über „Spuren einer Ersetzung oder zumindest Ergänzung der örtlichen Laien- oder Ältestenjudikatur durch eine professionelle Richterjudikatur" siehe die kurze Zusammenfassung bei A. Graupner, Exodus 18, 13f.

38 J. C. Gertz, Gerichtsordnung, 82; HAL IV, 1337, verweist für die jeweilige Übersetzung auf „de[n] Gebrauch in den Texten".

39 J. C. Gertz, Gerichtsordnung, 83; aus der Tatsache, daß dieses „Amt" „bis zum dt Gesetz nicht belegt" ist, vermutet er a.a.O. 88., daß es „auf neuassyrischen oder neubabylonischen Einfluß" zurückzuführen sein könnte.

40 Schon G. Nebeling, Schichten, jeweils z. St., ordnete, obwohl er den Kodextorso nicht erkannte, die Erwähnung von Richtern Dtn 19,17b; 21,2a (hier alternativ zur „vordeuteronomischen Schicht" B) und 25,1bα wie 16,18 seiner „deuteronomisch-deuteronomistische[n] Schicht" D1 zu.

sind Richter."[41] Die Bedeutungsbreite der hebräischen Wurzel שפט ist ja
ziemlich groß[42] und zwingt schon von daher kaum zu der Annahme, daß
damit unbedingt ein Berufsrichtern ähnliches Amt gemeint sein müßte.[43]

2. Die שֹׁטְרִים aber erinnern an all den von J. C. Gertz herangezogenen
Belegstellen an die זְקֵנִים in ihrer notariellen und exekutiven Funktion, so
daß sich das Wort durchaus als eine Bezeichnungsvariante für dieses Amt
verstehen läßt:[44] Die notarielle Funktion der שֹׁטְרִים ist in Dtn 20,5ff.
(Anhörung der Hinderungsgründe für den Kriegseinsatz) und 31,28
(Entgegennahme der Worte des Mose) eindeutig belegt, während die
exekutive in Ex 5,6ff. (Durchsetzung der neuen Arbeitsbedingungen); Jos
1,10f. und 3,2f. (Vorbereitung der Jordanüberquerung) klar zutage tritt.
Beide Funktionen sind für II Chr 19,11 (die Aufgabe der nach den
chronistischen Ermahnungen dem Jerusalemer Gericht Joschafats
beigeordneten Leviten)[45] und 26,11 (eine Funktion in der Militärge-
richtsbarkeit?) vorstellbar. I Chr 23,4 und 26,29 entsprechen in der
Zusammenstellung der שֹׁטְרִים mit den שֹׁפְטִים Dtn 16,18, so daß auch hier
an die notarielle und/oder die exekutive Funktion zu denken ist.[46] Unter
den genannten Stellen macht II Chr 19,11 deutlich, daß der שֹׁטֵר auch noch
in späterer Zeit nicht als Beruf im modernen Sinne, sondern als eine
Funktion in Erinnerung war, die von unterschiedlich verantwortlichen und
spezialisierten Personen ausgeübt werden konnte: Nach den Ermahnungen
des Königs, die aus der chronistischen Feder stammen werden, sollten die
Leviten dem Jerusalemer Gericht als שֹׁטְרִים zur Verfügung stehen.[47] Wenn
die שֹׁטְרִים in den deuteronomistischen Ämterreihen wie Dtn 29,9; 31,28;
Jos 8,33; 23,2; 24,1 neben den זְקֵנִים aufgeführt werden, ist das kein
Widerspruch zu unserer Arbeitshypothese, denn gegen J. C. Gertz dürfte
diesen Aufzählungen kaum ein historischer Wert zukommen, da in ihnen

---

41 L. Köhler, Rechtsgemeinde, 151.
42 Vgl. HAL IV, 1499ff., wo die Übersetzungen von „entscheiden, schlichten" bis
    „herrschen, regieren" reichen.
43 Ähnlich U. Rüterswörden, Gemeinschaft, 12f.: „Weder in Dt 16,18 noch in Dt 25,2
    spricht etwas dagegen, hinter dem oder den Richter(n) etwas anderes sehen zu wollen als
    die herkömmliche Rechtsprechung im Tor"; zu Dtn 25,2 siehe aber unten z.St.!
44 Zum Amtsprofil der זְקֵנִים vgl. Verf., Beobachtungen, 560ff. Für die Begriffsbestimmung
    von שֹׁטְרִים nicht auswertbar sind Dtn 1,25; 29,9; Jos 8,33; 23,2; 24,1; I Chr 27,1; II Chr
    34,13; vgl. auch Prv 6,7, wo das Wort in mehr oder weniger willkürlich zusammen-
    gestellten Reihen von drei oder mehr Tätigkeitsbezeichnungen steht.
45 Nach S. Japhet, 2 Chronik, 241, sind sie hier (lediglich) „Exekutivbeamte".
46 Unergiebig ist Num 11,16, wo zwar in aγ die beiden Termini זְקֵנִים und שֹׁטְרִים mitein-
    ander identifiziert werden, aber nicht gesagt wird, welche Funktion sie eigentlich in
    Zukunft praktisch ausüben sollen.
47 Näheres dazu unten in 3.6.5 z.St.!

mit der Nennung von זְקֵנִים neben den nachexilisch an ihre Stelle tretenden[48] רָאשִׁים (Dtn 29,9; Jos 23,2; 24,1) mindestens ein eindeutiger Anachronismus zu finden ist und es זִקְנֵי שְׁבָטִים (Dtn 31,28) niemals gegeben haben dürfte[49].

3. Als drittes wesentliches Kennzeichen der Rechtsgemeinde erwähnt Dtn 16,18 dann auch das Stadttor als Gerichtsort; der Plural kann auf die mehrstufige Bauweise der altorientalischen Stadttore abheben, aber natürlich auch die großen Anzahl der Rechtsgemeinden im Lande widerspiegeln.

Es ist also sehr wahrscheinlich, daß der Verfasser von Dtn 16,18 mit den Begriffen שֹׁפְטִים, שֹׁטְרִים und שְׁעָרִים nichts anderes als die bekannten Strukturelemente der hebräischen Rechtsgemeinde in seiner spezifischen deuteronomischen Terminologie benennt.[50] Dann aber ist an Dtn 16,18 die Frage zu stellen, welche Funktion der Forderung nach שֹׁפְטִים und שֹׁטְרִים denn im Zusammenhang des deuteronomischen Normenteils zukommt und worin eine eventuell angestrebte Neuerung bestehen könnte. Drei Auslegungen sind theoretisch möglich:[51]

1. Die traditionelle Sitte, daß es שֹׁפְטִים und שֹׁטְרִים[52] in einer Ortschaft gibt, wird in Erinnerung gerufen. Der Satz 16,18a hätte dann innerhalb des Kontextes die Aufgabe, die Grundlage für die in 16,18bff. folgenden Forderungen nach gerechtem Richten zu beschreiben.

2. Die traditionelle Sitte, daß es שֹׁפְטִים und שֹׁטְרִים[52] in einer Ortschaft gibt, wird mit בְּכָל־שְׁעָרֶיךָ auf alle Ortschaften ausgedehnt. Dies wäre dann eine partielle Neuerung und könnte eine sachliche Parallele in II Chr 19,5 besitzen, wo die Einsetzung von שֹׁפְטִים *in allen befestigten Städten Judas, von Stadt zu Stadt* berichtet wird.[53] Dann müßte angenommen werden, daß

---

48 J. Conrad, זָקֵן, 647; Verf., Beobachtungen, 408.

49 Verf. Beobachtungen 1, 403ff.

50 Gegen G. von Rads Urteil, Deuteronomium, 82: „Nach alledem kann man hinter dem V. 18 nicht, wie sonst häufig, eine alte Rechtsordnung suchen."

51 Vgl. dazu oben 2.2.1 zu Dtn 12!

52 Nach deuteronomischer Terminologie, die sich von der der Rechtssätze des Kodextorsos unterscheidet, aber seit der Aufnahme des Kodextorsos in das Deuteronomium auch dorthin eingedrungen sein kann.

53 Hier handelt es sich um עָרֵי יְהוּדָה הַבְּצֻרוֹת, was üblicherweise zurecht mit „Festungsstädte Judas" übersetzt wird, da ja jede עִיר im Gegensatz zu einer חָצֵר als ummauert zu denken ist, so daß das Attribut בְּצֻרוֹת eine besondere Bedeutung haben muß. Da der Chronist nun zuvor II Chr 17,2a berichtet hat, daß Joschafat Militär in die Festungsstädte Judas gelegt und damit unter die alteingesessenen Bürger eine neue Bevölkerungsschicht angesiedelt hat, war wohl die Frage der Gerichtsordnung der Festungsstädte neu zu regeln. II Chr 19,5 braucht somit nicht mehr zu besagen, als daß auch in dieser neuen Situation eine Rechtsgemeinde zusammentreten und wirken solle, die nun die Stammbevölkerung sowie die zeitweise in der Stadt lebenden Soldaten umfaßt. Die hier

bis dahin nicht in allen Gemeinwesen eine „hebräische Rechtsgemeinde" bestanden hätte bzw. als solche anerkannt wurde, wobei allerdings offenbleiben muß, wie das Rechtsleben in solchen Ortschaften organisiert gewesen sein könnte.

3. Die Bestellung von שֹׁפְטִים und שֹׁטְרִים ist eine Neuerung, die bis dahin unbekannte Verhältnisse für das Rechtsleben schafft. Daß wir die beiden Begriffe als Berufs- oder gar Beamtenbezeichnungen[54] auffassen müßten, liegt allerdings mindestens bei dem Wort שֹׁפֵט mit seiner großen Bedeutungsbreite nicht gerade nahe; vor allem aber machen die oben aufgezeigten Parallelen zur „hebräischen Rechtsgemeinde" die Annahme einer Innovation eher unwahrscheinlich.

Die erste Deutungsvariante wirft die wenigsten Fragen auf und ist deshalb zu favorisieren. Sie erklärt auch mühelos die Nennung der שֹׁפְטִים in wenigstens zwei der oben genannten Ausnahmestellen: In Dtn 19,17f. = §4 des Kodextorsos, worauf in Absatz 3.2.4 ausführlich einzugehen sein wird, können in den שֹׁפְטִים ohne weiteres die Mitglieder der Rechtsgemeinde

---

erwähnten שֹׁפְטִים etwa mit G. C. Macholz, Geschichte, 334, als „hauptamtliche Richter" aufzufassen, ist unbegründet. – U. Rüterswörden, Gemeinschaft, 15ff., hält den „Bericht über die Justizreform des Josaphat" für „eine Kompilation aus vorgegebenen Materialien", die im Falle von 19,5 aus Dtn 16,18 stammten, doch ist dagegen einiges einzuwenden: 1. Die Notiz unterscheidet sich inhaltlich von Dtn 16,18 dreifach: Dort wird die Bestellung von Richtern befohlen und nicht wie II Chr 19,5 geschildert, so richtig z.B. S. Japhet, 2 Chronik, 238; in II Chr 19,5 ist die Bestellung von Richtern ein hoheitlicher Akt des Königs, während sie in Dt 16,18 von dem in der 2. pers. sing. angeredeten Kollektivum eingesetzt werden sollen; „nach Dt 16,18 sollen שֹׁפְטִים und שֹׁטְרִים in die Ortsgerichte berufen werden; in 2Chr 19,5 setzt Josaphat nur שֹׁפְטִים ein", so U. Rüterswörden selbst, a.a.O. 15. Da nun aber auch die Terminologie in beiden Stellen nicht identisch ist, sondern für II Chr 19,5 erst „Anpassungen an den Sprachgebrauch zur Zeit des Chronisten" vorausgesetzt werden müssen, ist eine Beziehung zwischen den beiden Texten eher auszuschließen. 2. בְּכָל־עָרֵי יְהוּדָה הַבְּצֻרוֹת in II Chr 19,5aβ „entspricht בְּכָל שְׁעָרֶיךָ in Dt 16,18" nicht, sondern umfaßt vielmehr eine Zahl besonders befestigter Städte; das Attribut הַבְּצֻרוֹת übergeht U. Rüterswörden, a.a.O. 16, aber, weshalb auch seine Kritik an K. Rudolph nicht gerechtfertigt ist. 3. U. Rüterswörden konstatiert selbst den fehlenden Bezug zu בָּאָרֶץ in Dtn 16,18; wenn er in dem Wort einen „Nachklang" an die dortige Landgabeformel sehen möchte, wäre der Aufweis vergleichbarer Nachklänge im Alten Testament wünschenswert. 4. Auch לְעִיר וָעִיר hat keinen Bezug in Dtn 16,18; daß „der Kompilator" damit לשבטיך in der Vorlage Dt 16,18 ... ersetzt", ist nicht beweisbar.

54 Der Begriff „Beamter", der hin und wieder in der einschlägigen Literatur auftaucht, ist sicher ungeeignet, die Rechtsstellung der שֹׁפְטִים und שֹׁטְרִים zu beschreiben, da sie nach Dtn 16,18 von dem als Du angeredeten Volk eingesetzt werden sollen und damit keiner höheren Instanz verpflichtet sind; ähnlich schon U. Rüterswörden, Gemeinschaft, 12f. M. Rose, 5. Mose, 65, der in den „Richtern und Amtsleuten" sogar „vom König bestallte Beamte" sehen möchte, läßt dabei außer acht, daß das Deuteronomium dem König keine Funktion innerhalb der Rechtsordnung zuerkennt.

gesehen werden.[55] Sie sind zusammen mit den Priestern an der Vorbereitung des Gottesurteils und insbesondere an der Formulierung der Frage, die sich ja auf den speziellen Fall beziehen und eine unzweideutige Antwort des Ordals ermöglichen muß, beteiligt.[56] In Dtn 21,2 = §5 des Kodextorsos sollen die Richter zusammen mit den in ihrer notariellen Funktion amtierenden זְקֵנִים durch Messung die einem auf freiem Felde liegenden Erschlagenen nächstliegende Stadt ermitteln. Sie als Mitglieder der Rechtsgemeinde zu deuten, wird schon dadurch nahegelegt, daß von ihnen im weiteren Verlauf der Handlung nicht wieder die Rede ist, sie vielmehr die זְקֵנִים allein und in einer Bearbeitungsschicht zusammen mit den levitischen Priestern agieren lassen. Eine solche Zurückhaltung wäre bei „beamteten" Richtern wohl verwunderlich.[57]

Die dritte Ausnahmestelle bereitet etwas größere Schwierigkeiten: Dtn 25,2 = §17'.2 des Kodextorsos, welcher Rechtssatz wohl seinen vorangehenden Hauptfall verloren hat[58], erwähnt einen einzelnen Richter. Ganz im Gegensatz zur Bedeutung dieses Wortes wird dieser aber nun nicht mit dem Rechts- und Urteilsfindungsprozeß in Verbindung gebracht, der nach dem vorgeschalteten (redaktionellen) Satz wie üblich in den Händen eines unpersönlichen *man* liegen soll. Der „Richter" eröffnet vielmehr die Vollstreckung der Prügelstrafe mit einem Befehl an den Verurteilten, sich niederfallen zu lassen, und vollzieht sie schließlich eigenhändig an ihm. Da eine solche Funktion selbst in der großen Bedeutungsbreite des Wortes שֹׁפֵט kaum unterzubringen ist[59], läßt sich in diesem Falle eine Textverderbnis wohl

---

55 So auch M. Rose, 5. Mose, 110, der den Gebrauch von שֹׁפְטִים an dieser Stelle aber unerklärlicherweise von dem in 16,18 ausdrücklich unterscheidet.

56 U. Rüterswörden, Gemeinschaft, 12 mit Anm. 6, sieht hier unter Hinweis auf S. R. Driver, A. D. H. Mayes und G. Seitz das richterliche Personal des Zentralheiligtums; Dtn 19,17f. gehört aber als §4 zu dem in den Normenteil des Deuteronomiums eingearbeiteten Kodextorso, in dem sich sonst keinerlei Hinweis auf das Jerusalemer Zentralheiligtum oder eine vergleichbare Institution findet.

57 Dazu näheres in 3.4.4 z.St. U. Rüterswörden, Gemeinschaft, 12 mit Belegen aus der Literatur in Anm. 7, scheidet „die Richter als Glosse aus", weil „in dem folgenden Text zwar die Ältesten, nicht jedoch die Richter vorkommen"; hier wirkt sich blockierend aus, daß er die traditionelle Hypothese von der Ältestengerichtsbarkeit unbesehen übernimmt, a.a.O. 12, und in שֹׁפְטִים lediglich eine Funktionsbezeichnung der זְקֵנִים sieht, a.a.O. 13. – Wenn der Samaritanus שֹׁטְרִים liest, mag dort das im weiteren ja nicht mehr vorkommende שֹׁפְטִים zu שֹׁטְרִים korrigiert und damit die deuteronomische Terminologie für זְקֵנִים zur Erklärung eingefügt worden zu sein.

58 Dazu Verf., Indiz, 231.

59 M. Rose, 5. Mose, 118, löst das Problem dadurch, daß er die vorfindliche Wortwahl für „nicht übergewichten" möchte und allein die Forderung für entscheidend hält, daß „eine anerkannte Autorität ... die Verantwortung für die Rechtmäßigkeit übernimmt".

beinahe gar nicht ausschließen. Auch wenn die Versionen keine Unterstützung dafür bieten, könnte man sich 25,2bα gut als ein ursprüngliches

והפילוה שמה והכהו לפניו

– vokalisiert: וְהִפִּילוֹהּ שָׁמָּה וְהִכָּהוּ לְפָנָיו

sie sollen ihn dort niederfallen lassen (und) ihn vor ihm schlagen –
vorstellen, das in והפילו השפט והכהו לפניו

verschrieben wurde. Dabei wären zwei Abweichungen leicht verständlich: Das ה des Pronomens am ersten Verb wurde versehentlich abgetrennt und das מ in פ verlesen, was sowohl in althebräischer Schrift als auch noch in der der Qumranhandschriften leicht möglich ist. Der Wechsel vom ה des vermuteten שמה zum ט von שפט ist schwerer nachzuvollziehen, könnte sich aber zwangsläufig ergeben haben, um dem begonnenen Wort שׁפּ... einen innerhalb des Kontextes plausiblen Sinn zu geben. Die vermutete Ortsbezeichnung שָׁמָּה korrespondiert aber nicht nur gut mit dem folgenden לְפָנָיו (sc. vor dem Kontrahenten), sondern wäre auch für den Sinn des Textes aussagekräftig, da bei einer Durchführung der Strafe an Ort und Stelle die Kontrolle der Rechtsgemeinde bzw. der notariell fungierenden זְקֵנִים gewährleistet würde.[60]

Auch in den häufig als Belege für berufsmäßige oder gar „beamtete"[61] Richter im vorexilischen Juda genannten Texten Jes 1,26; 3,3 und Zeph 3,3 kann der Begriff (שֹׁפֵט bzw.) שֹׁפְטִים ohne weiteres als (Mitglied der) Rechtsgemeinde verstanden werden. Dabei ist es unerheblich, in welche Zeit die Entstehung der Texte oder die geschilderten Zustände verortet werden können bzw. ob sich Abhängigkeiten von anderen alttestamentlichen Texten nachweisen lassen – der Begriff steht in allen drei Belegen im Zusammenhang mit weiteren Funktionsbezeichnungen, die sich keineswegs alle als Termini für spezielle Berufe verstehen lassen und insofern zu einer Deutung von שֹׁפֵט bzw. שֹׁפְטִים auf einen Richterberuf zwingen würden, so z.B. in Jes 3,2f. zusammen mit גִּבּוֹר „mannhaft, Held", זָקֵן „Ältester" und חָכָם „geschickt, Weiser"[62], in Jes 1,26 und 3,2f. zusammen mit יוֹעֵץ, was wie in Jes 41,28 hier nicht viel mehr als einen Ratgeber „d. Gegenpartei vor Gericht" bedeuten braucht[63], oder in Jes 3,2f. und Zeph 3,3 zusammen mit נָבִיא „Prophet", welches Wort sehr unterschiedliche soziale Status der Propheten

---

60 Diese Rekonstruktion erübrigt auch die (alternativ) von C. Levin, Deuteronomium, 134, erwogene und schwer vorstellbare Deutung, daß „der Geschädigte in Gegenwart des Richters die Schläge verabreicht"; im hebräischen Recht werden Strafen, wie bereits oben angemerkt, von einem anonymen *man* vollstreckt.

61 So z.B. J. C. Gertz, Gerichtsordnung, 90, zu den שֹׁפְטִים von Jes 1,26.

62 Von den Masoreten als Nomen regens einer Genitivverbindung mit חֲרָשִׁים vokalisiert, das aber zugunsten des parallelistischen Aufbaus der Reihe von וחכם getrennt werden sollte.

63 So HAL II, 385, nach J. Begrich.

bezeichnen kann[64]; auffällig ist auch, daß in Jes 3,2f. König und Priester, deren Tätigkeit zu allerletzt ehrenamtlich ausgeübt werden dürfte, nicht erwähnt werden[65]. Bei dieser Sachlage ist es mehr als ungewiß, daß die Lexeme שֹׁפֵט bzw. שֹׁפְטִים an irgendeiner Belegstelle berufsmäßige Richter bezeichnen könnten.

Eine Mitwirkung von Richtern in unserem modernen Verständnis dieses Wortes bei der Arbeit der Rechtsgemeinde ist demnach in den alttestamentlichen Quellen nicht zu erkennen. Insbesondere läßt sich kein eindeutiger Hinweis darauf finden, daß „die Lokalgerichte" im Deuteronomium „der Aufsicht professioneller Richter unterstellt werden"[66].

Als Inhaber eines spezifischen Amtes innerhalb der Gerichtsverfassung werden allein die זְקֵנִים erwähnt.[67] Der Terminus wird allgemein mit „Älteste" wiedergegeben; da es sich bei den זְקֵנִים im alttestamentlichen Israel und Juda aber offensichtlich um ein Amt sui generis handelt[68], soll diese Übersetzung hier weitgehend vermieden werden, da sie zu vorschnellen ethnologischen und rechtshistorischen Parallelen Anlaß geben könnte. Die alttestamentlichen Quellen zeigen die זְקֵנִים als Träger eines profanen Amtes, die besondere Kompetenzen auf den Gebieten der Rechtspflege und der Politik besitzen, denen aber keine Verantwortlichkeiten oder Aufgaben im Kult zugeordnet werden. Anzutreffen sind die זְקֵנִים im Tor der Stadt, wohin der Rechtsstreit und/oder der Angeklagte gebracht werden können.[69] Entgegen einer weit

---

64 J. Jeremias, Prophet, 1695, unterscheidet Gruppenpropheten, Einzelpropheten sowie Hof- und Kultpropheten.

65 Für W. A. M. Beuken, Jesaja, 111, ist das allerdings ein Indiz für die Datierung in die jesajanische Zeit: „Dies deutet darauf hin, dass noch nicht mit dem Ende des offiziellen Kultes und des Königtums gerechnet wurde."

66 So E. Otto, Gerichtsverfassung, 743, zu Dtn 16,18f., als Beispiel für die opinio communis.

67 Die Belege beschränken sich auf den Kodextorso im Deuteronomium und das Buch Josua; in den Rechtssätzen aus dem Bundesbuch sowie dem Heiligkeitsgesetz fehlen einschlägige Hinweise; zur bisher erfolglosen Diskussion über die Bedeutung des Wortes פְּלִלִים in Ex 21,22, hinter dem sich unter Umständen eine mit den זְקֵנִים vergleichbare Instanz verbergen könnte, vgl. z.B. C. Houtman, Bundesbuch, 157ff.; R. Rothenbusch, Rechtssammlung, 276f.

68 Vgl. zum Folgenden ausführlich Verf., Beobachtungen.

69 So Dtn 21,19; 22,15; 25,7; Jos 20,4. J. Buchholz, Die Ältesten, 120 Anm. 13, möchte allerdings in Dtn 21,19b וְאֶל־שַׁעַר מְקֹמוֹ als „späte Ergänzung" streichen, da die Wendung neben dem voranstehenden אֶל־זִקְנֵי עִירוֹ eine „doppelte Ortsbestimmung" darstelle und zudem das zweite אֶל schwerfällig wirke; der Stil wird aber eleganter, wenn man wie manche Handschriften und auch der Samaritanus das ו ausläßt, auch wäre zu fragen, ob, wenn schon emendiert werden soll, nicht vielleicht וּ זִקְנֵי עִירוֹ als Vorwegnahme aus 20a zu streichen und als ursprünglicher Text ... שַׁעַר מְקֹמוֹ אֶל zu vermuten wäre. E. Otto, Zivile Funktionen, 196, rechnet zu den Belegstellen noch Dtn 22,24, wo die Einbeziehung der זְקֵנִים in den Prozeß „elliptisch formuliert wird"; in der Tat ist zu

verbreiteten Auffassung kommen ihnen aber kaum richterliche Befugnisse
zu; es gibt keinen einzigen sicheren Hinweis darauf, daß ihre Stimme bei der
Urteilsfindung den Ausschlag gegeben hätte oder auch nur in besonderer
Weise gehört worden wäre. Die זְקֵנִים üben vielmehr zum einen eine
exekutive Funktion aus: Sie haben nach Dtn 19,12 die Macht, einen als
Mörder schuldig Gesprochenen aus der Asylstadt, die er nach dem
ergangenen Urteilsspruch nun unberechtigt in Anspruch nimmt, holen zu
lassen und dem Bluträcher auszuliefern. Damit vergleichbar ist die
Verfahrensregelung in Dtn 22,18, wonach die זְקֵנִים einen der üblen Nachrede
gegenüber seiner jungen Ehefrau beschuldigten Mann zum Prozeß vorführen
sollen, und in Dtn 25,8, wo der leviratsunwillige Schwager durch sie zur
Verhandlung gerufen wird. Und nach Jos 20,4b regeln die זְקֵנִים die
Einzelheiten der Lebensumstände eines Flüchtlings in der Asylstadt. Am
häufigsten begegnen die זְקֵנִים allerdings in einer notariellen Funktion: In Dtn
19,12 wird vorausgesetzt, daß die Darstellung der זְקֵנִים der Heimatstadt des
Mörders über den Verlauf und Ausgang des Prozesses, in dem jener schuldig
gesprochen worden ist, in der Asylstadt für glaubhaft erachtet und ihnen
aufgrund dessen der Mörder ausgeliefert wird. In der Fassung des
Asylstadtgesetzes von Jos 20 treten die זְקֵנִים der Asylstadt insofern auch in
notarieller Funktion auf, als sie die Aussage des Flüchtlings vor dem Stadttor
zur Kenntnis nehmen und, was zwischen den Zeilen zu lesen ist, der
Bevölkerung ihrer Stadt, die den Flüchtling aufnehmen und unterhalten muß,
gegenüber vertreten sollen. Von einer notariellen Funktion kann man auch
bei Dtn 21,7 sprechen; hier haben die זְקֵנִים eine öffentliche Erklärung ihrer
Stadt und deren Bewohner über die Unschuld am Tode eines aufgefundenen
Mordopfers abzugeben. Besonders deutlich wird die notarielle Funktion der
זְקֵנִים aber in Dtn 21,18-21 und 25,5-10, wo Anklage und Bestrafung des
verschwenderischen Sohnes sowie des leviratseheunwilligen Schwagers vor
ihnen erfolgt. In Dtn 22,13-19 kommt zu der bereits oben erwähnten
exekutiven Funktion der זְקֵנִים ebenfalls eine deutlich erkennbare notarielle,
indem die Eltern die Spuren der Entjungferung der Braut vor ihnen
dokumentieren. Hier freilich könnte es sein, daß die Befugnisse und
Aufgaben der זְקֵנִים erweitert werden und sich auch auf die Zurechtweisung
und Bestrafung des Ehemannes erstrecken; das hängt aber von der Frage ab,
wieweit das Subjekt זְקֵנִים aus 18a in 18b und 19a hineinwirkt, oder ob man
nicht eher von 18b an mit einem unpersönlichen Subjekt der Prädikate

---

erwarten, daß eine Steinigung nicht ohne Wissen der notariellen Instanz der זְקֵנִים
vollzogen werden konnte, andererseits aber auch, daß der Vollzug kaum im Stadttor
durchgeführt worden sein wird, so daß zwischen 22,24aα und aβ die Vorführung der
Ehebrecher vor den זְקֵנִים gedanklich eingeschoben werden muß.

rechnen muß. Während die notarielle und exekutive Funktion der זְקֵנִים außer
Frage steht, könnte es also sein, daß wir sie in diesem einen, freilich nicht
wirklich eindeutigen Fall auch in einer richterlichen Funktion beobachten.
Um von einer „Ältestengerichtsbarkeit"[70] sprechen zu können, reicht dieser
eine fragwürdige Beleg aber nicht aus.

Abgesehen von den unten in 3.2 und 3.4 besprochenen Kontakten
zwischen dem Rechtsleben und dem Kult lassen die hebräischen Rechtssätze
keinerlei sakrale Elemente in der Torgerichtsbarkeit erkennen. Natürlich ist
nicht auszuschließen, daß zu der „Vereinigung derer, welche gelten,"[71] auch
Kultpersonal gehört haben kann; nach W. Zwickel ist freilich seine Zahl
während der Königszeit selbst in Jerusalem nur als sehr gering anzusetzen[72],
und eine herausgehobene Rolle von Priestern wie etwa die der זְקֵנִים in ihrer
exekutiven und notariellen Funktion wird in den Texten nicht erwähnt.
Ferner sind zwar Heiligtümer an den Torbauten der eisenzeitlichen Städte
nachgewiesen worden, doch wird dem Stadttor als dem Ort der Rechtspflege
kein sakraler Status zuerkannt, der während der Verhandlungen zu spezifischer Beachtung zwingen würde[73]; die Frage, inwieweit die Torheiligtümer
bei der Inanspruchnahme kultischer Dienstleitungen durch die Rechtsgemeinde oder bei den Angeboten der Kultgemeinde an das Rechtsleben
Verwendung fanden, bleibt davon unberührt.

Die hebräische Rechtsgemeinde, wie sie sich aus den alttestamentlichen
Rechtskodextorsi und auch den unabhängig davon überlieferten Rechtssätzen
rekonstruieren läßt, zeigt sich uns somit als eine von anderen Lebensbereichen autarke Institution. „Die Ortsgerichtsbarkeit als Laiengerichtsbarkeit
operierte unabhängig von einer staatlichen Verwaltungsgerichtsbarkeit".[74]
Schon darin erweist sie sich als in ihrer Umwelt einzigartig, wie denn schon
H. J. Boecker angemerkt hat, daß für sie „aus dem Bereich des Alten Orients
bisher keine wirklich zutreffende Parallele bekanntgeworden ist."[75] Vor
allem aber agiert sie unabhängig vom Kult und ist der personellen Besetzung
sowie der durch sie behandelten Fälle nach geurteilt eine profane Einrichtung. Das schließt natürlich nicht aus, daß es zwischen den beiden von
einander unabhängigen Lebensbereichen Recht und Kult Synergien gab, die
im Folgenden besprochen werden sollen; diese werden aber in jedem Falle

---

70 So z.B. bei F. Crüsemann, Gericht, 72; E. Otto, שָׁעַר, 398, neben entsprechenden
Formulierungen anderer Autoren.
71 L. Köhler, Rechtsgemeinde, 147.
72 W. Zwickel, Der salomonische Tempel, 172f.
73 M. Bernett, O. Keel, Mond, 82f.
74 E. Otto, Zivile Funktionen, 196.
75 H. J. Boecker, Recht, 23.

sehr deutlich als Zusammenarbeit dargestellt und lassen sich nicht als Ausdruck pansakraler Einheit verstehen.

3.2. Die Inanspruchnahme der Dienste des Kultes durch das Rechtsleben

Es gibt zwar nur wenige, dafür aber sehr eindeutige Hinweise darauf, daß das Rechtsleben im Israel und Juda der vorexilischen Zeit die Hilfe kultischer Institutionen in Anspruch nahm. Dies geschah offensichtlich in Fällen, bei denen die eigenen Mittel der Rechtsgemeinde zur Tatbestandserhebung oder zur Streitprävention nicht ausreichten, weil etwa nur ein einziger Zeuge oder auch gar keiner zur Verfügung stand oder stehen würde. Die Rechtssätze legen dann espressis verbis fest, daß die Angelegenheit oder der Angeklagte *vor die Götter* oder *vor JHWH* gebracht werden soll, was wohl mit dem Gang zu einem Heiligtum gleichzusetzen ist; eine Ausnahme könnte Ex 22,10 darstellen, wo der Eid vielleicht auch an Ort und Stelle in der Verhandlung abgelegt werden konnte. In allen einschlägigen Paragraphen aber ist die Inanspruchnahme der kultischen Institutionen in den Rechtssatz und damit wohl auch in das Verfahren vor der Rechtsgemeinde eingebettet.

3.2.1 Ex 21,5f. – Der Verzicht eines Sklaven auf Freilassung

Ein Eid ist für Ex 21,5f. = §1.5 des Kodextorsos im Bundesbuch anzunehmen. Hier verzichtet ein gekaufter hebräischer Sklave auf die ihm nach Ex 21,2 = §1.1 zustehende Freilassung nach sechs Jahren Dienstzeit:

וְאִם־אָמֹר יֹאמַר הָעֶבֶד אָהַבְתִּי אֶת־אֲדֹנִי אֶת־אִשְׁתִּי וְאֶת־בָּנָי לֹא אֵצֵא חָפְשִׁי:

וְהִגִּישׁוֹ אֲדֹנָיו אֶל־הָאֱלֹהִים וְהִגִּישׁוֹ אֶל־הַדֶּלֶת אוֹ אֶל־הַמְּזוּזָה וְרָצַע אֲדֹנָיו אֶת־אָזְנוֹ

בַּמַּרְצֵעַ וַעֲבָדוֹ לְעֹלָם:

5 Und wenn der Sklave nachdrücklich sagt: „Ich liebe meinen Herrn und meine Frau und meine Söhne [= Kinder], ich werde nicht als Freier (weg)gehen.", 6 wird (soll) ihn sein Herr an die Götter herantreten lassen, wird (soll) er ihn an die Tür oder an den Türpfosten herantreten lassen. Sein Herr wird (soll) sein Ohr mit der Nadel durchstechen, (und) er [sc. der Sklave] wird ihm für immer dienen.

Dabei ist auffällig und schon oft diskutiert worden, daß in der Rechtsfolge zwei Lokalbestimmungen mit teilweise identischer Formulierung hintereinanderstehen, die in ihrer Kombination den Verdacht erregen, daß jeweils

die eine ein – konkretisierender oder korrigierender? – Zusatz zu der anderen
sein könnte:[76]   וְהִגִּישׁוֹ אֲדֹנָיו אֶל-הָאֱלֹהִים

6aα wird/soll ihn sein Herr an die Götter herantreten lassen

וְהִגִּישׁוֹ   אֶל־הַדֶּלֶת אוֹ אֶל־הַמְּזוּזָה

6aβ wird/soll er ihn an die Tür oder an den Türpfosten herantreten lassen.

Von einigen Autoren ist 21,6aα die Priorität gegeben und als Gang zu einem
der überkommenen Ortsheiligtümer gedeutet worden; da diese aber im
Rahmen der deuteronomischen Kultzentralisation aufgegeben werden sollten,
sah man in 6aβ den säkularen Ersatz für die alte Regelung aus der Feder einer
deuteronomistischen Redaktion.[77] Dabei bleibt die Frage offen, warum die
vermeintliche Redaktion, wenn sie den Gang zum Ortsheiligtum verhindern
und ersetzen wollte, in den vergleichbaren Fällen Ex 22,7 und 8 nicht
eingegriffen sowie auch hier in 21,6aα die außer Kraft gesetzte Passage im
Text belassen und diesem damit den vielleicht nicht zwingenden, aber doch
mindestens möglichen Sinn gegeben hat, daß nun auch der säkulare Ersatz
„vor den Göttern" vollzogen werden solle. E. Otto betrachtet dagegen im
Anschluß an G. Robinson 6a als eine Einheit und sieht auch in 6aβ einen sich
an den Ortsheiligtümern abspielenden Vorgang, wobei er von der Bedeutung
und Verwendung des Wortes מְזוּזָה ausgeht[78]; dabei bleibt das Wort דֶּלֶת, mit

---

76 Zu den unterschiedlichen Deutungen der Stelle vgl. z.B. O. Loretz, Habiru, 143f.; L.
Schwienhorst-Schönberger, Bundesbuch, 308, oder C. Houtman, Bundesbuch, 91ff.,
jeweils mit reichen Literaturangaben.

77 O. Loretz, Habiru, 145 u.a. Der nun nach 21,6aβγ an der Tür vollzogene Akt bleibt für O.
Loretz eine kultische Handlung, die nur anstelle an den aufgehobenen Ortsheiligtümer
nun vor den auf den Türpfosten geschriebenen „Weisungen der Gottheit" ausgeführt
werde; dabei verweist er auf Dtn 6,9, kann aber kein Referenzbeispiel für eine vor einer
solchen Inschrift vollzogene Zeremonie beibringen.

78 So E. Otto, Wandel, 36, weil מְזוּזָה im Singular nur in Verbindung mit Heiligtümern
gebraucht würde. Die nähere Betrachtung der angegebenen Stellen stützt diese
Schlußfolgerung aber nicht unbedingt: In Jes 57,8 benennen הַדֶּלֶת וְהַמְּזוּזָה Elemente einer
Türanlage pars pro toto für das durch die Tür abgeschlossene Dahinter; ob hier an einen
Tempel gedacht ist, bleibt offen. In der Baubeschreibung Ez 41 findet sich in 41,21 die
schwer deutbare Wendung מְזוּזַת רְבָעָה *Türpfosten eines Vierecks*, die von den
Kommentatoren gern in den Plural gesetzt wird, vgl. W. Zimmerli, Ezechiel 2, 1045
Anm. 21a. In der Beschwerde über die Denksteine für die Könige in unmittelbarer Nähe
zum Tempel werden Ez 43,8 סַף, מְזוּזָה und קִיר als exemplarische Bauelemente
ausgeführt, die durchaus auch im Plural stehen könnten, da sie im Tempel und Palast
naturgemäß mehrfach vorkommen; der Singular lag demnach in der stilistischen
Entscheidung des Verfassers. Bei Ez 45,19 bieten einige Handschriften und die
Versionen den der priesterlichen Handlung besser entsprechenden Plural. In Ez 46,2 ist
der Standort des נָשִׂיא in einem größeren Tor angegeben, innerhalb dessen ein Mensch
natürlich nur an einer der beiden מְזוּזוֹת stehen kann. Entsprechendes dürfte von I Sam 1,9
gelten, wo Eli auf einem Stuhl עַל־מְזוּזַת הֵיכַל יְהוָה *vor dem Türpfosten des JHWH-*

dem die Lokalbestimmung beginnt und das insofern mindestens denselben Ton trägt, unberücksichtigt; die Ortsheiligtümer sind aber mit nur wenigen Ausnahmen nicht als Tempelbauten[79], sondern als בָּמוֹת und עֵצִים רַעֲנַנִים vorzustellen[80], die keine Türen und Türpfosten gehabt haben dürften.

Die Auslegung gerät auf festeren Boden, wenn sie sich zunächst 21,6bα zuwendet und versucht, von da aus 6aα zu verstehen: *Sein Herr wird/soll sein Ohr mit der Nadel durchstechen* hat auf den ersten Blick in Dtn 15,17 eine Parallele.[81] Doch die beiden Handlungen von Ex 21,6bα und Dtn 15,17aα decken sich nicht wirklich: In Ex 21,6bα wird lediglich das Ohr des Sklaven durchstochen, wohingegen nach Dtn 15,17a „die Nadel" – die auch im Konsonantentext mit dem Artikel versehen und damit als ein ganz bestimmter und allgemein bekannter Gegenstand ausgewiesen wird – auch in die Tür dringen und dort wohl dann letztlich verbleiben soll. Anders als Dtn 15,17a beschreibt Ex 21,6bα aber kaum eine Prozedur, die eine nachhaltige Wirkung hat[82], sondern doch vielmehr eine Symbolhandlung, wie sie in alten Rechten oft Rechtsgeschäfte begleiteten.[83] Was das Durchstoßen des Ohres mit einer Nadel als Symbol auch immer bedeuten mag – eine zeichenhafte Anbindung an das Bauwerk, zu dem die Tür oder der Türpfosten gehört, was die Variante in Dtn 15,17 nahelegt, oder eine symbolische Verstärkung der Öffnung des Organs, das die Befehle des Herrn empfängt[84] – derartige Zeichenhandlungen des Rechtslebens bedürfen weder eines heiligen Ortes

---

Tempels sitzt, auch wenn uns Daten über die Architektur und die Ausmaße des Heiligtums in Schilo nicht vorliegen.

79 Vgl. M. Weippert, Palästina, 407 und 447; W. Zwickel, Tempelkult, 281; die zuweilen an offenen Kultstätten feststellbaren Nebenräume für die Aufbewahrung der Geräte, z.B. W. Zwickel, Tempel, 804, dürften kaum eine für einen solchen Akt ausreichende sakrale Relevanz besessen haben.

80 Vgl. die Beschreibung der Bull Site z.B. in W. Zwickel, Parallele, 25f., oder der Torheiligtümer durch M. Bernett, O. Keel, Mond, passim.

81 Zum Wandel in der Beurteilung einer Abhängigkeit von Dtn 15,12-18 von Ex 21,1-11 innerhalb der letzten hundert Jahre siehe die kurze, aber eindrückliche Darstellung bei N. Lohfink, Fortschreibung?, 149 Anm. 67.

82 Durchbohrungen des Ohres sind im Alten Orient nicht als Sklavenzeichen, sondern vielmehr als Strafen (z.B. §§40, 44(?) und 59 MaG A) bezeugt. Anders I. Cardellini, Gesetze, 249 mit vielen Literaturhinweisen in Anm. 35; doch kann I. Cardellini in seiner ausführlichen Darstellung des Sklavenrechts und -lebens nach den keilschriftlichen Rechtskodizes und -urkunden keinen einzigen Fall von Sklavenmarkierungen zeigen, bei denen ein Durchbohren des Ohres erwähnt oder anzunehmen wäre.

83 So auch R. Rothenbusch, Rechtssammlung, 241; der von ihm verwendete Begriff „symbolischer Rechtsakt" ist freilich unglücklich und stellt die Angelegenheit auf den Kopf: Der Rechtsakt wird nicht etwa (nur) symbolisch ausgeführt, sondern von einer symbolischen Handlung begleitet.

84 M. Noth, Exodus, 144: „vielleicht weil das Ohr als Organ der „Hörigkeit" galt"; C. Houtman, Bundesbuch, 92, kombiniert beides miteinander.

noch einer aktiven oder passiven Mitwirkung der Gottheit. Ihre Wirksamkeit ist zum einen in ihrer Eindrücklichkeit begründet, die wohl eine mnemotechnische Funktion zu erfüllen hat und insofern auf nichtschreibende Kulturen als den ursprünglichen „Sitz im Leben" solcher die Rechtsakte begleitenden symbolischen Handlungen weisen dürfte.[85] Zum anderen sind sie stets mit einer gewissen Öffentlichkeit verbunden[86]: Das symbolische Händewaschen der Ältesten der Stadt, die dem von Unbekannten Getöteten von Dtn 21,1-9 am nächsten liegt, geschieht an einem Bach außerhalb der Stadt(mauern), dort also, wo auch Bewohner anderer Städte vorübergehen oder bei Verrichtungen, für die man auf Wasser angewiesen ist, anzutreffen sind. Und die vom Schwager für eine Leviratsehe verschmähte Witwe in Dtn 25,7-10 zieht dessen Schuh von seinem Fuß und spuckt in sein Gesicht vor den Ältesten im Tor, die hierbei eine notarielle Funktion innehaben und insofern die Öffentlichkeit auf Jahre oder gar Jahrzehnte hin prolongieren. Entsprechend konnte man auch bei der Symbolhandlung von Ex 21,6bα wohl nicht darauf verzichten, sie coram publico zu vollziehen. Das war vielleicht bereits an der Tür des Hauses zur Straße hin möglich, wenn sich diese nicht gerade in eine der für die altorientalischen Städte typischen Sackgassen, sondern zu einer der wenigen größeren Straßen hin öffnete. Und da der/die Türflügel wohl üblicherweise nach innen schlug/en oder etwa wie bei einfacheren Häusern überhaupt nicht vorhanden war/en[87], wäre die Alternative, die Handlung außen am Türpfosten durchzuführen und sie so von den Vorbeigehenden besser wahrnehmen lassen zu können, gut verständlich. Die beste Öffentlichkeitswirkung ist aber gewiß am Stadttor zu erreichen gewesen, an dem sich das Leben der altorientalischen Stadt konzentrierte[88]; hier hätte auch die Handlung als symbolische Anbindung an das Bauwerk ihren besonderen Sinn, läßt doch §15 CH eine keilschriftrechtliche Tradition erkennen, nach der gewissen Sklaven das Verlassen der Stadt durch das Stadttor untersagt war, und es durchaus denkbar ist, daß auch hebräische Sklaven in ihrer Freizügigkeit eingeschränkt waren.

---

85 Wenn nach C. Borchling, Rechtssymbolik, 23, die symbolischen Handlungen des mittelalterlichen deutschen Rechts mit „dem Durchdringen des schriftlichen Verfahrens" verloren gegangen sind, so ist das ein indirekter Beweis ihrer ursprünglichen mnemotechnischen Funktion.

86 So auch R. Rothenbusch, Rechtssammlung, 242, unter Berufung auf die von M. Malul gesammelten mesopotamischen Belege. Für C. Houtman, Bundesbuch, 92f., ist die Öffentlichkeitswirkung anscheinend unwichtig, seiner Meinung nach könne die „symbolische Handlung ... nur sinnvoll beim Haus situiert werden".

87 K. Galling, H. Rösel, Tür, 348.

88 Dies übersieht J. van Seters, Law, 541, wenn er die Öffentlichkeit erst durch die Durchführung der Handlung am Heiligtum gewährleistet sieht.

Sollte die auffällige Ähnlichkeit der zwei Sätze aber einen zwingenden Anlaß darstellen, einen von beiden als sekundären Zusatz anzusehen, dann müßte die das Rechtsgeschäft begleitende Symbolhandlung an der Tür bzw. am Türpfosten gegenüber der Forderung nach der Heranführung des verzichtenden Sklaven an die Götter (an Gott) als primär betrachtet werden.[89] Denn für die nachträgliche Vorschaltung der Handlung bei einer Gottheit vor die Ausführung der Symbolhandlung könnte es eine plausible Erklärung geben: Die Zeichenhandlung begleitet die Vereinbarung ja nur und gibt ihr Öffentlichkeit, zustande kommt sie aber durch die Erklärung des Sklaven in 21,5, auf seine Freilassung verzichten zu wollen. Sowohl nach dem Wortlaut des Paragraphen als auch nach der Logik des Falles geht die Verzichtserklärung der symbolischen Handlung voraus; für die Verzichtserklärung aber ist in 21,5 die Öffentlichkeit espressis verbis nicht vorgesehen. Dies ist ein Schwachpunkt der Regelung, der zu aller Kritik, die F. Crüsemann bereits gegenüber Ex 21,2-6 mit gewissem Recht geäußert hat[90], noch hinzukommt und sich durchaus negativ auf das Schicksal des Sklaven auswirken kann, wenn nämlich sein Herr nur vorgibt, daß ersterer auf die turnusmäßige Freilassung verzichtet habe. Dem scheint 21,6aα einen Riegel vorschieben zu wollen, indem die Erklärung des Sklaven vor den Göttern (vor Gott) ausgesprochen oder bekräftigt werden soll.[91] In Betsaida, Dan[92] und vielleicht auch noch anderen Städten hätte sie gleich in unmittelbarer Nähe des Stadttores an einer Kultstätte abgegeben werden können. Vielleicht haben die Übersetzer der LXX hier das Richtige erahnt, wenn sie die beiden Lokalbestimmungen in Ex 21,6 elegant und wohl auch sachgerecht mit καὶ τότε *und danach* in eine zeitliche Abfolge zueinander geordnet haben[93]: Nachdem der Sklave seinen Verzicht auf Freilassung an einem Heiligtum beeidet hat, findet die symbolische Handlung in der größeren Öffentlichkeit des Stadttores oder vielleicht auch der Straße vor dem Haus statt. Dem

---

89 So nach C. Houtman, Bundesbuch, 90, bereits E. Meyer, Die Israeliten und ihre Nachbarstämme, Halle a. S. 1906, 475 Anm. 2, der allerdings von der Existenz eines Tempels ausgeht.

90 F. Crüsemann, Tora, 184f. Vgl. aber dagegen auch R. Rothenbuschs, Rechtssammlung, 242f., Überlegungen zu einer möglichen zukünftigen Mitgliedschaft des Sklaven in der Familie seines Herrn nach dem Verzicht auf Freilassung.

91 So sagt R. Albertz, Theologisierung, 123, zutreffend, daß hier „der Übergang in die Dauersklaverei der öffentlichen Kontrolle ‚vor Gott' unterworfen" werden soll.

92 Vgl. M. Bernett, O. Keel, Mond, passim.

93 Auch R. Rothenbusch, Rechtssammlung, 247, sieht „keinen zwingenden Grund, entweder V. 6aα oder 6aβ als sekundär zu streichen. Der Gang zur Kultstätte *und* der symbolische Rechtsakt am Eingang des Hauses ergeben nebeneinander einen Sinn und sind m. E. komplementär zu verstehen."

Sinnzusammenhang nach könnte es sich dabei sowohl um einen promissorischen Eid – der Sklave verspricht, für alle Zukunft bei seinem Herrn bleiben zu wollen, – als auch um einen assertorischen Eid – der Sklave bekräftigt, auf die Freilassung verzichtet zu haben, – handeln.[94] Man wünschte sich hierfür natürlich eine größere Klarheit im Wortlaut des Rechtssatzes, doch finden sich auch in anderen altorientalischen Rechtssatzsammlungen nach oft sehr detaillierter Darstellung der Rechtskasus nur andeutungsweise formulierte Verfahrensangaben, deren Einzelheiten wohl als bekannt vorausgesetzt werden konnten; die Rechtssätze der altorientalischen Kodizes behandeln eben stets Sonderfälle[95], die ohne Kenntnis der Normen, die sie ergänzen, nicht bis in alle Details verständlich werden. Gleichgültig, ob es sich nun bei der Verlautbarung des Sklaven um einen promissorischen oder einen assertorischen Eid handelt, sie dient nicht nur seiner Sicherheit, sondern auch der seines Herrn, der auf diese Weise dem möglichen Vorwurf, seinen Sklaven um die ihm gesetzlich zustehende Freilassung betrogen zu haben, vorsorglich entgegenzuwirken vermag. Hier kann von dem Bemühen um eine Streitprävention gesprochen werden, für die die Rechtsgemeinde die kultische Institution des Eides an einer heiligen Stätte in Anspruch nimmt.

3.2.2 Ex 22,6-8 – Der Streit um untergestellte Gegenstände

Auch in den Rechtsstreitigkeiten um Deposita wurden laut Ex 22,6-12 = §§14′ und 15′ des Kodextorsos im Bundesbuch sakrale Institutionen in Anspruch genommen. Die Paragraphen sind wohl nicht ganz unversehrt erhalten, doch sind so tiefe Eingriffe, wie sie etwa E. Otto oder L. Schwienhorst-Schönberger vornehmen[96], wohl kaum notwendig.

Auch gehen die üblichen Emendationen von einer Arbeitshypothese aus, die niemals ausdrücklich genannt, geschweige denn jemals zwingend begründet worden ist: Die in den Kodextorsi des Bundesbuches wie auch des Deuteronomiums zusammengestellten Rechtssätze oder wenigstens gewisse im vorliegenden Text zusammenhängend tradierte Abschnitte daraus stamm-

---

94 Die Vermutung R. Rothenbuschs, Rechtssammlung, 246, der Wortlaut der Erklärung könne in 21,5 vorliegen, ist wohl nicht wahrscheinlich; obwohl es in der Tat auffällig ist, daß in der wörtlichen Rede von 21,5 der Herr nicht angeredet wird, geht die Erklärung im Text aber dem Gang zu den אלהים voraus.
95 So H. Petschow, Systematik, 154 Anm. 43, im Anschluß an G. Cardascia.
96 E. Otto, Wandel, 14-19; L. Schwienhorst-Schönberger, Bundesbuch, 194-211; siehe dazu die Kritik R. Rothenbuschs, Rechtssammlung, 367-370.

ten aus ein und derselben Feder und wiesen deshalb auch einen einzigen
gemeinsamen Rechtswillen auf, so daß ein anscheinend während des
Überlieferungsvorganges oder durch eine Bearbeitung gestörter Abschnitt
(etwa Ex 22,7) durch Vergleich mit und Angleichung an einen anderen (in
diesem Falle 22,11) repariert werden könne.[97] Die genannte Voraussetzung
trifft aber wahrscheinlich gar nicht zu; das deutlichste Zeichen dafür dürfte
das Nebeneinander zweier unterschiedlicher Gottesbezeichnungen in Ex 22,7
und 8 mit הָאֱלֹהִים und 10 mit JHWH auf engstem Raum innerhalb einer mit
stringenter Grobsystematik zusammengestellten Rechtssatzsammlung sein.[98]
Diese und ähnliche äußeren und inneren Unebenheiten lassen sich dagegen
leicht durch die Annahme erklären, daß die hebräischen Rechtssatzsammlungen nicht auf einen einzelnen Verfasser zurückgehen, sondern durch die
Archivierung von Rechtsentscheiden, die in einem bestimmten Gebiet
innerhalb eines gewissen Zeitraumes erlassen worden waren, entstanden
sind.[99] Bei einer solchen Entstehungsgeschichte der Kodextorsi ist es aber
unumgänglich zu versuchen, jeden Paragraphen aus sich selbst heraus zu
verstehen und gegebenenfalls zu rekonstruieren; und der Streit, ob denn den
kasuistischen Rechtssatzsammlungen eher eine synchronische oder eine
diachronische Betrachtung angemessen sei[100], erübrigt sich weithin.

Sodann fällt bei der Durchsicht der einschlägigen Literatur auf, daß eine
innerhalb des Abschnittes Ex 22,6-12 zweimal vorkommende Passage wohl
traditionell mißverstanden worden sein dürfte:

אִם־לֹא שָׁלַח יָדוֹ בִּמְלֶאכֶת רֵעֵהוּ

in Ex 22,7b und 10aβ kann nicht anders als

wenn er seine Hand nicht nach dem Besitz des anderen ausgestreckt hat

gedeutet und übersetzt werden. Denn einmal, und das ist das Hauptargument,
leitet die Subjunktion אִם(וְ) in den kasuistischen Rechtssätzen regelmäßig
Unterfälle ein[101], und es ist kein Grund ersichtlich, warum sie es an diesen

---

97 So in dem genannten Fall E. Otto, Wandel, 15.
98 Trotz dieser unterschiedlichen Gottesbezeichnungen rechnet E. Otto, Wandel, 15, Ex
   22,7aβb.8.9b.10 zu „einer einheitlichen Bearbeitungsschicht".
99 Zur Begründung dieser These vgl. Verf., Indiz, 233ff.
100 Vgl. zu dieser Frage z.B. E. Otto, Diachronie; H. Seebass, Depositenrecht.
101 So אִם in Ex 21,3a.3b.4.8.10.30.32; 22,1.2a.2b.3.6b.7a.12.14a.14b.16; וְאִם in Ex
   21,5.9.11.23.27.29; 22,11; Dtn 22,20.25 und 25,7; in Ex 21,36 findet sich im
   masoretischen Text אוֹ, während GVS wohl ein „wenn" voraussetzen; Sonderformen
   bieten Ex 21,21 mit אִם אַךְ und Dtn 25,2 mit אִם וְהָיָה; außergewöhnlich sind auch der
   Neuansatz mit אִם innerhalb des Rechtskasus des Hauptfalles in Ex 21,19 und 22,6b.
   Ausnahmen bilden allein Ex 21,31, wo der Absatz 4 mit אוֹ eingeleitet wird, und Dtn
   19,18b, wo ein als Nominalsatz formulierter Unterfall mit וְהִנֵּה beginnt.

beiden Stellen nicht auch tun sollte – immerhin haben die Masoreten in 22,7 die genannte Passage sehr wohl als 7b mit dem zweitstärksten trennenden Akzent von 7aβ (der Erwähnung des Ganges zu den Göttern) abgetrennt und damit eine Hauptzäsur markiert. Und zum anderen hat אִם die Grundbedeutung „wenn", die im Zweifelsfalle stets als erstes anzusetzen ist. Die traditionelle Übersetzung an dieser Stelle mit „ob" versteht אִם als Einleitungspartikel einer indirekten Frage; an allen einschlägigen Belegen für diese Verwendung aber hängt אִם von einem kognitiven Prädikat des Hauptsatzes – דְּרְשׁוּ in II Reg 1,2; נִרְאֶה in Cant 7,13; יוֹדֵעַ in Est 4,14[102] bzw. בַּקְּשׁוּ in Jer 5,1[103] – ab, ein solches ist aber in Ex 22,7aβ und 10aα nicht vorhanden.[104] Und schließlich müßte eine solche indirekte Frage hier dem Kontext nach „ob er seine Hand ..." lauten; da die Passage aber mit לֹא verneint ist, scheidet eine Übersetzung des אִם mit „ob" als unsinnig aus: Auch wenn 22,7b und 10aβ im Anklang an den Wortlaut eines assertorischen Eides (und nur das wäre hier von der Sache her anzunehmen) formuliert worden sein sollten[105], würde der Depositar genau das Gegenteil von dem beeiden, was dem Zusammenhang nach zu erwarten ist, und sich selbst für schuldig erklären. Durch andere Belege überhaupt nicht zu stützen ist eine Übersetzung des אִם durch „daß", die L. Schwienhorst-Schönberger für 22,10 vorschlägt.[106] Es bleibt also gar keine andere Wahl, als die Subjunktion אִם in ihrer konditionalen Grundbedeutung „wenn" aufzufassen und die Passagen jeweils als Protasis zu einem Unterfall zu verstehen.

Ex 22,6-7(8) behandelt den Fall, daß zum Aufbewahren übergebenes Geld oder anvertraute Gerätschaften aus dem Haus des Depositars abhandengekommen sind. Der Paragraph gliedert sich in folgender Weise:

---

102 Diese Beispiele bei W. Gesenius, Wörterbuch, 70. In Hi 1,11, welche Stelle außerdem erwähnt wird, findet sich kein kognitives Verb; F. Horst, Hiob, 15, hat den Satz wohl zurecht als „Schwur" – richtiger wäre wohl (promissorischer) Eid – erklärt, auch wenn er selbst, a.a.O. 1, bei der traditionellen Übersetzung „ob er Dir nicht ....?" bleibt.
103 So das Beispiel bei G. Meyer, Grammatik, § 114.2b, III 95 [437].
104 Da bleibt auch die Erklärung der Passage als „elliptisch" und die Ergänzung von „um in Erfahrung zu bringen", so z.B. C. Houtman, Bundesbuch, 200, rein hypothetisch.
105 Um diesen Sinn zu erreichen, hat LXX wohl ihr καὶ ὀμεῖται in 22,7aβ eingetragen. R. Rothenbusch, Rechtssammlung, 357, lehnt diese Deutung zurecht der „unpersönlichen Formulierung" wegen ab; sein Erklärungsversuch, daß es sich hier um die „Formulierung des Eidesinhaltes aus der Sicht des"sen, „der den Eid fordert", handle, läßt sich zwar mit Gen 21,23 stützen, vermag aber das traditionelle Verständnis der beiden Stellen wegen der anderen oben vorgetragenen Gegenargumente nicht zu retten.
106 L. Schwienhorst-Schönberger, Bundesbuch, 202.

Rechtskasus   Rechtsfolge

§14′.1:

כִּי־יִתֵּן אִישׁ אֶל־רֵעֵהוּ כֶּסֶף אוֹ־כֵלִים
לִשְׁמֹר וְגֻנַּב מִבֵּית הָאִישׁ

6 Wenn jemand einem anderen Geld
oder Geräte zum Aufbewahren gibt
(und) (das) aus dem Haus des Man-
nes gestohlen wird,

noch §14′.1:[107]

אִם־יִמָּצֵא הַגַּנָּב
wenn der Dieb gefunden wird,

יְשַׁלֵּם שְׁנָיִם:
soll (dies)er (es) zweifach ersetzen.

Gegenfall: §14′.2:

אִם־לֹא יִמָּצֵא הַגַּנָּב
7a Wenn der Dieb nicht gefunden
wird,

וְנִקְרַב בַּעַל־הַבַּיִת אֶל־הָאֱלֹהִים
soll der Hausherr zu den Göttern
herangebracht werden.

Was der Hausherr bei den Göttern tun soll, wird nicht ausgeführt, so daß man bei der Antwort auf diese Frage über Vermutungen nicht hinauskommen wird. Da nun in der Fortsetzung in 7b aber ein eindeutiges Ergebnis des Verfahrens vor den Göttern vorausgesetzt ist, so daß hinfort von der Unschuld des Hausherrn ausgegangen werden könne, muß wohl an ein Ordal gedacht werden, dessen Antwort – unbeschadet der faktischen Richtigkeit – bei den Beobachtern keinen Raum für Zweifel offenläßt. Freilich ist auch die Forderung nach einem assertorischen Eid nicht auszuschließen, auch wenn in diesem Falle kein so klarer Befund zu erwarten wäre; ein antiker Mensch wird aber nur selten einen Meineid geschworen und damit den Zorn der Götter auf sich gezogen haben, wie denn auch die Verweigerung des assertorischen Eides in den alten Rechten als Eingeständnis der Schuld verstanden wurde – B. Janowski erinnert in diesem Zusammenhang an die römische Rechtsregel „aut iuret aut componat"[108].

---

107   Der Neuansatz bei der Schilderung des Rechtskasus innerhalb des Hauptfalles hat seine
       Parallele in Ex 21,19.
108   B. Janowski, Richter, 64.

Auf welche Weise auch immer sich der Besitzer des Hauses vor den אֱלֹהִים als schuldig oder nicht schuldig herausstellt, es wären nun zwei Unterfälle zu erwarten:

§14′.2.1 Er ist schuldig; in diesem Fall wird er wahrscheinlich wie ein Dieb behandelt, und es gilt 14′.1, welche Regelung nicht wiederholt wurde.

Gegenfall: §14′.2.2 Er ist unschuldig:

אִם־לֹא שָׁלַח יָדוֹ בִּמְלֶאכֶת רֵעֵהוּ

7b Wenn er seine Hand nicht nach dem
Besitz des anderen ausgestreckt hat,

....

Hier fehlt die ursprüngliche Rechtsfolge, die wahrscheinlich durch 22,8 verdrängt worden ist: Die erwiesene Unschuld des Depositars führt ja zwangsläufig zu der Vermutung, daß sich das verschwundene Eigentum in den Händen eines Dritten befinden muß. 22,8 kann die alte Rechtsfolge aber nicht darstellen, da hier ein neuer Fall beschrieben wird, der den Blick auf alles nur denkbare verlorene Gut ausweitet. Hier ist mit einer Attraktion[109] zu rechnen, die aber im heute vorliegenden Text dennoch als Unterfall 3 angesehen werden kann.

§14′. 3:

עַל־כָּל־דְּבַר־פֶּשַׁע עַל־שׁוֹר עַל־חֲמוֹר
עַל־שֶׂה עַל־שַׂלְמָה עַל־כָּל־אֲבֵדָה אֲשֶׁר
יֹאמַר כִּי־הוּא זֶה

8 Wegen jeder pæšã^c-Angelegenheit[110],
wegen eines Rindes, wegen eines
Esels, wegen eines Kleinviehs, wegen
eines Mantels, wegen jedem Verlore-
nen, von dem (ein)er sagt: „Das ist es!"

עַד הָאֱלֹהִים יָבֹא דְּבַר־שְׁנֵיהֶם

soll die Angelegenheit der beiden
zu den Göttern kommen.

אֲשֶׁר יַרְשִׁיעֻן אֱלֹהִים יְשַׁלֵּם שְׁנַיִם
לְרֵעֵהוּ׃

Der, den die Götter für schuldig
erklären, soll (es) dem anderen
zweifach ersetzen.

---

109   So auch E. Otto, Wandel, 16; vgl. dazu H. Petschow, z.B. Systematik, vor allem 171.

110   Auch wenn פֶּשַׁע entgegen KBL, 785, 2., im Blick auf andere Belegstellen nicht mit „Bestreitung, Anfechtung des Eigentums" übersetzt werden könnte, vgl. dazu HAL III, 768 mit Hinweis auf R. Knierim, geht es hier doch juristisch um nichts anderes als um eine Vindikation.

Die Frage, was vor den Göttern geschehen soll, ist hier leichter als für Ex 22,7 zu beantworten: Der Ausdruck *den die Götter für schuldig erklären* läßt zwingend an ein Ordal denken, durch das eine eindeutige Entscheidung herbeigeführt wird.

An beiden Stellen sieht der Rechtssatz den Gang des Angeklagten zu einem Heiligtum vor. Ob bei der Eidesleistung die Anwesenheit eines Priesters erforderlich war, ist nicht sicher, für die Durchführung eines Ordals steht sie wohl außer Zweifel. Dennoch agiert die Kultgemeinde nicht eigenverantwortlich, sondern sie wird lediglich um die Tatbestandserhebung ersucht, die mit den Mitteln der Rechtsgemeinde nicht möglich war. Dementsprechend läßt sich die Rechtsgemeinde auch die Festlegung der Rechtsfolge nicht nehmen, wie sie denn in 8b espressis verbis im Anschluß an die Notiz über das Ergebnis der kultischen Tatbestandsermittlung ausgesprochen wird. „Die Priester sind in diesem Fall Rechtshilfeinstanz der Ortsgerichtsbarkeit, in deren Kompetenz das Verfahren nach wie vor bleibt."[111]

3.2.3 Ex 22,9f. – Der Streit um anvertraute Tiere

Ex 22,9f., der §15′ des Kodextorsos im Bundesbuch, ist besser erhalten. In diesem Fall geht es um den Tod, die Verletzung oder die Entführung anvertrauter Tiere, wobei der Depositar keinen Augenzeugen für das Vorkommnis benennen kann. Der Rechtsfall bereitet L. Schwienhorst-Schönberger mindestens im Blick auf Tod und Verletzung der Tiere Schwierigkeiten, weil er sich nicht vorstellen kann, „weshalb ein Depositar die ihm anvertrauten Tiere töten oder verletzen sollte"[112]. Dahinter steht wohl die Vorstellung, daß der Depositar die Tiere nur in den Stall oder in die Hürde stellt; mindestens bei dem Esel und dem Rind liegt es doch aber eigentlich recht nahe, daß er mit den Tieren arbeitet oder arbeiten läßt und bei dieser Gelegenheit die genannten Schäden (einschließlich der Entführung) durchaus entstehen können; darauf dürfte auch die Verwendung des Wortes מְלָאכָה in 10 deuten, denn מְלָאכָה ist auch „das, womit jemand seine Arbeit verrichtet: ein Arbeitsmittel"[113]. Der Rechtssatz ist wie folgt aufgebaut:

---

111 So schon H. J. Boecker, Recht, 28.
112 L. Schwienhorst-Schönberger, Bundesbuch, 199.
113 H. Seebass, Depositenrecht, 23 mit Anm. 10.

Rechtskasus   Rechtsfolge

§15′.1:

כִּי־יִתֵּן אִישׁ אֶל־רֵעֵהוּ חֲמוֹר אוֹ־שׁוֹר אוֹ־
שֶׂה וְכָל־בְּהֵמָה לִשְׁמֹר וּמֵת אוֹ־נִשְׁבַּר אוֹ־
נִשְׁבָּה אֵין רֹאֶה:

9 Wenn jemand einem anderen einen
Esel oder ein Rind oder ein Kleinvieh
und jedes Haustier zum Hüten gibt
(und) es stirbt oder bricht sich (etwas)
oder wird ohne Augenzeuge entführt,

> שְׁבֻעַת יְהוָה תִּהְיֶה בֵּין שְׁנֵיהֶם
>
> *10a soll ein JHWH-Eid zwischen*
> *beiden sein.*

Da die Bereitschaft zum Eid den רֵעַ als „nicht schuldig", die Verweigerung
jedoch als „schuldig" erweisen wird, sind zwei Unterfälle zu erwarten:

§15′.1.1 Er ist unschuldig:

אִם־לֹא שָׁלַח יָדוֹ בִּמְלֶאכֶת רֵעֵהוּ[114]

Wenn er seine Hand nicht nach dem
Besitz des anderen ausgestreckt hat,

> וְלָקַח בְּעָלָיו וְלֹא יְשַׁלֵּם:
>
> *10 bα soll sein Eigentümer [die*
> *Darstellung des Falles] akzeptie-*
> *ren, bβ und [d]er [Hirt] wird/*
> *soll nicht(s) ersetzen.*

Der Gegenfall – er ist schuldig – und die dafür geltende Rechtsfolge werden
nicht ausgeführt. Die Unterfälle §15′.2 und 3 behandeln dann den Diebstahl
bzw. das Gerissenwerden der Tiere, die ohne Inanspruchnahme kultischer
Institutionen geregelt werden.

Wie bereits oben angesprochen, gibt es zu Zweifel an der
Gottesbezeichnung JHWH keinen wirklichen Anlaß: Der Rechtssatz stammt
offenbar aus einer Rechtsgemeinde, in deren Bereich sich ein JHWH-
Heiligtum und vielleicht nur dieses befand, so daß es keinen Grund gab, bei
der Formulierung des Textes Eide vor oder bei verschiedenen Göttern
(אֱלֹהִים) in Erwägung zu ziehen[115]. L. Schwienhorst-Schönberger betont den
Tatbestand, daß hier von der Bewegung hin zu einem Heiligtum im
Gegensatz zu 22,7 und 8 nicht die Rede ist und deshalb an einen Eid „bei"

---

114 Zum Verständnis des Konditionalsatzes siehe oben eingangs 3.2.2!
115 Anders L. Schwienhorst-Schönberger, Bundesbuch, 200 mit Lit., der hier den Eingriff
     einer orthodoxen Redaktion sieht.

JHWH an einem beliebigen Ort zu denken sei[116]; „der Vergleich mit der übrigen altorientalischen Rechtspraxis, in der der prozeßentscheidende assertorische Unschuldseid ... in den meisten Fällen an einem sakralen Ort und vor den Gottheit im Beisein von Priestern abgelegt wird,"[117] ist aber nicht außer Acht zu lassen. Für die tatbestandserhebende Funktion des Eides gilt das oben Gesagte: „aut iuret aut componat". Daß die Wendung לָקַח בְּעָלָיו die Anerkennung der Eidesleistung ausdrücken würde, wie verschiedentlich vermutet worden ist[118], ist deshalb auch nicht sehr wahrscheinlich; R. Rothenbusch weist unter Bezug auf R. Westbrook mit Recht darauf hin, daß mit der Akzeptierung des Eides eigentlich eine Selbstverständlichkeit ausgesprochen wäre.[119] Dennoch ist das von dem transitiven Verb לָקַח geforderte, aber nicht genannte Akkusativobjekt damit noch nicht identifiziert: In dem Objekt das strittige Tier zu sehen, scheitert an dem Teilkasus אוֹ־נִשְׁבָּה אֵין רֹאֶה in 22,9b, da die Rücknahme eines unbeobachtet verschleppten Tieres nicht möglich ist; אוֹ־נִשְׁבָּה deswegen als Glosse zu tilgen[120], ist aber nicht zulässig, da es keine weiteren Argumente für eine derartige Emendation gibt. So bleibt eigentlich nur die Möglichkeit, als Objekt des וְלָקַח die Darstellung des Geschehenen durch den Verdächtigen anzunehmen: *es stirbt oder bricht sich (etwas) oder wird ohne Augenzeuge entführt.* Diese Deutung wird durch §266 CH[121] gestützt: Zwar ist miqittu(um) zweideutig und läßt sowohl die Übersetzung „Kadaver"[122] als auch „Viehsterben"[123] zu; die Verwendung des Verbs maḫāru in diesem Zusammenhang, das „Verleumdungen", „Gebet", auch „Übel" „annehmen" bedeuten kann[124], legt wohl doch das zweite Verständnis nahe, zumal das

---

116 L. Schwienhorst-Schönberger, Bundesbuch, 200.
117 J. C. Gertz, Gerichtsordnung, 76f. mit Hinweis auf A. Falkenstein.
118 So z.B. L. Schwienhorst-Schönberger, Bundesbuch, 203f., mit Literaturangaben. Die Stellen, auf die in diesem Zusammenhang traditionell verwiesen wird (Ps 6,10; Hi 22,20; Prov 2,1; 4,10), sind allerdings darin von 22,10b unterschieden, daß dort ausnahmslos die anzunehmende oder anzuerkennende Äußerung mit תּוֹרָה, תְּפִלָּה bzw. אֲמָרִים genannt ist, während sie an unserer Stelle aus dem Zusammenhang erschlossen werden muß.
119 R. Rothenbusch, Rechtssammlung, 370. Anders C. Houtman, 199: „Dessen Besitzer muß (den Eid) annehmen, ..."
120 So z.B. schon BHK.
121 In der Übersetzung von R. Haase, Rechtssammlungen, 56: „Wenn in einer Hürde ein ‚Schlag des Gottes' geschieht oder ein Löwe (Tiere) tötet, wird (sich) der Hirte vor dem Gotte reinigen (und) das (Vieh)sterben in der Hürde wird ihm den Herr der Hürde abnehmen."
122 So R. Rothenbusch, Rechtssammlung, 380f.
123 So W. von Soden, AHw II, 657.
124 Vgl. W. von Soden, AHw II, 677f.

„über-/zurücknehmen" des Tierkadavers akkadisch vermutlich mit leqû[125] ausgedrückt worden wäre. So wird R. Haases Übersetzung zutreffend sein: „... das (Vieh)sterben in der Hürde wird ihm der Herr der Hürde abnehmen."[126] Diese Parallele legt es nahe, auch in dem וְלָקַח בְּעָלָיו die Anerkennung der dargestellten Umstände, die zu den Schäden an den Tieren bzw. ihrem Verlust geführt haben, zu sehen, auch wenn im Gegensatz zu §266 CH nicht noch einmal espressis verbis darauf verwiesen wird und der Subjektswechsel in der Rechtsfolge – 21,10bα der Eigentümer, dagegen 21,10bβ der Hirt – dem Verständnis nicht gerade entgegenkommt.

3.2.4 Dtn 19,16-21 – Die unberechtigte Anklage

In diesen Zusammenhang gehört auch Dtn 19,16-21 = §4 des Kodextorsos im Deuteronomium. Der heutige Text weist zwar deutliche Spuren redaktioneller Bearbeitung auf; so finden sich in 17b, 19b bis 21a die üblichen in einem Rechtssatz gattungsfremden deuteronomischen Formeln[127] sowie in 21b die auch schon in Ex 21 und Lev 24 überlieferte Talionsformel. Den Grundstock wird aber ein authentischer hebräischer Rechtssatz bilden, da der besprochene Fall in die Systematik des Kodextorsos fest integriert ist: Dtn 19,15 = §3 regelt die Mindestzahl von Zeugen in einem Prozeß, 19,16ff. = §4 behandelt eine Anklage wegen Gewalttat durch nur einen Zeugen und 21,1-9 = §5 bietet eine Regelung für den Fall einer Gewalttat ohne jeglichen Zeugen.[128]

Daß sich zu diesem Rechtssatz in der einschlägigen Literatur so stark voneinander abweichende Auffassungen finden[129], rührt wohl von der Schwierigkeit her, die Protasis 19,16 zu verstehen, in der sowohl die Genitivverbindung עֵד־חָמָס als auch das Substantiv סָרָה mehrdeutig sind. Für das richtige Verständnis dürfte aber letztlich die Zugehörigkeit des Abschnittes zur Gattung der kasuistischen Rechtssätze entscheidend sein, denn 1. – und das betrifft עֵד־חָמָס – nehmen deren Vordersätze niemals Tatbestände, die sich erst später bei der Untersuchung herausstellen können,

---

125 Zu leqû siehe W. von Soden, AHw I, 544, insbesondere zu 2), 3) und 4).

126 R. Haase, Rechtssammlungen, 56.

127 וְלֹא־יֹסִפוּ לַעֲשׂוֹת עוֹד, וְהַנִּשְׁאָרִים יִשְׁמְעוּ וְיִרָאוּ, וּבִעַרְתָּ הָרָע מִקִּרְבֶּךָ, אֲשֶׁר יִהְיוּ בַּיָּמִים הָהֵם כַּדָּבָר הָרַע הַזֶּה בְּקִרְבֶּךָ und וְלֹא תָחוֹס עֵינֶךָ. C. Levin, Deuteronomium, 133, betrachtet 19,18bβ-19a als sekundären Zusatz im Sinne der „Bruder-Ethik".

128 Vgl. dazu auch Verf., Indiz, bes. 226.

129 Ausführliche Literaturangaben z.B. bei E. Jenni, Dtn 19,16, 205ff.

als faktisch gegeben vorweg; besteht lediglich ein Verdacht, der erst noch
verifiziert werden muß, wird dies ausdrücklich gesagt, und 2. – und das
betrifft סָרָה – gehören, wie wir oben sahen, religiöse oder kultische Delikte
nicht zur Materie der hebräischen kasuistischen Rechtssätze. Damit sind
einige traditionelle Übersetzungen der genannten Wörter bzw. Wendungen
und herkömmliche Deutungen des Rechtssatzes ausgeschlossen:

1. Gegen das häufige Verständnis und auch die frühere Auffassung des
Verf.s[130] kann עֵד־חָמָס hier nicht „falscher Zeuge"[131] bedeuten. Denn wenn
der Fall bereits bis zu dem Erkenntnisstand aufgeklärt ist, daß der Mann eine
falsche Aussage gemacht hat, brauchte die Angelegenheit nicht mehr
untersucht und vor JHWH sowie die anderen in 17bα genannten Instanzen
gebracht zu werden.[132] Im übrigen wird der „falsche Zeuge" im weiteren
Verlauf des Textes auch gar nicht mit עֵד־חָמָס, sondern durch עֵד־שֶׁקֶר
bezeichnet[133]. Der Einwand, daß die Charakterisierung des Zeugen nicht
schon vor der Untersuchung im Rechtskasus dargelegt sein kann, gilt auch
für E. Jennis Deutung der Genitivverbindung als „Zeuge, der eine Gewalttat
beabsichtigt"[134]. Trotz der häufigen Erörterung dieser Stelle ist aber wohl
noch nicht genügend gewichtet worden, daß hier nach der oben dargelegten
Systematik lediglich ein einziger Zeuge die Anklage erhebt[135], doch genau
hier liegt der Schlüssel zum Verständnis des Rechtsfalles: Wegen des
Fehlens weiterer Zeugen dürfte die Rechtsgemeinde gemäß der aus Dtn 19,15
= §3 des Kodextorsos bekannten Rechtsregel, nach der zwei oder drei

---

130 Verf., Rest, 236.
131 So aber z.B. L. Ruppert, סרר, 959 im Anschluß an E. Jenni; J. C. Gertz, Gerichts-
     ordnung, 104; E. Otto, Deuteronomium, 260.
132 Vgl. auch schon H.-J. Stoebe, Gebot, 121, der dann allerdings in 16b סָרָה als religiösen
     „Abfall" versteht, oder G. R. Driver, J. C. Miles, Laws, I 62ff. u.ö. Die von E. Jenni,
     Dtn 19,16, 206, angeführte Parallele Dtn 17,2-3 dafür, daß in 19,16 „der vermutete
     Tatbestand" genannt sei, der nach erfolgter gründlicher Untersuchung ... sich als
     tatsächlich herausstellen kann", trifft in doppelter Hinsicht nicht zu: Einmal ist Dtn
     17,2ff. kein kasuistischer Rechtssatz, sondern eine Nachbildung dessen Stils in Anrede
     an eine 2. pers. sing.; zum andern ist in Dtn 17,2ff. zwischen der Darstellung des
     Vergehens und der Aufforderung, die Angelegenheit zu überprüfen und gegebenenfalls
     zu bestrafen, in 4a ein „Du" zwischengeschaltet und angesprochen, das von der
     Angelegenheit durch Hörensagen erfährt und noch nicht weiß, ob die Schilderung auf
     Wahrheit beruht, womit die Angelegenheit deutlich als Verdacht dargestellt wird.
133 So dem Text entsprechend H. J. Stoebe, חָמָס, 585.
134 E. Jenni, Dtn 19,16, 206.
135 So richtig J. C. Gertz, Gerichtordnung, 112ff. Daß die Funktion des Zeugen und des
     Anklägers praktisch in einer Person zusammenfallen, ist nicht das Problem: „Das atl.
     Gerichtsverfahren ... unterscheidet nicht zwischen Ankläger und Tatzeugen.", J. C.
     Gertz, Gerichtordnung, 105. Zum Bedeutungsfeld des Wortes עֵד, das mit dem deut-
     schen Begriff „Zeuge" nicht abgedeckt wird, vgl. ausführlich A. Schenker, Zeuge.

Zeugen zur Durchführung des Prozesses notwendig sind, eigentlich gar nicht tätig werden, sondern müßte die Klage abweisen; vgl. dazu auch Dtn 17,6 und insbesondere 6b. Wenn die Klage nun aber doch zugelassen wird, kann der Grund für diese Ausnahme nur in dem Begriff עֵד־חָמָס zu finden sein. Und wenn das Attribut חָמָס nicht den Zeugen charakterisieren kann, muß es sich auf den Inhalt der Zeugenaussage und der Anklage beziehen. Zu denken ist also aller Wahrscheinlichkeit nach an einen Fall von חָמָס „Gewalttat"[136], der zwar nur durch einen Zeugen angezeigt wird[137], dessen Schwere jedoch die Aufnahme der Verhandlung in der Rechtsgemeinde trotz des Fehlens weiterer Zeugen notwendig macht[138].

Rechtskasus	Rechtsfolge

כִּי־יָקוּם עֵד־חָמָס בְּאִישׁ ...

16 *Wenn ein [einzelner] Zeuge für eine*
Gewalttat gegen jemanden aufsteht, ...

2. Auch die folgende Infinitivkonstruktion לַעֲנוֹת בּוֹ סָרָה bereitet Probleme: Sie kann sowohl die Aussage des Zeugen als auch die durch den Zeugen bezeugte Tat des Angeklagten näherbestimmen. Die hebräische Etymologie des relativ selten belegten Wortes סָרָה hilft nicht wirklich weiter, da sie zu mehreren Deutungen führt.[139] Für die Übersetzungsmöglichkeit „um Falsches gegen ihn auszusagen" gilt das oben Gesagte: Da die Protasen der kasuistischen Rechtssätze Tatsachen formulieren, würde auch diese Aussage über den Zeugen eine weitere Untersuchung erübrigen. Bleibt somit nur die Möglichkeit, die Infinitivkonstruktion auf die Handlung des Angeklagten zu beziehen.[140] Daß hier in Parallele zu Dtn 13,6 auf religiösen Abfall abgehoben werden soll, ist abgesehen von der durchgängig profanen Materie der kasuistischen Rechtssätze auch deshalb unwahrscheinlich, weil religiöse

---

136 HAL I, 316, obgleich dann leider für unsere Stelle doch die traditionelle Übersetzung „Zeuge, d. Unrecht übt, falscher Zeuge" vorgeschlagen wird.

137 So auch die Auffassung von M. Rose, 5. Mose, 110, der aber mit der Verwendung der Präposition בְּ in 16a und b, die nicht „gegen" bedeuten könne, argumentiert; doch vgl. dazu die Beispiele in den Wörterbüchern!

138 M. Rose, 5. Mose, 110f., meint allerdings, „die Breite des biblischen Gebrauchs" das Wortes חָמָס „zeigt, daß es dabei um jede Form von Rechtsverletzung gegangen sein wird".

139 Vgl. dazu ausführlich E. Jenni, Dtn 19,16.

140 So auch M. Rose, 5. Mose, 112, der freilich – abgesehen von seinem Verständnis des סָרָה als religiösem Delikt – eigenartigerweise בּוֹ סָרָה nicht als adverbiale Rektion und Akkusativobjekt des לַעֲנוֹת, sondern als wörtliche Rede versteht: „an ihm Abkehr".

und kultische Vergehen üblicherweise nicht als חָמָס bezeichnet werden.[141] Ein Vergleich des סָרָה mit den Ableitungen des akkadischen Verbs sarāru, bei denen stets die Bedeutung „Verbrechen, Unrecht" mitspielt, führt weiter.[142] Wird eine ähnliche Bedeutung für סָרָה in Dtn 19,16b angesetzt, sind alle Gattungscharakteristika eines hebräischen Rechtssatzes eingehalten. Freilich unterscheiden sich dann לַעֲנוֹת בּוֹ סָרָה und עֵד־חָמָס in ihrer Aussage kaum noch voneinander; das aber mag 16b als Glosse ausweisen, die die Aufgabe hat, dem ambivalenten Ausdruck עֵד־חָמָס einen eindeutigen Sinn zu verleihen:

לַעֲנוֹת בּוֹ סָרָה:

*um ein Verbrechen gegen ihn auszu-
sagen,*

וְעָמְדוּ שְׁנֵי־הָאֲנָשִׁים אֲשֶׁר־לָהֶם הָרִיב
לִפְנֵי יְהוָה לִפְנֵי הַכֹּהֲנִים וְהַשֹּׁפְטִים
אֲשֶׁר יִהְיוּ בַּיָּמִים הָהֵם וְדָרְשׁוּ הַשֹּׁפְטִים
הֵיטֵב

*17[143] sollen die beiden Männer,
die den Streit haben, vor JHWH
stehen, vor den Priestern und
den Richtern[144],... 18a Die Richter sollen [die Angelegenheit]
gut untersuchen.*

Nun ist es beinahe opinio communis, daß „die in V. 17a verlangte kultische Beweisführung, die stets prozeßentscheidenden Charakter hat und somit jede weitere Untersuchung überflüssig macht, und die nach V. 18a

---

141   Die einzigen möglichen Ausnahmen könnten Ez 22,26 und Zeph 3,4 sein, doch wenn Ez 22,26 davon redet, daß die Priester die Tora „gewalttätig behandeln", dann wird das z.B. dadurch mit Inhalt gefüllt, daß die Priester zwischen טָמֵא und טָהוֹר nicht unterscheiden würden, und in ähnlicher Weise wird die knappe Bemerkung Zeph 3,4b zu verstehen sein; hier ist wohl eher an kultische Laschheit als an religiösen Abfall gedacht.

142   Die Derivate von akk. sarāru, auf die sich E. Jenni, Dtn 19,16, zusammenfassend 211, für seine Übersetzung „Falsches", bezieht, lassen an vielen Belegstellen die Bedeutung „verbrecherisch handeln", „Verbrechen", „Verbrecher" zu; vgl. AHw II, 1030f.

143   M. Rose, 5. Mose, 110f., rechnet 19,17 noch zur Protasis des Rechtssatzes; der Vergleich mit Ex 22,7.8.9ff. und mit zahlreichen keilschriftlichen Rechtssätzen wie etwa §37 CE; §2, 20, 23, 103, 120, 126, 131, 132, 266, 281 CH; §1, 5, 17, 22, 24,2 MaG A macht aber deutlich, daß die Inanspruchnahme kultischer Dienstleistungen in altorientalischen Rechtssätzen in der Regel zur Apodosis gehört und der Hinweis auf sie meist auch die Rechtsfolge eröffnet.

144   Zu U. Rüterswördens u.a. Vermutung, hier handele es sich um das Jerusalemer Zentralgericht, vgl. oben Anm. 56.

durchzuführende gründliche richterliche Untersuchung ... sich als Beweisverfahren gegenseitig aus"„schließen". „Entweder (1) ist die richterliche
Untersuchung oder (2) das kultische Beweisverfahren nach-getragen."[145]
Diese Alternative ist aber keineswegs zwingend. Denn einmal setzt sie
voraus, daß das anzuwendende Verfahren in 19,17f. mit allen seinen
Einzelheiten in deren tatsächlicher Abfolge geschildert werden soll; es kann
aber genauso gut sein, daß 17a – וְעָמְדוּ שְׁנֵי־הָאֲנָשִׁים ... לִפְנֵי יְהוָה – zunächst
die Verfahrensart benennt und diese in 17b und 18a – לִפְנֵי הַכֹּהֲנִים וְהַשֹּׁפְטִים
וְדָרְשׁוּ הַשֹּׁפְטִים הֵיטֵב ... – dann näher beschrieben wird. Und zum anderen
besitzen wir leider keine genaue Kenntnis darüber, wer an einem Gottesurteil
teilzunehmen hatte (oder auch nur anwesend sein durfte). In Num 5,11ff., der
einzigen uns erhaltenen Agende über ein Ordal im alttestamentlichen Israel,
sind lediglich der Priester und der Ehemann der beschuldigten Frau
anwesend; Num 5,11ff. wird aber in diesem Punkte vielleicht nicht
allgemeingültig sein, da es sich bei dem dort dargestellten Fall um eine
innerfamiliäre Angelegenheit handelt, die schon wegen des Fehlens eines
Verdächtigen (noch) nicht in die Öffentlichkeit der Rechtsgemeinde gebracht
werden konnte. Aufschlußreicher sind die – allerdings zeitlich und räumlich
weit entfernten – Belege über das „Gottesgerichtsverfahren" in Deir el
Medineh: Aus den Urkunden „ergibt sich, daß es sich bei den mitwirkenden
Personen außer den Priestern meist um diejenigen handelt, aus denen sich das
Richterkollegium im weltlichen Verfahren zusammenzusetzen pflegte. Hier
wie dort sind es meist die Honoratioren des Orts, die das Verfahren zu leiten
hatten."[146] Die Protokolle machen schließlich auch deutlich, daß auf die
korrekte Formulierung der Frage, die der Gottheit vorzulegen war, großer
Wert gelegt wurde, wie denn auch in Num 5,19abb.20.22a die Frage, die dem
Ordal gestellt wird, in doppelter, positiver und negativer Fassung genauestens
formuliert wird. Nicht zuletzt dieser unabdingbaren Genauigkeit wegen wird
die Teilnahme von Personen am Ordalverfahren unverzichtbar gewesen sein,
die mit der Verfahrensweise der ordentlichen Gerichtsbarkeit und vor allem
auch mit dem jeweils vorliegenden Fall gut vertraut waren. Deshalb ist es,

---

145 So die Beschreibung der forschungsgeschichtlichen Situation durch J. C. Gertz, Gerichtsordnung, 108f. Für die zweite Alternative entscheidet sich M. Rose, 5. Mose,
111f., der hierin die Konsequenz einer Gesetzesnovellierung erkennt: Durch 19,16b sei
der ursprüngliche Tatbestand auf den „religiösen Bereich" ausgedehnt worden, auf dem
manche Fragen nur noch durch „Gottesentscheid" beantwortet werden könnten. Diese
Deutung wird aber dadurch fragwürdig, daß dies dann der einzige Fall eines
hebräischen Rechtssatzes wäre, der ein religiöses Vergehen behandelt.

146 S. Allam, Verfahrensrecht, 76; dabei „lassen zahlreiche Hinweise die Laien den priesterlichen Ortsbewohnern übergeordnet erscheinen. In den Protokollen werden die
Namen der Laien jeweils an der Spitze angegeben."

auch wenn uns keine alttestamentlichen Belege außer der hier zu
verhandelnden Stelle dafür zur Verfügung stehen, durchaus vorstellbar, daß
die oder einige Mitglieder der Rechtsgemeinde auch im alttestamentlichen
Israel und Juda neben den Priestern an der Durchführung eines Gottesurteils
und insbesondere bei der Abfassung der Anfrage beteiligt wurden. Nach dem
terminologischen Konzept des Deuteronomiums, das hier in den Wortlaut des
Kodextorsos eingedrungen zu sein scheint, werden sie als „Richter"
bezeichnet.[147]

Was sich genau לִפְנֵי יְהוָה abspielt, wird wiederum als dem sachkundigen
Leser bekannt vorausgesetzt. Deutlich ist nur, daß auch dieses Verfahren an
einem JHWH-Heiligtum stattfindet und als Ausgang der Tatbestands-
erhebung das alternative Ergebnis schuldig oder nicht schuldig erwartet wird.
Wenn wir im Voranstehenden davon ausgegangen sind, daß der Begriff לִפְנֵי
יְהוָה die Einholung eines Gottesurteils meint, haben wir uns von der
Eindeutigkeit der Tatbestandsbeschreibung in 18bα leiten lassen, die wie in
Ex 22,8b auf ein Ordalergebnis weisen dürfte. Freilich muß auch hier die
Möglichkeit offengelassen werden, daß an die Ablegung eines assertorischen
Eides durch den Beschuldigten gedacht sein könnte. Unklar bleibt allerdings,
ob der Zeuge und Ankläger oder der Beschuldigte oder, wie nach dem
Wortlaut zu urteilen, gar beide sich der Prozedur unterziehen müssen.
Jedenfalls sind zwei mögliche Entscheidungen denkbar:

Unterfall §4.*1: Es stellt sich heraus, daß die Anklage wegen חָמָס
berechtigt war; dieser Fall wird nicht (oder im heute vorliegenden Text nicht
mehr) ausgeführt; offenbar war das weitere Vorgehen gegen den
Beschuldigten unstrittig.

Unterfall §4.2: Es stellt sich heraus, daß die Anklage wegen חָמָס
unberechtigt war; damit erweist sich der Ankläger als falscher Zeuge – man
beachte wie gesagt die unterschiedliche Terminologie: nicht עֵד־חָמָס, sondern
עֵד־שֶׁקֶר! –:

וְהִנֵּה[149] עֵד־שֶׁקֶר הָעֵד[148]

18b *und wenn der Zeuge ein falscher*
Zeuge ist,

....

147 Vgl. dazu oben 3.1.2 zu Dtn 16,18!
148 Die Bezeichnung des Angeklagten in 18bβ (שֶׁקֶר עָנָה בְאָחִיו) als אָח ist deuteronomisch
     und damit dem kasuistischen Rechtssatz gattungsfremd, was die Zugehörigkeit des
     Satzes zu 19aff. erweist.
149 Das וְהִנֵּה anstelle des zu erwartenden וְאִם wird bei einer so stark bearbeiteten Passage
     akzeptiert werden können und braucht die Hypothese, daß sich hinter Dtn 19,16-19 ein
     kasuistischer Rechtssatz verbirgt, nicht zu beeinträchtigen.

Die ursprüngliche Rechtsfolge ist nicht mehr rekonstruierbar, dürfte sich aber nach den keilschriftlichen Parallelen wie etwa §1,2,4 CH zu urteilen von der jetzt in Anrede formulierten Apodosis *19a sollt ihr ihm tun, wie er seinem Bruder zu tun gedachte* und der in 21b zitierten Talionsformel inhaltlich kaum wesentlich unterschieden haben. Der Auffassung M. Roses, die anschließende בִּעַרְתָּ-Formel, „die sonst immer im Zusammenhang mit einer Todesstrafe verwendet wird", lasse auf ein ursprünglich generelles Todesurteil schließen, das durch eine Novellierung abgeschwächt worden wäre[150], ist nicht zu folgen, da die בִּעַרְתָּ-Formel bereits zu einer Bearbeitungsschicht des ursprünglichen Rechtssatzes gehören dürfte.

Trotz aller Fragen, die offenbleiben müssen, kann aus Ex 21,6; 22,7.8.10 und Dtn 19,17 – und damit aus authentischen Quellen über das Rechtsleben im Israel und Juda der vorexilischen Zeit – mit ziemlicher Sicherheit geschlossen werden, daß die Rechtsgemeinde für ihr Wirken Institutionen der Kultgemeinde wie Eid und Ordal in Anspruch nahm. Dieser Tatbestand ist bereits oft beschrieben worden, jedoch mangelt es auch in der neueren Literatur immer noch an einer eindeutigen und vor allem zutreffenden Terminologie. Eine „kultische Rechtsprechung"[151] liegt hier nicht vor, da nach dem Wortlaut von Ex 22,8.10[152] und Dtn 19,18 die Entscheidung der Rechtsgemeinde bereits in dem Rechtssatz festgelegt ist, also in der Zuständigkeit der Rechtsgemeinde verbleibt und nicht der Kultgemeinde überlassen wird[153]; letztere spricht kein Recht und fällt schon gar keine Urteile, sie arbeitet lediglich bei der Erhebung des Tatbestandes der Rechtsgemeinde zu – hier sind am ehesten die Begriffe „kultisches Aufklärungsverfahren"[154] oder „kultisches Beweisverfahren"[155] anwendbar.

Was S. Allam als „Gottesgerichtsbarkeit" oder auch „Gottesentscheidungsverfahren" in der Arbeitersiedlung von Deir el-Medineh zur Zeit des

---

150 M. Rose, 5. Mose, 11f; im übrigen dürften sich die beiden vom ihm vermuteten Novellierungen, einerseits die Ausweitung des חָמָס-Vorwurfs auf religiöse Delikte und andererseits die Abschwächung der Strafsanktion auf das Talionsrecht, nur schwer miteinander in Einklang bringen lassen, da das ius talionis auf religiöse Vergehen nicht anwendbar ist.

151 So z.B. auch noch J. C. Gertz, Gerichtsordnung, 115; ähnlich E. Otto, Wandel, 15 und öfter: „kultischer Rechtsentscheid".

152 Die zu Ex 22,7b zu erwartende Rechtsfolge ist offensichtlich verlorengegangen, vgl. oben z.St.

153 Anders E. Otto, Zivile Funktionen, 196: „Eine enge Beziehung ... bestand zwischen der lokalen Laiengerichtsbarkeit und den der kultischen Gerichtsbarkeit an den Lokalheiligtümern. *Ihr wurden die* durch Zeugenbeweise nicht aufklärbaren *Fälle überwiesen.*" (Hervorhebung durch den Verf.).

154 Z. B. E. Otto, Wandel, 17.

155 Z. B. J. C. Gertz, Gerichtsordnung, 115.

ägyptischen Neuen Reiches eindrücklich beschreibt, ist bei allen Unterschieden, die bei dem großen zeitlichen und räumlichen Abstand zum alttestamentlichen Israel selbstverständlich sind, im Grunde nichts wesentlich anderes: Nicht als Richter wird (der) Gott (Amenophis I.) mit den anstehenden Rechtsstreitigkeiten befaßt, denn Urteile fällen darf er gar nicht – dieses Recht verbleibt bei der profanen Gerichtsbarkeit[156] –; er ist vielmehr als allwissender Untersuchungsrichter gefragt und gibt Auskunft über die legalen Besitzverhältnisse an Immobilien, über den angemessenen Wert von Gegenständen oder auch die Identität von Dieben. Deshalb sollte auch bei diesem ägyptischen Beispiel nicht von Gotte<u>sgerichtsbarkeit</u> gesprochen werden, welcher Terminus ja doch den Eindruck erweckt, als sei ein eigenständiges kultisches Gericht neben der profanen Gerichtsbarkeit installiert; daß in den von S. Allam beschriebenen Fällen die gleichen Personen wie in den profanen Gerichten agieren, während das beteiligte Kultpersonal ihnen untergeordnet ist, wenn nicht sogar anonym bleibt[157], sollte bereits vor solcher Terminologie warnen. Auch hier wird eine kultische Lebensäußerung – die feiertägliche Prozession des Gottes auf der Barke durch den Ort – dazu in Anspruch genommen, Defizite in den Ermittlungsmethoden der Rechtsgemeinde aufzufüllen.

Ex 21,5f., zumal beinahe ein Fall freiwilliger Gerichtsbarkeit, fällt in gewisser Weise aus diesem Rahmen heraus; hier wird man von Streitprävention mit kultischen Mitteln sprechen dürfen.

3.3 Num 5,11-31 – Die Agende für ein Ordal

Die agendarischen Einzelheiten für die Eide und Ordale, die die Rechtsgemeinde zur Tatbestandsaufklärung in Anspruch nimmt, sind den Rechtssätzen nicht zu entnehmen, gehören derartige Ausführungen doch auch nicht zu den Elementen ihrer Gattung. Zu suchen wären entsprechende Darstellungen vielmehr in den Überlieferungen der Kultgemeinde, falls ihre schriftliche Festlegung überhaupt notwendig gewesen sein sollte. Das Schweigen der Rechtstexte könnte nämlich außer dem Gattungszwang noch einen anderen, leicht nachvollziehbaren Grund haben: Der zum Eid oder Ordal in ein Heiligtum Geschickte wußte gewiß, was er dort zu verrichten

---

156 S. Allam, Verfahrensrecht, 79f.
157 A.a.O. 76f.

hatte bzw. fand vielleicht sogar einen Priester vor, der ihn entsprechend einweisen und anleiten konnte.

Die Ablegung eines Eides dürften auch wir Heutigen uns ohne Schwierigkeiten vorstellen können. Unklarheiten gibt es unter den Autoren aber im Falle des Ordals. Dabei wird häufig an die Verwendung von Losen gedacht. So spreche z.B. nach H. Seebass die LXX in Ex 22,8 „ausdrücklich" von einem „Losorakelverfahren"[158]; jedoch gibt keines der bekannten Wörterbücher dem hier als Partizip verwendeten Verb ἁλίσκομαι diese Bedeutung, sie übersetzen vielmehr das Wort in juridischer Verwendung mit „ertappt, überführt, schuldig erkannt"[159] oder ähnlich. Es ist aber auch zu fragen, ob das Bild, das die alttestamentliche Überlieferung von der Anwendung des Losorakels bietet, überhaupt daran denken läßt, daß die Rechtsgemeinde ein solches Verfahren in Erwägung gezogen haben könnte:[160] Sofern von „Los" nicht im übertragenen Sinne eines ausgelosten Land- bzw. Grundstückes oder etwa gar als Metapher für Schicksal geredet wird, werden durch das Losorakel fast immer Handlungsempfehlungen für die Gegenwart und noch öfter für die Zukunft gesucht. Lediglich an drei oder vier Stellen betrifft die an das Los gerichtete Frage die Vergangenheit[161]: In Jos 7,13ff. soll der Grund für ein militärisches Versagen erkundet werden; in der LXX-Version von I Sam 14,38ff. geht es um die Ursache für das Schweigen Gottes auf eine Orakelanfrage; in Jon 1,7 wird der Anlaß für ein lebensbedrohliches Unwetter gesucht und in Esr 2,63 = Neh 7,65 steht, wenn es hier nicht etwa letztlich um ein Auslosen späterer Dienste geht, die eventuelle Herkunft von Leuten aus priesterlicher Familie zur Debatte. Für unser Problem entscheidend ist aber nun, daß die in den genannten Fällen durch das Los zu erkundenden und gegebenenfalls auch erkannten Tatsachen ausnahmslos auf religiösem Gebiet – Bruch eines Gelübdes in I Sam 14; Widerstand gegen Gottes Auftrag in Jon 1 – oder in einer speziellen kultischen Angelegenheit – unberechtigte Verwendung von Banngut in Jos 7; Berechtigung zum Priesteramt in Esr 2 = Neh 7 – liegen und vor der Rechtsgemeinde sicher nicht justitiabel gewesen wären. Justitiabel wäre der Ehebruch, der in Num 5,12bff. vermutet wird, wenn sich der Verdacht denn

---

158 H. Seebass, Depositenrecht, 24 mit Anm. 17.

159 So G. E. Benseler, Griechisch, 33.

160 Nach HAL I, 178, findet sich גּוֹרָל „meist in späten Schriften"; entsprechendes gilt von פּוּר, das nur in Est vorkommt, sowie wohl auch von אוּרִים (und תֻּמִּים), wofür allerdings nicht alle Belegstellen eindeutig zu datieren sind. Dieser Befund stellt aber die Auffassung in Frage, daß „mit dem Exil ... auch das Losorakel sein Ende" gefunden habe, so W. Dommershausen, גּוֹרָל, 997.

161 W. Dommershausen, גּוֹרָל, 996, unterscheidet wohl deshalb terminologisch zwischen Losorakel und Losordal.

bewahrheitete; hier aber wird kein Los, sondern ein (Gift)ordal befragt. Der Befund in den Texten legt somit die Vermutung nahe, daß unter den kultischen Institutionen nicht das Los, sondern vielmehr des Ordal von der Rechtsgemeinde in Anspruch genommen worden ist.

Gegen M. Douglas, die den Abschnitt allegorisch auslegt[162], handelt es sich bei Num 5,11-31 der Gattung nach eindeutig um ein Ritual; „Num 5,11-31 ist durch die für Ritualanweisungen typischen w˙=qatal(-x)-Sätze geprägt."[163] Zwar stellt der Text die einzige Agende für ein Ordal im Alten Testament dar; auch ist der Anlaß für das Gottesurteil mit dem Verdacht eines Mannes, daß seine Frau einen Ehebruch begangen haben könnte, spezieller Natur. Die vorliegende Agende darf aber vielleicht über den genannten Einzelfall hinaus eine gewisse Allgemeingültigkeit beanspruchen, und man kann sich durchaus vorstellen, daß auch Ordale zu anderen Fragen in dieser oder einer sehr ähnlichen Form durchgeführt worden sind.

Der heutige Text von Num 5,11ff. ist von Zusätzen und Anhängen nicht frei; da das zugrundeliegende Ritual aber nach einer leicht nachvollziehbaren Systematik gestaltet worden war, lassen sich die Ausbauschichten gut erkennen und leicht abheben:[164]

1. Die Schilderung des vorgelegten Falles[165]

Während Gottesurteile schon von ihrer Intention her, insbesondere aber die konkreten Fragen an das Ordal in 19aβ-20 und 22a davon ausgehen, daß sich der/die Proband/in sowohl als schuldig als auch als unschuldig erweisen kann, setzen 12bβ.13 die Schuld der Frau bereits als Protasis voraus und machen damit die folgende Handlung schlicht überflüssig[166]; darin dürfte sich die Passage als Fremdkörper erweisen. Die ursprüngliche Schilderung des Falles wird auf alle Fälle in 14 begonnen haben; möglich ist aber auch, daß bereits 12bα den alten Anfang des Textes bewahrt hat, sofern mit dem Verb שָׂטָה, das an dieser Stelle in unüblicher Weise ohne präpositionale Rektion verwendet worden ist, vielleicht noch nicht schon der Ehebruch, sondern erst nur eine Entfremdung der Frau von ihrem Mann – vgl. שָׂטָה im Sinne von „abweichen" – gemeint sein könnte:

---

162 M. Douglas, Wilderness, 160–169.

163 B. Herr, Haus, 101.

164 Zu anderen Versuchen einer literarkritischen Analyse des Textes vgl. E. von Nordheim, Schutzordal, 299f.; B. Herr, Haus, 98–101.

165 11-12a dient dem Einbau der Agende in eine fiktive Gottesrede.

166 Dies hat B. Herr, Haus, 102, wohl übersehen, der lediglich 13aβb „als sekundäre Zufügung" betrachtet.

12bα Irgendein Mann – wenn seine Frau auf Abwege gerät, ... 14 der Geist der Eifersucht über ihn hinweggeht, er auf seine Frau eifersüchtig wird, und jene sich [tatsächlich] verunreinigt hat, oder der Geist der Eifersucht über ihn hinweggeht, er auf seine Frau eifersüchtig wird, und jene sich [in Wahrheit] nicht verunreinigt hat,

In der Literatur wird zuweilen davon ausgegangen, daß der Verdacht des Mannes durch eine Schwangerschaft der Frau hervorgerufen worden sei.[167] Dies ist jedoch weder in der rekonstruierbaren Grundschicht noch in der davon abzuhebenden Bearbeitung der Fallbeschreibung espressis verbis erwähnt und auch sonst nicht zwischen den Zeilen zu lesen. Im Gegenteil: Da bei einer Schwangerschaft der weibliche Unterleib an Umfang zunimmt, wäre das Kriterium für die Untreue – nach der traditionellen Deutung der Wendung לַצְבּוֹת בֶּטֶן in 22a als „den Leib anschwellen lassen" – wahrscheinlich gar nicht oder wenigstens nicht sicher zu erkennen[168]. Auch ist zu fragen, ob denn, wenn es schon mit der Schwangerschaft der Frau bereits ein derart deutliches Zeichen für ihr Fremdgehen gab, eine Inanspruchnahme des Ordals in der vorliegenden Form überhaupt noch notwendig gewesen wäre; dann hätte dem Gottesurteil viel eher die Frage nach dem Liebhaber der Frau und damit dem Vater des ungeborenen Kindes vorgelegt werden sollen. Wir werden hier beim Wortlaut der Protasis verbleiben und als Anlaß für die Ordalanfrage allein den dort beschriebenen Verdacht des eifersüchtigen Mannes sehen können.[169]

2. Die Agende

15aα bringt der Mann seine Frau zum Priester[170]

Das Ritual soll laut 5,17 i(n eine)m JHWH-Tempel durchgeführt werden, der aufgrund des Einbaus des Textes in die Erzählungen über die Wüstenzeit Israels hier als מִשְׁכָּן bezeichnet wird.

---

167 So z.B. ausdrücklich E. von Nordheim, Schutzordal, 306; auch H. Niehr, Gottesurteil, 1229.

168 Was auch E. von Nordheim, Schutzordal, 306, sieht, aber deswegen zu einer Deutung des Verbs צָבָה im Sinne von „trocken sein" von G. R. Driver greift und darin die Beschreibung einer zukünftigen Sterilität der Frau erkennen möchte.

169 Leider wird auch nicht deutlich, ob das Ordal wie in den oben in 3.2 behandelten Fällen durch die Rechtsgemeinde in Auftrag gegeben wurde; daß eine entsprechende Notiz durch den sekundären Anfang 12b-13 verlorengegangen sein könnte, läßt sich aber immerhin nicht ausschließen.

170 15aα kann nicht mehr zur Protasis gehören, da die Apodosis nicht ohne vorherige Erwähnung der Frau, auf die sich das Suffix an קָרְבָּן bezieht, mit 15aβγbα allein beginnen kann.

15aβγ *(und) bringt (als) ihr Opfer ihretwegen ein Zehntel Epha*
Gerstenmehl, 15bα *gießt (aber) kein Öl (darauf) und gibt keinen*
Weihrauch darauf,

B. Herr reibt sich an den beiden unmittelbar hintereinander stehenden
Prädikaten וְהֵבִיא in 5,15aα und β, was ihn anregt, weitere Indizien dafür zu
suchen, daß die das Opfer betreffenden Wendungen im Text ein Zusatz sein
könnten.[171] Sollte seine Analyse zutreffend sein, wäre Num 5,1ff. an die Seite
von Dtn 21,1-9 zu stellen, wo durch spätere Bearbeitung eine Symbolhandlung des Rechtslebens zu einem Opfer umgestaltet worden ist.[172] Wenn
jedoch ein Priester bei dem Ordal amtiert, ist dieser gewiß zu entlohnen
gewesen. Dies geschah üblicherweise durch den Priesteranteil an den Opfern
und ist auch für Num 5,11ff. deutlich sichtbar: Nach 5,26a verbrennt der
Priester von den in 5,15 genannten 4l Gerstenmehl[173] lediglich eine
Handvoll, was allerhöchstens 0,1l oder 2,5% ausmachen dürfte, während es
sich bei den restlichen 3,9l um das Honorar für die Durchführung des Ordals
handeln wird. Als Hinweis darauf kann wohl auch der Verzicht auf die
Vermischung mit Öl und Weihrauch nach 15bα gelten, der offenbar die
Einlagerung des Gerstenmehls für eine spätere Verwendung in der
(priesterlichen) Hauswirtschaft gewährleisten sollte. Das Opfer ist somit in
der Agende unverzichtbar.

15bγ *denn ... ein Erinnerungsspeisopfer, das Schuld in Erinnerung*
bringt, (ist es)[174].

15bβ mit הִוא קְנָאֹת מִנְחַת zeugt mit seiner Genusinkongruenz nicht nur von
geringer Kenntnis der hebräischen Grammatik, sondern führt auch zu einer
Überfüllung des Satzes durch Opferbegriffe; die Wendung wird hier und in
18aδ als Zusatz anzusehen sein.

16 *Der Priester bringt es [sc. das Speisopfer] heran (und) stellt sie vor*
JHWH hin.[175]

---

171 B. Herr, Haus, 102f. unter Hinweis auf D. Kellermann. „Mit der Eintragung des Eifer-
     suchtsopfers Num 5,15 (ab והביא־קרבנה).16.18ab.24" – was wohl richtiger 25 heißen
     muß – „-26 gleicht der Verfasser das Ordal an die priesterschriftlichen Opfergesetze,
     besonders Lev 2, an."

172 Siehe dazu ausführlich unten 3.4.4 z.St.

173 Nach HAL I, 41, beträgt eine אֵיפָה „c. 40l".

174 E. von Nordheim, Schutzordal, 301f., zieht eine interessante Parallele zu I Reg 17,18,
     wo die Anwesenheit Elias in den Verdacht gerät, „Sünde in Erinnerung zu rufen".

175 5,16 kann gegen B. Herr, Haus, 102f., gerade deswegen nicht als späterer Nachtrag
     erklärt werden, damit „dem Priester ... die akrobatische Leistung erspart" bleibt, „mit
     dem Opfer in den Händen das Wasser zubereiten (V. 17) und das Haar der Frau
     auflösen (V. 18aα) zu müssen."

17 *Der Priester nimmt heiliges Wasser in einem Tongefäß, und von dem Staub, der auf dem Fußboden der Wohnstatt [sc. JHWHs] sein wird, nimmt der Priester (etwas) (und) gibt (es)in das Wasser.*

18aα *Der Priester stellt die Frau vor JHWH (auf),*

18aβ *er löst den Kopf der Frau*

Die Lösung des (gebunden oder geflochten vorzustellenden) Haupthaares der Frau ist als Trauerritus gedeutet worden[176], jedoch als solcher kaum verständlich, da es für eine Trauer zu dem gegebenem Zeitpunkt keinen Anlaß gibt und vorweggenommene Trauer – etwa für den Fall eines tödlichen Ausganges des Ordals – eher als eine prophetische als eine kultische Handlung zu gelten hat[177]. Vielmehr wird es sich hier um das aus der Religionsgeschichte wohlbekannte Phänomen handeln, daß für bestimmte Riten „die Entledigung von hemmenden und fesselnden Kleidungsstücken", „von Frauen auch die Auflösung des Haares" bis hin zur „Nacktheit" gefordert wird.[178] Diese Teilhandlung der personenbezogenen Vorbereitung des Ordals macht besonders deutlich, daß in Num 5,11ff. die Gattung eines Rituales vorliegt.[179]

18aγ *(und) gibt das Erinnerungsopfer auf ihre Hände, ...*

5,18aδ dürfte wie oben 15bβ als Glosse ausgeschieden werden können.

18b *und in der Hand des Priesters ist das fluchbringende Wasser der Bitterkeiten.*

5,19aα redet davon, daß der Priester die Frau einen Eid ablegen lassen würde, was sich jedoch mit dem folgenden Text reibt, in dem kein Eid genannt wird. Hier scheint eine Umdeutung der Ordalhandlung vorzuliegen, deren Spuren dann vor allem in 5,21 sichtbar werden.

19aβ *Er sagt zu der Frau hin:*

19aβb *Wenn dich kein Mann beschlafen hat, und du nicht (von) unter deinem Mann als Unreine abgewichen bist, (dann) sei rein von diesem fluchbringenden Wasser der Bitterkeiten.*

---

176 So E. von Nordheim, Schutzordal, 301.

177 Vgl. I Sam 15,35aβ, wonach Samuel für den noch lebenden Saul *die Trauerbräuche beachtet.*

178 F. Heiler, Erscheinungsformen, 181.

179 Deswegen tragen die in der Literatur angeführten keilschriftrechtlichen Parallelen wenig zum Verständnis unserer Stelle bei; im übrigen ist CH §132 – herangezogen etwa bei C. Locher, Ehre, 351 Anm. 171, oder E. von Nordheim, Schutzordal, 197f., – ein etwas anderer Rechtsfall, da der Verdacht auf Untreue der Frau von Dritten an den Gatten herangetragen wird und damit ein höheres Maß an Wahrscheinlichkeit als die bloße Vermutung des Ehemanns von Num 5,14 besitzt.

20 *Aber du: Wenn du (von) unter deinem Mann auf Abwege geraten* *bist, und wenn du dich verunreinigt hast (und) ein Mann außer deinem* *Mann dir seinen Beischlaf gegeben hat,*

Num 5,21 unterbricht die Formulierung der Alternative zu 19aβb, die Fortsetzung dürfte in 22 vorliegen; 21 ist damit deutlich als Einschub zu erkennen[180]: *Der Priester läßt die Frau die eidliche Abmachung*[181] *schwören.* *Der Priester sagt zu der Frau: JHWH mache dich zu einer Fluch- und zu* *einer Schwurformel inmitten deines Volkes, indem er deine Hüfte einfallen* *und deinen Bauch anschwellen läßt.* Der Zusatz deutet die Wirkungsweise des Ordals um und erwartet die Entscheidung von JHWH, der im Grundtext der Agende eher notariell beteiligt war, insofern das Ordal vor ihm, genauer vor seinem Altar stattfinden soll. Wenn nun aber in dieser Ausbauschicht JHWH der eigentlich Entscheidende ist und damit die Ordalmittel in den Hintergrund treten, wird man gegen E. von Nordheim[182] schon doch von einer sekundären Verstärkung des religiösen Elementes in Num 5,11ff. sprechen müssen.

22a *(dann) wird dieses fluchbringende Wasser in deine Eingeweide* *kommen, um (den) Bauch anschwellen und (die) Hüfte einfallen zu* *lassen.*

22b *Die Frau sagt: 'amen, 'amen.*

Daß die Sätze Num 5,19aβb.20.22 einen „Fluch", eine „Selbstverfluchung" oder einen „Selbstverfluchungsschwur" darstellen, ist trotz der bei E. von Nordheim beigebrachten Zeugen aus der Sekundärliteratur[183] kritisch zu hinterfragen. Die vermeintlichen Parallelen aus dem Alten Testament – I Sam 20,13; I Reg 19,2; Jer 34,18; Ps 7,4-6 und 137,5f. – unterscheiden sich ja von unserer Stelle ganz erheblich: Sie beinhalten keine Alternative[184] und werden auch nicht von materiellen Medien begleitet. Sie sind promissorische und assertorische Eide. Num 5,19aβb.20.22 ist jedoch kein Eid, den die Frau sprechen oder sich durch das doppelte אָמֵן zu eigen machen würde; dagegen spricht ja schon die Anredeform, die ihren Höhepunkt in dem Imperativ הִנָּקִי in 5,19b erreicht. Man kommt dem Charakter dieser Sätze wohl am ehesten nahe, wenn man sie als Festlegung der Ordalkriterien versteht, wie sie denn

---

180 BHS rechnet lediglich 21aαβ als Zusatz, was aber von dem Wortlaut des Eides in 21aγb kaum abzutrennen sein dürfte.

181 So HAL I, 50, zu בִּשְׁבֻעַת הָאָלָה und zu לְאָלָה וְלִשְׁבֻעָה.

182 E. von Nordheim. Schutzordal, 300, mit Kritik an der älteren Literatur.

183 E. von Nordheim. Schutzordal, 302f. mit Anm. 14 und 15.

184 In I Sam 20,12-13 liegt die Alternative im Inhalt der Nachricht, nicht aber in der durch einen promissorischen Eid bestärkten Zusage, diese Nachricht zu überbringen.

auch in 5,23 als אָלֹת „Abmachungen"[185] bezeichnet werden. Modern formuliert: Das Ordalmittel wird „programmiert", indem die beiden möglichen Folgen, die der Verzehr des Getränkes haben kann, als Antworten auf die gestellte Frage gedeutet werden und diese Deutung dem Ordalgetränk beigemischt wird.

23 Der Priester schreibt diese Abmachungen (אֶת־הָאָלֹת הָאֵלֶּה)[186] *in das Buch (und) wischt (sie) in das Wasser der Bitterkeiten ab.*

24 beschreibt das Trinken des Ordalmittels samt Erläuterung, welcher agendarische Programmpunkt in 26b in kürzerer Fassung erneut erscheint. Eine Entscheidung, an welcher Stelle das Trinken des Ordalmittels sachlich eher angebracht wäre, ist kaum möglich. Vielleicht will die Agende zwei Varianten – vor oder nach dem Opfer – als gleichberechtigt anbieten.

24 Er läßt die Frau das fluchbringende Wasser der Bitterkeiten trinken, (und) das fluchbringende Wasser wird in sie hineingehen zu Bitterkeiten.

25 Der Priester nimmt aus der Hand der Frau das Speisopfer der Eifersüchte, schwingt das Speisopfer vor JHWH hin und her (und) bringt sie an den Altar heran. 26a Der Priester nimmt eine Handvoll von dem Speisopfer als ihre 'ăzkarah (und) läßt (sie) zum Altar hin in Rauch aufgehen.

26b Und danach läßt er die Frau das Wasser trinken.

Vgl. dazu oben 24!

Hiermit ist das Ritual sachlich abgeschlossen. Was sich daran anschließt, sind eine Wiederholung[187], eine Zusammenfassung[188] und in 31 eine juristische Wertung, die auf den sekundären Eingang der Fallbeschreibung 12b-13 zurückgreift und wie diese ebenfalls lediglich von der Schuld der Frau ausgeht.

Im Vergleich mit anderen aus der Rechts- und Religionsgeschichte bekannten Ordalen (Feuer- und Wasserprobe, Giftordal) ist wiederholt auf

---

185 Daß hier nicht die Grundbedeutung „(Ver)fluch(ung)" gemeint sein kann, wird durch den Plural des Wortes deutlich, der sich auf die beiden Alternativen von 19aßb.20.22 bezieht, wovon 19aßb aber nun wirklich nicht als (Ver)fluch(ung) gedeutet werden kann.

186 Gegen HAL I, 50, sollte hier die Bedeutung unter 3. – Abmachung – angesetzt werden, da sich das Wort unmittelbar auf 19aßb.20.22a rückbezieht, wo keine „Fluchworte", so HAL unter 2., ausgesprochen werden, sondern die Wirkungsweise des Ordals vereinbart wird.

187 27f. wiederholt die Verfluchung von 19aß-22a, und zwar bereits einschließlich des Zusatzes 21.

188 So 29f., welcher Passus in 29 allerdings auch Unterschriftcharakter trägt.

die Häufung der Mittel hingewiesen worden, die nach Num 5,17.23f. die
Tatbestandserhebung herbeiführen sollen: heiliges Wasser in einem
Tongefäß, gemischt mit Staub vom Heiligtumsfußboden und ein in diese
Mischung gespülter Text. Diese Kumulation der Medien weist aber nicht
zwingend auf eine „vorliterarische Geschichte"[189] des Abschnittes hin, die
vielleicht durch Trennung der einzelnen Mittel rekonstruiert werden könnte,
sie hat vielmehr durchaus ihren Sinn. Daß „die massive und ursprünglich
gewiß als selbsttätig gedachte Wirkung des ‚heiligen' Wassers"[190] die
Entscheidung herbeiführen könnte, ist nicht anzunehmen, da seine Heiligkeit
bereits unter den Versionen umstritten ist: Das Targum redet von Wasser aus
einem Waschbecken, die LXX sogar nur von ὕδωρ καθαρὸν ζῶν *sauberem
frischen Wasser*. Mit der Frage der Sauberkeit könnte auch die Forderung
nach einem Tongefäß zusammenhängen: Wenn dem Material für Gefäße ein
unterschiedlicher Grad kultischer Reinheit zuerkannt wurde[191], wird sich das
gewiß aus den praktischen Erfahrungen des Alltags ableiten lassen; nur die
Reinheit des Wasser aber gewährleistete die alleinige Wirkung des Staubes
vom Boden des Heiligtums und konnte Manipulationen unwahrscheinlich
machen. Daß der *Staub, der auf dem Fußboden der Wohnstatt sein wird*,
„heilige Erde"[192] sei und deswegen vielleicht die Ordalentscheidung bewirken könnte, behauptet der Text ebenfalls nicht. Der Staub wird im
Zweifelsfalle auch nicht dadurch eine Wirkung hervorrufen, daß er aus einem
Heiligtum stammt, sondern weil der Boden verhältnismäßig schmutzig und
sein Belag stark bakteriell kontaminiert gewesen sein dürfte[193]; sein Verzehr
mußte mit an Sicherheit grenzender Wahrscheinlichkeit zu einer Verdauungsstörung, wenn nicht gar zu Ruhr oder Typhus führen. Mit anderen Worten: In
seiner gesundheitsschädigenden Wirkung steht der Staub vom Fußboden
eines eisenzeitlichen Heiligtums wohl anderen Ordalmitteln wie Fluß, Feuer
und Gift kaum nach! Das Wasser hingegen dient vermutlich nur dazu, diesen
Staub trinkbar und damit verzehrbar zu machen. Auf die „Programmierung"
dieses Getränkes könnte nach unseren Vorstellungen vielleicht verzichtet
werden, doch dokumentiert sich darin die Auffassung, daß der im Wasser
gelöste Staub des Fußbodens das wirksame Element des Ordalverfahrens ist.
Und deswegen muß der verbreiteten Auffassung widersprochen werden, daß

---

189 M. Noth, Numeri, 46.
190 M. Noth, Numeri, 46.
191 Vgl. A. Strobel, Problem, 117.
192 So E. von Nordheim, Schutzordal, 301.
193 Eine solche Wirkung wird von dem Staub auf der Oberfläche des Altars, an den die
     syrische Übersetzung von 5,17bα denkt, vielleicht nicht in gleichem Maße zu erwarten
     gewesen sein.

„im Zentrum des ganzen Gottesurteils ... der Ritus der Selbstverfluchung"
stehe[194].

Wenn Ausleger der Gegenwart im Zusammenhang mit dem Ordal in Num 5,11ff. von
„Fluch", „Selbstverfluchung" und „Selbstverfluchungsschwur" sprechen, dann ist aber nicht
auszuschließen, daß sie dabei einer bereits recht alten Umdeutung des Textes folgen. Die
Zusätze in 5,19aα und 21, die davon reden, daß der Priester die Frau einen Eid sprechen
ließe, ändert, wie wir oben sahen, das Wesen der damit eingeführten Sätze. Dem haben die
Masoreten vielleicht sogar die Bezeichnung des Ordalgetränkes angeglichen: Die syrischer
Übersetzer scheinen מאררים in 5,18.22.24.27 noch als מאירים gelesen zu haben, was zu dem
Wesen des Ordals, einen Tatbestand zu erhellen, und auch zu der Bezeichnung des Opfers
als מִנְחַת זִכָּרוֹן מַזְכֶּרֶת עָוֹן *ein Erinnerungsspeisopfer, das Schuld in Erinnerung bringt*, viel
besser paßt als das *fluchbringend* der masoretischen Lesung und Vokalisation.

Aus dem Sinn und Zweck eines Gottesurteils folgt, daß die Entscheidung
über Schuld oder Unschuld des/der Probanden/in nicht erst in weiterer
Zukunft, sondern möglichst unmittelbar bei oder wenigstens recht bald nach
dem Verfahren fällt. Insofern sind alle Auslegungen von Num 5,11ff.
problematisch, die eine zukünftige Empfängnisbereitschaft der Frau als
Zeichen für die Unschuld und eine bleibende Unfruchtbarkeit als Hinweis auf
ihre Schuld annehmen.[195] Nach dem Verzehr des Staubes vom Boden des
Heiligtums wird eine akute Verdauungsstörung nicht lange auf sich warten
gelassen haben, die dann zu einem Anschwellen des Leibes durch Blähungen
und Durchfall und zugleich zur Abmagerung (an den Hüften) durch Abbau
des Fettpolsters[196] führen konnte. Daß die Frau damit – mindestens für die
Zeit der Krankheit – ihre typisch weiblichen Körperformen verlor, konnte sie
durchaus *zu einer Fluch- und zu einer Schwurformel* inmitten ihres *Volkes*
machen, wie der Zusatz in 5,21 sagt. Freilich wird auch nicht auszuschließen
sein, daß eine entsprechende Infektion zum Tode führen konnte.[197]
   In diesem Zusammenhang ist aber zu betonen, daß ein Ordal lediglich die
Aufgabe hat, Schuld oder Unschuld aufzuzeigen. Selbst wenn der/die
Proband/in durch das Verfahren bleibende gesundheitliche Schäden davon-
tragen oder es im Extremfall nicht überleben sollte, kann dieser Ausgang

---

194 E. von Nordheim, Schutzordal, 303; so auch E. S. Gerstenberger, Mensch, 155, nach
     dem „bei diesem Verfahren" „der Reinigungseid des Beschuldigten" neben entspre-
     chenden fluchbringenden Handlungen „im Mittelpunkt stehen" würde.
195 So z.B. H. Niehr, Gottesurteil, 1229, „Bleibt die Frau gesund (empfängnisfähig?), war
     sie unschuldig, erkrankt sie (an Unfruchtbarkeit oder durch Verlust des Foetus?), so ist
     ihre Schuld erwiesen."
196 Von E. von Nordheim, Schutzordal, 306, als Folge einer Fehlgeburt gedeutet.
197 Deshalb ist E. von Nordheim, Schutzordal, 308, kaum zu folgen, wenn er sagt: „kein
     Element des Verfahrens" enthielt" „eine physische Gefährdung der Frau"; insofern
     dürfte auch der von ihm konstruierte Gegensatz zu den Gottesurteilen des Mittelalters
     unzutreffend sein.

nicht als Strafe für sein/ihr Vergehen verstanden werden. Freispruch oder Verurteilung einschließlich Festsetzung eines Strafmaßes sind Sache des Rechtswesens und gehören im Falle des alttestamentlichen Israel und Juda unbestritten in die Zuständigkeit der Rechtsgemeinde. So wird auch in den Rechtssätzen Ex 22,8 und Dtn 19,19 (nach dem zu erwartenden ursprünglichen Wortlaut) bereits die auf dem Ausgang des Ordals basierende Rechtsfolge genannt. An das Ritual Num 5,11ff. aber kann eine Frage nach den Rechtsfolgen für die Frau im Falle ihrer erwiesenen Schuld oder für den Mann im Falle des Erweises der üblen Nachrede nicht gestellt werden.[198] So ist es auch nicht verwunderlich, daß ein diesbezüglich auswertbarer Passus erst innerhalb der Nachträge in 5,31 zu finden ist.

Die Deutung jener Notiz ist allerdings nicht zweifelsfrei möglich: a) Sollte der Satz von der im Ordal erwiesenen Schuld der Frau ausgehen, müßte הָאִישׁ den Liebhaber der Frau meinen. Sein Freispruch reibt sich zwar mit Lev 20,10 und Dtn 22,22, wo die Todesstrafe für beide Ehebrecher gefordert wird; allerdings geht mindestens Dtn 22,22 davon aus, daß beide in flagranti delicto ergriffen worden sind und insofern die Identität des Ehebrechers zweifelsfrei feststeht, was nach Num 5,11ff. nicht der Fall ist. Es ist also möglich, daß die Wendung וְנִקָּה הָאִישׁ מֵעָוֹן *der Mann wird frei von Schuld sein* in 31a festlegen will, daß seinetwegen keine weiteren Nachforschungen betrieben werden sollen. Der Grund für diesen Verzicht könnte darin gesehen werden, daß die Beweiskraft von Zeugenaussagen eben doch höher gewertet wird als das Ergebnis eines Ordals, jene aber hier nicht zur Verfügung stehen. b) Sollte der Satz aber mit הָאִישׁ den Gatten der Probandin meinen, was zwar nicht naheliegender, aber ebenso gut möglich ist, dann könnte der Mann im Zusammenhang mit dem beschriebenen Ordal in zweierlei Weise Schuld auf sich laden: einmal dadurch, daß er seine Frau unbegründet des Ehebruchs bezichtigt und damit ihren Ruf geschädigt hat, was aber vielleicht zu modern gedacht ist, da der schlechte Ruf einer Frau nach (alt)orientalischer Vorstellung die Stellung des Mannes in der Gesellschaft mindestens ebenso berührt[199]; zum anderen könnte dem Mann eine Schuld vorgeworfen werden, wenn die Frau durch das von ihm angeregte Ordal bleibende Schäden davonträgt oder es etwa gar nicht überlebt. Nach 31a hätte das dann für ihn folgenlos bleiben sollen.

---

198 Gegen E. von Nordheim, Schutzordal, 305.

199 Vgl. CH §132 mit der Wendung „für ihren Gatten"! Allerdings besitzt der dort beschriebene Rechtsfall eher eine öffentliche Komponente als Num 5,14ff., wo man voraussetzen müßte, daß das hinter den Tempelmauern vollzogene Ordal – durch wen auch immer – erst veröffentlicht werden müßte, um den Ruf des Ehepaares zu beeinträchtigen.

Diese rechtlichen Fragen müssen aber eben offenbleiben, da sie außerhalb des Interesses eines Ordals liegen, dem es allein darum geht, Schuld oder Unschuld eines Menschen festzustellen. Anders wäre es, wenn die sakrale Tatbestandserhebung mit einer Tempelgerichtsbarkeit verbunden oder etwa gar Teil einer solchen wäre; abgesehen von dem sekundären Zusatz 5,31, der mehr Probleme aufwirft als er löst, fehlt hier aber jeder Hinweis auf eine Gerichtsbarkeit. Obwohl ein Schuldspruch der Frau durch das Ordal geradezu danach drängen mag, findet eine Rechtsprechung nicht statt. Num 5,11ff. macht somit die Hypothese von einer kultischen Gerichtsbarkeit außerordentlich fragwürdig.[200]

3.4 Die Angebote des Kultes an das Rechtsleben

Im Alten Testament finden sich drei Gesetzestexte bzw. Reste davon, bei denen die Kooperation zwischen dem Rechtsleben und dem Kult im Gegensatz zu den im zweiten Teil dieses Kapitels gezeigten Fällen von der Kultgemeinde ausgegangen zu sein scheint. Formal unterscheiden sich die Stellen – Lev 5,21-26; 19,20-22 und Num 5,6-8 – von den oben besprochenen Belegen darin, daß sie nicht in die Strukturen der Kodextorsi des Bundesbuches oder des Deuteronomiums eingebunden, sondern unabhängig davon und auch unabhängig voneinander in Darstellungen des JHWH-Kultes überliefert worden sind. Inhaltlich aber lassen sie mehr oder weniger deutlich einen kasuistischen Rechtssatz als Grundlage erkennen[201] und ergänzen dessen Lösung des Rechtsfalles durch einen Ritus oder eine sonst irgendwie auf eine sakrale Institution bezogene Handlung. Dabei ist dieses kultische Element einer abschließenden Entscheidung des Falles durch die Rechtsgemeinde nachgeordnet und erweist sich damit deutlich als Supplement. In diesen Zusammenhang dürfte aber auch eine Bearbeitungsschicht von Dtn 21,1-9 = §5 des Kodextorsos im Deuteronomium gehören, die wohl literargeschichtlich zwischen dem ursprünglichen kasuistischen Rechtssatz und der redaktionellen Bearbeitung zum Zwecke der Aufnahme in die Normensammlung des Deuteronomiums einzuordnen ist; diese Bearbeitung teilt nämlich mit Lev 5,21-26; 19,20-22 und Num 5,6-8 das Bemühen, die

---

200 So auch E. S. Gerstenberger, Mensch, 155 Anm. 169.

201 Vgl. z.B. das Urteil E. S. Gerstenbergers, Leviticus, 61, über Lev 5,21ff.: „Lev 5,21-24 ist umrahmt von rein priesterlichen Sätzen, ... Der eingehüllte Textkern mag stilistisch von priesterlichen Tradenten geformt sein, zeigt aber inhaltlich sein altes, unsakrales Gesicht."

Regelung eines Streitfalles im Rahmen und mit den Mitteln der Rechtsgemeinde durch eine gottesdienstliche Handlung zu komplettieren. Auch
wenn es keine Belege dafür gibt, ob und wieweit von diesen Angeboten des
Kultes praktisch Gebrauch gemacht worden ist, lohnt es sich doch, ihrer
Intention nachzugehen.

3.4.1 Lev 5,21-26 – Die Rückgabe unrechtmäßigen Besitzes

Der Abschnitt Lev 5,21-26 enthält im vorliegenden Textbestand einige
auffällige Dopplungen, die sich zum Einstieg in den Versuch, einen eventuell
zugrundeliegenden kasuistischen Rechtssatz zu rekonstruieren, eignen:

1. Mit נֶפֶשׁ כִּי in 21aα und וְהָיָה כִּי in 23aα finden sich zwei Wendungen,
die jede für sich die Protasis eines hebräischen Rechtssatzes einleiten
könnten. Wenn sich auch mit Ex 21,19 und 22,6 Parallelen für einen
Neuansatz bei der Schilderung des Rechtskasus innerhalb des Hauptfalles
finden und נֶפֶשׁ כִּי der Eingangsformel der Rechtssätze nach H. Petschows
Typ II[202] ähnelt, ist doch die Ursprünglichkeit dieses Anfanges zu
bezweifeln: Das feminine Genus von נֶפֶשׁ wirkt nämlich syntaktisch nur bis
einschließlich 21aβ und tritt danach nicht wieder auf, während im weiteren
das Maskulinum dominiert. Die einleitende Wendung נֶפֶשׁ כִּי תֶחֱטָא וּמָעֲלָה
מַעַל בַּיהוָה wird also einer Bearbeitung zuzurechnen sein, und es ist
anzunehmen, daß der dem heutigen Text zugrundeliegende Rechtssatz erst
mit וְהָיָה כִּי in 23aα einsetzt; vergleichbar mit dieser Protasiseinleitung ist das
וְהָיָה אִם in Dtn 25,2 = §17'.2 des Kodextorsos im Deuteronomium.

2. werden die Vergehen des Täters sowohl in 21b-22 als auch in den
Relativsätzen von 23aβ-24aα aufgeführt, welche Wiederholung in einem
kasuistischen Rechtssatz unüblich ist und vor allem auch unnötig gewesen
wäre, hätte der Text von 21b-22 bereits bei der Formulierung von 23aβ-24aα
existiert und vorangestanden. Zudem sind beide Listen nicht identisch, und
der zweite Block ist sprachlich wesentlich stringenter gestaltet.[203] So ist auch
von da aus zu vermuten, daß der Rechtskasus des ursprünglichen Rechtssatzes erst in 23aα begonnen hat.

3. וְהֵשִׁיב in 23aβ und וְשִׁלַּם in 24aβ können nicht beide zugleich als
Prädikate der Rechtsfolge angehören. Nimmt man nämlich die Summierung

---

202 Zu den Vergleichsfällen und deren Beurteilung siehe H. Petschow, Stilformen, 29ff.
203 Auch E. S. Gerstenberger, Leviticus, 61, hält die zweite Aufzählung der Rücker-
    stattungen für „kompakter und ursprünglicher" gegenüber 21f., welchen Abschnitt er
    als „formal uneinheitlich" charakterisiert.

durch וְ – וְ ernst[204], ergibt sich eine Rückgabe des veruntreuten Gutes und zusätzlich dazu eine Zahlung des 120%igen Wertes der strittigen Sache, was als insgesamt 220%ige Forderung zwar nicht undenkbar, aber in dieser gebrochenen Größenordnung vielleicht doch ungewöhnlich wäre. Wollte man aber das Nebeneinander von וְהֵשִׁיב und וְשִׁלַם alternativ verstehen – entweder Rückgabe des veruntreuten Gutes oder 120%ige Entschädigung –, würde man sich ein אֹו anstelle des zweiten וְ wünschen und müßte die vorliegende Ausdrucksweise als sehr undeutlich bezeichnen. Der Rechtssatz wird aber vollkommen verständlich, wenn וְהֵשִׁיב in 5,23aβ auf den Rechtskasus und וְשִׁלַם in 24aβ auf die Rechtsfolge verteilt werden.

Damit ergibt sich folgende Rekonstruktion:

Rechtskasus   Rechtsfolge

וְהָיָה כִּי־יֶחֱטָא וְאָשֵׁם וְהֵשִׁיב אֶת־הַגְּזֵלָה
אֲשֶׁר גָּזָל אֹו אֶת־הָעֹשֶׁק אֲשֶׁר עָשָׁק
אֹו־אֶת־הַפִּקָּדֹון אֲשֶׁר הָפְקַד אִתֹּו אֹו אֶת־
הָאֲבֵדָה אֲשֶׁר מָצָא: אֹו מִכֹּל אֲשֶׁר־יִשָּׁבַע
עָלָיו לַשָּׁקֶר

23 *Wenn sich (jemand) verfehlt (und) sich schuldig bekennt[205] (und) das Raubgut, das er geraubt hat, oder das Erpreßte, das er erpreßt hat, oder das Hinterlegte, das bei ihm hinterlegt worden war, oder das Verlorene, das er gefunden hat, 24a oder von allem, weswegen er einen Meineid geschworen hat[206], zurückgibt,*

---

204 M. Noth, Leviticus, 26, verband die beiden Prädikate mit einem „und zwar", das aber hebräisch nicht ausgedrückt und insofern nur vermutet ist; auch E. S. Gerstenberger, Leviticus, 52, koordiniert die beiden Prädikate und übersetzt sie beide in gleicher Weise mit „(zurück)erstatten".

205 Siehe HAL I, 92, zu 2. b); es wäre zu überlegen, ob darin nicht auch ein *als schuldig erkannt wird* gesehen werden könnte.

206 Die Erwähnung des Meineides betrachtete M. Noth, Leviticus, 38, sowohl an dieser Stelle als auch in 22aβ als sekundären Zusatz, da der Meineid hier durch den Anschluß mit אֹו als ein eigener Fall in eine Reihe mit den anderen Taten gestellt wird, im Gegensatz dazu in 22aββα aber vielmehr zu den einzelnen Straftaten gravierend hinzukommt.

וְשִׁלַּם אֹתוֹ בְּרֹאשׁוֹ וַחֲמִשִׁתָיו יֹסֵף עָלָיו

soll er es in seiner Höhe sowie
(s)ein Fünftel dazugebend erstat-
ten.

Wenn diese Rekonstruktion das Richtige trifft, hat der Rechtssatz die Rückgabemodalitäten unrechtmäßig erworbenen oder vertragswidrig zurückgehaltenen Gutes zum Thema.[207] Bei der Rückgabe soll ein zwanzigprozentiger Aufschlag entrichtet werden, und es ist beobachtet worden, daß dies wesentlich weniger ist, als für vergleichbare Fälle im Bundesbuch festgelegt wird.[208] Hier drängt sich die Frage nach dem Wesen dieses Aufschlages auf: Handelt es sich dabei um eine Nutzungsentschädigung für die unrechtmäßig erworbenen oder vertragswidrig zurückgehaltenen und aller Wahrscheinlichkeit nach ja doch in dieser Zeit auch verwendeten Werkzeuge, Tiere sowie vielleicht auch Gelder? Oder ist der Aufschlag als Strafe zu verstehen, mit dem der Übergriff auf das Eigentum eines anderen gesühnt werden soll? Die Ansicht der Bearbeiter unseres Rechtssatzes scheint sich in dem Vorspann Lev 5,21f. niedergeschlagen zu haben, der einmal die aus dem Rechtskasus vorweg zitierten Fälle als מָעַל בַּיהוָה *Pflichtwidrigkeit* gegenüber *JHWH* qualifiziert und sogleich danach zweimal davon spricht, daß der Täter וְכִחֵשׁ בַּעֲמִיתוֹ *seinem Genossen leugnet, in Abrede stellt, verheimlicht etc.*, was in dem unserer Meinung nach originalen Rechtskasus nicht vorkommt:

21 *Wenn eine Person sündigt, eine Pflichtwidrigkeit gegenüber JHWH begeht, ihrem Genossen Hinterlegtes oder Anvertrautes oder Geraubtes leugnet oder ihren Genossen erpreßt 22 oder Verlorenes gefunden hat (und) das leugnet (und) meineidig eines von allem, was der Mensch tut, um damit zu sündigen, beschwört ...*

Der Sinn dieses Vorspannes liegt offensichtlich darin, die genannten Fälle nicht nur als ein Vergehen gegen einen Menschen, sondern auch als Sünde gegen Gott zu charakterisieren, die unabhängig von der Wiedergutmachung auch eine Sühne erfordern. Dies aber hätte nicht betont werden müssen, wenn der zwanzigprozentige Aufschlag auf das zurückzugebende Gut nach dem damals gängigen Verständnis des kasuistischen Rechtssatzes bereits als Strafe verstanden worden wäre. So ist zu schließen, daß der Redaktor den Aufschlag in der Tat als eine Nutzungsentschädigung angesehen hat. Damit

---

207 So gegen F. Crüsemann, Tora, 366, der unter Bezug auf J. Milgrom und entgegen dem Wortlaut (אוֹ!) den in 24aα erwähnten Meineid den zuvor genannten Vergehen überordnet, in ihm das entscheidende Element der Verfehlung sieht und vermutet, daß in der Protasis von einem „sakralrechtlichen Eigentumsverfahren" die Rede ist.
208 F. Crüsemann, Tora, 366f., unter Hinweis auf A. Marx.

aber hinterläßt die Lösung des Falles durch die Rechtsgemeinde eine spürbare Lücke: Selbst wenn dem Geschädigten der Nutzungsausfall ersetzt wird, bleibt doch die Rechtsverletzung strafrechtlich ungesühnt.

Da nun der Vorspann kaum von dem rituellen Teil Lev 5,25-26 zu trennen sein wird, auf den ja schließlich die Bearbeitung des alten kasuistischen Rechtssatzes hinausläuft, wird deutlich, welchen Sinn die kultische Ergänzung haben soll: Sie bietet als Ersatz für die nicht vorgesehene strafrechtliche Sühne die Möglichkeit eines אָשָׁם-Opfers am Heiligtum an:

24b *Er soll es dem, dem es gehört, [möglichst noch] am Tage seines Verschuldens übergeben*[209] *25 und JHWH sein 'ašam-Opfer bringen – einen vollkommenen Widder vom Kleinvieh „in *seinem Schätzwert"* (בְּעֶרְכְּךָ)[210] *als 'ašam-Opfer – zu dem Priester. 26 Der Priester wird für ihn Sühne vor JHWH schaffen, (und) ihm wird [jedes] eine[zelne] von allem, was er tut, um sich dadurch zu verschulden, verziehen werden.*

E. S. Gerstenberger fragt im Anschluß an die Behandlung unserer Stelle, warum gerade „ausgewählte Eigentumsdelikte ... als sühnebedürftig" „gelten" und „weder Körperverletzungen, Verstöße gegen Ehe- und Familienordnung, Rechtsverdrehungen genannt" sind[211]. Wenn unsere Auslegung richtig ist, galten der Kultgemeinde bzw. den Trägern ihrer Überlieferungen die in Lev 5,23-24aα genannten Fälle als „sühnebedürftig", weil sie ihrer Meinung nach auf der Ebene der Rechtsgemeinde nicht restlos und zufriedenstellend gelöst wurden. Für „Körperverletzungen" galt das offensichtlich in der Regel nicht; ein Spezialfall von Mord oder Totschlag wird allerdings in Dtn 21,1-9 ebenfalls durch eine Sühnehandlung ergänzt, worauf unten noch einzugehen sein wird. Und „Rechtsverdrehungen" gehören nicht zu der Materie, die in den kasuistischen Rechtssätzen behandelt wird. Für „Verstöße gegen Ehe- und Familienordnung" aber gibt es mit Lev 19,20-22 einen instruktiven Beleg, bei dem ein mit Lev 5,21-26 durchaus vergleichbares Muster zu erkennen ist.

---

209 24b dürfte nicht zu dem kasuistischen Rechtssatz gehören, da dieser in der Apodosis davon ausgeht, daß das unrechtmäßig erworbene oder behaltene Gut eine Zeit lang verwendet wird und deswegen eine Nutzungsentschädigung zu zahlen ist; die Klausel will wohl zur Eile drängen, um die Sünde in ihrem Ausmaß zu beschränken.

210 Vgl. HAL III, 838, und M. Noth, Leviticus, 36ff., der aber a.a.O., 36, eingesteht, daß בְּעֶרְכְּךָ „kaum übersetzbar" ist.

211 E. S. Gerstenberger, Leviticus, 63.

3.4.2 Lev 19,20-22 – Der unerlaubte sexuelle Kontakt
zu einer unfreien Frau

Der Paragraph behandelt den Fall von sexuellem Kontakt zu einer unfreien
Frau mit offenbar ziemlich speziellem Rechtsstatus:

20 וְאִישׁ כִּי־יִשְׁכַּב אֶת־אִשָּׁה שִׁכְבַת־זֶרַע וְהִוא שִׁפְחָה נֶחֱרֶפֶת לְאִישׁ וְהָפְדֵּה לֹא נִפְדָּתָה
אוֹ חֻפְשָׁה לֹא נִתַּן־לָהּ בִּקֹּרֶת תִּהְיֶה לֹא יוּמְתוּ כִּי־לֹא חֻפָּשָׁה:

So original der Rechtssatz auch immer erhalten sein mag[212], er birgt einige
Schwierigkeiten, die die genaue Deutung und Übersetzung erschweren.[213] Er
besitzt in נֶחֱרֶפֶת und בִּקֹּרֶת zwei Hapaxlegomena und in שִׁפְחָה einen Terminus,
der sonst in keinem Rechtssatz begegnet. Zudem bietet die Rechtsfolge mit
ihrem בִּקֹּרֶת תִּהְיֶה eine Ausdrucksweise, die in der hebräischen Gesetzes-
literatur ohne Parallele ist: In der Regel werden die Apodosen der
hebräischen Rechtssätze mittels Vollverben formuliert; selbst Zustands-
beschreibungen finden sich in Verbalform (so z.B. וְנִקָּה הַמַּכֶּה in Ex 21,19aβ).
Und wo Ausdrucksweisen für „sein, werden" – kopulalos oder durch Formen
von הָיָה – verwendet werden, sind diese stets durch לְ (Ex 21,4bα.34b.36bβ;
22,1b.2aβ; Dtn 22,29bα.24,5bα.25,5aγ) und in einer Ausnahme durch בֵּין (Ex
22,10aα) auf Personen oder Sachen bezogen; ein solcher Bezug wäre
vielleicht auch für Lev 19,20 zu erreichen, wenn sich nach בִּקֹּרֶת תִּהְיֶה ein
wegen Homoioarkton mit לֹא ausgefallenes לְאִישׁ ergänzen ließe, das sich
dann auf das לְאִישׁ in 20aβ rückbeziehen und definieren würde, wem בִּקֹּרֶת
zugutekommen soll; doch gibt es für eine entsprechende Konjektur keinen
Anhaltspunkt.

Zur Erfassung des Rechtsfalles scheint die Bedeutung des Wortes בִּקֹּרֶת
ausschlaggebend zu sein. Das ältere Verständnis „Abrügung"[214], das der

---

212 So K. Grünwald, Heiligkeitsgesetz, 54. Anders aber E. S. Gerstenberger, Leviticus, 24,
der den „Tatbestand" für „aus der Sicht der späteren Redaktoren umformuliert und der
eigenen Zielsetzung angepaßt" hält, was „durch die Fortsetzung V. 21-22 bestätigt"
werde; so könnte aber nur geurteilt werden, wenn Wortschatz und Stil von 21f. in 20
nachweisbar wären. Der Satz zeigt mit וְאִישׁ כִּי allerdings eine Einführung des
Rechtskasus, die dem Stil nach als spät einzustufen ist; zu vergleichbaren Einlei-
tungsformeln im Keilschriftrecht und deren Beurteilung siehe H. Petschow, Stilformen,
29ff.

213 Zu den vielfältigen, zum Teil weit hergeholten Deutungsversuchen der sinnent-
scheidenden Begriffe vgl. z.B. B. J. Schwartz, Literary Study, 248ff.; K. Engelken,
Frauen, 157f.; E. Otto, Rechtsbruch, 30f., und K. Grünwaldt, Heiligkeitsgesetz, 42f.,
jeweils mit dem Hinweis auf weitere Literatur.

214 So K. Elliger laut W. Gesenius, Handwörterbuch, 171. Völlig abwegig ist die Deutung
des בִּקֹּרֶת als ἐπισκοπή durch die LXX und andere, da der Fall ja bereits ausführlich
beschrieben wird; so auch z.B. B. J. Schwartz, Literary Study, 249, oder K. Grünwaldt,
Heiligkeitsgesetz, 43 mit Lit.

heutigen modernhebräischen Verwendung des Wortes בִּקֹּרֶת im Sinne von „Kritik" entspricht, fordert die Frage heraus, welchen praktischen Nutzen die Geschädigten denn von einer bloßen „Kritik" haben könnten. Die Übersetzung mit „Schadenersatzpflicht"[215], die dieses Problem ausräumen könnte, kann hier aber auch nicht zutreffend sein, da eine solche Forderung ohne Angabe, wem der Schadenersatz zu leisten und wonach dieser zu bemessen wäre, einen Rechtsstreit nicht lösen kann, in dem zwei Personen, nämlich der Besitzer der Sklavin und der Heiratsinteressent geschädigt worden sind. B. J. Schwartz's Deutung des בִּקֹּרֶת als „distinction"[216] schließlich ist nur unter der Annahme eines unmittelbar vorausgehenden Falles mit Todesstrafandrohung als Vergleichspunkt, von dem sich der vorliegende Kasus unterscheiden würde, sinnvoll; doch dieser fehlt, während Dtn 22,22 zu fugenlos in den Kontext des Kodextorsos im Deuteronomium eingebunden ist, um für Lev 19,20, welcher Satz vielleicht von dort versprengt worden sein könnte, noch Raum zu lassen.

Wenn B. J. Schwartz auf den „neuter" Charakter der Wendung בִּקֹּרֶת תִּהְיֶה verweist und zwischen den Zeilen daran erinnert, daß doch eigentlich der אִישׁ, mit dessen Erwähnung in 20aα der Rechtskasus beginnt, Subjekt der Rechtsfolge sein müsse[217], macht er ungewollt die Schwäche aller bisherigen Auslegungsversuche deutlich: Die doch eigentlich recht naheliegende Möglichkeit, daß sich die feminine Konstruktion בִּקֹּרֶת תִּהְיֶה auf die beteiligte Frau beziehen könnte, wird regelmäßig außer Acht gelassen. Schon die weibliche Endung von בִּקֹּרֶת vermag aber darauf hinzuweisen, daß mit dem Wort die שִׁפְחָה von 20aα gemeint sein dürfte. Und diese Vermutung wird dadurch bestärkt, daß die Frau in den drei Teilsätzen vor dem בִּקֹּרֶת תִּהְיֶה stets das grammatische oder gedachte Subjekt darstellt:

20aβγδ הִוא שִׁפְחָה נֶחֱרֶפֶת לְאִישׁ וְהָפְדֵּה לֹא נִפְדָּתָה אוֹ חֻפְשָׁה לֹא נִתַּן־לָהּ
Bei dieser Sachlage ist ein Subjektswechsel von 20aδ zu 20bα wenig wahrscheinlich. תִּהְיֶה wird als Prädikat – verbunden mit בִּקֹּרֶת als Prädikatsnomen – das Subjekt שִׁפְחָה aus 20aβ wiederaufnehmen: *sie (sc. die שִׁפְחָה) wird eine בִּקֹּרֶת sein*. Wenn damit das Subjekt der Apodosis nicht mehr mit dem identisch ist, mit dem der Protasis begann, ist das kein Hinderungs-

---

215 M. Noth, Leviticus, 118; HAL I, 145; ähnlich W. Gesenius, Handwörterbuch, 171: „Wiedergutmachungsverfahren". Im Vergleich etwa mit dem im Bundesbuch häufigen שַׁלֵּם (שָׁלֵם) wäre diese Forderung recht umständlich formuliert.

216 B. J. Schwartz, Literary Study, 242, begründet und auf „differentiation, distinction, legal dichotomy" erweitert 251.

217 B. J. Schwartz, Literary Study, 250.

grund, sondern in vielen hebräischen Rechtssätzen zu beobachten[218]; dies gilt aber vor allem bei dem vorliegenden Satz, da er – eingeleitet mit כִּי אִישׁ – H. Petschows Rechtssatztyp II folgt, in dem Anakoluthe nicht selten sind[219].

Auf der Grundlage dieser syntaktischen Analyse ist nun das Wort בִּקֹּרֶת zu deuten und zu übersetzen. Sicher hat HAL recht, wenn es das Wort etymologisch mit akk. b/paqrū „Vindikation" in Verbindung bringt.[220] Das kann aber nicht auf eine direkte Identifizierung der beiden Begriffe hinauslaufen, da bei בִּקֹּרֶת eine abweichende Stammbildung vorliegt, eine Femininendung angefügt ist, und das Wort hier anders, als bei b/paqrū üblich, im Singular verwendet wird. בִּקֹּרֶת תִּהְיֶה scheint also zu bedeuten: *sie wird eine בִּקֹּרֶת*, *d.h. eine Person sein, um derentwegen eine Vindikation angestrengt wird*. Mit anderen Worten: Sowohl der Bräutigam als auch der Partner in dem eingangs des Rechtskasus konstatierten Geschlechtsverkehr werden ihr Recht an dieser Frau durchsetzen müssen. Dies würde bedeuten, daß der Fall nicht als strafrechtlich, sondern als zivilrechtlich relevant verstanden werden soll, wie ja auch 20bβ die für vergleichbare Fälle vorgesehene Todesstrafe expressis verbis ausschließen möchte. Das führt zu der Übersetzung:

20abα *Und ein Mann, wenn er eine Frau mit Samenerguß beschläft, und sie eine einem Mann verlobte*[221] *Sklavin und noch nicht endgültig*[222] *losgekauft oder ihr die Freiheit noch nicht gegeben worden ist, wird/soll sie eine Person sein, um derentwegen eine Vindikation angestrengt wird.*

Der Vorwurf E. S. Gerstenbergers gegenüber dem Mann, der sich mit der Sklavin eingelassen hat, er habe diese vergewaltigt[223], dürfte sich kaum verifizieren lassen. Der pluralisch formulierte Anhang zur Rechtsfolge in 20bβ, *sie werden (sollen) nicht sterben, da sie nicht freigelassen ist*, durchbricht zwar als Begründung den Stil kasuistischer Rechtssätze und ist deshalb wohl als sekundär zu betrachten. Er zeigt aber, daß spätestens der Glossator von der gleichen Schuld beider ausgegangen ist, denn er hält den Hinweis für nötig, daß in ähnlich gelagerten Fällen beide eine erhebliche

---

218 Ex 21,3b = §1.3; 21,4 = §1.4; 21,5f. = §1.5; 21,7 = §2 des Kodextorsos im Bundesbuch u. ö.; Dtn 19,11f. = §2; 19,16f. = §4; 21,1ff. = §5; 21,15f. = §7′ des Kodextorsos im Deuteronomium u.ö.

219 H. Petschow, Stilformen, 29ff.

220 HAL I, 145.

221 So die Übersetzung des נֶחֱרֶפֶת in HAL I, 342.

222 הַפְדֵּה dürfte als Infinitiv absolutus zu נִפְדָּתָה fungieren.

223 E. S. Gerstenberger, Leviticus, 24 noch mit Fragezeichen, 250 schließlich dann als Tatsache vorausgesetzt, was ihn zu einer scharfen Kritik der Lösung des Rechtsfalles bewegt.

strafrechtliche Verantwortung zu tragen hätten.[224] Letzteres soll hier aber anscheinend nur auf Grund des speziellen (und für uns heute nicht mehr ganz durchsichtigen) Rechtsstatus der Frau nicht gelten. Sicher wäre es auch falsch, Sklavinnen in solchen Zusammenhängen immer nur als Opfer zu betrachten und ihnen den Mut zur Durchsetzung eigener sexueller Bedürfnisse abzusprechen; die Annahme einer aktive Rolle der Sklavin liegt hier jedenfalls nicht fern, läßt doch die besondere Rechtslage dieses Falles bei allen Deutungsschwierigkeiten offensichtlich Veränderungschancen durchschimmern, die eine junge Frau in solcher Lage durchaus auch zur Eigeninitiative angeregt haben könnten. Mit Sicherheit kann aber gesagt werden: Die beiden Personen haben durch ihre geschlechtlichen Beziehungen zueinander die Rechte Dritter verletzt, nämlich sowohl die des Heirats-interessenten als auch die des Sklavenhalters. Daß hier nun in Konsequenz des dargestellten Falles um die Frau gestritten werden soll, dürfte weiteren Stoff für eine Kritik im Sinne E. S. Gerstenbergers bieten, wird sie doch dabei fast wie eine Sache behandelt. Doch sollten wir uns hüten, an das Sklavenrecht des Alten Orients unsere modernen Vorstellungen der Menschenrechte anzulegen, womit wir uns das Verständnis eines solchen Rechtssatzes eher verbauen als erleichtern würden.

Die Frage, die hier gestellt werden muß, lautet vielmehr, ob denn durch die in dem kasuistischen Rechtssatz empfohlene Regelung, um die Rechte an der Frau zu streiten, der Rechtsfrieden vollständig wiederhergestellt wird. Zwar ist davon auszugehen, daß die Vindikation zu unterschiedlichem Ergebnis führen kann. Wer aber auch immer den Sieg davon trägt, er wird den Ausgang als Verlust buchen müssen: Siegt der Kauf(- und Heirats)interessent aus 20aβ, ist die Sklavin, die ja nun durch fremde Hände gegangen ist, für ihn nicht mehr soviel wert wie zuvor. Siegt der Liebhaber aus 20aα, muß er wahrscheinlich für die Frau mehr zahlen, als ihm ohne Existenz und Klage des Kauf(- und Heirats)interessenten aus 20aβ auferlegt worden wäre. Zu bedenken ist auch, daß das Verfügungsrecht des Sklaven-halters im Blick auf die Verheiratung seiner Sklavin verletzt worden ist. Wenn man dies alles vielleicht auch unter das allgemeine Lebensrisiko verbuchen möchte, so läßt sich doch nicht leugnen, daß der Mann aus 20aα Unfrieden in die Gemeinschaft getragen hat und dieser durch das Urteil des hebräischen Rechtssatzes nicht beseitigt wird. Das könnte der Anlaß dafür gewesen sein, daß die Kultgemeinde eine Hilfe anbietet und dem männlichen Partner ein Sühneopfer nahelegt:

---

224 So auch K. Grünwaldt, Heiligkeitsgesetz, 43. Der Samaritanus bietet hier den Sing. masc., E. Otto, Rechtsbruch, 30, den Singular fem., was aber vielleicht auf einen Druckfehler zurückzuführen sein mag.

21 *Er soll sein 'ašam-Opfer für JHWH zum Eingang des Begegnungszeltes bringen: einen 'ašam-Widder.* 22 *Der Priester soll mit dem 'ašam-Widder Sühne für ihn vor JHWH für seine Sünde, die er begangen hat, schaffen; seine Sünde, die er begangen hat, wird ihm verziehen werden.*

Wenn die Frau hieran nicht mit beteiligt ist, obwohl sie nach 20bβ dem Partner gleichgestellt wird, könnte das auf die Berücksichtigung ihrer wirtschaftlichen Lage als Sklavin zurückzuführen sein.

3.4.3 Num 5,6-8 – Die Wiedergutmachung gewisser Vermögensschäden

Noch etwas deutlicher wird das Bestreben der Kultgemeinde, Defizite der Rechtsprechung auszugleichen, in Num 5,6-8, wo sich ebenfalls Reste eines ehemaligen kasuistischen Rechtssatzes mit Haupt- und Unterfall markieren lassen.[225] Es geht dabei um die Wiedergutmachung von Vermögensschäden, die im heute vorliegenden Text freilich nur sehr allgemein angedeutet werden. Denn leider scheint der Rechtskasus des Hauptfalles vollständig verlorengegangen und durch einen Text aus der Feder eines exakter juristischer Sprache nicht sehr vertrauten Redaktors ersetzt worden zu sein: In den wenigen Sätzen wechselt viermal das Subjekt des einen bzw. der beiden alternativen Täter – 6aβ zwei 3. sing. masc. und fem., 6aγ plur., 6b 3. sing. fem., 7aα plur. und 7aβγb 3. sing. masc. –; zudem ist חַטֹּאת הָאָדָם kein üblicher Rechtsterminus, sondern wohl ein eigens für diesen Text geschaffener Ausdruck, der deutlich machen soll, daß sich die Taten trotz der Qualifizierung als מַעַל בַּיהוָה auch eine Verfehlung gegen Menschen darstellen. Erhalten geblieben ist aber vielleicht die Apodosis:

וְהֵשִׁיב אֶת־אֲשָׁמוֹ בְּרֹאשׁוֹ וַחֲמִישִׁתוֹ יֹסֵף עָלָיו וְנָתַן לַאֲשֶׁר אָשַׁם לוֹ

7aβb *soll er das corpus delicti*[226] *in seiner Höhe sowie (s)ein Fünftel dazugebend zurückerstatten (und) dem geben, gegenüber dem er sich verschuldet hat.*

In der Höhe der Rückerstattung von 120% deckt sich die Rechtsfolge mit der Regelung von Lev 19,24aβ.

In 8aαβ folgt nun der Rechtskasus eines Unterfalles, der in üblicher Weise mit וְאִם eingeleitet wird: וְאִם־אֵין לָאִישׁ גֹּאֵל לְהָשִׁיב הָאָשָׁם אֵלָיו

---

225 Der Abschnitt ist manchmal in literarischer Abhängigkeit von Lev 5,21ff. gesehen worden; dagegen aber mit guten Argumenten F. Crüsemann, Tora, 367.

226 Die Übersetzung „Schuldbetrag" bei HAL I, 92, erweckt zu sehr den Eindruck, es handele sich allein um Geldgeschäfte; besser wäre *Schuldsache*.

Hier wird der Begriff גֹּאֵל oft als „Löser" des Mannes in 7b, *gegenüber dem er sich verschuldet hat*, verstanden. Dieser Dritte trete anstelle des Geschädigten auf, da letzterer wegen „Verschuldung oder Auswanderung" nicht selbst aktiv werden könne[227] oder weil nach seinem Tode „keine Verwandten des Geschädigten mehr am Leben seien"[228]. Nach der Grundbedeutung der Wurzel גאל I „auf e. Menschen, e. Sache Anspruch machen"[229] aber kann durchaus auch der Geschädigte selbst gemeint sein, was auch viel naheliegender ist, da sich das אִישׁ in 8aα doch im Zweifelsfalle eher auf das Subjekt des Hauptsatzes in 7b und damit auf den Täter als auf die mit dem Suffix von לֹו in dem dortigen Relativsatz gemeinte Person beziehen wird. Das heißt: Der Unterfall 8a geht davon aus, daß der Rückerstattungspflichtige niemanden hat, *der einen Anspruch geltend macht*. Hier wird an einen Fall zu denken sein, bei dem der Geschädigte dem Täter nicht bekannt ist, was z.B. beim Kauf von Waren eintreten könnte, die hernach den Verdacht erregen, Hehlerware zu sein, und bei denen der Käufer die Sorge haben muß, daß eines Tages eine Rückgabeforderung oder gar Anklage gegen ihn erhoben wird.[230] Der Rechtskasus des Unterfalles dürfte demnach wie folgt zu übersetzen sein:

8aαβ *Und wenn der Mann [sc. der Täter] niemanden hat, der einen Anspruch geltend macht, um ihm das, was er schuldig ist, zurückzugeben, ...*

Welche Lösung die Rechtsgemeinde angeboten hatte, um den Täter aus dieser mißlichen Lage zu befreien, ist heute nicht mehr festzustellen; 5,8aγb kann kaum als die ursprüngliche Apodosis gelten, weist doch der Ausdruck הַמּוּשָׁב *was zurückgegeben wird* auf einen vorangegangenen Verfahrensschritt hin, der mindestens von der Absicht der Rückgabe gesprochen haben muß. Der Ersatztext 8aγb ist sprachlich schwierig und erregt mit dem doppelten Dativ לַיהוָה und לַכֹּהֵן auch den Verdacht, sekundär erweitert worden zu sein. Dennoch wird deutlich, welche Lösung die Kultgemeinde hierfür anbieten will: Es soll die Möglichkeit bestehen, die Rückgabe an das JHWH-Heiligtum durchzuführen und auf diese Weise die Hehlerware oder, worum es sich auch immer handeln mag, aus dem Haus zu schaffen und die Verantwortung dafür loszuwerden. Zusätzlich soll ein Opfer das Gewissen entlasten können:

8aγb ... *[soll[231]] die Schuldsache, die zurückgegeben wird, JHWH gehören, [d.h.] dem Priester, außer dem Sühnewidder, mit dem [d]er [Priester] Sühne für ihn schaffen wird/soll.*

---

227 M. Noth, Numeri, 44.
228 F. Crüsemann, Tora, 367.
229 So HAL I, 162.
230 Vgl. das הוּא זֶה in Ex 22,8!
231 GLS(V) fügen hinter dem לַיהוָה das Äquivalent eines יִהְיֶה ein.

Eine Erklärung, was mit dem Zurückgegebenen weiterhin geschehen soll, bleibt der Text schuldig. Als Opfer wird das zurückgegebene Gut wohl nicht zu verstehen sein, da ja der anschließend genannte *Sühnewidder* als solches fungiert. Daß es aber etwa dem Priester persönlich zufallen würde[232], wird durch das לַיהוָה unwahrscheinlich gemacht. Vermutlich ist das nachhinkende לַכֹּהֵן als ein sekundärer Zusatz zu verstehen, der deutlich machen soll, wem das Zurückgegebene im praktischen Vollzug der Anordnung auszuhändigen ist. Das primäre לַיהוָה aber kann dann kaum anders verstanden werden, als daß die Schuldsache als Deponens dem Vermögen des JHWH-Heiligtums einverleibt und dort aufbewahrt werden soll. Diese Lösung würde die Möglichkeit eröffnen, das corpus delicti, wenn sich eines Tages ein גֹּאֵל melden sollte, zu übergeben bzw. auszuzahlen und den Täter unbehelligt zu lassen.

3.4.4 Dtn 21,1-9 – Der ungeklärte Todesfall außerhalb der Ortschaft

Trotz deutlicher sekundärer Bearbeitungen überwiegt in Dtn 21,1-9 auch noch im heute vorliegenden Text die sachliche Redeweise der kasuistischen Rechtssätze in der 3. pers. Da der Abschnitt ferner stringent in die Systematik des Kodextorsos im Deuteronomium eingebunden ist[233] – Dtn 19,15 = §3 regelt die Mindestzahl von Zeugen in einem Prozeß, 19,16ff. = §4 behandelt eine Anklage wegen Gewalttat durch nur einen Zeugen und 21,1-9 = §5 bietet eine Regelung für den Fall einer Gewalttat ohne jeglichen Zeugen – und er zudem im Blick auf seine Rechtsmaterie im hethitischen wie auch mesopotamischen Keilschriftrecht Parallelen besitzt – §6 HG; §IV.2 und 3 KBo VI 4; vgl. auch § 23f. CH[234] –, liegt Dtn 21,1-9 aller Wahrscheinlichkeit nach ein authentischer hebräischer Rechtssatz zugrunde. Die Zugehörigkeit zur Gattung des altorientalischen Rechts zieht nun aber zwingend den Schluß nach sich, daß der Grundbestand von Dtn 21,1-9 auch intentionell in der Tradition des Keilschriftrechts steht; das heißt: Sein Thema ist die Haftung für ein Verbrechen, der es nachzukommen oder die es abzuwenden gilt.[235]

---

232 So M. Noth. Numeri, 44, aufgrund der Fortsetzung in 5,9f.

233 Vgl. dazu auch Verf., Indiz, bes. 226.

234 Hier werden juristisch vergleichbare Entscheidungen für den Fall von Raub(mord) getroffen; siehe außerdem für den ugaritischen Bereich die beiden Texte aus PRU IV bei M. Heltzer, Community, 63.

235 So mit Recht J. C. Gertz, Gerichtsordnung, 169f., wenn er auch im weiteren mehrdeutig von „Sühne" spricht.

Die Lösung religiöser oder gar magischer Probleme, wie sie etwa B. Janowski als „Beseitigung der die Gemeinschaft trotz deren subjektiver Unschuld belastenden Schuldrealität" formuliert[236], gehört nicht zur Intention der kasuistischen Rechtssätze. Die Rekonstruktion eines ursprünglichen „«Sündenkuh»-Rituals" an einem ausgetrockneten Wadi als dem „aufgerissenen Mund der Erde" aus Dtn 21,1-9 durch M. Rose zeigt aber deutlich, daß solche Auslegungen nicht nur durch die Mißachtung der Gattung, sondern auch durch literarkritische und lexikalische Fehleinschätzungen zustandekommen[237]: 1. Das Wort אֲדָמָה in 21,1aβ regt M. Rose dazu an, Parallelen zu der Geschichte von Kain und Abel in Gen 4 zu ziehen. Das Wort gehört aber mit dem Relativsatz אֲשֶׁר יְהוָה אֱלֹהֶיךָ נֹתֵן לְךָ לְרִשְׁתָּהּ untrennbar zusammen, den auch M. Rose mit Recht als sekundär ausscheidet, denn hier liegt eine Variante der „vor allem dtn.-dtr. Formel von der ᵃdāmā, die Jahwe den Vätern zugeschworen hat und Israel geben wird bzw. gegeben hat"[238] vor, die einer Bearbeitungsschicht des kasuistischen Rechtssatzes zuzurechnen ist. M. Roses „Ritus, der mit der adamah zu tun hat," könnte – die Berechtigung seiner Rekonstruktion einmal vorausgesetzt – deshalb nicht den ursprüngliche Sinn, sondern nur eine spätere Umdeutung darstellen. 2. Die Übersetzung der LXX für נַחַל אֵיתָן in 21,4aα, die M. Rose zum Vergleich mit dem Sündenbockritual von Lev 16 anregt, ist so weit vom masoretischen Text entfernt, daß BHS sie als Version gar nicht erst angibt. Der Begriff נַחַל umfaßt Bachtäler „mit perennierendem, häufig nur winterlichem Wasserlauf"[239] und wird hier durch das Attribut אֵיתָן eindeutig als immer wasserführend spezifiziert. Wenn unsere unten gegebene Deutung zutrifft, daß in Dtn 21,1-9 ursprünglich eine symbolische Handlung vollzogen wurde, dann bedarf diese der Öffentlichkeit und kann nicht an einem abgelegenen, von den Menschen gemiedenen Ort stattfinden. 3. *in dem nicht gearbeitet wird und der nicht besät wird* in 4aβ entspricht als Kriterium für den Bach stilistisch und inhaltlich denen für das Kalb *mit der nicht gearbeitet worden ist, die nicht in einem Joch gezogen hat* in 3bβ so deutlich, daß man ihm keine andere Funktion und schon gar nicht die einer sekundären „Präzisierung" des vermeintlich mißverstandenen Begriffes נַחַל geben kann. Beide Relativsätze nennen Kriterien, wie sie üblicherweise für Opfermaterien gefordert werden.

---

236 B. Janowski, Sühne, 164.
237 Vgl. zum Folgenden M. Rose, 5. Mose, 121ff.
238 H. H. Schmid, אֲדָמָה, 59, mit einer Liste aller Stellen.
239 So HAL III, 648.

Wenn M. Roses Rekonstruktion zuträfe, wäre der Dtn 21,1-9 zugrundeliegende ursprüngliche Vorgang

    – eine eindeutige Verantwortung der Stadt, zu der das Ackerland
      gehört
    – ein Ritus am „Bett eines Wadi, das voll von Steinen und Geröll ist"
    – kein „Blut-Akt"; „vielleicht ..., daß das Tier in das Wadi hinabge-
      stürzt wurde"
    – eine Reinigung der Hände von der auf das Kalb übertragenen
      Schuld

durch Bearbeitungen hin zur masoretischen Version mit

    – der Ermittlung der verantwortlichen Stadt durch Entfernungsmes-
      sung zum Tatort
    – dem Ritus an einem perennierendem Wasserlauf
    – der Erklärung der Ältesten der Stadt zu einem Akt, der blutig hätte
      verlaufen können
    – und dem demonstrativen Händewaschen zum Zeichen der Unschuld

bis zur Unkenntlichkeit verfremdet worden. Eine solche Vermutung läßt sich
durch keine Parallelen in der alttestamentlichen Literatur stützen.

In Fällen von Mord und Totschlag rechnen die hebräischen Rechtssätze
mit der Blutrache, stehen vor der Aufgabe, zwischen berechtigter und
unberechtigter Blutrache zu unterscheiden (vgl. Ex 21,20ff.; Dtn 19,*1ff.;
11f.) und bei fehlender Berechtigung einen Täter vor dem Anspruch des
Bluträchers auf Rache zu schützen. So dürfte sich auch in Dtn 21,1ff. die
Besorgnis der Stadt, die der Auffindungsstätte des Toten am nächsten liegt,
weniger auf eine – ohnehin nur schwer vorstellbare – „Schuldrealität" „trotz
Unschuld" richten, sondern vielmehr auf den sehr realen Bluträcher.

Der im Grundbestand von Dtn 21,1-9 zu erkennende Rechtssatz regelt,
wie die Ältesten durch eine Erklärung ihre Stadt von der Haftung für die
Tötung eines im Weichbild ihres Ortes aufgefundenen Menschen befreien
können (1aαγb, 3abα, 4aαb, 6-7):

1 כִּי־יִמָּצֵא חָלָל ... נֹפֵל בַּשָּׂדֶה לֹא נוֹדַע מִי הִכָּהוּ: 2 וְיָצְאוּ *הַזְּקֵנִים *וְהַשֹּׁפְטִים[240]
וּמָדְדוּ אֶל־הֶעָרִים אֲשֶׁר סְבִיבֹת הֶחָלָל:[241] 3 וְהָיָה הָעִיר הַקְּרֹבָה אֶל־הֶחָלָל וְלָקְחוּ

---

240 Die Anredeformen זְקֵנֶיךָ und וְשֹׁפְטֶיךָ des masoretischen Textes werden der deuterono-
    mischen Redaktion anzulasten und rückgängig zu machen sein.

241 M. Rose, 5. Mose, 123f., auch 130, hält 21,2 und dementsprechend 3a sowie 6aβ für
    Zusätze, da es sich bei dem Fundort des Erschlagenen wegen der Verwendung des
    Wortes אֲדָמָה nicht um „Niemandsland" handeln könne, weil „Ackerland ... immer auf
    eine bestimmte Stadt bezogen" gewesen sei; mit der Ausscheidung von 21,1aβ
    einschließlich אֲדָמָה als deuteronomischer Formel wird seine Argumentation aber
    hinfällig, auch gehört der Fall der Auffindung von Toten auf einem Grund und Boden

זִקְנֵי הָעִיר הַהוּא עֶגְלַת בָּקָר[242] ... 4 וְהוֹרִדוּ זִקְנֵי הָעִיר הַהוּא אֶת־הָעֶגְלָה אֶל־נַחַל
אֵיתָן[242] ... וְעָרְפוּ־שָׁם אֶת־הָעֶגְלָה בַנָּחַל: 5 ... 6 וְכֹל זִקְנֵי הָעִיר הַהוּא הַקְּרֹבִים
אֶל־הֶחָלָל יִרְחֲצוּ אֶת־יְדֵיהֶם עַל־הָעֶגְלָה הָעֲרוּפָה בַנָּחַל: 7 וְעָנוּ וְאָמְרוּ יָדֵינוּ לֹא שָׁפְכָה
אֶת־הַדָּם הַזֶּה וְעֵינֵינוּ לֹא רָאוּ:

1 *Wenn ein Erschlagener gefunden wird ... auf dem Feld liegend, unbekannt,
wer ihn erschlagen hat, 2 sollen die Ältesten und die Richter*[243] *hinausgehen
(und) bis zu den Städten messen, die den Erschlagenen umgeben. 3 Die dem
Erschlagenen nächste Stadt wird es sein [sc. betreffen]. Die Ältesten jener
Stadt sollen eine Jungkuh nehmen ... 4 Die Ältesten jener Stadt sollen die
Jungkuh an einen dauernden Bach führen, ..., (und) der Jungkuh in dem Bach
das Genick brechen. 5 ... 6 Und alle Ältesten jener dem Erschlagenen
nächsten Stadt sollen ihre Hände über der genickgebrochenen Jungkuh in
dem Bach waschen. 7 Sie sollen antworten (und) sagen: „Unsere Hände
haben dieses Blut nicht vergossen und unsere Augen haben (es) nicht gesehen."*

Die Erklärung der זְקֵנִים in 21,7 wird von einer Handlung begleitet, die die
unterschiedlichsten Deutungen gefunden hat.[244] Der Bezug auf den Wortlaut
des Statements[245] macht aber wohl ohne weiteres klar, daß hier eine
symbolische Handlung vorliegt, mit der die Erklärung augenfällig gemacht
werden soll: Aufgrund der Tötung des Kalbes durch Genickbruch fließt kein
Blut, so daß auch beim Waschen der Hände und beim Weiterfließen des
Wassers im Bach keines sichtbar wird. Das hier empfohlene Verfahren
bewegt sich vollkommen im Rahmen dessen, was man in Kenntnis der

---

ohne Eigentümer nach §IV KBo VI 4 durchaus zum Repertoire der keilschriftlichen
Rechtssammlungen und ist deshalb auch hier anzunehmen.

242 Die Tauglichkeitsangaben für das Kalb in 3bβγ sowie für den Bach in 4aβγ sind Kriterien kultischen Denkens und gehören insofern weder zu der Symbolhandlung des
kasuistischen Rechtssatzes noch zur deuteronomischen Bearbeitung: Zum einen werden
die in Symbolhandlungen verwendeten Materialien niemals bestimmten Kriterien
unterworfen (vgl. z.B. den מַרְצֵעַ in Ex 21,6, den Schuh in Dtn 25,9 oder auch den
bukānum in altbabylonischen Kaufverträgen), zum anderen zeigt das Deuteronomium
so gut wie kein Interesse an rituellen Einzelheiten. Auch ist die Voraussetzung, die an
den נַחַל gestellt wird, unter nahöstlichen Verhältnissen schwerer zu erfüllen, als man es
bei den in symbolischen Handlungen verwendeten Gegenständen gewöhnt ist; E.
Nielsen, Deuteronomium, 206, bemerkt zurecht: „man findet wohl nicht so leicht ein
solches Tal, das zudem nicht bearbeitet oder besät wird."

243 Zur Bedeutung des Wortes im Deuteronomium vgl. oben in 3.1.2.

244 Vgl. die Auflistung bei B. Janowski, Sühne, 165, sowie seine eigene 166 unter Bezug
auf H. Gese.

245 Gegen T. M. Willis, Elders, 151f., ist es nicht sicher, daß der Text, den die זְקֵנִים sprechen sollen, einen Eid darstellt, denn dafür hätte es eindeutigere Ausdrucksformen
gegeben; deshalb ist auch in der ursprünglichen Form des Rechtssatzes die Anwesenheit von Priestern nicht notwendig gefordert.

Rechtsgepflogenheiten des Alten Orients in einem solchen Fall erwarten würde. Der am ehesten vergleichbare Fall findet sich in KBo VI 4 §IV.2 und 3: Die dortigen Rechtssätze regeln die Entschädigung für den Fall, daß ein toter Mann auf fremder Flur aufgefunden wird, wobei danach differenziert wird, ob innerhalb eines bestimmten Umkreises eine Ortschaft liegt und zur Haftung herangezogen werden kann oder keine vorhanden ist. Der Wortlaut – hethitisch aki – läßt im Gegensatz zu dem חָלָל in Dtn 21,1 und der Erklärung der Ältesten in 21,7bα nicht so ausnahmslos an ein Verbrechen denken[246], sondern kann durchaus auch den Tod durch einen Unfall oder einen Tod durch Krankheit meinen, so daß der Vorwurf, der zu einem Entschädigungsanspruch gegenüber dem Flurstückseigentümer führt, dann vielleicht auf ungenügende Verkehrssicherheit[247] oder unterlassene Hilfeleistung abzielen mag (was freilich in Dtn 21,7bβ trotz der Grundbedeutung des Wortes חָלָל, die an einen gewaltsamen Tod denken läßt, mitenthalten sein kann). Der Absatz §IV.2 entspricht aber insofern genau dem Fall von Dtn 21,1ff., als der Tote auf einem Grund und Boden ums Leben gekommen ist, der niemandem gehört:

„Wenn aber Feld (und) Flur eines anderen nicht der (Tat)ort (sind), (mißt man) dahin 3 Meilen (und) dorthin 3 Meilen, und welche Ortschaft auch immer innerhalb (dieses Bereiches) festgestellt wird, gerade sie nimmt er (wegen der Bußpflicht in Anspruch)."

Die Regelung von §IV.3 – „Wenn eine Ortschaft nicht vorhanden (ist), so geht er (des Anspruchs verlustig)."[248] – ist für die Familie des Toten dann allerdings außerordentlich unbefriedigend.

Letzteres trifft aber auf Dtn 21,1ff. in noch höherem Maße zu, wonach ja jeglicher Anspruch eines Bluträchers abgewiesen wird.[249] Mehr noch: Selbst wenn sich letzterer mit der Erklärung der Ältesten der nächstgelegenen Stadt zufrieden geben sollte, schließt das Statement die anderen in der Umgebung des Auffindungsortes liegenden Ortschaften expressis verbis nicht mit ein,

---

246 R. Haase, Rechtssammlungen, 79, übersetzt aki zwar mit „stirbt", geht aber ders., Deuteronomium, 75, von „Anzeichen für einen gewaltsamen Tod" aus; so auch H. A. Hoffner, Laws, 20, mit der Übersetzung „killed". Die Schwierigkeit einer eindeutigen Deutung und Übersetzung hat ihren Grund darin, daß hethitisch kuen- „töten" kein Passiv bildet, wofür ak- „sterben" mit der Bedeutung „getötet werden" eintritt; vgl. z.B. H. A. Hoffner, Laws, 268.

247 So R. Haase, Deuteronomium, 76, mit Hinweis auf §§23f. CH.

248 Übersetzungen nach R. Haase, Rechtssammlungen, 79.

249 Materielle Entschädigung wie in KBo VI 4 §IV und anderen keilschriftlichen Parallelen und Ausübung der Blutrache (wie auch des ius talionis) unterscheiden sich entgegen dem ersten Augenschein letztlich nur wenig, da sie beide die Wiederherstellung des gestörten Verhältnisses der Rechts- und Wirtschaftspotentiale zwischen den Familien anstreben, vgl. den Erklärungsversuch des Verf.s, Rechtssätze, 12ff.

sondern setzt sie nach wie vor der Rache des גֹּאֵל הַדָּם aus. Mit anderen Worten: Das Angebot der Rechtsgemeinde ist auch in diesem speziellen Fall ungenügend und hinterläßt ungelöste Probleme. Deswegen wohl bietet die Kultgemeinde eine Ergänzung an: Die Ausbaustufe des Textes unterhalb der deuteronomischen Redaktion[250] empfiehlt, die Angelegenheit vor Gott zu tragen: Durch Tauglichkeitsangaben für die עֶגְלָה (3bβγ) und den נַחַל (4aβγ), durch Einführung der כֹּהֲנִים בְּנֵי לֵוִי (5) sowie durch Zusatz eines Gebetes (8) – in Kleindruck eingetragen – erhält die ursprüngliche Symbolhandlung die Funktion eines Rituals und die dabei verwendete עֶגְלָה den Charakter eines Opfertieres:[251]

1 *Wenn ein Erschlagener gefunden wird, ... auf dem Feld liegend, unbekannt, wer ihn erschlagen hat, 2 sollen die Ältesten und die Richter hinausgehen (und) bis zu den Städten messen, die den Erschlagenen umgeben. 3 Die dem Erschlagenen nächste Stadt wird es sein [sc. betreffen]. Die Ältesten jener Stadt sollen eine Jungkuh nehmen,* mit der nicht gearbeitet worden ist, die nicht in einem Joch gezogen hat. *4 Die Ältesten jener Stadt sollen die Jungkuh an einen dauernden Bach führen,* in dem nicht gearbeitet wird (und) der nicht besät wird, (und) *der Jungkuh in dem Bach das Genick brechen. 5 ... 6 Und alle Ältesten jener dem Erschlagenen nächsten Stadt sollen ihre Hände über der genickgebrochenen Jungkuh in dem Bach waschen. 7 Sie sollen antworten (und) sagen: „Unsere Hände haben dieses Blut nicht vergossen und unsere Augen haben (es) nicht gesehen." 8* „Bedecke deinem Volk Israel, das du losgekauft hast, [diese Sünde] und laß nicht reines [d.h. unschuldig vergossenes] Blut inmitten deines Volkes Israel zu!" *(Und) das Blut wird für sie bedeckt werden.*

Damit ist Verschiedenes erreicht: Das Gebet von 21,8 dehnt die Haftungsabweisung auf ganz Israel, d.h. auf die anderen möglicherweise der Haftung ausgesetzten Ortschaften aus.[252] Vor allem aber soll das Gebet wohl dem גֹּאֵל הַדָּם „den Wind aus den Segeln nehmen", indem es Gott in die Lösung des Problems einbezieht und ihn im ersten Teil (8aα) um die Sühne

---

250 Hierzu sind auf alle Fälle das deuteronomische Formel- und Gedankengut in 1aβ, 5 und 9 sowie die Anredeform in 1aβ und 2a zu rechnen.

251 So gegen z.B. N. Lohfink, Opferzentralisierung, 226: „Bei der Tötung der Kuh werden ... die bekannten Opferriten nicht erwähnt. Die präsenten Priester vollziehen keine rituelle Handlung." Für B. Janowski, Sühne, 165 mit Anm. 305, stehen „die Tötungsart ..., der Tötungsort und die die Tötung Ausführenden" einer Auffassung als Opfer entgegen; dabei sind ihm wohl die priesterschriftlichen Rituale das Leitbild, für deren Berücksichtigung durch die Bearbeitung des vorgegebenen Rechtssatzes kein Grund ersichtlich ist. Zu den genannten Kriterien für das Tier und den Bach, die durchaus auf ein Verständnis als Opfer hindeuten, äußern sich beide nicht.

252 Auch J. C. Gertz, Gerichtsordnung, 171, sieht, daß erst auf der Ebene einer Bearbeitung „die gesamte Rechtsgemeinschaft von der Blutschuld entlastet wird, wobei jedoch nur eine bestimmte Stadt verpflichtet wird, den „Egla-Ritus" durchzuführen".

des geschehenen Unrechts und im zweiten Teil (8aβ) zugleich um die
Abwendung eventuell neuen Unrechts durch die Blutrache, die einen Unschuldigen treffen könnte, bittet.[253]

   Wenn unsere Auslegung der vier oben behandelten Stellen zutrifft, ist in
jedem dieser Fälle die Entscheidung der Rechtsgemeinde nicht frei von
Mängeln: Der Rechtsfrieden kann durch das geforderte Verfahren oder das
erteilte Urteil nicht wirklich bzw. nicht für alle Betroffenen wiederhergestellt
werden. Dies scheint Grund und Anlaß für die Kultgemeinde gewesen zu
sein, aus ihren ureigensten Mitteln Supplemente anzubieten. Diese
Ergänzungen sind in allen vier Fällen Opfer zur Sühne des Unrechts, in Num
5,6-8 kommt jedoch die Möglichkeit der Entlastung durch Übergabe des
Streitobjektes an den Tempel und in Dtn 21,1-9 die Bitte an Gott um
Streitbeendigung hinzu. Aber auch in Lev 5,21ff.; 19,20ff. und Dtn 21,1ff.
bleibt die Entscheidung des Rechtsstreites bei der Rechtsgemeinde, deren
Verfahrensweise und/oder Urteil nicht infragegestellt wird.

3.5 Das Asyl

Verglichen mit den bisher betrachteten Rechtsmaterien – Vermögensschäden
durch unerlaubte Handlungen (Ex 22,6f.8.9ff.; Lev 5,21ff.; Num 5,6ff.),
eherechtliche Probleme (Lev 19,20ff.; Num 5,11ff.), Fragen der Sklavenschaft (Ex 21,1ff.), die Funktion des Zeugen (Dtn 19,16ff.) oder auch
unaufgeklärte Todesfälle (Dtn 21,1ff.) – dürfte das Asylrecht im täglichen
Leben Israels und Judas keine besonders große Rolle gespielt haben.
Tötungsdelikte werden auch damals relativ seltene Rechtsfälle gewesen
sein.[254] Doch auch das Asylwesen läßt die Entwicklung von einer profanen

---

253 Wenn R. Haase, Deuteronomium, 75, meint, daß nach dem „juristisch-paraliturgischen
     Akt" „Israel frei von Blutschuld" sei, gibt er den Wortlaut von 8b korrekt wieder; es
     läßt sich aber nicht übersehen, daß diese Wendung der Entscheidung Gottes, das Gebet
     zu erhören oder nicht, in fast magischer Weise vorgreift.

254 A. Ruwe scheint allerdings von einer sehr hohen Zahl von Tötungsdelikten und damit
     auch Asylfällen auszugehen, wie aus zwei seiner Überlegungen folgt: 1. Die
     „Ermächtigung" „der relativ großen Anzahl der Ortsgerichte" nach Ex 21,13f., „dem
     unabsichtlich handelnden Totschläger ... ein Heiligtum als Asylort zuzuweisen und die
     mißbräuchlich Asyl in Anspruch nehmenden Mörder von den Altären zu entfernen",
     käme „einer Preisgabe der Heiligtümer an unkontrollierbare gewaltsame Einwirkungen
     von außen gleich", „die den Heiligkeits- und Separationsstatus der Heiligtümer faktisch

Institution – die im Lande verteilten Asylstädte – hin zu einem Angebot der Kultgemeinde – das Asyl am Zweiten Tempel in Jerusalem – und damit eine Sakralisierung erkennen.

Diese Erkenntnis ist freilich von der Datierung der einschlägigen Texte abhängig. Sie ist zwar nur in wenigen Ausnahmen absolut möglich; die einigermaßen sicheren Datierungen stellen aber die relative nach dem „weitgehenden Konsens"[255] – Ex 21,13f. → Dtn 19,1ff. → Num 35,9ff. → Jos 20,1ff. – nachdrücklich in Frage. Auch ist bei der Analyse zu berücksichtigen, daß die einschlägigen Texte in sich mehr oder weniger inhomogen sind, sich in der Mischung von Traditionen und Neuerungen untereinander nicht entsprechen und damit auf zum Teil komplizierte Ausbauprozesse schließen lassen, die wohl auch über ihre Einstellung in die Kontexte, in denen sie sich jetzt befinden, hinaus fortgewährt haben.

3.5.1 Das Städteasyl der vorexilischen Zeit

Als ältester Beleg für ein Asyl im vorexilischen Israel und Juda hat Dtn 19,11-12 zu gelten.[256] Es handelt sich um einen kasuistischen Rechtssatz, der voll und ganz der eingangs dieses Kapitels gegebenen Definition der hebräischen Rechtssätze folgt und als §2 stringent in die Systematik des

aufheben würde," was zur Einführung des Asylstädte geführt habe, Zusammenwirken, 208. 2. „Nach Dtn 19,2 sollen drei Städte ... durch Aussonderung ... als Asylorte bestimmt werden. Das hier verwendete Verb hibdîl ... legt die Vermutung nahe, daß die Asylstädte ... regelrecht aus dem Gebiet Israels ausgegrenzt werden und als Extraterritoriale dienen sollen. ... Daß diese Städte nach Dtn 19,3b nur zur Aufnahme und Beherbergung von Mördern und Totschlägern dienen, hat zur Folge, daß die Asylstädte im israelitischen Gemeinwesen völlig isoliert werden. Diese Orte müssen zwangsläufig zu Symbolen für Mord und Totschlag werden, da sie gesamtgesellschaftlich auf diese Asylfunktion begrenzt sind.", a.a.O. 216f.; da die Asylstädte in den Quellen als komplette Gemeinwesen mit eigenen זִקְנֵי beschrieben werden, müßten sie, wenn A. Ruwes Charakterisierung zuträfe, eine ganz erhebliche Anzahl von Mördern und Totschlägern beherbergt haben.

255 A. Ruwe, Zusammenwirken, 195: „Danach bieten die Bundesbuchbestimmungen Ex 21,13f. die ältesten biblischen Rechtsvorschriften zu dieser Problematik, gefolgt von dem deuteronomisch-deuteronomistischen Abschnitt in Dtn 19,1-13. Num 35,1-34 gehört zur priester(schrift)lichen Literatur und stellt ... eine Art Revision zu ... Dtn 19,1-13 dar. In Jos 20,1-9 liegt der jüngste Text mit Bestimmungen zum Asylverfahren vor." Die Auseinandersetzung mit den Einzelergebnissen einer Arbeit, die diese Hypothese als sichere Grundlage für die Untersuchung ansetzt, ist nur schwer möglich.

256 Siehe zu dieser Einschätzung auch E. W. Davies, Numbers, 360f.; vgl. ferner die „Hinweise" bei C. Traulsen, Asyl, 54, der jedoch trotz allem das Vorhandensein von vordeuteronomischem Gut in Dtn 19,1-13 für „durchaus fragwürdig" hält.

Kodextorsos im Deuteronomium eingebunden ist.[257] Er hat seine gattungsmäßige Parallele in den Sätzen des Keilschriftrechts und ist insofern in die Epoche des Alten Orients zu verorten. Dem Satz sind zwar in 19,13 die üblichen deuteronomischen Formeln angefügt worden[258]; gegen eine deuteronomische Herkunft[259] spricht aber, daß die זְקֵנִים, denen hier erhebliche Kompetenzen zugewiesen werden, im Deuteronomium außerhalb der Paragraphen des Kodextorsos nicht mit diesem Terminus bezeichnet, sondern anscheinend שֹׁטְרִים genannt werden[260]. Seine Authentizität sollte auch nicht von der Frage nach der Geschichtlichkeit oder der Utopie des Systems der drei bzw. sechs Asylstädte[261] abhängig gemacht werden, das erst in der deuteronomischen Bearbeitungsschicht des Kodextorsos begegnet.[262] Nach Ausscheidung der Glossen ergibt sich für Dtn 19,11ff. ein Grundtext, der keine weiteren Bearbeitungsspuren erkennen läßt:

11 *Und wenn jemand (s)einen anderen [schon längere Zeit[263]] haßt, ihm auflauert, über ihn kommt, ihn totschlägt (und) (jen)er stirbt, (und) er in eine von diesen Städten flieht, 12 sollen die Ältesten seiner Stadt hinschicken, ihn von dort nehmen (und) ihn in die Hand des Bluträchers geben; er wird/soll sterben.*

Der Rechtssatz behandelt das Verfahren beim unberechtigten Aufenthalt eines Mannes, der den Tod eines Menschen „aus niedrigen Beweggründen" (שֹׂנֵא לְרֵעֵהוּ) gewollt und „heimtückisch" (אָרַב לוֹ) durchgeführt[264], mit anderen Worten: der einen Mord begangen hat, *in einer von diesen Städten* (עָרִים). Mit letzterer Wendung dokumentiert er die Existenz von Asylstädten im königszeitlichen Israel und Juda, dürfte jeden Zweifel an der historischen

---

257 Der Mißbrauch der Asylstädte bei Mord (§2), der nur durch Zeugenaussagen aufgeklärt werden kann, erfordert Regeln über die Zeugenschaft, die in §3 – Mindestzahl der Zeugen in einem Prozeß – und §4 – Anklage durch nur einen einzigen Zeugen – folgen; ausführlicher Verf., Indiz, 225ff.

258 וּבִעַרְתָּ דַם־הַנָּקִי מִיִּשְׂרָאֵל וְטוֹב לָךְ; לֹא־תָחוֹס עֵינֶךָ עָלָיו.

259 So z.B. M. Rose, 5. Mose, 139, nach dem der Abschnitt Dtn 19,1-13 von „den Verfechtern der Kultzentralisation ... grundlegend gestaltet ist" und man „hinter deren Textgestaltung ... nicht mehr zurück" „kommt".

260 Zu der deuteronomischen Terminologie des Gerichtswesens vgl. oben 3.1.2 zu Dtn 16,18!

261 Dtn 19,2f.9b und Num 35,14 sowie mit konkreter Namensnennung Dtn 4,41.43 und Jos 20,7f.

262 In dem Abschnitt Dtn 19 bis 25 bildet der Kodextorso mit seinen 19 Paragraphen, zu denen auch Dtn 19,11f. gehört, offensichtlich das thematische Grundgerüst; vgl. dazu Verf., Indiz, 225-233.

263 Das Partizip שֹׂנֵא soll hier wohl eine längere Dauer ausdrücken, was in Dtn 19,4.6 und Jos 20,5 zusätzlich durch adverbiales מִתְּמֹל שִׁלְשֹׁם unterstrichen wird.

264 So die Tatbestandsqualifikationen für Mord in §211 StGB.

Existenz solcher Städte zerstreuen und eine Charakterisierung des Städteasyls als bloße Fiktion[265] hinreichend widerlegen.

Mit der Wendung *in einer von diesen Städten* weist der Rechtssatz aber nach vorn über sich hinaus, ist er doch auch durch וְכִי auf einen in dem Kodex voranstehenden Paragraphen bezogen. Und dieser dürfte dann aller Wahrscheinlichkeit nach einen Fall berechtigten Aufenthalts in einem Asyl behandelt haben. J. C. Gertz z.B. hat ihn als Dtn 19,4b.5b herausschälen wollen[266]:

4b אֲשֶׁר יַכֶּה אֶת־רֵעֵהוּ בִּבְלִי־דַעַת וְהוּא לֹא־שֹׂנֵא לוֹ מִתְּמֹל שִׁלְשֹׁם ... 5b הוּא יָנוּס
אֶל־אַחַת הֶעָרִים־הָאֵלֶּה וָחָי

Eventuell wäre das הוּא am Anfang von 5b als eine durch den Einschub 5a notwendige Wiederaufnahme des Subjekts noch zu streichen. Doch hat dieser Rekonstruktionsversuch Mängel: Einmal bezieht sich die Rechtsfolge mit der Angabe אֶל־אַחַת הֶעָרִים־הָאֵלֶּה expressis verbis auf eine Aussage außerhalb des Rechtssatzes und wirft somit die Frage nach einem weiteren, voranstehenden Paragraphen auf. Zum andern folgt die Rekonstruktion mit der Protasiseinführung אֲשֶׁר nicht dem üblichen Stil der hebräischen Rechtssätze, nach denen כִּי zu erwarten wäre. Vor allem aber schafft diese Rekonstruktion eine Grundsatzbestimmung und läßt außer Acht, daß die kasuistischen Rechtssätze üblicherweise keine Generalregeln festlegen, sondern Sonderfälle entscheiden.[267] Wir werden uns wohl damit abfinden müssen, daß der ursprünglich Dtn 19,11f. vorangehende Paragraph verlorengegangen ist.

In dem heute vorliegenden, im Verhältnis zu Dtn 19,11f. literarisch sekundären Abschnitt 19,1-10 folgt nach der vorausschauenden Schilderung der Inbesitznahme des Landes in Dtn 19,2f. der Befehl zur Aussonderung dreier Städte, der Festlegung der Wege dorthin sowie die Einteilung des Landes in drei Bereiche, denen jeweils eine dieser Städte zugeordnet sein soll. Hierauf schließt sich in 3b die Erklärung für diese Forderung an:

3b *Das soll geschehen, damit jeder rose^ah dorthin flieht.*

Im Folgenden sieht es auf den ersten Blick so aus, als solle der Begriff des רֹצֵחַ definiert werden:

4a *Und dieses ist der Fall des rose^ah, der dorthin fliehen (und) leben wird:*
4b *wer (s)einen anderen unwissentlich erschlägt und ihn nicht schon seit früher gehaßt hat.*[268]

---

265 „Die Asylstädte waren ... in alttestamentlicher Zeit immer eine Theorie", L. Schmidt, Asylstädte, 113, vgl. auch etwa M. Rose, 5. Mose, 150, oder C. Traulsen, Asyl, 67.

266 J. C. Gertz, Gerichtsordnung, z.B. 126.

267 Siehe H. Petschow, Systematik, 160.

268 Darauf folgt in 5a ein Fallbeispiel, mit dem die erste Tatbestandsqualifikation von 4b – *unwissentlich* – illustriert wird, worauf unten noch näher einzugehen sein wird.

Der Vergleich von 19,3b, wonach jeder רֹצֵחַ in die Asylstadt fliehen darf[269], mit 19,11, wo der Gegenfall geschildert wird, bei dem einem רֹצֵחַ der Aufenthalt in der Asylstadt ausdrücklich versagt wird, zeigt aber einen widersprüchlichen Gebrauch dieses Wortes. Das erweckt den Verdacht, daß רֹצֵחַ kein juristisch definierter Terminus, sondern auf jeden anwendbar ist, dessen Handlung zum Tode eines Menschen geführt hat.[270] Dementsprechend kann der Begriff in Num 35,11.25-28; Dtn 4,42; 19,4.6; Jos 20,3.5 (und vielleicht auch Num 35,12; Jos 20,6) einen, der zum Aufenthalt in einer Asylstadt berechtigt ist, bezeichnen und meint ebendasselbe Wort in Num 35,16-19.21.30f. denjenigen, dem das Asyl verweigert wird; in Num 35,6 und Dtn 19,3 läßt der Verfasser die Bewertung der Tat und damit die Entscheidung über den Asylanspruch wohl noch offen. Die Suche nach einer inhaltlich ähnlich weitgefaßten Entsprechung im deutschen Wortschatz führt zu dem Substantiv *Töter*. Dieser Ausdruck ist freilich nicht gerade sehr gebräuchlich, doch wird er immerhin auch in den neueren Wörterbüchern regelmäßig verzeichnet.[271]

Um die Berechtigung zu einem Aufenthalt in der Asylstadt bzw. der Versagung desselben zu begründen, wird die Tat des Töters in den einschlägigen Belegstellen ausführlich qualifiziert. Dabei stimmen

Dtn 4,42aβ; 19,4bα und Jos 20,5bα. [3aγ] in der Wendung בִּבְלִי־דַעַת *unwissentlich*

und

Dtn 4,42aγ;19,4bβ und Jos 20,5bβ sowie in negativem Sinn Num 35,20a und Dtn 19,11aα im Gebrauch der verneinten Wurzel שׂנא zum Ausdruck des Fehlens „niedriger Beweggründe"

in der Terminologie überein; Dtn 19,11aβ fügt zur Charakteristik des Gegenfalles die Wendung אָרֵב לוֹ im Sinne von „heimtückisch" bei.

Ein anderer Traditionsstrang beschreibt die Tat des Töters, der das Asyl nutzen darf, in

Num 35,11bβ.15b und Jos 20,3aβ. 9aγ durch den Begriff בִּשְׁגָגָה *aus Versehen*. In Jos 20,3aγ ist dem בִּשְׁגָגָה ein בִּבְלִי־דַעַת nachgestellt worden, das in der LXX fehlt und somit wohl einem nicht in

---

269 So sicher richtig L. Schmidt, Asylstädte, 109; A. Ruwe, Zusammenwirken, 206, mit weiteren Literaturstimmen in Anm. 48.

270 So mit A. Ruwe gegen F.-L. Hossfeld, רצח, 659; vgl. auch HAL IV, 1197, wo Belege nach „a) der vorsätzlich Handelnde ... b) der unvorsätzlich Handelnde ... c) nicht zu entscheiden" geordnet sind.

271 Siehe G. Wahrig u.a., Wörterbuch, Band 6, 259, mit der Charakterisierung „veraltet"; DUDEN, 3932, mit der Bemerkung „selten".

allen Überlieferungen vollzogenen Ausgleich mit der Terminologie der erstgenannten Tradition dienen soll. Die beiden Begriffe sind aber nicht identisch: בִּשְׁגָגָה läßt an die modernhebräische Alternative בְּכַוָּנָה „absichtlich" denken. Dagegen kann בִּבְלִי־דַעַת gegen HAL nicht mit „ohne Vorsatz"[272] verstanden werden, da דַעַת niemals im Sinne von „Vorsatz, Absicht" etc. verwendet wird, sondern muß wie bereits oben praktiziert mit *unwissentlich* übersetzt werden.

Dieses *unwissentlich* hat nun in einem dritten Traditionsstrang, der sich in Num 35,21-23 und Ex 21,13aα niedergeschlagen hat, in

Num 35,23a mit der Wendung בְּלֹא רְאוֹת *ohne (es) zu sehen* seine Parallele. Dem „aus nichtigen Beweggründen" bzw. „heimtückisch" entsprechen hier in Num 35,22a.23b; im Falle der Asylverweigerung Num 35,21 Wendungen mit der Wurzel איב und in Ex 21,13aα; Num 35,22b und im Falle der Asylverweigerung Num 35,20b Wendungen mit der Wurzel צדה. Die „Heimtücke" soll in Num 35,22a wohl durch die Adverbialbestimmung בְּפֶתַע *plötzlich* noch zusätzlich ausgeschlossen werden.

Außerhalb dieser drei Überlieferungen steht Ex 21,14aα, wo der die Asylberechtigung ausschließende Mord mit יָזִד ... עַל־רֵעֵהוּ zur Qualifizierung der Tat als „aus niedrigen Beweggründen" und בְעָרְמָה als „heimtückisch" beschrieben wird. Als voneinander unabhängige Traditionen der Tatbestandsdefinitionen für Tötungsdelikte lassen sich somit unterscheiden:

1. Dtn 4,42a; 19,4b.11a; Jos 20,5b und negativ – im Kontext der zweiten Tradition und deshalb vielleicht als harmonisierenden Zusatz zu deuten – Num 35,20a.
2. Num 35,11b.15b und Jos 20,3a.9a.
3. Ex 21,13a; Num 35,20-23.
4. Ex 21,14a.

Wenn nun also nach Dtn 19,11 kein Zweifel besteht, daß einem Töter, dessen Tatanteil am Tod eines Menschen als Mord qualifiziert werden kann, der Asylschutz verweigert wird, ist es nicht ganz so leicht, juristisch zu definieren, wem er denn nun zur Verfügung steht. Hier die Differenzierung zwischen Mord und Totschlag erkennen zu wollen[273] und von „Totschläger",

---

272 „Ohne Vorsatz", so z.B. HAL I, 219, würde im biblischen Hebräisch wohl nicht mit דַעַת, sondern eher mit לֵב oder עֵצָה gebildet.

273 So auch noch A. Ruwe, Zusammenwirken, 193, obgleich er zuvor wesentlich zutreffender von „unbeabsichtigter Tötung" spricht. Diese weit verbreitete Wortwahl hat auch der Verf. bisher unbesehen aus der Literatur übernommen und muß insofern die von ihm angewandte Terminologie in Rest, 236, Beobachtungen 2, 562, und Indiz, 226, korrigieren.

„Totschlägerasylen" oder „Asylstadt für Totschläger" zu reden, scheitert daran, daß der deutsche Begriff Totschlag in jedem Falle die Vorsätzlichkeit impliziert[274]. Ausdrücke wie „fahrlässiger Totschläger", „nicht vorsätzlicher Totschlag/Totschläger", „nicht vorsätzlich handelnder Totschläger", „unbeabsichtigter Totschlag", „unabsichtlicher Totschläger", „unabsichtlich handelnder Totschläger", „unvorsätzlicher Totschlag" oder „versehentlicher Totschläger" und ähnliches lösen das Problem nicht, sondern sind contradictiones in adjectis.[275] Die Fallbeispiele in Num 35,16-18 scheinen aber den Totschlag von den zum Asyl berechtigenden Tatbeständen sogar ausdrücklich auszunehmen:

16a *Und wenn er ihn mit einem Gerät (Werkzeug) aus Eisen geschlagen hat,*
...

17a *Und wenn er ihn mit einem Handstein, durch den er sterben wird, geschlagen hat,* ...

18a *Oder er hat ihn mit einem Handholz, durch das er sterben wird, geschlagen,* ...

Die Verwendung der genannten Gegenstände als Waffe dürfte auf eine bewußte Auswahl und damit auf einen Vorsatz schließen lassen, zumal in den Attributsätzen in 17a und 18a die Tödlichkeit einer Verwendung solcher Gegenstände expressis verbis festgestellt wird, womit der Tatbestand des Totschlages gegeben ist. Sollte jedoch in den drei in Num 35,16-18 beschriebenen Fällen der Vorsatz der Tötung nicht impliziert sein, würde man sie als fahrlässige Tötung einordnen müssen, weil der Täter „den Erfolg" des Einsatzes der gefährlichen Gegenstände als Waffe „nach seinem subjektiven Kenntnissen und Fähigkeiten vermeiden konnte"[276]. Wenn aber bereits bei einer fahrlässigen Tötung der Schutz des Asyls nicht mehr gewährt wird, müßte das für den Fall des Totschlags natürlich weit eher gelten. So gibt es einen Asylanspruch nach dem hebräischen Recht also aller Wahrscheinlichkeit nach nur für denjenigen, der zwar in der Kausalkette, die zum Tod eines Menschen geführt hat, stand, der diesen Tod aber nicht gewollt (und schon gar nicht geplant) hat und auch keine Möglichkeit besaß,

---

274 Vgl. G. Wahrig u.a., Wörterbuch, Band 6, 260: „vorsätzliche Tötung eines Menschen ohne die strafverschärfenden Merkmale des Mordes"; diese Bestimmung der (umgangssprachlichen) Verwendung des Wortes deckt sich mit der juristischen Definition, siehe H.-H. Jeschek, Strafgesetzbuch, 16. Abschnitt (78) zu §212: „Der Totschlag ist der Grundtatbestand der vorsätzlichen Tötungsdelikte, von denen sich der Mord als qualifizierter Fall und die §§216,217 als privilegierte Tatbestände abheben."

275 C. Traulsens Begriffsbildung „unfreiwilliger Mörder, Asyl, 54, ist nicht nur nach der „Terminologie des geltenden Strafrechts", sondern auch nach umgangssprachlichem Empfinden in besonderem Maße ein Widerspruch in sich selbst.

276 H.-H. Jeschek, Strafgesetzbuch, 17. Abschnitt (14) zu §222.

ihn abzuwenden, weil er z.B. nach Dtn 4,42aβ und Jos 20,5bα.[3aγ] von dem
zum Tode des anderen führenden Vorfall keine Kenntnis hatte – בִּבְלִי־דָעַת –
oder ihn nach Num 35,23a noch nicht einmal sehen konnte – בְּלֹא רְאוֹת –.[277]
In diesem Sinne ist wohl das Fallbeispiel von Dtn 19,5a zu verstehen,
gleichgültig, ob es zum ursprünglichen Text gehört hat oder später zur
Erklärung eingefügt worden ist:

5a *und wer mit (s)einem anderen in den Wald hineingeht, um Bäume zu*
schlagen, seine Hand mit dem Eisen geschwungen wird, um den Baum zu
fällen, das Eisen sich von dem Baum [oder dem Holz(schaft)] löst, (s)einen
anderen trifft (und) (jen)er stirbt, ...

Hier wird man mit F.-L. Hossfeld[278] von einem Arbeitsunfall sprechen
können, an dem der Täter zwar aktiv beteiligt war, an dem ihn aber keine
Schuld trifft. Letzteres ist wohl auch der Sinn der theologischen Erklärung
des Falles in Ex 21,13a: 13aβ *Gott hat seiner Hand (den Vorfall) widerfahren*
lassen. Hier geht es im wahrsten Sinne des Wortes um „höhere Gewalt"[279],
womit dem Täter ausdrücklich auch das kleinste Maß an Schuld abgesprochen wird, da er als ein Mensch gegen Gottes Handeln nichts
auszurichten vermag. Nach dieser Übersicht über die Tatbestandsdefinitionen
ist somit festzuhalten: Nach dem alttestamentlichen Recht soll nur
demjenigen Asylschutz gewährt werden, der am Zustandekommen eines
tödlichen Unfalles beteiligt ist, ohne daß ihm eine Schuld daran gegeben
werden kann.

Die Eigenbegrifflichkeit der hebräischen Sprache, nach der Mörder,
Totschläger, Verursacher einer fahrlässigen Tötung und letztlich sogar eines
tödlichen Unfalls in den einschlägigen Texten mit dem einen, das alles
umfassenden Begriff רֹצֵחַ *Töter* bezeichnet werden, bereitet nun aber nicht
nur Deutungs- und Übersetzungsschwierigkeiten, sondern macht zugleich das
juristische Problem sichtbar, um das es hier geht: Die Ideologie der Blutrache
unterscheidet nicht nach den näheren, in der Regel vielfach differenzierbaren
Voraussetzungen und Umständen des gewaltsamen Todes eines Menschen,
sondern verfolgt allein das Ziel, den Verlust des getöteten Mitgliedes einer
Gruppe zu kompensieren. Durch die Tötung des Täters oder eines anderen
Mitgliedes seiner Verwandtschaft wird das alte Verhältnis der beiden

---

277 Dem kommt L. Schmidt, Asylstädte, 109, mit seiner Alternative „unabsichtliche oder
     vorsätzliche Tötung" am nächsten, auch wenn er im Folgenden ebenfalls von „Tot-
     schläger" spricht; so auch B. Janowski, Sühne, 163, der im Blick auf Num 35,31 von
     „unvorsätzlicher Tötung" redet, wenige Zeilen später den Verantwortlichen jedoch
     wieder als „unvorsätzlichen Totschläger" bezeichnet.
278 F.-L. Hossfeld, רָצַח, 658.
279 So A. Ruwe, Zusammenwirken, 197.

Gruppen zueinander wiederhergestellt[280], wenngleich freilich auf einem niedrigerem Level. Hierfür ist רָצַח als einziger Terminus für den, der an der Tötung eines Menschen – in welchem Maße auch immer – beteiligt war, völlig ausreichend. Das hebräische Recht versucht aber nun, den Verlust eines Menschen durch einen tödlichen Unfall aus den der Blutrache zugestandenen Fällen herauszunehmen: Dem Verursacher wird der Schutz vor dem Bluträcher in einer der Asylstädte zugestanden.

Aus Num 35; Dtn 19 sowie Jos 20 lassen sich einige Einzelheiten über das Verfahren mit Asylanten und Asylstädten gewinnen. Den Stellen liegt offensichtlich eine gemeinsame Tradition zugrunde, die aber unterschiedlich verarbeitet und ausgestaltet worden ist.[281] In der folgenden Synopse werden die detaillierten Aussagen in Kursivdruck wiedergeben, in normaler Type dagegen, was nicht expressis verbis ausgesprochen ist, aber zwischen den Zeilen gelesen bzw. aus anderen Angaben ergänzt werden kann oder muß:

Dtn 19,3-12	Jos 20,2b-6aα	Num 35,9-25a
5b *Flucht eines jeden Tö-ters in eine der drei* (9b sechs) *Städte*	4aα *Flucht nach* 20,3 *nur des Verursachers eines tödlichen Unfalls in eine der* (7f.) *sechs Städte*	*Flucht* (nach 35,11b.15b nur *des Verursachers eines töd-lichen Unfalls?*) *in eine der Städte,* nach 35,12b bis zur Untersuchung und Beurtei-lung des Falles durch die עדה im Beisein des Täters
	4aβγ *Erklärung des Un-fallverursachers vor den* זְקֵנִים *der Asylstadt*[282]	

---

280   „Das ... Institut der Blutrache regelt das Kräftegleichgewicht der Familien und Sippen“, F.-L. Hossfeld, רָצַח, 658f.

281   Dem juristischen Zweck der einzelnen Bearbeitungen ist A. Ruwe, Zusammenwirken, nachgegangen und hat ihn als „fortschreitenden Novellierungsprozeß“ „als Reaktion auf strukturelle Probleme der“ jeweils „älteren Regel“ beschrieben, a.a.O., 194; seine Ergebnisse sind allerdings von der eingangs dieses Kapitels erwähnten Voraussetzung abhängig, daß die „drei großen Rechtskomplexe im Alten Testament (Bundesbuch, deuteronomisches Korpus und priesterliche Texte) ... in ihrer Abfolge eine Rechts-tradition“ „bilden“; daß das so nicht gesagt werden kann, dürfte die hier gebotene Einzelauslegung der betreffenden Stellen, insbesondere von Dtn 19,11f. und Ex 21,12-14 zeigen.

282   Diese beiden Programmpunkte fehlen in der LXX. Ob die griechische Übersetzung eine Verkürzung oder die masoretische Tradition eine Erweiterung darstellt, wird sich kaum klären lassen. C. Traulsens, Asyl, 62, unter Verweis auf M. David vorgetragene Deutung, die masoretische Textgestalt gehe auf eine sekundäre Angleichung an Dtn 19,1-13 zurück, läßt durch seine Hypothese von der Änderung der Funktion der Ältesten nicht stützen: Den זְקֵנִים kommt in Dtn 19,12 keineswegs etwa eine richterliche Aufgabe, die „mittlerweile der Gemeinde übergeben worden“ wäre, sondern eine

Dtn 19,3-12	Jos 20,2b-6aα	Num 35,9-25a
	4b *Regelung seines Aufenthaltes und Schutz vor dem Bluträcher durch die* קְנִים[282] Rückholung des Täters aus der Asylstadt (20,6aα)	Rückholung des Täters aus der Asylstadt (35,25)
Untersuchung und Beurteilung des Falles durch die Rechtsgemeinde	6aαβ *Untersuchung und Beurteilung des Falles durch die* עדה *im Beisein des Täters*	Untersuchung und Beurteilung des Falles durch die עדה im Beisein des Täters

Die Untersuchung des Tatherganges dürfte gegen J. C. Gertz[283] nach allen drei Texten in der Stadt stattfinden, in der die Tat geschehen ist, und das ist in der Regel gewiß der Wohnort des Täters. Denn einmal können dort eventuelle Zeugen befragt werden und zum anderen ist in 19,12 ausdrücklich davon die Rede, daß die Ältesten „seiner (sc. des Täters) Stadt" ihn aus der Asylstadt holen (lassen), was impliziert, daß nur diese ein exekutives Recht über ihn ausüben können, das aber von dem notariellen Recht der Ältesten in den Verhandlungen der Rechtsgemeinde kaum zu trennen sein dürfte.[284] Die Konsequenz aus J. C. Gertz's Konzept von einer Verhandlung in der Asylstadt, daß dann eine Rechtsgemeinde über jemanden Untersuchungen anstellen und ein Urteil fällen könnte, der nicht zu ihrem Kompetenzbereich gehört, ist auch nur schwer zu vorstellbar.[285] Beispiele für die Bezeichnung der „Stadtgemeinde" als עֵדָה hat L. Delekat gesammelt.[286]

---

notarielle und exekutive Funktion zu, was auch für die beiden sachlich unaufgebbaren Verfahrensschritte in Jos 20,4aββb gilt; vgl. Verf., Beobachtungen, 561f.

283 J. C. Gertz, Gerichtsordnung, 137, vertritt die Meinung, daß es Prozesse ohne Anwesenheit des Angeklagten nicht gegeben habe, da andernfalls eine Schlichtung nicht möglich gewesen sei, weswegen er in Dtn 19 als Ort der Untersuchung des Falles die Asylstadt vermutet; es ist aber zu bedenken, daß eine Schlichtung, d.h. eine Wergeldzahlung nach dem Gesetzestext nicht vorgesehen ist (und nach dem späteren Zusatz Num 35,31 wohl auch unzulässig wäre).

284 Verf., Beobachtungen, 561ff.

285 Von der Existenz von überkommunalen Richtern, so J. C. Gertz, Gerichtsordnung, 140, 156 mit „der gemeinsamen Verfasserschaft von 16,18-17,13* und 19,1-13*" begründet, kann hier schon deswegen nicht ausgegangen werden, da der das Verfahren beschreibende Grundbestand von Dtn 19,1-13 zu dem im Deuteronomium aufgenommenen Kodextorso gehört, bei dem die Gerichtsbarkeit in den Händen der Rechtsgemeinde liegt; vgl. dazu aber vor allem oben in 3.1.2 zu Dtn 16,18!

286 L. Delekat, Asylie, 313. Daß Num 35,25 die Identifizierung עֵדָה = „Rechtsgemeinde" ausschließe, nur weil die עדה den Töter in die Asylstadt zurückbringen soll, so L. Schmidt, Asylstädte, 112, ist nicht nachzuvollziehen.

Die beiden Alternativen, die sich nach der Verhandlung ergeben, werden lediglich in Num 35,9-29 expressis verbis dargestellt; in Dtn 19 bleiben die Folgen der ersten, daß die Rechtsgemeinde den Täter als Verursacher eines tödlichen Unfalls beurteilt, unausgeführt; diese Lücke will offenbar Jos 20,2b-6 füllen, indem hier nur diese Alternative weiterverfolgt und über die zweite, daß die עֵדָה den Täter als Mörder beurteilt, geschwiegen wird[287]:

Dtn 19,3-12		Num 35,9-25a	
Alternative 1:	Alternative 2:	Alternative 1:	Alternative 2:
Der Unfallverur-	11-12 *Die* זקֵים	23-25a *Schutz*	16-21 *Auslieferung*
sacher bleibt ohne	*seiner Stadt lie-*	*des Unfallver-*	*des Mörders an*
zeitliche Begren-	*fern den Mörder*	*sachers durch*	*den Bluträcher*
zung in der Asyl-	*dem Bluträcher*	*Rückführung in*	
stadt[288]	*aus*	*die Asylstadt*	

Nicht nur in dem als Primärquelle einzuschätzenden Rechtssatz Dtn 19,11f., sondern auch in den anderen, offensichtlich wiederholt bearbeiteten Abschnitten zu den Asylstädten ist ausnahmslos von Städten die Rede, in denen die Asylmöglichkeit angeboten wird. Diese Asylstädte bleiben in Num 35,9ff. und Dtn 19,1ff. anonym; erst die deuteronomistischen Texte Dtn 4,41-43 und Jos 20,2b-9 nennen Bezer, Ramot und Golan (Dtn 4,43) bzw. Kedesch, Sichem, Kirjat-Arba (das spätere Hebron), Bezer, Ramot und Golan (Jos 20,7f.) beim Namen. Ein besonderer religiöser Stellenwert wird weder den anonymen Asylstädten noch den namentlich genannten Orten zu-gewiesen[289], dürfte also auch kaum der Grund für die Wahl der Städte zur

---

287 Damit erklärt sich das eigentümliche Nebeneinander der beiden zeitlichen Be-grenzungen עַד־עָמְדוֹ לִפְנֵי הָעֵדָה לַמִּשְׁפָּט und עַד־הַכֹּהֵן הַגָּדוֹל in Jos 20,6a: Die erste gilt für alle, durch deren Handeln ein Mensch ums Leben gekommen ist, gleicher-maßen, ist aber für den Mörder eine endgültige und für den Fall des Freispruchs vom Mord eine vorläufige Begrenzung, die zweite gilt nur für den Verursacher eines Unfalls mit tödlichem Ausgang.

288 So anzunehmen, da Num 35 und Jos 20 davon ausgehen und in Dtn 19 keine gegen-sätzliche Regelung vermerkt ist. Vermutlich gab es Zweifel, ob ein גֹּאֵל הַדָּם nach der Unschuldsfeststellung der Rechtsgemeinde Ruhe geben würde, und so soll wohl eine gewisse Zeit über den Vorfall vergehen, damit sich der Zorn der Familie des Getöteten abkühlt und ein גֹּאֵל הַדָּם sich nicht doch noch an dem Täter vergreift.

289 Die einzige Ausnahme könnte Sichem darstellen, woraus A. Schenker, Asyl, 865, den Schluß zieht: „Die A.städte (? Sichem) bargen wohl alte Tempel mit A.recht." Die Notiz in Num 35,6, wonach die Asylstädte zugleich als Wohnorte für Leviten dienen sollen, ist wie so vieles andere bei dieser Art Tempelpersonal widersprüchlich und historisch unsicher; für C. Houtman, Altar, 357, gibt dies dem Asylrecht von Num 35 einen sakralen Charakter, während A. Ruwe, Zusammenwirken, 209 Anm. 54, zurecht sagt: „Aus der Tatsache, daß diese Städte den zum „Klerus" gehörenden Leviten zum Wohnen dienen, folgt für sich noch nicht, daß sie einen sakralen Charakter haben."

Asylstadt gewesen sein[290]; eher wird man eine gleichmäßige Verteilung im Lande in Betracht gezogen haben, zumal das deuteronomistische Schema von Dtn 4,43 und Jos 20,7f. den Eindruck erweckt, eine am Schreibtisch entstandene Fiktion zu sein. Und als Organisatoren des Asyls treten in Dtn 19,12 und Jos 20,4[291] als einer Ausführungsbestimmung zu Dtn 19,5b die זְקֵנִים in Erscheinung, in deren Amtsprofil keine sakrale Elemente zu erkennen sind[292]. Wenn aber in der Tradition, die den Texten zugrundeliegt, einhellig von Städten und זְקֵנִים, nicht aber von Heiligtümern und von Priestern geredet wird, ist der Schluß kaum zu umgehen, daß das in Dtn 19,1-12 (und 4,41-43); Num 35,9-25a und Jos 20,2b-6aα dargestellte Asylwesen nicht an kultische Einrichtungen gebunden war, sondern durchaus als eine profane Institution verstanden werden muß.

3.5.2 Die Hypothese von einem ursprünglichen Altar- oder Tempelasyl

Die obige Charakterisierung des Städteasyls als einer weltlichen Einrichtung dürfte ziemlich allgemein akzeptiert werden. Dennoch ist die Vermutung verbreitet, es habe im Israel und Juda der Königszeit auch und vielleicht sogar als ursprüngliche Regelung ein Asyl am Altar bzw. im Tempel gegeben.[293] „Ähnlich den durch ethnologische Forschung und griechische Geschichte bekannten Formen bestand auch in Israel der Schutz des Altars, ja vielleicht des ganzen Heiligtums für die sich zu ihm flüchtenden Personen."[294] Gestützt wird diese Vermutung durch eine entsprechende Auslegung von Ex 21,13f.; I Reg 1,50; 2,28 und Am 3,14; auch spielen dabei

---

290 B. Otzen, בדל, 519, schließt allerdings unter Verweis auf M. Greenberg aus der Verwendung von הִבְדִּיל, das sich für ihn „in der Regel auf sakrale Verhältnisse" „bezieht", in Dtn 4,41 und 19,2.7 auf eine Erinnerung an den ursprünglich kultischen Charakter wohl auch des Städteasyls: „Obwohl Deut den sakralen Charakter der Institution abstreift, läßt die Wortwahl ahnen, wo sie ihren Ursprung hat." Dtn 19,2 und 7, wovon Dtn 4,41 nicht zu trennen sein wird, gehören aber zu einer derjenigen literarischen Schichten, die über den Kodextorso im Normenteil des Deuteronomiums gelegt worden sind; die Asylparagraphen des Kodextorsos selbst lassen dagegen keinerlei sakralen Ursprung durchschimmern.

291 *Er soll in eine von diesen Städten fliehen, an der Öffnung des Stadttores stehen (und) seine Angelegenheiten in die Ohren der Ältesten jener Stadt sagen; sie sollen ihn in die Stadt aufnehmen (und) ihm einen Platz geben; er wird zusammen mit ihnen wohnen.*

292 Dazu ausführlich Verf., Beobachtungen, 569ff.

293 Davon zu trennen ist die Hypothese, daß die vermeintliche kultische Gerichtsbarkeit nach W. Beyerlin und anderen mit einer vorübergehenden Inschutznahme des Antragstellers im Tempel verbunden gewesen sei; siehe dazu unten 3.6.2.

294 So Z. W. Falk, Asylrecht, 318, stellvertretend für andere Autoren.

gewisse Wendungen in den Psalmen eine Rolle. Diese widersprüchliche Situation – das Nebeneinander einiger schwacher Indizien für ein Tempelasyl einerseits und der authentischen Belege für profane Asylstädte und -verfahren andererseits – hat man als Ergebnis einer religionsgeschichtlichen Entwicklung zu erklären versucht: Nach dem Wegfall der alten Ortsheiligtümer aufgrund der deuteronomischen bzw. joschijanischen Reform und damit auch der bis dahin gegebenen Möglichkeit eines Asyls an diesen Heiligtümern hätte das Asylwesen neu organisiert werden müssen, und die dafür gefundene Lösung sei die Einführung des Systems der sechs Asylstädte gewesen[295], was zwangsläufig zu einer Desakralisation der Asylie geführt habe.[296] Innerhalb des traditionellen Bildes von der Religionsgeschichte Israels besaß diese Argumentation lange Zeit eine hohe Plausibilität, so daß es nicht verwundert, wenn wir ihr auch heute noch begegnen.[297]

Ein Bezug auf die Kultzentralisation ist aber expressis verbis in Dtn 19,1-13 nicht gegeben, und darin unterscheidet sich der Abschnitt in der Gestaltungs- und Argumentationsweise wesentlich etwa von Dtn 12, nach dessen Muster man auch in Dtn 19 einen Hinweis auf die Ablösung oder gar den Befehl zur Zerstörung der bisherigen Heiligtümer als Asylstätten erwarten möchte.[298] Auch ist mit N. Lohfink festzuhalten, daß das Deutero-

---

295 J. Wellhausen, Composition, 204f.; ders., Prolegomena, 156; zu den bereits zeitgenössischen Gegenstimmen vgl. z.B. die Angaben bei J. C. Gertz, Gerichtsordnung, 133; zu den neueren auch L. Schmidt, Asylstädte, 111. C. Traulsen, Asyl, 66, nennt vier Beobachtungen, die „diese Vermutung stützen" sollen, von denen jedoch mindestens die beiden ersten nicht zutreffen: Wie oben in 3.5.1 gezeigt, kann mit Dtn 19,11f. sehr wohl „eine ältere Freistadt-Gesetzgebung nachgewiesen werden", und Dtn 19,1-13 schließt sich auch keineswegs „unmittelbar an die eigentlichen Zentralisierungsgesetze des Dtn. an", die vielmehr bereits mit 17,13 enden.

296 V. Fritz, Josua, 202, dehnt die vermutete Säkularisierung auch noch auf das in die Asylangelegenheiten involvierte Personal aus: „... wobei mit der Zuweisung der Entscheidung über den Einzelfall an die Ältesten eine Profanierung der Asylpraxis vorliegt, indem die Entscheidungsgewalt über den Zufluchtsuchenden von den an den Heiligtümern amtierenden Priestern auf die Vertreter der zivilen Gerichtsbarkeit übertragen wird."; vgl. dagegen aber die hier gebotene Auslegung der betreffenden Stellen!

297 Siehe z.B. E. Reuter, Kultzentralisation, 184ff.; M. Rose, 5. Mose, 138ff.; J. C. Gertz, Gerichtsordnung, 132; F. Crüsemann, Tora, 208. Einschränkend aber A. Ruwe, Zusammenwirken, 206ff., der einen weiteren Grund für die „Abschaffung des Systems der Heiligtumsasyle" und der „Einrichtung des Städteasyls" in der „Verfahrensoptimierung" sehen möchte.

298 So J. Milgrom, Contagion, 303; sein zweites Argument, nämlich daß auf den Weiterbestand des Jerusalemer Heiligtums und damit Tempelasyls hätte ebenso verwiesen werden müssen, ist weniger schlagkräftig, da die altorientalischen Rechtssätze nicht auf Vollständigkeit aus sind.

nomium an keiner Stelle die Abschaffung aller Heiligtümer fordert[299], die verbliebenen also weiterhin als Asylstätten hätten dienen und als solche erwähnt werden können. Schließlich gibt es trotz allem deuteronomischen Formelgutes, mit dem auch Dtn 19,1ff. überschwemmt worden ist, eine unübersehbare Differenz zwischen diesem Abschnitt auf der einen und der deuteronomischen Terminologie für die Rechtsordnung auf der anderen Seite, in der die זְקֵנִים wohl שֹׁטְרִים genannt werden[300]; im Gegensatz zu Dtn 19,16ff. oder 21,1ff. ist beim Einbau von 19,11f. = §2 des Kodextorsos in den Normenteil des Deuteronomiums die Terminologie nicht angeglichen worden. Bei dieser Sachlage läßt sich die Konzeption des Städteasyls schwerlich auf eine deuteronomische Forderung nach Kult-zentralisation zurückführen. Sollte sie aber aus dem Kodextorso etwa deshalb in das Deuteronomium aufgenommen worden sein, weil sie einer solchen Forderung entgegenkam, wäre sie ein um so glaubwürdigeres Zeugnis einer vom Deuteronomium unabhängigen profanen Asylpraxis.

Nun hat die mit dem Deuteronomium in Verbindung gebrachte joschijanische Reform inzwischen aber ohnehin ihren ehemaligen hohen Stellenwert für die Erklärung der religionsgeschichtlichen Entwicklung Israels eingebüßt – nicht nur, weil sie sich nicht so recht in die politischen Verhältnisse jener Zeit einordnen läßt, sondern weil sich vor allem die Spuren, die sie nach II Reg 22f. hätte deutlich sichtbar hinterlassen haben müssen, weder in der sich zeitlich anschließenden Literatur noch in den Befunden der Archäologie nachweisen lassen, – und ist beinahe auf einen wirtschaftlich motivierten Verwaltungsakt geschrumpft.[301] Wenn damit das deduktive Argument nicht mehr trägt, liegt die Beweislast für die behauptete Säkularisierung der Asylinstitution allein auf den dafür herangezogenen alttestamentlichen Belegstellen und darauf, daß das in ihnen geschilderte Asyl als kultischer Ausgangspunkt für eine Desakralisation der Asylie in der vorexilischen Epoche Israels und Judas dienen kann. Diese Aufgabe erfüllen die genannten Stellen aber nur bedingt oder gar nicht. Ex 21,13f. sowie die Psalmen mit ihren Anklängen an ein Asyl am JHWH-Tempel sind zu junge Texte, um zur Klärung der Verhältnisse in der vorexilischen Zeit ausgewertet werden zu können; sie sind unten in 3.5.3 zu besprechen. So verbleiben nur I

---

299 „... das deuteronomische Gesetz spricht nirgends von der Abschaffung von israelitischen Heiligtümern.", N. Lohfink, Opferzentralisation, 119.
300 Zu der deuteronomischen Terminologie des Gerichtswesens vgl. oben 3.1.2 zu Dtn
   16,18 und 3.5.1 zu Dtn 19,11f.!
301 Vgl. H. Niehr, Reform, passim, zusammenfassend 51.

Reg 1,50-53 und 2,28-34, die Ereignisse der frühen Königszeit berichten wollen,[302] sowie Am 3,14.

I Reg 1,50-53 und I Reg 2,28-34 werden gern als Belege für die Existenz eines Tempelasyls im königszeitlichen Jerusalem herangezogen.[303] Beide Erzählungen können jedoch die in sie gesetzten Erwartungen nicht erfüllen:

1. Wo immer im Alten Testament das Asylrecht ausführlich behandelt wird, bezieht es sich allein und ausschließlich auf (Straf)taten gegen das Leben; diese Beschränkung scheint eine Besonderheit des Asylrechts im vorexilischen Israel und Juda gewesen zu sein[304], die so gut bezeugt ist, daß sie nicht übersehen werden darf. Adonias Tat aber, sich zum König ausrufen zu lassen, war eine Art Staatsstreich, gewiß politisch anfechtbar, weil der alte König noch lebte, jedoch sicher nicht strafrechtlich relevant und insofern mit den Fällen, für die die israelitischen Asyle zur Verfügung stehen sollten, nicht vergleichbar. Er flieht zu den Hörnern eines Altars[305] aus der Furcht heraus, daß ihn Salomo nicht nur politisch ausschalten, sondern vielleicht auch umbringen könnte.[306] Und auch Joab dürfte im wesentlichen die Sorge, auf der politisch unterlegenen Seite gestanden zu haben, zur Flucht zum *Zelt JHWHs*[307] bewogen haben. Hier gaben freilich seine Morde an Abner und Amasa Salomo zusätzlich Anlaß, gegen ihn vorzugehen[308]; doch war die

---

302 Da in diesen beiden Fällen auf literarkritische Bemerkungen verzichtet werden kann, braucht keine Übersetzung geboten zu werden.

303 So zuletzt C. Traulsen, Asyl, 19ff.

304 A. Schenker, Asyl, 865. Anders und in Ausweitung auf „andere Schuldverfallene", jedoch ohne Belegstellen, M. Noth, Könige, 29.

305 M. Noth, Könige, 28, sah darin entsprechend einem Zusatz in GL (εἰς τὴν σκηνὴν τοῦ κυρίου) den „ohnehin anzunehmen"den Altar im Zelt für die Lade, das David nach II Sam 6,17 errichtet haben soll; die Frage ist nur, ob der doch wahrscheinlich in größerem zeitlichen Abstand schreibende Erzähler noch konkrete Vorstellungen von der Infrastruktur Jerusalems vor dem Ersten Tempel haben konnte; will man den Text dennoch wortwörtlich nehmen, erinnert das וַיֹּרִדֻהוּ in 53 an die Beschreibung des Abstieges von einer בָּמָה wie z.B. in I Sam 9,25; vgl. auch die übernächste Anm.!

306 Insofern dürfte das Motiv der Flucht an der Altar auch hier als Gang ins Asyl und nicht an einen „Zufluchtsort für Vergleichsverhandlungen", so aber B. Herr, Haus, 93, gedacht sein.

307 Der Ausdruck findet sich in genau dieser Form nur hier (I Reg 2,28.29.30), vergleichbar sind aber Ps 15,1 mit אָהֳלֶךָ parallel zu הַר קָדְשֶׁךָ nach der Anrede an JHWH und Ps 27,5 mit אָהֳלוֹ parallel zu סֻכֹּה sowie in 6 אָהֳלוֹ ohne unmittelbar parallelen Ausdruck; in der Nähe zu Ps 15,1 steht 61,5 mit אָהֳלְךָ parallel zu סֵתֶר כְּנָפֶיךָ nach der Anrede Gottes als אֱלֹהִים. Mindestens in den poetischen Texten wird kaum eine Beschreibung der Infrastruktur Jerusalems gewollt sein, sondern אֹהֶל יְהוָה als Bild verstanden werden dürfen; vgl. auch die vorvorangehende Anm.!

308 Insofern hat C. Houtman, Altar, 363, recht, wenn er sagt: „Implizit betont die Erzählung, daß für einen vorsätzlichen Totschläger das Asyl kein Zufluchtsort sein darf. In

Tötung des Abner nach II Sam 2,23 und 3,27 ein Akt der Blutrache, die man im Israel der vorexilischen Zeit offensichtlich nicht als Delikt verstand, legen doch gerade die Asylstadtgesetze in Num 35,19 und Dtn 19,12 fest, einen Mörder der Blutrache auszuliefern. Das alles spricht nicht gerade für die rechtshistorische Plausibilität der beiden Szenen[309] und macht ihre Abfassung in geschichtlicher Nähe zu den Ereignissen eher unwahrscheinlich[310].

2. Doch auch eine Verortung der Erzählungen in die persische oder hellenistische Zeit, für die Altar- und Tempelasyle in Griechenland und Ägypten belegt sind und einem Autor jener Epoche bekannt gewesen sein könnten, bereitet Schwierigkeiten. Wenn vielleicht auch Adonia sich nach Verhandlungen[311] freiwillig vom Altar entfernt haben mag und man insofern nicht von einer Mißachtung des Altarasyls durch Salomo sprechen darf, respektiert der König jedoch den Schutz des Altars bei Joab nicht und befiehlt seine Tötung auf dem Gelände des Heiligtums. Z. W. Falks Erklärung dafür, „daß das Asylrecht nicht die normale Rechtspflege außerkraftsetzen konnte"[312], trifft die Problematik der beiden Vorfälle nicht, denn Adonias Fall war von der Sache her kein Thema für die „normale Rechtspflege", und Joab wurde – jedenfalls nach Darstellung des Textes – keineswegs einem normalen Rechtsflegeverfahren, das man wegen der Tötung des Amasa hätte anstrengen können, unterzogen; vielmehr entschied

---

dieser Hinsicht stimmt die in I Reg. 2 gegebene Motivation für Joabs Exekution mit der Vorschrift aus Ex. 21 überein."

309 Dennoch ist versucht worden, die Szenen rechtsgeschichtlich auszuwerten und einzuordnen: J. Weismann, Talion, 69ff., sah in I Reg 2,28-34 die Abschaffung des Tempelasyls und damit den Grund für die Einrichtung der Asylstädte. L. Delekat, Asylie, 237, der die beiden Fälle aus I Reg für juristisch gleichartig erachtet, sieht hier eine Weichenstellung in der Geschichte der Asylie; „Adonia ... rettet sein Leben noch (1 Kön 1,50ff). Joab, der wenig später dasselbe tut, wird von Abgesandten des Königs am Altar niedergestoßen (1 Kön 2,28ff). Damit unterlag das Asyl der Gewalt des Königs". C. Traulsen, Asyl, 28, schließt aus den sekundären Rechtfertigungen der Handlungen Salomos, daß „Adonia und Joab am Altar hätten Schutz genießen müssen".

310 „Über die literar- und redaktionsgeschichtliche Einordnung von 1 Kön 1,50f., 2,28f. besteht keine Einigkeit", B. Herr, Haus, 93.

311 Salomo schlägt ihm vor, in Zukunft ein *Heeresmitglied* zu sein. Die traditionelle Übersetzung von בֶּן־חַיִל mit „ehrenwerter Mann", M. Noth, Könige, 3; „treuer Mann", E. Würthwein, Könige, 5; „Edelmann", ders., a.a.O. 19; „treu", so HAL I, 298, oder ähnlichem berücksichtigen die Bedeutung von חַיִל nicht ausreichend und sind wohl auch für den Kontext zu farblos: Als einfaches Mitglied des Heeres untersteht Adonia der Befehlsgewalt des Königs und hat bei militärischen Einsätzen sicher auch eine nur geringe Lebenserwartung, was beides Salomos Wünschen entgegenkommen dürfte.

312 Z. W. Falk, Asylrecht, 318.

hier der König wohl in seiner Befehlsgewalt über die Truppe[313]. Die Nichtachtung des Altarasyls durch Salomo läßt sich aus der Erzählung über Joab nicht wegdiskutieren und ist als literarisches Motiv für die genannte späte Epoche unbegreiflich. „Wie ernst die Verletzung des Asylrechts" der griechischen Tempel „genommen wurde, ist bekannt und wird am besten veranschaulicht durch die unheilvolle Rolle, die das Κυλώνειον ἄγος durch Jahrhunderte spielte."[314]

So sind die beiden Erzählungen von der Flucht *an die Hörner des Altars* bzw. *in das Zelt JHWHs* in I Reg 1,50-53 und 2,28-34 wohl als schriftstellerische Fiktionen einzuordnen, entstanden in einer Zeit, in der die ersten, aber noch unklaren Nachrichten von griechischen Altar- und Tempelasylen in die Levante drangen. C. Traulsen wird recht haben, wenn er sie zu einer „antimonarchischen" Schicht der Thronfolgegeschichten rechnet, die später „prosalomonisch" überarbeitet und dabei sekundär mit Rechtfertigungen für das Verhalten des Königs ausgestattet worden sind.[315]

Seltener wird Am 3,14f. als Beleg für das vorexilische Tempelasyl herangezogen. Der Spruch ist nicht nur von 14b an in gebundener Sprache abgefaßt, sondern auch noch durch den wiederholten Wechsel zwischen der 1. pers. sing. und der 3. pers. plur. innerhalb der Verse offenbar bewußt gestaltet, was für das Verständnis hilfreich ist:[316]

14 *Denn an dem Tage, an dem ich die Sünden Israels an ihm ahnde,*
werde ich die Altäre Betels[317] *zur Verantwortung ziehen,*
　　die Hörner des Altars werden abgehauen werden,
　　　werden auf die Erde fallen.
15 *Ich werde das Winterhaus auf das Sommerhaus schlagen,*
　　die Elfenbeinhäuser werden zugrunde gehen,
　　　viele Häuser werden ein Ende finden,
Spruch JHWHs.

313　G. C. Macholz, Stellung, 172f., ordnet beide Fälle unter die „Kompetenz der königlichen Gerichtsbarkeit" über die „Mitglieder des ‚königlichen Hauses' im engeren und weiteren Sinn".

314　M. P. Nilsson, Geschichte 1, 77.

315　C. Traulsen, Asyl, 21ff.

316　Am 3,14f. soll hier für sich ausgelegt werden, da 14f. durch die נֻא-Formel in 13b von dem Voranstehenden abgetrennt sind. Anders teilt H. W. Wolff, Amos, 238, obgleich er den engen Zusammenhang mit 12 ebenfalls sieht. Eine engere Verbindung zwischen 3,13 und 14 sieht dagegen R. G. Kratz, Das Neue, 18, und versteht den Abschnitt als „schriftgelehrte Arbeit der Tradenten"; die Auswertung von Am 3,14 für unser Thema wird dadurch aber nicht berührt.

317　H. W. Wolff, Amos, 237 mit Anm. 14a und 240, scheidet 3,14bα als Glosse der Josiazeit aus; der Halbvers ist jedoch für die poetische Struktur unverzichtbar.

H. W. Wolff vermißt den „Schuldaufweis"[318], doch ist dieser implizit in
14b.15 gegeben: Zu den פִּשְׁעֵי־יִשְׂרָאֵל gehören nicht nur die in 15 genannten
Häusertypen, sondern auch der Altar in Betel, von dem die gesamte Passage
14b redet. So betrachtet ist das Zertrümmern der Hörner des Altars in 14bβγ
nicht nur ein Geschehen im Vorfeld des göttlichen Strafvollzuges, das Israel
entweder die Möglichkeit der Flucht in ein Tempelasyl zur Abwehr des
göttlichen Gerichts oder die letzte Chance einer kultischen Sühnehandlung
entziehen soll[319], sondern ein wesentlicher Teil der Strafe selbst. Was an dem
Altar (oder den Altären) in Betel geschah, hat Gott in gleichem Maße empört
wie der Luxus der Besitzer der in 15 beschriebenen Immobilien. Sollte dazu
die von H. W. Wolff alternativ für möglich gehaltene Verwendung des Altars
als Asylort gehören, würde das dann bedeuten, daß der Prophet auch dies als
Mißbrauch der heiligen Stätte betrachtet. Diese prophetische Kritik wäre
dann neben I Reg 1,50 und 2,28 zu stellen, wo das Asyl am Altar durch den
König nicht akzeptiert wird.

Als Ergebnis ist festzuhalten: Die genannten Stellen lassen ein kultisch
begründetes und/oder mit einem Heiligtum verbundenes Asyl im vorexilischen Israel und Juda, das die sakrale Ausgangssituation für eine Desakralisierung hin zu den profanen Asylstädten dargestellt haben könnte, nicht
mit Sicherheit erkennen.[320]

---

318 H. W. Wolff, Amos, 238.
319 H. W. Wolff, Amos, 239: „Nun hat sich Israel so schwerer Verbrechen schuldig ge-
     macht, daß Jahwe selbst den Zufluchtsort zerstört."; „Sollten die Zeitgenossen des
     Amos den Altar schon als Ort der Entsündigung und Sühne angesehen haben ..., dann
     wird Israel auch diese Möglichkeit der Rettung genommen." Obgleich die beiden
     Deutungen doch recht unterschiedlich sind, legte sich H. W. Wolff auf keine von
     beiden fest.
320 Ob hinter Jer 7,1-15 die Vorstellung des Tempelasyls steht, wie z.B. A. Rofé, History,
     216, erwägt, ist sehr fraglich: Einmal kommen die Angesprochenen laut 7,2 in den
     Tempel, um JHWH anzubeten, was den Kontext für 7,10 bildet; so paßt denn auch die
     Wendung וַעֲמַדְתֶּם לְפָנַי in 7,10 eher in die Situation eines Gebetes als in die eines
     Asyls, zumal nicht einsichtig ist, warum Asylanten Gott mitteilen sollten, daß sie in
     Sicherheit sind (נִצַּלְנוּ). Zum anderen sind von den in 7,9 kritisierten Handlungen קָטֵר
     לַבַּעַל und הָלֹךְ אַחֲרֵי אֱלֹהִים אֲחֵרִים, wobei letzteres aber vielleicht zur deuteronomi-
     stischen Bearbeitung der Jeremiatradition gehört, nicht justitiabel und insofern keine
     Fälle für ein Asyl – abgesehen davon, daß jemand, der בַּעַל verehrt, wohl kaum in einen
     JHWH-Tempel fliehen würde. Außerdem schließt 7,10b die Deutung von 10a als
     Asylsuche aus, da das Asyl auf längere Zeit angelegt sein müßte. So ist zu überlegen,
     ob hier nicht doch dem Verständnis der syrischen Übersetzung, H. Ewalds und C. H.
     Cornills gefolgt und נצלנו als Imperativ Pi‘el נַצְּלֵנוּ *rette uns* vokalisiert werden sollte;
     vgl. B. Duhm, Jeremia, 76. Auch das Ostrakon Arad 18, das A. Rofé, History, 215,
     ebenfalls heranzieht, ist kein sicherer Beleg für ein Asyl am Ersten Tempel in
     Jerusalem; die übliche Deutung der Zeilen 9f. – z.B. K. Jaroš, Inschriften, 88: „9. (Im)
     Haus Jahwes 10. er sitzt." – erforderte im Hebräischen doch wohl die Präposition בְּ vor

Die Hypothese von einem ursprünglichen Altar- oder Tempelasyl in Israel
ist aber unabhängig vom Verständnis der vermeintlichen Belegstellen auch
noch aus einer praktischen Überlegung heraus nur wenig wahrscheinlich. Es
ist nämlich die Frage zu stellen, ob denn die Heiligtümer im eisen-(I und) II-
zeitlichen Israel und Juda überhaupt über eine ausreichende Infrastruktur
verfügten, Asylanten für eine gewisse Zeit die erhoffte Sicherheit vor
Verfolgung, Mittel zum Leben und ein Dach über dem Kopf zu bieten.
Voraussetzung dafür wären ja doch die Anwesenheit einer Priesterschaft, die
die Unverletzlichkeit des Ortes und die Versorgung des Asylanten
gewährleistete, sowie nicht zuletzt das Vorhandensein fester Gebäude. Die
Zahl der Priester war aber in vorexilischer Zeit wohl außerordentlich gering;
„ein Priester pro Kultstätte war in der damaligen Zeit durchaus üblich", und
auch wenn „die Priester in ihren Tätigkeiten durch Personen, die sich durch
ein Gelübde einer Gottheit gegenüber zum Dienst verpflichtet haben,"
„unterstützt wurden"[321], ist wohl kaum mit der ununterbrochenen Anwesenheit von ausreichendem Personal an den Kultstätten der vorexilischen
Zeit zu rechnen.[322] Und Tempelbauten, die sich für den Aufenthalt von
Asylsuchenden geeignet hätten, haben sich archäologisch bisher so gut wie
nicht nachweisen lassen und sind für das Kernland Israels auch bestenfalls
für Jerusalem zu erwarten; daß aber die für die Staatssicherheit
Verantwortlichen ein unmittelbar mit dem Palastbezirk verbundenes und
vielleicht sogar nur durch diesen erreichbares Heiligtum[323] wie den
Jerusalemer Tempel der Königszeit besonders gern für Asylanten geöffnet
haben werden, ist schwer vorstellbar. Darin unterscheidet sich die Situation
in Israel und Juda grundsätzlich von der in Griechenland und der dortigen
Tempelanlagen.[324] Auf den Freiluftanlagen der בָּמוֹת und unter den עֵצִים
רַעֲנַנִּים, auch wenn zuweilen Nebenräume für die Aufbewahrung der Geräte
angenommen werden können, oder an den Altären in Nähe der Stadttore
dürfte ein wirklicher und das heißt zeitlich wenigstens auf einige Tage

---

בֵּית יהוה; der Brief erörtert eine wirtschaftliche Frage, sollte im zweiten Teil ein anderes Thema angesprochen werden, so bleibt dieses auf Grund des fehlenden Kontextes
völlig unklar. Die Stellen schließlich, die L. Delekat, Asylie, 272ff., an die Seite von I
Reg 1,50-53 und 2,28-34 stellt, würden, wenn sie mit Sicherheit in seinem Sinne
ausgelegt werden könnten, eher die Unbrauchbarkeit heiliger Plätze als Asyl in der
vorexilischen Zeit dokumentieren.

321 W. Zwickel, Der salomonische Tempel, 172f.
322 L. Schmidt, Asylstädte, 111, vermutet eine Versorgung der Asylanten durch die in der
     Nähe der Kultstätte wohnenden Angehörigen, was diese aber bei der üblichen Form der
     Blutrache in große Gefahr gebracht haben dürfte.
323 So W. Zwickel, Der salomonische Tempel, 158; B. Herr, Haus, 81ff.
324 Dazu J. Derlien, Asyl, 865.

ausgedehnter Asylschutz praktisch nicht durchführbar gewesen sein. Daß aber selbst viele griechische Tempel für den längeren Verbleib der Asylanten nur bedingt geeignet waren, zeigt die Maßnahme Alexanders des Großen, der den Asylbereich eines Tempels in Ephesos durch einen Verwaltungsakt über den Temenos hinaus ausgeweitet hat, und ferner, daß es seit der Mitte des 3. Jahrhunderts v.Chr. in Kleinasien überhaupt üblich wurde, ganze Stadtgebiete zum Asyl zu erklären.[325]

Wenn also im königszeitlichen Israel der Asylschutz in Städten gesucht und angeboten wurde, wird das als eine durchaus praktische Lösung zu beurteilen sein. Dann ist aber auch nicht ganz auszuschließen, daß ursprünglich mehr Städte Judas und Israels als Asylort in Frage kamen, als in der deuteronomischen Bearbeitung des kasuistischen Rechtssatzes in Dtn 19,2 und 9 sowie in den deuteronomistischen Texten Dtn 4,41-43 und Jos 20,2b-9 genannt werden. Eine Erinnerung daran könnte sich sogar in jüngeren Texten des Alten Testaments noch erhalten haben; jedenfalls sind die unterschiedlichen Vorstellungen über ihre Anzahl auffällig: „Num 35,1-8; Jos 21; 1Chr 6 verbinden die Zufluchtsstädte mit den (48) levitischen Städten. 1Chr 6,42.52 scheint alle levitischen Städte zu A.städten zu machen."[326] Demgegenüber wirkt die deuteronomi(sti)sche Liste der drei bzw. sechs Orte recht kurz und zudem sehr systematisch, eher literarisch konzipiert als historisch gewachsen. Das erinnert an einen Vorgang während der griechisch-römischen Antike, wo im Jahre 22 n.Chr. die inflationäre Erhöhung der Anzahl der Asylstädte im griechischen Teil Kleinasiens durch den römischen Senat gestoppt und die Zahl der asylberechtigten Städte auf 14 begrenzt wurde.[327] Die alttestamentliche Quellenlage läßt den Beweis für eine entsprechende Entscheidung nicht zu, aber es ist durchaus vorstellbar, daß es ähnliche Bestrebungen zur Zeit der Abfassung des Deuteronomiums gegeben haben könnte, die sich zunächst in Dtn 19,1ff. mit einer lediglich zahlenmäßigen Angabe zu Wort gemeldet haben, während dann in Dtn 4,43 und Jos 20,7f. ein konkreter Vorschlag für eine derartige Reform des Asylwesens gemacht wird und drei bzw. sechs Städte namentlich empfohlenen werden.

Wenn wir davon ausgehen, daß im königszeitlichen Israel und Juda Asylmöglichkeiten nicht an Heiligtümern und an Altären, sondern durch städtische Gemeinschaften angeboten wurde, widerspricht dieses Ergebnis

---

325 Vgl. P. Hengel, Kultusaltertümer, 31.
326 A. Schenker, Asyl, 866. Vgl. auch Makkot 2,8, wo die Diskussion über die Mietzahlung der Asylanten den Eindruck erweckt, gegen Mietzins könnten wesentlich mehr Orte als Asylstädte in Anspruch genommen werden.
327 J. Derlien, Asyl, 865.

den Befunden der Völker- und Religionsgeschichte, auf die sich die Vertreter der Hypothese eines in Israel ursprünglichen Tempelasyls regelmäßig berufen und nach denen der ursprünglich sakrale Charakter des Asyls in alten Gesellschaften angeblich eine hohe Wahrscheinlichkeit haben soll[328], nur scheinbar:

1. Die ethnologischen und religionsgeschichtlichen Parallelen weisen keineswegs so eindeutig auf sakrale Wurzeln des Asylrechts hin, wie oft angenommen wird. Man wird den Ursprung des Asyls vielmehr in einer „Ausdehnung des Gastrechts" sehen dürfen.[329] Dieses Gastrecht kann theoretisch von jedem auf ein Asyl hin ausgeweitet werden, der über mehr Macht verfügt als die Gegner des Schutzsuchenden. Dafür eignen sich einflußreiche Einzelpersonen bis hin zu Herrscherpersönlichkeiten, das können aber natürlich auch Tempel sein, und nicht zuletzt sind städtische Gemeinschaften dafür geschaffen, zumal dann, wenn ihre Ortschaft befestigt und wehrhaft ist. Von daher steht der Glaubwürdigkeit des biblischen Zeugnisses über die Ursprünglichkeit von Ortschaften als Asylstätten nichts im Wege. Daß die beiden anderen Möglichkeiten im eisen-I und II-zeitlichen Israel und Juda keine Bedeutung hatten, mag weniger an einer gesellschaftlichen Grundsatzentscheidung als an den faktischen Gegebenheiten gelegen haben: Durchstrukturierte Staatswesen, die zu einer Kumulierung von Macht in der Hand von einzelnen Persönlichkeiten bis hin zum König führten, befanden sich erst im Aufbau; und Heiligtümer mit der für ein Asylwesen notwendigen Infrastruktur waren wie gesagt flächendeckend nicht gegeben. So wird es nahe gelegen haben, daß Schutzsuchende sich in die Städte flüchteten und deren Bevölkerung – nach Jos 20,4 vertreten durch die זְקֵנִים – ihnen Asyl gewährte.

2. sind die Belege für Tempelasyle im Bereich des Vorderen Orients einschließlich des östlichen Mittelmeeres im wesentlichen auf den griechischen Raum beschränkt.[330] Doch auch hier gibt es Einschränkungen, die nicht unberücksichtigt bleiben dürfen: Das Recht, Asyl zu anzubieten, stand zum einen nicht jedem Heiligtum zu, sondern nur denen, die als Asyle allgemein anerkannt waren.[331] Andererseits wurde das Recht, Asyl zu ge-

---

328 E. Lüddeckens, Asylrecht, 515; Z. W. Falk, Asylrecht, 318; A. Schenker, Asyl, 865, u.a.

329 C. Auffarth, Asyl, 864; auch Z. W. Falk, Asylrecht, 319, sieht in der „Gastfreundschaftspflicht" die Wurzel des (alttestamentlichen) Asylrechts.

330 J. Derlien, Asyl, 865. Im übrigen ist das Wort ἄσυλον, von dessen Etymologie her J. C. Gertz, Gerichtsordnung, 150, das Wesen des griechischen Asyls ableitet, in der griechischen Literatur kaum nachzuweisen, dafür steht vielmehr φύξιμον, vgl. M. P. Nilson, Geschichte 2, 77 Anm. 2 unter Berufung auf E. Schlesinger.

331 P. Hengel, Kultusaltertümer, 30.

währen, nicht nur Heiligtümern, sondern auch aus dem Alltag herausgehobenen Personen wie Herolden oder Festpilgern zugestanden.[332] Damit erweist sich das Tempelasyl selbst in Griechenland nur als ein Typ unter anderen. Daß „in der ugaritischen Literatur einmal auf das Heiligtum als Asylstätte angespielt" wird, ist eher unwahrscheinlich.[333] Für die altorientalischen Tempel des Zweistromlandes läßt sich ein Asylrecht bislang überhaupt nicht nachweisen.[334] Und für Ägypten ist die Frage umstritten; mit Sicherheit läßt sich ein ägyptisches Tempelasyl erst von der ptolemäischen Zeit an belegen[335] und für die Zeit davor eben auch nur durch die vermeintlich zwingenden religionsgeschichtlichen Vergleiche hypothetisch erschließen[336]. Zwischen diesen drei Polen und unter ihrem kulturellen Einfluß lagen Israel und Juda der vorexilischen Zeit; wollte man aus dem ethnologischen und religionsgeschichtlichen Vergleichsmaterial dieser Umwelt auf ein ursprüngliches sakrales Asylrecht in der vorexilischen Epoche schließen, so könnte sich dieser Schluß allein auf Griechenland berufen und hätte somit bestenfalls eine Wahrscheinlichkeit von 33%.

So stützen die Befunde der Völker- und Religionsgeschichte sogar indirekt das Zeugnis der bisher besprochenen Belegstellen, es habe im Israel und Juda der Königszeit aller Wahrscheinlichkeit nach keine Tempelasyle, sondern vielmehr profane Asylstädte gegeben, in denen dem Verursacher eines

---

332 M. P. Nilsson, Geschichte 2, 89.

333 Zitat von C. Houtman, Altar, 344 Anm. 4. Einmal weist der Kontext von KTU 1,19,III,47 Parallelismus membrorum auf, der auch in Zeile 47 zu erwarten wäre und für 47b einen 47a entsprechenden Gedanken nahelegt (vgl. etwa die Lösung von J. Aistleitner, Texte, 80); zum andern werden in KTU 1,19,III,46ff. Ortschaften angesprochen, und die Vorstellung, daß die gesamte Bevölkerung eines Ortes in ein Tempelasyl flüchtet, ist schon doch schwierig.

334 C. Houtman, Altar, 344; F. Crüsemann, Tora, 207 Anm. 341. J. C. Gertz, Gerichtsordnung, 149f., ordnet das Schweigen der (äußerst zahlreichen!) Quellen allerdings dem vermeintlichen ethnologischen und religionsgeschichtlichen Grundmuster unter: „Aufgrund allgemeiner religions- und rechtsgeschichtlicher Erwägungen kann die Existenz eines einfachen Tempelasyls für diesen Kulturraum jedoch nicht bestritten werden."

335 E. Lüddeckens, Asylrecht, 514.

336 E. Lüddeckens, Asylrecht, 514; allerdings wiegen seine Argumente für ein höheres Alter des Tempelasyls in Ägypten durchaus nicht leicht: 1. werde das Asyl nicht, wie bei einer importierten Institution, mit einem griechischen Fremdwort bezeichnet, 2. wird das Asylrecht (jedenfalls von einer bestimmten Zeit an) vor allem Tempeln ägyptischer Gottheiten verliehen und 3. sprechen die demotischen Quellen mit einer Ausnahme stets nur dann von den Asylen, wenn welche ausgeschlossen werden sollen; demgegenüber ist aber nach M. P. Nilson, Geschichte 2, 160, festzuhalten, daß das Asylrecht in ptolemäischer Zeit zunächst an den Altären der Herrscher gewährt wird, bevor es dann im Zuge einer Zuwendung zum Ägyptertum vor allem an ägyptischen Tempeln nachweisbar ist.

Unfalles mit Todesfolge Schutz vor der Blutrache geboten werden konnte. So stellt auch Z. W. Falk zurecht fest, daß die Vermutungen über ein ursprüngliches Tempelasyl in Israel und Juda „keine Bestätigung in den israelitischen Rechtsquellen selbst" „finden".[337]

3.5.3 Das Asyl am Zweiten Tempel in Jerusalem

Die Hypothese, die die profanen Asylstädte in ein Kausalverhältnis zur deuteronomischen bzw. joschijanischen Kultzentralisation setzt und als Konsequenz aus dem Wegfall der Ortsheiligtümer erklärt, hat neben den oben gemachten Einwänden einen weiteren unübersehbaren Schwachpunkt: Sie kann nicht erklären, warum ein eventuelles Tempelasyl in Jerusalem, das es in Analogie zu den vermeintlichen örtlichen Heiligtumsasylen ja auch gegeben haben müßte, in den Texten über die Einrichtung der Asylstädte nicht erwähnt wird. Dort findet sich keinerlei Hinweis darauf, ob ein solches existiert hat und, wenn ja, ob es weiterbestehen oder aufgegeben werden sollte. Die Antworten auf diese Frage sind dementsprechend widersprüchlich: Nach E. Reuter z.B. wird das Tempelasyl in Jerusalem „konsequenterweise" der „Desakralisierung des Asyls" geopfert, weil der Ersatz der Asyle an den Ortsheiligtümern durch die Asylstädte nicht ohne eine umfassende Profanisierung der Asylie hätte durchgeführt werden können.[338] Nach J. C. Gertz bleibt Jerusalem als Asylort bestehen[339], welchen Status F. Crüsemann sogar noch aufwertet: „Man muß annehmen, daß neben den Asylstädten, und in der Realität wohl wichtiger als sie, das einzige, das Jerusalemer Heiligtum Asylmöglichkeit bot."[340] Beiden Erklärungsversuchen fehlt eine Stütze in den Quellen.

Es gibt aber einige wenige Texte zur Asylthematik, die sich mit mehr oder weniger Deutlichkeit auf Jerusalem beziehen: Ex 12,14b mit der Erwähnung des JHWH-Altars als Asylstätte, gewisse Andeutungen in den Psalmen, nach denen jemand bei JHWH Schutz sucht, sowie drei kleine Bemerkungen in Num 35,9-29 und Jos 20,2b-6, die eine Verbindung zwischen dem Asylanten und dem Hohenpriester herstellen. Sie alle sind jedoch offensichtlich in der Zeit nach dem Exil entstanden und spiegeln auch die Verhältnisse jener

---

337 Z. W. Falk, Asylrecht, 318.
338 E. Reuter, Kultzentralisation, 187; F.-L. Hossfeld, רָצַח, 658: „Jerusalem dankt als Asyl-ort ab."
339 J. C. Gertz, Gerichtsordnung, 132.
340 F. Crüsemann, Tora, 208.

späten Epoche wider. Damit aber deuten sie die Lösung des Problems von selbst an: Das Asyl am Tempel von Jerusalem ist eine Einrichtung der nachexilischen Zeit.

C. Traulsen vertritt freilich die Ansicht (und beruft sich dabei auf C. Houtman und J. Milgrom), daß die religionsgeschichtliche Situation der nachexilischen Zeit mit ihrem Heiligkeitskonzept für ein Altarasyl nicht eben günstig gewesen sei.[341] Diejenigen Stellen des Alten Testaments, die er dafür heranzieht, lassen sich aber durchaus auch anders verstehen: Num 18,1-7 beziehen sich auf die Ausübung des Priesteramtes und 18,3 und 7bβ in diesem Zusammenhang speziell auf den Vollzug gottesdienstlicher Handlungen; der Zugang zum Altar außerhalb gottesdienstlicher Handlungen ist hier nicht im Blick. In Neh 6,10-13 bleibt offen, von wem Nehemia sich abgrenzen will, ob von der Priesterschaft, die aufgrund ihrer Reinheit ungefährdeten Zugang zum Tempel hat, oder nicht vielmehr von einem Asylanten, der laut 11 וְחָי ... יִבְרַח (welche Wortwahl stark an וְחָי ... יָנוּס in Dtn 19,4 etc. erinnert), in dessen Lage sich Nehemia aber eben nicht befindet. Im Übrigen ist zu fragen, ob man mit C. Traulsen Altar- und Tempelasyl tatsächlich so strikt voneinander trennen darf.[342] Nach den griechischen Parallelen diente der gesamte Bereich des Tempels als Asyl, das, wenn nötig, auch noch über den eigentlichen Temenos hinaus ausgedehnt werden konnte; auf einem solchen Gelände werden die Zugangsmöglichkeiten bzw. -beschränkungen abgestuft gewesen sein. Dementsprechend wird auch die „strikte Trennung von Heiligem und Profanem" durch „die priesterliche Theologie" kaum Auswirkungen auf die Möglichkeit eines Asyls auf dem Jerusalemer Tempelareal gehabt haben. Die Konzentration auf das Altarasyl verengt C. Traulsen den Blick; mag es in der Geschichte (der griechischen) Religion vielleicht auch als Ausgangspunkt für die Heiligtumsasyle anzusehen sein, ist es in der faßbaren Zeit doch nur ein Sonderfall des Tempelasyls.

3.5.3.1 Ex 21,13f. – Die substituierte Interpolation in ein Zitat der מוֹת יוּמָת-Reihe

Die Wandlung der Asylpraxis von den profanen Asylstädten hin zum Asylschutz des Jerusalemer Tempels spiegelt Ex 21,13f. mit der Erwähnung des JHWH-Altars als Asylstätte wider. Wie schon oben angesprochen, wird die Stelle von vielen Autoren als die älteste Asylgesetzgebung im Alten Testament angesehen, die in Dtn 19,1ff. aufgenommen und novelliert worden wäre.[343] Diese relative Zuordnung ist aber höchst unwahrscheinlich.

341 C. Traulsen, Asyl, 51ff.
342 C. Traulsen, Asyl, 53 Anm. 198.
343 Vgl. z.B. J. C. Gertz, Gerichtsordnung, 125f., der alle Parallelen zwischen Ex 21,13f. und Dtn 19,1-13 auflistet und zu dem Ergebnis einer „literarische(n) Abhängigkeit der Asylstadtbestimmung" Dtn „19,1-10 von Ex 21,13f." kommt. Nach C. Traulsen, 33 mit Anm. 110, ergibt eine Durchsicht der einschlägigen Literatur das Ergebnis, daß Ex 21,13f. „gewöhnlich ... einer vordeuteronomistischen Bearbeitung" zugeschrieben werden.

1. Ex 21,13-14 sind in der jetzt vorliegenden Fassung nicht aus einem Guß, und es ist sogar die Frage zu stellen, ob sie in dieser Form überhaupt als Rechtssätze bezeichnet werden können. Sie entsprechen den am Beginn dieses Kapitels genannten Kriterien für Rechtssätze insofern nicht, als ihre Apodosen als Gottesrede an eine 2. pers. sing. gerichtet sind. Den Protasen kann man eine Nähe zum Stil der hebräischen Rechtssätze dagegen nicht ganz absprechen, und es ist auf dem Hintergrund vergleichbarer Bearbeitungen im Bundesbuch[344] durchaus denkbar, daß zu Ex 21,13a und 14a ursprünglich der Gattung der hebräischen Rechtssätze konforme Apodosen gehört haben, die durch 13b und 14b verdrängt worden sind.

2. Doch auch die Protasen stellen in der Gattung der hebräischen Rechtssätze eine Ausnahme dar, da sie den Hauptfall nicht wie üblich mit כִּי, sondern mit וַאֲשֶׁר, und den Unter- oder Gegenfall nicht mit (וְ)אִם, sondern mit וְכִי einleiten. Darin folgen sie H. Petschows Rechtssatztyp II des Keilschriftrechts, der auch im Akkadischen teilweise ohne Nennung eines spezifischen Subjektes nur mit ša = hebräisch אֲשֶׁר eingeführt wird und dessen Unter- oder Gegenfall mit šumma oder neubabylonisch kî = hebräisch כִּי fortgeführt werden kann.[345] Dieser Rechtssatztyp beherrscht das neubabylonische Gesetzesfragment und steht damit am äußersten Rande der Gattungsgeschichte des Keilschriftrechts, dessen große Masse stilistisch dagegen den authentischen hebräischen Rechtssätzen gleicht. Im Rahmen der altorientalischen Rechtsliteratur ist Ex 21,13-14 – eine ursprüngliche Zusammengehörigkeit der beiden Sätze zunächst einmal vorausgesetzt – also gegenüber Dtn 19,11-12, das dem älteren Rechtssatztyp entspricht, als gattungsgeschichtlich jünger einzuordnen.

3. Da sich Ex 21,13f. wegen ihrer „Unklarheit und Lückenhaftigkeit" kaum dazu eignen würden, auf ihrer Grundlage Recht zu sprechen, sucht C. Traulsen nach einer Funktion, die den beiden Sätzen innerhalb der Behandlung des Themas „Mord und Asyl" im Alten Testament zukommen könnte, und sieht diese im Ausgleich zwischen den „divergierenden Überlieferungen" Ex 21,12, den „Freistadt-Vorschriften" und I Reg 1,50ff. sowie 2,28ff.[346] Auch wenn das, wie er selbst einräumt, hypothetisch bleiben muß, ist doch bereits sein Aufweis von möglicher literarischer Abhängigkeit

---

344 Vgl. die Anredeform zu Beginn eines rein kasuistischen Rechtssatzes in Ex 21,2aα.

345 H. Petschow, Stilformen, 29ff. Zur Eigenart dieses Rechtssatztyps gehört es darüber hinaus, daß Tatbestandsbeschreibung und Rechtsfolge oft einen Anakoluth bilden, welche Struktur im gegenwärtigen Textbestand von Ex 21,13-14 ebenfalls vorliegt, wenn sie auch vielleicht erst sekundär bei der Neuformulierung der Apodosen entstanden sein kann.

346 C. Traulsen, Asyl, 34ff.

ein Hinweis darauf, daß sich Ex 21,13f. leichter am Ende der Überlieferungs-
kette einordnen läßt als an deren Anfang.

4. Eine gleichzeitige Abfassung und somit ursprüngliche Zusammengehörigkeit von Ex 21,13 und 14 ist aber gar nicht sicher. Wie oben in 3.5.1
im Anschluß an Dtn 19,1ff. gezeigt wurde, läßt sich die Tatbestandsbeschreibung des Unfalles mit Todesfolge in 13a der Tradition 3 zuordnen,
zu der auch Num 35,20-23 zu rechnen ist, die jedoch in Dtn 19,1-13 nicht
vorkommt; auch diese Beobachtung fügt sich in die von A. Ruwe als
Prämisse gesetzte literaturgeschichtliche Abfolge von Ex 21,13f. über Dtn
19,1ff. zu Num 35,9ff., nach der die Exodusfassung als das älteste und die
Numerifassung als das jüngste Glied der Reihe zu betrachten sei[347], nicht
problemlos ein. Das in der Tatbestandsqualifikation verwendete Wort אָנָּה ist
nicht nur im Alten Testament selten, sondern auch im wesentlichen nur in
späten Texten belegt.[348] 14a ist dagegen in keine der aufweisbaren Überlieferungen zur Qualifikation des Mordes einzuordnen und steht völlig
isoliert da.[349] Diese Inhomogenität von Ex 21,13-14 erklärt sich am ehesten
mit der Annahme eines sukzessiven Ausbaus des Abschnittes 21,12ff.[350]

Ex 21,12-14 steht als stilistischer Fremdkörper inmitten des Kodextorsos
im Bundesbuch. 21,12 gehört zu der mnemotechnisch formulierten מוֹת יוּמָת-
Reihe[351], von der ein Bruchstück zwischen die §§2 und 4′ des Kodextorsos
interpoliert wurde und das wohl einen kasuistischen Rechtssatz als
Überleitungsparagraphen zwischen den beiden Themen „Sklave" und „Körperverletzungen" verdrängt hat[352]:

12 *Der einen Menschen Schlagende, (und jen)er stirbt, wird/soll unbedingt
getötet werden.*

---

347 A. Ruwe, Zusammenwirken, 194.

348 Siehe HAL I, 68, zu III אנה; danach findet sich das Pi^{c}el nur noch bei Sir 15,13 und
wird als Konjektur für Ps 88,8 vorgeschlagen.

349 A. Ruwe, Zusammenwirken, 196, erkennt im Anschluß an L. Schwienhorst-Schönberger Verbindungen zwischen Ex 21,13f. mit „ihrer zwischen māqôm und mizbeaḥ
wechselnden Begrifflichkeit" und „dem Altargesetz (Ex 20,14-16)"; da letzteres nicht
aus einen Stück ist, vgl. etwa E. Otto, Wandel, 52ff., und מִזְבֵּחַ nur im Grundbestand,
מָקוֹם dagegen lediglich in der Überarbeitungsschicht vorkommt, dürfte auch diese
terminologische Verwandtschaft ein Zeichen für den sehr sekundären Charakter von Ex
21,13 und 14 sein, die dann die Letztgestalt des gewachsenen Textes Ex 20,14-16
aufnehmen würden.

350 „Beobachtungen sprechen dafür, daß die VV. 13.14 an dieser Stelle literarisch sekundär
sind, was von den meisten Exegeten auch angenommen wird.", L. Schwienhorst-
Schönberger, Bundesbuch, 40.

351 Vgl. Verf., Rechtssätze, 16ff.

352 Dazu Verf., Indiz, 216.

Da 21,12 dem Charakter der מוֹת יוּמָת-Reihe entsprechend nicht zwischen den unterschiedlich qualifizierten Tötungsdelikten und Todesfällen wie Mord, Totschlag, fahrlässiger Tötung oder Unfall mit Todesfolge unterscheidet, ist mit 13 letzterer Fall ausdifferenziert worden:

וַאֲשֶׁר לֹא צָדָה וְהָאֱלֹהִים אִנָּה לְיָדוֹ 13b וְשַׂמְתִּי לְךָ מָקוֹם אֲשֶׁר יָנוּס שָׁמָּה:

13a *Und (für) denjenigen, der [sc. dem Erschlagenen] nicht nachgestellt hat, sondern Gott*[353] *seiner Hand [den Vorfall] hat widerfahren lassen,* 13b *werde ich dir einen Ort festsetzen, wohin er fliehen soll.*

Daß hier von einem Tempelasyl die Rede wäre, ist keineswegs sicher[354], denn die nicht selten angenommene spezielle Bedeutung von מָקוֹם als „heilige Stätte" kann nicht eindeutig belegt werden.[355] Überprüfen wir die von HAL für dieses Verständnis aufgelisteten Belegstellen, so zeigt sich, daß die kultische Komponente dort in dem Begriff selbst eigentlich gar nicht enthalten ist, sondern erst durch ein(en) Attribut(satz) oder sogar nur durch den Kontext hinzukommt[356]. Bei einem derartigen Befund ist es angezeigt, einen Begriff zunächst als in der Grundbedeutung verwendet aufzufassen, und das ist in diesem Falle „(Stand)ort, Platz, Raum, Ortschaft". Insofern könnte mit dem Wort מָקוֹם in Ex 21,13b durchaus eine Asylstadt gemäß Dtn 4,41-43; 19,1-13; Num 35,9-29 und Jos 20,2b-9 gemeint sein und sich 13b von den genannten Stellen nur im Ausführungsmodus unterscheiden, insofern hier Gott die Auswahl der Stadt (oder der Städte) selbst treffen will, während an den Vergleichsstellen Mose die Organisation eines Systems von im Lande verteilten Asylstädten übertragen ist. Als Indiz für die Richtigkeit dieser Deutung könnte gelten, daß מָקוֹם auch in Jos 20,4 als Bezeichnung für den zukünftigen Aufenthaltsort des Asylanten verwendet wird.

Neuerdings hat A. Ruwe Ex 21,13 institutionell ausgelegt und 13b „als Vorschrift für das nachprozessuale Asylverfahren" interpretiert.[357] Seiner

---

353 Da C. Houtman, Altar, 347f, den Gattungsbruch zwischen 13a und 13b nicht berücksichtigt, sondern auch 13a als Gottesrede auffaßt, differenziert er zwischen הָאֱלֹהִים und Gott (JHWH) und deutet הָאֱלֹהִים als Bezeichnung für übernatürliche Kräfte: „... daß der Totschläger sich nicht in der Gewalt hatte. Eine externe Macht hatte ihn im Griff und leitete seine Hand."

354 So mit Recht gegen die meisten Autoren z.B. M. Greenberg, Asylum, 125, und Z. W. Falk, Asylrecht, 318.

355 Vgl. z.B. S. Amsler, קום, 639: „māqôm" ist „recht allgemeines Wort für »Ort« (Gen 1,9 u.ö.; 1 Sam 5,3 »Standort«), konkret auch für »Ortschaft« (z.B. Gen 18,24)"; dies ist auch gegen HAL II, 592f, festzuhalten.

356 In Gen 22,3f., II Reg 22,16, Jer 19,3 ist מָקוֹם sogar lediglich als „Ort, Stelle" zu verstehen, in Esr 8,17 Bestandteil eines babylonischen Ortsnamens. Am nächsten kommt der Deutung in HAL II I Sam 7,16, wo Betel, Gilgal und Mizpa nachträglich als מְקֹמוֹת zusammengefaßt werden.

357 A. Ruwe, Zusammenwirken, 197ff.

Meinung nach ist das „angesprochene Du ... als eine richterliche Instanz gedacht, die die Tötungsdelikte zu beurteilen hat"; „neben der hier angesprochenen menschlichen Gerichtsinstanz" würde aber auch „Gott selbst ... als bei jedem Asylverfahren mitwirkende Instanz vorausgesetzt" und „im Falle erwiesenem unbeabsichtigtem Totschlags der richterlichen Instanz aus der Menge der Lokalheiligtümer ein bestimmtes als für den betreffenden Delinquenten gültigen Asylort" in einem Orakel „zuweisen". Gegen diese Auslegung sind aber einige Bedenken vorzutragen:

1. Daß das „angesprochene Du" ... „als eine richterliche Instanz gedacht" ist, ist nicht sicher, wie A. Ruwe es ja auch nicht wirklich begründet, sondern lediglich auf eine Untersuchung Y. Osumis verweist.[358] Y. Osumis Vergleichsstellen Ex 21,1.23; 22,17 gehören aber unterschiedlichen Schichten an: Der in 21,1 Angeredete ist dem Kontext nach Mose, der hier nicht als „richterliche Instanz" fungiert, sondern die ihm übergebenen Regeln für das zukünftige Leben entgegennehmen soll (אֲשֶׁר תָּשִׂים לִפְנֵיהֶם); 21,23 und 22,17 dagegen sprechen den Leser oder Hörer an, der rechtsfähiger Bürger und damit Mitglied der Rechtsgemeinde sein kann, aber nicht muß; in diese Rubrik sind wohl auch 21,13b und 14b einzuordnen.

2. In den in das Bundesbuch und den Normenteil des Deuteronomiums aufgenommenen Kodextorsi sowie in den versprengt überlieferten Rechtssätzen werden die Einbeziehung sakraler Dienstleistungen oder kultische Ergänzungen der Verfahren und Urteile ausnahmslos expressis verbis beim Namen genannt[359]; in Ex 21,13b wird dagegen weder die Inanspruchnahme eines Orakels als solche festgestellt noch etwa gar die Orakelinstanz (Tempel, Priester) benannt. An diesem Unterschied wird deutlich, daß in Ex 21,13b eben nicht die (gegebenenfalls überarbeitete) Rechtsfolge eines kasuistischen Rechtssatzes, sondern eine gattungsfremde Substitution vorliegt. Die Erkenntnisse einer institutionellen Auslegung der jetzigen Apodosis würden sich demnach nur auf die Zeit des Textaustausches beziehen können.

3. Liest man 21,13 als Darstellung eines aktuellen Verfahrens, dann muß man das „intendierte ... Verhältnis zwischen dem Zeitpunkt der Aufnahme des Täters in ein Heiligtum und dem Zeitpunkt der Verhandlung seines Falles vor Gericht"[360] in der Tat hinterfragen. Ein Asyl kann seinen Sinn und Zweck natürlich nur dann erfüllen, wenn es für den Asylsuchenden im Ernstfall sofort erreichbar und zugänglich ist und nicht etwa erst ein Gerichtsverfahren mit der Suche nach und der Befragung von Zeugen sowie anschließender

---

358 A. Ruwe, Zusammenwirken, 208 Anm. 51.
359 Vgl. oben Abschnitt 2 und 4 dieses Kapitels.
360 A. Ruwe, Zusammenwirken, 199.

Orakeleinholung abgewartet werden muß (dies würde dann wohl die Möglichkeit einer Unterbringung des Angeklagten in einer Untersuchungs- oder Schutzhaft notwendig machen, für die es keine Indizien gibt). So weist auch die mangelhafte Praktikabilität des von A. Ruwe eruierten Verfahrens auf die Fragwürdigkeit einer institutionellen Auslegung dieses Satzes hin.

21,14 behandelt dann anschließend den Gegenfall des Mordes:

וְכִי־יָזִד אִישׁ עַל־רֵעֵהוּ לְהָרְגוֹ בְעָרְמָה 14b מֵעִם מִזְבְּחִי תִּקָּחֶנּוּ לָמוּת

14a *Und wenn sich jemand wegen (s)eines anderen erhitzt, um ihn hinterlistig zu töten,* 14b *wirst/sollst du ihn von meinem Altar nehmen um zu sterben [= damit er stirbt].*

Nach diesem kurzen Durchgang durch den vielschichtigen Text kann die relative Literargeschichte von Ex 21,12-14 wohl wie folgt nachgezeichnet werden:

(vermutlich) Ersatz des §*3 des Kodextorsos im Bundesbuch durch Ex 21,12 als einen
Satz der מוֹת יוּמָת-Reihe

> danach Ausdifferenzierung des Rechtskasus
> Menschentötung von Ex 21,12 in 21,13 Unfall
> mit Todesfolge und 21,14 Mord
>> *entweder* entsprechend dem Typ II der altorientali-
>> schen Rechtssätze in einem Zuge formuliert
>> *oder aber* in zwei Schritten ausgebaut:
>>> 1. ausdifferenzierter Unfall mit Todes-
>>> folge (21,13) und später
>>> 2. Hinzufügung des Mordes als Gegen-
>>> fall (21,14)[361]

>> schließlich Ersatz der ursprünglichen
>> Rechtsfolgen in 21,13b und 14b durch
>> Anordnungen JHWHs in Anredeform

Für welche denkbare Variante der mittleren Ausbaustufe man sich auch immer entscheidet, Ex 13b mit dem Hinweis auf die göttliche Anweisung eines Asylortes und 14b mit dem Motiv des Asyls am JHWH-Altar stehen nicht nur am Ende der Entwicklung des Abschnittes Ex 21,12-14, sondern sind wohl auch zu den jüngsten Elementen des Gesamtkontextes Ex 21,1-22,16 zu zählen. Daß Ex 21,13f. die älteste biblische Rechtsvorschrift zum Asylrecht darstellen soll, ist bei dieser literargeschichtlichen Situation mit Sicherheit auszuschließen.

---

361 Auf diese Erklärungsvariante könnte die unterschiedliche Terminologie in der Qualifizierung der Delikte weisen; vgl. dazu oben eingangs der Behandlung von Ex 21,12-14
und vor allem 3.5.1 im Anschluß an Dtn 19,1ff.

Indizien, die eine Rekonstruktion der ehemaligen kasuistischen Apodosis von Ex 21,14a ermöglichen würden, sind nicht zu erkennen. Entsprechend der im Alten Testament vorfindlichen Quellenlage für die vorexilische Zeit – gut bezeugtes profanes Asyl in (ausgewählten) Städten, aber nur schwache Hinweise auf ein sakrales Asyl am (Altar eines) Heiligtum(s) – ist es aber wohl naheliegend, daß die Apodosis ursprünglich auf das Städteasyl verwiesen hat und dieses durch die Neuerung eines Asyls am Altar ersetzt worden ist. Nun ist in Ex 21,14b der Singular *mein Altar* auffällig. A. Ruwe, nach dessen Vermutung einer Vielzahl von Asylen an den Ortsheiligtümern hier der Plural zu erwarten wäre, erklärt den Singular damit, daß die Formulierung auf den Einzelfall hin gestaltet sei.[362] Dem widerspricht aber die Tatsache, daß die Altäre an den Ortsheiligtümern der vorexilischen Zeit wohl keineswegs allesamt JHWH-Altäre gewesen sein dürften, wie denn auch der noch aus altorientalischer Zeit und Kultur stammende Rechtskodextorso in Ex 21 ff. mit dem Nebeneinander verschiedener Kulte und ihrer Angebote an das Rechtsleben rechnet[363]; daß der Asylant aber nur von einem JHWH geweihten Altar zu entfernen gewesen wäre und an anderen hätte weiterhin Schutz genießen können, kann doch wohl nicht gemeint sein. Dagegen erinnert der Ausdruck *mein Altar* doch stark an die Konzeption des legitimen JHWH-Heiligtums im Deuteronomium, wenn nicht sogar an die faktisch gegebene Zentralisation des Kultes am Zweiten Tempel in Jerusalem während der nachexilischen Zeit. Ex 21,14b dokumentiert also offensichtlich die Existenz eines Asyls am Zweiten Tempel in Jerusalem als eine Neuerung, womit entgegen der weitverbreiteten Hypothese von der Ablösung der Heiligtumsasyle durch die Asylstädte die historische Entwicklung wohl genau andersherum verlaufen sein dürfte.

3.5.3.2 Hinweise auf ein Jerusalemer Tempelasyl in den Psalmen?

Auf die Existenz eines Asyls am Zweiten Tempel in Jerusalem weisen einige Bemerkungen in den Psalmen hin, auch wenn – dem poetischen Charakter der Texte geschuldet – dabei manche Fragen offenbleiben müssen:

Auf eine Asylpraxis am Jerusalemer Tempel sind vor allem diejenigen Psalmstellen ausgelegt worden, an denen vom Zufluchtsuchen und dem Sichbergen bei JHWH gesprochen wird.[364] Allerdings sind die Wörter בְּ חָסָה

---

362 A. Ruwe, Zusammenwirken, 198.

363 Siehe oben 3.2.2 und 3 zu Ex 22,7.8 und 10.

364 Vgl. z.B. H.-J. Kraus, Psalmen 1 und 2, zu den jeweiligen Stellen.

„Zuflucht suchen bei" und מַחֲסֶה „Zuflucht(sort)"[365], auf die in diesem Zusammenhang vor allem abgehoben wird, keineswegs in ihrer Bedeutung so eng zu fassen. Zwar bezeichnen sie einen Weg bzw. einen Ort, sind aber zugleich auch bildlicher Verwendung im Sinne von „verlassen auf" und „Hilfe" offen. Der übertragene Sinn muß wohl immer dann angesetzt werden, wenn ein Bezug auf einen oder den Tempel nicht gegeben ist[366] oder der Tempel trotz Verwendung von בְ חָסָה expressis verbis zu einem anderen Zweck als dem Asylschutz aufgesucht wird[367]. Von den vielen Belegstellen in den Psalmen ist בְ חָסָה nach Einschätzung des Verf.s nun lediglich in Ps 11,1f. nicht bildlich auslegbar, sondern in der Tat als Hinweis auf eine Asylfunktion des Tempels zu deuten:

1 *Ich habe Zuflucht bei JHWH gesucht.*	בַּיהוָה חָסִיתִי
Wie könnt ihr (dann) zu m(e)i(ne)r	אֵיךְ תֹּאמְרוּ לְנַפְשִׁי
(Seele) sagen:	
„Sei ziellos [umherfliegend] ... [368]	נוּדוּ הַרְכֶם צִפּוֹר:
ein Vogel,	
2 *denn siehe, die Verbrecher*	כִּי הִנֵּה הָרְשָׁעִים יִדְרְכוּן קֶשֶׁת
werden einen Bogen spannen.	
Sie haben ihren Pfeil auf einer Sehne	כּוֹנְנוּ חִצָּם עַל־יֶתֶר
bereitgelegt,	
um im Dunkeln nach redlich	לִירוֹת בְּמוֹ־אֹפֶל לְיִשְׁרֵי־לֵב:
Bedachten zu schießen. "	

Bei allen Problemen, die der Text bietet, wird doch die Alternative zwischen dem Sprecher und seinen Ratgebern deutlich: Während jene ihm zu einer Fortbewegungsart raten, die es den Gegnern schwer macht, auf ihn zu schießen, hat er sich für eine ortsfeste Lösung entschieden, die ihn leicht ins Visier nehmen läßt. Da in 4 dann auch der Tempel erwähnt wird, liegt hier tatsächlich die Vorstellung von einer Flucht dorthin nahe, zumal sich das Gegenüber von drinnen und draußen in 4 fortsetzt:

4 *[Von] JHWH [wird gesagt:] seine Heiligkeit*   יְהוָה בְּהֵיכַל[369] קָדְשׁוֹ

---

365 So die alleinige Übersetzung bei HAL I, 323f., und HAL II, 540f.
366 Ps 2,12 (Objekt ist wohl der zuvorgenannte בַּר); 7,2; 11,1; 14,6; 16,1; 17,7; 18,3.31; 25,20; 31,2.20; 34,9; 36,8; 37,40; 46,2; 57,2; 62,8.9; 64,11; 71,1.7; 91,2.4.9; 94,22; 118,8.9; 141,8; 142,6 und 144,2 (in 104,18 ist der Klippdachs das Subjekt).
367 Z.B. Ps 5,12 zur Einholung eines Orakels; 61,4.5 läßt den Gedanken an eine Wallfahrt aufkommen.
368 Die mannigfaltigen Korrekturvorschläge des offensichtlich zerstörten Textes befriedigen nicht.
369 Die traditionelle Übersetzung von 11,4aα dürfte unkorrekt sein: Beide Halbverse sind gewiß grammatisch deckungsgleich aufgebaut und als zusammengesetzte Nominalsätze zu verstehen, weswegen auch richtiger הֵיכָל zu vokalisieren ist.

ist im Tempel,

[von] JHWH [wird aber auch ge-
sagt:] sein Thron ist im Himmel.

וְיהוָה בַּשָּׁמַיִם כִּסְאוֹ

Und vom Himmel aus[370] beobachtend richtet und straft Gott, was dann im Folgenden ausgeführt wird.

Für eine exakte Datierung des Psalms lassen sich keine Hinweise finden[371], und so fällt auch er im Zweifelsfall wohl unter E. Zengers Pauschalurteil: „Nur wenige Einzelpsalmen stammen aus vorexilischer Zeit."[372] Die große Masse der individuellen Psalmen wird schon deswegen aus der Zeit des Zweiten Tempels stammen, weil sie die Zerstörung des Ersten Tempels und seines Kultes gar nicht überleben konnten, wenn sie nach H.-J. Kraus als Gebetsformulare im Tempel auslagen[373] oder wenn etwa sogar L. Delekat recht haben sollte, der sie aus Pilgerinschriften auf Gebäudeteilen des Tempelareals ableitet[374]. Eine Verortung auch des Psalms 11 in die nachexilische Zeit und damit die Vermutung, auf die Asylmöglichkeit im Jerusalemer Zweiten Tempel bezogen zu sein, wird also kaum fehlgehen.

Ob freilich die Rede vom Zufluchtsuchen und Sichbergen unter den Flügeln Gottes bzw. ihrem Schatten in Ps 17,8; 36,8; 57,2; 61,5; 63,8 und 91,4 als ein direkter Hinweis auf ein Asyl im (königszeitlichen) Tempel von Jerusalem verstanden werden kann[375], ist kaum eindeutig zu entscheiden. Das Bild ist im Altertum derart verbreitet gewesen und in den verschiedensten Kontexten als Redeweise von Gott verwendet worden[376], daß sich Bezüge auf ein Tempelasyl schon von daher nicht so schnell nahelegen. Und daß es auf die Flügel der Keruben über der Lade im Allerheiligsten des vorexilischen Jerusalemer Tempels anspiele[377], ist archäologisch und exegetisch zu be-

---

370 Gegen W. Beyerlin, Rettung, 102f., kann also von einem Gerichtsverfahren *im* Tempel nicht geredet werden.

371 H.-J. Kraus, Psalmen 1, 229; siehe auch seine Urteile zu den anderen Psalmen, die von „eine zeitliche Ansetzung" sei „schwer zu erkennen" bis „kaum möglich" reichen.

372 E. Zenger, Psalmen, 250. Vgl. auch H.-J. Kraus, Psalmen 1, 69f.; K. Seybold, Psalmen, 615.

373 So hält H.-J. Kraus, Psalmen 1, 365, etwa Ps 27 für eine „Zusammenstellung, die als Formular ... in Jerusalem zur Verfügung stand"; ähnlich zu vielen anderen Psalmen, a.a.O. passim.

374 L. Delekats Erklärungsversuch, Asylie, 14ff., hat ein hohes Maß an Plausibilität, da er nicht nur auffällige Brüche in den Gedankengängen verständlich macht, sondern auch durch Beispiele aus dem angrenzenden arabischen Raum gestützt werden kann – diese Beispiele aber stammen aus dem 6. und 5. Jahrhundert v.Chr., was der exilischen und nachexilischen Epoche in Israel entspricht!

375 So z.B. H.-J. Kraus, Psalmen, zu den Stellen.

376 Vgl. W. Dommershausen, כָּנָף, 245.

377 Z.B. H.-J. Kraus, Psalmen 1, 571; Psalmen 2, 593.

zweifeln: 1. Die seit langem diskutierte Frage, ob denn der Hinterraum des Tempels für einen Gottesdienstteilnehmer überhaupt zugänglich gewesen sein könnte – nur dann hätte ja der optische Eindruck der dort zu sehenden Kerubenflügel Gemeingut werden und insofern Anlaß für eine häufigere metaphorische Verwendung in der Poesie geboten haben können –, ist nicht endgültig beantwortet. Es ist sogar vorsichtig anzufragen, ob nicht die Bedeutung der Lade mit den Keruben für das königszeitliche Israel und Juda überschätzt wird: Die Tatsache, daß bereits „nach dem Zerfall der Personalunion die Angehörigen des Nordstaates Israel niemals ausdrücklich Anspruch auf die Lade erhoben" zu haben scheinen[378], überrascht; nach I Reg 8 fehlen jegliche Nachrichten über ihr Schicksal, so daß sie unter Umständen doch schon recht zeitig in Verlust geraten sein mag[379]; und während die Keruben in der priesterschriftlichen Schilderung des „Zeltes" zu einem Schmuck des Ladedeckels geschrumpft sind[380], kommen sie in der Darstellung des Jerusalemer Tempels im Ezechielbuch überhaupt nicht vor. 2. Ob der Hinterraum des Tempels speziell einem Schutzsuchenden offenstand, so daß dieser sich unter den Flügeln der Keruben verbergen konnte, ist ebenso unklar. I Reg 1,50 und 2,28 sprechen immerhin nicht von der Flucht in einen Hinterraum, sondern vom Ergreifen der Hörner des Altars, der nicht im דְּבִיר und damit auch nicht in unmittelbarer Nähe der Kerubenflügel aufgestellt war.[381] Vom Asyl am Altar (und nicht im Tempel) spricht auch Ex 21,14b. 3. muß bezweifelt werden, ob die Flügel der Keruben überhaupt rein technisch die Möglichkeit boten, daß sich jemand unter ihnen bergen konnte; sichere Nachrichten über die Gestalt und die Größe der Keruben und ihrer Flügel im salomonischen Tempel sind freilich nicht erhalten, aber man betrachte etwa W. Zwickels Rekonstruktion nach I Reg 6,23-28 und altorientalischem Bildmaterial[382], wo ein ausreichender Platz, an dem sich ein Flüchtender verbergen könnte, unter den großen, den Raum ausfüllenden Flügeln nicht vorhanden ist, oder im Gegensatz dazu die ganz anderen zoologischen Identifikationen der Keruben durch R. Gilboa als Libellen oder geflügelte Schlangen[383], deren Flügel die Assoziation eines schützenden Körperteiles nicht einmal im Entferntesten aufkommen lassen dürften. Im übrigen ist 4. wohl auch noch nicht ausreichend beachtet worden, daß das

---

378 S. Herrmann, Geschichte, 201.
379 Zu den einzelnen Hypothesen zum Verbleib bzw. Verlust der Lade vgl. z.B. H.-J. Zobel, אֲרוֹן, 403f.; C. Schäfer-Lichtenberger, Verlust, insbesondere 240.
380 Vgl. z.B. D. N. Freedman, P. O'Connor, כְּרוּב, 329.
381 Zur Diskussion über die Möglichkeit, diese Deutung dennoch zu retten, vgl. W. Beyerlin, Rettung, 109 Anm. 139.
382 W. Zwickel, Der salomonische Tempel, Tafel 8.
383 R. Gilboa, Cherubim, bes. 75.

Bild von den Flügeln Gottes in den parallelistisch aufgebauten Versen der Psalmen ausnahmslos an zweiter Position steht und somit stets nur den Gedanken des ersten Halbverses weiterführt; was die voranstehenden Halbverse aussagen und durch das Bild von den Flügeln Gottes dann fortgeführt wird, ist aber sehr unterschiedlich: in Ps 17,8 der besondere Schutz, der der Pupille zuteil wird, in Ps 36,8 die Zuverlässigkeit Gottes (חֶסֶד[384]), in Ps 61,5 der Wunsch, *Ewigkeiten in* Gottes *Zelt wohnen* zu können (, welche Zeitdauer von einem Asylaufenthalt kaum gelten und auch gar nicht im Interesse des Asylanten liegen dürfte), in Ps 57,2 führt das Bild den Ausdruck חָסָה בְּ fort, der, wie bereits oben angemerkt, oft nur in abgeschwächtem Sinne ein Ausdruck des Vertrauens ist, in Ps 63,8 das Bekenntnis, daß Gott dem Beter eine Hilfe geworden sei, wovon er בְּצֵל כְּנָפֶיךְ singen (!) möchte; nur Ps 91,4aα scheint einen synonymen Parallelismus membrorum aufzuweisen, nach dem Gott den Angeredeten *mit seinem Flügel* (אֶבְרָתוֹ) in allen Gefahren des Lebens *unzugänglich machen* wird und er deshalb auch *unter seinen Flügeln* (תַּחַת־כְּנָפָיו) *Zuflucht suchen* kann. Die Auslegung des Bildes von den Flügeln Gottes auf einen definierbaren Ort ist nach diesem Befund alles andere als zwingend, so daß W. Dommershausen zuzustimmen sein wird, wenn er es nicht von den Keruben im Jerusalemer Tempel, sondern „vom Vogel, der seine Jungen birgt," ableitet[385]. Wenn es auch vielleicht denkbar ist, daß mit diesem Bilde auf eine Asylfunktion des JHWH-Tempels angespielt wird, so gibt es doch jedenfalls keinen Hinweis darauf, daß es sich dabei um den Ersten Tempel in Jerusalem mit seinen Keruben handeln könnte.

3.5.3.3 Das Asyl am Zweiten Jerusalemer Tempel in den Fortschreibungen der Asylstadtgesetze

Auf den Zweiten Tempel beziehen sich offensichtlich sekundäre Zusätze in Num 35,9-29 und Jos 20,2b-6, auch wenn sie die von der Tradition vorgegebene Sprachregelung mit dem Begriff der Asylstadt in Ehrfurcht beibehalten. Num 35,25b und 28 sowie Jos 20,6 begrenzen den Aufenthalt des Asylanten im Asyl bis zum Tod des Hohenpriesters:

---

384 Vgl. die Bedeutungsbreite dieses Wortes nach HAL I, 323.
385 W. Dommershausen, כָּנָף, 246. Abzulehnen ist L. Delekats Heranziehung der „Flügelsonne" der ägyptischen (und später assyrischen) Ikonographie zur Erklärung des Bildes in Ps 91,4, Asylie, 213, da die Flügelsonne ein Symbol für den König ist, vgl. D. Wildung, Flügelsonne, 278.

Num 35,28a ... *denn er soll in der Stadt seines Asyls bis zum Tod des Hohenpriesters wohnen*

Jos 20,6aα und γ *Er soll in jener Stadt wohnen ...*[386] *bis zum Tod des Hohenpriesters, der in jenen Tagen sein wird.*

Num 35,25bα *Er soll in ihr bis zum Tod des Hohenpriesters wohnen,* 25bβ *der ihn mit dem heiligen Öl gesalbt hat.*

Für die zeitliche Verortung dieser Regel sind zwei Sachverhalte hilfreich:

1. Das Amt eines Hohenpriesters gab es nur am Zweiten Tempel in Jerusalem. Wäre in Num 35,25 und 28 sowie Jos 20,6 eine Erinnerung an in der Rangordnung herausgehobene Priester der Ortsheiligtümer (oder vielleicht auch eventueller Heiligtümer in den Asylstädten) erhalten geblieben, dann dürften diese, wenn es bei der in der Königszeit geringen Zahl von Priestern[387] dort überhaupt eine Hierarchie gegeben haben sollte, deren Spitze eigens benannt werden mußte, eher den Titel הַכֹּהֵן oder רֹאשׁ כֹּהֵן getragen haben.[388] Da nun aber mit den Wendungen *in der Stadt seines Asyls* (Num 35,28), *in jener Stadt* (Jos 20,6) bzw. *in ihr* (Num 35,25) sprachlich an die alte Tradition der vorexilischen Asylstädte angeknüpft wird, wäre es schon verwunderlich, warum man ausgerechnet in der Bezeichnung des Priesterranges den überlieferten Sprachgebrauch verlassen und „den Priester" bzw. den „Hauptpriester" zum Hohenpriester gemacht haben sollte. So wird in Jos 20,6aβb und Num 35,25b.28 wohl keine vorexilische Tradition wiedergegeben, sondern auf die Verhältnisse in Jerusalem zur Zeit des Zweiten Tempels abgehoben.

2. Das Amt des Hohenpriesters war eine Neuerung der persischen Zeit[389]; der erste, der diesen Titel getragen hat, ist wohl Josua in der Zeit unmittelbar vor der Einweihung des Zweiten Tempels gewesen. Das schließt eine Formulierung der Bearbeitungen von Num 35 und Jos 20, die den Hohenpriester in das Asylverfahren einführen, wesentlich vor 515 v.Chr. aus.

Inwiefern das Ableben des Hohenpriesters ein Asyl befristen könne, ist wiederholt und weitgehend konsenslos erörtert worden. Das Rätselraten der Exegeten macht aber auf seine Weise deutlich, daß die zitierten Stellen das System des Städteasyls sprengen und in den Kontexten als Fremdkörper

---

386 Zur ersten zeitlichen Begrenzungsangabe עַד־עָמְדוֹ לִפְנֵי הָעֵדָה לַמִּשְׁפָּט siehe oben 3.5.1 zu Jos 20,6a und Anm. 287.

387 Vgl. W. Zwickel, Der salomonische Tempel, 172f.

388 Vgl. J. Schaper, Hohepriester, 1835.

389 „Wenn der Titel vorexilischen Priestern zugeteilt wird, handelt es sich um Rückprojizierung oder Redaktion (2 Chr 34,9; Num 35,25.28.32).", W. Dommershausen, כֹּהֵן, 75; vgl. auch J. Schaper, Hohepriester, 1835.

angesehen werden müssen, ist es doch schwer verständlich, wie das Schicksal des Hohenpriesters einen Einfluß auf Angelegenheiten haben könnte, die nach Ausweis von Dtn 19,12 und Jos 20,4 in den Händen der kommunalen Selbstverwaltung lagen. Die in der Literatur angebotenen Deutungsversuche[390] lassen sich in zwei Gruppen einteilen:

Die erste Gruppe setzt stillschweigend voraus, daß das Verlassen des Asyls und die Rückkehr *zu seiner Stadt und zu seinem Haus* nach Jos 20,6 bzw. *zum Land seines Erbbesitzes* nach Num 35,28 für den Asylanten eine positive Wendung des Schicksals darstellt, als könnte die zu diesen Passagen gehörige Verbalform יָשׁוּב gar nicht anders als mit „er <u>kann</u> zurückkehren"[391] übersetzt werden.[392] Weil der Asylant eine Schuld auf sich geladen habe, sei das Asyl (auch) eine Zwangsmaßnahme und seine Beendigung durch den Tod des Hohenpriesters eine Erleichterung für ihn. Mag eine Verwendung des bloßen hebräischen Imperfekts als Potentialis vielleicht auch möglich sein, so hätte es in der hebräischen Sprache mit יוּכַל לָשׁוּב oder יִנָּתֵן לָשׁוּב für das „er kann zurückkehren" doch deutlichere Ausdrucksmittel gegeben. Vor allem aber beruht die skizzierte Gedankenkette auf einer unzutreffenden Prämisse: Sie geht von einer Schuld des rechtmäßigen Asylanten aus.[393]

---

390 Gute Übersichten bieten L. Delekat, Asylie, 301ff., und C. Traulsen, Asyl, 59ff. A. Ruwes, Zusammenwirken, 216, Deutung, daß wegen der „eigentumsrechtlichen Akzentuierung ... in Num 35,25b.28" der Tod des Hohenpriesters nicht mehr als „eine für die Gesellschaft und den ‚Bluträcher' akzeptable Initialisierung der Reintegration des unabsichtlichen Totschlägers in die Gesellschaft" darstelle, sieht das Verhältnis zwischen dem Hohenpriester und dem Asylanten, das von der Salbung des Asylanten in Num 35,25 (die A. Ruwe allerdings auch übergeht) geprägt ist, gegenüber dem Wortlaut von Num 35,25 und 28 zu locker.

391 So z.B. M. Noth, Numeri, 218; Hervorhebung vom Verf.

392 So auch zuletzt C. Traulsen, Asyl, 59; wenn er auf eine gewisse Ungerechtigkeit dieses Verfahrens hinweist, gilt dies natürlich auch für die zweite Deutungsmöglichkeit, nämlich die Ausweisung des Asylanten nach dem Tode des Hohenpriesters.

393 A. Ruwe, Zusammenwirken, 214, versucht, die verbreitete Annahme, Num 35,9ff. spreche zwischen den Zeilen von einer Schuld und in deren Konsequenz auch von einer Art Haft des Asylanten am Asylort, mit der Verwendung des Begriffes בִּשְׁגָגָה zu begründen: „Das geschieht durch den für die Priesterschrift einschlägigen šegāgāh-Begriff. bišegāgāh („aus Versehen") begangene (Gebots)-Verfehlungen werden in den priester(schrift)lichen Texten durchweg als zu sühnende und zu vergebende Schuld bewertet. Analog zu den übrigen šegāgāh-Delikten wird durch diese Bezeichnung auch die unbeabsichtigte Menschentötung als Schuld qualifiziert. Der Aufenthalt am Asylort wird auf diese Weise als eine Form von Strafe im Sinne der Verbannung gedeutet, die den unabsichtlichen Totschläger gleichzeitig mit seiner Rettung vor dem ‚Bluträcher' trifft." Gegen die Heranziehung der von A. Ruwe, a.a.O. Anm. 66, genannten Belegstellen für בִּשְׁגָגָה-Vergehen aus den priesterschriftlichen Ritualen zur Deutung von Num 35 spricht aber ein doppelter Tatbestand: Einerseits findet sich in den priesterschriftlichen Ritualen kein für die Tötung eines Menschen בִּשְׁגָגָה vorgesehenes

Davon aber kann nicht geredet werden.[394] Wenn die Verfasser von Ex 21,13;
Num 35,11.15; Dtn 4,42; 19,4f. und Jos 20,3.5.9 die Tat, die zur Flucht in
eine Asylstadt und zum dortigen Aufenthalt berechtigt, definieren, bemühen
sie sich spürbar, die Unschuld des Täters zu unterstreichen, wie denn seine
Tat in Ex 21,13aβ sogar der Gottheit angelastet wird. Deshalb darf eine
Schuld (oder Restschuld[395]) des Asylanten, die zur Strafe (der Verbannung)
führen oder durch den Tod des Hohenpriesters gesühnt werden könnte[396](,
falls das nach den alttestamentlichen Sühnevorstellungen überhaupt möglich
wäre[397]), nicht als Erklärung dafür herangezogen werden, daß das Ableben
des Jerusalemer Hohenpriesters sein Asyl befristen könne. Und so ist auch
der Vergleich mit den Schuldenerlassen altorientalischer Könige, die das
Vorbild für die Freilassung und Rückkehr des Asylanten in Num 35,28 und
Jos 20,6 abgegeben haben könnten[398], unzutreffend, denn diese beziehen sich
stets auf tatsächliche Schulden.

Die zweite Gruppe versteht das Asyl einzig und allein als eine Hilfe für
den Asylanten, sich vor dem Bluträcher zu schützen, was ja auch dem
Wortlaut der einschlägigen Texte entspricht[399]. Die Heimkehr an den
Wohnsitz stellt sich dann freilich als eine nicht unproblematische Wendung
des Schicksals dar, da der Asylant nun unter Umständen wieder unter der

---

Sühneritual – in Lev 5 und 22 geht es um Verfehlungen im kultischen Bereich, Lev 4
und als Ergänzung dazu Num 15 reden ganz undifferenziert von verbotenen Handlungen. Und andererseits nennt auch Num 35 nennt kein Ritual, das die durch die
Tötung eines Menschen בִּשְׁגָגָה entstandene Verschuldung aus der Welt schaffen würde.

394 Das ist auch nicht etwa aus Num 35,33f. zu schließen; 35,29 bietet mit der Erklärung
über die zeitliche und räumliche Gültigkeit der voranstehenden Normen einen
deutlichen Abschluß, dem mit 30-34 ein sekundärer Nachtrag folgt.

395 Z. W. Falk, Asylrecht, 384.

396 L. Delekat, Asylie, 283, – hier auch noch weitere Gegenargumente – nennt F. Keil als
ersten neueren Zeugen für diese häufig zu lesende Auffassung; vgl. auch die
Literaturangaben bei A. Ruwe, Zusammenwirken, 215 Anm. 70.

397 F. Hossfeld, רָצַח, 661, möchte den Sühnecharakter des Todes des Hohenpriesters in
diesem Falle damit erklären, daß „dieser ... ja von Amts wegen mit der Sühne
beauftragt und ... als Vorsitzender des Gemeindegerichts für den Asylanten verantwortlich" war; für letzteres bringt er allerdings keinen Beleg.

398 So z.B. M. Noth, Numeri, 220. L. Delekat, Asylie, 301f., – hier auch noch weitere Gegenargumente – nennt A. Knobel als ersten Zeugen für diese Deutung. A. Ruwe,
Zusammenwirken, 216, geht über die Vorstellung der Amnestie noch hinaus und sieht
in der Heimkehrerlaubnis die „Ermöglichung der Resozialisation des unabsichtlichen
Totschlägers in die Gesellschaft".

399 So expressis verbis Num 35,12.19.21.24.25.27; Dtn 19,6.12; Jos 20,3.5.9. Jede andere
Deutung des Aufenthaltes in der Asylstadt muß in die Texte hineingelesen werden.

Drohung der Blutrache leben muß.[400] Doch ist er gezwungen, das Asyl zu verlassen; die Verbalform יָשׁוּב in Num 35,28 und Jos 20,6 ist gewiß jussivisch im Sinne von *er soll zurückkehren* zu verstehen, was grammatisch wesentlich näher liegt als die Deutung als Potentialis. Da nun der Zwang zum Verlassen des Asyls mit dem Tod des Hohenpriesters begründet wird, ist anzunehmen, daß der Asylant in einem besonderen Verhältnis zu ihm und wohl insbesondere unter dessen persönlichem Schutz gestanden hat, zu dem der Nachfolger im Amt nicht verpflichtet werden konnte.

Letztere Deutung wird durch eine Bemerkung in Num 35 gestützt, die von der Salbung des Asylanten durch den Hohenpriester spricht. Und zwar beschreibt 35,25bβ das Verhältnis des Asylanten zum Hohenpriester mit dem Relativsatz אֲשֶׁר־מָשַׁח אֹתוֹ בְּשֶׁמֶן הַקֹּדֶשׁ, was wortwörtlich übersetzt heißt: *der ihn mit dem Öl des Heiligen gesalbt hat.* Die traditionelle Wiedergabe lautet freilich: „den man mit dem heiligen Öle gesalbt hat".[401] Sie hat scheinbar die LXX mit ihrem ὃν ἔχρισαν αὐτὸν τῷ ἐλαίῳ τῷ ἀγίῳ auf ihrer Seite, doch besitzt die griechische Wiedergabe einen wunden Punkt: Der Übersetzer hat das אֹתוֹ seiner Vorlage mit αὐτὸν noch wortwörtlich übernommen, wobei er doch das אֹתוֹ ... אֲשֶׁר, wenn er es schon auf den Hohenpriester bezog, mit dem flektierten Relativpronomen ὃν bereits hinreichend wiedergegeben hatte. Wahrscheinlich war er sich aber seiner Deutung des Satzes eben doch nicht wirklich sicher. Gegen den traditionellen Bezug des אֹתוֹ auf den Hohenpriester spricht aber auch noch mehr: Im Hebräischen wird das unpersönliche „man" in der Regel durch die 3. Person Plural und nicht mit dem Singular ausgedrückt.[402] Schließlich ist die Tatsache, daß der Hohepriester gesalbt

---

400 C. Traulsens Urteil, „dem ganzen System der Freistädte liegt ja doch die Vorstellung zugrunde, daß der Bluträcher nicht auf einen Rechtsspruch hin von seiner Rache Abstand nehmen wird", Asyl, 56, gilt für das Tempelasyl gleichermaßen.

401 So z.B. M. Noth, Numeri, 218.

402 Die von E. Kautzsch, Grammatik, 481, angegebenen Belegstellen für die Verwendung des Singular für das unpersönliche „man", unter denen unsere Stelle übrigens nicht aufgeführt ist, sind durchweg nicht eindeutig: In den meisten Stellen ergibt sich das singularische Subjekt aus dem Zusammenhang (Gen 11,9 (JHWH); 19,22 (לוֹט); 35,8 (Jakob).10 (JHWH); Ex 15,23 (Mose); Jes 8,4 (Gott) und wohl auch Hi 27,23 (קָדִים); das gilt auch, wenn das gedachte Subjekt im voranstehenden Satz in einer anderen grammatischen Funktion vorkommt (Jes 6,10). In Gen 16,14 ist עַל־כֵּן קָרָא formelhaft und sogar mit Genusinkongruenz verwendet; bei I Reg 22,38 könnte man sich den Kutscher als Subjekt vorstellen, denn mehrere Leute wurden zum Waschen des Wagens sicher nicht benötigt; in Jes 46,7 und Mi 2,4 ist das singularische Subjekt im unmittelbaren Kontext durch ein darauf bezogenes Suffix erkennbar. An anderen Stellen (Gen 38,28; 48,1; Num 23,21; 26,59; I Sam 16,4; Jes 9,5) muß, sollte oder kann der Text wegen anderer Handschriften oder den alten Übersetzungen korrigiert werden; in Am 6,12 ist bei eindeutiger Verderbtheit des Textbestandes eine Emendation kaum

worden ist, doch wohl selbstverständlich und der Hinweis darauf in diesem Zusammenhang ziemlich überflüssig.[403] Soll der Relativsatz nicht nur mit der hebräischen Syntax in Einklang stehen, sondern im gegebenen Zusammenhang auch einen Sinn, d.h. einen Bezug zu dem Verhältnis zwischen dem Hohenpriester und dem Asylanten haben, dann kann allein der Asylant das Objekt der Salbung sein.[404] E. Kutsch hat eine Anzahl von Belegen für Salbungen gesammelt, bei denen es offensichtlich nicht um die „Mitteilung von Macht, Kraft, Ehre", sondern um „Reinigung" = „Freimachung" geht. „Als »Reinigung« stellt die Salbung dar und bewirkt die Befreiung von Rechtsansprüchen."[405] Zwar sind E. Kutschs Beispiele zum Teil zeitlich und räumlich weit vom Alten Testament entfernt, da aber die nachexilische Salbung des Hohenpriesters noch in den altorientalischen Salbungstraditionen zu stehen scheint, ist es sicher nicht unzulässig, auch das Verständnis der Salbung als „Freimachung" noch in Num 35,25 vorauszusetzen. Die Salbung durch den Hohenpriester wäre dann der symbolische Ausdruck dafür, daß der Asylant unter seinem Schutz von dem Anspruch des Bluträchers auf sein Leben „freigemacht" worden ist.[406]

---

möglich. Für II Sam 2,16 ist die Vokalisierung als Nif'al das Gegebene, auch wenn die Konjektur keine Stütze in den Versionen hat.

403 Weitere Gegenargumente bei L. Delekat, Asylie, 316f.; er deutet die Salbung des Asylanten ihrem Wesen nach als „Adoptionsfreilassungssalbung", a.a.O. 231.

404 C. Traulsen, Asyl, 57, der L. Delekats Bezug des Relativsatzes Num 35,25bβ auf den Asylanten als „originell", „letztlich aber nicht überzeugend" bezeichnet, trägt selbst ungewollt ein Argument für dieses Verständnis bei, wenn er im Anschluß an R. De Vaux die Salbung des Hohenpriesters als eine erst recht junge Praxis, beginnend im letzten Drittel des 4. Jahrhunderts v.Chr. einordnet.

405 E. Kutsch, Salbung, zusammenfassend 71.

406 L. Delekat möchte die Salbung der Asylanten allerdings in frühere Zeiten hinauf verfolgen: „Nun erhielten die Flüchtlinge an den Totschlägerasylen eine Salbung, die sie an den salbenden Priester bis zu dessen Tod band (Num 35,25). ... Sie ist durch Ps 141,5 und 23,5 auch für das Zionsheiligtum bezeugt." Num 35,25 ist aber gegen L. Delekat die einzige Stelle in der alttestamentlichen Überlieferung, die von der Salbung eines Asylanten redet, und ist durch die Erwähnung des Hohenpriesters allein auf die nachexilische Zeit zu beziehen. Seine weiteren vermeintlichen Referenzstellen Ps 23,5 und 141,5, Asylie, 230ff., können seine Hypothese von der „Asylschutzschlingssalbung" nicht stützen: In Ps 23,5 wird ein Festmahl geschildert, zu dem als integraler Bestandteil die Salbung aller Teilnehmer unabhängig von ihrem Status gehört, vgl. K. Ehlers, Becheranteil, 48f. mit altorientalischem Beispiel und Literaturangaben. Und in Ps 141,5 ist die Hälfte des Wortschatzes umstritten; nach der masoretischen Überlieferung aber entspricht שֶׁמֶן רֹאשׁ grammatisch dem חֶסֶד des voranstehenden Halbverses und muß somit etwas über die Zurechtweisung durch einen Gerechten aussagen.

Die beiden sakralen Züge[407], die mit Num 35,25a und 28 sowie Jos 20,6a
in das traditionelle hebräische Asylrecht eingefügt werden, – die Salbung des
Asylanten durch den Hohenpriester und seine Bindung an ihn und sein
Schicksal – sind offensichtlich Elemente eines Tempelasyls und wohl kaum
an anderer Stelle zu verorten als am Zweiten Tempel in Jerusalem. Daraus ist
zu schließen, daß der Jerusalemer Tempel die vorexilischen Asylstädte als
Zufluchtsort abgelöst hat. Nach dem vorliegenden, durch Num 35,25a.28 und
Jos 20,6a überarbeiteten Textbestand von Num 35 und Jos 20 wird die Stadt
Jerusalem ungenannt als עִיר הַמִּקְלָט gezählt, tritt aber in Wahrheit als einzige
an deren Stelle, da nur sie mit ihrem Tempel und dem Hohenpriester die
neuen Bedingungen erfüllen kann. Diese Veränderung muß zwingende
Gründe gehabt haben, und die sind wohl in den äußeren Verhältnissen der
exilischen und nachexilischen Zeit zu suchen. Einmal werden sich die
Schäden, die die Kriege von 597 und 586 v.Chr. hinterließen, auch auf die
Asylstädte erstreckt haben. „Ein Teil" der judäischen „Städte und Ortschaften
war zerstört. ... Nicht nur in Jerusalem, sondern auch in Lachisch, Gezer oder
Bet-Kerem sind die Zerstörungsstrata archäologisch gut nachgewiesen."[408]
Doch nicht nur in Juda, selbst im ehemaligen israelitischen Staatsgebiet
„endet die Bebauung in der babylonisch-persischen Zeit" „an mehreren
Orten".[409] Es ist also durchaus wahrscheinlich, daß die meisten Städte nach
586 v.Chr. aufgrund der Zerstörungen eine Asylfunktion nicht mehr
wahrnehmen konnten. Sichem z.B. betraf das wohl nicht, doch wird hieran
ein zweites Problem deutlich: Das deuteronomistische System der Asylstädte
rechnet offensichtlich mit einer relativ leichten Zugänglichkeit der Territorien
Israels, Judas, Ammons und Moabs. Ob diese aber nach 597/586 v.Chr.
gegeben war, ist unklar, wissen wir doch nicht einmal, ob Jerusalem und Juda
in babylonischer Zeit zu der Provinz Samerina gehörte oder als eigene
Provinz verwaltet wurde, geschweige denn, wie es um die Freizügigkeit
zwischen den babylonischen und persischen Provinzen stand. Aber, und das
ist der dritte Punkt, das nachexilische Juda war auch räumlich so begrenzt,
daß es mehrerer im Lande verteilter Asylstädte gar nicht mehr bedurfte.
Vielmehr dürfte sich das zentral gelegene Jerusalem als Ersatz regelrecht
angeboten haben. Freilich war das Jerusalem vor dem Wiederaufbau der

---

407 Für die Verfechter der Hypothese eines ursprünglichen Tempelasyls an den
     Ortsheiligtümern wird hier „die in der deuteronomistischen Theologie erfolgte Säku-
     larisierung ... teilweise wieder eingeschränkt.", so als Beispiel für andere V. Fritz,
     Josua, 203. Andererseits „betreffen" für A. Ruwe, Zusammenwirken, 210, „die un-
     bestritten vorhandenen kultischen Elemente" nur „periphere Aspekte", so daß von einer
     „grundsätzlichen Resakralisierung des Asylwesens" nicht gesprochen werden könne.
408 U. Hübner, Exil, 166.
409 M. Weippert, Palästina, 697.

zerstörten Mauern in der Mitte des 5. Jahrhunderts v.Chr. zum Umland hin wohl zu offen, als daß es nach der Art und Weise der alten Asylstädte wirksamen Schutz vor einem Bluträcher hätte bieten können. So muß die Öffnung des Tempelgeländes für Asylanten als ein sinnvolles Angebot der Kultgemeinde und als die unter den gegebenen Umständen beste Lösung betrachtet werden, die Institution der Asylie für Verursacher tödlicher Unfälle zu erhalten.

Wenn auch die faktische Zahl der Asylanten sicher nicht überschätzt werden darf[410], war die Aufnahme und Unterstützung eines Schutzsuchenden im Jerusalemer Tempel sicher eher eine Belastung als ein Geschäft[411] und konnte wohl nur praktiziert werden, wenn sie zur „Chefsache" gemacht worden war. Das wäre schon angesichts der zu vermutenden begrenzten Fläche des nachexilischen Jerusalemer Temenos[412] durchaus nachvollziehbar. Ist diese Vermutung richtig, mußte der Schutz der Asylanten durch den Hohenpriester zwangsläufig mit dessen Tod enden; L. Delekat spricht in diesem Zusammenhang von einer „Leerung des Asyls".[413]

Während nach den Erzählungen I Reg 1,50-53 und 2,28-34 Salomo das Asyl in einem vorexilischen Jerusalemer Heiligtum nicht akzeptiert hat, gibt es in einem Text aus der hellenistischen Zeit einen Hinweis darauf, daß ein König die Asylfunktion des JHWH-Heiligtums im Jerusalem anerkennen wollte. Nach I Makk 10,43 habe Demetrios I. Soter in der Mitte des 2. vorchristlichen Jahrhunderts der jüdischen Gemeinschaft unter anderem angeboten:

---

410 So gegen A. Ruwe, vgl. oben Anm. 254.

411 Dabei ist es durchaus möglich, daß L. Delekat recht hat, wenn er in dem Verhältnis zwischen dem Hohenpriester und dem Asylanten Elemente aus einem παραμονή-Vertrag entdeckt und sich die Anwendung einer ähnlichen Regelung in Israel vorstellen kann, vgl. L. Delekat, Asylie, 304ff. Sein Erklärungsmodell müßte nur entsprechend unseren Erkenntnissen über die geschichtliche Entwicklung der Asylie in Israel und Juda dahingehend modifiziert werden, daß sich die Gültigkeit auf den Zweiten Tempel in Jerusalem beschränkt. Allerdings fehlt im Alten Testament jeder Hinweis auf eine mit der Aufnahme eines Asylanten in den Tempel verknüpfte wirtschaftliche Ab-zweckung, die für die παραμονή-Verträge wesentlich ist, selbst wenn der Asylant „in den persönlichen Besitz des Priesters" käme und durch die Salbung „seine Anstellung im priesterlichen Tempeldienst", L. Delekat, a.a.O. 231, ermöglicht würde.

412 Vgl. dazu die Überlegungen W. Zwickels, Der salomonische Tempel, 48.

413 So L. Delekat, Asylie, 303, im Anschluß an K. Galling und E. Lohse.

„43 Und wer irgend in den Tempel zu Jerusalem und in seinen ganzen Bereich flieht, weil er gegenüber dem König oder sonst in irgendeiner Angelegenheit eine Schuld auf sich hat, der soll mit allem, was ihm in meinem Reiche gehört [von der Schuld] entledigt sein."[414]

Zwar werden hier zwei Unterschiede zur alttestamentlichen Asylie deutlich[415]: Einmal sind es ausschließlich wirtschaftliche Gründe, die für die Flucht in den Jerusalemer Tempel in I Makk 10,43 genannt werden; demgegenüber war es wohl gerade eine Besonderheit der alttestamentlichen Asyltradition, der sich auch Num 35 und Jos 20 noch verpflichtet fühlen, daß das Asyl allein dem Verursacher eines tödlichen Unfalls zur Verfügung stehen sollte. Zum anderen unterscheidet sich die von Demetrios angebotene Lösung von der alttestamentlichen Asyltradition insofern, als sie auf eine rechtliche Klärung der Fälle verzichtet und allein aufgrund der Flucht in den Tempel(bereich) einen Schuldenerlaß anbietet; das Angebot von I Makk 10,43 steht also in der Tradition der griechischen Asylie und dürfte deren Einfluß auf den Nahen Osten widerspiegeln, auf den oben bereits näher eingegangen worden ist. Wenn auch vielleicht L. Delekat zu weit gegangen ist, wenn er im Angebot des Demetrios lediglich die Bestätigung einer bereits bestehenden Praxis sah[416], kann doch aber aus dieser Offerte mindestens geschlossen werden, daß in jener Zeit die öffentliche Meinung eine Flucht in den Jerusalemer Tempel, um sich Forderungen staatlicher und privater Gläubiger zu entziehen, und den Schutz dieses Heiligtums, den auch Demetrios bereit war anzuerkennen, durchaus für möglich hielt.

Wenn wir die Belegstellen für das Städteasyl und diejenigen für ein Asyl in Jerusalem richtig gedeutet und eingeordnet haben, läßt sich folgende geschichtliche Entwicklung des Asylwesens in den von der alttestamentlichen Literatur abgedeckten Epochen festhalten:

Die gleichmäßig im Lande verteilten Asylstädte ohne sakralen Charakter und mit profanem Verfahren bei der Untersuchung des Falles und der Aufnahme des Asylanten in die Asylstadt werden durch das Asyl am Jerusalemer Tempel mit persönlicher Bindung an den Hohenpriester, die durch eine Salbung deutlich gemacht wird, abgelöst.

---

414 Übersetzung von E. Kautzsch, Apokryphen, 63; vgl. auch mit abweichendem Wortlaut F. Josephus, Antiquitates 13,2,3.

415 C. Traulsen, Asyl, 78ff., hält „derartige Asylrechtsverleihungen" für „dem Judentum gänzlich fremd", doch ist der Unterschied zur Festsetzung von Asylstädten so groß eigentlich nicht!

416 L. Delekat, Asylie, 322f.

Die Ausgestaltung des nachexilischen Asylverfahrens mit sakralen Elementen – der Tempel als Asylort, die Bindung an den Hohenpriester, die Salbung des Asylanten *mit dem Öl des Heiligen* – kann nach unseren bisherigen Erkenntnissen zur Funktion der Sakralisierungen im alttestamentlichen Israel und Juda bzw. in der Literatur des Alten Testaments nur als Mittel zur Erhaltung der gefährdeten Asylieinstitution und zur Stützung der jungen Einrichtung des Jerusalemer Tempelasyls verstanden werden. Vielleicht mußte dieser Neuerung anfänglichen Ressentiments gegenüber gesellschaftliche Akzeptanz verschafft werden, zumal die später mit kanonischer Dignität ausgestatteten Texte Num 35,9ff.; Dtn,1ff. und Jos 20,2bff. die Erinnerung an die ehemalige „klassische" Regelung aufrecht erhielten. Zur Erreichung der Akzeptanz des Tempelasyls mag auch die theologische Erklärung für die Berechtigung der sakralen Asylie in Ex 21,13 gedient haben; den dort zwischen den Zeilen zu lesenden Gedankengang macht F.-L. Hossfeld im Anschluß an F. Horst deutlich: „die Gottheit" ist „in den Fall involviert, denn sie hat es durch die Hand des Täters geschehen lassen ... Konsequenterweise gewährt sie an ihrem Heiligtum auch den Schutz für den, an dessen Tat sie beteiligt war".[417] Somit läßt sich auch in der Geschichte des Asyls in Israel und Juda das gleiche Entwicklungsmuster aufzeigen, das in den anderen hier behandelten Lebensbereichen zu beobachten war: Eine ursprünglich profane Institution verliert durch den geschichtlichen Wandel ihre Bedeutung und ihre Wirkungsmöglichkeit, die Kultgemeinde aber setzt sich für ihren Fortbestand ein bzw. bietet für sie einen Ersatz an – in diesem Falle deutlich weniger im eigenen Interesse, als vielmehr im Dienst an der Gesellschaft.

3.6 Die Hypothese von der kultischen Gerichtsbarkeit

Die oben in 3.1 bis 3.5 ausgewerteten authentischen alttestamentlichen Quellen über das Rechtsleben vermitteln folgendes Bild über das Verhältnis von Recht und Kult:

1. Beide Lebensbereiche existieren und agieren unabhängig voneinander.
2. Wo die eigenen Mittel unzureichend sind, nimmt das Rechtsleben kultische Institutionen in Anspruch, und zwar Ordal und assertorischen Eid für die Tatbestandsfeststellung sowie assertorischen oder promissorischen Eid für die Streitprävention.

---

417 F.-L. Hossfeld, רָצַח, 658.

3. Wo die Verfahren und Entscheide der Rechtsgemeinde als unbefriedigend empfunden werden, bietet die Kultgemeinde durch Opfer und wohl auch durch die Zurverfügungstellung des Tempeldepots Supplemente an.

4. Asylschutz wird ursprünglich durch Städte gewährt, wobei Inhaber des profanen Amtes der זְקֵנִים an der Abwicklung der Verfahren maßgeblich beteiligt sind; als Ersatz für die durch die Kriegsfolgen ausgefallenen Asylstädte wird der Zweite Tempel in Jerusalem als Zufluchtsort zur Verfügung gestellt.

Dies alles weist auf ein verhältnismäßig lockeres Verhältnis zwischen Recht und Kult und auch auf einen nur geringen Einfluß des Kultes auf das Rechtsleben vor allem im vorexilischen Israel und Juda hin.

Nun haben einige Exegeten des 20. Jahrhunderts in poetischen, aber auch erzählenden und prophetischen Texten des Alten Testaments eine ganz wesentlich bedeutsamere Stellung des Kultes im Rechtsleben Israels erkennen wollen: Neben und unabhängig von der Rechtsgemeinde im Tor (und auch der anscheinend sehr beschränkten Kompetenz des Königs in der Rechtsprechung[418]) habe eine kultische oder Tempelgerichtsbarkeit existiert und in bestimmten (Todes)rechtsfällen überhaupt an die Stelle der profanen Rechtsgemeinde treten müssen. Dieser sakralen Justiz wird dabei in der Regel ein komplettes Gerichtsverfahren von der Anklage über die Tatbestandserhebung bis hin zur Urteilsfällung und sogar -vollstreckung zuerkannt, was sich schon in der Terminologie ausdrückt: „göttliche Rechtsprechung/Urteilsfindung"[419], „kultisch-sakrales Gericht/Verfahren"[420], „kultisch-sakraler Prozeß"[419], „kultisches Gerichtsverfahren"[421], „kultisches

---

418 Vgl. dazu z.B. G. C. Macholz, Stellung, vor allem 177f. Über die Kompetenz des Königs in der Rechtsprechung kann allerdings gegenwärtig wohl noch nichts Endgültiges gesagt werden: Daß die Texte juristischen Inhalts darüber schweigen, liegt unter Umständen auch an den darin behandelten Rechtsmaterien; R. Rothenbusch, Rechtssammlung, 406f., sagt zurecht zum Bundesbuch: „Ein Blick auf die den kasuistischen Rechtssätzen im Bb entsprechenden Rechtssatzgruppen der altorientalischen Sammlungen zeigt, daß hier eine Nennung des Königs oder anderer zentraler Rechtsinstanzen nicht unbedingt zu erwarten ist." Einen ebenso großen Hinderungsgrund stellt das Fehlen von Rechtsurkunden dar; hier muß auf diesbezügliche Funde der Archäologie gewartet werden. Und die allein für diese Frage auswertbaren erzählenden und poetischen Abschnitte des Alten Testaments sind auf Grund ihrer Gattungen nur bedingt vertrauenswürdig; vgl. dazu bereits oben in der Einleitung.

419 B. Herr, Haus, 96.

420 W. Beyerlin, Rettung, z.B. 79, 67, 103.

421 H. Schulz, Todesrecht, z. B. 117; W. Beyerlin, Rettung, z.B. 115.

Gottesgericht(sverfahren)"[422], „kultischer Rechtsentscheid"[423], „kultische Rechtsfindung"[424], „kultische Rechtsprechung"[425], „Kultakt der Gottesgerichtsbarkeit"[426], „kultische Institution des Gottesgerichts"[427], „sakrales Gericht"[428], „priesterliche Gerichtsbarkeit"[429], „sakrale Gerichtsbarkeit", „sakrales Gerichtsverfahren"[430] und anderes mehr. Vor allem H. Schulz[431] und W. Beyerlin[432] haben diese Hypothese in aufwendigen Arbeiten veri-izieren wollen, und die Ergebnisse W. Beyerlins sind sogar in den großen Psalmenkommentar von H.-J. Kraus eingegangen. Kritik an dieser Hypothese ist nur behutsam geäußert worden; so stellt etwa E. Gerstenberger fest, daß „die alttestamentliche Textbasis für die Rekonstruktion kultischer Rechtsinstanzen überaus schmal"[433] sei, und E. Otto urteilt: „Daß Klagepsalmen wie Ps 7 mit einem Gerichtsverfahren am Jerusalemer Tempel .... zu verbinden seien, ist unwahrscheinlich."[434]

Eine kultische oder Tempelgerichtsbarkeit läßt sich aber in dem zur Verfügung stehenden Textmaterial nicht nachweisen. Vielmehr stehen dieser Hypothese drei Tatbestände entgegen: 1. Die Gerichtsbarkeit der hebräischen Rechtsgemeinde im Tor hat offensichtlich allen Anforderungen an ein Rechtsleben im vorexilischen Israel und Juda genügt und weder im Blick auf die Rechtsmaterie noch in Hinsicht auf das Verfahren Raum für eine parallele eigenständige kultische oder Tempelgerichtsbarkeit gelassen. 2. Der Versuch einer Rekonstruktion des Verfahrens einer sakralen Justiz argumentiert vor allem mit Andeutungen und Bildern in den Psalmen, die verschiedenen voneinander unabhängigen Texten entnommen erst zu einer Agende zusammengestellt werden müssen, um Elemente einer Gerichtsbarkeit zu werden. Das so konstruierte Verfahren widerspricht an mehreren Punkten

---

422 W. Beyerlin, Rettung, z.B. 88, 177; H.-J. Kraus, Psalmen 1, z.B. 172, dort auch „kultische Institution des Gottesgerichts", 170; B. Herr, Haus, 93.

423 E. Otto, u.a. Rechtshermeneutik, 85.

424 E. Otto, Wandel, 18, der jedoch zuvor, a.a.O. 17, richtiger „kultisches Aufklärungsverfahren" sagt; J. C. Gertz, Gerichtsordnung, 75.

425 W. Beyerlin, Rettung, z.B. 94; J. C. Gertz, Gerichtsordnung, 115.

426 H.-J. Kraus, Psalmen 1, 221.

427 H.-J. Kraus, Psalmen 1,170; besonders ausführlich W. Beyerlin, Rettung, 106: „kultische Institution eines in der Theophanie sich vollziehenden Gottesgerichts" oder 126: „vom Ereignis der Theophanie bestimmte kultische Gottesgerichtsinstitution".

428 B. Herr, Haus, 92ff.

429 E. Reuter, Kultzentralisation, 174.

430 R. Albertz, Religionsgeschichte, 285.

431 H. Schulz, Todesrecht (1969).

432 W. Beyerlin, Rettung (1970), der sich freilich bereits auf die Arbeit von H. Schmidt beruft.

433 E. S. Gerstenberger, Recht, 14.

434 E. Otto, Gerichtsverfassung, 743.

unserer Kenntnis vom Rechtsleben des Alten Orients. 3. Die erzählenden, prophetischen und (außerpsalmischen) poetischen Texte, in denen versprengte Hinweise auf eine kultische oder Tempelgerichtsbarkeit gesehen werden, bieten zum Teil erhebliche exegetische Probleme, deren naheliegendste Lösung zu anderen Aussagen führt.

3.6.1 Der mögliche Raum für eine kultische Gerichtsbarkeit

Die authentischen hebräischen Rechtssätze, die oben in 3.2 besprochen worden sind, lassen keinen Zweifel daran zu, daß die Rechtsgemeinde auch dann, wenn sie kultische Institutionen in Anspruch nimmt, ein komplettes und durch ein Urteil abgeschlossenes Verfahren durchführt:

Ex 22,8[435] verweist *die Angelegenheiten der beiden* in 8aγ *an die Götter (an Gott)*, rechnet in 8bα mit einem Ergebnis der kultischen Tatbestandserhebung und benennt schließlich selbst in 8bβ die Rechtsfolge für den Fall erwiesener Schuld. Ex 22,9f. fordert nach 10aα einen JHWH-Eid, wertet in 10aβ die (Bereitschaft zur) Eidesleistung als Erweis der Unschuld des Angeklagten und setzt in 10b die Rechtsfolge fest. Dtn 19,16ff.[435] stellt die beiden Prozeßbeteiligten nach 17a vor JHWH (und nach 17b vor die dabei beteiligten Priester und Richter), rechnet nach 18bα mit der kultischen Aufklärung des Tatbestandes und verkündet in *19ff. die für den Fall vorgesehene Strafe. Das heißt: Dort, wo die authentischen Quellen mit der kultischen Tatbestandserhebung ein sakrales Element im Rechtsleben erkennen lassen, ist dieses in das Verfahren vor der Rechtsgemeinde eingebettet, wie denn auch der Rechtsstreit ausschließlich durch die Rechtsgemeinde selbst mit der Verkündung der Rechtsfolge beendet wird.[436] Der Kultgemeinde wird lediglich die Tatbestandserhebung übertragen; davon, daß das (gesamte) Verfahren an eine kultische oder Tempelgerichtsbarkeit verwiesen würde, kann keine Rede sein. Wenn es eine komplette eigenständige kultische oder Tempelgerichtsbarkeit gegeben hätte, wäre es nur schwer vorstellbar, daß diese sich mit einer derart begrenzten Dienstleistung zufrieden gegeben und nicht darauf bestanden hätte, den Fall als ganzen übertragen zu bekommen und auch zu Ende führen zu dürfen.

---

435 Ein Beispiel aus der von W. Beyerlins behaupteten „hinreichenden Zahl außerpsalmischer Texte", die die kultische Gerichtsbarkeit „im alten Israel" „belegen", Rettung, 143.

436 Davon wird sich Ex 22,6f. nicht unterschieden haben, obgleich dort die nach der Forderung einer kultischen Tatbestandserhebung in 7aβ und der Veröffentlichung des Ergebnisses in 7b zu erwartende Rechtsfolge im heutigen Text weggebrochen ist.

In diesem Zusammenhang ist auch Num 5,11ff.[435] sehr aufschlußreich. Während die Durchführung des Ordals in allen Einzelheiten geschildert wird, gibt die Agende über die <u>Rechts</u>folgen für die Frau im Falle ihrer erwiesenen Schuld wegen Ehebruchs oder für den Mann im Falle einer unbegründeten Verdächtigung wegen übler Nachrede[437] keine Auskunft. Ein diesbezüglicher Passus findet sich erst innerhalb der Nachträge in 5,31; dieser ist aber, wie oben zur Stelle gezeigt, praktisch nicht umsetzbar, da ihm die juristische Klarheit fehlt. Wenn es eine kultische oder Tempelgerichtsbarkeit, in die Num 5,11ff. zu verorten wäre, gegeben hätte, müßte mit der Existenz eines dafür ausgebildeten oder wenigstens dafür eingearbeiteten Personals gerechnet werden können; auf ein solches kann der rechtlich unklare Satz 5,31 jedoch nicht zurückgeführt werden. Vielmehr muß aus dem Schweigen des Grundbestandes von Num 5,11ff. über einen Fortgang des Verfahrens geschlossen werden, daß die rechtlichen Folgen einer am Heiligtum durchgeführten Tatbestandserhebung außerhalb der Kompetenz und in der Regel vielleicht sogar außerhalb des Interesses der Kultgemeinde lagen.

Nach alledem ist der Schluß unumgänglich, daß die Rechtsordnung des vorexilischen Israel und Juda neben der Rechtsgemeinde in Tor einer kultischen oder Tempelgerichtsbarkeit keinen Wirkungsraum ließ.

3.6.2 Zum Versuch der Rekonstruktion einer kultischen Gerichtsbarkeit aus den Psalmen

H.-J. Kraus stellt „nach allem, was zur Institution der Gottesgerichtsbarkeit erforscht worden ist,“ „Phasen und Akte“ eines solchen Verfahrens zu einer Agende zusammen.[438] Seiner Darstellung seien – neben einigen exegetischen Anmerkungen – im folgenden die agendarischen Angaben über ein Ordal in Num 5,11-26 als dem am ehesten vergleichbaren authentischen Text gegenübergestellt:

---

437 Daß das durchaus möglich gewesen wäre, dokumentiert Dtn 22,13ff. = § 10´.1 des Kodextorsos im Deuteronomium:

438 H.-J. Kraus, Psalmen 1, 57f., unter Bezug auf die Arbeiten von H. Schmidt (1928), L. Delekat (1967) und W. Beyerlin (1970). Zum Problem der Auswertung von Klageliedern des Einzelnen dafür siehe grundsätzlich E. S. Gerstenberger, Mensch, 155f.

Agende der „Gottesgerichtsbarkeit"	In der Ordalagende Num 5 dem ungefähr entsprechend	In der Ordalagende Num 5 abweichend geregelt
1. „»Zu dir flüchte ich«; »Bei dir berge ich mich«: Aufsuchen des Gottesschutzes im Tempelbereich in der Rechtsnot des Angeklagten und Verfolgten."		Nach Num 5,15 soll die Frau durch ihren Mann zum Ordal vorgeführt werden.[439]
2. „Voruntersuchung im Bereich des Tempeleinlasses: Ps 5,6-8. Der Angeklagte und Verfolgte darf in den Tempel einziehen – zur Proskynese."[440]		Von einer Voruntersuchung vor dem Betreten des Heiligtums ist in Num 5,11-26 keine Rede.
3. „Er birgt sich im »Schatten der Flügel« Jahwes (Ps 17,8; 27,5; 57,2 u.ö.)"[441]		Eine Schutzfunktion des Tempels ist nicht erwähnt; sie könnte ja auch der Sache nach nur einen Schutz vor dem Ehemann bezwecken, dem aber laut 5,15 die Aufgabe zukommt, die Frau zum Gottesurteil im Tempel eigenhändig vorzuführen.
4. „Reinigungseid und Selbstverfluchung ... (vgl. 1 Kön 8,31 und Ps 7,4ff. ...)"[442]	Num 5,21 fügt einen sprachlich nicht ausgeführten Eid der Frau sowie eine Verfluchung durch den Priester ein.	Im ursprünglichen Textbestand stimmt die Frau lediglich den Kriterien für die Deutung des Ordalausganges zu.

---

439 Asyl und Ordal sind sachlich insofern voneinander zu unterscheiden, als das Asyl von jemandem freiwillig aufgesucht wird, wenn er sich einer unverdienten (z.B. Dtn 19,1ff.) oder auch verdienten Strafe entziehen möchte, zum Gottesurteil (oder auch zur Eidesleistung) ein Angeklagter aber in der Regel verpflichtet und geschickt wird (vgl. Ex 22,7 und 8; Dtn 19,17) und sich eher davor scheuen wird, als daß er sich danach drängt. Die von W. Beyerlin und H.-J. Kraus vorausgesetzte Kombination beider Institutionen hat in den authentischen Quellen über das Rechtsleben Israels und Judas wie auch im keilschriftlichen Bereich, wo einige Quellen davon zu reden scheinen, daß ein Angeklagter das Ordal verweigert (vgl. MaG A §§ 22 und 24), keine Parallele.

440 Die Annahme einer solchen Voruntersuchung muß mit der Möglichkeit eines abschlägigen Bescheides rechnen; wenn der Antragsteller aber bereits beim „Tempeleinlaß" als schuldig erkannt und abgewiesen würde, wäre damit das Gottesurteil nicht nur überflüssig gemacht, sondern sogar verweigert worden. In den altorientalischen Rechtsquellen scheint zwar die Weigerung des Angeklagten, sich einem Ordal zu unterziehen, belegbar zu sein (vgl. die voranstehende Anm.), nicht aber die Ablehnung des Tempels, jemanden einem Ordal zu unterziehen.

441 Siehe zu dieser Redewendung ausführlich oben in 3.5.2.

Agende der „Gottesgerichts-barkeit"	In der Ordalagende Num 5 dem ungefähr entsprechend	In der Ordalagende Num 5 abweichend geregelt
5. „»Richte mich, Jahwe!« »Schaffe mir Recht!« Die Bitten zielen ab auf die Erteilung des göttlichen Urteilsspruches, der »am Morgen« ergeht."		Eine Bitte der Frau um einen göttlichen Richterspruch ist nicht erwähnt. Von einer Unterbrechung des Ordalverfahrens über Nacht ist keine Rede, insofern entsprechen auch die in H.-J. Kraus´ Agende noch mehrmals begegnenden Datierungen „am (frühen) Morgen" Num 5 nicht.
(5.) „zuvor setzt sich der Angeklagte in nächtlicher Tempelinkubation der Prüfung und Erforschung durch den Deus praesens aus (Ps 17,3 ...)"		Die „Prüfung und Erforschung" der angeklagten Frau geschieht durch das Ordal.[443]

442 In I Reg 8,31ff. ist nicht von einem Eid die Rede, den jemand ablegt, vielmehr geht es um einen Fluch, mit dem jemandem geschadet werden und dessen Wirkung Gott verhindern soll; siehe dazu ausführlich unten z.St. Aber auch Ps 7,4-6 beschreibt nicht wirklich einen Eid:

4 Mein Gott JHWH:	יְהוָה אֱלֹהַי
Wenn ich dieses getan habe,	אִם־עָשִׂיתִי זֹאת
wenn Unrecht in meinen Händen ist,	אִם־יֶשׁ־עָוֶל בְּכַפָּי:
5 wenn ich dem, der mit mir Frieden hielt, Böses angetan habe,	אִם־גָּמַלְתִּי שׁוֹלְמִי רָע
den, der mich anfeindete, ohne Anlaß ausplünderte,	וָאֲחַלְּצָה צוֹרְרִי רֵיקָם:
6 soll ein Feind meine Seele verfolgen und erreichen,	יִרַדֹּף אוֹיֵב נַפְשִׁי וְיַשֵּׂג
und er soll mein Leben auf die Erde stampfen	וְיִרְמֹס לָאָרֶץ חַיָּי
und meine Ehre zum Staub hin wohnen lassen	וּכְבוֹדִי לֶעָפָר יַשְׁכֵּן

Zwar liegt hier eine konditionale Formulierung vor, wie sie auch den Eid auszeichnet; doch werden bei einem Eid üblicherweise die Folgen für die unwahre Aussage (oder den Bruch des Versprechens) bestenfalls angedeutet und überdies deren Ausführung von der Gottheit, nicht aber von einem Feind erwartet.

443 In der antiken Praxis dient der Tempelschlaf – wenn nicht zur Heilung von einer Krankheit – der Traumoffenbarung, bei der ein Mensch Informationen von und/oder über Gott bezieht, vgl. F. Graf, Inkubation, 144, nicht aber, wie hier vorausgesetzt, dazu, daß Gott Informationen über einen Menschen einholt. Im übrigen ist der Bezug des Ps 17 auf den Tempel nur schwer herzustellen, was W. Beyerlin, Rettung, 105, selbst zugesteht; und daß das Wort לַיְלָה hier den Hinweis auf eine Tempelinkubation gäbe, ist zudem sehr fraglich: Im Rahmen des Parallelismus membrorum entspricht in 3aα פָּקַדְתָּ

Agende der „Gottesgerichtsbarkeit"	In der Ordalagende Num 5 dem ungefähr entsprechend	In der Ordalagende Num 5 abweichend geregelt
(5.) „Mit dem Opfer am frühen Morgen ... liefert der Beter sich dem Gottesurteil aus."[444]		Nach Num 5,15 bringt der Mann zusammen mit seiner Frau „ihr Opfer ihretwegen" zum Ordal mit; die zitierte Wendung ist zwar schwer deutbar, auf eine „Auslieferung" hin aber kaum auszulegen.

לַיְלָה dem לְבִּי בָחַנְתָּ als ein zweites Beispiel für die Fähigkeit Gottes, ins Verborgene zu blicken, mit anderen Worten, לַיְלָה bezeichnet nicht die Situation, bei der es Gott möglich wäre, den Menschen zu prüfen, sondern erinnert vielmehr daran, daß nicht einmal in der Finsternis der Nacht ein Mensch sich und seine Taten vor Gott verbergen kann.

444 Der Wortschatz der Psalmen ist durch viele seltene Wörter, zuweilen sogar Hapaxlegomena, oder ausgefallene Verwendungen ansonsten gut bekannter Vokabeln gekennzeichnet. Wenn die Auslegung eines Psalms an einem oder zwei derartigen Wörtern hängt, werden Exegese und Übersetzung in höchstem Maße unsicher. In Ps 5,4, woran H.-J. Kraus hier offenbar denkt, entscheidet sich die Deutung an dem Verständnis des Verbs צָפָה in Verbindung mit dem voranstehenden ersten Prädikat עָרַךְ und dem Substantiv בֹקֶר, wobei letzteres syntaktisch sowohl als Akkusativobjekt als auch als Adverbialbestimmung fungieren kann. צָפָה im Sinne von „auftischen", so W. Beyerlin, Rettung, 93, hat in Jes 21,5 nur eine äußerst unklare Parallele, vgl. H. Wildberger, Jesaja, 765, zumal die Wurzel dort im Qal und nicht wie hier im Piᶜel begegnet; von den beiden üblichen Bedeutungen „ausschauen" und „überziehen, belegen" kommt dem Zusammenhang in Ps 5,4bβ nach nur „ausschauen" in Frage. עָרַךְ ist zwar in seiner Bedeutung „in Schichten, Reihen legen, stellen" samt den entsprechenden Spezialbedeutungen unumstritten, bedarf aber eines Akkusativobjektes, ohne das es an kaum einer anderen Stelle zu belegen ist (an einigen Fundorten ist allerdings מִלְחָמָה als Objekt nicht genannt, aber in Gedanken zu ergänzen, vgl. die Lexika). Die mehr oder weniger inhaltslose Übersetzung bei H.-J. Kraus, Psalmen 1, 173, „rüste ich zu dir" (so aber auch schon H. Gunkel, Psalmen, 17, der jedoch darauf hinweist, daß עָרַךְ hier ausnahmsweise ohne Objekt verwendet würde) macht deutlich, daß das Verb nach einem Akkusativobjekt ruft. Dafür kommt in 5,4bα nun aber lediglich בֹקֶר infrage. Dann kann בֹקֶר jedoch nicht „(am) Morgen" bedeuten, und es macht durchaus Sinn, das Wort an dieser Stelle von I בקר Piᶜel abzuleiten und als Opferterminus zu verstehen (so HAL I, 145: „I בקר; (kult. t. t., F I בקר pi. 1) Schauopfer Ps 54b (Mow. PsSt. 1, 146f)"; auch von B. Herr, Haus, 91, gegen F.-L. Hossfeld erwogen). So ergibt sich als naheliegendste Übersetzung für Ps 5,4b:

Ich werde dir ein Opfer [zur Opferschau]   בֹקֶר אֶעֱרָךְ־לְךָ וַאֲצַפֶּה
anrichten und [nach Anzeichen] Ausschau halten.
Der Beter von Ps 5 erwartet also kein freisprechendes Gottesurteil, sondern ein richtungsweisendes Orakel.

Agende der „Gottesgerichts-barkeit"	In der Ordalagende Num 5 dem ungefähr entsprechend	In der Ordalagende Num 5 abweichend geregelt
(5.) „göttliche(r) Urteils-spruch(), der »am Morgen« ergeht"[445]		Selbst wenn der Ausgang des Ordals als Urteil verstanden werden könnte, würde dieses nicht unmittelbar ergehen, da der Körper der Frau auf den Trank nicht so schnell reagieren wird.
6. „Der kultische Prozeß ist ... erst abgeschlossen, wenn die Feinde dem Gottesurteil zustimmen und mit ihrer nachstellenden Anklage »zuschanden werden«"; „(vgl. Ps 4,2ff.)"[446]		Eine Anerkennung des Ordals durch den Ehemann ist in Num 5 nicht vorgesehen.[447]

445 Da der Urteilsspruch zweifellos als das wesentliche Element eines jeden Gerichtsverfahrens anzusehen ist, müßte man doch wenigstens in einem einzigen Beleg für die vermeintliche kultische oder Tempelgerichtsbarkeit einen Hinweis darauf erwarten können; doch wird in keinem der von W. Beyerlin für die Rekonstruktion ausgewerteten Psalmen ein ergangenes Urteil auch nur annähernd mitgeteilt. Demgegenüber vermutet W. Beyerlin den göttlichen Urteilsspruch sogar in einer Theophanie (vgl. seine Besprechung von Ps 11; 17; 26; 27; 57 und 63 jeweils zur Stelle), wofür er aber die technischen und inhaltlichen Einzelheiten offenläßt. Vgl. dazu auch E. S. Gerstenberger, Mensch, 155f.: „Gottes Handeln als Richter geschieht vielmehr im Himmel (Ps 7,7f) und wird in der Notlage als helfendes Eingreifen für den Bittsteller erfahren: nicht als Rechtsverfahren mit dem Ziel der Urteilsfindung, sondern als vollstreckende Tat."

446 An Ps 4 wird besonders deutlich, wie fragwürdig der Textbestand mancher Psalmen ist und wie das Verständnis nicht selten von einschneidenden Konjekturen abhängt; vgl. H.-J. Kraus, Psalmen 1, 4ff. So erhält man in 4,2ff. die Deutung, daß der Psalmist „um die Anerkennung des Gottesentscheides" „ringt" „und damit auf die entscheidenden Etappen des Rechtsstreites zurück"„blickt", W. Beyerlin, Rettung, 40, nur durch erhebliche Eingriffe in den überlieferten Text: Die Imperative in 4,2 werden unter dem Einfluß der LXX entgegen der masoretischen Fassung als Perfekte vokalisiert, wodurch aus der Bitte um Erhörung und Antwort eine rückblickende Schilderung gemacht wird; ferner wird die Aussage in 4a, der jetzt die Regel *JHWH behandelt einen ihm Frommen mit Auszeichnung* formuliert, – etwa in Anlehnung an Ps 31,22 wie H.-J. Kraus, Psalmen 1, 166 Anm. 4d – durch Emendation aller vier Wörter (sic!) in das persönliches Erlebnis „er hat mir wunderbare Gnade erwiesen" umgeformt. Letztere Konjektur führt aber schon deswegen nicht zum Erweis einer kultischen Gerichtsbarkeit, weil der nach dem Gottesurteil Unschuldige weder die „Treue, Güte, Huld" Gottes benötigt noch etwa gar entsprechend einer „Gemeinschaftspflicht in Verwandtschafts-, Freundschafts-, und anderen „Verhältnis(sen)", so jeweils HAL I, 323, zu חֶסֶד, von dem göttlichen Richter behandelt werden darf, sondern doch wohl auch vor einem kultischen Gericht „ohne Ansehen der Person" beurteilt und in Gerechtigkeit gerichtet werden müßte.

Agende der „Gottesgerichts-barkeit"	In der Ordalagende Num 5 dem ungefähr entsprechend	In der Ordalagende Num 5 abweichend geregelt
7. „Ist der rettende Freispruch geschehen, dann begeht der aus Rechtsnot Errettete die תודה"		Die Handlungen und Worte der Frau innerhalb des Rituals beschränken sich ausschließlich auf die Anerkennung der Ordalkriterien.
(7.) „In der Dankfeier ist dem Beter das communio-Mahl »angesichts der Feinde« ... bereitet (Ps 23,5)"[448]		Nach der Beschreibung in Num 5,25-26a wird das Opfer vor JHWH „geschwungen" und ein Teil davon auf dem Altar verbrannt; Hinweise auf ein „communio-Mahl" zusammen mit dem Ehemann, der das Ordal gefordert hat und der den „Feinde(n)" entsprechen würde, sind nicht vorhanden.

Der Vergleich erweist, daß sich die „Phasen und Akte" der von H.-J. Kraus (und anderen) rekonstruierten kultischen oder Tempelgerichtsbarkeit lediglich in einem einzigen Punkte annähernd mit dem Grundbestand des Gottes-

---

447 Auch in Ex 22,7.8 und Dtn 19,17 werden Eid und Ordal als prozeßentscheidend verstanden, ohne daß die Möglichkeit einer Ablehnung in einem Gegenfall erwähnt würde; zur Problematik von Ex 22,9f. siehe oben 3.2.2 z.St.!

448 Bisher sind keine festen Kriterien dafür erarbeitet worden, welche Aussagen in den Psalmen als bildhaft zu werten sind und welche im Gegensatz dazu faktische Zustände und Ereignisse beschreiben. Symptomatisch ist dafür die Beurteilung des Ps 23 durch W. Beyerlin: „*Unbestreitbar* ist der erste ... Vorstellungskreis ... metaphorisch geartet. *Hingegen* ist der zweite Vorstellungskreis ... *im wesentlichen* unbildhafter Art. ... Im Schlußteil des Psalms geht es *ganz ohne Frage* um eine Opfermahlfeier im Jahwetempel (V.5).", W. Beyerlin, Rettung, 112, wo in Anm. 152 auf viele Gegenstimmen verwiesen, jedoch keine davon mit Argumenten widerlegt wird (Hervorhebungen durch den Verf.). Dementsprechend wird auch unterschiedlich über die Einheit des Textes geurteilt: In den neueren Arbeiten vertritt z. B. R. W. Corney, Rod, die Zweiteiligkeit, während z. B S. Ö. Steingrímsson, Anteil, für die Einheit plädiert. Abgesehen von dieser grundsätzlichen methodischen Unklarheit würde diese „Opfer-mahlfeier" unter den aus dem Alten Testament bekannten Ritualen höchst singulär sein: Es ist nirgends sonst davon die Rede, daß nicht der Opfernde, sondern JHWH das „Opfermahl" bereitet; auch ist ein „Fettmachen" (so wortwörtlich; HAL I, 224, legt sich auf „erquicken" fest; die Bedeutungsbreite von דָּשֵׁן scheint recht groß zu sein) des Kopfes eines Opfernden in keiner Agende überliefert. Schließlich überraschte es sehr, wenn in den umfangreichen Ritualsammlungen des Alten Testaments ein solcher Zweck des Schlachtopfers und die dafür geltenden rituellen Einzelheiten verschwiegen würden, hätte es sie gegeben. Zum Vergleich von Ps 23,5 mit dem Verzehr der Schaubrote nach Lev 24,9 siehe F. Hartenstein, „Brot", 118f.

urteilsrituals in Num 5,11-26 decken: In beiden Fällen gehört ein Opfer zu dem Verfahren. Doch stimmen Art und Zweck des Opfers nicht überein.

Vor allem aber müssen die Hinweise auf die vermutete Institution – selbst wenn die Suche nach „institutionellen Bezügen" in poetischen Texten überhaupt methodisch legitim sein sollte – nur sehr mühsam und lediglich häppchenweise aus verstreuten Psalmentexten zusammengesucht werden. Die Schwierig- bis Unmöglichkeit, einzelne Psalmen absolut oder auch nur relativ zu datieren, erschwert das Unternehmen zusätzlich, denn es steht in der Gefahr, Angaben oder Anspielungen aus zeitlich weit auseinander liegenden Texten und Traditionen zu ein und derselben Agende zusammenzufügen. Das Experiment, die Psalmen nach Bezügen auf eine kultische oder Tempelgerichtsbarkeit zu befragen, sollte daher aufgegeben werden.

3.6.3 Vermeintliche Hinweise auf eine kultische Gerichtsbarkeit in erzählenden Texten

1. H. Schulz wertet für seine Hypothese vor allem die erzählenden Abschnitte I Reg 21,1-16 und Jer 26,7-24 aus.[449] Die Ereignisse, die hier geschildert werden, besitzen in der Tat sakrale Komponenten; diese sind aber nicht identisch, und H. Schulz mißt ihnen auch jeweils eine unterschiedliche Bedeutung zu: Bei Jer 26 ist für H. Schulz der Tempelhof als sakraler Ort für die Konstituierung der sakralen Gerichtsgemeinde entscheidend, während es ihm im Falle von I Reg 21, wo offen bleibt, an welcher Stelle der Stadt die Fastenveranstaltung stattfindet, gerade nicht darauf ankommt, ob der Platz von sakraler Bedeutung ist oder nicht. Und obgleich seiner Meinung nach Isebel in I Reg 21 das Fasten als Anlaß für eine „todesgerichtsfähige Gerichtsversammlung" inszenieren mußte, um ihren Plan der Hinrichtung Nabots durchzuführen, ist ihm bei Jer 26 der Anlaß für den Aufenthalt der Gemeinde im Tempelhof keine Diskussion wert.[450] Schließlich finden sich aus der fünf Programmpunkte umfassenden Prozeßordnung des kultischen

---

449 Hinzu kommt bei H. Schulz, Todesrecht, 123ff., noch die „Tempelrede" Jer 7,1-15, die er für „eine kultprophetische Anklage gegen die perverse Verfahrenspraxis der kultischen Gerichtsgemeinde hält", 128; da H. Schulz sich dabei auf den kultischen Ort beruft, den er bei I Reg 21,1-16 gerade nicht für wichtig hält, und ferner in Jer 7,5f. (z.B. die Bedrückung der personae miserabiles) und 9 (z.B. der Diebstahl) auch kritikwürdige Taten genannt werden, die seiner Meinung nach gar nicht zu der spezifischen Rechtsmaterie der „todesgerichtsfähigen Gerichtsversammlung" gehören, muß dazu hier nicht ausführlich Stellung genommen werden.

450 H. Schulz, Todesrecht, 117.119.

Gerichtsverfahrens, das H. Schulz aus Lev 18-20 eruiert[451], in den beiden erzählenden Referenzabschnitten lediglich Nr. 1: „Tatbestandsfeststellungs-urteil" (I Reg 21,13; Jer 26,9.11 und negativ 16) sowie Nr. 5: „Todesde-klaration" (Jer 26,8.11 und negativ 16; in I Reg 21 nicht vorhanden) wieder; die anderen sind auch nicht einmal ansatzweise erkennbar.

Auch wenn für L. Köhler Jer 26 eines der Musterbeispiele für die hebräische Rechtsgemeinde war[452], läßt doch der Handlungsablauf dort wie auch in I Reg 21 daran zweifeln, ob an den beiden Stellen überhaupt ein (sei es nun ein profanes oder ein sakrales) Gerichtsverfahren erzählt werden soll: Wo immer in den authentischen hebräischen Rechtssätzen zeitliche Abläufe erkennbar sind oder vorausgesetzt werden können, ist der Rechtsfall stets in gewissem Abstand <u>vor</u> der Verhandlung in der Rechtsgemeinde entstanden. In Jer 26 aber wird das vermeintliche Delikt erst begangen, nachdem die von H. Schulz vermutete „todesgerichtsfähige Gerichtsversammlung" bereits zusam-mengetreten ist; und dies scheint in I Reg 21 nicht anders zu sein, jedenfalls ist eine (Vor)datierung der angebliche Äußerung des Nabot nicht angedeutet. Insofern ähneln die beiden Fälle doch eher einer Lynchjustiz der Straße als einem geordneten Prozeß![453] Auch von daher können diese beiden Stellen die Annahme einer sakralen Parallelinstitution neben der profanen hebräischen Rechtsgemeinde nicht stützen.

Ferner besteht keineswegs Sicherheit darin, ob die heute vorliegende Erzählung von Nabots Weinberg in ihren sachlichen Einzelheiten tatsächlich die Verhältnisse der vorexilischen Zeit widerspiegelt und insofern für das Rechtsleben jener Epoche ausgewertet werden kann. A. Rofé hat sprachliche Parallelen zum späteren biblischen Hebräisch sowie zum Reichs-aramäisch aufgezeigt und wie schon vor ihm J. A. Soggin[454] darauf hingewiesen, daß der Einfluß der fremden Frauen auch und besonders in der Literatur des 5. Jh. v.Chr. kritisiert wird.[455] Und E. Blum vergleicht die Ergebnisse der Grabungen auf dem Tell Jezreel mit I Reg 21,1-20 und kommt zu dem Schluß: „Das Bild einer königlichen Residenzstadt mit entsprechender Sozialstruktur (Älteste etc.) in der Naboterzählung erscheint von daher doch eher als Anachronismus ..."[456]

Im übrigen gilt hier dasselbe, was bei dem Versuch der Rekonstruktion einer kultischen oder Tempelgerichtsbarkeit aus den Psalmen zu beobachten war:

---

451   H. Schulz, Todesrecht, 155ff.
452   L. Köhler, Rechtsgemeinde, 148f.
453   Deswegen kann I Reg 21 gegen R. Albertz, Theologisierung, 118, auch kaum als Bei-spiel dafür dienen, daß das Königtum „in Sonderfällen auch in die Ortsgerichtsbarkeit eingreifen" konnte.
454   J. A. Soggin, Jezabel.
455   A. Rofé, Vineyard.
456   E. Blum, Nabotüberlieferungen, 123 Anm. 63.

Die sakralen Elemente des Verfahrens, sofern überhaupt vorhanden, müssen aus den von H. Schulz herangezogenen verstreuten Stellen zusammengesucht werden, ohne daß sie sich auf einen gemeinsamen Nenner bringen ließen. Wirkliche Übereinstimmung zwischen den Belegen besteht nur darin, daß die zu beurteilenden Delikte mehr oder weniger kultische Vergehen darstellen. Dies würde auch von der Arbeit am Sabbat in Num 15,32-36 gelten, insofern die Stelle in den Rahmen der Bemühungen gehört, dem Sabbat in nach-exilischer Zeit erneut Geltung zu verschaffen, wozu auch die Sakralisierung des Tages eingesetzt wurde.[457] Sollte H. Schulz hier etwas Richtiges gesehen haben, dann würde sich die sakrale Justiz ausschließlich um innerkultische Angelegenheiten gekümmert haben, die nicht zu den vor der Rechtsgemeinde verhandelnden Materien gehörten[458]:

sakraler Charakter des Ortes der Ur-teilsfindung	sakraler Charakter der urteilsfindenden Versammlung	sakraler Charakter des Verfahrens der Urteilsfindung	zu beurteilendes Delikt
Lev 24,10-16:			
keine Angabe	keine Versammlung	Audition?	Blasphemie
Num 15,32-36:			
keine Angabe	keine Angabe, es sei denn in dem Begriff עֵדָה enthalten	Audition?	Arbeit am Sabbat
Dtn 13,2-6:			
keine Angabe	keine Angabe	keine Angabe	Aufruf zum Fremdkult
Dtn 17,2-7:			
keine Angabe	keine Angabe	kein, sondern Zeugenaussage	Fremdkult
Jos 7,13ff.:			
keine Angabe	keine Versammlung zur Urteilsfindung, sondern zur Tatbe-standsaufklärung, wofür freilich Heili-gung gefordert wird	Losorakel	unberechtigte Verwendung von Banngut
I Reg 21,1-16:			
keine Angabe	Fastenversammlung	keine, sondern Zeugenaussage	Blasphemie und Herabwürdigung des Königs
Jer 26,7-24:			
Tempelhof	unklarer Anlaß	keine, sondern Zeugenaussage	Prophezeiung gegen den Tempel

457 Vgl. oben 1.3.1 und 1.3.2.5.
458 Siehe dazu oben 3.1.1.

Ein kultisches oder Tempelgerichtsverfahren läßt sich aus den genannten Stellen nicht rekonstruieren.

Aber bereits H. Schulz's rechts- und religionsgeschichtliche Voraussetzung für seine Hypothese, daß sich die Rechtsgemeinde im Falle von Todesurteilen „vor möglichen zerstörerischen Rückwirkungen der eigenmächtig angetasteten Todessphäre" hätte „sichern" müssen und dazu „in der Regel ... sakrale Mittel und Maßnahmen notwendig" gewesen seien[459], ist auf Grund der alttestamentlichen Quellen zu hinterfragen. Die von ihm als Beweis herangezogenen Belegstellen aus den hebräischen Rechtssätzen Dtn 21,18ff. und 22,20f. lassen derartige Bedenken nicht erkennen; und auch der unberechtigterweise in eine Asylstadt geflohene Mörder wird nach Dtn 19,12 von der Rechtsgemeinde wie selbstverständlich der privaten Rache des Bluträchers ausgeliefert, ohne daß von „möglichen zerstörerischen Rückwirkungen" auch nur andeutungsweise die Rede wäre.[460] Bei dieser Sachlage dürfte sich die Suche nach einem speziell für Todesurteile geschaffenen kultischen Gericht im Rechtsleben des alttestamentlichen Israel wohl als grundlos erweisen.

2. W. Beyerlin meint, „daß es diese Institution" der kultischen oder Tempelgerichtsbarkeit „im alten Israel gab," ließe „sich ... mit einer hinreichenden Zahl außerpsalmischer Texte belegen"; dabei beruft er sich auf Ex 22,7-8; Num 5,11ff.; Dtn 17,8-13; 19,16-20; I Reg 8,31-32.[461] Selbst wenn er seine Behauptung mit der Klausel „in einer Reihe verschiedener Erscheinungsformen" einschränkt, so läßt doch beim näheren Hinsehen keine dieser Stellen einen Hinweis auf eine parallel zur Rechtsgemeinde organisierte und eigenständig wirkende kultische oder Tempelgerichtsbarkeit im Sinne W. Beyerlins erkennen:

Ex 22,7f., Num 5,11ff. und Dtn 19,16ff. sind bereits oben ausführlich besprochen worden.

Dtn 17,8-12 gehört zur Normensammlung des Deuteronomiums, deren Sätze zum einen vorhandene Strukturen in Erinnerung rufen, ein andermal solche verändern oder etwa auch einmal völlig neue installieren wollen.[462] Da die Zeilen von Dtn 17,8-12 vornehmlich den Geist der Sorge atmen, die dargestellte Einrichtung könne nicht recht ernst genommen oder gar ignoriert

---

459 H. Schulz, Todesrecht, 115.

460 Warum H. Schulz die Blutrache anders bewertet, die doch im Vergleich mit dem „Blutvergießen ... in den Schranken rechtlich gesicherter Verfahrensformen" als private Rache noch viel eher „mögliche unheilvolle Wirkungen aus"lösen könnte, „vor denen nur sakrale Sicherungen schützen", läßt er offen.

461 W. Beyerlin, Rettung, 143. Die in diesem Zusammenhang ebenfalls genannten Stellen Zeph 3,5 und Koh 9,2 sollen unten in 3.6.4 besprochen werden.

462 Vgl. dazu 2.2.1 zu Dtn 12 und 3.1.2 zu Dtn 16,18!

werden, da mehr als die Hälfte des Textes darauf verwendet wird einzuschärfen, daß eine Entscheidung der angerufenen Instanz hundertprozentig umzusetzen sei, da sich der Verfasser sogar zu der Forderung versteigt, über den, der dies nicht tut, sei die Todesstrafe zu verhängen, drängt sich der Eindruck auf, hier solle nichts Neues installiert[463], sondern eine längst vorhandene, aber nur noch bedingt oder gar nicht mehr akzeptierte Institution gestützt werden.[464] Das ist auch der eigentliche Grund dafür, mit U. Rüterswörden gegen die traditionelle Deutung und Übersetzung des Abschnittes die Apodosis erst in 17,10 beginnen zu lassen:[465]

8 *Wenn dir eine Sache im Blick auf das Urteil*[466] *zu schwer sein wird – zwischen Blut(tat) und Blut(tat), zwischen Rechtsanspruch und Rechtsanspruch, zwischen Gewalttat und Gewalttat*[467]*, Streitsachen in deinen Toren –, du aufstehst, hinauf zu dem Ort gehst, den dein Gott JHWH auswählen wird, 9 hineingehst zu den levitischen Priestern und zu dem Richter, der in jenen Tagen sein wird, (sie) befragst (und) sie dir den Urteilsspruch mitteilen, 10 sollst du entsprechend dem Wort, das man dir von jenem Ort aus, den JHWH erwählt, mitteilen wird, handeln (und) obachtgeben, nach allem zu handeln, was sie dich unterweisen werden ....*

J. C. Gertz faßt die Regelung, die mit Dtn 17,8-12 gestützt werden soll, zusammen und sagt: „Rechtsfälle, die für die profane Rechtsfindung der Ortsgerichte zu schwierig sind, sollen an das Zentralheiligtum überwiesen werden, um dort mit Hilfe der Möglichkeiten kultischen Rechtsfindens entschieden zu werden."[468]. Um letzteres zu verifizieren, weist er auf mehrere Indizien hin, die allerdings je für sich fragwürdig sind und auch in ihrer Addition die Hypothese kaum glaubhaft machen können.

1. Wann immer sich „das gewohnte Verfahren, nämlich Feststellung des Tatbestandes durch Zeugenaussagen oder Indizien[469] ... als unzureichend

---

463   Man vergleiche demgegenüber die sehr sachlich formulierte Notiz über die Einrichtung des Joschafatschen Gerichts in Jerusalem in II Chr 19,8ff.; siehe dazu ausführlich unten z.St.!

464   Auch R. Rothenbusch, Rechtssammlung, 79, betont mit Hinweis auf F. Crüsemann und G. C. Macholz, „daß Dtn 17,8-13 eine obere Rechtsinstanz nicht einsetzt, sondern *voraussetzt*".

465   U. Rüterswörden, Gemeinschaft, 46 mit Anm. 35 und 37.

466   So U. Rüterswörden, Gemeinschaft, 44, im Anschluß an G. Liedke.

467   Oder nur „Schlag", vgl. HAL III, 632, zu 2.

468   J. C. Gertz, Gerichtsordnung, 72, unter Hinweis auf F. Horst u.a. So sagt auch E. Otto, Gerichtsverfassung, 742f., daß „der kultische Rechtsentscheid an den Lokalheiligtümern ... in der dtn. Gerichtsordnung an ein mit Richtern und Priestern besetztes Zentralgericht verlegt (Dtn 17,8-13)" würde. Nach U. Rüterswörden, Gemeinschaft, 48, sei dies die opinio communis.

469   Für Indizienbeweise liefern die authentischen hebräischen Rechtssätze keine Belege.

erweist"[470], sei eine „Alternative zum profanen richterlichen Verfahren" gefordert, und diese könne nur in „einem kultischen Rechtsentscheid" bestehen. Dagegen ist festzuhalten, daß in den authentischen hebräischen Rechtssätzen kultische Amtshilfe für die Tatbestandserhebung lediglich bei Eigentumsdelikten belegt ist, jedoch דָּם *Blut(tat)* oder נֶגַע *Gewalttat* (oder nur *Schlag?*), die in 17,8αβγδ erwähnt sind, offensichtlich mit den eigenen Mitteln der Rechtsgemeinde aufgeklärt werden konnten. Nur muß gefragt werden, ob denn im Falle von Dtn 17,8-12 eine Tatbestandserhebung überhaupt noch nötig ist, werden doch die Tatbestände mit *Blut(tat), Rechtsanspruch und Gewalttat* (oder nur *Schlag?*) bereits als solche eindeutig benannt.[471]

2. Eine kultische „Alternative zum profanen richterlichen Verfahren" sei nach J. C. Gertz aber auch dann gefordert, wenn sich die „Subsumption" eines Falles „unter den entsprechenden Präzedenzfall als unzureichend erweist". In der Tat scheint das das anstehende Problem zu sein, daß nämlich der Rechtsgemeinde die Abwägung *zwischen Blut(tat) und Blut(tat), zwischen Rechtsanspruch und Rechtsanspruch, zwischen Gewalttat und Gewalttat* (oder nur *Schlag?*) mit dem ihr zur Verfügung stehenden traditionellen juristischen Wissen nicht gelingt und sie deswegen um Beratung bittet. Daß die rechtliche Klärung eines Rechtsfalles in Israel und Juda aber jemals mit Hilfe kultischer Institutionen herbeigeführt worden wäre, ist nicht bekannt; nach dem oben in 3.2 besprochenen Quellenmaterial wird die kultische „Amtshilfe" ausschließlich zur Tatbestandserhebung in Anspruch genommen.

3. Für die übliche Hypothese spreche nach J. C. Gertz „ferner, daß als Ort der Entscheidungsinstanz das Zentralheiligtum angegeben" werde. Dieser Schluß impliziert, daß an einem antiken Tempel ausschließlich kultische Handlungen vollzogen wurden bzw. alles, was im Bereich eines Heiligtums geschah, dadurch zu einem sakralen Geschehen wurde. Dabei wird übersehen, daß die Tempel im Alten Orient[472], in Ägypten[473] und in geringerem

---

470 Siehe zu diesen und den folgenden Zitaten J. C. Gertz, Gerichtsordnung, 64f.

471 Deswegen ist dem Samaritanus und der LXX, die mit dem von ihnen vorausgesetzten וְדָרְשׁוּ statt des masoretischen וְדָרַשְׁתָּ eine Untersuchung durch das Personal der genannten Instanz annehmen, nicht zu folgen.

472 Nach H. Klengel, Hammurapi, 178, dienten „die Tempel" seit der III. Dynastie von Ur „als «Dach» für eine Vielzahl von geschäftlichen Aktivitäten, die Personen ausführten, die dem Tempel nur mehr oder weniger nominell verbunden waren."; G. Steins, Tempelschatz, 811, sagt, daß „die Tempel des AO und Ägyptens ... nicht nur Kult-, sondern auch Wirtschafts- und Verwaltungszentren sind".

473 S. Allam, Tempelgerichtsbarkeit, 1, spricht von den „‚Tempel' genannten Wirtschafts- und Verwaltungszentren" des Neuen Reiches; „An den T. können sich Schulen für die

Maße auch in Griechenland[474] – über die Verwaltung und Bewirtschaftung der eigenen Ländereien hinaus – multifunktionale Einrichtungen waren. Ob das auch für den Tempel in Jerusalem in der Abfassungszeit des Normenteils im Deuteronomium galt, ist nicht mit Sicherheit zu sagen, aber auch nicht auszuschließen; jedenfalls stand Jerusalem in der Tradition der altorientalischen Kultur und unter dem kulturellen Einfluß der umliegenden Staaten. Auch läßt vielleicht die zahlenmäßige Zunahme des Jerusalemer Tempelpersonals gegen Ende der Königszeit[475] an eine Ausweitung der Aufgaben denken, die am Heiligtum zu erledigen waren. Daß die Anbindung der genannten Einrichtung an den Tempel, wenn man den Begriff מָקוֹם in 17,8b.10a überhaupt so eng fassen will, auf eine Anwendung sakraler Mittel in ihrer Arbeit schließen lassen müßte, ist insofern keineswegs zwingend.

4. Wenn auch „דרשׁ" (V. 9b) in Verbindung mit Verben der Bewegung ... häufig für eine Gottesbefragung belegt" ist, so führen die Wörterbücher andererseits auch genügend Stellen auf, an denen es zur Wiedergabe einer ganz alltäglichen Befragung verwendet wird.[476] Die Formulierungen in den Rechtssätzen Ex 22,7 (אֶל־הָאֱלֹהִים .... נִקְרַב), 22,8 (עַד־הָאֱלֹהִים יָבֹא דְּבַר־שְׁנֵיהֶם) und Dtn 19,17 (לִפְנֵי יְהוָה ... וְעָמְדוּ) sowie in dem Ritual Num 5,16 (וְהִקְרִיב אֹתָהּ הַכֹּהֵן וְהֶעֱמִדָהּ לִפְנֵי יְהוָה) zeigen zudem eindeutig, daß es im alttestamentlichen Hebräisch keine feste Terminologie für die Inanspruchnahme kultischer Mittel zur Tatbestandserhebung gegeben hat.[477]

So ist in Dtn 17,8-12 von einer kultischen oder Tempelgerichtsbarkeit am Zentralheiligtum, ja selbst auch nur von einer kultischen Tatbestandserhebung keine sichere Spur vorhanden; auf welchem Wege die levitischen Priester und der Richter zu ihrer Entscheidung kommen sollen, bleibt

---

Ausbildung der Tempelschreiber einrichten, in der SpZt sogar Sanatorien.", R. Stadelmann, Tempel, 357; vgl. auch die voraufgehende Anm.!

474 L. B. Zaidman, P. S. Tantel, Religion, 63: „Unmittelbar außerhalb der Heiligtümer, wenn nicht in ihnen selbst, finden auch die profanen Aktivitäten der Händler Platz, und jedes große Fest war bekanntlich eine Gelegenheit für Märkte und Vorführungen aller Art."; in Griechenland scheint sich aber die Ausweitung der Funktionen der Heiligtümer auf das Angebot, bei oder auf dem Temenos Handel zu treiben, beschränkt zu haben.

475 W. Zwickel, Der salomonische Tempel, 173.

476 Vgl. z.B. HAL I, 223f.

477 J. C. Gertz's fünftes Indiz, Gerichtsordnung, 65, das „Subjekt zu דרשׁ" könne „nicht die aufgesuchte Instanz", sondern nur „diejenigen" sein, „denen der Fall zu schwierig ist", wird richtig sein, sagt aber nichts über die Bedeutung des Wortes דרשׁ an dieser Stelle aus. Vgl. auch die Auseinandersetzung U. Rüterswördens, Gemeinschaft, 44, mit der Auffassung F. Horsts, aus der Bedeutung des Verbs פלא wäre auf eine sakrale Methode der Urteilsfindung zu schließen.

offen.[478] Das im einzelnen darzustellen, lag aber wohl auch außerhalb des Interesses des Textes und dessen, was der Verfasser dem Angeredeten einschärfen möchte, nämlich die erwähnte Instanz zu befragen und dessen empfohlenes Urteil in den vorgelegten Fällen ausnahmslos zu beachten. Mit dieser Mahnung verbunden gibt der Abschnitt übrigens die obergerichtliche Einschätzung der vorgelegten Rechtsfälle an die Rechtsgemeinden zurück, die – daran läßt auch gerade 17,10ff. keinen Zweifel – das Urteil zu sprechen und durchzusetzen haben. Die Stellung der Rechtsgemeinde wird somit in keiner Weise beeinträchtigt: Nach Dtn 17,8-12 soll die Instanz an *dem Ort, den dein Gott JHWH auswählen wird,* vielleicht gegebenenfalls (neues) Recht setzen, die Rechtsgemeinde aber spricht (dieses) Recht und hat damit das letzte Wort. Auch hier erweist sich die starke Position der hebräischen Rechtsgemeinde, neben der für eine kultische oder Tempelgerichtsbarkeit auf keiner Ebene Raum bleibt.

Den Abschnitt I Reg 8,31f. hat H. Schmidt in die Diskussion eingebracht.[479] Der Text geht sicher nicht auf Salomo zurück[480], birgt aber trotz seines geringen Alters mehrere lexikalische, grammatische und textliche Probleme und ist dadurch oft mißverstanden worden.

Da ist zunächst ein lexikalisches Problem: Die die Protasis des Satzgefüges in Substantiv- und Verbalformen bestimmende Vokabel אלה gehört nicht zum Wortschatz der Rechtstexte des Alten Testaments[481], sondern vornehmlich in den Bereich der Magie und bedeutet „Fluch, über jmd ausgesprochene Verfluchung"[482]. Deshalb liegt hier der Gedanke an einen Rechtsfall, der etwa im Sinne der oben in 3.2 dargestellten Belege unter

---

478 So mit U. Rüterswörden, Gemeinschaft, 48f., der allerdings trotz 17,8aβγδ mit einer weiteren „Falluntersuchung" rechnet.

479 H. Schmidt, Das Gebet des Angeklagten im Alten Testament, BZAW 49, Geißen 1928.

480 W. Dietrich, Königszeit, 226, weist auf die Sprache der exilischen und nachexilischen Frömmigkeit in diesem Kapitel; für O. Keel, Tempelweihspruch, 12, sind „die langen Reden (Segen, Gebete usw.), die in 1 Kön 8 bei der Tempelweihe gesprochen werden, ... rein deuteronomistisch".

481 So gegen z.B. J. Scharbert, אָלָה, 281: „Eine אָלָה dient in einem Gerichtsverfahren zur Klärung der Schuldfrage nach Art eines Ordals." אָלָה findet sich tatsächlich als Substantiv mit unterschiedlichen Bedeutungsnuancen in der Ordalagende Num 5,11-26 (vgl. dazu oben 3.3), nämlich in dem Einschub 5,21 im Sinne von „Fluchformel", was innerhalb eines der Anhänge in 5,27 aufgenommen wird, ferner in dem Einschub 5,21 als Genitivattribut zu שְׁבֻעָה mit der Bedeutung „eidliche Abmachung", was auch der Sinn des Plurals אָלֹת innerhalb des Grundtextes in 5,23 sein muß; Num 5,11-26 beschreibt aber kein „Gerichtsverfahren", sondern ist ein Ritual.

482 HAL I, 50; von da ist die Verwendung des Wortes als „Abmachung" z.B. in Num 5,23 abgeleitet.

Einbeziehung kultischer Institutionen aufgeklärt werden soll, nicht gerade nahe.[483]

Sodann findet sich ein grammatisches Problem: M. Noth und andere rechnen mit einem unangezeigten Subjektswechsel zwischen 8,31aα und 31aβ[484], W. Beyerlin mit einem weiteren zwischen 31aβ und 31b[485]. Beide Subjektswechsel sind jedoch weder grammatisch noch inhaltlich gefordert, und so behält auch J. Scharbert mit Recht wenigstens die Subjektsgleichheit zwischen 31aα und aβ bei[486]. Die Annahme einer Subjektsgleichheit zwischen 31aα und aβ bringt aber für die Deutung erhebliche Konsequenzen mit sich, insofern dann die Passage 8,31aβ das יֶחֱטָא aus 31aα näher ausführt:

אֵת אֲשֶׁר [487] יֶחֱטָא אִישׁ לְרֵעֵהוּ וְנָשָׁא־בוֹ אָלָה לְהַאֲלֹתוֹ

31aα *Wenn sich jemand gegenüber (s)einem anderen versündigt 31aβ (und) einen Fluch auf ihn naśa', um ihn zu verfluchen,

Damit wird das, was 31aβ mit einen Fluch auf ihn נָשָׁא, um ihn zu verfluchen beschreibt, als Sünde charakterisiert. Ein Eid oder ein Ordal zur Tatbestandserhebung in Parallele zu Ex 22,6f.8.9f. und Dtn 19,16ff. kann hier also nicht gemeint sein, da die Inanspruchnahme kultischer Institutionen durch die Rechtspflege an keiner Stelle in der alttestamentlichen Überlieferung negativ qualifiziert wird.[488]

Hierzu gesellen sich Probleme in der Textüberlieferung: נָשָׁא mit der Grundbedeutung „leihen" müßte in 31aβ in der Nebenbedeutung „Wucher treiben" verwendet sein, um eine kritikwürdige Handlung zu beschreiben; allerdings bereitet dann der Fortgang des Satzes mit dem Objekt אָלָה inhaltliche Schwierigkeiten, da es sich mit einem Fluch schlecht wuchern läßt. Die Übersetzung mit λάβῃ in der LXX hat nun zu der Vermutung geführt, daß auf נשא der diakritische Punkt falsch gesetzt worden und נָשָׂא zu lesen sei; die Wendung נָשָׂא־בוֹ אָלָה wäre dann zwar ein Hapaxlegomenon, aber immerhin mit Wendungen wie נָשָׂא קִינָה, נָשָׂא זִמְרָה, נָשָׂא מָשָׁל, נָשָׂא קוֹל etc. zu vergleichen.[489] Textliche Schwierigkeiten werden allgemein auch am Anfang von 31b vermutet, doch führen die vorgeschlagenen Konjekturen

---

483 So gegen die Charakterisierung des Abschnittes z.B. durch W. Beyerlin, Rettung, 67, „kultisch-sakrales Verfahren ... des Gottesgerichts", oder durch M. Noth, Könige, 186, der Ex 22,6-12 als Vergleich heranzieht.

484 M. Noth, Könige, 169, 186.

485 W. Beyerlin, Rettung, 59.

486 J. Scharbert, אָלָה, 281.

487 Anstelle von אֵת אֲשֶׁר schlägt BHS nach II Chr 6,22 und einigen Übersetzungen אִם vor.

488 Dies wird bei der alternativen Übersetzung in HAL III, 687 zu 4., „jmdm e. Reinigungseid zuschieben", außer Acht gelassen.

489 Vgl. HAL III, 685 zu 9, mit den Übersetzungsvorschlägen „E. Eid auferlegen, od. Fluch aussprechen" für נָשָׂא אָלָה.

eher zu größeren Problemen, als sie der überlieferte Wortlaut bietet: HAL schlägt für בָּא אָלָה unter Änderung in בוֹא בְּאָלָה die Übersetzung „sich unter Verfl. stellen"[490] vor, was einen nicht angezeigten Subjektswechsel voraussetzt und vor allem inhaltlich schwierig ist, da nach dem לְהַאֲלֹתוֹ in 31aβ das angenommene Subjekt ja bereits verflucht ist. M. Noth rechnete mit einem Textfehler durch doppelte Dittographie und änderte in בְּאָלָה, was er entgegen der masoretischen Akzentsetzung als Adverbialbestimmung zu לְהַאֲלֹתוֹ[491] zog; auch wenn Paronomasie in den semitischen Sprachen nicht unbeliebt ist, dürfte die dreimalige Verwendung der Wurzel אָלָה in hintereinander stehenden Wörtern vielleicht doch ungewöhnlich sein. So sollte man hier wohl beim masoretischen Text bleiben und אָלָה als das neue Subjekt verstehen; die Genusinkongruenz zwischen Prädikat und Subjekt ist zwar unschön, in der alttestamentlichen Literatur jedoch keine Seltenheit[492]:

וּבָא אָלָה לִפְנֵי מִזְבַּחֲךָ בַּבַּיִת הַזֶּה

31b *(und) es kommt ein [solcher] Fluch vor deinen Altar in diesem Hause,*
– womit wohl gemeint ist, daß die Angelegenheit im Gebet Gott vorgetragen wird, wie der Fall ja auch unter die Gebete *deines Knechtes und deines Volkes* in 8,30 subsumiert ist –

וְאַתָּה תִּשְׁמַע הַשָּׁמַיִם וְעָשִׂיתָ וְשָׁפַטְתָּ אֶת־עֲבָדֶיךָ לְהַרְשִׁיעַ רָשָׁע לָתֵת דַּרְכּוֹ בְּרֹאשׁוֹ וּלְהַצְדִּיק צַדִּיק לָתֶת לוֹ כְּצִדְקָתוֹ

32 *dann höre du (vom) Himmel (her*[493]*), handele (und) schaffe deinen Sklaven Recht, indem du einen Verbrecher zu einem Verbrecher erklärst, um ihm seinen Weg auf sein Haupt zu geben, und einen Unschuldigen als un-schuldig erklärst, um ihm nach seiner Gerechtigkeit zu geben.*

Ob I Reg 8,31f. überhaupt einen Bezug zu einem Rechtsfall und damit dann zu einer vermeintlichen kultischen oder Tempelgerichtsbarkeit hat, ist nach dieser Textanalyse und -übersetzung höchst fragwürdig.[494] Es geht wohl eher um die Abwehr eines Fluches, um deren Außerkraftsetzung Gott im

---

490 So HAL I, 50, unter 2.
491 M. Noth, Könige, 173 Anm. m mit Literaturangaben.
492 Vgl. E. Kautzsch, Grammatik, 487: „Der Redende oder Schreibende beginnt mit der nächstliegenden Form des Prädikats, der flektionslosen 3. sing. masc., und läßt es gleichsam in suspenso, durch welches nachfolgende Subjekt, resp. welches Genus oder welchen Numerus, das vorläufig unbestimmt gelassene Prädikat seine Näherbestimmung erhalten soll (Anm. 2: Im gewissen Sinne analog ist unser: es kommt ein Mann, eine Frau etc.)."
493 So in LXX.
494 Auch W. Beyerlins, Rettung, 142, Hypothese, daß das vermutete Gottesurteil „sowohl den beschuldigten als auch den beschuldigenden Streitgegner" treffen würde, kann durch I Reg 8,31f. nicht gestützt werden; die Indetermination des רָשָׁע in 32aγ sowie des צַדִּיק in bα soll wohl deutlich machen, daß hier eine allgemeine und nicht auf den konkreten Fall bezogene Bitte gemeint ist.

Tempel gebeten werden könne. Das Eingreifen Gottes wird auch ausdrücklich vom Himmel her erwartet, so daß schon von daher hier an eine
(Gottesgerichts)entscheidung direkt im Heiligtum nicht zu denken ist.

3.6.4 Vermeintliche Hinweise auf eine kultische Gerichtsbarkeit in (außerpsalmischen) poetischen Texten

E. Reuter nennt auch Hos 5,1 als Beleg für „priesterliche Gerichtsbarkeit"[495],
womit sie sich offensichtlich auf ein Verständnis der Stelle bezieht, wie es
z.B. H. W. Wolff vertritt: „denn euch obliegt der מִשְׁפָּט"[496]. Diese Übersetzung ist aber mit Sicherheit unzutreffend: Es wird kaum zu begründen sein,
daß כִּי in 5,1aδ „denn" und unmittelbar danach in 1bα „ja" bedeuten soll; ist
כִּי aber an beiden Stellen eine kausale Subjunktion, müssen die kritikwür-
digen Taten von 1b die Begründung für 1aδ darstellen, und dann kann מִשְׁפָּט
in 1aδ nur im Sinne von „Rechtsentscheid" oder gar „Urteil", das aufgrund
dieser Taten ergangen ist, verstanden werden.[497] Hinzu kommt, daß „euch
obliegt" wohl im Zweifelsfalle nicht mit לָכֶם, sondern durch עֲלֵיכֶם
ausgedrückt worden wäre[498]; לָכֶם dagegen ist in der Regel ein Ausdruck für
das deutsche „haben".

1 *Hört dieses, (ihr) Priester!*	שִׁמְעוּ־זֹאת הַכֹּהֲנִים
Hört, Haus Israel!	וְהַקְשִׁיבוּ בֵּית יִשְׂרָאֵל
Hört, Königshaus!	וּבֵית הַמֶּלֶךְ הַאֲזִינוּ
Denn ihr habt das [sc. euer] Urteil,	כִּי לָכֶם הַמִּשְׁפָּט
weil ihr zur Falle für Mizpa geworden	כִּי־פַח הֱיִיתֶם לְמִצְפָּה
seid und zu einem ausgespannten	וְרֶשֶׁת פְּרוּשָׂה עַל־תָּבוֹר:
Netz gegen den Tabor.	

Welche Instanz das erwähnte Urteil gesprochen hat, ist nicht ganz sicher
zu sagen, zumal in der Fortsetzung 5,2 fast jedes Wort von den Auslegern
bestritten wird. Im Zweifelsfalle dürfte aber JHWH als Richter gemeint sein;
daß dabei jedoch an ein kultisches Gerichtsverfahren gedacht wäre, ist nicht
ersichtlich.

An der Bedeutung von מִשְׁפָּט entscheidet sich auch der Sinn von Zeph
3,5bγ. Unter der Annahme, daß 3,5bγ eine versehentliche, später aufgefüllte

---

495 E. Reuter, Kultzentralisation, 174.
496 H. W. Wolff, Hosea, 123f.; in seiner Übersetzung, a.a.O. 119, heißt es sogar: „Denn ihr
     habt das Recht zu wahren".
497 Vgl. bereits die LXX-Übersetzung und die Literaturangaben bei H. W. Wolff, Hosea,
     z.St.!
498 So etwa in Ez 46,17.

Wiederholung von 5aβ ist[499] und insofern beiseitegelegt werden kann, ergibt sich für Zeph 3,5aα bis bβ – gegen K. Elliger und H.-D. Neef – ein gut nachvollziehbarer Parallelismus membrorum, bei dem sich jeweils die positive und die negative Formulierung einer Aussage über JHWH gegenüberstehen: צַדִּיק und עַוְלָה עֹשֶׂה יַעֲשֶׂה לֹא sowie יִתֵּן מִשְׁפָּטוֹ und נֶעְדָּר לֹא[500]:

5 *JHWH ist gerecht in ihrer Mitte,*   יְהֹוָה צַדִּיק בְּקִרְבָּהּ
  er tut keine Schlechtigkeit;   לֹא יַעֲשֶׂה עַוְלָה
an jedem Morgen gibt er seinen מִשְׁפָּט   בַּבֹּקֶר בַּבֹּקֶר מִשְׁפָּטוֹ יִתֵּן
  bei Tagesanbruch[501] *wird er*   לָאוֹר לֹא נֶעְדָּר ....
  nicht vermißt ....

Aufgrund seiner großen Bedeutungsbreite[502] kann der genaue Sinn von מִשְׁפָּט eigentlich nur anhand nominaler Attribute oder des Kontextes bestimmt werden. In Zeph 3,5 ermangelt ihm aber nicht nur das Attribut, sondern es scheint auch der ursprüngliche Kontext zu fehlen[503], was eine exakte Deutung fast unmöglich macht. Wenn sich nun aber, wie nach der Parallelität von 5aα und aβ zu erwarten sein sollte, auch das zweite Halbverspaar inhaltlich so entspricht wie das erste, kann מִשְׁפָּט hier kaum „Rechtsentscheid" bedeuten, sondern muß den Gedanken, daß JHWH bei Anbruch des Lichtes „nicht vermißt wird", d.h. auffindbar ist, inhaltlich entsprechend, aber anders formuliert ausdrücken. Dies wäre gegeben, wenn man מִשְׁפָּט als „Gemäßheit: Bauplan ...; Lebensweise..., ... Brauch"[504] deutet und mit „Art und Weise" übersetzt: *an jedem Morgen präsentiert er seine Art und Weise.* Sicherheit ist hier aufgrund der genannten Hindernisse nicht zu erlangen; im Zweifelsfalle ist aber eher an die Verläßlichkeit der Schöpfung als an die Verkündung kultischer Rechtsentscheide zu denken.

---

499 BHS: „var lect ad 5aβ". Nach H. Irsigler, Zefanja, 62, stammt „der doxologische Nachtrag ... noch aus exilischer Zeit".

500 לֹא נֶעְדָּר als Relativsatz zu אֹר aufzufassen, so E. Elliger, Buch, 75, u.a., muß mit einem unangezeigten Subjektswechsel rechnen; ähnlich problematisch H. Irsigler, Zefanja, 321f., der das Subjekt für 5bβ in מִשְׁפָּטוֹ sieht, „da es ... in 5a-c durchwegs um JHWHs Gerechtigkeit und das von ihm gewahrte »Recht« inmitten der Stadt geht".

501 So HAL I, 24; der Vorschlag in BHS, mit der syrischen Übersetzung und dem Targum כָּאוֹר zu lesen, zerstört die Parallelität zwischen בַּבֹּקֶר בַּבֹּקֶר und לָאוֹר.

502 HAL II, 615f.: „Schiedsspruch > Rechtsentscheid > Rechtssache > Recht, Anrecht, Anspruch > was einer Sache gemäß ist" bis hin zu „Bauplan".

503 So W. Beyerlin, Rettung, 93; nach K. Elliger, Buch, 75, „prosaischer Zusatz"; nach K. Seybold, Zephanja, 111, „möchte" V. 5 „– gegen die Intention der Weherufe in V. 1ff. –" das „Gottesgericht am Zentralheiligtum" „von der Verurteilung herausgenommen wissen"; nach H.-D. Neef, Gottesgericht, 541, „Fremdkörper" in „Prosasprache".

504 HAL II, 616, 4.

Koh 9,2 nennt in einer Aufzählung alternativer menschlicher Eigenschaften und Haltungen auch diejenigen, die (bereit sind zu) schwören, und
diejenigen, die sich vor einem Eid scheuen:

כַּאֲשֶׁר לַכֹּל מִקְרֶה אֶחָד לַצַּדִּיק וְלָרָשָׁע לַטּוֹב[505] וְלַטָּהוֹר וְלַטָּמֵא וְלַזֹּבֵחַ [506]
וְלַאֲשֶׁר אֵינֶנּוּ זֹבֵחַ כַּטּוֹב כַּחֹטֶא הַנִּשְׁבָּע כַּאֲשֶׁר שְׁבוּעָה יָרֵא:

2 ... *Wenn ein [und dasselbe] [Todes]geschick die Gesamtheit [trifft]: den
Gerechten und den Verbrecher, den Guten ..., den Reinen und den Unreinen,
den Opfernden und den, der nicht opfert, [dann] ist der Gute wie der Sünder,
der Schwörende wie der, der einen Eid fürchtet.*

Der Verfasser will „veranschaulichen, daß das Schicksal der Menschen nicht
von seiner religiösen oder sittlichen Qualität abhängt"[507] und hat insofern
kein Interesse daran, den Anlaß und die nähere Umstände für die genannten
Eigenschaften und Haltungen darzulegen. Dadurch aber muß offenbleiben,
ob die in 2bβ angesprochene Eidesleistung im Rahmen des Prozesses vor
einem weltlichen Gericht wie etwa in Ex 21,5f.; 22,9f. (und vielleicht auch
22,6.f.8) oder in einem der von W. Beyerlin vermuteten „kultischen
Gottesgericht-(sverfahren)" gefordert wird; ja selbst mit der Möglichkeit muß
gerechnet werden, daß hier an eidliche Zusagen im Alltags- oder
Wirtschaftsleben gedacht ist. Ein auch nur einigermaßen deutlicher Hinweis
auf eine kultische oder Tempelgerichtsbarkeit liegt demnach auch in Koh 9,2
nicht vor.

3.6.5 II Chr 19,8-11 – Die Justizreform Joschafats

G. C. Macholz sieht in der Darstellung der Justizreform des Joschafat in II
Chr 19,8-11[508] eine Weiterentwicklung der „»sakralen Rechtsfindung« durch
Eid, Ordal und wohl auch Los" in dem Jerusalemer „Obergericht". „Solche
Fälle wurden ja schon seit jeher nicht von der lokalen Torgerichtsbarkeit
verhandelt, sondern an die Priester als die für sakrale Rechtsfindung
Zuständigen »überwiesen«". Durch die Justizreform des Joschafat sei nun
„der ehedem wohl selbständige Bereich der sakralen Rechtsfindung in ein

---

505 Entweder zu tilgen oder nach den „alten Übersetzungen ... לרע hinzu" zu setzen, A.
     Lauha, Kohelet, 164 Anm. 2a.

506 הַכֹּל wird oft in הֶבֶל geändert und zu dem Vorangehenden gezogen, vgl. z.B. A. Lauha,
     Kohelet, 164 Anm. 1d.

507 A. Lauha, Kohelet, 167.

508 Vgl. zum Folgenden und zur unberechtigten Bestreitung der Geschichtlichkeit der Notiz
     seit J. Wellhausen S. Japhet, 2 Chronik, 235ff.; auch Y. Osumi, Kompositions-
     geschichte, 142, unter Bezug auf F. Crüsemann, und Verf., Indiz, 238ff.

»staatliches« Einheitssystem inkorporiert worden".[509] Dieses Verständnis leitet er von dem Begriffspaar כָּל דְּבַר־יְהוָה // כֹּל דְּבַר־הַמֶּלֶךְ in II Chr 19,11 ab. Er erkennt darin die Gegenüberstellung der Fälle, „welche Jahwe entscheidet," und derer, „welche der König entscheidet", und hinter ersterem verbirgt sich für ihn die „sakrale Rechtsfindung". Einen Beweis für diese Deutung etwa durch vergleichbare Ausdrucksweisen an anderen Stellen der alttestamentlichen Literatur führt er allerdings nicht.[510]

Nun hat G. C. Macholz's Hypothese über die Begriffsbestimmung hinaus zwei weitere Mängel: Es ist nicht zutreffend, wenn er sagt, daß „die Fälle, welche Jahwe entscheidet," schon vor der Justizreform Joschafats „nicht von der lokalen Torgerichtsbarkeit verhandelt" worden seien. Wie wir oben in 3.2 sahen, blieb Klageerhebung, Verhandlung und Urteil auch dann in den Händen der Rechtsgemeinde, wenn kultische Institutionen zur Tatbestands-erhebung in Anspruch genommen wurden. G. C. Macholz widerspricht sich in gewisser Weise auch selbst, wenn er dann in Auslegung des Wortes וְהִזְהַרְתֶּם in 19,10 – mit vollem Recht – feststellt, daß das „Jerusalemer Ober-gericht gar keine Urteile in unserem Sinne" fällt, „sondern ... nur in einigen Prozeßabschnitten subsidiär zu den »normalen« Gerichten tätig" wird – dies ist haargenau das Verhältnis zwischen der Recht sprechenden Rechts-gemeinde und der von dieser für sakrale Dienstleistungen in Anspruch genommenen Kultgemeinde auf örtlicher Ebene, wie es in Ex 22,7 und 8 sowie Dtn 19,16ff. zu Tage tritt. Das erwähnenswert Neue steckt in 19,10aγδ: *ihr sollt sie [sc. die Brüder in den Städten] verwarnen, (so daß) sie sich nicht hinsichtlich JHWH versündigen.* Das würde eine direkte Einflußnahme auf die Verhandlungen und die Entscheidungen der Rechtsgemeinde bedeuten.[511] Wenn davon in den authentischen Rechtstexten keine Rede ist, verstünde sich das von selbst, denn diese „Warnung" müßte vor der Urteilsfindung und -verkündung, die der Rechtssatz formuliert, anzusetzen sein, während sich der Rechtssatz seiner Gattung entsprechend auf die Darstellung des Falles und der Lösung beschränkt.

Doch ist nicht sicher, ob die Chronik mit II Chr 19,10 tatsächlich eine geschichtliche Erinnerung bewahrt hat. Denn es ist zweitens zu fragen, ob G.

509　G. C. Macholz, Geschichte, 326f.

510　Andere Versuche der Begriffsbestimmung sind außer bei G. C. Macholz, a.a.O., z.B. auch bei H.-P. Mathys, Ethik, 220, zusammenfassend dargestellt.

511　Ob die Fragen von 19,10aβ im Sinne der „Berufung" bei einem höheren Gericht, so S. Japhet, 2 Chronik, 236, oder aber als Bitte um Rechtsauskunft, wie z.B. in Dtn 17,8ff., dem Jerusalemer Gericht vorgelegt werden, ist aus dem Text nicht ersichtlich.

C. Macholz die diachrone Struktur des Abschnittes, die er durchaus sieht[512], in seiner Ausdeutung hinreichend berücksichtigt hat.[513] Hier sind nämlich nicht nur zwei unterschiedliche Sprachstile, sondern vor allem auch Unterschiede in der Schilderung der Zuständigkeit sowie der Aufgaben der Einrichtung zu beobachten, die regelrecht dazu zwingen, zwischen einer historischen Notiz über die Maßnahme Joschafats auf der einen Seite und den

---

512 G. C. Macholz, Geschichte, 322 Anm. 13; 19,11a kann allerdings nicht zum „recht-
     lichen" Teil des Abschnittes gerechnet werden, da auch hier die Anredeform dominiert.
     Den Unterschied zwischen dem „rechtlichen" und dem „paränetischen" Teil des
     Abschnittes hat aber auch schon W. Rudolph, Chronikbücher, 257, gespürt, ohne
     jedoch daraus Konsequenzen zu ziehen. Die literarkritischen Verhältnisse hat S. Japhet,
     2 Chronik, 237, treffend beschrieben: „Ich neige zu der Annahme, daß der Chronist an
     dieser Stelle eine Quelle benutzt hat." Dabei „dürfte es sich um kurze, elementare
     Notizen zum judäischen Rechtswesen gehandelt haben, die der Chronist um eine
     Einleitung und um rhetorische Stücke bereichert und seiner Darstellung von Joschafats
     Regierung integriert hat."
513 Dasselbe betrifft aber auch U. Rüterswördens Vergleich unseres Textes mit Ex 18; Dtn
     1 und 17, Gemeinschaft, 17, und seiner daraus gezogenen Schlußfolgerung, daß „der
     Bericht über die Justizreform des Josaphat ... eine Kompilation aus vorgegebenen
     Materialien" sei. Obgleich er G. C. Macholz´s Differenzierung erwähnt, läßt er sie in
     seine Untersuchung nicht einfließen. Sie aber hätte ihm gezeigt, daß die einigermaßen
     erhärtbaren Parallelen zu deuteronomi(sti)schen Texten allein die paränetischen Teile in
     II Chr 19,9-11 betreffen; der Nachweis aber, daß diese aus chronistischer Feder
     stammen, kann die Geschichtlichkeit der historische Notiz 19,8 nicht in Zweifel ziehen,
     zumal sich die von U. Rüterswörden – z.T. im Anschluß an E. L. Curtis, den er als
     Kronzeugen für seinen Erklärungsversuch benennt, – für II Chr 19,8 vermuteten
     Quellen, sofern sie überhaupt anzunehmen sind, in Sprache und Aussage erheblich
     unterscheiden: 1. In II Chr 19,8 wird das Obergericht *ein*-, in Dtn 17,8f. dagegen als
     vorhanden *vorausgesetzt*. 2. הַמָּקוֹם אֲשֶׁר יִבְחַר יְהוָה אֱלֹהֶיךָ בּוֹ in 19,8aα und בִּירוּשָׁלַםִ in
     Dtn 17,8 sollen sich entsprechen, da „der Kompilator" die Wendung „הַמָּקוֹם אֲשֶׁר יִבְחַר
     יהוה אלהיך בו mit Jerusalem" „identifiziert"; doch ist in II Chr 19,8 keine Rede davon,
     daß Joschafat das Obergericht an einem Heiligtum installiert; wollte man dies aus der
     Erwähnung der Leviten und Priester erschließen wollen, könnte man die Institution mit
     demselben Recht auch an der Wirkungsstätte der רָאשֵׁי הָאָבוֹת verorten. 3. Auch der
     Bezug der הַלְוִיִּם וְהַכֹּהֲנִים von II Chr 19,8 zu den הַכֹּהֲנִים הַלְוִיִּם von Dtn 17,9 kann nicht
     in U. Rüterswördens Sinne angeführt werden, da nun eben zu dem Obergericht, von
     dem beide Stellen reden, Leviten – so II Chr 19,8 nach Abzug der Glosse וְהַכֹּהֲנִים –
     bzw. *levitische* Priester – so Dtn 17,9 – gehört haben. 4. „Die רָאשֵׁי הָאבוֹת gehen" kaum
     „auf Dt 1,15 zurück", denn dort ist nicht von einem Obergericht, sondern von einer
     vierstufigen (wohl militärischen, so G. von Rad, Deuteronomium, 28) Hierarchie die
     Rede, während das Thema Richter und Rechtsprechung erst von 16f. an angesprochen
     wird; es besteht auch keine terminologische Übereinstimmung, vielmehr stehen die
     רָאשֵׁי הָאָבוֹת לְיִשְׂרָאֵל dort רָאשֵׁי שִׁבְטֵיכֶם bzw. רָאשִׁים gegenüber. 5. Eine literarische
     Quelle für לְיִשְׂרָאֵל zu suchen, das 51 mal im Alten Testament vorkommt, ist wohl ein
     erfolgloses Unterfangen; vorausgesetzt zudem, daß einer, der zitiert, den zitierten Text
     auch verstanden hat, kann לְיִשְׂרָאֵל auch kaum aus Ex 18,25 stammen, da dort keine
     Gerichtsbarkeit installiert wird, vgl. A. Graupner, Ex 18.

Ermahnungen des Königs auf der anderen, die offensichtlich komplett aus der chronistischen Feder stammen, zu trennen:

Beschreibung der Maßnahme	Ermahnungen des Königs
8 In der geschichtlichen Notiz scheinen die רָאשֵׁי הָאָבוֹת[514] und die כֹּהֲנִים[515] die Hauptakteure zu sein.	11 Hier sollen ein כֹּהֵן sowie ein נָגִיד, von dem in der geschichtlichen Notiz keine Rede ist und der bestenfalls unter die רָאשֵׁי הָאָבוֹת לְיִשְׂרָאֵל subsumiert werden könnte, tätig werden; als שֹׁטְרִים fungieren die לְוִיִם.
Von Aufgaben im Blick auf die Rechtsgemeinden außerhalb Jerusalems ist keine Rede.	10 Die Hauptaufgabe der Institution besteht in der Unterstützung der örtlichen Instanzen.
8 Die Aufgabe ist in zwei Sachbereiche unterteilt, wobei die כֹּהֲנִים für מִשְׁפַּט יְהוָה und die רָאשֵׁי הָאָבוֹת לְיִשְׂרָאֵל für רִיב oder nach der LXX für die רִיבֵי יֹשְׁבֵי יְרוּשָׁלַם zuständig sind.[516]	11 Die Aufgabe ist in zwei Sachbereiche unterteilt, wobei der כֹּהֵן dem Bereich כֹּל דְּבַר־יְהוָה und der נָגִיד לְבֵית־יְהוּדָה dem Bereich כֹּל דְּבַר־הַמֶּלֶךְ vorstehen soll.

U. Rüterswörden hält es mit Recht für „verwunderlich", daß in 19,8 „Israel genannt wird, nicht dagegen Juda".[517] Für T. Willi wird Israel hier für „Juda als das Refugium des ‚Israel' repräsentierenden Restes des davidischen Reiches" verwendet, wofür er eine Reihe von Vergleichsstellen anführt.[518]

---

514   Mit der Erwähnung von רָאשֵׁי הָאָבוֹת ist dem Chronisten wohl ein Anachronismus unterlaufen, an ihrer Stelle wären eher die זְקֵנִים zu erwarten, vgl. Verf., Beobachtungen, 406ff. Anders S. Japhet, 2 Chronik, 239: „Der Terminus »Häupter von Vaterhäusern« ist chr zwar sehr beliebt, aber hier scheint mir die Frage erlaubt, ob nicht doch eine Realität dahintersteht".

515   Die grammatische Anknüpfung der drei pluralischen Substantive in 8a – zweimal mit und einmal ohne מִן – vermittelt den Eindruck, daß der Text sekundär überarbeitet worden ist. T. Willi, Chronik, 198, möchte die לְוִיִם als „an ungehöriger Stelle eingeschobene Komplettierung" ausscheiden, da die in der Chronik übliche Reihenfolge Priester – Leviten hier verletzt sei; aber auch wenn hier 19,8 als historische Notiz und nicht als chronistischer Text verstanden wird, ist der Zweifel an der Ursprünglichkeit der לְוִיִם berechtigt, da die Chronik in der Bearbeitung ihrer Quellen ein besonderes Interesse an der Aufwertung der Leviten an den Tag legt; so gegen die frühere Entscheidung des Verf.s in Indiz, 239.

516   Wenn an zwei nebeneinander bestehende Kammern für unterschiedliche Teilaufgaben gedacht gewesen wäre, hätte man in 19,8 wohl eher מִן־הַלְוִיִם וְהַכֹּהֲנִים לְמִשְׁפַּט יְהוָה וּמֵרָאשֵׁי הָאָבוֹת לְיִשְׂרָאֵל לָרִיב gesagt; die vorfindliche Formulierung läßt aber mindestens die Möglichkeit offen, daß es sich um nur eine einzige Kammer sowohl für מִשְׁפַּט יְהוָה als auch für רִיב / רִיבֵי יֹשְׁבֵי יְרוּשָׁלַם handelt.

517   U. Rüterswörden, Gemeinschaft, 198 Anm. 47.

518   T. Willi, Chronik, 162

Wenn unsere Vermutung zutreffend ist, daß es sich bei 19,8 um eine historische Notiz und nicht um einen chronistischen Text handelt, muß aber nach einem anderen Grund gesucht werden. Da nun im weiteren die רִיבֵי* יֹשְׁבֵי* יְרוּשָׁלַ͏ם als Zuständigkeitsbereich genannt gewesen zu sein scheinen, müßte man dementsprechend eigentlich auch die רָאשֵׁי הָאָבוֹת לִירְשָׁלַ͏ם als die dafür Verantwortlichen erwarten. Hier könnte mit יִשְׂרָאֵל ein Schreibfehler vorliegen, der sich leicht erklären läßt, wenn man als ersten Schritt ein versehentliches Vorziehen des שׁ von יְרוּשָׁלַ͏ם vor das ר annimmt, wonach der Schreiber das ihm vielleicht geläufigere, vor allem aber nach T. Willi auch ideologisch wichtige לְיִשְׂרָאֵל vollendet hat, obgleich seine Vorlage לִירְשָׁלַ͏ם bot.

Wer die erheblichen Differenzen zwischen den beiden Schichten sieht, wird sich nicht wundern, daß eine exakte Bedeutungsbestimmung und vor allem die gegenseitige Zuordnung der vier für die Rechtsbereiche verwendeten Begriffe – מִשְׁפַּט יְהוָה und רִיב (bzw. nach LXX רִיבֵי יֹשְׁבֵי יְרוּשָׁלַ͏ם) sowie כָּל־דְּבַר־יְהוָה und כָּל־דְּבַר־הַמֶּלֶךְ – unter der Annahme eines einschichtigen Textes nicht recht gelingen will. Das Durcheinander lichtet sich aber mit der Arbeitshypothese, daß die überlieferten geschichtlichen Anmerkungen in II Chr 19,8 redaktionell durch die Ermahnungen des Königs erweitert worden sind, sehr schnell. Freilich sind dann die beiden Schichten von unterschiedlicher Aussagekraft: Die Erweiterungen mit den Ermahnungen des Königs mögen für das Geschichtsbild der Chronik interessant sein, lassen sich aber, da sie von der historischen Notiz terminologisch und inhaltlich abweichen, zur Rekonstruktion der Justizreform des Joschafat nicht auswerten. Die historische Notiz jedoch ist es durchaus wert, ernst genommen und auf ihren geschichtlichen Gehalt befragt zu werden: II Chr 19,8 berichtet von der Installation eines in besonderer Weise zusammengesetzten Gerichtes in (sowie nach LXX auch für) Jerusalem zur Zeit und auf Initiative des Königs Joschafat. Dieses Gericht soll für zwei voneinander unterschiedene Rechtsmaterien zuständig sein: רִיב bzw. nach LXX רִיבֵי יֹשְׁבֵי יְרוּשָׁלַ͏ם und מִשְׁפַּט יְהוָה. Dabei entsprechen sich רִיב und מִשְׁפַּט inhaltlich insofern, als beide Begriffe „Rechtsstreit"[519] bedeuten können. Bei dem „Rechtsstreit JHWHs" ist als Naheliegendstes wohl an Rechtsansprüche des Tempels etwa im Zusammenhang mit Gelübden und Bindungen bzw. deren Widerruf, wie sie z.B. in Num 30,3-13 abgehandelt werden[520], zu denken. Das heißt: Gegen G. C. Macholz liegt die sakrale Komponente nicht im Verfahren, das angewendet, sondern in der Rechtsmaterie, die zu behandeln

---

519 Vgl. HAL II, 615 zu 2.; HAL III, 1143, II.1. gegen die Einordnung unsere Stelle unter
      II.2.a) „Streitsache, Rechtssache".
520 Siehe dazu oben Anm. 20.

ist. Demgegenüber erscheint der Ausdruck רִיב allein recht farblos und verlangt nach einer dem יְהוָה entsprechenden Ergänzung. Da zudem die Feststellung וַיֵּשְׁבוּ יְרוּשָׁלָם in 19,8b ziemlich überflüssig erscheint, da Jerusalem als Ortsangabe bereits in 8aα genannt ist und ein anderer Amtssitz ohnehin nicht zu erwarten wäre, ist die Lesung der LXX mit εἰς ... κρίνειν τοὺς κατοικοῦντας ἐν Ιερουσαλημ (*לְרִיבֵי יֹשְׁבֵי יְרוּשָׁלָם) wohl zu bevorzugen. Der masoretische Textbestand läßt sich auch leicht als Harmonisierung verstehen: Die (literarisch sekundären) Ermahnungen des Königs 19,10f. erweitern die Kompetenz des Jerusalemer Gerichtes hin zu einem „Obergericht" für die kommunalen Rechtsgemeinden, und dazu paßte es schlecht, wenn die historische Notiz die Zuständigkeit des Gerichtes auf die Rechtsstreitigkeiten der Bewohner Jerusalems beschränkte; die minimalen Textänderungen, die von רִיבֵי יֹשְׁבֵי ירושלם zu ריב וישבו ירושלם notwendig waren – zweimal die Änderung von י in ו und eine Versetzung des Wortzwischenraumes –, dehnten die Kompetenz des Jerusalemer Gerichtes auf jeden Streitfall wo auch immer im Lande aus und führten insofern zu einem Ausgleich der beiden literarischen Schichten.

So läßt sich als die ursprüngliche historische Notiz über die Reform des Joschafat vermuten:

וְגַם בִּירוּשָׁלַם הֶעֱמִיד יְהוֹשָׁפָט מִן [521] ... הַכֹּהֲנִים וּמֵרָאשֵׁי הָאָבוֹת לְ*ירוּשָׁלָם לְמִשְׁפַּט יְהוָה וּלְ*רִיבֵי *יֹשְׁבֵי יְרוּשָׁלָם:

19,8 *Und auch in Jerusalem setzte Joschafat welche von ... den Priestern und von den ra'šê ha'aḇ̱ôṯ für *Jerusalem für den Rechtsanspruch JHWHs und für die *Streitigkeiten der *Bewohner Jerusalems ein.*

Für das Jerusalemer (Ober)gericht erhellt die alttestamentliche Überlieferung demnach drei Entwicklungsstufen:

1. II Chr 19,8 berichtet von der Installation eines in besonderer Weise zusammengesetzten Gerichtes in und für Jerusalem und verlegt die Gründung in die Zeit und in die Initiative des Königs Joschafat.

2. II Chr 19,10f. dokumentiert die irgendwann vollzogene Kompetenzerweiterung des Jerusalemer Gerichtes als Auskunftsbehörde für die kommunalen Rechtsgemeinden.

3. Dtn 17,8-13 läßt einen Einflußverlust des Jerusalemer Gerichts (als Auskunftsbehörde) in den Rechtsgemeinden vermuten und will seine Akzeptanz verstärken oder wiederherstellen.[522]

---

521 Vgl. oben Anm. 515.

522 Nach R. Albertz, Theologisierung, 126, würden hier auch die Kompetenzen des Obergerichts neu geregelt.

So muß G. C. Macholz's Meinung widersprochen werden, daß durch Joschafat die „sakrale Rechtsfindung" der Rechtsgemeinden in dem von ihm
eingerichteten Jerusalemer Gericht konzentriert worden wäre. Und das
einmal, weil sich die Zuständigkeit des Gerichtes ursprünglich offenbar allein
auf Jerusalem beschränkte und keinen Einfluß auf die Rechtsfindung in den
lokalen Rechtsgemeinden besaß. Und zum anderen, weil sich ein sakrales
Element lediglich darin finden läßt, daß Ansprüche des JHWH-Tempels
verhandelt und entschieden werden sollen; allein aus der Einbeziehung
(levitischer) Priester zu schließen, daß die Tatbestandserhebung oder gar die
Urteilsfindung mit sakralen Mitteln erfolge, ist methodisch unzulässig, zumal
die Mitwirkung von Kultpersonal durch die zu verhandelnde Materie
ausreichend begründet sein dürfte.

Die Durchsicht der im Voranstehenden besprochenen Stellen erlaubt ein
klares Urteil: Die Existenz einer der hebräischen Rechtsgemeinde parallelen
kultischen (oder Tempel- bzw. Gottes-)gerichtsbarkeit – W. Beyerlin sagt oft
„kultisch-sakrale Gerichtsbarkeit", als könnte die Tautologie im Attribut alle
sich aufdrängenden exegetischen Zweifel beseitigen – läßt sich darin nicht
nachweisen.

3.7 Die Profanität des vorexilischen Rechtslebens

Unser Durchgang durch die 35 oder 36[523] hebräischen Rechtssätze, die im
Alten Testament überliefert worden sind und die sich mit mehr oder weniger
Sicherheit rekonstruieren lassen, läßt vier Fälle erkennen, in denen ein
Kontakt zwischen der hebräischen Rechtsgemeinde und dem Kult besteht;
dabei geht die Kontaktaufnahme offenbar von der Rechtsgemeinde aus und
läßt sich als Bitte um Amtshilfe deuten. Diese vier Fälle entsprechen einem
Anteil von 11%[524]. Sollte dieses statistische Ergebnis repräsentativ sein, wäre
daraus zu schließen, daß im vorexilischen Israel und Juda 89% und damit die
überwiegende Mehrheit der Rechtsstreitigkeiten profan verhandelt und
entschieden wurden. Mit anderen Worten: Die meisten Rechtsfälle wurden
ohne Berücksichtigung kultischer Vorstellungen, Möglichkeiten oder Zwän-

---

523　Hier ist der hinter Dtn 19,1ff. zu vermutende Rechtssatz über einen Fall von legitimem
　　　Aufenthalt in einer Asylstadt mitgezählt.
524　Für ebenfalls 11% der Fälle bietet die Kultgemeinde von sich aus sakrale Ergänzungen
　　　zum Entscheid der Rechtsgemeinde an, zu denen unten in Kapitel 4 Stellung zu nehmen
　　　ist.

ge rein sachlich juristisch aufgeklärt und geregelt. Das aber stellt in der Epoche des Alten Orients keine Ausnahme dar, sondern deckt sich trotz aller struktureller Unterschiede in der Gerichtsverfassung weitgehend mit den Verhältnissen im Zweistromland:

„Die Rechtsprechung war nach Ausweis der vielen Rechtsurkunden in Mesopotamien ein weitgehend weltliches Geschäft. Nur in besonderen Fällen, wenn Beweismittel fehlten, bedienten sich die Gerichte religiöser Hilfsmittel wie etwa des Reinigungseides vor einem Gottesemblem oder des Flußordals zu ihrer Rechtsfindung."[525]

So kann mit gewisser Sicherheit von einem weitgehend profanen Rechtsleben auch im Israel und Juda der vorexilischen Zeit gesprochen werden.

Störungen des Rechtsfriedens wurden vor einer kollektiven Instanz verhandelt und beigelegt, die man mit L. Köhler zutreffend als hebräische Rechtsgemeinde bezeichnen kann. Sie versammelte sich im Stadttor und konnte dort angerufen werden; daß Heiligtümer in oder im unmittelbaren Umfeld des Tores dabei eine besondere Rolle gespielt hätten, ist nicht ersichtlich. Innerhalb dieses kollektiven Rechtspflegeorgans spielten die זְקֵנִים mit ihren notariellen und exekutiven Kompetenzen eine herausgehobene Rolle; sie waren Inhaber eines profanen Amtes, denen keine speziellen Zuständigkeiten oder Aufgaben im kultischen Bereich zukamen. Hinweise auf professionelle Richter oder auch auf eine hervorgehobene Einbeziehung kultischer Amtsträger in die Arbeit der Rechtsgemeinde lassen sich nicht finden; ein Einfluß des Königs auf das kommunale Rechtswesen ist ebenso wenig spürbar. Vor allem aber kann die Hypothese einer neben der Rechtsgemeinde installierten und von ihr unabhängig wirkenden kultischen oder Tempelgerichtsbarkeit nicht verifiziert werden. Die profane hebräische Rechtsgemeinde ist somit als das einzige Organ der ordentlichen Gerichtsbarkeit im vorexilischen Israel und Juda zu betrachten[526]; sie war in ihrem Wirken autark.

Die vor der Rechtsgemeinde verhandelten Fälle sind profane Alltagsfragen. Rechtsansprüche der Heiligtümer oder sakrale Vergehen lassen sich als Gegenstände der Verhandlungen vor der Rechtsgemeinde nicht belegen; die einzige, freilich außerhalb der Kodextorsi überlieferte Ausnahme könnte Num 30,3-13 bilden. Wo die Mittel, die der Rechtsgemeinde zur Fallaufklärung oder Streitprävention zur Verfügung stehen, nicht ausreichen, nahm sie mit Eid und Ordal die Dienste der Kultgemeinde in Anspruch; aber

---

525 R. Albertz, Theologisierung, 117.

526 Die Entscheidung Salomos über Joab nach II Reg 2,28ff. wäre, wenn hier überhaupt von einem geordneten Verfahren gesprochen werden kann, vgl. dazu oben in 3.5.2 z.St., als ein Fall der außerordentlichen Gerichtsbarkeit einzuordnen.

auch in diesen Fällen blieb die Entscheidung des Rechtsstreites bei der Rechtsgemeinde, die allein das Urteil fällte. Einen Sonderfall stellt das nach II Chr 19,8 durch Joschafat eingerichtete Gericht in Jerusalem dar, in dessen Kammer neben Rechtsstreitigkeiten der Jerusalemer Einwohner auch Ansprüche des JHWH-Tempels behandelt und entschieden werden sollten.

Die Profanität des Rechtslebens erstreckte sich auch auf das Asyl für Verursacher tödlicher Unfälle; es wurde durch städtische Gemeinschaften gewährt und durch die זְקֵנִים organisiert und kontrolliert. Das Asyl auf dem Gelände eines Heiligtums oder an einem Altar wurde in vorexilischer Zeit anscheinend nicht anerkannt, unterlag vielleicht sogar prophetischer Kritik.

Die Gerichtsbarkeit der hebräischen Rechtsgemeinde im Tor hat während der vorexilischen Zeit offensichtlich allen an eine Justiz zu stellenden Anforderungen genügt. Als ein deutliches Indiz dafür kann die Tatsache gewertet werden, daß die Kultgemeinde, abgesehen von den oben in 3.4 aufgezeigten Angeboten, einige unbefriedigende Verfahren und Urteile der Rechtsgemeinde im Rahmen der eigenen Möglichkeiten zu ergänzen, auf die Rechtsprechung keinen größeren Einfluß genommen zu haben scheint. Denn wenn unser Eindruck aus den Kapiteln 1 und 2 richtig ist, daß die Kultgemeinde immer dann die Sakralisierung anderer Lebensbereiche und -vollzüge anstrebte, wenn es galt, notwendige und wertvolle Institutionen vor dem Verfall zu bewahren, kann das Ausbleiben einer Sakralisierung der Rechtsprechung als ganzer nur bedeuten, daß die Existenz und die Wirksamkeit der hebräischen Rechtsgemeinde in keiner der Epochen, die die alttestamentlichen Quellen abdecken, gefährdet war. Diese Vermutung wird dadurch gestützt, daß der Verfasser des Buches Ruth noch im 5. Jahrhundert v.Chr. erzählt, daß und wie ein familienrechtliches Problem vor der Rechtsgemeinde im Tor verhandelt wird.[527]

Durch die politischen Ereignisse nach 600 v.Chr. gefährdet war aber wohl das profane Städteasyl. Dafür bot der Zweite Tempel in Jerusalem einen sakralen Ersatz an. Ihr Eingreifen in diesem Falle kann als indirekter Beweis für die obige These gelten, daß die hebräische Rechtsgemeinde im Tor einer entsprechenden Unterstützung zu keiner Zeit bedurfte.

---

527 Ruth 4,1ff.; zur Datierung siehe z.B. E. Zenger, Rut, 148.

4. Die Funktion des Kultes in der Gesellschaft des vorexilischen Israel und Juda im Spiegel der behandelten Texte

Dem damaligen Stand der Erforschung der alttestamentlichen Literatur und der archäologischen Hinterlassenschaften Palästinas entsprechend urteilte G. von Rad vor einem halben Jahrhundert über den Alltag Israels und Judas:

> „Das ganze Leben war geborgen in Riten und sakralen Ordnungen; es war geweiht und gehalten von Festen und Bräuchen, deren Gültigkeit unverrückbar feststand."[1]

Mit dieser Ansicht stand und steht G. von Rad nicht allein. Bei manchen Darstellungen der alttestamentlichen Zeit gewinnt man den Eindruck, die Autoren hielten das, was in den Tempeln, auf den בָּמוֹת und unter den עֵצִים רַעֲנַנִּים geschah, für das eigentliche Leben der israelitischen und judäischen Menschen und fühlten sich nur nolens volens gezwungen zuzugestehen, daß es daneben auch noch einen „außerkultischen Alltag" und vielleicht sogar „außerkultische Entwicklung[en]" gab.[2] Unser Durchgang durch die biblischen (und einige wenige außerbiblische) Belegstellen zum Sabbat, zur hauswirtschaftlichen Verwertung von Tieren sowie zum Rechtsleben hat dieses Bild aber nicht bestätigt.

Es trifft offensichtlich nicht zu, daß „das ganze Leben" von „Riten und sakralen Ordnungen" geprägt war. Die einschlägigen Quellen lassen erkennen, daß die Menschen im Israel und Juda der vorexilischen Zeit ihr tägliches Leben und Wirken in den hier betrachteten Lebensbereichen und -vollzügen im wesentlichen „vor dem Tempel" und weitgehend ohne kultische Rahmungen gestaltet und praktiziert haben. Und diese Autarkie gegenüber dem Kult ist auf die in den voranstehenden Kapiteln untersuchten Themen keineswegs beschränkt: Sie gilt auch für die kommunale Verwaltung[3], und sie kann ebenso für die Ehe, die Eheschließung und die Ehescheidung aufgezeigt werden[4], wofür allerdings das Untersuchungsmaterial sehr begrenzt

---

1   G. von Rad, Theologie, 50.

2   So z.B. die Begriffsbildungen bei W. Beyerlin, Rettung, 76, 85 und öfter.

3   Zur Profanität des Amtes der זְקֵנִים vgl. Verf., Beobachtungen, 569ff.

4   „Die Eheschließung wird als Fest gefeiert ..., womit aber außer einem Segensspruch der Eltern über die Braut oder das Brautpaar (Gen 24,60; Tob 11,17) keine besonderen religiösen Riten verbunden sind.", J. Scharbert, Ehe, 312.

ist. Die oben ausgewerteten Belege aus dem Alten Testament vermitteln – abgesehen vom Schlachten der Haus- und Herdentiere, das wohl von vornherein in gewissen Teilen der Bevölkerung gern sakral gestaltet wurde, – das Bild eines weitgehend an objektiven Erfordernissen und praktischen Überlegungen ausgerichteten Denkens und Handelns im Alltag. Aber sie zeugen zugleich auch von einem Lebensbereich des Kultes, der genauso selbstverständlich existierte und selbständig agierte. Auch damals war also das menschliche Leben und Wirken wohl in einzelne Bereiche gegliedert, die grundsätzlich unabhängig voneinander bestanden, aber doch nach allen Seiten hin füreinander offen waren und aufeinander einwirkten. Und während der vorexilischen Zeit scheint in den diesbezüglichen Wechselwirkungen keine der einzelnen Seiten über die anderen dominiert zu haben, auch nicht der Kult. Die Hypothese einer ursprünglich pansakralen Kultur Israels und Judas oder auch nur eines Primates des Kultes findet in den alttestamentlichen Quellen keine Stütze.

Freilich ist zuzugestehen, daß die Zahl der für die hier vorgelegte Untersuchung auswertbaren Belegstellen nicht groß ist und bei einer synchronen Lektüre des Alten Testaments gegenüber der Vielzahl von Texten mit kultischen Inhalten verschwindend klein erscheinen mag. Die herangezogenen Stellen sind aber mehr oder weniger zusammenhanglos über die gesamte Breite und literargeschichtliche Tiefe der alttestamentlichen Literatur verteilt und dadurch über jeden Verdacht erhaben, das Ergebnis einer bewußten redaktionellen Arbeit an den Überlieferungen zu sein. Wir werden deshalb davon ausgehen dürfen, daß uns in den behandelten Abschnitten tatsächlich authentische Zeugnisse über die alttestamentlichen Zeit vorliegen. Und nach ihrer Aussage war der Alltag der Menschen in den Königszeit Israels und Judas weitgehend profan.

Offensichtlich darf auch die Bedeutung des Jerusalemer Tempels und des dort praktizierten Kultes für das vorexilische Israel und Juda nicht überschätzt werden. C. Frevel hat die Threni daraufhin befragt, worauf sie denn bei ihrer Klage über die Zerstörung Jerusalems am Anfang des 6. Jahrhunderts v.Chr. den Ton legen. Und er kommt zu dem Ergebnis:

„Auffallend unberührt bleibt die kultische Dimension. Nahezu die gesamte kultische Terminologie fehlt. Weder ist von Ritualen noch von Opfern am Tempel die Rede. Lediglich an einer Stelle wird der Altar, am ehesten der zentrale Brandopferaltar, pars pro toto für die Kulteinrichtungen, erwähnt. Nirgendwo wird beklagt, daß durch die Zerstörung eine Lücke im priesterlich geführten Opferkult entstanden ist. ... In kultischer Hinsicht kommt nur der Festkult am Heiligtum in den Blick (1,2; 2,6f.22). Dabei handelt es sich wahrscheinlich um die großen Wallfahrtsfeste. Relativ häufig hingegen werden Priester erwähnt (1,4.19; 2,6.20; 4,13.16), doch überwiegend nicht als Kultfunktionäre (nur 1,4; 2,6), sondern als gesellschaftliche Gruppe zusammen mit Propheten (2,20; 4,13) oder Alten (Ältesten) (1,19;

4,16)." Selbst „die Bewohner Jerusalems hat der Zusammenbruch des staatlichen Opferkultes nicht unmittelbar tangiert."[5]

Der Erste Tempel war eben ein Teil des Königspalastes und sein Kult ein Staatskult, der sich weithin außerhalb des Blickfeldes der Bürger abspielte.[6] Als „Probe auf's Exempel" können die Ereignisse um den Neubau des Tempels im letzten Drittel des 6. Jh. v.Chr. dienen: „Die nachdrückliche Mahnung der Propheten Haggai und Sacharja zum Wiederaufbau zeigt, daß es theologischer Überzeugungsarbeit bedurfte, um ihn ... durchzusetzen." Ob der Grund dafür nur „die <u>Gewöhnung</u> an einen Alltag ohne Tempel"[7] war, wie I. Willi-Plein in dem zunächst ausgelassenen Stück innerhalb des Zitates meint[8], ist nach dem Befund in den Klageliedern fraglich. Offensichtlich spielte der Kult am Tempel in Jerusalem in der vorexilischen und exilischen Wirklichkeit nicht im entferntesten die Rolle, die ihm die priesterschriftlichen und chronistischen Texte später zuschreiben.

Ob die Profanität der meisten Lebensbereiche und -vollzüge im vorexilischen Israel und Juda als Ergebnis eines Säkularisierungsprozesses zu deuten ist, läßt sich aus den uns zur Verfügung stehenden Quellen nicht erheben. Es ist aber auch nicht sehr wahrscheinlich, zeigen doch die alttestamentlichen Texte den Kult keineswegs etwa auf dem Rückzug aus der Gesellschaft, über die er seinen ursprünglichen Einfluß verlöre, sondern vielmehr auf dem Vormarsch über die Grenzen seines ureigensten Betätigungsfeldes hinaus auf andere Gebiete, auf die er gestaltend einzuwirken trachtet. Dies dürfte der religionsgeschichtlichen Situation im ersten Teil der von den Schriften des Alten Testaments abgedeckten Epoche entsprechen: „Mit der E-Zeit I brach die sbr-zeitliche Kulttradition deutlich ab."[9] Die archäologischen Befunde dokumentieren eine Wende auf religiösem Gebiet, die ihren sichtbarsten Ausdruck in der Ablösung der städtischen Tempel durch die häuslichen Kulte einerseits und die offenen Heiligtümer der בָּמוֹת nach dem Typ der Bull Site oder auch der Kultorte am Stadttor andererseits findet.[10] Eine neue Form der praktischen Religionsausübung braucht aber eine gewisse Zeit, um sich zu bewähren und zu festigen, ehe sie in der Lage ist, auf andere gesellschaftliche Bereiche Einfluß zu nehmen. So darf es nicht verwundern, wenn uns die im

---

5 C. Frevel, Zier, 142.
6 „Schon seine Zugehörigkeit zum Palastbereich legt nahe, daß er ursprünglich für die kultischen Belange des Königshauses konzipiert wurde und weniger für den Publikumsverkehr.", B. Herr, Haus, 81.
7 Hervorhebung durch den Verf.
8 I. Willi-Plein, Tempel, 58.
9 W. Zwickel, Tempelkult, 236; dabei bildet das philistäische Gebiet eine gewisse Ausnahme.
10 Wenn auf dem Gebiet der Keramik eine stärkere Kontinuität zwischen der Spätbronze- und der Eisen-I-Zeit festzustellen ist, vgl. M. Weippert, Palästina, zusammenfassend 416f., können doch die dortigen Verhältnisse nicht ohne weiteres auf andere Lebensbereiche übertragen werden.

Alten Testament aufgenommenen und verarbeiteten Zeugnisse weniger über alte kultische Besitzstände Auskunft geben, die durch Säkularisation gefährdet wären, als vielmehr Bestrebungen des Kultes erkennen lassen, das tägliche Leben zu beeinflussen und theoretisch und/oder praktisch zu sakralisieren.

Die oben aufgewiesenen Fälle von Sakralisierungen bisher nicht kultisch gestalteter Lebensbereiche und -vollzüge sind nun aber wohl keine Früchte einer sakralen Eigendynamik. Vielmehr kamen die Anstöße dazu offensichtlich von außen.[11] Sofern sich bei der Durchsicht der einschlägigen Texte Gründe und Anlässe für die Sakralisierungen zu erkennen gaben, waren das der Akzeptanzverlust überkommener Regeln und/oder die Unzulänglichkeit traditioneller Verfahrensweisen. Das oben zitierte Urteil G. von Rads entsprach eben auch in einem zweiten Punkte nicht der gesellschaftlichen Wirklichkeit des alttestamentlichen Israels: Die „Gültigkeit" der Riten und Bräuche stand keineswegs „unverrückbar fest"[12]. Im Gegenteil: Die Überlieferungen des Alten Testaments lassen die Verletzung mancher Bräuche (z.B. des Sabbats oder der Regeln über die Auswahl der zum menschlichen Verzehr geeigneten Tiere) und die Schwächen gewisser Riten (z.B. des Instrumentariums der Rechtsgemeinde zur Tatbestandsaufklärung und zur Streitprävention) deutlich erkennen. Es ist nicht auszuschließen, daß auch andere gesellschaftliche Kräfte diesem Verfall gegenzusteuern versuchten. Das Alte Testament hat aber lediglich bewahrt, daß und wie die Kultgemeinde mit ihren eigenen Möglichkeiten und spezifischen Mitteln versuchte, die entstandenen Defizite durch Sakralisierungen verschiedenster Art und unterschiedlichen Ausmaßes einzudämmen, auszugleichen oder rückgängig zu machen.

Dabei lassen sich fünf Typen von Sakralisierungen unterscheiden:

1. kultische Ausgestaltungen,
2. kultische Ergänzungen,
3. kultischer Ersatz,
4. kultische Begründungen

und 5. kultische Strafen.

1. Kultische Ausgestaltungen finden sich in der Geschichte des Sabbats und der Asylie.

---

11 Hiervon sind Bestrebungen der Volksfrömmigkeit, den wöchentlichen Ruhetag zu religiöser Betätigung zu nutzen (vgl. oben 1.1.1 zu II Reg 4,23) oder auch im nichtbäuerlichen Bereich Schlachtungen kultisch zu gestalten (vgl. oben 2.2.2 zu Lev 17,3-7), zu unterscheiden.

12 Zitate aus G. von Rad, Theologie, 50.

Im Falle des Sabbats scheint es zwar schon früh zu anfänglichen Sakralisierungen gekommen zu sein. So wurde durch König Ahas ein Bauteil des Jerusalemer Tempels abgebaut, das anscheinend zuvor den Zugang zum Tempel bzw. gewissen Teilen davon an den Sabbaten verhinderte (II Reg 16,18). Es ist nicht auszuschließen, daß dabei die ständige Zugänglichkeit der Heiligtümer in der Umwelt Israels das Vorbild für den Umbau abgab; gewiß kam diese Veränderung aber auch Bestrebungen innerhalb der Bevölkerung entgegen, den arbeits- und handelsfreien Tag für religiöse Betätigungen zu nutzen, wie sie II Reg 4,23 bezeugt. Daß aber diese Öffnung des Tempels am Sabbat oder die Verwendung des Sabbats für private Religionsausübung bereits eine Sakralisierung mit der oben beschriebenen Intention, den Sabbat zu erhalten, gewesen wäre, ist nicht zu erkennen. Vielmehr dürfte die Arbeits- und Handelsruhe am siebenten Tag der Woche in der vorexilischen Zeit ziemlich uneingeschränkt eingehalten worden sein (Am 8,5).

Die vielen Belege für den Sabbat aus der exilischen und nachexilischen Zeit dokumentieren dann jedoch eine deutliche Mißachtung der althergebrachten Institution des wöchentlichen Ruhetages schon sehr bald nach 597 v.Chr. und für lange Zeit (Jer 17,19-27; Ez 22,8b; Thr 2,6; Neh 10,32; 13,15-21; Elephantine-Ostrakon CG 152), an der selbst Priester beteiligt gewesen sein sollen (Ez 22,26; 44,24). Die Mittel, mit denen man dem Verlust des arbeitsfreien Tages der Woche gegenzusteuern versuchte, gehören – abgesehen von der Androhung von Gewalt bei Nichteinhaltung der Sabbatruhe – allesamt in den Bereich der Religion und erweisen sich insbesondere in der Sakralisierung des Sabbats als Bestrebungen der Kultgemeinde. Der Einbau in die Festkalender (Lev 23,3.37f.; Num 28ff.; Ez 45,17; vgl. vor allem auch die häufig belegte stereotype Festtagsliste) und die sakrale Gestaltung durch agendarische Regeln und die Festlegung von Opfern für diesen Tag (Lev 24,8; Num 28,9f.; Ez 45,17; 46,1-8; Neh 10,32ff.) haben dem Sabbat einen neuen und unübersehbaren Status im gesellschaftlichen Bewußtsein gegeben.

Die Einrichtung eines Asyls am Zweiten Tempel in Jerusalem gehört zu den unten aufzulistenden Fällen von kultischem Ersatz. Die Bindung des Asylanten an den Hohenpriester nach Num 35,25.28; Jos 20,6 und seine Salbung durch ihn laut Num 35,25 sind jedoch als sakrale Ausgestaltungen einzuordnen: Nicht nur der Asylort hat nun einen kultischen Charakter, sondern durch die genannten Elemente gewinnt auch die Asylie selbst einen sakralen Rahmen und der Asylant eine sakrale Qualität. Über den Grund für die kultische Gestaltung des Asylverfahrens schweigen sich die Texte aus; nach unseren Erkenntnissen aus den anderen Sakralisierungsfällen wird es aber auch hierfür einen dringenden äußeren Anlaß gegeben haben: So wäre

es leicht nachvollziehbar, wenn man anfangs dem Schutz auf dem Jerusalemer Temenos gegenüber der traditionellen Asylgewährung in den
großräumigeren und wehrhaft ummauerten Asylstädten der Königszeit kein
rechtes Vertrauen entgegengebracht hätte. Durch die Einbeziehung der persönlichen Autorität des Hohenpriesters in das Verfahren konnte das Zutrauen
in die neue Einrichtung gewiß gestärkt werden. Und die symbolische „Befreiung von Rechtsansprüchen"[13] durch die Salbung mag eine (mindestens
psychologische) Hilfe für den Asylanten dargestellt haben, wenn er beim
Tode des Hohenpriesters von einer „Leerung des Asyls"[14] betroffen und in
seine Heimat zurückgeschickt wurde, wo er wiederum unter der Gefährdung
durch den Bluträcher leben mußte.

Die in den Quellen für gewisse Teile der Bevölkerung dokumentierte
Vorliebe für die kultische Gestaltung des Schlachtens (Lev 17,3-7; Dtn
12,20) gehört nicht in diesen Zusammenhang, da diese Bestrebungen nicht
von der Kultgemeinde ausgegangen zu sein, sondern der Mentalität der
Viehzüchter zu entstammen scheinen und damit eher dem Bereich der Volksfrömmigkeit zuzurechnen sein dürften. Vor allem aber gibt es auch keine
Hinweise darauf, daß man jemals das normale (profane) Schlachtverfahren
als einen Mißstand empfunden hat, der eine Sakralisierung herausgefordert
hätte.

2. Kultische Ergänzungen begegnen vor allem im Rechtsleben: Wo die
Möglichkeiten der Rechtsgemeinde zur Tatbestandsaufklärung oder Streitprävention an eine Grenze stießen, bot die Kultgemeinde bereits in der
vorexilischen Zeit nach altorientalischer Gepflogenheit durch Eid und Ordal
sakrale Ergänzungen an (Ex 21,5f.; 22,6f.8.9f.; Dtn 19,16f.; vgl. auch Num
5,11-26, wo allerdings ein Zusammenhang mit der Gerichtsbarkeit nicht
erkennbar ist). Das Alte Testament bezeugt kultische Ergänzungen nun aber
auch dort, wo die Rechtsgemeinde in ihren Entscheidungen spürbare Defizite
hinterließ, insofern der Rechtsfrieden nicht vollständig oder nicht für alle
wiederhergestellt werden konnte: Unerlaubte Handlungen, die die Rechtsgemeinde nicht oder nicht ausreichend bestrafte, wurden durch kultische
Sühnemöglichkeiten (Lev 5,21ff.; 19,20ff.) oder durch die Chance, sich
unrechtmäßig erworbenen Besitzes am Heiligtum als an neutraler Stelle zu
entledigen (Num 5,6ff.), beizulegen empfohlen. Eine kultische Ergänzung
stellt auch die Umformung der Symbolhandlung, mit der sich eine Stadt vor
unberechtigter Blutrache zu schützen suchte, zu einem Opfer dar (Dtn
21,1ff.). Das daran angeschlossene Bittgebet hebt die Beschränkung der

---

13 E. Kutsch, Salbung, 71.
14 L. Delekat, Asylie, 303.

Handlung auf die unmittelbar von dem הַדָּם גֹּאֵל bedrohte Stadt auf und weitet das Verfahren auf das gesamte israelitische Volk aus[15].

3. In der Geschichte des israelitischen Asylrechts ist der kultische Ersatz einer verlorengegangenen Institution erkennbar: Die traditionellen (profanen) Asylstädte scheinen im Ergebnis der Kriege von 597 und 586 v.Chr. zerstört und/oder von dem judäischen Restgebilde aus vielleicht auch nicht mehr problemlos erreichbar gewesen zu sein. Mit der Asylmöglichkeit am Jerusalemer Tempel wurde für sie ein kultischer Ersatz geschaffen (Ex 21,14b; Num 35,25.28; Ps 11,1 und vielleicht auch Anklänge in anderen Psalmen). Dies ist wohl für den Nahen Osten eine tiefgreifende Neuerung gewesen, die aber im gleichzeitigen Ägypten Parallelen hatte und wie dort wahrscheinlich auch in Juda durch griechischen Einfluß zustandegekommen oder wenigstens begünstigt worden sein dürfte. Eine späte Quelle außerhalb des alttestamentlichen Kanons läßt die Nachhaltigkeit dieses Angebotes der Kultgemeinde erahnen (I Makk 10,34); allerdings wird hier die traditionelle Engführung auf die Verursachung eines tödlichen Unfalls als allein anerkanntem Asylgrund zu Gunsten von eigentums- und steuerrechtlichen Anlässen aufgegeben.

4. Die Verbindlichkeit von Regeln des täglichen Lebens wird durch kultische Begründungen bestärkt. Vergleichbar mit den Dokumenten über die Mißachtung der Sabbatruhe sprechen zwei Belegstellen davon, daß in später nachexilischer Zeit die Regeln über die Tiere, die gegessen bzw. nicht gegessen werden, nicht mehr eingehalten wurden (Jes 65,4; 66,17). Als Reaktion darauf läßt sich die Einordnung der Tiere und -gattungen in das kultische Koordinatensystem von rein und unrein verstehen (Lev 11,2b-23; Dtn 14,3-20). Damit bekommt die Übertretung der traditionellen Speisenormen eine sakrale Relevanz: Der Verzehr von Tieren, die man traditionell nicht ißt, wird als (reparable) Verunreinigung verstanden und zu einem Hindernis für die Teilnahme am gottesdienstlichen Leben erklärt. Auch wenn Übertretungen des Verbotes, Blut zu verzehren, im Alten Testament nicht ausdrücklich erwähnt werden, dürfte auch hier eine sakrale Begründung zu seiner Bekräftigung dienen: Nach der Meinung des Verfassers von Lev 17,11 schließt die kultische Verwendung des Blutes von Haus- und Herdentieren zur Sühne am Altar eine profane Verwertung des Blutes aus.

Eine entsprechende kultische Begründung für den Sabbat etwa dergestalt, daß man diesen Tag für den gottesdienstlichen Kontakt zu JHWH unbedingt

---

15 Als kultische Ergänzung wäre auch die eventuelle sekundäre Einfügung einer Opferhandlung in die Ordalagende Num 5,11ff. zu stellen, wenn sich die einschlägige Hypothese B. Herrs verifizieren ließe; vgl. dazu oben in 3.3 z.St.!

benötige, läßt sich im Alten Testament nicht finden.[16] Unübersehbar und aufschlußreich ist aber eine mehrfache religiöse Deutung und Begründung des Sabbats, die sich in der Erklärung als Eigentum JHWHs, in der Verankerung in den Mythen, in dem Verständnis als Zeichen zwischen JHWH und dem/den Observanten sowie in der Proklamierung der Sabbatruhe als Voraussetzung für das Heil zeigt. Dadurch wurde die „Leerformel" Sabbat mit theologischen Inhalten „gefüllt".[17] Daß der Sabbat bereits in vorexilischer Zeit theologisch gedeutet und begründet worden wäre, läßt sich in den uns zur Verfügung stehenden Quellen nicht erkennen. So können die theologischen Aussagen über den Sabbat den Sakralisierungsbestrebungen an die Seite gestellt und als vergleichbare Versuche, den wöchentlichen Ruhetag als eine sinnvolle Einrichtung zu erhalten und zu erneuern, verstanden werden. Jedenfalls haben auch diese theologischen Deutungen und Begründungen zum Sieg des Sabbats in der weiteren Geschichte des Judentums und in gewissem Maße auch des Sonntags in der abendländischen Kultur beigetragen.

Eine theologische Begründung des Asylrechts für den Verursacher eines tödlichen Unfalls bietet Ex 21,13a.[18]

5. Die kultischen Begründungen führen zu <u>kultischen Strafen</u>. Während der Verzehr der Tiere, die nicht gegessen werden (sollen), nach sakralem Verständnis eine reparable Verunreinigung mit sich bringt, die nur zu einer zeitlich begrenzten Kultunfähigkeit führt (Lev 11,2b-23; Dtn 14,3-20), soll die – freilich im Alten Testament nicht bezeugte – Übertretung des Verbotes, Blut zu verzehren, als irreparabel eingestuft und laut der כרת-Formel mit Exkommunikation bestraft werden (Lev 17,9.14).

Die sakrale Strafe der Exkommunikation bleibt nun aber auf einen Verstoß gegen das Blutverzehrverbot nicht beschränkt, sondern wird in den späten Texten Ex 31,14 auch für den Fall der Arbeit am Sabbat und in Lev 18 und 20 für bestimmte sexuelle Praktiken angedroht. Dabei machen besonders die Leviticusstellen deutlich, daß mit dem Ausschluß aus der Gemeinde nicht nur spezifisch kultische, sondern auch unsakrale gesellschaftliche Werte geschützt werden sollen: Von den 16 in Lev 18,7-23 verbotenen Handlungen, die zusammenfassend in 18,29 unter die Strafe der Exkommunikation gestellt werden, sind acht auch nach dem Keilschriftrecht justitiabel und somit Fälle für die normale Gerichtsbarkeit, und sieben haben ihre Entsprechungen in

---

16 Höchstens hinter Ex 24,16 könnte diese Tendenz vermutet werden; vgl. dazu oben 1.3.2.2.
17 F. Mathys, Sabbatruhe, 249.
18 Siehe dazu oben in 3.5.3 z.St.

den Paragraphen der מות יומת- und der אָרוּר-Reihe, die ebenfalls aus einer Form der Gerichtsbarkeit stammen dürften[19]:

Die Kasus in Lev 18,7-23	... im Keilschriftrecht	... in den hebräischen Rechtssatzreihen
Geschlechtsverkehr mit der Mutter	§157 CH; §75,1 HG	
G. mit einer weiteren Frau des Vaters	§158 CH; §76,2 HG	§6 מות יומת-Reihe; §5 אָרוּר-Reihe
G. mit der Schwester		§7 אָרוּר-Reihe
G. mit der Enkelin		
G. mit der Halbschwester		
G. mit der Tante mütterlicherseits		
G. mit einer angeheirateten Tante		
G. mit der Schwiegertochter	§§155f. CH	§7 מות יומת-Reihe
G. mit der Schwägerin	§81,1 HG	
G. mit einer Frau und ihrer Tochter	§81,3 HG	§9 מות יומת-Reihe; §8 אָרוּר-Reihe[20]
G. mit zwei Kusinen zugleich		
G. mit zwei Frauen, die Schwestern sind		
G. mit einer Menstruierenden		
Ehebruch	§ 28 LE; §§129ff. CH; §83 HG; §13f. MaG	§5 מות יומת-Reihe
למלך-Opfer		
aktive Homosexualität	§20 MaG A	§8 מות יומת-Reihe
Sodomie durch Männer oder Frauen	§§73f.; 85; 86a.1 HG	§10 מות יומת-Reihe; §6 אָרוּר-Reihe

Die genannten Fälle entbehren – zunächst einmal abgesehen vom למלך-Opfer – jeglicher kultischen Relevanz. Und falls bei dem למלך-Kult tatsächlich, worauf außerbiblische Belege und archäologische Funde hindeuten, zuweilen Kinder geopfert und nicht etwa durch Tiere substituiert worden sein sollten, wäre es verständlich, wenn das für anders religiös Geprägte das Delikt der Kindstötung dargestellt hätte; so bezieht auch eine Glosse in Ps 106,38 das Vergießen unschuldigen Blutes auf die Opferung von Söhnen und Töchtern.[21] Wenn die Kultgemeinde solche Strafrechtsfälle mit der kultischen Strafe der Exkommunikation ahnden wollte oder vielleicht sogar geahndet hat, kann man darin die an unserem übrigen Beobachtungsmaterial erkannte Tendenz wiederfinden: Der Verfall von Sitten und Gebräuchen soll durch die Sakralisierung eingedämmt, ausgeglichen oder rückgängig gemacht werden.

---

19 Vgl. Verf., Rechtssätze, 27f., 36f.
20 Geschlechtsverkehr mit der Schwiegermutter, wobei wohl die Ehefrau implizit einbezogen ist.
21 *Sie vergossen unschuldiges Blut – das Blut ihrer Söhne und Töchter, die sie den Göttern Kanaans opferten –*; siehe dazu H.-J. Kraus, Psalmen 2, 899 Anm. n, 905.

Vor allem bei der letzten Gruppe von Sakralisierungen erhebt sich aber natürlich die Frage, ob sie tatsächlich praktisch durchgeführt oder nur literarisch propagiert worden sind. Sicher ist jeder Einzelfall gesondert zu beurteilen. Sie lassen aber alle ein und dasselbe Grundmuster erkennen:

> Der Kult stellt seine Institutionen zur Verfügung, wenn seine Mithilfe bei der Erhaltung oder Herstellung des Rechtsfriedens gebraucht und erbeten wird, und setzt seine spezifischen Möglichkeiten ein, wenn es um die Erhaltung schützenswerter Sitten und Gebräuche geht.

Die umfänglichen Normensammlungen wie etwa das Bundesbuch oder Deuteronomium 12-26 erheben den Anspruch, das gesamte Leben Gott und dem Gottesdienst zu unterwerfen. Demgegenüber sind die Bestrebungen der Kultgemeinde(n), die in den in diesen Verfassungsentwürfen wie auch in der Darstellung des JHWH-Kultes Ex 25 bis Lev 26 eingearbeiteten älteren Materialien sichtbar werden, wesentlich bescheidener: Sie wollen das gesellschaftliche Leben dort, wo es notwendig ist, unterstützen und befördern. Und dies offensichtlich im wesentlichen, ohne damit – etwa materielle – Eigeninteressen zu verfolgen. Die kultische Gestaltung des Sabbats und die damit verbundene Zunahme der wöchentlichen Opfer mag der Priesterschaft vielleicht einen kleinen materiellen Zugewinn eingebracht haben.[22] Von der gewiß seltenen Durchführung von Ordalen, falls sie überhaupt der Agende Num 5,11-26 folgten, und den sicher auch nicht viel häufiger in Anspruch genommenen Angeboten an das Rechtsleben gemäß Lev 5,21-26; 19,20-22 und Num 5,6-8 wird der Ertrag kaum nennenswert gewesen sein. In allen anderen Sakralisierungsfällen dürfte überhaupt kein Profit für die Kultgemeinde abgefallen sein. Gegenproben stützen diesen Eindruck:
– Die Sitte der Tierzüchter, die Schlachtung der von ihnen aufgezogenen Tiere kultisch zu umrahmen, wird von der Kultgemeinde nicht als allgemeine Pflicht propagiert.[23] Ihr Interesse an diesem Thema beschränkt sich auf das Bestreben, dort, wo kultisch geschlachtet wird, alle der JHWH-Frömmigkeit fremden oder gar feindlichen Elemente auszuschalten (Lev 17,3ff.; Dtn 12,15ff.20ff.). Dabei läßt sich leicht vorstellen, daß eine generelle Verpflichtung, das Schlachten von Haus- und Herdentieren als Schlachtopfer am Tempel durchzuführen, der Priesterschaft erhebliche Einnahmen zugeführt hätte.

---

22 Diese zusätzlichen Einnahmen werden sich aber im wesentlichen auf ihren Anteil an den Schaubroten beschränkt haben, während das für die Priester unergiebige Brandopfer in den Opferanweisungen deutlich überwiegt.
23 So gegen T. Staubli, Tiere, 46, und andere.

– Die Strafen, die die Kultgemeinde auszusprechen androhte und vielleicht auch hin und wieder aussprach, mußten in letzter Konsequenz sogar zu Einnahmeverlusten führen. Denn wer sich durch den Verzehr der Tiere, die nicht gegessen werden (sollen), verunreinigt hatte (Lev 11,2b-23; Dtn 14,3-20), fiel mindestens kurzfristig als Kultteilnehmer aus. Und sollte in der Tat über jemanden einmal die Exkommunikation verhängt worden sein (Ex 31,14; Lev 17,9.14; 18,29; 20,18), war die Zahl der Kultteilnehmer auf Dauer verringert.

– Und das Angebot eines Tempels, Asyl zu gewähren, setzte auf alle Fälle einen teilweisen Verzicht auf die kultischen Sicherheitsbestimmungen voraus. A. Ruwe hat ja, auch wenn man seine Schlußfolgerung für die Geschichte des Asylwesens in Israel und Juda nicht übernehmen möchte[24], vollkommen Recht, wenn er urteilt, daß das Tempelasyl „mit dem Heiligkeitsstatus der Heiligtümer schwer vereinbar" war und mit den „Bedingungen ..., die in den sog. „Tempeleinlaßliturgien" (Ps 15,1-5; Ps 24,7f.; Jes 32,14f.) an den Zutritt zum Tempel geknüpft sind,"[25] kollidieren mußte. Dennoch war der Zweite Tempel in Jerusalem in nachexilischer Zeit zur Aufnahme von Schutzsuchenden bereit. Selbst wenn der Asylant unter Umständen als Arbeitskraft für gering qualifizierte Tätigkeiten in den Tempelbetrieb eingebunden werden konnte[26], scheint die Asylgewährung eine wirtschaftliche Belastung dargestellt zu haben; jedenfalls läßt sich die „Leerung" des Jerusalemer Tempelasyls beim Tode des Hohenpriesters kaum anders sinnvoll erklären, als daß sie wirtschaftlichen Zwängen geschuldet war.

Die Beispiele machen wohl exemplarisch deutlich, daß die Sakralisierungen des täglichen Lebens im Israel und Juda der alttestamentlichen Zeit für den Kult kaum ein profitables Geschäft waren. Die Kultgemeinde bürdete sich eher lästige Pflichten auf, wenn sie das profane Geschehen des Alltags beeinflussen wollte und einiges davon sogar mit in den Tempel hineinnahm. Daß sie es trotzdem tat, zeugt vom Verantwortungsbewußtsein religiöser Menschen gegenüber der Gesellschaft und dokumentiert ihre Bemühungen, das Leben ihres Gemeinwesens mitzutragen und mitzugestalten.

---

24 Für A. Ruwe, Zusammenwirken, 207, der das Heiligtumsasyl als ursprüngliche Regelung annimmt, soll das mit dem Tempelasyl verbundene Sicherheitsproblem ein Grund für die Umorganisation des Asylwesens in Israel und Juda mit der Einführung der Asylstädte gewesen sein; so aber auch bereits C. Houtman, Altar, 352.

25 A. Ruwe, Zusammenwirken, 207.

26 Vgl. die Überlegungen L. Delekats, Asylie, 231.

Literaturverzeichnis

Der Kursivdruck kennzeichnet die in den Anmerkungen verwendeten Kurztitel. Die Abkürzungen orientieren sich an S. M. Schwertner, TRE. Abkürzungsverzeichnis, Berlin, New York ²1994; darüber hinaus bedeuten CE – Kodex Ešnunna, CH – Kodex Hammurapi, CL – Kodex Lipitištar, CU – Kodex Urnammu, HG und KBo – Hethitische Gesetze, MaG – Mittelassyrische Gesetze, NSK – Neuer Stuttgarter Kommentar; ZAH – Zeitschrift für Althebraistik, ZAR – Zeitschrift für Altorientalische und Biblische Rechtsgeschichte.

Ackroydt, P., u.a., Art. יד jad u.a., ThWAT III, 421–455.

Aistleitner, J., Die mythologischen und kultischen *Texte* aus Ras Schamra, Bibliotheca orientalis hungarica VIII, Budapest ²1964.

Albertz, R., *Religionsgeschichte* Israels in alttestamentlicher Zeit, GAT, ATD-Ergänzungsreihe 8/1 und 2, Göttingen 1992.

Albertz, R., Die *Theologisierung* des Rechts im Alten Testament, in ders., S. Otto, Religion und Gesellschaft. Studien zu ihrer Wechselwirkung in den Kulturen des Antiken Vorderen Orients, Veröffentlichungen des Arbeitskreises zur Erforschung der Religions- und Kulturgeschichte des Antiken Vorderen Orients (AZERKAVO) 1, AOAT 248, Münster 1997, 115–132.

Allam, S., Das *Verfahrensrecht* in der altägyptischen Arbeitersiedlung von Deir el-Medineh. Untersuchungen zum Rechtsleben im Alten Ägypten 1, Tübingen 1973.

Allam, S., Zur *Tempelgerichtsbarkeit* zur Zeit des Neuen Reiches, ZÄS 101 (1974), 1–4.

Alt, A., Die *Ursprünge* des israelitischen Rechts, in ders., Kleine Schriften zur Geschichte des Volkes Israel I, München 1959, 278–332.

Altman, A., On some *Basic Concepts* in the Law of People Seeking Refuge and Sustenance in the Ancient Near East, ZAR 8 (2002), 323–342.

Amsler, S., Art. קום qûm aufstehen, THAT II, 635–641.

Auffarth, C., Art. *Asyl* I Religionsgeschichtlich, RGG⁴ 1, 864.

Bartelmus, R., Die *Tierwelt* in der Bibel. Exegetische Beobachtungen zu einem Teilaspekt der Diskussion um eine Theologie der Natur, BN 37 (1987), 11–37.

Becker, H.-J., Art. *Sabbat*. II. Frühjudentum, LThK 8, Freiburg u.a. 1999, 1403.

Becker, U., *Jesaja* – von der Botschaft zum Buch, FRLANT 178, Göttingen 1997.

Benseler, G. E., *Griechisch*-deutsches Schulwörterbuch, (Leipzig 1858), Stuttgart, Leipzig [15]1994.

Berges, U., Das Buch *Jesaja*. Komposition und Endgestalt, HBS 16, Freiburg u.a. 1998.

Berges, U., *Klagelieder*, HThKAT, Freiburg u.a. 2002.

Berlejung, A., *Notlösungen* – Altorientalische Nachrichten über den Tempelkult in Nachkriegszeiten, in U. Hübner, E. A. Knauf, Kein Land für sich allein. FS M. Weippert, OBO 186, Freiburg, Göttingen 2002, 196–230.

Bernett, M., Keel, O., *Mond*, Stier und Kult am Stadttor. Die Stele von Betsaida (et-Tell), OBO 161, Freiburg, Göttingen 1998.

Beuken, W. A. M., *Jesaja* 1-12. Unter Mitwirkung und in Übersetzung aus dem Niederländischen von Ulrich Berges, HThKAT, Freiburg u.a. 2003.

Beyerlin, W., Die *Rettung* der Bedrängten in den Feindpsalmen der Einzelnen auf institutionelle Zusammenhänge untersucht, FRLANT 99, Göttingen 1970.

Blum, E., Die *Nabotüberlieferung* und die Kompositionsgeschichte der Vorderen Propheten, in R. G. Kratz u.a., Schriftauslegung in der Schrift, FS O. H. Steck, BZAW 300, Berlin, New York 2000, 112–128.

Boecker, H. J., *Recht* und Gesetz im Alten Testament und im Alten Orient, NStB 10, Neukirchen-Vluyn [2]1984.

Boecker, H. J., *Klagelieder*, ZBK AT 21, Zürich 1985.

Borchling, C., *Rechtssymbolik* im germanischen und römischen Recht, (Leipzig 1926), Nachdruck Darmstadt 1965.

Botterweck, G. J., Art. חֲזִיר ḥᵃzîr, ThWAT II, 835-846.

Bratsiotis, N. P., Art. אִשָּׁה אִישׁ, ThWAT I, 238-252.

Braulik, G., Haben in Israel auch *Frauen* geopfert? Beobachtung am Deuteronomium, in S. Kreuzer, K. Lüthi, Zur Aktualität des Alten Testaments, FS G. Sauer, Frankfurt am Main u.a. 1992, 19-28.

Brockelmann, C., Hebräische *Syntax*, Neukirchen Kreis Moers 1956.

Brongers, H. A., Einige *Bemerkungen* zu Jes 58[13-14], ZAW 87 (1975), 212–216.

Brunner-Traut, E., Art. *Mythos*, LÄ IV, 277–286.

Buchholz, J., *Die Ältesten* Israels im Deuteronomium, GTA 36, Göttingen 1988.

Budde, K., *Antwort* auf Johannes Meinholds »Zur Sabbatfrage«, ZAW 48 (1930), 138–145.

Cancik-Kirschbaum, E., *Konzeption* und Legitimation von Herrschaft in neuassyrischer Zeit. Mythos und Ritual in VS 24,92, WO 26 (1995), 5–20.

Cardellini, I., Die biblischen „Sklaven"-*Gesetze* im Licht des keilschriftlichen Sklavenrechts. Ein Beitrag zur Tradition, Überlieferung und Redaktion der alttestamentlichen Rechtstexte, BBB 55, Königstein/Ts-Bonn 1981.

Clements, R. E., Art. רָמַשׂ rāmaś רְמֶשׂ ræmæś, ThWAT VII, 535-538.

Clements, R. E., Art. שָׁחַט šht שָׁחֲטָה šahªtāh, שְׁחִיטָה šᵉhîtāh, ThWAT VII, 1214–1218.

Conrad, J., Art זָקֵן zāqen, ThWAT II, 641–650.

Corney, R. W., „*Rod* and Staff" (Psalm 23:4): A Double Image?, in S. L. Cook u. a., On the Way to Niniveh, Atlanta 1999, 28–41.

Crüsemann, F., Das *Gericht* im Tor – eine staatliche Rechtsinstanz, in J. Hausmann, H.-J. Zobel, Alttestamentlicher Glaube und Biblische Theologie, FS H. D. Preuß, Stuttgart u.a. 1992, 69–79.

Crüsemann, F., Die *Tora*. Theologie und Sozialgeschichte des alttestamentlichen Gesetzes, Gütersloh ²1997.

Davies, E. W., *Numbers*, NCBC, Grand Rapids 1995.

Delekat, L., *Asylie* und Schutzorakel am Zionheiligtum. Eine Untersuchung zu den privaten Feindpsalmen, Leiden 1967.

Delekat, L., Ein *Bittschriftentwurf* eines Sabbatschänders (KAI 200), Bib. 51 (1970), 453–471.

Derlien, J., Art. *Asyl* II Griechisch-röm. Antike, RGG⁴ 1, 864–865.

Dietrich, M., Loretz, O., Sanmartín, J., The Cuneiform Alphabetic Texts from Ugarit, Ras Ibn Hani and Other Places (*KTU*: second, enlarged edition), Abhandlungen zur Literatur Alt-Syriens und Mesopotamiens 8, Münster 1995.

Dietrich, W., Naumann, T., Die *Samuelbücher*, EdF 287, Darmstadt 1995.

Dietrich, W., Die frühe *Königszeit* in Israel. 10. Jahrhundert v. Chr., Biblische Enzyklopädie 3, Stuttgart u.a. 1997.

Doering, L., *Schabbat*. Sabbathalacha und -praxis im antiken Judentum und Christentum, Texts and Studies in Ancient Judaism 78, Tübingen 1999.

Dohmen, C., „*Der siebte Tag* soll ein Sabbat sein", Welt und Umwelt der Bibel 17 (2000), 43–46.

Dommershausen, W., Art. גּוֹרָל, ThWAT I, 991-998.

Dommershausen, W., in Art. כֹּהֵן kohen, ThWAT IV, (62–79), 68–79.

Dommershausen, W., Art. כָּנָף kānāp, ThWAT IV, 243–246.

Donner, H., Röllig, W., Kanaanäische und aramäische Inschriften (*KAI*), Wiesbaden 1962-1964.

Douglas, M., Implicit *Meanings*, London 1975.

Douglas, M., In the *Wilderness*. Doctrine of Defilement in the Book of Numbers, JSOT.S 158, Sheffield 1993.

Driver, G. R., Miles, J. C., Babylonian *Laws*, Oxford 1955.

Duhm, B., Das Buch *Jeremia*, KHC XI, Tübingen, Leipzig 1901.

Ebach, J., *Bild Gottes* und Schrecken der Tiere, in ders., Ursprung und Ziel, Neukirchen 1986, 16–47.

Ebeling, E., Art. *Fleisch*, RA 3, 86.

Ebeling, E., Art. *Flüchtling*, RA 3, 88–90.

Eberhart, C., *Studien* zur Bedeutung des Opfers im Alten Testament. Die Signifikanz von Blut- und Verbrennungsriten im kultischen Rahmen, WMANT 94, Neukirchen-Vluyn 2002.

Edzard, D., O., *Geschichte* Mesopotamiens. Von den Sumerern bis zu Alexander dem Großen, München 2004.

Eggebrecht, A., Art. *Schlachten*, LÄ V, 638–639.

Ehlers, K., „JHWH ist mein *Becheranteil*". Zum Bechermotiv in den Psalmen 16; 23 und 116, in A. Michel, H.-J. Stipp, Gott – Mensch – Sprache. Schülerfestschrift für Walter Groß, ATSAT 68, St. Ottilien 2001, 45–63.

Elliger, K., Das *Buch* der zwölf Kleinen Propheten II: Die Propheten Nahum, Habakuk, Zephanja, Haggai, Sacharja, Maleachi, ATD 25, Göttingen [8]1982.

Engelken, K., *Frauen* im Alten Israel. Eine begriffsgeschichtliche und sozialrechtliche Studie zur Stellung der Frau im Alten Testament, BWANT 130, Stuttgart u.a. 1990.

Falk, Z. W., Art. *Asylrecht* II. Altes Testament, TRE IV, 318–319.

Fabry, J., Weinfeld, M., Art. מִנְחָה minḥāh, ThWAT IV, 987–1001.

Fabry, H.-J., Art. נָבֵל I nābēl u.a., ThWAT V, 163-170.

Fiebig, P., *Rosch ha-schana*, in G. Beer, O. Holtzmann, Die Mischna, II.8, Gießen 1914.

Firmage, E., Milgrom, J., Art. עָרַךְ 'āraḵ u.a., ThWAT VI, 380–384.

Firmage, E., The Biblical *Dietary Laws* and the Concept of Holiness, in J. A. Emerton, Studies in the Pentateuch, VT.S 41, Leiden u.a. 1990, 177–208.

Fleischer, G., Von *Menschenverkäufer*n, Baschankühen und Rechtsverkehrern, BBB 74, Frankfurt am Main 1989.

Fleischer, G., Das *Buch Amos*, in U. Dahmen, G. Fleischer, Das Buch Joel Das Buch Amos, NSK.AT 23/2, Stuttgart 2001.

Fohrer, G., *Geschichte* der israelitischen Religion, Berlin 1969.

Freedman, D. N., O'Connor, P., Art. כְּרוּב kᵉrûb, ThWAT IV, 322–334.

Freedman, D. N., Welch, Art. שׁקץ šqṣ שֶׁקֶץ šæqæṣ, שִׁקּוּץ šiqqûṣ, ThWAT VIII, 461–465.

Frevel, C., Zerbrochene *Zier*. Tempel und Tempelzerstörung in den Klageliedern (Threni), in O. Keel, E. Zenger, Gottesstadt und Gottesgarten. Zur Geschichte und Theologie des Jerusalemer Tempels, QD 191, Freiburg u.a. 2002, 99–153.

Freydank, H., u.a., *Lexikon* Alter Orient, Wiesbaden 1997.

Fritz, V., Das Buch *Josua*, HAT I/7, Tübingen 1994.

Galling, K., Rösel, H., Art. *Tür*, BRL (HAT I,1), Tübingen ²1977, 348–349.

Gerleman, G., Art. דם dām Blut, THAT I, 448–451.

Gerstenberger, E. S., Der bittende *Mensch*. Bittrituale und Klagelieder des Einzelnen im Alten Testament, WMANT 51, Neukirchen-Vluyn 1980.

Gerstenberger, E. S., »Apodiktisches« *Recht* »Todes«recht?, in P. Mommer u.a., Gottes Recht als Lebensraum, FS H. J. Boecker, Neukirchen-Vluyn 1993, 7–20.

Gerstenberger, E. S., Das dritte Buch Mose *Leviticus*, ATD 6, Göttingen 1993.

Gertz, J. C., Die *Gerichtsordnung* Israels im deuteronomischen Gesetz, FRLANT 165, Göttingen 1994.

Gese, H., Amos 8,4-8: Der kosmische *Frevel* händlerischer Habgier, in V. Fritz, Prophet und Prophetenbuch, FS Otto Kaiser, BZAW 185, Berlin, New York 1989, 59–72.

Gesenius, W., Hebräisches und Aramäisches *Wörterbuch* über das Alte Testament, (Leipzig 1815), hrsg. von R. Meyer und H. Donner, 1. Lieferung, Berlin u.a. ¹⁸1987.

Gilboa, R., *Cherubim*. An Inquiry Into An Enigma, BN 82 (1996), 59–75.

Gisin, W., *Hosea*. Ein literarisches Netzwerk beweist seine Authentizität, BBB 139, Berlin, Wien 2002.

Glatt-Gilad, D. A., *Reflections* on the Structure and Significance of the ᵃmāmāh (Neh 10,29-40), ZAW 112 (2000), 386–395.

Graf, F., Art. *Inkubation*, RGG⁴ 4, 144.

Graupner, A., *Exodus 18*,13-27 – Ätiologie einer Justizreform in Israel?, in S. Beyerle u.a., Recht und Ethos im Alten Testament – Gestalt und Wirkung, FS H. Seebass, Neukirchen-Vluyn 1999, 11–26.

Greenberg, M., The Biblical Conception of *Asylum*, JBL 78 (1959), 125–132.

Greenberg, M., More *Reflections* in Biblical Criminal Law, in S. Japhet, Studies in Bible 1986, ScrHie XXXI, Jerusalem 1986, 1–17.

Grünwaldt, K., *Exil* und Identität. Beschneidung, Passa und Sabbat in der Priesterschrift, BBB 85, Frankfurt 1992.

Grünwaldt, K., Das *Heiligkeitsgesetz* Leviticus 17-26. Ursprüngliche Gestalt, Tradition und Theologie, BZAW 271, Berlin, New York 1999.

Grünwaldt, K., „Meine *Zeit* steht in deinen Händen" (Psalm 31,16). Über die Rhythmisierung der Zeit im Alten Testament, BiKi 54 (1999), 170–177.

Gunneweg, A. H. J., *Esra*. Mit einer Zeittafel von Alfred Jepsen, KAT XIX 1, Gütersloh 1985.

Gunneweg, A. H. J., *Nehemia*, KAT XIX 2, Gütersloh 1987.

Gunneweg, A. H. J., Biblische *Theologie* des Alten Testaments. Eine Religionsgeschichte Israels in biblisch-theologischer Sicht, Stuttgart u.a. 1993.

Gunkel, H., Die *Psalmen*, Göttingen [6]1986.

Haag, E., Art. שַׁבָּת šabbāt, ThWAT VII, 1047–1057.

Haag, E., Art. *Sabbat*. I. Altes Testament, LThK 8, Freiburg u.a. 1999, 1401–1403.

Haase, R., Die keilschriftlichen *Rechtssammlungen* in deutscher Fassung, Wiesbaden [2]1979.

Haase, R., *Deuteronomium* und hethitisches Recht. Über einige Ähnlichkeiten in rechtshistorischer Hinsicht, WO XXV (1994), 71–77.

Halbe, J., Das *Privilegrecht* Jahwes: Ex 34,10-26. Gestalt und Wesen, Herkunft und Wirken in vordeuteronomischer Zeit, FRLANT 114, Göttingen 1975.

Hartenstein, F., „ *Brot* " und „Tisch des Angesichts". Zur Logik symbolischer Kommunikation im Tempelritual, in J. F. Diehl u.a., „Einen Altar von Erde mache mir ...", FS D. Conrad, KAANT 4/5, Waltrop 2003, 107-127.

Hasel, G. F., Art. כָּרַת kārat u.a., ThWAT IV, 355–367.

Heiler, F., *Erscheinungsformen* und Wesen der Religion, Stuttgart u.a. [2]1979.

Hecker, K., *Untersuchungen* zur akkadischen Epik, AOAT.S 8, Kevelaer, Neukirchen-Vluyn 1974.

Helck, W., Art. *Rituale*, LÄ V, 271–285.

Heltzer, M., The Rural *Community* in Ancient Ugarit, Wiesbaden 1976.

Hempel, W., Art. *Maus*, RLA 7, Berlin, New York 1987-1990, 605–609.

Hengel, P., Die griechischen *Kultusaltertümer*, HKAW 5,3, München 1920.

Hermisson, H.-J., Alttestamentliche *Theologie* und Religionsgeschichte Israels, ThLZ.F 3, Leipzig 2000.

Herr, B., »Deinem *Haus* gebührt Heiligkeit, Jhwh, alle Tage«. Typen und Funktionen von Sakralbauten im vorexilischen Israel, BBB 124, Berlin 2000.

Herrmann, S., *Geschichte* Israels in alttestamentlicher Zeit, Berlin 1981.

Hertzberg, H.-W., Die *Samuelbücher*, ATD 10, Göttingen ⁷1986.

Höffken, P., Das Buch *Jesaja*. Kapitel 40-66, NSK.AT 18/2, Stuttgart 1998.

Hoffner Jr., H. A., The *Laws* of the Hittites. A Critical Edition, DMOA XXIII, Leiden u.a. 1997.

Horst, F., *Hiob*. 1. Teilband Hiob 1-19, BK XVI/1, Neukirchen-Vluyn ⁴1983.

Hossfeld, F.-L., Der *Dekalog*. Seine späten Fassungen, die originale Komposition und seine Vorstufen, OBO 45, Freiburg, Göttingen 1982.

Hossfeld, F.-L., Art. רָצַח rāsah, ThWAT VII, 652–663.

Hossfeld, F.-L., Das Buch *Ezechiel*, in E. Zenger u.a., Einleitung in das Alte Testament, Stuttgart u.a. ²1996, 345–359.

Houtman, C., Der *Altar* als Asylstätte im Alten Testament: Rechtsbestimmung (Ex. 21,12-14) und Praxis (I Reg. 1-2), RB 103 (1996), 343–366.

Houtman, C., Das *Bundesbuch*. Ein Kommentar, DMOA 24, Leiden 1997

Hübner, U., *Schweine*, Schweineknochen und ein Speiseverbot im alten Israel, VT 39 (1989), 225–236.

Hübner, U., Das Babylonische *Exil* – eine Zeitenwende?, in S. Sellmer, H. Brinkhaus, Zeitenwenden. Historische Brüche in asiatischen und afrikanischen Gesellschaften, Asien und Afrika. Beiträge des Zentrums für Asiatische und Afrikanische Studien (ZAAS) der Christian-Albrecht-Universität zu Kiel 4, Hamburg 2002, 155–207.

Hulst, A. R., Art. גּוֹי/עַם , ʿam/gōj Volk, THAT II, 290–325.

Irsigler, H., *Zefanja*, HThKAT, Freiburg u.a. 2002.

Janowski, B., JHWH der *Richter* – ein rettender Gott. Psalm 7 und das Motiv des Gottesgerichts, JBTh 9 (1994), 53–85.

Janowski, B., *Sühne* als Heilsgeschehen. Traditions- und religionsgeschichtliche Studien zur Sühnetheologie der Priesterschrift, WMANT 55, Neukirchen-Vluyn ²2000.

Japhet, S., *1 Chronik*, HThKAT, Freiburg u.a. 2002.

Japhet, S., *2 Chronik*, HThKAT, Freiburg u.a. 2003.

Jaroš, K., Hundert *Inschriften* aus Kanaan und Israel. Für den Hebräischunterricht bearbeitet, Fribourg 1982.

Jenni, E., *Dtn 19,16*: sarā ”Falschheit”, in A. Caquot, M. Delcor, Mélanges bibliques et orientaux en l'honneur de M. Henri Cazelles, Kevelaer, Neukirchen-Vluyn 1981, 201–211.

Jeremias, J., Der Prophet *Hosea*, ATD 24/1, Berlin 1986.

Jeremias, J., *Am 8,4-7* – ein Kommentar zu 2,6f., in W. Groß u.a., Text, Methode und Grammatik, St. Ottilien 1991, 205–220.

Jeremias, J., Der Prophet *Amos*, ATD 24/2, Göttingen 1995.

Jeremias, J., Art. *Prophet*/Prophetin/Prophetie, RGG⁴ 6, 1694–1699.

Jeschek, H.-H., u.a., *Strafgesetzbuch*. Leipziger Kommentar, 5. Band §§185 bis 262, Berlin, New York ¹⁰1989.

Kaiser, O., Das Buch des Propheten *Jesaja*. Kap. 1-12, ATD 17, Berlin ⁵1984.

Karrer, C., Ringen um die *Verfassung* Judas, BZAW 308, Berlin, New York 2001.

Kautzsch, E., Die *Apokryphen* und Pseudepigraphen des Alten Testaments, Erster Band: Die Apokryphen des Alten Testaments, (Tübingen 1900), Nachdruck Hildesheim 1962.

Kautzsch, E., Hebräische *Grammatik*, (Leipzig 1878), 7. Nachdruck der 28. Auflage 1909, Darmstadt 1995.

Kedar-Kopfstein, B., Art. אָדָם dām, ThWAT II, 248–266.

Keel, O., Der salomonische *Tempelweihspruch*. Beobachtungen zum religionsgeschichtlichen Kontext des Ersten Jerusalemer Tempels, in O. Keel, E. Zenger, Gottesstadt und Gottesgarten. Zur Geschichte und Theologie des Jerusalemer Tempels, QD 191, Freiburg u.a. 2002, 9–23.

Kellenberger, E., Die *Besiedlung* des zentralpalästinischen Berglandes zur Eisen-I-Zeit, ThZ 53 (1997), 177–194.

Kellermann, D., Art. עָלָה / עוֹלָה ʿolāh / ʿôlāh, ThWAT VI, 105–124.

Kellermann, D., Art. פְּגוּל, ThWAT VI, 499-501.

Kessler, R., Die angeblichen *Kornhändler* von Amos VIII 4-7, VT 39 (1989), 13–22.

Klengel, H., König *Hammurapi* und der Alltag Babylons, Zürich und München 1991.

Knauf, E. A., Zur *Herkunft* und Sozialgeschichte Israels: "Das Böcklein in der Milch seiner Mutter", Bib. 69 (1988), 153–169.

Knauf, E. A., Der *Umfang* des verheißenen Landes nach dem Ersten Testament, BiKi 55 (2000), 152–155.

Knauf, E. A., «Seine *Arbeit*, die Gott geschaffen hatte, um sie auszuführen». Syntax und Theologie in Gen 2,3, BN 111 (2002), 24–27.

Köhler, L., Baumgartner, W., Lexicon in veteris testamenti libros (*KBL*), Leiden 1958.

Köhler, L., Baumgartner, W., Hebräisches und aramäisches Lexikon zum Alten Testament (*HAL I bis IV*); Lieferung I, Leiden 1967; Lieferung II, Leiden 1974; Lieferung III (neu bearbeitet von Walter Baumgartner † und

Johann Jakob Stamm), Leiden ³1983; Lieferung IV (neu bearbeitet von Johann Jakob Stamm), Leiden, New York, København, Köln ³1990.

Köhler, L., Die hebräische *Rechtsgemeinde*, Festrede des Rektors, gehalten an der 98. Stiftungsfeier der Universität Zürich, am 29. April 1931, in ders., Der hebräische Mensch, (Tübingen 1953), Nachdruck Darmstadt 1980, 153ff.

Koenen, K., Textkritische *Anmerkungen* zu schwierigen Stellen im Tritojesajabuch, Bib. 69 (1988), 564–573.

König, E., Deuteronomische *Hauptfragen*, ZAW 48 (1930), 43–66.

Körting, C., Spieckermann, H., Art. *Sabbat* I. Altes Testament, TRE XXIX, 518–521.

Konkel, M., *Architektonik* des Heiligen, BBB 129, Berlin, Wien 2001.

Kornfeld, W., Ringren, H., Art. קדש u.a., ThWAT VI, 1179–1204.

Kratz, R. G., *Das Neue* in der Prophetie des Alten Testaments, in I. Fischer u.a., Prophetie in Israel. Beiträge des Symposiums »Das Alte Testament und die Moderne« anlässlich des 100. Geburtstages Gerhard von Rads (1901-1971) Heidelberg, 18.-21. Oktober 2001, Altes Testament und Moderne 11, Münster u.a. 2003, 1–22.

Kraus, H.-J., *Psalmen 1*. Teilband Psalmen 1.59, BK XV/1, (Neukirchen-Vluyn 1960), Neukirchen-Vluyn ⁶1989.

Kraus, H.-J., *Psalmen 2*. Teilband Psalmen 60-150, BK XV/2, (Neukirchen-Vluyn 1960), Neukirchen-Vluyn ⁶1989.

Kraus, H.-J., *Gottesdienst* in Israel, München ²1962.

Krecher, J., Sumerische *Literatur*, in W. Röllig, Altorientalische Literaturen, Neues Handbuch der Literaturwissenschaft 1, Wiesbaden 1978, 100-150.

Kümmel, H. M., Die Religion der *Hethiter*, in U. Mann, Theologie und Religionswissenschaft. Der gegenwärtige Stadt ihrer Forschungsergebnisse und Aufgaben im Hinblick auf ihr gegenseitiges Verhältnis, Darmstadt 1973, 65–85.

Kutsch, E., *Salbung* als Rechtsakt im Alten Testament und im Alten Orient, BZAW 87, Berlin 1963.

Kutsch, E., »*Ich will* euer Gott sein«. beᵉrît in der Priesterschrift, ZThK 71 (1974), 361–388.

Kutsch, E., Der *Sabbat* – ursprünglich Vollmondtag?, in ders., Kleine Schriften zum Alten Testament, BZAW 168, Berlin, New York 1986, 71–77.

Landmann, M., Das *Tier* in der jüdischen Weisung, Heidelberg 1959.

Landsberger, B., Die babylonischen *Termini* für Gesetz und Recht, in J. Friedrich u.a., Symbolae ad iura orientis antiqui pertinentes Paulo

Koschaker dedicatae, Studia et documenta ad iura orientis pertinentia II, Leiden 1939, 219–234.

Lang, B., in: J. Bergmann u.a., Art. זָבַח zābah זֶבַח zæbah, ThWAT II, 509–531.

Lang, B., Art. *Sabbatgebot*, in M. Görg, B. Lang, NBL III, Düsseldorf, Zürich 2001 (Lieferung 12 1998), 391–394.

Lauha, A., *Kohelet*, BK XIX, Neukirchen-Vluyn 1978.

Lemaire, A., Art. *Sabbat*, in M. Görg, B. Lang, NBL III, Düsseldorf, Zürich 2001, 388–391.

Lemche, N. P., Warum die *Theologie* des Alten Testaments einen Irrweg darstellt, JBTh 10 (1995), 79–92.

Levin, C., Der *Sturz* der Königin Atalja. Ein Kapitel zur Geschichte Judas im 9. Jahrhundert v.Chr., SBS 105, Stuttgart 1982.

Levin, C., Das *Amosbuch* der Anawim, ZThK 94 (1997), 407–436.

Levin, C., Das *Deuteronomium* und der Jahwist, in R. G. Kratz, H. Spiekermann, Liebe und Gebot. Studien zum Deuteronomium, FS L. Perlitt, FRLANT 190, Göttingen 2000, 121–136.

Levin, C., *Tatbericht* und Wortbericht in der priesterschriftlichen Schöpfungserzählung, in ders., Fortschreibungen. Gesammelte Studien zum Alten Testament, BZAW 316, Berlin, New York 2003, 23–39.

Locher, C., Die *Ehre* einer Frau in Israel. Exegetische und rechtsvergleichende Studien zu Deuteronomium 22,13-21, OBO 70, Freiburg, Göttingen 1986.

Lohfink, N., *Opferzentralisation*, Säkularisierungshypothese und mimetische Theorie, in ders., Studien zum Deuteronomium und zur deuteronomistischen Literatur III, SBAB 20, Stuttgart 1995, 219–260.

Lohfink, N., *Fortschreibung?* Zur Technik von Rechtsrevisionen im deuteronomischen Bereich, erörtert an Deuteronomium 12, Ex 21,2-11 und Dtn 15,12-18, in T. Veijola, Das Deuteronomium und seine Querbeziehungen, SESJ 62, Göttingen und Helsinki 1996, 127–171.

Lohfink, N., *Arbeitswoche* und Sabbat in der Priesterlichen Geschichtserzählung, BiKi 52 (1997), 110–118.

Loretz, O., *Habiru*-Hebräer. Eine sozio-linguistische Studie über die Herkunft des Gentiliziums ᶜibrî vom Appellativum habiru, BZAW 160, Berlin, New York 1984.

Lüddeckens, E., Art. *Asylrecht*, LÄ I, 514–516.

Macholz, G. C., Die *Stellung* des Königs in der israelitischen Gerichtsverfassung, ZAW 84 (1974), 157–182.

Macholz, G. C., Zur *Geschichte* der Justizorganisation in Juda, ZAW 84 (1972), 31 –340.

Maier, C., *Jeremia* als Lehrer der Tora. Soziale Gebote des Deuteronomiums in Fortschreibungen des Jeremiabuches, FRLANT 196, Göttingen 2002.

Maier, G., *Lexikon* zur Bibel, Wuppertal (1994), 1. Sonderausgabe 1998.

Margulies, H., Das *Rätsel* der Biene im Alten Testament, VT 24 (1974), 56–76.

Marti, K., Das Buch *Jesaja*, Kurzer Hand-Commentar zum Alten Testament X, Tübingen 1900.

Marx, A., Art. *Opfer*. II. Religionsgeschichtlich. 1. Alter Orient und Altes Testament, RGG[4] 6, 572–576.

Massenzio, M., Art. *Tier*, in H. Cancik u.a., HRWG V, Stuttgart u.a. 2001, 199–206.

Mathys, F., *Sabbatruhe* und Sabbatfest. Überlegungen zur Entwicklung und Bedeutung des Sabbat im Alten Testament, ThZ 28 (1972), 241–262.

Mathys, H.-P., Die *Ethik* der Chronikbücher. Ein Entwurf, in ders., Vom Anfang und vom Ende. Fünf alttestamentliche Studien, BEAT 47, Frankfurt u.a. 2000, 156–255.

Mayes, A. D. H., *Deuteronomy 14* and the Deuteronomic World View, in F. García Martínez u.a., Studies in Deuteronomy, FS C. J. Labuschaque, VT.S 53, Leiden 1994, 165–181.

McKay, H. A., *Sabbath* and Synagogue: The Question of Sabbath Worship in Ancient Judaism, Religious in the Graeco-Roman World 122, Leiden u.a. 1994.

Meyer, I., Die *Klagelieder*, in E. Zenger u.a., Einleitung in das Alte Testament, Stuttgart u.a. [2]1996, 337–342.

Meyer, R., Hebräische *Grammatik*, Berlin, New York [3]1992.

Milgrom, J., Sancta *Contagion* and Altar/City Asylum, VT.S. 32, Leiden u.a. 1981, 278–310.

Milgrom, J., Art. *Heilig* und profan. II. Altes Testament, RGG[4] 3, 1530–1532.

Millard, M., Die *Genesis* als Eröffnung der Tora. Kompositions- und auslegungsgeschichtliche Annäherung an das erste Buch Mose, WMANT 90, Neukirchen-Vluyn 2001.

Moran, W. L., Some *Remarks* on the Song of Moses (Dt 32), Bib. 43 (1962), 317–327.

Müller, S., Von jüdischen *Bräuche*n und jüdischem Gottesdienst, (Karlsruhe 1930) Nachdruck Tel Aviv o.J.

Mulder, M. J., Was war die am *Tempel* gebaute „Sabbathalle" in II Kön. 16,18?, in W. C. Belsman u.a., Von Kanaan bis Kerala, FS J. P. M. von der Ploeg, AOAT 211, Kevelaer, Neukirchen-Vluyn 1982, 161–172.

Na'aman, N., Sennacherib's „*Letter to God*" on His Campaign to Judah, BASOR 214 (1974), 25–39.

Nebeling, G., Die *Schichten* des deuteronomischen Gesetzeskorpus. Eine traditions- und redaktionsgeschichtliche Analyse von Dtn 12-26, Diss. Münster/Westf. 1970.

Neef, H.-D., Vom *Gottesgericht* zum universalen Heil. Komposition und Redaktion des Zephanjabuches, ZAW 111 (1999), 530–546.

Neudecker, R., Das „*Ehescheidungsgesetz*" von Dtn 24,1-4 nach altjüdischer Auslegung, Bib. LXXV (1994), 350–387.

Niehr, Art. H., ערה ^carah, ThWAT VI, 369–375.

Niehr, H., Die *Reform* des Joschija. Methodische, historische und religionsgeschichtliche Aspekte, in W. Groß, Jeremia und die »deuteronomistische Bewegung«, BBB 98, Weinheim 1995, 33–55.

Niehr, H., Auf dem *Weg* zu einer Religionsgeschichte Israels und Judas, in B. Janowski, M. Köckert, Religionsgeschichte Israels. Formale und materiale Aspekte, Veröffentlichungen der Wissenschaftlichen Gesellschaft für Theologie 15, Gütersloh 1999, 57–78.

Niehr, H., Art. *Gottesurteil* II. Altes Testament, RGG⁴ 3, 1229.

Nielsen, E., *Deuteronomium*, HAT I/6, Tübingen 1995.

Niemann, H. M., *Nachbarn* und Gegner, Konkurrenten und Verwandte Judas: Die Philister zwischen Geographie und Ökonomie, Geschichte und Theologie, in U. Hübner, E. A. Knauf, Kein Land für sich allein, OBO 186, Freiburg 2002.

Nilsson, M. P., *Geschichte* der griechischen Religion *1*. Die Religion Griechenlands bis auf die griechische Weltherrschaft, HAW V.2.1., (München 1940), Nachdruck der 3. Auflage 1967, München 1976.

Nilsson, M. P., *Geschichte* der griechischen Religion *2*. Die hellenistische und römische Zeit, HAW V.2.2., (München 1961), München ³1974.

Noth, M., Das zweite Buch Mose *Exodus*, ATD 5, Berlin 1960.

Noth, M., Das dritte Buch Mose *Leviticus*, ATD 6, Berlin 1964.

Noth, M., Das vierte Buch Mose *Numeri*, ATD 7, Berlin 1969.

Noth, M., *Könige* 1. Teilband I Könige 1-16, BK IX/1, Neukirchen-Vluyn ²1983.

Nowack, W., *Schabbat* (Sabbat), in G. Beer, O. Holtzmann, Die Mischna, II.1, Gießen 1924.

Oeming, M., Das wahre *Israel*: Die ‚genealogische Vorhalle' 1 Chr 1-9, BWANT 128, Stuttgart 1990.

Osing, J., Art. *Onomastika*, LÄ IV, 572.

Osumi, Y., Die *Kompositionsgeschichte* des Bundesbuches Exodus 20,22b-23,33, OBO 105, Freiburg, Göttingen 1991.

Otto, E., Zur *Stellung* der Frau in den ältesten Rechtstexten des Alten Testaments (Ex 20,14; 22,15f.) – wider die hermeneutische Naivität im Umgang mit dem Alten Testament, ZEE 26 (1982), 279–305.

Otto, E., Art. *Feste* und Feiertage II. Altes Testament, TRE XI, 96–106.

Otto, E., Art. *Recht*/Rechtswesen im Alten Orient und im Alten Testament, TRE XXVIII, 197–209.

Otto, E., *Wandel* der Rechtsbegründungen in der Gesellschaftsgeschichte des antiken Israel. Eine Rechtsgeschichte des „Bundesbuches" Ex XX 22 – XXIII 13, Studia Biblica III, Leiden u.a. 1988.

Otto, E., Das *Verbot* der Wiederherstellung einer geschiedenen Ehe. Deuteronomium 24,1-4 im Kontext des israelitischen und judäischen Eherechts, UF 24 (1992), 301–310.

Otto, E., Vom *Rechtsbruch* zur Sünde. Priesterliche Interpretationen des Rechts, JBTh 9 (1994), Neukirchen-Vluyn 1994, 25–52.

Otto, E., *Zivile Funktionen* des Stadttores in Palästina und Mesopotamien, in M. Görg, Meilenstein, FS H. Donner, ÄAT 30, Wiesbaden 1995, 188–197.

Otto, E., Biblische *Altersversorgung* im altorientalischen Rechtsvergleich, ZAR 1 (1995), 83–110.

Otto, E., Art. שַׁעַר – ša'ar, ThWAT VIII, 358–403.

Otto, E., *Diachronie* und Synchronie im Depositenrecht des „Bundesbuches". Zur jüngeren literatur- und rechtshistorischen Diskussion von Ex 22,6-14, ZAR 2 (1996), 76–85.

Otto, E., Art. *Gerichtsverfassung* in Israel, RGG[4] 3, 741–743.

Otto, E., Das *Deuteronomium*, BZAW 284, Berlin, New York 1999.

Otto, E., *Rechtshermeneutik* in der Hebräischen Bibel. Die innerbiblischen Ursprünge halachischer Bibelauslegung, ZAR 5 (1999), 75–98.

Otzen, B., Art. בדל, ThWAT I, 518–520.

Paden, W. E., Art. *Heilig* und profan, I. Religionswissenschaft, RGG[4] 3, 1528–1530.

Pauritsch, K., Die neue *Gemeinde*: Gott sammelt Ausgestoßene und Arme (Jesaja 56-66). Die Botschaft des Tritojesaja-Buches literar-, form-, gattungs- und redaktionsgeschichtlich untersucht, AnBib 47, Rom 1971.

Petersen, C., *Mythos* im Alten Testament. Bestimmung des Mythosbegriffes und Untersuchung der mythischen Elemente in den Psalmen, BZAW 157, Berlin, New York 1982.

Petschow, H., Zu den *Stilformen* antiker Gesetze und Rechtssammlungen, ZSRG.R 82 (1965), 24–38.

Petschow, H., Zur *Systematik* und Gesetzestechnik im Codex Hammurabi, ZA NF 23 (1965), 146–172.

Pohlmann, K.-F., (T. A Rudnik), Der Prophet *Hesekiel*/Ezechiel Kapitel 20-48, ATD 22,2, Göttingen 2001.

Preuß, H. D., Art. תּוֹעֵבָה tôʻebāh, ThWAT VIII, 580–592.

Rechenmacher, H., *šabbat[t]* – Nominalform und Etymologie, ZAH 9 (1996), 199–203.

Reiner, E., Die akkadische *Literatur*, NHL 1, 151–210.

Reinmuth, T., *Reform* und Torah bei Nehemia. Neh 10,31-40 und die Autorisierung der Torah in der Perserzeit, ZAR 7 (2001), 287–317.

Reinmuth, T., Der *Bericht* Nehemias. Zur literarischen Eigenart, traditionsgeschichtlichen Prägung und innerbiblischen Rezeption des Ich-Berichtes Nehemias, OBO 183, Freiburg, Göttingen 2002.

Rendtorff, R., *Studien* zur Geschichte des Opfers im Alten Israel, WMANT 24, Neukirchen-Vluyn 1967.

Rendtorff, R., *Theologie* des Alten Testaments. Ein kanonischer Entwurf, Band 2: Entfaltung, Neukirchen-Vluyn 2001.

Reuter, E., *Kultzentralisation*. Entstehung und Theologie von Dtn 12, BBB 87, Frankfurt a. M. 1993.

Riede, P., Art. *Schwein*, NBL III, 452–544.

Reventlow, H. Graf, Das *Heiligkeitsgesetz*. Formgeschichtlich untersucht, WMANT 6, Neukirchen 1961.

Robinson, G., The *Prohibition* of Strange Fire in Ancient Israel, VT 28 (1978), 301–317.

Robinson, G., The *Origin* and Development of the Old Testament Sabbat. A Comprehensive Exegetical Approach, BET 21, Frankfurt u.a. 1988.

Rofé, A., The *History* of the Cities of Refuge in Biblical Law, in S. Japhet, Studies in Bible, ScrHie XXXI, Jerusalem 1986, 205–239.

Rofé, A., The *Vineyard* of Naboth. The Origin and Message of the Story, VT 38 (1988), 81–104.

Rose, M., *5. Mose* Teilband 1: 5. Mose 12-25. Einführung und Gesetze, ZBK AT 5.1 Zürich 1994.

Rothenbusch, R., Die kasuistische *Rechtssammlung* im 'Bundesbuch' (Ex 21,2-11.18-22,16) und ihr literarischer Kontext im Licht altorientalischer Parallelen, AOAT 259, Münster 2000.

Rottzoll, D. U., *Studien* zu Redaktion und Komposition des Amosbuches, BZAW 243, Berlin, New York 1996.

Rudnig, T. A., *Heilig* und Profan. Redaktionsgeschichtliche Studien zu Ez 40-48, BZAW 287, Berlin, New York 2000.

Rudolph, W., Esra und *Nehemia*, HAT 20, Tübingen 1949.

Rudolph, W., *Chronikbücher*, HAT 21, Tübingen 1955.

Rudolph, W., Krüger, H. P., תורה נביאים וכתובים BIBLIA HEBRAICA STUTTGARTENSIA, (*BHS*), Stuttgart ²1984.

Rüterswörden, U., Von der politische *Gemeinschaft* zur Gemeinde. Studien zu Dt 16,18-18,22, BBB 65, Frankfurt am Main 1987.

Rüterswörden, U., *dominium* terrae. Studien zur Genese einer alttestamentlichen Vorstellung, BZAW 215, Berlin, New York 1993.

Ruppert, L., Art. סרר srr I, ThWAT V, 957–963.

Ruprecht, E., *Stellung* und Bedeutung der Erzählung vom Mannawunder (Ex 16) im Aufbau der Priesterschrift, ZAW 86 (1974), 269–307.

Ruszkowski, L., Der *Sabbat* bei Tritojesaja, in B. Huwyler u.a., Prophetie und Psalmen, FS K. Seybold, AOAT 280, Münster 2001, 61–74.

Ruwe, A., *„Heiligkeitsgesetz"* und „Priesterschrift". Literargeschichtliche und rechtssystematische Untersuchungen zu Leviticus 17,1-26,2, FAT 26, Tübingen 1999.

Ruwe, A., Das *Zusammenwirken* von „Gerichtsverhandlung", „Blutrache" und „Asyl". Rechtsgeschichtliche Erwägungen zu den todesrechtsrelevanten Asylbestimmungen im Hexateuch, ZAR 6 (2000), 190–221.

San Nicolò, M., Art. *Bestechung*, RA 2, 19.

Schäfer-Lichtenberger, C., »Sie wird nicht wieder hergestellt werden.«. Anmerkungen zum *Verlust* der Lade, in E. Blum, Mincha, FS R. Rendtorff, Neukirchen-Vluyn 2000, 229–241.

Schaller, B., Art. *Sabbat*, EKL 4, 1–6.

Schaper, J., *Schriftauslegung* und Schriftwerdung im alten Israel. Eine vergleichende Exegese von Ex 20,24-26 und Dtn 12,13-19, ZAR 5 (1999), 111–132.

Schaper, J., Art. *Hohepriester* I. Altes Testament, RGG⁴ 3, 1835f.

Scharbert, J., Art. אלהu.a., ThWAT I, 279–285.

Scharbert, J., Art. *Ehe*/Eherecht/Ehescheidung. II. Altes Testament, TRE IX, 311– 313.

Schart, A., Die *Entstehung* des Zwölfprophetenbuchs. Neubearbeitungen zu Amos im Rahmen schriftenübergreifender Redaktionsprozesse, BZAW 260, Berlin, New York 1998.

Schenker, A., Der *Monotheismus* im ersten Gebot, die Stellung der Frau im Sabbatgebot und zwei andere Sachfragen zum Dekalog, FZPhTh 32 (1985), 323–341.

Schenker, A., Art. *Asyl* III Biblisch, RGG⁴ 1, 865–866.

Schenker, A., *Zeuge*, Bürge, Garant des Rechts. Die drei Funktionen des "Zeugen" im Alten Testament, in ders., Recht und Kult im Alten Testament, OBO 172, Freiburg, Göttingen 2000, 3–6.

Schmid, H. H., Art. אֲדָמָה 'adāmā Erdboden, THAT I, 57-60.

Schmidt, L., Leviten- und *Asylstädte* in Num. XXXV und Jos. XX; XXI 1-42, VT 52 (2002), 103–121.

Schmidt, W. H., u.a., Die zehn *Gebote* im Rahmen alttestamentlicher Ethik, EdF 281, Darmstadt 1993.

Schmidt, W. H., Alttestamentlicher *Glaube*, Neukirchen-Vluyn ⁸1996.

Schmidt, W. H., *Aspekte* des Phänomens "Religion" – im Alten Testament, in S. Kreuzer, K. Lüthi, Zur Aktualität des Alten Testaments, FS G. Sauer, Frankfurt am Main u.a. 1992, 85–97.

Schmitt, E., Das *Essen* in der Bibel. Literaturethnologische Aspekte des Alltäglichen, Studien zur Kulturanthropologie 2, Münster, Hamburg 1994.

Schmitt, H.-C., Das sogenannte jahwistische *Privilegrecht* in Ex 34,10-18 als Komposition der spätdeuteronomistischen Endredaktion des Pentateuch, in J. C. Gertz u.a., Abschied vom Jahwisten. Die Komposition des Hexateuch in der jüngeren Diskussion, BZAW 315, Berlin, New York 2002.

Schmitz-Kahmen, F., *Geschöpfe* Gottes unter der Obhut des Menschen, Neukirchner Theologische Dissertationen und Habilitationen 10, Neukirchen-Vluyn 1997.

Schmökel, H., *Geschichte* des alten Vorderasien, Handbuch der Orientalistik II.3, Leiden 1957.

Schüngel-Straumann, H., Das *Geschenk* des Sabbat im Alten Testament, BiKi 52 (1997), 119–123.

Schulte, H., Die *Rettung* des Prinzen Joaš. Zur Exegese von II Reg 11,1-3, ZAW 109 (1997), 549–556.

Schulz, H., Das *Todesrecht* im Alten Testament, BZAW 114, Berlin, New York 1969.

Schunk, K.-D., Art. שֹׁטֵר šāṭar u.a., ThWAT VII, 1255–1258.

Schwartz, B. J., A *Literary Study* of the Slave-girl Pericope – Leviticus 19:20-22, in S. Japhet, Studies in Bible 1986, ScrHie XXXI, Jerusalem 1986, 241–255.

Schwienhorst-Schönberger, L., Das *Bundesbuch* (Ex 20,22-23,33). Studien zu seiner Entstehung und Theologie, BZAW 188, Berlin, New York 1990

Seebass, H., *Vorschlag* zur Vereinfachung literarischer Analysen im dtn Gesetz, BN 58 (1991), 83–98.

Seebass, H., Noch einmal zum *Depositenrecht* Ex 22,6-14, in P. Mommer u.a., Gottes Recht als Lebensraum, FS H. J. Boecker, Neukirchen-Vluyn 1993, 21–31.

Seebass, H., *Genesis* I, Urgeschichte (1,1-11,26), Neukirchen-Vluyn 1996

Seebass, H., *Numeri* 2. Teilband Numeri 10,11-22,1, BK IV/2, Neukirchen-Vluyn 2003.

Segert, S., Altaramäische *Grammatik*, Leipzig 1975.

Seifert, B., Metaphorisches *Reden* von Gott im Hoseabuch, FRLANT 166, Göttingen 1996.

Sekine, S., Die Tritojesajanische *Sammlung* (Jes 56-66) redaktionsge-schichtlich untersucht, BZAW 175, Berlin, New York 1989.

Seters, J. van, The *Law* of the Hebrew Slave, ZAW 108 (1996), 534–546

Seybold, K., Art. *Psalmen*/Psalmenbuch I. Altes Testament, TRE XXVII, 610–624.

Seybold, K., Nahum Habakuk *Zephanja*, Zürcher Bibelkommentare AT 24,2, Zürich 1991.

Shea, W. H., Sargon´s Azekah *Inscription*: the Earliest Extrabiblical Refe-rence to the Sabbath?, AUSS 32 (1994), 247–251.

Soggin, J. A., *Jezabel*, oder die fremde Frau, in A. Caquot, M. Delcor, Mélanges bibliques et orientaux en l´honneur de Henri Cazelles, AOAT 212, Kevelaer, Neukirchen-Vluyn 1981, 453–459.

Soggin, J. A., Das Buch *Genesis*. Kommentar, Darmstadt 1997.

Stadelmann, R., Art. *Tempel*, LÄ VI, 355–357.

Staubli, T., *Tiere* als Teil menschlicher Nahrung in der Bibel und im alten Orient, in O. Keel, T. Staubli, «Im Schatten Deiner Flügel». Tiere in der Bibel und im Alten Orient, Freiburg 2001, 46–49.

Steck, O. H., Der *Mensch* und die Todesstrafe. Exegetisches zur Übersetzung der Präposition Beth in Gen 9,6a, ThZ 53 (1997), 118-130.

Steingrímsson, S. Ö., Der priesterliche *Anteil*. Bedeutung und Aussageabsicht in Ps 23, in W. Groß u.a., Text, Methode und Grammatik, FS W. Richter, St. Ottilien 1991, 483–519.

Steins, G., Die *Chronik* als kanonisches Abschlußphänomen. Studien zu Entstehung und Theologie von 1/2 Chronik, BBB 93, Weinheim 1995.

Steins, G., Die Bücher *Esra und Nehemia*, in E. Zenger u.a., Einleitung in das Alte Testament, Stuttgart u.a. [2]1996, 175–183.

Steins, G., Art. *Tempelschatz*, NBL III, 811-812.

Stoebe, H. J., Das achte *Gebot* (Exod. 20, Vers 16), WuD N.F. 3 (1952), 108–126.

Stoebe, H. J., Art. חמס Gewalttat, THAT I, 583–587.

Stoebe, H. J., Das erste *Buch Samuelis*, KAT VIII/1, Berlin 1976.

Stolz, F., *Einführung* in den biblischen Monotheismus, Darmstadt 1996.

Strobel, A., Zum *Problem* der Aufbewahrung der heiligen Gewänder, ZNW 89 (1998), 114–117.

Tängberg, A., *Nehemia*/Nehemiabuch, TRE XXIV, 242–246.

Traulsen, C., Das sakrale *Asyl* in der Alten Welt. Zur Schutzfunktion des Heiligen von König Salomo bis zum Codex Theodosianus, JusEcc 72, Tübingen 2004.

Veijola, T., Die *Propheten* und das Alter des Sabbatgebots, in V. Fritz u.a., Prophet und Prophetenbuch, FS Otto Kaiser, BZAW 185, Berlin, New York 1989, 246–264.

Vogt, E., *Untersuchungen* zum Buch Ezechiel, AnBib 85, Rom 1981.

Volgger, D., *Dtn 24*,1-4 – Ein Verbot der Wiederverheiratung?, BN 92 (1998), 85–96.

Volgger, D., *Dtn 25*,5-10 – Per Gesetz zur Ehe gezwungen?, BN 114/115 (2002), 173–188.

Volz, P., *Jesaja* II, KAT 9,2, Leipzig 1932.

von Nordheim, E., Das *Schutzordal* für die Frau nach Num 5, in R. Bartelmus u.a., Konsequente Traditionsgeschichte, OBO 126, Freiburg, Göttingen 1993, 297-309.

von Rad, G., *Theologie* des Alten Testaments, Band I Die Theologie der geschichtlichen Überlieferungen Israels, (München 1957), Berlin [4]1963.

von Rad, G., Das erste Buch Mose *Genesis* Kapitel 1-12,9, ATD 2, Göttingen 1958.

von Rad, G., Das fünfte Buch Mose *Deuteronomium*, ATD 8, Berlin 1965.

von Soden, W., Grundriss der akkadischen *Grammatik*, Rom 1952.

von Soden, W., Akkadisches Handwörterbuch, Band I, Wiesbaden [2]1985 (*AHw I*).

von Soden, W., Akkadisches Handwörterbuch, Band II, Wiesbaden 1974 (*AHw II*).

Wacker, M.-T., *Figurationen* des Weiblichen im Hosea-Buch, HBS 8, Freiburg u.a. 1996.

Wagner, V., Zur *Systematik* in dem Codex Ex 21_2-22_{16}, ZAW 81 (1969), 176–182.

Wagner, V., *Rechtssätze* in gebundener Sprache und Rechtssatzreihen im israelitischen Recht. Ein Beitrag zur Gattungsforschung, BZAW 127, Berlin, New York 1972.

Wagner, V., Zur *Existenz* des sogenannten »Heiligkeitsgesetzes«, ZAW 86 (1974), 307–316.

Wagner, V., Der bisher unbeachtete *Rest* eines hebräischen Rechtskodex, BZ NF 19 (1975), 234–240.

Wagner, V., *Beobachtungen* am Amt der Ältesten im alttestamentlichen Israel. 1. Teil: Der Ort der Ältesten in den Epochen der Geschichte und in der Gliederung der Gesellschaft, ZAW 114 (2002), 391–411; 2. Teil: Die Kompetenzen und Aufgaben der Ältesten im Rechtsleben und im Kult, ZAW 114 (2002), 560–576.

Wagner, V., Ein *Indiz* für die praktische Verwendung der kasuistischen Rechtssatzsammlungen im Pentateuch, ZAR 8 (2002), 211–241.

Wahrig, G., u.a., Brockhaus Wahrig. Deutsches *Wörterbuch*, Wiesbaden, Stuttgart 1984.

Wanke, G., Art. *Bundesbuch*, TRE VII, 412–415.

Wanke, G., *Jeremia*, Zürcher Bibelkommentar AT 20.1, Zürich 1995.

Waschke, E.-J., Art. שָׁרַשׂ šāras שֶׁרֶשׂ šæræs, ThWAT VIII, 472–475.

Watts, J. D., *Isaiah* 34-66, Word Biblical Commentary 25, Waco 1987.

Weimar, P., *Struktur* und Komposition der priesterschriftlichen Schöpfungs-erzählung (Gen 1,1-2,4*), in O. Loretz, Ex Mesopotamia et Syria Lux, FS M. Dietrich, AOAT 281, Münster 2002, 803–843.

Weippert, M., *Palästina* in vorhellenistischer Zeit, Handbuch der Archäo-logie II/1, München 1988.

Weippert, M., Die *Petition* eines Erntearbeiters aus Meṣad Ḥăšavyāhū und die Syntax althebräischer erzählender Prosa, in E. Blum u.a., Die hebräische Bibel und ihre zweifache Nachgeschichte, FS R. Rendtorff, Neukirchen-Vluyn 1990, 449–466.

Weiser, A., Das Buch des Propheten *Jeremia*. Kapitel 1-25,13, ATD 20, Göttingen 1952.

Weiser, A., Das Buch des Propheten *Jeremia*. Kapitel 25,15-52,34, ATD 21, Göttingen 1955.

Weismann, J., *Talion* und öffentliche Strafe im mosaischen Rechte, Leipzig 1913.

Wellhausen, J., Die *Composition* des Hexateuchs und der historischen Bücher des Alten Testaments, (Berlin 1899), Nachdruck Berlin 1968.

Wellhausen, J., *Prolegomena* zur Geschichte Israels, (Berlin 1878ff.), Nachdruck der 6. Auflage 1927, Berlin 2001.

Wendel, A., *Säkularisierung* in Israels Kultur, BFChTh 2. Reihe 32. Band, Gütersloh 1934.

Westbrook, R., The *Prohibition* on Restoration of Marriage in Deuteronomy 24,1-4, in S. Japhet, Studies in Bible, ScrHie XXXI, Jerusalem 1986, 387–405.

Westermann, C., Das Buch *Jesaja* Kapitel 40-66, ATD 19, Göttingen und Zürich ⁵1986.

Westermann, C., *Genesis* 1. Teilband Genesis 1-11, BK I/1, Neukirchen-Vluyn ³1983.

Wildberger, H., *Jesaja* 2. Teilband Jesaja 13-27, BK X/10, Neukirchen-Vluyn 1978.

Wildung, D., Art. *Flügelsonne*, LÄ II, 277–279.

Willi, T., Die *Chronik* als Auslegung. Untersuchungen zur literarischen Gestaltung der historischen Überlieferungen Israels, FRLANT 106, Göttingen 1972.

Willi-Plein, I., *Opfer* und Kult im alttestamentlichen Israel. Textbefragungen und Zwischenergebnisse, SBS 153, Stuttgart 1993.

Willi-Plein, I., Anmerkungen zu *Wortform* und Semantik des Sabbat, ZAH 10 (1997), 201–206.

Willi-Plein, I., Warum mußte der Zweite *Tempel* gebaut werden?, in B. Ego u.a., Gemeinde ohne Tempel. Community without Temple. Zur Substituierung und Transformation des Jerusalemer Tempels und seines Kults im Alten Testament, antiken Judentum und frühem Christentum, WUNT 118, Tübingen 1999, 57–73.

Willis, T. M., The *Elders* of the City. A Study of the Elders-Laws in Deuteronomy, SBLMS 55, Atlanta 2001.

Wissenschaftlicher Rat der Dudenredaktion, *DUDEN*. Das große Wörterbuch der deutschen Sprache in zehn Bänden 9, Mannheim ³1999.

Witte, M., Die biblische *Urgeschichte*, BZAW 265, Berlin, New York 1998.

Wolff, H.-W., Dodekapropheton 1 *Hosea*, BK XIV/1, Neukirchen-Vluyn ³1976.

Wolff, H.-W., Dodekapropheton 2, Joel und *Amos*, BK XIV/2, Neukirchen-Vluyn ³1985.

Wong, K. L., *Profanation*/Sanctification and the Past, Present and Future of Israel in the Book of Ezekiel, JSOT 28.2 (2003), 210–239.

Wright, D. P., Milgrom, J., Art. עצר 'âṣar, ThWAT VI, 333–338.

Würthwein, E., Die Bücher der *Könige*. 1. Könige 1-16, ATD 11,1, Göttingen, Zürich [2]1985.

Zaidman, L. B., Tantel, P. S., Die *Religion* der Griechen. Kult und Mythos, München 1994.

Zenger, E., Die priesterschriftlichen *Schichten* (»P«), in ders. u.a., Einleitung in das Alte Testament, Stuttgart u.a. [2]1996, 89–108.

Zenger, E., Das Buch *Rut*, in ders. u.a., Einleitung in das Alte Testament, Stuttgart u.a. [2]1996, 143–151.

Zenger, E., Das Buch der *Psalmen*, in ders. u.a., Einleitung in das Alte Testament, Stuttgart u.a. [2]1996, 242–255.

Zimmerli, W., *Ezechiel 1*. Teilband Ezechiel 1-24, BK XIII/1, Neukirchen-Vluyn [2]1979.

Zimmerli, W., *Ezechiel 2*. Teilband Ezechiel 25-48, BK XIII/2, Neukirchen-Vluyn [2]1979.

Zimmerli, W., *1. Mose* 1-11 Urgeschichte, Zürcher Bibelkommentare AT 1.1, Zürich [5]1991.

Zobel, H.-J., Art. אֲרוֹן, ThWAT I, 391-404.

Zwickel, W., Eine zyprische *Parallele* zur kürzlich in Israel gefundenen Kulthöhe, BN 24 (1984), 24–29.

Zwickel, W., Der *Tempelkult* in Kanaan und Israel, Tübingen 1994.

Zwickel, W., *Der salomonische Tempel*, Kulturgeschichte der antiken Welt 83, Mainz 1999.

Zwickel, W., Art. *Tempel*, NBL III, Düsseldorf und Zürich 2001, 799–810.

Stellenregister